UNE HISTOIRE DE L'EUROPE - T 1

EUGEN WEBER

Une histoire de l'Europe

Hommes, cultures et sociétés
de la Renaissance à nos jours

Tome premier :
De la Renaissance au XVIIIe siècle

TRADUIT DE L'ANGLAIS PAR PHILIPPE DELAMARE

FAYARD

OUVRAGES DU MÊME AUTEUR
EN LANGUE FRANÇAISE

La Fin des terroirs. La modernisation de la France rurale, 1870-1914, Paris, Fayard-Éditions Recherches, 1983.

L'Action française, Paris, Fayard, 1985.

Une Histoire de l'Europe, Hommes, cultures et sociétés de la Renaissance à nos jours, Paris, Fayard, 1986, deux volumes; tome I, *De la Renaissance au XVIII*e *siècle*; tome II, *Des Lumières à nos jours.*

*Fin de siècle. La France à la fin du XIX*e *siècle,* Paris, Fayard, 1986.

L'ensemble des cartes figurent en cahier dans le tome II, *Des Lumières à nos jours.*

Titre original : © *A Modern History of Europe. Men, Cultures and Societies from the Renaissance to the Present,* New York, W. W. Norton 1971.

PRÉFACE

Ce livre se propose de raconter l'histoire de l'Europe au cours des six derniers siècles et d'accorder la réalité propre de ces périodes avec ce qu'elles signifient aujourd'hui pour nous. C'est un compromis entre le récit historique, la synthèse et l'analyse. Il se divise en quatre parties principales dont chacune présente une certaine unité intérieure : l'époque, jusqu'au milieu du XVIe siècle, où les hommes apprirent à affirmer leur individualisme ; les quelque cent cinquante années, de 1559 environ à 1715, pendant lesquelles se structurèrent les États et l'économie de l'Europe ; la période révolutionnaire, de 1715 à 1848, qui jeta les bases idéologiques et industrielles du monde actuel ; enfin, l'époque contemporaine jusqu'à nos jours.

Chacune de ces parties s'ouvre par une vue générale des affaires internationales et politiques : le continent et le monde où se déroulèrent les événements qu'elle décrit ; l'arrière-plan économique, l'air et la mentalité du temps. Ensuite, quelques chapitres examinent les affaire intérieures et l'évolution d'États et d'ensembles particuliers — la Grande-Bretagne, la France, l'Europe du Nord ou de l'Est — en fonction de leur incidence sur les événements contemporains[1]. Les derniers chapitres, et non les moindres, décrivent

1. Les pays sont mentionnés en fonction du rôle qu'ils jouent. Ainsi, la Russie n'apparaît-elle pas avant la deuxième partie et bénéficie-t-elle de la plus grande attention dans la quatrième, tandis que la Suède ne figure plus après la deuxième partie. Eli Hecksher estime qu'un petit pays ne peut exiger que son histoire soit étudiée sous le seul prétexte qu'elle eut lieu. Le manque d'espace et le parti pris m'ont convaincu de la pertinence de cette remarque.

la manière dont les gens vivaient et ce qui affectait et reflétait leur mode de vie et de pensée. L'histoire sociale et culturelle représente plus de la moitié de cet ouvrage et se révélera, je l'espère, sa contribution la plus utile.

Ces divisions ne sont pas immuables. Le plan varie quand cela semble s'imposer, en particulier dans la dernière partie de l'ouvrage, où 1945 marque une limite essentielle. Avec l'achèvement manifeste de l'hégémonie européenne (en déclin depuis une génération), le continent retrouve ses dimensions véritables et son histoire se fond dans celle du monde environnant dont il partage les problèmes, les embarras et les influences. D'où le traitement plus général des années qui suivent la Seconde Guerre mondiale, lorsque l'Europe cesse d'occuper le centre de la scène.

E.W.

INTRODUCTION

> « Il ne faut pas qu'on s'attende à trouver ici (...) les détails immenses des guerres, des attaques de villes prises et reprises par les armes, données et rendues par des traités. (...) Tout ce qui s'est fait ne mérite pas d'être écrit. On ne s'attachera, dans cette histoire, qu'à ce qui mérite l'attention de tous les temps, à ce qui peut peindre le génie et les mœurs des hommes... »
>
> VOLTAIRE *(Le Siècle de Louis XIV).*

Une histoire de l'Europe : le titre entend, d'abord, indiquer qu'il s'agit là d'*une* interprétation parmi d'autres, d'un essai et non d'un ouvrage définitif. Elle est *moderne,* non parce qu'elle traite un des éléments du triptyque traditionnel — Antiquité, Moyen Age, Temps modernes — dont l'arbitraire se révèle de moins en moins pertinent, mais dans le sens relatif de « récent » : c'est une contribution et une réponse aux modes de vie, à la pensée et au comportement qui sont les nôtres aujourd'hui. Histoire de l'*Europe,* non parce que l'ensemble du monde est sans intérêt mais parce que, pendant les cinq derniers siècles, l'Europe y joua le rôle principal. Sans avoir la naïveté de croire qu'une des incarnations physiques de l'humanité en épuise la variété, je suis convaincu que le mode de vie et les modèles élaborés en Europe ont donné son impulsion et sa coloration au monde moderne. Qui plus est, cette suprématie européenne a pris fin il y a environ un quart de siècle et peut donc être traitée comme une totalité, comme une œuvre achevée : l'époque au cours de laquelle l'Europe se découvrit, s'organisa et s'affirma, disséminant ses enfants, ses idées et ses techniques sur toute la surface du globe. C'est l'histoire, *une* histoire.

Quel genre d'histoire ? On le découvrira très vite en feuilletant les pages qui suivent. Avant tout, cette histoire essaie d'évoquer les questions que les étudiants veulent connaître, si je dois en croire quinze ans d'enseignement de ce que l'on appelle la civilisation occidentale. Pas seulement les sommets mais aussi les vallées. Pas seulement l'épopée des hauts faits collectifs, mais la texture du temps. Pas seulement les événements mais leurs protagonistes et leurs circonstances. Par-delà les guerres, la politique et les actions d'une élite restreinte, la manière dont les gens vivaient — les obscurs, les sans grade, aussi bien que les riches — les saisons et les jours, la trame du quotidien. Non seulement les grands artistes, les grands penseurs et leurs œuvres (en évitant, espérons-le, les longues listes de dates et de noms, vite oubliés), mais l'époque et le public auxquels ils s'adressaient et dont, d'une manière ou d'une autre, ils répondaient aux interrogations. C'est avant tout l'histoire d'hommes et de femmes.

Les mouvements, les idéologies, les régimes et les tendances sont abstraits. Les grands événements sont la poésie du destin. Nous nous en souvenons plus pour leur résonance lyrique que pour les conséquences que nous leur attribuons par la suite. Seuls les gens sont réels, et ce qui importe vraiment ce n'est pas le libéralisme mais Mill, non le cubisme mais Picasso, non l'électricité mais l'usage qu'en font les usines et les ménagères. Les hommes façonnent l'histoire en vivant leur propre vie et ne se bornent pas à contribuer à un présent qui ne tarde pas à devenir le passé. On peut dire de l'histoire ce que le général de Gaulle disait de la guerre : ce n'est pas un système universel, mais des circonstances et des personnalités.

Il est difficile de comprendre que les vies et les événements passés ne furent pas une préparation de ce qui advint ensuite mais quelque chose d'autonome, lourd de son propre passé, sans doute, mais non du lendemain, que nous sommes seuls à connaître. Comme nous savons ce qui s'est produit, inévitablement nous considérons Léonard, Newton ou Frédéric le Grand comme des précurseurs, certains événements et situations comme des antécédents. En réalité, hommes et faits existent en eux-mêmes et méritent d'être envisagés comme tels, autrement ils cessent d'être libres, sinon de l'histoire du moins de l'avenir. Les temps font les hommes, mais les hommes font les idées, à leur image. Après tout, une période d'adversité peut provoquer une réaction pessimiste ou une échappatoire optimiste ; une époque de changement peut inciter au repli ou à la participation enthousiaste. L'homme pense seul, et ses pensées, quelque affectées qu'elles soient par l'histoire et le souvenir, les préjugés passés et présents, les circonstances sociales, économiques et physiques, demeurent les siennes propres, non un produit social, bien qu'elles puissent devenir une force sociale.

L'histoire n'est pas une somme mais une synthèse qui, en outre, ne cesse de changer et de se développer au moment même où on l'observe. Le passé, écrit Marc Bloch dans son *Apologie pour l'histoire,* « est par définition un donné que rien ne modifiera plus. Mais la connaissance du passé est une chose en progrès, qui sans cesse se transforme et se perfectionne ».

Un récit divisé en chapitres ne saurait véritablement représenter l'interaction continuelle entre la partie et le tout. Une présentation sur cette échelle insiste trop sur le général pour ne faire qu'allusion aux manières dont il est affecté par le particulier. Ceux qui ont vécu les événements ne peuvent les voir dans leur perspective véritable, et ceux qui les expliquent sont incapables de partager leur expérience, de reproduire le caractère spécifique et l'incertitude d'un moment donné. Il ne nous reste donc qu'à *essayer* de distinguer les éléments caractéristiques et essentiels du reste, qu'à nous efforcer d'aborder les situations concrètement, par le biais des hommes et des choses, qu'à tenter de cerner l'essence vivante de l'histoire et du temps, des actions, des sentiments et des désirs des hommes — humbles aussi bien que puissants. Discours, traités et livres ont leur place mais non l'importance exclusive qu'on leur a si longtemps attribuée.

Rien de tout cela n'est simple. A quelqu'un qui se proposait d'écrire la biographie du prince Eugène, celui-ci répondit que l'histoire était une entreprise beaucoup plus périlleuse que la poésie. Le poète renonça sagement à son projet. Tout le monde ne se montre pas aussi raisonnable. Quoi qu'il en soit, il m'a semblé que l'aventure valait d'être tentée : la possibilité de découvrir quelque vérité provisoire compensait largement l'embarras de l'échec. Pour paraphraser Stravinski, le silence m'aurait évité de me tromper mais m'aurait privé de l'occasion d'avoir raison, en partie du moins.

Il est impossible d'éviter les télescopages, les simplifications et les omissions. Le résultat se présente donc comme une perspective individuelle, une interprétation possible des événements. Aucun livre ne peut être complet, et celui-ci moins que d'autres. Le lecteur qui ne trouvera pas telle ou telle chose sera peut-être incité à entreprendre des recherches personnelles. On me concédera, je l'espère, qu'il s'agit là de l'histoire particulière que j'ai choisi de relater. Ce faisant, j'ai évité de privilégier un thème particulier : on trouvera de nombreux sujets, tendances ou vues mais pas de thèse dominante. Imposer un modèle particulier à des siècles aussi divers reviendrait à les sangler dans un corset conçu pour une période spécifique.

Malgré un tel souci de relativité, un exposé de cette nature et à cette échelle ne peut qu'être sélectif, et toute sélection est une forme de parti pris. J'ai préféré faire montre de mes partis pris, sans prétendre proposer une chronique définitive ou équilibrée. Mes préjugés et mes sympathies colorent les choix et le texte. Au lecteur de prendre ses distances, de choisir ce qu'il veut, de laisser ou de corriger le reste. Il ne doit pas accepter mais mettre en question sinon peut-être les faits (qui sont exacts, je l'espère), du moins certainement les interprétations. Il lui faut aussi inventer ses propres questions : y a-t-il un sens de l'histoire ou le monde tourne-t-il dans l'incohérence ? Y a-t-il progrès ou éternel retour ? S'il y a cohérence, peut-on la comprendre et quelle est-elle ?

L'historien, dit Lucien Febvre, n'est pas celui qui sait mais celui qui cherche, et ses lecteurs, à leur tour, doivent chercher.

PREMIÈRE PARTIE

La Renaissance et la Réforme

CHAPITRE PREMIER

L'EUROPE AU MOYEN ÂGE

Au commencement était la géographie. Une petite péninsule à l'extrémité occidentale de l'Asie. Des montagnes, de grands fleuves, des vallées, des marais, des forêts et des côtes. Puis les hommes prirent possession du paysage, y imprimèrent leur marque ; ils défrichèrent, labourèrent et semèrent, bâtirent et combattirent. Les conquérants se succédèrent et disparurent, de grands empires s'édifièrent et se décomposèrent ; rêves, ruines et souvenirs s'accumulèrent en abondance pour former un passé, une histoire, l'humus dans lequel le présent plonge ses racines et d'où l'avenir sortira. Au moment où nous nous penchons sur l'Europe, entre le Xe et le XIIe siècle, l'homme était englouti dans l'idée chrétienne selon laquelle sa vie future — que l'existence terrestre ne faisait que préparer — se situait ailleurs, dans la Cité de Dieu, selon l'expression de saint Augustin. Mais nous verrons que l'histoire humaine est parcourue par une tendance durable à faire de l'homme la mesure, ou du moins le lieu géométrique, de l'univers dans lequel il évolue.

Il y avait alors peu d'hommes, extrêmement peu selon nos critères actuels, mais leur nombre s'accroissait. Les témoignages sont rares, mais ceux dont on dispose indiquent une augmentation régulière de la population du XIe à la fin du XIIIe siècle. Dans la vallée de la Moselle, elle quadruple entre l'an mil et 1200. Sur les marches orientales de l'Europe, colons, marchands et aventuriers s'en allaient exploiter les régions nouvelles qui s'étendaient de la Baltique aux Balkans. Les paysans, abandonnant les champs surpeuplés des Flandres, du Luxembourg et de la Lorraine, partaient cultiver ces riches terres à blé et les mineurs extraire les minerais de Transylvanie pour le compte du roi de Hongrie. Émigraient aussi des clercs, administrateurs et magistrats plus encore qu'hommes d'Église, et des chevaliers qui tiendraient les châteaux forts et combattraient pour la chrétienté et les intérêts occidentaux contre les autres races, païennes ou infidèles.

Dans le Sud aussi, l'Europe, harcelée vers l'an mil par les pirates vikings, les envahisseurs sarrasins et les cavaliers hongrois [1], se déployait désormais. Elle envoyait ses chevaliers conquérir ou reprendre les positions qu'occupait jadis l'Empire romain, vague souvenir paré des couleurs étincelantes du mythe. Dès la fin du XIe siècle, les croisades, lancées pour arracher la Terre sainte aux musulmans, allaient devenir le fil conducteur de quatre siècles d'entreprises militaires et coloniales — dans la péninsule ibérique, au nord et à l'est autour de la Baltique, au sud aux quatre coins du Bassin méditerranéen —, étayant puis reconquérant les vestiges, aussi fiers que pitoyables, de la Rome orientale. Aux côtés des hommes d'armes, quand ils ne les précédaient pas, les commerçants se répandaient dans toutes les directions. Les « pieds poudreux », comme on les surnommait alors, allaient chercher les teintures, les soies et les épices de l'Orient, le miel, le chanvre et l'ambre de la Baltique, ainsi que, marchandises plus pondéreuses, les céréales, le bois et la laine pour nourrir, équiper et vêtir les cités en pleine croissance du Sud et de l'Ouest. Ils tissaient le réseau de relations économiques qui supplanterait et finirait par renverser les structures, aussi complexes mais moins productives, de la société féodale.

LA FÉODALITÉ : LA MATRICE SOCIALE ET POLITIQUE

Le Moyen Age avait élaboré une structure sociale idéale, souvent décrite comme une grande pyramide reliant Dieu à sa création, jusqu'aux plus humbles de ses créatures, par une longue chaîne d'autorité et de subordination. De l'empereur aux seigneurs en passant par les princes, chacun était lié aux autres, chacun tenait sa place nécessaire au fonctionnement de l'ensemble. Mais il s'agissait là d'une représentation

1. « De la fureur des Normands, O Seigneur délivre-nous », disait la liturgie franque au IXe siècle.

idéale et, bien que son existence même reflétât et affectât la réalité, cette dernière était différente : plus diverse et plus confuse aussi, nulle part aussi ordonnée et harmonieuse que l'eût voulu la théorie.

La féodalité — le système de relations politiques et sociales dans lequel vivait l'homme du Moyen Age — s'était lentement développée en complexité et en variété. Lorsque l'ordre romain se désintégra aux Ve et VIe siècles, sa grande organisation du commerce, de l'administration et des communications s'effondra, au profit d'improvisations locales. Pendant des siècles, les Européens vécurent dans une société agraire, sans économie de marché, sans pouvoir politique qui pût véritablement protéger ses sujets ni agir efficacement sur un territoire important. Dans le cadre de ce système féodal — mot qui dérive étymologiquement de « fief » — s'établit une hiérarchie de seigneurs et de vassaux. Elle se fondait sur la puissance militaire et sur la loyauté : l'inférieur prêtait serment à son supérieur immédiat et mettait ses armes — cheval, épée et lance — à son service. En échange, le vassal recevait de son suzerain protection et récompense, généralement sous forme de terres, ou fief.

La terre était la source de la loyauté, de la vie et de la position sociale ; elle offrait nourriture et abri, bois de construction et de chauffage, et de maigres récoltes qui souvent n'évitaient pas la famine et fournissaient pourtant les excédents que certains gaspillaient avec ostentation. La société qu'elle nourrissait se divisait tout simplement en riches et pauvres, forts et faibles, libres et opprimés ; une infime minorité gouvernait la masse immense qui peinait et besognait. Cette réalité primitive évolua lentement en divisions plus fonctionnelles. La société chrétienne, disait le roi Alfred le Grand d'Angleterre, se composait « des hommes pour la prière *(gebedmen)*, des hommes pour la guerre *(fyrdmen)* et des hommes pour le travail *(weorcmen)* », prêtres, guerriers et paysans, dirions-nous aujourd'hui.

Les hommes qui priaient

Dans ce monde sauvage, ingrat, les hommes qui gardaient le chemin menant vers un ciel consolateur se tenaient au sommet de l'ordre social. Plus organisés, ils maîtrisaient le langage, monopolisaient la culture, donc la propagande, et disposaient d'un réseau d'institutions beaucoup plus vaste que celui d'aucun prince. L'Église s'était dressée sur les ruines de l'autorité séculière qu'elle avait remplacée avant de contribuer à la réédifier. Pendant des siècles d'obscurité et de chaos, ses missionnaires avaient propagé le message du Christ, de l'Irlande aux plaines russes ; ses clercs avaient préservé des fragments de la sagesse de l'Antiquité ; ses évêques, d'abord dans les vieilles cités romaines puis dans les bourgs conquis sur les païens, avaient été parmi les premiers piliers de l'ordre retrouvé, soutenant le pouvoir royal qu'ils conseillaient et représentaient. Les dons, les legs et l'esprit d'entreprise avaient fait de l'Église un gigantesque propriétaire, riche de terres et de trésors. Elle pouvait compter sur la loyauté du clergé, fidèle à Rome autant qu'aux autorités locales, entouré du dévouement des masses qu'il commandait, protégeait et servait.

Parallèlement au clergé séculier étaient apparus des ordres monastiques réguliers. Héritiers des ermites qui les premiers avaient fui un monde corrompu, ils étaient organisés et disciplinés depuis le VIe siècle selon les règles établies par saint Benoît, rénovées de temps à autre par de pieux réformateurs. Des abbés dirigeaient ces monastères et ces ordres autonomes, autarciques, respectés et prospères. Inévitablement, les moines reflétaient les divisions sociales du monde extérieur, adoptaient ses valeurs, participaient à ses conflits. A maintes reprises, la contemplation était devenue paresse, la retraite orgueil de caste, la pureté corruption. A maintes reprises, des hommes avaient surgi pour les régénérer et, par des fondations nouvelles, leur insuffler une vie nouvelle. Le XIIe siècle vit un des plus grands réformateurs, saint Bernard de Clairvaux, lancer une nouvelle offensive en faveur de l'ascétisme et du travail manuel. Sous sa conduite, l'ordre cistercien allait construire ses monastères loin des villages qui fournissaient des serfs aux autres ordres, défricher ses terres, organiser de grandes fermes d'élevage et produire la laine, les peaux, les fromages et la viande dont une population croissante avait besoin. A force d'austérité et de dur labeur, ils devinrent riches et âpres au gain. On taxait les autres ordres de paresse, mais on en voulait aux cisterciens d'être avares : les pièges de Satan semblaient innombrables.

Si vivre chrétiennement se heurtait à des problèmes toujours répétés, la pensée chrétienne connaissait tout autant de difficultés. L'idée d'un Dieu en trois personnes — la Sainte Trinité — compliquait la tâche des théologiens moins troublés par la question de la nature divine que par celles logiques concernant l'égalité ou la subordination entre le Père, le Fils et le Saint-Esprit. Ce serait une des causes de la rupture entre les Églises grecque et latine, entre les chrétiens d'obédience romaine et ceux qui suivaient la direction politique et théologique de Constantinople, dont le patriarche refusait de reconnaître la suprématie du Saint-Siège.

Depuis 1054, Rome tenait l'Église orthodoxe pour schismatique ; les Byzantins professaient, en effet, que le Saint-Esprit ne procédait que du Père tandis que Rome considérait qu'Il procédait à la fois du Père et du Fils (la question du *filioque*, comme on l'appelle souvent). Le conflit théologique et institutionnel entre les Églises occidentale et orientale recouvrait des différends plus profonds, avant tout le ressentiment des barbares pauvres et ignorants de l'Ouest envers les Grecs riches et cultivés dont ils ne comprenaient pas la langue, dont ils convoitaient les richesses et dont ils méprisaient le raffinement. L'ignorance et l'envie engendrent la haine, et, en 1204, un certain nombre de participants à la quatrième croisade s'emparèrent de Constantinople qu'ils mirent à sac après un grand massacre. « En vérité (...) depuis la création du monde, jamais on ne fit tant de butin dans une ville », rapporte Geoffroi de Villehardouin, chroniqueur et un des chefs militaires de l'expédition. Les Byzantins reconquirent la ville en 1261 mais ils ne purent jamais effacer entièrement les effets du coup porté par ces chrétiens venus de l'ouest.

En Europe occidentale, les divergences d'opinion étaient parfois réglées de manière encore plus expéditive. L'autorité de la tradition était réaffirmée aussi souvent que mise en cause, si nécessaire par l'excommunication des récalcitrants. Plus dangereux encore se révélaient les hérétiques qui s'efforçaient de mener une vie chrétienne dans une société jugée impie, qui aspiraient à une impossible perfection, rejetaient le monde matériel au profit d'un royaume spirituel, recherchaient le salut dans la pauvreté, la chasteté et la vérité, affirmaient une foi apostolique simple, dépourvue d'institutions parasites, sans églises ni autels ni prêtres ou autres dignitaires.

Ces dangereuses hérésies — comme celle des cathares (« purs »), ou Albigeois, qui se répandit dans le Sud-Ouest de la France pendant la seconde partie du XIIe siècle — étaient réduites par des expéditions militaires (croisade des Albigeois, 1208-1213) et par l'Inquisition inventée par saint Dominique en cette occasion. Pour répondre au renouveau moral qu'exprimaient les hérétiques et au désir ardent d'une religion préférant l'amour à la peur, la charité à l'aliénation des biens, furent fondés de nouveaux ordres, moins indifférents aux besoins spirituels (et matériels) des masses, moins égocentriques, qui allaient vers les villageois et, surtout, vers les pauvres des villes. Mendiant comme les plus misérables des enfants du Christ, sans propriétés ni couvents, ces missionnaires et prêcheurs errants qu'étaient les dominicains et les franciscains ressuscitèrent les idéaux évangéliques de pauvreté et de charité, au sein de l'Église, cette fois, et non contre elle. En quelque sorte, la création des ordres mendiants complétait l'édifice : l'Église du Christ, l'Église de Rome était omniprésente, plus riche que les plus grands princes, plus durable que les plus nobles familles, affirmant l'autorité de l'évêque sur les curés, de l'abbé sur les moines, des supérieurs sur les frères, et du pape sur eux tous.

Les hommes qui combattaient

En dessous de cette grande élite bien structurée se trouvait un groupe plus disparate, les hommes d'armes, autre élite, car les armes étaient un privilège de la liberté et, en règle générale, la liberté apparaissait comme un privilège des armes. Il ne suffisait pas de posséder l'épée, la lance, le bouclier et l'armure toujours plus coûteuse, il fallait encore un cheval bien harnaché et bien nourri, assez robuste pour porter son lourd cavalier. De telles raretés exigeaient une bourse bien garnie, de vastes terres procurant un revenu substantiel, les faveurs d'un riche protecteur ou, tout simplement, un héritage. Dans une société où tous les hommes véritablement libres vivaient du labeur des autres, les chevaliers chassaient ou guerroyaient mais ne travaillaient pas. Au XIe siècle, leur situation était devenue héréditaire et une cérémonie pleine d'apparat introduisait le chevalier dans la caste privilégiée des guerriers.

Vers le XIe siècle également, devenus trop nombreux, les rejetons des familles nobles commencèrent à s'expatrier d'une Europe trop étroite pour chercher fortune au loin : dans le Sud de l'Italie et en Sicile, en Angleterre, conquise en 1066 par le duc de Normandie, dans la péninsule ibérique que les chrétiens disputaient aux sarrasins et où venait d'être créé un royaume du Portugal. Ils partaient surtout pour ces grands pèlerinages armés appelés croisades qui, depuis 1095, fascinaient la chevalerie occidentale. Délivrer la Terre sainte des infidèles promettait des profits tant spirituels que matériels, tout en débarrassant la société de ses éléments les plus remuants. L'Europe jouit alors d'une paix qu'elle n'avait pas connue depuis longtemps. Entre-temps, les guerres « coloniales », le contact avec des civilisations plus raffinées que la sienne transformèrent la caste des guerriers en chevalerie, enrichissant ses vertus militaires originelles, loyauté et bravoure, d'idéaux chrétiens moins brutaux : le redressement des torts, la libération des prisonniers, la défense des faibles et des opprimés. Cette attitude culmina en la personne de Louis IX de France (1226-1270), le roi-chevalier qui, raconte Joinville, « aima Dieu de tout son cœur et imita Son exemple (...) il exposa sa personne à plusieurs reprises par amour pour son peuple ». Louis, qui se croisa deux fois, alors que les croisades étaient en train de perdre rapidement leur popularité, mourut victime de sa passion et ne tarda pas à être canonisé. Il ne semble pas que sa foi en le bien public ou ses beaux idéaux chevaleresques aient eu grand effet sur les conditions de vie du peuple, mais ils laissèrent une marque sur la littérature, sur les manières de l'aristocratie et par ce biais, très lentement, sur les mœurs de la société dans son ensemble.

Les hommes qui travaillaient

Le destin était scellé par la naissance, aussi bien pour ceux qui venaient au monde sans armes que pour les rejetons des gentilshommes. Les paysans restaient « vilains » à jamais, ainsi que l'abbé de Vale Royal le faisait jurer à ses serfs en 1336, « Eux et leurs enfants après eux, pour l'éternité tout entière ». Les vilains étaient vils, des bêtes sauvages, disaient les chroniques, des créatures tombées, vouées à l'enfer, hideuses, hirsutes, au visage noir et tanné, « pas lavées depuis six mois et la seule eau qui les mouilla jamais était la pluie du ciel ». « Nous sommes des hommes faits à l'image de Dieu, protestaient les paysans révoltés que Wat Tyler avait soulevés en Angleterre en 1381, et pourtant nous sommes traités comme des bêtes fauves. » Mais pour leurs maîtres, rien dans leur apparence, tant physique que morale, ne rappelait le Christ. De vilain vient vilenie. Il n'y avait ni héros ni saints paysans, mais seulement des bouffons et des rebelles, des chiens enragés, disait un moine, des mécontents, raillait avec mépris un poète tchèque, qui se lançaient dans des jacqueries désespérées, réprimées férocement. « Certains eurent les dents arrachées, raconte une chronique normande, d'autres (furent) empalés, (eurent) les yeux crevés, les mains coupées, les chevilles carbonisées, d'autres furent brûlés vifs ou plongés dans du plomb fondu. Tous furent bien accommodés. Ils étaient hideux à voir. Jamais on ne les revoyait sans les reconnaître. »

Une histoire allemande du XIIIe siècle montre où pouvait mener le désir de changer de condition. Helmbrecht, fils d'un paysan, commence par imiter les jeunes seigneurs qu'il envie : il porte les cheveux longs et brillants (donc propres) et arbore un bonnet brodé. Il refuse de coltiner de lourds fardeaux ou de charger du fumier sur la charrette de son père, et rêve de mener une vie de seigneur, de monter des chevaux fougueux, d'entendre meugler les bœufs volés qu'il conduit à travers champs. Quelle jouissance de traîner les vilains par les cheveux à travers les haies d'épines ! Son père, sage et prospère, puisqu'il possède une carriole, l'avertit que « celui qui se rebelle contre son rang doit échouer, et ton rang est la charrue » ; mais Helmbrecht préfère devenir bandit — la situation qui se rapproche le plus de celle de seigneur — pour torturer et dépouiller les paysans. « Je crève les yeux de celui-ci, je pends celui-là au-dessus des flammes, j'en garrotte un sur une fourmilière, j'arrache la barbe d'un autre avec des tenailles, j'écorche l'un, je romps les membres de l'autre sur la roue ou je les pends par les tendons. Tout ce que les paysans possèdent est aussi à moi. » Comme il se doit, l'impétueux jeune homme qui imitait les nobles aussi parfaitement que possible finit mal, car « Dieu ne manque jamais de punir celui qui fait ce qu'il ne devrait pas faire ». Les hommes du seigneur capturent la bande de Helmbrecht, pendent ses complices, aveuglent et mutilent le chef, avant de le remettre aux paysans qui tirent de lui la vengeance qu'ils ne peuvent infliger à leurs châtelains.

Les hommes qui gouvernaient

Au-dessus de ces trois ordres, ou mieux en leur sein, se tenait le roi. Au début, plus désireux de gouverner qu'en mesure de le faire, il accrût graduellement son influence et celle de l'autorité centrale qu'il représentait. Oint à son couronnement, il disposait de pouvoirs divins, comme en témoignait son toucher magique, supposé guérir écrouelles et autres maux. Maître d'un royaume qu'il lui fallait parfois des semaines voire des mois pour traverser, il était le seul seigneur qui n'avait à rendre hommage à personne, hormis au Seigneur Dieu, tandis que tous les plus grands féodaux de son royaume lui devaient allégeance. Comme les autres barons il possédait de vastes domaines ; mais il était le mieux placé pour les agrandir lorsqu'une lignée s'éteignait ou qu'un vassal ne respectait pas ses devoirs. Protecteur des hommes d'Église et des roturiers qui cherchaient son appui contre les autorités plus proches et donc plus contraignantes, le roi était également le premier parmi ses nobles, leur suzerain et bienfaiteur naturel. La société féodale inventa une théologie à sa propre image : un Dieu royal, régnant comme un seigneur, trônant pour le triomphe ou le jugement ; un Satan mutiné, image du vassal félon, rebelle et traître. La leçon était claire : même si le présent semblait parfois douteux l'avenir penchait du côté du roi.

On trouvait également l'empereur, héritier du prestigieux titre romain et du puissant souvenir de Charlemagne, mais en réalité guère plus que le souverain incertain de quelques régions d'Allemagne et d'Italie, souvent ignoré par des princes plus puissants : d'abord les rois de France, puis ceux d'Espagne et d'Angleterre. Au rebours de la plupart des autres monarques, les empereurs n'étaient pas héréditaires mais élus, choisis depuis le XIIIe siècle par un collège de sept princes allemands[1]. L'*idée* d'empire pérennisait l'idéal ancien d'une unité universelle sous une autorité suprême, mais la réalité était la désunion, surtout dans les propres États de l'empereur. Son emprise sur l'Allemagne contestée par la guerre civile, son titre soumis au bon vouloir des électeurs, son pouvoir fondé sur ses propres domaines familiaux, l'empereur était en réalité le chef d'une confédération de princes allemands, comme l'indiquerait au XIVe siècle le nouveau titre de ses États : *Heiliges Römisches Reich Deutscher Nation*[2].

Mais la chrétienté médiévale, tel un des monstres qui ornent les chapiteaux de ses colonnes, avait deux têtes : l'empereur et le pape. Et comme deux têtes valent rarement mieux qu'une, chacune s'efforçait d'établir sa suprématie. Rois et empereurs prétendaient que la consécration des rites de leur couronnement donnait à leurs fonctions un caractère religieux et sacré les habilitant à gouverner les prêtres aussi bien que les laïcs, à nommer les évêques et à encaisser les revenus qui disparaissaient dans les coffres de Rome. Les papes protestaient que le royaume de l'esprit transcendait et

1. Les archevêques de Mayence, de Cologne et de Trèves, le comte Palatin du Rhin, le duc de Saxe, le Margrave de Brandebourg et le roi de Bohême.

2. Saint Empire romain germanique, littéralement Saint Empire romain de la nation allemande. (N.d.T.)

englobait ceux d'ici-bas. La tiare papale aux couronnes superposées symbolisait la souveraineté pontificale et impériale, le manteau du Saint-Père était teint de la pourpre impériale, le gouvernement du Saint-Siège ne s'appelait-il pas la curie, rappel de la puissance romaine et des cours royales ? La propagande cléricale comparait le pape au soleil, les empereurs ou les rois à la lune, astre subalterne. Ainsi, pour poursuivre la métaphore, la lumière du pouvoir royal ne pouvait-elle être qu'un reflet du soleil pontifical.

Pourtant, rois et empereurs ne voulaient pas accepter un rôle secondaire ni se contenter de servir de bras séculier à une caste sacerdotale qui, en échange, consacrerait leur pouvoir. La théorie d'un souverain suprême unique pouvait tout aussi bien s'appliquer à eux, et la longue lutte qui en résulta affaiblit irrémédiablement le pouvoir des principaux adversaires, des empereurs comme des papes. Incapables de soumettre et leurs vassaux du Nord et les rebelles italiens, les empereurs d'Allemagne finirent pas renoncer après l'ultime tentative du remarquable Frédéric II (1212-1250). Il reviendrait finalement à un roi de France, Philippe le Bel (1285-1314), de faire échec aux prétentions pontificales et de rabaisser le pape Boniface VIII en 1303.

Après cette date, Rome et toute l'Italie succombèrent au désordre et aux résurgences des particularismes, tandis que les successeurs de Boniface s'exilaient en Avignon, où ils restèrent de 1305 à 1377 — et certains encore plus longtemps, jusqu'au début du XVe siècle —, protégés réticents du roi de France. Nous verrons que les prétentions universalistes de Rome ne se relevèrent jamais de cette nouvelle captivité à Babylone. Le pouvoir sacramentel restait aux prêtres mais la suprématie séculière demeurait solidement entre les mains des princes. Pourtant, malgré cette grande lutte, par-delà tous les antagonismes, les deux pouvoirs continuaient à collaborer. Les hommes de prières et les guerriers se soutenaient mutuellement contre les populations laborieuses. Le Christ avait recommandé de donner à César ce qui est à César et ses représentants sur terre ne manquaient jamais de le réaffirmer.

Le seigneur et le château

L'unité économique était le château. Plus qu'une simple demeure, le château constituait une entité autonome, un petit État agraire gouverné, jugé et administré par son seigneur.

Celui-ci avait pour sujets ses vassaux, dont les droits dépendaient largement de sa volonté et de la tradition. Le seigneur protégeait les paysans et leur confiait ses terres à travailler, en échange de quoi ils lui devaient certains services, la plupart en nature : mesures de céréales ou journées de travail. Le seigneur percevait les impôts, jugeait en première instance et conduisait ses hommes à la guerre. Il avait souvent son mot à dire sur leurs faits et gestes et même leur mariage ; et c'était généralement lui qui dotait l'église et nommait son curé. En fin de compte, les féodaux furent toujours plus que des propriétaires terriens ou des administrateurs de fiefs : avant tout, des meneurs d'hommes. La grandeur s'exprimait moins en richesses qu'en nombre d'épées, d'arcs et de lances. Bien des barons se seraient fait l'écho de ce seigneur écossais à qui l'on demandait ce que rapportait sa terre : « cinq cents hommes », répondit-il.

Et si ses hommes, serfs ou libres, tenaient leurs terres de lui, le seigneur à son tour devait allégeance pour son fief à quelque protecteur plus puissant, chef de clan, comte, abbé ou évêque, et ainsi de suite jusqu'au suzerain suprême, le roi. Un homme pouvait tenir divers fiefs de plusieurs suzerains, et devoir ainsi fidélité à plus d'un seigneur ; les domaines féodaux s'imbriquaient les uns dans les autres, formant des puzzles aux contours souvent mal définis. Des querelles surgissaient à propos de frontières, de prétentions rivales, de droits judiciaires, fiscaux ou de péage ; des guerres éclataient entre familles rivales, ou même en leur sein, sur des questions d'héritage ou de préséance, et d'interminables vendettas ensanglantaient générations et provinces. Tous ces désaccords ou presque soulevaient de difficiles conflits d'allégeance : quel suzerain devait-on suivre lorsque deux d'entre eux se combattaient ? Guerres, coups de main, embuscades et expéditions punitives faisaient partie du quotidien. L'harmonieuse pyramide sociale de suzerains et vassaux ressemblait davantage, en réalité, à quelque panier de crabes, aux combats désordonnés et souvent désespérés, où les plus forts finissaient par imposer leur volonté.

Coutumes et traditions dominaient le Moyen Age ; elles démontraient que la survivance est sa meilleure justification, que ce qui dure depuis longtemps mérite de continuer. De précédent en précédent, les innovations, les abus, les gestes nés purement et simplement du hasard peuvent devenir traditions, droits, voire finalement lois. Lentement, à mesure que les innovations d'hier devenaient les traditions d'aujourd'hui, les plus chanceux ou les plus audacieux affirmaient leur emprise sur des régions de plus en plus vastes, la guerre sans règles s'effaçait devant la justice brutale des potentats les plus puissants, et le calme relatif que ces derniers imposaient favorisait le progrès économique.

Dans une économie de subsistance indifférente à la productivité, la croissance ne pouvait résulter que de l'expansion démographique : davantage d'hommes réclamant plus de nourriture, de vêtements et de logements, mais produisant aussi davantage, défrichant de nouvelles terres, et multipliant en outre l'énergie à une époque où le transport et le travail s'effectuaient essentiellement à la force des bras. Les rares animaux de trait devinrent également plus nombreux : il y avait davantage de fourrage pour les chevaux, les bœufs et les ânes. De nouveaux harnais et la diffusion du fer à cheval permettaient aux animaux de tirer des charges plus lourdes, de labourer plus profondément, de se déplacer plus vite et plus loin, d'accélérer les travaux agricoles et de faciliter la construction des grands édifices religieux et laïques du haut Moyen Age : châteaux forts, cathédrales et palais de pierre.

Tandis que la population augmentait et que les champs faisaient reculer forêts et friches, les échanges entre communautés isolées devenaient plus fréquents ; châteaux et villages, qui s'étaient contentés essentiellement de leurs propres productions, dépendaient davantage des biens et services de l'extérieur ; l'économie monétaire remplaçait la subsistance en circuit fermé. Là où auparavant la terre avait été la seule source de puissance, un monde plus organisé se soumit au pouvoir de l'argent qui permettait de payer les coûteux armements et équipements nouveaux, des mercenaires qui ne s'en allassent pas au bout des quarante jours de service d'ost, des fortifications qui pussent contenir l'ennemi, sans compter les intermédiaires, les sujets et la terre elle-même. Les hobereaux dont les petits fiefs ne leur permettaient pas de faire face à toutes ces dépenses nouvelles s'effacèrent devant les quelques grands féodaux — comtes, ducs et princes — qui contrôlaient les foires, les voies commerciales et les villes, armatures de la puissance nouvelle. L'essor des échanges favorisait les ensembles administratifs plus vastes dans lesquels le domaine féodal ne représentait plus qu'un rouage parmi d'autres.

Progressivement, services et redevances furent évalués en termes monétaires et non plus en terres ; les prestations militaires, comme les marchandises, s'achetèrent et se payèrent en argent ; le pouvoir central s'affirma de plus en plus et entreprit de gouverner toujours plus directement et de se dispenser de l'autorité intermédiaire des petits seigneurs. Les structures sociales restreintes de naguère commencèrent à se lézarder devant l'apparition d'un nouvel état, fraîchement accueilli par les représentants des ordres traditionnels. « Dieu, disait un sermon anglais du XIVe siècle, a fait les clercs, les chevaliers et les laboureurs, mais le diable a fait les bourgeois et les usuriers. » Des professions et des conditions économiques nouvelles naissaient derrière les murailles des villes tandis que les structures sociales complexes d'un passé déjà très différent devenaient de plus en plus anachroniques.

L'ESSOR DE LA VILLE

Au XIIIe siècle, la chrétienté latine qui avait survécu au chaos, après l'effondrement de l'Empire romain, huit siècles auparavant, avait reconquis le terrain perdu et même élargi les limites de l'Empire dans de vastes régions de l'Europe septentrionale et centrale et intégré à sa société nouvelle les peuples germaniques et nombre d'autres barbares, en qui la Rome antique ne voyait guère qu'une menace aveugle.

La dynamique de ce monde très ancien qui évoluait depuis peu venait des villes, centres de production et d'échanges, claquemurées derrière leurs tours, de la Finlande à Chypre, de l'Écosse à la Sicile. Les cités de jadis, pillées, abandonnées, ruinées lors de l'effondrement de l'Empire romain, étaient longtemps restées des coquilles vides, souvenir moribond de leur activité et de leur utilité passées. Il leur fallut longtemps pour redevenir des marchés et des centres administratifs. A quoi auraient servi des villes dans un monde gouverné par l'épée, nourri par la charrue, monde de guerriers et de paysans, sans surplus à échanger ? Lorsqu'ils ne travaillaient ni ne combattaient, ces hommes ne songeaient guère qu'à prier. Pourtant, lorsqu'il arrivait qu'on les laissât en paix, ou lorsque le potentat local jugeait utile de renforcer leur influence face à des vassaux plus récalcitrants, les villes grandissaient. A mesure que d'impitoyables seigneurs affirmaient leur pouvoir, faisaient régner la paix et permettaient à leurs serfs de cultiver leurs terres sans trop redouter des pillages constants, leurs sujets et les autres pouvaient échanger leurs produits, voyager, commercer. Dans les ruines des fondations romaines, à l'ombre d'un seigneur ou d'un évêque pacificateur, auprès d'un gué ou d'un pont à tonlieu, se développaient des marchés, des murs délabrés se relevaient, des enceintes nouvelles surgissaient. Des maisons se serraient les unes contre les autres, balayées parfois par l'incendie, parfois par la peste ou la famine. Les familles s'entassaient à l'abri de murailles bientôt trop étroites et il fallait édicter des règlements pour assurer la sécurité des citadins. Dans l'Europe tout entière, on affluait vers les villes, en quête de profit, et d'étroites échoppes se multipliaient dans les ruelles tortueuses.

Pas plus de cinq pour cent des Européens vivaient dans les villes au XIe siècle, lorsque les croisades commencèrent. Trois siècles plus tard, cette proportion avait quadruplé. Il ne s'agissait guère encore que de bourgades. Vers l'an mil, on ne trouvait d'agglomérations de dix mille habitants ou plus qu'à Byzance et dans l'Europe musulmane. Au XIIe siècle, Londres abritait environ vingt mille personnes. Rome n'était que l'ombre ignoble et menaçante de sa gloire passée : dans l'antique enceinte aurélienne, où vivaient un million d'hommes sous l'Empire, quelque vingt à trente mille Romains subsistaient au XIVe siècle, dans des châteaux et des masures bâtis au milieu des ruines, parmi les décombres, les marécages et les landes. Les forteresses des nobles, les églises — pas seulement celles de Rome même — étaient construites avec le marbre et les pierres des monuments antiques. La ville qu'Auguste avait trouvée en brique et couverte de marbre retournait à sa médiocrité première. Ses habitants vivaient essentiellement de mendicité, de crimes et du détroussage des pèlerins ; ils buvaient l'eau jaune et putride du Tibre et se rappelaient fièrement la grandeur du passé. En revanche, Milan, la plus grande cité d'Europe en 1300, comptait quelque deux cent mille âmes, dont plus de quarante mille hommes capables de porter les armes. « Ses animaux à eux seuls mangent autant de pain que la population de bien des grandes villes italiennes », constatait un prédicateur en 1228. Venise, Florence, Gênes, plus petites, hébergeaient de cinquante à cent mille habitants. En dehors de l'Italie, Paris avec ses quatre-vingt mille citoyens faisait dans le Nord figure de mégalopole ; dans les Flandres, les grandes cités comme Gand ou Bruges atteignaient péniblement cinquante mille âmes. Mais les chiffres sont conjoncturaux au XVe siècle et restent incertains même après. La seule certitude, à ce stade, est la croissance des villes qui — comme Bruges en 1163, 1213, 1254, 1269 et 1299 — repoussent leurs limites pour absorber les faubourgs qui s'étaient construits alentour.

« Les soldats s'occupent à guerroyer, on commerce en paix

et le monde appartient à qui s'en empare », disait de la Palestine un voyageur arabe du XVe siècle. Le monde appartenait avant tout aux Italiens qui, par piraterie, contrebande, esprit d'entreprise et en pratiquant des prix plus compétitifs, s'étaient taillé la part du lion. En 1315, la maison de commerce Bardi de Florence faisait un chiffre d'affaires annuel de quelque huit cent soixante-quinze mille florins. A titre de comparaison, le pape Clément VI achèterait Avignon à Jeanne Ire d'Anjou, reine de Naples, comtesse de Provence, quatre-vingt mille florins en 1348, et les Français ne parviendraient jamais en 1360 à réunir la rançon de quatre cent cinquante mille florins réclamée par les Anglais pour libérer leur roi Jean II, fait prisonnier à Poitiers. Un grand marchand italien pouvait considérer sa fortune comme l'équivalent de la rançon d'un roi.

Les campagnes nourrissaient les villes et leur fournissaient de la main-d'œuvre. La plupart des cités, à commencer par celles d'Italie, abolirent le servage sur leur territoire, afin, essentiellement, que les paysans libres pussent payer des impôts, venir librement dans les villes, fournir une main-d'œuvre peu coûteuse à l'économie urbaine, produire la nourriture et les matières premières que consommaient les citadins : encore un signe de la dissolution de l'ordre féodal et de la nouvelle mentalité qui l'accompagnait. L'abolition des droits féodaux s'expliquait parfois par de bonnes raisons. En 1257, par exemple, la charte de Bologne déclarait que, tout comme au paradis l'homme naît libre, les habitants du territoire de la commune avaient le droit d'être libres. La cité « qui avait toujours lutté pour la liberté » paierait aux propriétaires de serfs une indemnité de dix lires par adulte et de huit lires par mineur, avant d'enregistrer les paysans ainsi affranchis sur ses rôles fiscaux. Le paradis n'était pas exempt d'impôts mais la condition des vilains s'améliora néanmoins.

Grâce à cette relative abondance, les paysans connurent au XIIIe siècle une prospérité sans égale jusqu'au XVIIIe siècle. L'économie monétaire nouvelle, ou plutôt qui se développait alors avec une importance sans précédent, contraignit les seigneurs à convertir les redevances de leurs paysans en paiements fixes, bien que l'inflation croissante en érodât la valeur. Ceux qui travaillaient plus dur ou faisaient un bon mariage, dissimulaient plus efficacement leurs gains aux percepteurs d'impôts ou — mieux encore — devenaient les agents du seigneur et, exempts de taxes eux-mêmes, extorquant ce qu'ils pouvaient aux autres manants, s'enrichissaient. Certains pouvaient même épouser la fille sans dot de quelque clerc ou chevalier. Leurs fils étudieraient, deviendraient clercs, achèteraient des terres nobles, le château d'un seigneur ruiné. Tandis que la petite noblesse campagnarde dévalait la pente sociale, les paysans riches s'installaient dans les villes, commerçaient et s'établissaient, à la vive irritation des citadins de vieille souche comme Dante. Celui-ci eût approuvé ce poète autrichien du XIIIe siècle qui déplorait que les paysans vécussent comme des chevaliers, épousassent les filles des familles nobles et devinssent trop puissants grâce à leurs richesses. Une génération plus tard, la bataille de Morgarten (1315), au cours de laquelle les hommes d'armes de Léopold d'Autriche seraient écrasés par l'infanterie des cantons forestiers suisses, montrerait combien ce poète avait raison.

Le paysan qui s'établissait en ville ne changeait pas d'environnement aussi radicalement que l'ouvrier du XVIIIe ou du XIXe siècle happé dans l'engrenage de l'industrie urbaine. La ville et la campagne s'interpénétraient : on trouvait des cultures au milieu de certaines cités et des champs communaux entouraient la plupart d'entre elles. Les bourgeois remplissaient leurs celliers des produits de leurs fermes, les artisans s'interrompaient pour aider à la récolte, certains tribunaux de Londres s'ajournaient à l'époque des moissons. Et si la ville médiévale émerveillait le vilain, quoiqu'elle fût, sous bien des aspects, semblable à ce qu'il connaissait, elle nous apparaît surtout comme une sorte de gros village affairé et arriéré, avec ses avenues en terre résonnant des marteaux des maréchaux-ferrants, avec ses commerces en plein vent dans les rues, comme aujourd'hui encore dans les bazars orientaux, avec les bouchers qui tuaient leurs bêtes devant leur échoppe. La pestilence d'Avignon — *odor terribilis* — était proverbiale, tout comme celle de Bologne, dont la boue « pue comme des cadavres ». Mais on y trouvait aussi un luxe, une magnificence inconnue des campagnes : pièces aux larges baies, tendues de soieries ou de cuir, meubles et objets décoratifs en abondance, peintures et œuvres d'art.

Les divertissements étaient simples et brutaux : joutes parodiques où s'affrontaient étudiants armés de perches ou d'œufs ; porcs bouillis jetés d'un balcon aux personnes assez hardies pour se les disputer sous une douche de jus de cuisson brûlant ; ou ce jeu dans lequel un homme torse nu était enfermé dans une cage avec un chat qu'il devait tuer avec ses seules dents. Les jeunes gentilshommes se battaient à cheval contre des taureaux au cours de corridas qui devenaient de monstrueuses boucheries. L'une d'elles, qui se déroula en

1332 sur la Piazza Navona — la place du navet, où se tenaient les marchés de Rome —, vit mourir onze taureaux qui, avant de succomber, tuèrent dix-huit hommes et en blessèrent neuf. Cette festivité avait été financée par une taxe spéciale sur les juifs.

Les villes se distinguaient surtout par leur activité, et par l'esprit d'entreprise qui y régnait avant que toutes sortes d'associations n'encadrent celui-ci et le ralentissent. A mesure que les cités se développaient, artisans et commerçants s'organisèrent en corporations destinées à réglementer les horaires et les conditions de travail, à définir la qualité des produits, à réprimer les fraudes et à prévenir la mévente et une concurrence impitoyable en imposant un « juste » prix du marché et en limitant le nombre d'établissements dans la ville. Les cérémonies d'initiation étaient dures : ainsi, à Bergen en Norvège, les compagnons étaient-ils précipités dans le conduit d'une cheminée, jetés trois fois dans la mer, puis vigoureusement fouettés. Des épreuves aussi sévères ne faisaient que rendre plus précieuse l'appartenance à ces corps. Presque toujours fraternité religieuse sous la protection d'un saint patron, la guilde ou corporation faisait office de société de secours mutuel, aidant ses membres malades, assurant leurs funérailles ou célébrant leurs succès.

Fraternités, œuvres de bienfaisance, métiers, arts, guildes, corporations et sociétés, ces associations — nées spontanément aux XIIe et XIIIe siècles pour assurer aide et protection mutuelles à des hommes qui ne pouvaient concevoir ni prendre le risque d'agir seuls en ces temps périlleux — se ramifiaient dans toutes les directions. Nul professionnel ne pouvait travailler en dehors de leur cadre. Dante, le poète, dut s'affilier à la guilde des médecins et épiciers de Florence ; les sculpteurs relevaient pour leur part de la corporation des maçons. Des sociétés de jeunes gens consacrées aux jeux et aux exercices militaires fonctionnaient au sein des corporations, qui préparaient fêtes, mascarades, processions et beuveries. Elles distribuaient nourriture et aumônes aux nécessiteux le jour de la fête de leur saint patron, ornaient les églises paroissiales de riches chapelles ou de vitraux, organisaient des joutes et rencontres sportives entre métiers ou quartiers rivaux — certaines subsistent encore pour le bonheur du touriste, comme le *Palio* de Sienne, course de chevaux sur la grand-place, ou le *calcio* de Florence, sorte de partie de football. Exorcisant les craintes de l'individu isolé, elles brandissaient le bouclier de leur saint patron, encourageaient l'esprit d'équipe, armaient leurs participants qui pouvaient ainsi former ou renforcer une faction, ou encore, tout simplement, constituer une compagnie au sein de la milice urbaine.

Vers le XIVe et le XVe siècle, guildes et corporations représentaient une force politique. Elles servaient trop souvent à éliminer la concurrence ou la nouveauté : qu'elles missent à mort l'inventeur d'un nouveau métier à tisser à Dantzig ou interdissent de nouvelles méthodes de teinture de la laine à Bruges, elles maintenaient les privilèges d'une minorité de maîtres dont de nombreux édits stigmatisaient l'avarice, « les abus, les complots et monopoles ». La diversité et la spécialisation s'accroîtraient au fil des ans tandis que l'encadrement deviendrait encore plus étroit, permettant un contrôle plus rigoureux des pouvoirs publics. Ainsi, en 1613, même les infirmes, estropiés et aveugles de Rome furent organisés en corporation dont seuls les membres avaient le droit de mendier, à condition qu'ils payassent une cotisation mensuelle à leur guilde. Entre-temps, maîtres et compagnons avaient mis au point et raffiné nombre de techniques dont leurs villes profitaient et que leurs apprentis apprenaient et perpétuaient : forges fonctionnant avec des soufflets et des mécanismes hydrauliques, teintures nouvelles et amélioration des procédés tinctoriaux, gravures à l'eau-forte et sur cuivre, émaillage, travail du verre, céramiques spéciales de Faenza (faïence). L'art des souffleurs de verre de Murano représentait un des atouts économiques de Venise ; la Sérénissime République produisait ainsi des perles, des colliers, des verres de cristal et surtout les miroirs vénitiens avec leur nouvel étamage de plomb, outre les lunettes — aux lentilles taillées dans le cristal de roche puis dans le verre poli selon la même technique que les miroirs —, les longues-vues et les télescopes.

L'esprit d'entreprise soufflait aussi dans les campagnes où les conflits, la nécessité et l'invention suscitaient des changements, tout lents fussent-ils ; la créativité du petit peuple s'exprimait en innovations concrètes plutôt qu'en chroniques. Un coup d'œil rapide à l'histoire agricole du Moyen Age suggère une stabilité touchant à l'immobilisme, si on la compare à celle des siècles suivants, mais sous une apparence de coutumes et de routines immuables se manifeste un mouvement ininterrompu de changement. Dans le domaine technique, apparurent des charrues, des cultures et des moulins nouveaux ; on introduisit la rotation des cultures, on défricha les forêts, on clôtura les champs pour l'élevage, on draina les marais et on bonifia la terre, on parcellisa ou remembra les propriétés au fil des générations. Des villages apparurent ou disparurent, des régions incultes furent mises en culture et, parfois, retournèrent à ce que l'époque appelait le désert. Au cours de cette période, la campagne vit croître les villes et les marchés qu'elles offraient, vit les pillages et les destructions de la guerre, les soulèvements endémiques, les jacqueries, les procès, tantôt l'érosion des droits seigneuriaux tantôt les abus des féodaux, tandis que richesses, pouvoirs et privilèges changeaient de mains.

Sans les transformations fondamentales des structures et de l'organisation de la société rurale, l'essor des villes aurait été impossible. Cet essor, à son tour, suscita des progrès nouveaux dans les campagnes : il fallait améliorer la productivité agricole et offrir un marché aux productions artisanales. Au XIVe siècle, de plus en plus de bourgeois achèteraient terres et châteaux seigneuriaux. Sous leur influence, la vieille mentalité féodale ferait place à des conceptions plus utilitaires, tenant compte des profits et des pertes et recherchant des investissements rentables, tant dans l'agriculture que dans le commerce. Les nobles imiteraient leur exemple et les filles de la bourgeoisie, épousées pour leur dot, instilleraient leurs valeurs dans les vieilles familles aristocratiques.

Pourtant, le contraste subsisterait entre la ville et la campagne, l'une plus éprise de changement, l'autre plus réticente à accepter la nouveauté. Les citadins vivaient à un rythme plus trépidant et méprisaient l'inertie qu'ils attribuaient volontiers aux paysans : ainsi dans la *Divine Comédie,* Dante place-t-il dans les contrées les plus ignominieuses du purgatoire les « âmes au pas lent ».

Désormais l'éducation ne servait plus seulement à s'initier à la sagesse de l'Église mais à tenir les comptes, à prendre des notes, à entretenir une correspondance. A Florence vers 1336, de huit à dix mille enfants apprenaient à lire, plus de mille étudiaient les mathématiques, quelque six cents des sujets aussi « inutiles » que la littérature et la philosophie. Pour la première fois depuis mille ans, l'esprit d'entreprise, l'initiative, l'affirmation de soi pouvaient s'exprimer et triompher en d'autres domaines que la religion et la guerre. Lentement, à tâtons, on redécouvrait l'individu, on le faisait renaître à bien des égards.

L'HOMME MÉDÉVIAL

L'environnement

Quels étaient ces hommes et ces femmes qui, en masses indistinctes, remplissaient les églises et les rues, combattaient, labouraient, naviguaient au cours de ces siècles ? On ne les trouve guère que dans les statistiques, car ils ne figurent pas dans les récits du temps parmi les princes, les prélats, les nobles chevaliers et les saints, personnages centraux ou exceptionnels dont seules les actions méritaient d'être rapportées. Nul monument en l'honneur des masses, nulle chronique du petit peuple, hormis quelques histoires de pauvres braconniers, quelques ballades que les vilains chantaient aussi bien que les nobles. Il nous reste des années 1370 « la vision concernant Piers le laboureur », récit haut en couleur de la vie et des problèmes sociaux du XIVe siècle. Pas grand-chose en somme. Les clercs prêchaient, les seigneurs faisaient grand bruit, les poètes chantaient leurs chansons, les lettrés enseignaient, pensaient et écrivaient. Les humbles, pour leur part, se contentaient de vivre, de survivre, et ils ne nous ont pas raconté comment : le silence était le lot de ces masses illettrées.

Tout d'abord, à l'évidence, l'homme du Moyen Age était beaucoup plus proche de la nature que nous ne le sommes aujourd'hui, et la nature était bien différente de la campagne policée, domestiquée et largement maîtrisée que nous connaissons. Terres vierges et jachères constituaient l'essentiel d'un paysage que la main de l'homme n'avait pas encore modelé. De nos jours, les bêtes sauvages ne hantent plus que les contes d'enfants et les safaris des millionnaires ; en ce temps-là, les ours, les sangliers, les cerfs et surtout les loups, erraient partout, jusque dans les champs des villageois. Longtemps, même les faubourgs des grandes villes ne furent pas à l'abri des loups. Au milieu du XVe siècle, ils attaquèrent les habitants de Montmartre. Quelques années auparavant, en 1420, des bandes entières avaient investi Paris même par des brèches dans les murailles de la ville. En 1640 encore, des loups parcouraient les rues de Besançon, résidence des ducs de Savoie, et dévoraient les enfants. Plus qu'un sport, la chasse était une défense nécessaire et, évidemment, une source essentielle de nourriture.

Tout appoint alimentaire était le bienvenu. On ne faisait guère de foin et les animaux manquaient de fourrage l'hiver. Maigre, mal nourri, le bétail avait, au mieux, piteuse allure ; encore fallait-il en abattre la plus grande partie à l'automne et la saler en attendant le printemps. La viande (mal) salée n'est pas un mets très appétissant, surtout quand elle commence à pourrir. Pour en cacher le goût, ou pour relever une nourriture trop fade, ceux qui en avaient les moyens mangeaient très épicé. En France, même les paysans se servaient de poivre importé, tandis que l'ail et l'oignon faisaient partie de l'alimentation quotidienne. Un auteur byzantin du XIIIe siècle prétendait que c'était l'haleine des croisés français qui leur avait permis de s'emparer de Constantinople en 1204.

Les pauvres, c'est-à-dire la plupart des gens, se nourrissaient de pois et de pain ; le pain de seigle coûtait cher et le pain de froment était un luxe. Les légumes, qu'on mangeait rarement frais, servaient à agrémenter soupes et ragoûts. Sombre, dangereuse, peuplée de bêtes sauvages et parfois d'hommes non moins féroces, la forêt offrait d'immenses ressources : non seulement on y glanait et on y chassait (lorsque c'était permis et même parfois lorsque ça ne l'était pas), mais l'homme continuait d'y élargir la gamme de ses aliments. Tout comme le porc est un sanglier domestiqué, le verger est une forêt apprivoisée. Les poires, puis les pommes — et leur jus fermenté, poiré et cidre —, enrichirent le régime peu varié des Européens du Nord et de l'Ouest. Autre apport de la forêt, les mouches à miel, comme disaient les paysans dont ce sera pratiquement la seule source de sucre jusqu'à la Révolution française. Les abeilles seront domestiquées elles aussi. En attendant, on allait récolter des fruits sauvages, des herbes et du miel, comme on le faisait depuis l'âge de la pierre. Mais, faute de viande et de légumes en quantité suffisante, on manquait de graisses et de vitamine A, et le scorbut était endémique.

Les nuits étaient plus sombres et le froid plus glacé que nous l'imaginons : il n'existait pratiquement pas de lumière artificielle et le chauffage restait rudimentaire. Au XIVe siècle, on ne trouvait guère de vitres que dans les églises, et encore étaient-elles bien peu transparentes, évoquant plus le cul de bouteille que le carreau contemporain. Même en Italie où il n'était pas si rare, le verre faisait encore figure de luxe : en 1332, après une grande inondation, un prédicateur franciscain dénonçait les vitres parmi les superfluités qui avaient déchaîné la fureur de Dieu contre la Toscane. Les fenêtres étaient généralement tendues de parchemin ou de tissu huilé et doublées de volets qu'on ouvrait les jours sans vent, rarement donc pendant les journées les plus sombres de l'année. Ceux qui en avaient les moyens couvraient les pièces obscures de tapisseries pour se protéger de l'humidité et du froid[1]. Les chandelles de suif fumaient, sentaient, et il fallait sans cesse les moucher. Les bougies de cire, trop chères, n'apparaissaient guère que pour les fêtes religieuses ou dans la demeure des grands. Les lampes à huile ne donnaient qu'une lumière chiche. Quant au foyer, c'était souvent un âtre sans conduit d'évacuation pour la fumée. Les cheminées étaient rares, comme le constata le duc de Ferrare lorsqu'il vint à Rome en 1368 : « Car les cheminées n'étaient pas alors en usage, et les gens faisaient du feu sur le sol au milieu de la maison, ou dans des récipients en terre. » Deux siècles plus tard, les auteurs anglais considéraient encore les cheminées comme un luxe extravagant.

Pas de lumière. Pas de chauffage. Nul confort. Il suffit de se souvenir des personnages emmitouflés des peintures des XVe et XVIe siècles. Hommes et femmes portaient plus de vêtements à l'intérieur que dehors — robes, fourrures, bonnets, les uns sur les autres —, s'usaient les yeux sur leurs livres ou leurs registres[2], et vivaient dans un inconfort si constant qu'à peine s'en rendaient-ils compte.

Les vieilles blessures, mal guéries, se réveillaient à chaque changement de temps. Une mauvaise digestion, aggravée par une alimentation déséquilibrée ; des installations sanitaires

1. En 1475, mourut à Paris un teinturier du nom de Gobelin. Il s'était installé dans la capitale une trentaine d'années auparavant et avait élaboré un nouvel art qui permettrait l'essor de la tapisserie. Son nom devint synonyme de tapisseries d'une qualité inégalée.

2. Les lunettes semblent avoir été inventées à la fin du XIIIe siècle, probablement en Italie du Nord, et elles restèrent très longtemps hors de prix. Une des rares preuves de leur utilisation au XIVe siècle est leur présence sur une fresque peinte en 1352 à Trévise par Tomasso de Modena. Pétrarque commença à porter des lunettes en 1364. Les premiers modèles, parfois ornés d'or ou de pierreries, coûtaient si cher qu'ils figuraient généralement dans les testaments et les inventaires. Au XVIe siècle, devenues symboles de savoir et de sagesse, on en ornait les portraits des anciens sages comme Virgile et Pythagore, des saints comme Pierre, Paul, Jérôme et Augustin, voire parfois de l'Enfant Jésus.

virtuellement inexistantes : on n'imagine pas le rôle que les troubles gastriques jouèrent dans les sautes d'humeur de l'homme médiéval. Sans parler de la constipation fréquente, des démangeaisons incessantes. Les maladies de peau abondaient au Moyen Age et la rugosité des sous-vêtements, quand d'aventure on en portait, ne devait qu'empirer les choses. Ce n'est qu'aux XIVe et XVe siècles que le linge de corps et les chemises de lin commencèrent à remplacer les lainages plus rêches (qu'on usait jusqu'à la corde pour en faire ensuite du papier). Qui plus est, on ne se lavait pas souvent, et rarement à fond. La cérémonie de l'adoubement qui donna naissance à l'ordre du Bain faisait partie d'un ancien rituel de purification et témoigne aussi combien il était exceptionnel de se laver et de se raser soigneusement[1].

Sous la surface de la vie quotidienne, nous devinons une rudesse essentielle, une soumission à des forces non encore disciplinées ou domptées, une existence aux contrastes physiques sans nuances. Les hommes, aussi, nous apparaissent violents, impulsifs, émotifs, sensibles à la moindre atteinte à leurs passions, la colère aussi facile que les larmes : tissu d'humeurs contradictoires que produisent les dures oppositions de leur vie — le jour et la nuit, le froid et le chaud, l'abondance et la famine — dans un monde où la technique ne savait guère faciliter les transitions que nous ignorons si aisément aujourd'hui. Ils étaient perméables aux humeurs, mais aussi aux sons, aux odeurs, aux présages, à toutes sortes d'expériences que nous percevons rarement de la même manière, avec un empressement puéril, « primitif », à saisir l'instant et à s'y abandonner.

C'étaient des hommes rudes et durs, peu raffinés. Au milieu du XIVe siècle, lorsque le jeune Francesco Datini se trouvait en Avignon, le pape ne possédait que deux four-

1. Moins exceptionnel, pourtant, que cela ne le devint à partir du XVIe siècle. Le bain, même épisodique, passa de mode pendant deux à trois cents ans à cause de l'apparition et de la propagation de la syphilis, et d'une attitude plus puritaine envers la nudité. Vers 1500, Nuremberg (vingt mille habitants) comptait quinze bains publics et bon marché ; certaines heures étaient réservées aux employés municipaux et, une fois par semaine, les prostituées et les enfants accompagnés de leurs parents y avaient accès gratuitement. Rapidement, cependant, les risques d'infection, physique et morale, aboutirent à leur fermeture progressive. Le mot bain public lui-même *(bagno)* devint synonyme de bordel. Vers 1530, indique Lewis Mumford, il ne restait plus aucun des vingt-neuf bains publics dont disposait Francfort au XIVe siècle.

chettes, bien qu'il utilisât des pics d'or pour tenir sa viande et de cristal pour manger les fraises. Cent ans plus tard, Aenea Silvius, le futur pape Pie II, rapporte dans ses *Commentaires* que son éloquence captiva tant un auditoire de prélats que pendant deux heures aucun ne songea même à cracher. C'était aussi une époque où chacun portait un couteau ou un poignard qui servait tour à tour d'outil, de couvert ou d'arme. « La terre et la mer sont pleines de voleurs, écrivait un marchand du XIVe siècle à son associé, et la plus grande partie de l'humanité est mal intentionnée. »

Outre les dangers du monde extérieur, bien des gens acquéraient des esclaves, au risque d'introduire des ennemis chez eux. Les pays méditerranéens, en particulier, ne comptaient guère de riche maison sans au moins un esclave, reçu en dot, en règlement d'honoraires médicaux, legs à un monastère ou à une église. Le connaissement d'un navire de la mer Noire arrivant à Gênes en 1396 décrivait la cargaison suivante : « Dix-sept balles de robes de pèlerin, cent quatre-vingt-onze lingots de plomb et quatre-vingts esclaves ». L'esclavage allait lentement dépérir, mais ne disparaîtrait jamais totalement avant la fin du XVIIIe siècle. Même s'ils avaient tendance à considérer l'esclave domestique comme un objet plutôt que comme un être humain, rares étaient ceux qui pouvaient oublier entièrement que le jouet vivant ou la souillon d'arrière-cuisine cachait un ennemi à demeure.

Les puissants pouvaient se montrer aussi imprévisibles. En apprenant l'assassinat de son fils, le pape Alexandre Borgia s'effondre et confesse ses crimes devant ses cardinaux. César Borgia tue le favori de son père aux pieds de ce dernier et le sang de la victime gicle sur le pape lui-même. Le cardinal d'Este, frère du duc de Ferrare, fait crever les yeux d'un autre de ses frères parce qu'une dame de la cour les trouvait trop beaux. Princesses et gentes dames s'assommaient, se crachaient dessus, se querellaient comme des harengères. Les distractions restaient d'une grande brutalité : combats entre taureaux et ours, hommes et porcs, pugilats, sans compter les exécutions, les tortures, les flagellations, et les processions religieuses en tous genres. Et tout cela sur le même plan.

Moins stables, moins équilibrés que nous, les hommes du Moyen Age étaient également plus jeunes, non parce que les privations gardent les gens jeunes mais parce qu'elles les tuent jeunes. Les bébés mouraient en masse. Nous ne sommes pas en mesure de calculer précisément la mortalité infantile, surtout aux époques les plus reculées, mais on a estimé qu'au XVIe siècle, parmi les classes supérieures, au moins quarante pour cent des enfants n'atteignaient pas un an, et encore vingt pour cent trépassaient avant leur vingtième année. Seuls trois des multiples enfants de Henri VIII survécurent à leur père. Cinq des enfants de la reine Isabelle n'arrivèrent pas à terme, furent mort-nés ou périrent dans les langes ; deux autres succombèrent en pleine jeunesse. Les femmes mouraient en couches, ce qui n'a rien de surprenant compte tenu de la précocité du mariage, de la fréquence des grossesses, des possibilités d'infection. Au XIVe siècle, Gian Galeazzo Visconti de Milan épousa Isabelle de Valois à neuf ans. A quatorze ans, il avait déjà un fils d'elle ; son épouse mourut à vingt-trois ans. Trois siècles plus tard, la mère du grand Arnaud de Port-Royal disparaissait à trente-neuf ans, épuisée par vingt maternités ; onze de ses enfants avaient été fauchés par la mort dans leur prime jeunesse.

Les hommes mouraient facilement aussi, comme en témoigne ce personnage de Chaucer, la Bourgeoise de Bath, qui eut cinq maris et les enterra tous. Dans un de ses dialogues, Pétrarque fait dire à saint Augustin : « La plupart des hommes n'atteignent pas votre âge. » Il avait alors trente-huit ans. Les mieux nourris — princes, seigneurs, patriciens — décédaient entre quarante-cinq et cinquante-six ans. Les hommes de plus de quarante ans, les femmes de plus de trente ans, passaient pour vieux, et le paraissaient. Lorsque Louis XII de France épousa Marie Tudor, sœur de Henri VIII, en 1514, on fut stupéfait d'une telle résolution de la part d'un homme de cinquante-deux ans, « fort débile et antique » ; et, en effet, le roi succomba à ses débordements trois mois plus tard.

La mentalité médiévale

Nous ne pouvons négliger les effets d'une extraordinaire sensibilité au surnaturel qui s'expliquait peut-être par la médiocre santé des corps et des nerfs, mais affectait à son tour l'état des hommes. Tout le monde semblait en permanence à l'affût de signes, de rêves et d'hallucinations de toutes sortes. Dans les monastères, en particulier, jeûnes et privations amplifiaient les effets d'une discipline et d'une réflexion habilement et délibérément centrées sur les problèmes d'un monde invisible qui ne devenait que trop souvent visible. Quel psychanalyste scruta jamais ses rêves avec plus d'ardeur, de soin passionné, que le moine du Moyen Age ? Les laïcs avaient aussi leur part dans cette société très émotive, où nul code des bonnes manières n'interdisait encore les larmes, les transports ou les évanouissements, où diables et saints intervenaient constamment dans les affaires quotidiennes. Prodiges, monstres, présages, anges, démons, le vaste univers des esprits se mêlait au monde ordinaire, qui devait apparaître comme la partie visible de l'iceberg, l'avant-goût menaçant de la masse cachée. Les miracles abondaient. Animaux, phénomènes naturels, tout était prophétie. Les statues transpiraient, pleuraient, hochaient la tête. A Brescia, en 1415, une statue de la Vierge ouvrit et ferma les yeux. A Saint-Maximin, certaines pierres tachées du sang du Christ, apportées là par Marie-Madeleine elle-même, bouillonnaient le Vendredi saint. A Naples, le sang de saint Janvier bout encore trois fois par an, bien qu'apparemment pas en dessous de dix-neuf degrés centigrades.

L'interpénétration des mondes visibles et invisibles, l'interaction constante entre des sphères définies depuis comme différentes, entre catégories que nous avons distinguées et séparées, se produisait couramment sur chaque plan de la vie. La loi, les tribunaux semblaient reconnaître certains parallèles entre les hommes et les bêtes, voire entre les hommes et les objets. Les cloches d'une église qui avaient appelé un village aux armes contre les soldats du roi étaient fouettées publiquement par le bourreau ; le porc qui avait tué un homme ou mangé un enfant était jugé et pendu pour son crime. Comment s'étonner alors que les sorcières fussent traitées selon la même logique ? Un coup de tonnerre, une comète dans le ciel, un coucher de soleil aux couleurs étranges, toutes sortes de phénomènes que nous attribuons à des causes naturelles, étaient des *signes* pour ces gens, des expressions de l'intervention logique, constante et délibérée des pouvoirs divins ou diaboliques. Logique, car le concept de cause et d'effet n'était pas absent, il s'appliquait seulement de manières qui nous semblent incohérentes parce qu'elles mêlaient des plans d'expérience que nous considérons aujourd'hui comme s'excluant mutuellement : les épreuves judiciaires se fondaient, par exemple, sur la croyance que les plaies d'un homme assassiné saigneraient en la présence de son meurtrier, ordalie à laquelle les tribunaux bretons se livrèrent jusqu'à la Révolution française ; la pratique médicale avait des aspects magiques, médicaments et traitements ne pouvant agir qu'accompagnés de mots ou de gestes rituels ; les morts intervenaient fréquemment dans le monde des vivants, redoublant l'immixtion non moins habituelle des vivants dans l'au-delà. Tout cela trahit une logique différente, une autre conception de l'univers.

En un sens, on peut attribuer ces vues à un excès de logique : ces gens voulaient tout expliquer, tout relier. En s'y efforçant, dans une société où les expériences exactes étaient impossibles, où les notions mêmes d'exactitude ou d'expérience restaient approximatives et rares, ils créèrent un vaste réseau de corrélations et d'interprétations, logique mais incohérent et, à nos yeux, improbable. C'étaient alors les premiers pas hésitants vers une structuration rationnelle du monde.

Entre-temps, lorsqu'ils ne s'exprimaient pas en rites religieux, ces tâtonnements vers une explication scientifique déviaient très fréquemment vers la sorcellerie. La science moderne est née d'un mariage entre les mathématiques et la magie. C'est manifestement vrai de l'astrologie, sans laquelle nous n'aurions probablement pas d'astronomie ; c'est encore plus vrai des alchimistes, ancêtres de nos physiciens et chimistes, en quête de la pierre philosophale qui devait leur permettre de transformer les métaux vils en ce métal parfait, l'or, et, au-delà, d'éliminer les impuretés de la matière à tous les niveaux afin que l'homme pût s'élever d'un état fruste, instable et corrompu jusqu'à la perfection. Cette quête de la pureté conduirait les alchimistes à découvrir au XIIe siècle le processus de distillation et de fabrication de l'eau-de-vie de trente, puis de cinquante degrés, aussi efficace comme stimulant que comme désinfectant. Leur recherche de l'or, bien que moins heureuse, débouchera sur la voie utile de la transmutation des métaux et, ce faisant, aboutira à la production d'autres substances, comme les acides nitrique et sulfurique.

Ceux qui encourageaient ces expériences avaient généralement des préoccupations moins élevées. Henri IV d'Angleterre, ayant besoin d'argent, accorda sa royale permission à trois alchimistes cherchant le secret de la transmutation des métaux vils en or et l'élixir d'immortalité. Leur échec ne fit qu'encourager une longue série d'autres recherches sous les règnes d'Henri VI et d'Édouard IV. Élisabeth d'Angleterre et Charles IX de France au XVIe siècle, l'empereur Rodolphe II et Marie de Médicis au XVIIe seront parmi les plus éminents personnages à favoriser de semblables investigations.

La magie pouvait se révéler négative aussi bien que (théoriquement) positive. Le pape Jean XXII (1316-1334), vaste érudit, vivait dans la terreur des magiciens et des mauvais esprits. Lorsqu'un de ses évêques se mit à enfoncer des aiguilles dans une statuette de cire à son effigie, il fit rechercher à grands frais une corne de serpent pour conjurer le sort, talisman sans doute efficace puisqu'il mourut à quatre-vingt-dix ans.

S'intéresser à la magie pouvait receler des dangers dans une société s'embrasant très facilement, où les gens s'emportaient très rapidement et où la foule se muait aisément en populace ivre de fureur ou de terreur, d'autant que la connaissance de la réalité était, au mieux, approximative. Tel livre risquait de passer pour l'œuvre du diable, tel talent particulier pour la preuve d'accointances occultes. Pétrarque fut accusé d'être un magicien parce qu'il lisait Virgile, auteur que certains, et notamment le pape Innocent VI, tenaient pour un nécromancien.

La recherche d'une connaissance exacte était vouée à progresser avec une pénible lenteur, surtout dans un monde où la notion familière du temps apparaissait comme une dimension étrange et mal définie. La plupart des gens ne pouvaient mesurer le temps et beaucoup ne s'en préoccupaient pas. Au XIVe siècle, sabliers, cadrans solaires et coûteuses clepsydres commencèrent à céder lentement la place aux horloges mécaniques qui, petit à petit, s'enrichirent d'aiguilles et de cadrans. On put alors diviser les heures en minutes et en secondes, mais ces premiers instruments mécaniques, vastes et lourds, n'étaient installés que dans les clochers ou dans quelques autres édifices publics, et il fallut attendre le XVe siècle pour que « des horloges aux multiples rouages, faites de petits morceaux de fer » préfigurassent l'apparition des petites pendules portatives familiales.

On n'en voyait guère l'utilité auparavant, il est vrai : l'approximation allait de soi et le sens de la chronologie (sans même parler de chronométrie) restait vague. Ainsi, en 1284, faute d'aucun document écrit, il fallut entreprendre une enquête approfondie pour établir — avec plus ou moins d'exactitude — l'âge d'une des plus grandes héritières de la Chrétienté, la jeune duchesse de Champagne. La notion, le goût de l'exactitude, fondés sur des chiffres précis, demeuraient étrangers aux meilleurs esprits du Moyen Age et des débuts de l'ère moderne. Peut-être était-ce aussi bien en ce monde approximatif où le principal espoir, ou concept, de survie, au sens matériel du terme, reposait dans la capacité à vivre au jour le jour.

L'ART DU MOYEN AGE

Pourtant ce monde et ces hommes furent à l'origine de ces merveilleuses créations artistiques qui restent aujourd'hui la gloire la plus durable de la période du Xe au XIVe siècle. Lorsqu'on parle d'art médiéval, on songe immédiatement à la cathédrale. Pour une fois, cette impression contemporaine est parfaitement correcte, parce que la culture du haut Moyen Age tournait effectivement autour des édifices religieux, expression des aspirations les plus matérielles comme des plus spirituelles. En trois siècles, de 1050 à 1350, la France a extrait plusieurs millions de tonnes de pierre pour bâtir quatre-vingts cathédrales, cinq cents grandes églises et plusieurs milliers d'églises paroissiales. Les fondations des grandes cathédrales plongent à une dizaine de mètres de profondeur (le niveau moyen d'une station de métro), et dans certains cas représentent une masse de pierre aussi grande que celle de l'édifice visible au-dessus du sol. Ainsi les Français taillèrent et charrièrent plus de pierres en ces trois siècles que les anciens Égyptiens en aucune période de leur histoire, bien que la Grande Pyramide ait, à elle seule, un volume de deux millions et demi de mètres cubes.

Pendant le haut Moyen Age, il y avait une église pour deux cents habitants environ, et les édifices du culte occupaient une partie considérable de la superficie des villes. A Norwich, Lincoln et York, qui comptaient entre cinq et dix mille habitants, se dressaient respectivement cinquante, quarante-neuf et quarante et une églises. Il y en aurait peut-être eu davantage encore, et de plus grandes, s'il n'avait pas fallu détruire un ou deux sanctuaires voisins et construire de nouvelles habitations pour reloger ceux dont on aurait abattu les maisons, problèmes aptes à décourager les moins entreprenants.

La cathédrale d'Amiens, qui couvrait près de huit mille mètres carrés, permettait à la ville tout entière (dix mille personnes environ) d'assister au même office. Pour faire une comparaison à notre échelle, il faut imaginer pour une ville d'un million d'habitants un stade en plein centre capable d'accueillir toute la population. On retrouve les mêmes proportions grandioses dans la hauteur des nefs, des tours et des flèches : on pourrait construire un immeuble de quatorze étages dans le chœur de la cathédrale de Beauvais, haut d'environ quarante-huit mètres. Au XIIIe siècle, les bâtisseurs de Chartres dressèrent une flèche de cent cinq mètres de hauteur, tandis que celle de la cathédrale de Strasbourg jaillissait à cent quarante-deux mètres[1].

Quelle forme d'expression puissante, dominant littéralement une bonne partie de la vie, écrasant les villes tapies à ses pieds et visible à des kilomètres à la ronde ! Aujourd'hui encore, on aperçoit les tours de la cathédrale de Chartres ou de Reims à une trentaine de kilomètres alentour. Manifestement, l'esprit qui conçut et réalisa ces extraordinaires monuments n'était ni routinier ni primitif ni étriqué. Inspiré par la foi et la révérence religieuses, il avait décidé d'élever au Dieu chrétien des temples plus splendides que les païens n'en imaginèrent jamais. Le XIIe siècle élabora des procédés techniques permettant d'en accroître la hauteur et le volume. Les murs massifs et les lignes trapues des bâtiments édifiés selon les méthodes romanes, caractérisés par les arches rondes et les coupoles, furent remplacés par des structures plus hautes et plus légères, aux arches ogivales se croisant au centre des travées, de sorte que le mur extérieur portait le poids des voûtes. Soutenue par des arcs-boutants extérieurs, la lourde maçonnerie romane pouvait être abandonnée au profit de murs plus sveltes, percés de baies toujours plus hautes. Le style gothique — comme l'appelleraient, péjorativement, les artistes de la Renaissance — évoque une libération hardie de la matière, une sublime aspiration de l'homme, avec ses clochetons et ses nefs qui jaillissent vers le ciel, avec son surgissement de lumière, blanche ou colorée par les vitraux, là où tout n'était auparavant que ténèbres. Symphonie harmonieuse, triomphe du génie des créatures de Dieu. Le style et les dimensions s'inspirèrent peut-être de l'architecture arabe dont marchands et pèlerins, de retour de Syrie ou d'Espagne, vantaient les splendeurs, mais ils se nourrirent aussi et surtout d'un patriotisme local effréné et orgueilleux, doublé d'un sentiment très nouveau dans ce contexte : l'esprit de concurrence.

Chaque abbaye, chaque paroisse, chaque cité voulait une église plus grande, plus belle et plus lumineuse que les autres, afin, sans doute, d'attester sa piété avec autant d'éclat que possible, mais aussi pour affirmer son succès et sa richesse. Tous ceux qui en avaient les moyens faisaient appel aux architectes et aux maçons qui leur bâtiraient le plus grand temple de la chrétienté. L'argent manquait parfois.

1. Sur ces données, voir Jean Gimpel, *Les Bâtisseurs de cathédrales* (1958).

Une riche abbaye, tirant un revenu important et régulier de ses troupeaux, récoltes, vignes ou redevances, pouvait entreprendre rapidement une construction — comme à Cluny, où la grande basilique commencée en 1088 était presque terminée en 1118. La plupart des chantiers traînaient, cependant ; il fallait réunir des fonds à grands renforts de miracles et de reliques toujours renouvelés, d'où ces monuments dont la construction s'étala sur plusieurs générations voire, parfois, sur plusieurs siècles ; architecture dont l'hétérogénéité ne fait que rehausser le charme. Ainsi la cathédrale de Chartres, commencée en 1134 sur des fondations remontant au IXe siècle, brûla en 1194 ; sa reconstruction s'acheva en 1220. Elle se compose aujourd'hui d'un portail roman du XIIe siècle, de portails latéraux gothiques du XIIIe siècle, de chapelles et d'une salle capitulaire du XIVe siècle, d'une flèche du XVIe siècle et d'un jubé terminé en 1727. Huit tours étaient prévues, deux seulement furent bâties, l'une romane et l'autre gothique [1].

A maintes reprises, tours et nefs furent lancées à l'assaut du ciel, pour la gloire de Dieu et l'humiliation de la ville voisine ; à maintes reprises, elles s'effondrèrent pour être relevées de leurs ruines. Cathédrales et abbatiales rivalisaient de hardiesse : en 1163, Notre-Dame de Paris l'emporte avec une hauteur sous voûte de trente-cinq mètres ; en 1194, Chartres s'impose avec trente-six mètres et demi ; Reims s'élève en 1212 à trente-huit mètres, pour se voir dépassée neuf ans plus tard par Amiens, avec plus de quarante-deux mètres. Finalement, Beauvais pulvérise ce record en 1225 avec quarante-huit mètres ; mais la voûte s'écroulera cinquante ans après.

Les capitaux engloutis dans ces constructions et d'autres

1. Voilà ce que dit un témoin de la construction de Chartres en 1145 : « Cette année-là, les hommes commencèrent — d'abord à Chartres — à haler à la force du poignet des chariots remplis de pierres, de bois de charpente, de nourriture et d'autres produits pour la construction de l'église dont on bâtissait alors les tours... » Un autre, en Normandie : « Rois, princes, hommes puissants en leur temps et couverts d'honneurs et de richesses, hommes et femmes de haut lignage, à la manière des animaux, courbèrent leur cou fier et gonflé pour s'atteler aux chariots et les tirer avec leur chargement de vin, de blé, d'huile, de chaux, de pierre, de bois et d'autres produits nécessaires à la préservation de la vie ou à la construction des églises devant abriter le Christ... » Encore au XIIIe siècle, saint Louis obligerait ses frères à se joindre à lui pour en faire autant lors de l'érection de l'abbaye de Royaumont, près de Paris.

formes de consommation somptuaire représentaient une somme de travail et de ressources qui eussent pu s'investir de manière plus profitable, et certains historiens estiment que des villes comme Beauvais, très prospères au XIIIe siècle, déclinèrent par la suite en partie à cause de ces entreprises gigantesques.

Ces accès frénétiques d'enthousiasme et de rivalité attestent un autre aspect du caractère médiéval qui rappelle les États-Unis du XIXe siècle où pionniers et magnats, souvent sans scrupules, faisaient assaut de dynamisme et de vulgarité pour bâtir, détruire et reconstruire toujours plus grand dans ce continent neuf. Les cathédrales témoignent jusqu'à nos jours de cet esprit. En outre, puisqu'elles apparurent à un moment plutôt terne de l'histoire d'une humanité mal dégrossie, ces créations allaient fournir un langage, un mode d'expression, aux formes les plus élevées de la sensibilité religieuse, de la fierté civique et de la créativité personnelle — mélange du sacré et du profane dans la publicité naïve des corporations locales sur les vitraux, dans la hauteur et l'envergure extraordinaires des arches et des piliers, dans les grotesques caricatures qui décorent des stalles et des chapiteaux, dans les fresques et les sculptures impressionnantes qui illustrent les récits familiers de la Bible, mélange très caractéristique de l'époque.

L'art médiéval peut nous apparaître comme un substitut (du moins en certains cas) à certaines valeurs qui ne pouvaient s'exprimer qu'en ces lieux privilégiés. L'architecture présente parfois la modération et l'équilibre dont ces siècles manquent si singulièrement. L'exactitude, la précision, la clarté que ni les lois ni le langage ne pouvaient atteindre, président au travail des grands maîtres maçons érigeant les vastes arches, voûtes et dômes romans. L'élévation, la grâce, la pureté, si souvent absentes de la vie ordinaire de cet âge vulgaire et brutal, s'expriment dans le surgissement des clochetons et des tours des grandes cathédrales gothiques.

LE DÉCLIN DU MOYEN ÂGE

Cet épanouissement du Moyen Age, qui vit la prospérité de la paysannerie et l'essor des villes, n'allait pas durer longtemps.

Si le XIIIe siècle avait été une époque de relative abondance, le XIVe siècle commença mal et finit plus mal encore : récoltes perdues, temps pourri, inondations, déforestation dans le Sud de l'Europe et surtout vagues de froid dans le Nord. Les icebergs envahirent les routes maritimes, fermèrent l'accès au Groenland viking où les colons scandinaves périrent de froid et de faim. La Baltique gela en 1296, 1306 et 1323. La culture du blé cessa dans de nombreuses régions de Norvège, celle de la vigne en Angleterre. Les glaciers anéantirent les alpages. L'espérance de vie diminua, revenant par exemple en Angleterre de trente-cinq ans en moyenne au XIIIe siècle à moins de vingt-cinq ans au XIVe.

En 1315-1317, une grande famine, la première d'une longue série, dévasta l'Europe. Dans la riche cité d'Ypres, par exemple, trois mille personnes — le cinquième de la population — moururent de faim en six mois. La malaria ravagea la campagne depuis Marseille jusqu'à Pise. Pire encore, la peste, oubliée depuis le VIIIe siècle, réapparut (1348-1350, 1360-1363, 1371-1374, 1381-1384). La peste noire enraya l'expansion des deux siècles précédents : le regain de l'insécurité et des agressions, intensifié par les mauvaises récoltes, la pénurie et la famine, réduisit les échanges et, par conséquent, la prospérité des villes commerçantes — surtout après que les rois de France et d'Angleterre refusèrent de payer leurs dettes et provoquèrent la banqueroute de nombreuses grandes maisons de banque, notamment celle des Bardi, dont les vingt-quatre établissements opéraient vers la moitié du XIVe siècle de Londres à Jérusalem et de Constantinople à Séville.

Après 1320, l'industrie du lin s'effondra à Ypres. A Florence, la production textile déclina tant et si bien qu'à la fin du siècle, elle n'atteignait pas le tiers de son niveau de 1320. Gênes et Marseille encaissaient moitié moins de redevances portuaires à la fin du XIVe siècle que cent ans auparavant. L'expansion du commerce, les expéditions lointaines, même l'avance du christianisme dépérirent. La Florence de Dante, forte d'environ cent mille habitants, vit sa population baisser de moitié après 1350, et ne compta jamais plus de soixante-quinze mille personnes au XVe siècle, la grande époque des Médicis et de Michel-Ange. Rouen, qui avait élargi trois fois son enceinte entre 1150 et 1350, tant sa population avait augmenté, n'accroîtrait plus ses murailles et, à l'époque de Louis XIV, ne remplirait pas encore tout à fait l'espace qu'elle occupait en 1350. Zurich, douze mille quatre cents âmes en 1350, n'en comptait plus que quatre mille sept cents en 1468. Dans l'ensemble, après le XIVe siècle, la population, qui avait crû rapidement, diminua, stagna, ou n'augmenta que très lentement : l'Angleterre, de plus de trois millions et demi d'habitants avant la peste, revint à deux millions deux cent mille en 1377 et n'en totaliserait que trois millions deux cent mille en 1550. En 1789, en France, le nombre de foyers ne dépasserait que de deux pour cent celui de 1328. En Catalogne, la population diminua longtemps : 95 258 feux en 1369, 77 973 en 1379, moins de 60 000 en 1497. Symbole des temps, le premier asile de fous s'ouvrit en 1375 à Hambourg.

Dans les villes, la tension entre les citadins et leurs suzerains féodaux, ecclésiastiques ou séculiers, ou entre les riches patriciens et les petites gens — entre le *popolo grasso* et le *popolo minuto*, comme disaient les Florentins — avait explosé plusieurs fois en insurrections, même pendant les décennies d'expansion précédant la peste. Les annales du XIVe siècle regorgent de soulèvements sanglants dans les campagnes et les cités. Dans les Flandres et à Majorque, à Lübeck et à Londres, à Florence et en France, révoltes et représailles multipliaient les morts et entretenaient le cycle des rancœurs. Tout semblait témoigner d'un effondrement catastrophique du progrès social : comme le résumera un observateur autrichien, les coffres des riches étaient pleins et les ventres des pauvres étaient vides.

Sur ce fond de chaos matériel et social, de plus vastes conflits faisaient rage. La guerre ensanglantait les Flandres. L'anarchie régnait dans le Saint Empire romain germanique — restaurateur d'un ordre chrétien — de Naples à la Baltique : les grandes maisons aux ambitions monarchiques se battaient pour la couronne et plus encore pour le pouvoir, au point que ne subsistait un semblant d'ordre que dans les villes fortifiées dont les ligues armées dominaient le Nord, l'Ouest et le Sud.

Dans les terres nouvelles de l'Allemagne de l'Est et du Nord-Est, les paysans avaient connu un meilleur sort que dans l'Ouest (d'où venaient la plupart des colons de ces marches). Les distinctions de classes étaient moins accusées en ces régions frontières : les nobles vivaient souvent dans les villes, commerçaient, devenaient bourgeois et conseillers municipaux, tandis que, pour leur part, des bourgeois acquéraient fiefs et titres de noblesse. Puis les guerres, les épidémies de peste, les famines et les conflits dépeuplèrent la campagne et provoquèrent une crise agraire qui précipita des bouleversements sociaux et politiques.

Privés de leur source de revenus réguliers, encouragés par la disparition de toute autorité supérieure, les nobles exigèrent davantage des paysans et des villes ; ces dernières répondirent par la révolte et la guerre et, vaincues, tombèrent au pouvoir de l'aristocratie. L'alourdissement des impôts étouffa le développement naissant des cités où seuls les plus forts se maintinrent. La multiplication des corvées exigées des paysans étrangla la production et la demande locales qui nourrissaient les petits échanges. Soucieux d'accroître le rendement de leurs terres et d'exploiter davantage les paysans, les nobles, manquant désormais de main-d'œuvre, durent empêcher les vilains de chercher ailleurs de meilleures conditions de vie en les attachant à la glèbe et en les transformant en serfs. A la fin du XVe siècle, la population avait tellement diminué et désertait tant les champs qu'on décréta d'implacables ordonnances : les fugitifs pourraient être pendus par leur seigneur, les serviteurs en fuite seraient cloués au pilori par l'oreille, avec un couteau pour se délivrer. Tout domestique qui ne travaillait pas depuis plus de treize jours risquait d'être enchaîné et contraint de besogner sans gages pendant un an.

Plus à l'est, la Bohême, riche en terres et en mines, l'Eldorado de l'Europe à la fin du Moyen Age, n'échappa pas aux ravages de la guerre. Pendant quelque seize ans, de 1419 à 1436, un sanglant conflit religieux (les guerres hussites) exacerba les tensions entre Tchèques et Allemands : un sixième de la population du pays périt, beaucoup s'enfuirent à l'étranger. On confondait souvent ces réfugiés de Bohême avec les Tsiganes venus d'Orient qui arrivèrent en Europe occidentale vers la même époque ; voilà pourquoi on appelle encore bohémiens les gitans.

Ces guerres hussites s'expliquaient par l'effondrement de l'institution qui avait dominé le Moyen Age : la papauté. Jadis les plus riches des souverains, dont les évêques comptaient parmi les plus grands seigneurs de l'Occident médiéval, les papes, humiliés par Philippe le Bel au début du XIVe siècle, avaient dû s'exiler en Avignon (1305-1377), où ils faisaient figure de marionnettes entre les mains du roi de France. Le retour du Saint-Siège à Rome ne lui fit pas regagner son prestige : les schismes se multiplièrent entre 1378 et 1417, au point qu'il arriva que trois papes se disputèrent simultanément les suffrages et les ressources des fidèles, à grand renfort d'excommunications mutuelles. En Allemagne, exaspérée par les papes étrangers, comprenant que les ambitions des empereurs n'avaient fait que gaspiller infructueusement leurs ressources au-delà des Alpes, la diète impériale proclama en 1336 que le pouvoir de l'empereur venait directement de Dieu et qu'un souverain élu par le peuple n'avait que faire d'une ratification par le pape. En 1356, Charles IV confirma cette décision par sa Bulle d'or qui limitait le collège électoral et la sphère politique de l'Empire à la seule Allemagne. Désormais, ce ne seraient plus les Allemands mais les Français et les Espagnols qui se disputeraient l'Italie, après une période au cours de laquelle les Italiens furent laissés à eux-mêmes — ce qui fut de la plus grande conséquence pour le pays et l'Europe tout entière.

C'est en France, cependant, que se déroula le plus long des conflits médiévaux, la guerre de Cent Ans, qui fit rage presque sans interruption de 1337 à 1453. La lutte entre les maisons d'Orléans et de Bourgogne, entre partisans des prétendants anglais et des derniers héritiers valois acculés, transforma la plus grande puissance européenne d'alors en un monceau de ruines, comme le constata Pétrarque en 1360. Vers 1440, un autre témoin ne trouva guère qu'un désert entre la Loire et la Somme. Les loups hantaient ce qui avait été des villages, des vergers et des champs et, plus redoutables encore que les loups, des bandes de mercenaires battaient la campagne en quête de rares provisions. Bois, landes et marais reprenaient possession des champs abandonnés. Les Anglais, disait un commentateur de l'époque, ont ramené la forêt en France.

Au milieu de toute cette misère, les grands se livraient à une débauche d'ostentation : riches processions, vêtements coûteux et éclatants, poulaines si démesurément longues que les croisés français durent les couper pour mieux s'enfuir après la bataille de Nicopolis (1396), hennins si hauts qu'en 1418, alors que la France traversait les pires moments de la guerre de Cent Ans, on haussa le linteau des portes du château de Vincennes, sur ordre de la reine, pour permettre aux dames de la cour de les franchir sans se baisser. Pendant ce temps, le pays était livré aux hommes d'armes, sombrait dans la misère, se hérissait de gibets ; et dans les ruines, une population réduite de moitié, et parfois des deux tiers, grattait la terre brûlée pour en tirer une maigre et incertaine pitance.

Les troubles passeraient, la croissance reprendrait, la production redoublerait et le commerce se déploierait derechef. Les terres laissées en friches, les villes vidées par la peste noire, se peupleraient de nouveau, mais avec lenteur. Mais les débuts de l'ère moderne — les XVe et XVIe siècles — ne retrouveraient pas la confiance insoucieuse du XIIIe. Un tiers du royaume de France allait sans doute être mis en culture entre 1480 et 1510, mais la croissance démographique, si elle relançait la consommation, multipliait la main-d'œuvre, et créait des demandes et des marchés nouveaux, ne laissait pas plus qu'auparavant — semble-t-il — de susciter des problèmes nouveaux. En particulier, la disette qui tournait périodiquement à la famine, ravageait des régions entières pendant tout le XVIe siècle : la Castille et le Portugal en 1521, l'Andalousie en 1525, la Toscane en 1528, toute l'Italie en 1583. Après la famine, la peste frappait à son tour, anéantissant un tiers ou la moitié de la population des villes, sinon plus : les neuf dixièmes des Romains et des Napolitains en 1525, à en croire la rumeur, les quatre cinquièmes des Marseillais en 1581, cinquante mille Vénitiens entre 1575 et 1577.

Vers 1450, les cités fleurissaient de nouveau : les petites comme Bâle ou Francfort (huit à neuf mille habitants), les moyennes comme Nuremberg (vingt-cinq mille habitants), les grandes telles Cologne, Gand, Bruges (cinquante mille habitants environ), et en Italie, les géantes : Milan, Florence, Venise (entre soixante-quinze et cent mille habitants). Par contre, la Chrétienté allait bientôt perdre une de ses plus prestigieuses métropoles : le 29 mai 1453 au crépuscule, le peuple de Constantinople se massa sur les murailles en suppliant la Vierge de venir à son aide. Assiégés depuis quarante jours par cent soixante mille Turcs dirigés par Mohammed II, âgé de vingt et un ans, les Byzantins manquaient d'hommes pour défendre leurs murailles trop longues et pour réparer les brèches creusées par le feu de cent trente canons (tous fabriqués par des armuriers européens) et de deux cent cinquante navires[1]. Ils se rassemblèrent dans Sainte-Sophie pour entendre le Patriarche célébrer la dernière messe et l'empereur Constantin décrire lucidement la situation avant l'assaut final : « Les Turcs sont supérieurs en artillerie, en infanterie et en nombre, mais nous avons avec nous l'aide de Notre Seigneur et Rédempteur, de nos saints et de toute la force que Dieu peut donner. » Les Turcs passèrent à l'attaque à une heure du matin. A midi, Byzance n'était plus.

1. Trois cent cinquante selon d'autres sources (J.-P. Roux, *Histoire des Turcs,* Paris, Fayard, 1985).

CHAPITRE II

LA RENAISSANCE

LA RENAISSANCE : UNE DÉFINITION

« Je suis né [en 1304], dit Pétrarque, au moment où l'aube commençait à pointer. » Si le poète l'entendait au sens propre, nous pouvons parfaitement donner à ses paroles une signification symbolique.

Le mot *rinascita* (renaissance), employé pour la première fois par Vasari dans ses *Vies des meilleurs peintres, sculpteurs et architectes italiens, de Cimabue à nos jours* (Florence, 1550), se référait exclusivement aux arts. Vasari affirmait le progrès « de la renaissance des arts et la perfection qu'ils ont atteinte en notre propre temps ». Au XVIIIe siècle, on y verrait un irrésistible mouvement de libération des superstitions « gothiques ».

L'idée de renaissance a donné lieu à d'interminables débats pour déterminer si cette étiquette convient mieux au XIIIe ou au XVIIe siècle, s'applique ici plutôt que là, ne peut s'employer qu'avec de sérieuses réserves ou même pas du tout. Au XVe siècle, on paraît avoir eu moins de doutes. « C'est seulement de nos jours que l'on ose se vanter de voir l'aube de choses meilleures », écrivait Matteo Palmieri, humaniste florentin, vers 1430. « Maintenant, en vérité, puisse chaque personne rassise remercier Dieu d'avoir reçu la permission de vivre en cet âge nouveau, si plein d'espoir et de promesse, qui se réjouit déjà de compter un plus grand arroi d'âmes aux nobles talents que le monde n'en a vu pendant les mille ans qui l'ont précédé. »

Il nous semble que ce terme définit bien une époque de changement, de découvertes et, effectivement, de renaissance, une époque où une grande partie de l'héritage de l'Europe renaquit véritablement, fut adapté et réintégré au bagage, à la tradition de l'Occident. Bien qu'il soit impossible de le délimiter ou de le définir précisément, on peut estimer que ce processus commença au XIVe siècle, lorsque quelques précurseurs comme Pétrarque entreprirent de repenser, de réviser leur monde et leur attitude envers ses problèmes. Suivit au XVe siècle un florissement dans les cités-États de l'Italie et, en particulier, à Florence. Enfin à partir du XVIe siècle, la Renaissance italienne se répandit dans les cours et les pays étrangers — de la France à l'Espagne, de la Pologne à la Hongrie, de l'Allemagne à l'Angleterre — portée par les artistes et les savants, les précepteurs et les architectes, les soldats, les princes et les marchands, au moment même où ses feux s'estompaient dans son pays d'origine. La Renaissance n'est pas un événement isolé, comme une bataille ou un couronnement, c'est un concept, une impression, alors comme aujourd'hui.

LA RENAISSANCE : UNE VUE D'ENSEMBLE

Quelque part entre le XIIIe et le XVe siècle, la coloration, l'orientation, le *rythme* des activités humaines changent. Au cours de ce processus, d'abord quelques hommes, puis davantage, puis des sociétés entières à travers leur élite politique et sociale, perçoivent une transformation, remarquent que les choses se modifient autour d'eux, qu'après des siècles d'obscurité et de stagnation (du moins le sentent-ils ainsi), le monde évolue et eux avec lui. Expérience exaltante qu'il nous est difficile d'apprécier à sa juste valeur, maintenant que le changement est la norme et l'agitation frénétique une habitude quotidienne. Ce dut être à l'époque quelque chose comme l'excitation de passagers appuyés sur la rambarde d'un paquebot qui commence à s'éloigner du rivage, comme la pulsation tranquille et légèrement inquiétante sous leurs pieds, l'écart qui se creuse lentement entre eux et le quai immobile, l'émoi de s'aventurer sur un élément nouveau, de s'enfoncer dans un domaine pas encore familier, ni très rassurant, de s'engager dans le changement, gros de merveilles et de dangers inconnus.

Une société de paysans, de prêtres et de guerriers faisait place à un monde de bourgeois, de marchands et d'hommes de loi — de soldats aussi, bien sûr, mais de plus en plus professionnels, armés différemment et levés en plus grands nombres. A une structure sociale relativement simple succédait un ordre de plus en plus différencié et compliqué, dans lequel précisément le professionnalisme et la spécialisation commençaient à compter. Une société dans laquelle la réalité et l'idéal, les faits et l'imagination divergeaient comme jamais auparavant, où les aspirations les plus élevées se heurtaient à un réel fruste, se transforma lentement en un monde où contrastes et contradictions apparaissaient un tantinet moins brutaux, où la théorie et la pratique se réconciliaient davantage, du moins par l'usage de la raison. Une mentalité traditionaliste, où les choses existaient parce qu'elles avaient toujours existé et où les gens faisaient ce qu'ils avaient toujours fait, accepta lentement, avec réticence, une curiosité nouvelle envers les choses en tant que telles plutôt qu'en raison de leur rôle dans un ordre prédéterminé, et finit même — du moins en théorie, car aucune société ne l'a vraiment réalisé en pratique — par prôner la recherche de la vérité, où qu'elle pût mener.

« C'est la qualité d'un esprit noble et ambitieux que de voir beaucoup de pays et les coutumes de nombreux peuples, de les observer et de se les rappeler », écrivait Pétrarque. Il y avait certes eu des voyageurs curieux auparavant, mais personne au Moyen Age n'avait jamais rien dit d'aussi approprié aux générations en quête de ce monde nouveau. Quel penseur représentatif aurait pu décemment le faire jadis lorsque les esprits nobles et ambitieux se préoccupaient essentiellement de leur propre salut ou de celui des autres, salut qui ne pouvait s'accomplir sur cette terre ?

Désormais, la connaissance ne s'acquérait plus par la révélation ou la tradition mais par l'étude et l'expérience. « La prière, sans nul doute, est l'arme la plus forte, répondrait Érasme aux théologiens qui critiquaient son érudition, mais la science n'est pas moins nécessaire. » « Le savoir qui élève les doctes au-dessus des ignorants fait ressembler ceux-là à Dieu, disait le futur pape Pie II, il hisse au niveau des plus grands jusqu'à ceux de la plus humble origine. »

Comme la connaissance, la richesse et l'ascension sociale ne dépendent pas nécessairement de la naissance et donc du seul destin. Un homme de talent comme Giovanni di Bicci de Medici (1360-1429), fondateur de la banque et de la fortune des Médicis, put faire ses débuts dans la vie sans pratiquement disposer d'aucun capital ; apprenti devenu gestionnaire, il finit par diriger sa propre banque. A sa mort on estimait sa fortune à la somme fabuleuse de cent quatre-vingt mille florins, soit quelque six cent quatre-vingts kilos d'or. Que ce chiffre soit exact ou non, le fils de Giovanni, Cosme de Médicis (1389-1464) deviendrait l'homme le plus riche et le plus puissant de Florence.

Dans le monde de la Renaissance italienne et progressivement dans les sociétés influencées par ses valeurs, le succès se mesurerait à l'esprit d'entreprise, à la capacité et à la volonté, comme en témoigne, par exemple, la carrière d'Aeneas Silvius (Enea Silvio Piccolomini). Jeune campagnard intelligent, de bonne famille mais pauvre, il fit des études de droit à Sienne. Trop désargenté pour s'acheter des livres, il passait ses nuit à recopier des passages des ouvrages que ses amis lui prêtaient ; il travaillait si tard et si longtemps qu'il mit une fois le feu à son bonnet de nuit en s'endormant sur sa table. Le jeune Silvius devint secrétaire d'un cardinal et un important négociateur de l'Église. Il en vint à croire et à affirmer que l'ambition était le principal moteur de l'activité humaine et la chasteté une vertu pour philosophes, non pour les poètes comme lui. Il n'entra dans les ordres qu'à quarante-deux ans, en 1447. Évêque de Trieste en 1448, de Sienne en 1449, cardinal en 1456, il fut élu pape en 1458 et prit le nom de Pie II. Son style et ses talents reflètent tout ce que son époque admirait : l'universalité, l'érudition, l'éloquence, la diplomatie, un esprit curieux et industrieux. « Les actions glorieuses ne sont pas l'apanage des démocraties, dirait-il, et surtout pas des marchands qui, étant par nature acharnés au profit, méprisent ces splendeurs qui ne peuvent être réalisées sans dépense. » Il est vrai que cette attaque contre les négociants s'explique essentiellement par le refus de Venise de se joindre à une croisade contre les Turcs qui lui tenait à cœur. Car son époque était, en un sens, une époque de marchands.

En partant des villes italiennes, nous allons voir qu'un nouveau sens de la propriété et de l'individualisme — ou plutôt son intensification — s'intègre harmonieusement à l'atmosphère nouvelle, au droit, aux structures économiques, à l'évolution politique. Le prince surgi du système politique et social traditionnel, le clerc, l'érudit plongé dans la tradition, l'artisan et le marchand enserré dans sa corporation, jusqu'au chevalier, tous ces personnages médiévaux virent arriver un nouveau protagoniste qui allait les éclipser : l'homme qui forge son propre destin, le génie personnel, l'individualiste affirmé, homme de lettres ou artiste, soldat de fortune ou homme politique humaniste.

A chaque époque son réalisme, ses idéaux propres. Le Moyen Age concevait un ordre chrétien universel, l'âge nouveau parlait de division et de multiples réformes. Les rêves de croisade s'estompèrent, comme ceux d'une Chrétienté unie et d'un empire universel, tandis que les États chrétiens se faisaient la guerre et que les papes se repliaient toujours davantage sur leur petite péninsule. L'État universel ne représentait plus guère l'idéal qu'il avait été pour certains. Des empires coloniaux véritables remplaçaient le rêve doré de pays vagues et lointains où les richesses attendaient la pelle de l'intrépide voyageur, où les licornes parcouraient des prairies fleuries et parfumées. C'était là songe de riches — de ces adolescents à l'éternelle jeunesse qui s'étreignent sur des tapisseries figurant des jardins aux arbres couverts à la fois de fleurs et de fruits. Les pauvres, plus terre à terre, imaginaient des contrées bénies où coulaient le miel et le lait, des pays, comme le dit Boccace, aux montagnes de parmesan, couvertes de vignes palissées à l'aide de saucisses ; où, comme chez Rabelais, les hommes étaient payés cinq sols par jour pour dormir, et deux de plus pour ronfler, où, comme sur les tableaux de Brueghel, les porcs se promenaient déjà rôtis avec le couteau pour les débiter, les œufs durs sautillaient sur des pieds minuscules, les pâtés tombaient des toits sur des haies festonnées de cervelas.

Désormais, les utopies ne seraient plus des pays de cocagne, contrées imaginaires où l'on vit dans le luxe et la paresse, mais des systèmes politiques idéaux. D'ailleurs, on connaissait maintenant trop les Indes et les Amériques pour y situer les Eldorados de jadis ; en revanche, il était encore possible d'y installer les « nobles sauvages » des mythes plus récents. De même, le millénarisme médiéval, l'attente du Jugement dernier, ne disparaîtrait pas et se contenterait de changer de forme. Jadis, il avait précipité enfants et jeunes bergers sur les routes de la Terre sainte, désormais, il embraserait les espoirs et les divagations des anabaptistes prêts à bâtir la Cité de Dieu au bord du Rhin, ou, plus tard, inspirerait les prophètes de l'Angleterre du XVIIe siècle. Le paradis, qui promettait d'échapper à l'obscurité et aux dangers du Moyen Age, conservait cette fonction à la Renaissance, tout aussi peu sûre pour beaucoup. Mais se répandait également l'idée d'un paradis sur terre, d'une cité de l'homme parallèle à celle de Dieu, sinon préférable, notion aussi étrangère aux penseurs médiévaux qu'elle l'eût été à saint Augustin lui-même quand, au Ve siècle, il concevait sa Cité de Dieu. Peut-être est-ce là que se situe la différence cruciale de mentalité et de tempérament entre les deux époques : non que le nouvel âge fût plus *clairement* optimiste que l'ancien, mais il l'était plus *concrètement* puisqu'il pouvait concevoir un monde meilleur ou les moyens de l'améliorer et de le réaliser sur cette terre.

Non seulement l'améliorer mais le maîtriser. Toujours à la merci des éléments, du temps, de la sécheresse, du feu et surtout de ses propres faiblesses, l'homme de la Renaissance affirme des ambitions qu'il n'avait pas connues (ou avouées publiquement) à l'époque précédente.

Le Moyen Age avait compté des esprits aussi agiles et subtils, des érudits aussi profonds que leurs successeurs, mais leurs limites physiques avaient, pour ainsi dire, dressé des barrières à leur imagination : ce qui existait ne pouvait être transcendé que dans un au-delà ; après la Renaissance, on pouvait espérer le faire sur cette terre. L'homme, disait le très savant Pic de la Mirandole (1463-1494), n'était limité par aucune borne, n'était défini par nul autre que lui-même. Le monde continuait certes de l'écraser mais il ne craignait plus d'admettre son désir de le dominer, de le modeler à son gré, de devenir Dieu. Il rêvait de machines volantes, de sous-marins, de chariots mus par une autre force que la traction animale ; il songeait à domestiquer vents et marées. Ses buts dépassaient encore largement ses moyens, mais il avait brisé la coquille de jadis. Entraîné par son imagination débridée, ses conquêtes dépasseraient, et de loin, tout ce qu'il pouvait alors concevoir.

« Le ciel, disait Poggio Bracciolini, chancelier de Florence en 1453, appartient de droit aux hommes énergiques qui livrent de grandes batailles et accomplissent de belles œuvres sur terre. » Marsile Ficin (1433-1499) plaçait l'âme humaine au centre de l'univers. Pic affirmait que l'homme était libre de choisir son destin. Le cosmos restait une création divine, mais cette notion commençait à passer au deuxième plan. Au premier plan, on trouvait désormais un monde fait par l'homme, qu'il revenait aux forts et compétents d'ordonner et de façonner. Encore sujet à des puissances obscures qu'astrologues et prêtres pouvaient rendre propices, il était soumis, avant tout, à la volonté et à l'initiative de l'homme.

C'était une note nouvelle, une conception subvertissant la Chrétienté médiévale, recueillie, à mille ans de distance, dans une civilisation entièrement différente : « Toute la gloire de l'homme provient de son activité », proclamait désormais Vittorino da Feltre, le grand pédagogue de Mantoue, citant Cicéron. La famille, la profession ou le métier, et surtout les affaires publiques, devenaient honorables. La cité de l'homme n'apparaissait plus comme un lieu indigne de ses entreprises ; le salut n'impliquait plus nécessairement le rejet du monde, ni la vertu la retraite. « Sans doute, écrivait Matteo Palmieri, certains hommes ont vocation de trouver leur bonheur de cette manière en se vouant à la contemplation de la sagesse céleste », mais « nulle activité n'est aussi acceptable à Dieu que de participer à la tâche de guider les communautés humaines organisées sur la base de la justice sociale ; à ceux qui remplissent ce devoir Il promet une félicité certaine dans l'au-delà ».

« Une maison, des biens et une boutique », voilà ce dont l'homme a besoin, estimait Leon-Battista Alberti, contemporain de Palmieri. Les possessions, la richesse et les moyens de l'acquérir sont les fondements d'une bonne vie, entée non sur un autre monde mais sur les réalités immédiates : le foyer, l'amitié, la réussite économique et sociale. Lorsque le marchand Agnolo Pandolfi se maria, il s'agenouilla avec sa femme et pria Dieu de lui accorder « richesse, honneur et amis » et à elle « l'irréprochabilité et l'honnêteté, afin qu'elle puisse être une bonne maîtresse de maison ».

Quant à l'immortalité, sa certitude la plus concrète reposait dans la célébrité, gage de survie, ou, plus immédiatement, dans la famille et les monuments perpétuant le nom et les possessions. C'est ainsi que Federigo de Montefeltro inscrivit dans la cour de son grand palais d'Urbino qu'il avait fait bâtir pour sa gloire et sa postérité. Voilà aussi pourquoi tant d'œuvres d'art de la Renaissance furent conçues pour proclamer la gloire et la richesse d'un homme, d'une famille, d'un État : portraits destinés à immortaliser les traits de princes et de marchands ; fresques illustrant les festivités des villes et les moments glorieux d'une famille ou d'une cité. On a même suggéré que la sculpture de l'époque sacrifia à l'individualisme nouveau en détachant les statues des édifices dont ils faisaient naguère partie intégrante, en les rendant autonomes, en isolant l'œuvre d'art, comme les hommes du temps, plutôt qu'en l'enfonçant dans une niche ou en l'insérant dans un ensemble architectural plus vaste.

Inutile d'aller aussi loin pour se convaincre de la relation entre la nouvelle mentalité et l'art nouveau. Même la polyphonie de la Renaissance tisse l'écheveau des voix ou des sons en une harmonie neuve reflétant la nature de l'époque : colorée, complexe, rarement sinon jamais simple. Au XVe siècle, l'austère simplicité du chant grégorien avait laissé la place à l'enjouement, à l'originalité et à l'éclat. Le contrepoint fait son apparition dans la musique comme dans l'architecture : organique, logique, mais de plus en plus fouillé, fantastique et subtil, s'efforçant à des exploits techniques toujours plus vertigineux.

Des liens étroits se nouaient aussi entre les nouvelles fortunes et l'art ou le savoir nouveau. Les premiers grands banquiers du XVe siècle — les Médicis — furent également les premiers grands mécènes. La première bibliothèque publique d'Europe fut créée grâce à l'ouverture d'un crédit illimité à un bibliophile, Niccolo de Niccoli, que sa passion ruina. A sa mort, Cosme de Médicis annula la dette en échange de la collection de livres dont il offrit l'essentiel à Florence. Le soin d'établir le catalogue de la nouvelle bibliothèque fut confié à Tomasso Parentucelli qui, devenu le pape Nicolas V, fonda la bibliothèque du Vatican. Son catalogue florentin servirait de modèle aux fondateurs des autres grandes bibliothèques, d'abord en Italie, puis en Allemagne, en France et en Angleterre.

On ne collectionnait pas seulement les livres ou l'or, mais aussi les œuvres d'art, voire les architectes et les artistes. Dans les années 1490, Ludovic le More de Milan, pour qui travaillaient déjà Bramante et Léonard de Vinci, demanda à Florence de lui envoyer un peintre de talent. On lui soumit la liste suivante : « Sandro Botticelli, excellent artiste, aussi bien pour la peinture de chevalet que pour la fresque ; ses personnages ont un bel air viril dans la conception et les proportions. Filippino Lippi : ses têtes ont un air suave et agréable, mais nous croyons qu'il a moins de talent. Pérugin : artiste rare et particulier, ses personnages ont un air de douceur des plus angéliques. Ghirlandaio : bon maître pour les tableaux, meilleur pour les fresques, maître industrieux et productif. » Le More choisit, hélas, le douceâtre Pérugin.

Ce goût des choses matérielles n'était pas en soi si neuf. On peut imaginer qu'au Moyen Age l'homme moyen ressentait les mêmes appétits. Seulement il ne le disait pas, ne le manifestait pas. Sans doute, le détachement du monde, la mortification physique, la supériorité du spirituel sur le matériel devaient être plus souvent violés que respectés. Du moins étaient-ils reconnus comme vertus. Le changement survint lorsque les valeurs matérielles furent acceptées et proclamées respectables. Et le moment de ce changement était venu.

Ce n'est pas le moindre des paradoxes que cette transformation, ce matérialisme, ne fût pas sans lien avec les difficultés de l'époque, avec la perception de la fugacité de la vie. Jadis retour de l'âme à sa demeure céleste, la mort devient désormais un exil de la terre. L'annihilation physique, jadis accomplissement, se mue en menace effrayante. De ce défi nouvellement perçu, la nature humaine allait voir en la vie une lutte contre la mort. Le sentiment de la mort infusait au temps vécu une signification neuve, donnait à l'homme une perception nouvelle de la temporalité et par conséquent, en un sens, de la vie.

En témoigne également l'art du temps. Lorsque nous regardons les fresques que peignirent au XVe siècle Ghirlandaio, Pinturicchio ou Botticelli, nous pouvons croire que les peintres reproduisaient dans leurs œuvres l'architecture qu'ils voyaient autour d'eux. En réalité, ce fut tout le contraire, les architectes s'inspirèrent des peintres. Les mécènes de la Renaissance étaient pressés de réaliser leurs rêves et, tandis que leurs grandes compositions architecturales restaient encore au stade du plan ou du chantier (par exemple, Urbino, le palais Schifanoia du duc d'Este à Ferrare, ou les projets de reconstruction de Rome du pape Nicolas V), ils faisaient représenter par des artistes les villes et les ensembles nouveaux qu'ils n'avaient ni le temps ni les moyens de construire. Lorsque Ghirlandaio et Botticelli peignaient, les grandes compositions monumentales du nouveau style n'étaient encore que des ébauches : la Florence de leur temps demeurait architecturalement un ville médiévale. Les grands palais de la Renaissance commençaient tout juste à sortir de terre, et ceux qui étaient bâtis faisaient figure de merveilles isolées. Le nouveau monde s'édifiait et les artistes qui l'anticipaient tâchaient là encore de gagner le temps de vitesse, de devancer la mort.

Ce nouvel individualisme, cette hâte à marquer le monde de son sceau s'exprimaient dans l'admiration des Italiens pour la *virtù* — moins vertu que génie ou pouvoir démonique, se manifestant par des gestes frappants ; peu importe qu'ils soient bons ou mauvais pourvu qu'ils stupéfient, attirent l'attention. Une mauvaise réputation vaut mieux qu'aucune : en 1537, Lorenzino de Médicis, à qui l'on reprochait d'avoir mutilé des statues romaines antiques, pour faire oublier son vandalisme assassina le duc de Florence, Alexandre, son cousin et souverain.

C'était là, bien évidemment, la perversion d'un idéal. Celui-ci s'incarnait dans l'homme aux aspirations élevées cher à l'*Éthique* d'Aristote : « Celui qui, étant véritablement digne de grandes choses, s'en considère digne lui-même (...) Car celui qui se juge inférieur à ses mérites a l'esprit étroit, d'autant plus que sa véritable excellence est plus grande. »

Conception des moins chrétiennes mais qui pouvait se combiner, en une synthèse nouvelle, avec une préoccupation parfaitement chrétienne du salut personnel. Alors que la tradition suggérait que l'individu devait essayer de se fondre en Dieu, la perspective nouvelle envisageait une autre possibilité, plus exaltante. Lorsque Pétrarque parvint au sommet du mont Ventoux, la première pensée qui lui vint à l'esprit fut que « rien n'est aussi admirable que l'âme auprès de laquelle, si elle est grande, rien n'est grand ». Non l'âme en quête de son salut, comme dans le passé, mais l'âme aspirant à la grandeur et à l'émulation. L'âme et aussi l'homme qu'elle habite. L'inspiration venait de saint Augustin et de Sénèque, sages d'un monde ancien, différent, que Pétrarque et ses contemporains s'efforçaient de reconquérir et qui, comme cela arrive si souvent, conquerrait ses conquérants, de sorte que, dira l'historien Huizinga, « l'Europe, après avoir vécu dans l'ombre de l'antiquité, vivait une fois de plus dans sa lumière ».

LES CONDITIONS ÉCONOMIQUES AUX XIVe ET XVe SIÈCLES

On ne saurait comprendre la révolution intellectuelle et politique de cette période sans voir ses aspects économiques, les transformations qui en fixèrent le tempo et l'échelle, lui fournirent ses moyens, ses techniques et parfois ses idées.

L'essor de la bourgeoisie

On débat beaucoup de cette notion d'un « essor de la bourgeoisie » — entendez les citoyens libres vivant dans des bourgs ou des cités —, d'une évolution sociale et économique qui, à partir peut-être du XIIe ou XIIIe siècle, poussa au premier plan des classes ignorées en des temps plus restrictifs, des richesses, attitudes et valeurs nouvelles, l'essence même de ce que nous appelons la Renaissance et, par la suite, du monde moderne. A chaque époque, des hommes issus de conditions modestes accèdent à la richesse et à la puissance. Que la plupart de ces bourgeois y soient parvenus en dehors des filières traditionnelles du clergé ou des armes est plus caractéristique. Il serait pourtant abusif d'affirmer qu'ils infusèrent des valeurs sociales différentes car, pour l'essentiel, la révolution sociale que nous constatons, même dans le monde urbain, fut le fait d'hommes nouveaux s'efforçant d'atteindre des positions existantes ou, en cas de réussite, tâchant d'être admis dans la vieille classe dominante. Au moins jusqu'à la fin du XVIIIe siècle (en bien des endroits plus tard), la réussite signifia une promotion sociale, c'est-à-dire uniquement l'accès à la noblesse dans laquelle une famille parvenue, issue des ordres inférieurs comme les Médicis ou les Fugger d'Augsbourg, trouve sa place, et où elle peut aussi tout simplement se fondre et disparaître. L'ascension de la bourgeoisie ne fut pas le triomphe des valeurs bourgeoises parce que, consciemment, les bourgeois acceptaient les valeurs de la société dans laquelle ils évoluaient, concevaient sanctions et récompenses selon les termes de l'ordre traditionnel et voyaient leurs carrières les plus brillantes couronnées par l'entrée dans une classe que, loin d'essayer de concurrencer, ils imitaient.

Inconsciemment, cependant, et malgré cette acceptation de l'ordre établi, à mesure que les villes se développaient, de nouvelles valeurs se répandirent, engendrées par la dynamique des activités civiques. Le nombre des personnes vivant plus ou moins consciemment selon ces valeurs s'accrut ainsi que leur rôle au sein de leur univers. La bourgeoisie ne remit pas le Moyen Age en cause, elle s'y développa. Toujours de son temps, elle n'essaya jamais de forger son époque mais de l'exploiter. Pourtant cette exploitation — lutte pour gagner sa vie, puis un profit, et davantage encore ensuite — produisit les forces et l'énergie qui feraient exploser le Moyen Age, et suscita également les richesses et les ressources d'où un autre monde surgirait.

Surplus et capitalisme primitif

La première nécessité de toute activité économique — hormis la plus simple — est d'obtenir un excédent qui, échappant aux dures exigences de la consommation immédiate, puisse permettre de s'engager dans des activités dépassant la simple survie, ou qui puisse être échangé contre d'autres biens excédentaires et investi dans leur production. Il y avait souvent eu des surplus au Moyen Age mais la manière de les utiliser ou, autrement dit, le choix de leur utilisation fit longtemps défaut. Jusqu'au XIIIe siècle, la simple pénurie de numéraire — sous la forme évidente et commode d'espèces sonnantes et trébuchantes — due à l'absence presque complète d'or et à la rareté relative de l'argent, rendait difficile l'épargne de l'excédent foncier, immobilier ou fiscal. Il fallait consommer le surplus, directement ou sous forme de dépenses somptuaires : serviteurs, objets, bâtiments. La découverte de nouvelles mines d'or et d'argent en Allemagne, en Bohême et en Transylvanie pendant les XIIe et XIIIe siècles offrit la possibilité d'un changement au moment même où les croisades et l'essor du commerce médiéval commençaient à acheminer marchandises et bénéfices vers l'Occident. L'apparition du florin (1252) et du ducat vénitien (1284) offrit à la fois un symbole du capital nouveau et un moyen éminemment pratique d'épargne ou d'échange.

Développement donc du capital, mais peut-on parler de capitalisme, comme certains historiens ? Pous nous, le capitalisme est le système dans lequel domine le souci du profit, où l'accumulation du capital est à la fois fin et facteur, où l'utilisation du capital pour engranger des profits (c'est-à-dire davantage de capital) est pratique courante. Ce n'était pas toujours le cas.

> L'argent est affaire bien obscure,
> Elle monte et descend, on ne sait trop que faire ;
> Alors qu'on croit gagner l'inverse devient vrai,

peste un abbé mécontent à l'aube du XIVe siècle. Les hommes — quelques-uns du moins — qui vécurent entre le XIVe et le XVIe siècle ou XVIIe siècle ne faisaient que commencer à dépasser ces attitudes déconcertées et soupçonneuses qui reflétaient les possibilités et valeurs du temps.

C'est, en partie, une question d'atmosphère. Grands aventuriers, entrepreneurs, hommes très riches d'humble extraction n'avaient certes rien de nouveau. On connaît l'existence d'un financier hollandais, William de Duvenwoorde (1290-1353), qui jouissait d'un revenu annuel de soixante-dix mille livres (environ un million de dollars). La fortune de Jacques Cœur (1395 ?-1456) est estimée à quelque neuf millions de dollars (1940), avec un pouvoir d'achat dix à vingt fois supérieur. Mais non seulement ces hommes étaient des exceptions, comme les gens très riches le sont à toutes les époques, mais l'opinion publique, loin de les admirer et de les imiter, désapprouvait leurs actions et leurs valeurs. C'est une des choses qui vont changer entre le XIVe et le XVIe siècle.

De plus en plus d'hommes entreprennent délibérément de faire fructifier leur argent. Ils apprennent aussi à réinvestir leurs profits et à diversifier leurs affaires, comme l'explique Antonio, le marchand de Venise de Shakespeare :

(...) j'en remercie ma chance
Mes risques ne sont pas confiés à un seule cale
Ni à un seul endroit ; ni ma fortune entière
Au hasard de la présente année.

Pour les négociants, ce genre de pratique augmentait la sécurité et les profits, puisque les fonds ne restaient pas longtemps inoccupés. Pour la société, cela signifiait que lentement, très lentement, la propriété des moyens de production — marchandises, matières premières, équipement, main-d'œuvre et, dans une certaine mesure, la terre — passait aux mains d'entrepreneurs qui n'étaient ni des artisans ni des commerçants au sens médiéval. Un autre changement, non sans lien avec les précédents, résidait tout simplement dans la différence d'échelle. Avant de pouvoir parler de capitalisme, il faut franchir un certain seuil quantitatif, atteindre un niveau de production et d'échanges qui, pour ainsi dire, transforme la quantité en qualité, représente la différence entre un abri et une maison, entre une grande demeure et un palais ; et manifestement, un tel niveau d'activité économique dépend à son tour en partie des attitudes à son égard.

« Ce sont le fer et le blé qui ont civilisé les hommes et perdu le genre humain », écrirait Jean-Jacques Rousseau en 1753 dans le *Discours sur l'origine et les fondements de l'inégalité*. Les économistes y ajouteraient sans doute quelques marchandises moins pondéreuses, l'or et l'argent pour commencer, et aussi et surtout à cette époque, les textiles et les épices. Même une économie de subsistance où les hommes se contentent largement de ce qu'ils produisent eux-mêmes, accueille certaines spécialités ou objets de luxe — sel, armes ou ornements. Plus la société évolue, plus grandissent la demande, la variété et l'offre de tels produits. Un registre florentin du XIVe siècle énumère deux cent quatre-vingt-huit « épices », comprenant non seulement des marchandises orientales mais les productions les plus variées comme la cire d'Espagne, de Pologne et de Riga, le papier d'Italie, le cuivre d'Europe centrale, la colle de Florence et de Bologne. Plus ce genre de commerce se développe, plus on essaie de participer aux profits en produisant sur place des marchandises et des spécialités particulières, afin de les échanger contre d'autres ou de remplacer les produits importés. Ainsi, au XIIIe siècle, la concurrence de la soie chinoise, alors bon marché et abondante, avait contraint les tisserands de Lucques à apprendre à se servir de l'énergie hydraulique pour faire fonctionner leurs métiers, afin d'augmenter leur production et de diminuer leurs coûts.

Le commerce

Le commerce était longtemps resté l'apanage des marchands ambulants (les *pieds-poudreux*, qui avaient donné leur nom aux tribunaux commerciaux dits *Pie-Powder* de l'Angleterre médiévale) qui parcouraient l'Europe avec leurs caravanes et se rencontraient dans des foires, grandes ou petites, pour échanger leurs marchandises. Au XIIIe siècle, les plus importantes de ces foires se tenaient en Champagne, alors au confluent des routes commerciales. Les guerres du XIVe précipitèrent leur déclin, et le commerce international se transporta vers d'autres centres, comme Genève et Lyon, où de grandes foires prospéraient au XVe siècle. Entre-temps, cependant, les échanges quotidiens se développaient dans les villes. Les grandes cités commerciales étaient, en fait, devenues le lieu de foires permanentes où les achats et les ventes pouvaient s'effectuer d'un bout à l'autre de l'année.

Cela ne ralentit pas le mouvement et les échanges de marchandises, bien au contraire. On trouvait, en effet, dans les villes de vastes concentrations d'hommes qui, pour la plupart, dépendaient les uns des autres pour leur approvisionnement en matières premières nécessaires à leurs activités, en articles dont ils faisaient le commerce, aussi bien qu'en produits de consommation les plus usuels : nourriture, combustible et vin. La plupart de ces marchandises venaient évidemment de la campagne avoisinante, mais les grandes agglomérations devaient parfois dépendre de fournisseurs lointains lorsque la région ne pouvait satisfaire entièrement leurs besoins. C'était le cas, par exemple, des villes hollandaises, ou de Gênes, sans parler des périodes de disette, après une mauvaise récolte. D'ailleurs, il y avait toujours des produits qu'il fallait faire venir de loin : poisson et sel, bois d'œuvre pour la charpente et la construction navale, laine.

Le transport

Les routes étaient, à l'évidence, rares, dangereuses et mauvaises, les transports par terre — à cheval, à dos de mule ou en charrette — incommodes et lents. Le coût élevé du port se répercutait sur les prix, surtout ceux des denrées les plus lourdes et les plus essentielles. Au début du XIVe siècle, le charroi entre Pise et Florence renchérissait le vin de plus de 54 pour cent. Tout était affaire de poids et de valeur intrinsèque : quatre balles de soie expédiées de Lucques à Paris à peu près au même moment n'augmentèrent que de 1,8 pour cent. Encore au XVe siècle, acheminer des céréales entre Rouen et Amiens, distantes d'un peu plus d'une centaine de kilomètres, en accroissait le prix d'un tiers.

Si le transport pouvait plus que doubler le prix des marchandises pondéreuses (céréales, vin, sel), les produits de luxe beaucoup plus légers semblent n'en avoir jamais été grevés de plus de 20 ou 25 pour cent, ce qui explique le développement précoce et considérable du commerce de luxe, aux profits plus élevés pour des efforts et des difficultés relativement moindres. C'était particulièrement vrai du négoce italien avec l'Orient, d'où venaient la plupart de ces denrées. Voilà aussi pourquoi les échanges se développèrent tardivement dans le Nord. Il fallait pourtant transporter les marchandises lourdes. La navigation, surtout maritime, offrait la plus grande commodité : il suffit d'une force trente-cinq fois moindre sur mer que sur terre pour déplacer une même charge. Malgré tous ses périls, la mer serait la clef du développement économique — et finalement politique — de l'Europe.

Sans doute l'Europe était-elle particulièrement favorisée par la longueur de ses côtes, la profondeur de ses ouvertures littorales, son étroitesse même qui, à la différence des autres continents, met presque toutes ses régions à portée d'un port. Un coup d'œil à l'Europe révèle trois grandes zones maritimes concentrant et facilitant l'activité économique : la Méditerranée au sud, la Baltique au nord, l'Atlantique à l'ouest. La Méditerranée et la Baltique se font en quelque sorte pendant, avec Lübeck, la Venise du Nord. Sans doute les marchandises sont-elles plus grossières et plus lourdes dans la Baltique que dans la Méditerranée : épices, soies, cotons, sucre et petits objets manufacturés au sud ; bois d'œuvre, potasse, cire, fourrures, céréales, fer et cuivre, poisson salé ou séché vers le Septentrion. Les produits sont moins prestigieux dans le Nord, les profits moins importants ; les villes s'y construisent en brique là où le midi préfère le marbre. Lübeck et Hambourg formaient pourtant le centre d'un vaste réseau reliant Novgorod à Bruges, Londres à Cologne, Bergen à Riga : au sommet de sa grandeur, au XIVe siècle, la Hanse regroupait environ quatre-vingts villes.

Sa puissance, qui en imposait à plus d'un roi, ne déclina qu'au XVIe siècle, lorsque l'Europe centrale et occidentale prit de l'importance et que diminua le rôle de la Méditerranée.

Avant d'accéder à la prééminence au XVIe siècle, l'Atlantique Nord était de bien moindre conséquence que les deux pôles commerciaux de la Baltique et de la Méditerranée. Sans doute fournissait-elle la laine aux tisserands italiens et le sel aux pêcheries de la Baltique mais elle n'atteignait pas l'importance d'un quatrième ensemble économique qui s'était développé le long des routes intérieures — les vallées du Rhin, du Rhône et du Danube et les cols alpins — reliant le Sud et le Nord, le Sud et le Nord-Ouest, l'Est et l'Ouest. Depuis le XIVe siècle, les exportations de métaux et de textiles et le transit des marchandises faisaient prospérer les villes de l'Allemagne du Sud : Augsbourg, Nuremberg, Bâle. En 1500, la Grande Compagnie de Ravensbrück comptait des succursales à Berne, Genève, Lyon, Avignon, Marseille, Milan, Gênes, Barcelone, Valence, Saragosse, Vienne, Budapest, Anvers, Cologne et Nuremberg. De nouveaux circuits commerciaux se déployaient sous l'effet d'événements divers : les difficultés des échanges méditerranéens depuis la conquête de l'Égypte par les Ottomans en 1517, l'ouverture de routes maritimes vers les Indes (occidentales et orientales), le nouveau commerce colonial à partir des ports de l'Atlantique (en particulier le comptoir portugais installé à Anvers en 1494), les guerres et les invasions étrangères en Italie. La flotte de galères vénitiennes fit son dernier voyage annuel vers les Flandres en 1532 : l'Europe septentrionale s'était enfin émancipée de la suprématie méditerranéenne.

Profits et interdictions

Pour prospérer, le commerce devait s'affranchir de la morale qui le considérait avec suspicion, désapprouvait le profit et condamnait la plupart des activités sur lesquelles se fondent les affaires modernes. Comme nous l'avons noté, l'homme médiéval ne concevait pas le monde en termes de mobilité, de changements, de flux. En théorie du moins, l'univers était un endroit stable où les hommes devaient et souhaitaient mener toute leur existence dans la situation où Dieu les avait placés, le fils après son père, chaque génération dans les traces de la précédente. Il fallait justifier le changement, tout fréquent fût-il, par un recours à la tradition ; la révolution n'apparaissait pas comme un progrès mais toujours comme un retour aux anciens usages. Si elle ne se restreignait pas au minimum, l'activité économique menaçait de détruire la stabilité. « Celui qui a de quoi satisfaire ses besoins, écrit un auteur du XIVe siècle, et qui pourtant s'efforce sans relâche d'acquérir des richesses, afin d'obtenir une situation sociale plus élevée, d'avoir assez, par la suite, pour vivre sans travailler, ou afin que ses fils puissent devenir des hommes riches et importants, tous ceux-là sont poussés par une avarice, une sensualité ou un orgueil damnable. »

Certains aspects de la doctrine chrétienne concernant le droit et la vie réduisaient les possibilités d'investissement, et donc de production et de profit. Par exemple la notion du juste prix interdisait de vendre un bien ou une marchandise plus chers que leur valeur, ce qui laissait tout de même une certaine marge d'interprétation subjective. Plus gênante était la défense de l'usure, définie, très étroitement, comme le prêt de l'argent à quelque intérêt que ce fût ou presque. Saint Luc n'avait-il pas dit (6, 35) « prêtez sans rien espérer en retour » ? Avant lui, Aristote, promu depuis presque au rang d'un Père de l'Église, avait souligné que, au rebours des animaux ou de la terre, l'argent est stérile et ne peut engendrer plus d'argent. S'appuyant sur de tels auteurs, la doctrine de l'Église était on ne peut plus claire : l'argent n'est pas détruit par l'usage, il passe de main en main et peut être restitué dans le même état que lorsqu'on l'a prêté. Il ne peut non plus fructifier — conception tout à fait juste lorsqu'il n'existait aucune possibilité d'investissements rentables. Par conséquent, le prêteur ne mérite pas de compensation, pas plus que le voisin obligeant lorsqu'on lui rend sa pelle ou son couteau en bon état. Si un homme a besoin d'argent, qu'on lui en prête gratuitement pour l'amour de Dieu. En réclamant des intérêts aux pauvres ou aux prodigues, les usuriers péchaient contre Dieu et la nature, et l'Église ne percevait aucune différence entre l'usure et l'intérêt commercial.

La nécessité de revoir ces conceptions devint vite évidente. Aucune entreprise d'importance n'était possible sans prêts, crédits, instruments d'échange divers, ni sans profits. La tolérance, l'indifférence, le raisonnement, les accommodements et, surtout, l'expiation vinrent combler le fossé entre les principes et la pratique. Comme l'écrivait un marchand de Raguse, en mettant de côté dans son testament trente-cinq lires pour les biens mal acquis : « Il me semble qu'ayant été marchand il est impossible que je n'aie pas usurpé quelque chose. » Les sociétés commerciales tenaient un compte spécial *(il conto di Messer Domeneddio)* pour Dieu et ses pauvres, ou réservaient aux bonnes œuvres les fruits d'une part de leur capital. Les riches dotaient églises et chapelles ; se faisaient enterrer en robe de bénédictin, comme le grand usurier d'Arras Baude Crespin, ou organisaient des croisades pour sauver leur âme coupable, comme le navigateur et marchand génois Benedetto Zaccaria. Ils se préoccupaient des pauvres et du bien commun, finançaient hospices, asiles, hôpitaux (au début du XIVe siècle, Arras, vingt mille habitants, comptait vingt-trois hospices qui pouvaient accueillir mille personnes) ainsi que ponts, fontaines, aqueducs, voire même quais et installations portuaires.

Les scrupules religieux restaient forts, mais le goût du commerce et du profit l'emporta. Dès 1208, le pape Innocent III reconnaissait dans une lettre à l'évêque d'Arras qu'il était devenu presque impossible de punir les usuriers comme il l'aurait fallu tant il y avait de coupables à châtier. Peu de temps après, Giotto, né pauvre, deviendrait riche, grâce à son talent de peintre, bien sûr, mais aussi en louant des métiers à de misérables tisserands avec un profit de 120 pour cent. A l'université de Bologne, les professeurs prêtaient de l'argent à leurs étudiants à un fort taux d'intérêt et leur revendaient cher les livres qu'ils achetaient à bon marché. Au XIVe siècle, le riche marchand de Prato, Francesco Datini, pourrait ouvrir ses registres par ces mots : « Au nom de Dieu et du profit. » Le monde du négoce était devenu une immense comptabilité dont les comptes ne s'arrêteraient qu'au Jugement dernier.

Dans les villes où régnaient les marchands, on fit en sorte d'éviter que les anachronismes ecclésiastiques ne nuisent aux intérêts du commerce, comme lorsque les débiteurs invoquaient les prohibitions religieuses pour ne pas rembourser leurs dettes d'affaires. Ainsi Gênes promulgua en 1369 une loi « contre ceux qui prétendent que les contrats d'échange et d'assurance sont illégaux et usuraires selon les Écritures et qui ont recours aux tribunaux ecclésiastiques pour les faire annuler (...) attendu que si de tels contrats n'étaient pas honorés les citoyens et marchands de Gênes subiraient de grands dommages ». La loi condamnait ceux qui invoquaient de tels arguments à une amende d'une demi-lire pour chaque lire qu'ils refusaient de payer.

En exigeant un juste prix et en condamnant l'usure, l'Église médiévale ne faisait que traduire le sentiment populaire. Aux XIVe et XVe siècles, ce sentiment changeant dans certains cercles, l'Église se mit à évoluer à son tour. Les humanistes furent parmi les premiers à trouver des arguments pour leurs riches mécènes, à défendre les nouvelles valeurs contre les anciennes. Les hommes, soulignaient-ils, devaient à eux-mêmes, à leur famille et à l'État de faire preuve d'activité, de créativité et de générosité — toutes vertus liées aux possessions matérielles devenues sources du bien. Lorsqu'en 1420 il traduisit un texte attribué à Aristote pour Cosme de Médicis, Leonardo Bruni souligna que ces possessions offraient une « occasion de pratiquer la vertu ». Un peu plus tard, à la cour même du pape, un autre humaniste expliquait dans la même perspective que la pauvreté associée au Christ n'était que le reflet des conditions socio-économiques dans l'Empire romain et ne convenait nullement à un Saint-Siège qui avait le devoir, en cet âge plus splendide, de briller de tout l'éclat de sa magnificence matérielle.

Rien de surprenant à cette évolution quand on considère que la papauté, qui avait été la principale puissance économique du haut Moyen Age, devait être aussi le plus grand capitaliste de cette époque. La curie fut autant que les banques toscanes à l'origine des méthodes sérieuses de comptabilité financière, et l'orientation économique de l'organisation ecclésiastique dans l'ensemble de la Chrétienté a dû contribuer au développement d'un esprit séculier dans l'Église elle-même. Pour Alberti il allait de soi que « tous les prêtres sont avides d'argent au plus haut degré ». Cette passion du lucre allait jusqu'à transformer les papes en associés des grands banquiers-marchands ; ces derniers tiraient profit de leur rôle de bras droit et d'agent du souverain pontife grâce, en partie, à la collecte des revenus pontificaux et, en partie, au crédit que le Saint-Père pouvait apporter à une institution qui en avait bien besoin. Au XVIe siècle, les représentants des grandes maisons de commerce travaillaient main dans la main avec l'Église, quand ils n'y appartenaient pas : le correspondant à Rome d'une de ces sociétés allemandes était protonotaire apostolique ; l'agent des Fugger dans la Ville Éternelle accumulait bénéfices et dignités ecclésiastiques ; la famille Thurzo, associée aux Fugger en Europe orientale, comptait deux évêques. Les marchands pieux profitaient de leurs voyages d'affaires pour effectuer d'édifiants pèlerinages, et les hommes d'affaires pouvaient enfin s'abandonner à la croyance que leurs occupations servaient les fins les plus élevées : « Le labeur des négociants, affirme un livre publié en 1573 à Venise et traduit peu après en français, est conçu en vue du salut de l'humanité. » Dans l'Espagne très catholique, l'inscription à l'entrée de la nouvelle bourse de

Valence, édifiée au XVIe siècle, déclarait : « Un marchand agissant ainsi déborde de richesses et jouit enfin de la vie éternelle. »

Toutes ces conceptions s'appuyaient solidement sur les œuvres des canonistes du XVe siècle, comme saint Bernardin de Sienne et saint Antonin de Florence, qui considéraient, aussi clairement que nouvellement, le capital comme l'élément productif de l'investissement et des prêts. « Le capital, disait saint Bernardin, est plus que de l'argent en raison de son " pouvoir créateur ", et les richesses honorablement gagnées sont agréables à la vue de Dieu et de l'homme. » On ne parlait désormais d'usure que lorsque le prêteur ne courait aucun risque, ce qui devait être très rare, et on ne condamnait l'intérêt que lorsqu'il semblait excessif. En réalité, le premier mont-de-piété municipal, destiné à arracher les pauvres des griffes des usuriers en n'exigeant qu'un intérêt de dix pour cent, avait été fondé en 1462 à Pérouse à l'instigation des franciscains et perfectionné en 1482 à Mantoue par le bienheureux Bernardin de Feltre, avec l'approbation du pape.

En soulignant l'importance du risque possible pour justifier l'intérêt, les théologiens semblaient percevoir la tendance de l'argent à devenir de plus en plus abstraite et à perdre toute relation ou presque avec les valeurs concrètes. Ils redoutaient ce que nous apprécions le plus aujourd'hui, l'aspect désincarné des relations entre le prêteur et l'emprunteur, et l'élimination des facteurs humains — charité, gratitude — que l'Église, en théorie du moins, plaçait au-dessus de la simple efficacité de l'activité économique. Ils avaient bien raison, comme l'atteste une note que Christophe Colomb griffonna dans la marge d'un livre : « L'or est une excellente chose. Lorsqu'on en a, on fait tout ce que l'on veut au monde, même conduire les âmes au paradis. »

Les méthodes commerciales

Ainsi les esprits changèrent, et les techniques aussi. Lentement, depuis le XIIe siècle, les chiffres arabes s'imposaient et simplifiaient les opérations arithmétiques. A partir du XIVe siècle, la comptabilité en partie double fournit une méthode vraiment efficace d'appréciation économique. Les Italiens l'ayant gardée secrète pendant plus d'un siècle, elle ne modifia que très progressivement les pratiques commerciales au nord des Alpes. Il en est fait mention pour la première fois dans le livre de mathématiques que publia Luca

Facioli à Venise en 1494 ; l'ouvrage ne fut traduit en français et en flamand que plus d'un demi-siècle plus tard, en 1543, en anglais en 1547, en allemand en 1550. Encore en 1581, Sébastian Gammersfelder, qui avait quitté sa ville natale de Passau sur le Danube pour enseigner à Dantzig, reprochait aux critiques de son manuel de comptabilité de regarder la nouvelle méthode « comme une vache (regarde) une barrière ». Même si l'on fait la part de l'agacement, cette remarque de Gammersfelder illustre l'écart entre le Nord et le Sud, le retard dans l'application des techniques commerciales complexes et le temps qu'il fallut pour prêter sérieusement attention à leurs possibilités.

Mais, au Nord comme au Sud, tous les marchands griffonnaient dans leurs livres et voyageaient. « Un marchand, disait Alberti, architecte et chef d'une grande maison de commerce, devrait toujours avoir les mains tachées d'encre. » Les négociants entretenaient une correspondance immense et incessante. Francesco Datini écrivait intarissablement à sa femme, à ses associés, à ses représentants, à ses amis, à ses intendants et aux multiples sociétés avec lesquelles il faisait des affaires. Dans ses archives, retrouvées en 1870, on découvrit cent cinquante mille lettres, des milliers de connaissements, de lettres de change, de reçus, des centaines de polices d'assurance et d'actes notariés, plus de cinq cents livres et registres de comptes.

A l'époque de Datini, la correspondance était acheminée par courriers privés ou messagers de hasard. Les lettres que Datini expédiait de Florence prenaient, semble-t-il, environ six jours pour parvenir à Venise. Le service postal régulier que les Vénitiens avaient mis en place entre la Sérénissime République et Bruges ne mettait, en revanche, que sept jours. En 1500, la situation s'était quelque peu améliorée : il fallait en moyenne à un courrier deux à trois jours pour aller de Rome à Venise, douze jours pour relier Rome et Paris. Louis XI avait organisé en France une poste royale dont les messagers, chaussés de grandes bottes, parcouraient une cinquantaine de kilomètres par jour par étapes de quatre puis de sept lieues (dont se souvient Perrault dans le conte du Petit Poucet). L'un d'eux mit en 1342 quatre jours et demi pour couvrir les quelque sept cents kilomètres entre Avignon et Paris, établissant un record qui ne fut pas battu avant longtemps. Au XVIe siècle, le Saint Empire disposait d'une poste officielle organisée par une famille milanaise, les Taxis, dont les courriers parcouraient cent trente-cinq kilomètres par jour et acheminaient des lettres d'Italie à Bruxelles en cinq jours et demi.

Mais il s'agissait là de vitesses exceptionnelles, guère à la portée des commerçants privés. Les marchands qui voulaient surveiller leurs opérations ou se renseigner sur leurs marchés et leurs correspondants, devaient se rendre compte personnellement sur place. Aussi étaient-ils des voyageurs impénitents. Lucas Rem d'Augsbourg, qui commença sa carrière comme employé et représentant de la compagnie Welser à Anvers, Lyon, Venise, Saragosse et finalement à Lisbonne, fit les voyages suivants en trois ans : 1500 : Lyon-Bourges-Paris-Rouen-Lyon ; Lyon-Albi-Lyon ; Lyon-la Suisse-Lyon. 1501 : Lyon-Augsbourg-Lyon ; Lyon-la Suisse-Lyon. 1502 : Lyon-la Suisse-Lyon ; Lyon-Augsbourg-Lyon ; Lyon-Albi-Lyon ; Lyon-Toulouse-Saragosse. 1503 : Saragosse-Lisbonne. De Lisbonne il partit pour le Maroc, Madère, les Açores et les îles du Cap-Vert. Que de voyages, surtout dans les conditions de l'époque ! Mais, comme l'expliquait un marchand de Nuremberg installé à Cracovie, « je suis très satisfait de ne pas toujours rester au même endroit ; on n'apprend rien à se fixer en permanence dans une seule ville ». Frederick Behaim de Nuremberg partit apprendre son métier à Lyon à quinze ans (1506) ; en 1533, il envoya son fils Paul faire son apprentissage à Cracovie chez les représentants d'une société florentine, les De Nobilis. Paul finira par représenter une maison allemande à Anvers.

Ces pérégrinations ne devaient pas être de tout repos. Le moindre voyage était gros de dangers et de difficultés : les bandits ou les pirates, le mauvais temps, l'état pitoyable des routes, en mer, une absence totale de maîtrise sur les éléments et guère d'instruments de navigation. Vers 1500, une traversée rapide de Venise à Londres prenait entre vingt et trente jours, de Séville à Venise quinze jours ; le voyage entre Madrid et Rome, par terre et par mer, trente jours. Un chaland mettait un an pour faire l'aller et retour entre Anvers et Cadix. Il fallait, dans le meilleur des cas, quinze jours pour aller d'Anvers à Lisbonne. Les vents et le temps pouvaient rallonger prodigieusement les trajets : le passage de Venise à Constantinople variait entre vingt-neuf et soixante-treize jours, celui de Tunis à Livourne entre six et vingt jours. Il fallait parfois attendre des jours sinon des semaines le vent favorable. Les navires en route pour Anvers s'échouaient souvent sur les récifs d'Irlande ; naufrages et accidents allaient de soi. Même les pilotes les plus savants, capables au XVIe siècle de déterminer la latitude, avaient beaucoup plus de difficultés à calculer la longitude faute de montres utilisables en mer. Voilà donc le domaine que le XVe siècle entreprit de maîtriser et que les Européens commencèrent à conquérir cent ans plus tard.

Les grandes découvertes

En 1487, après soixante-dix ans de tâtonnements, d'erreurs et de lents progrès, un marin portugais, Bartholomeu Dias, doubla le cap de Bonne-Espérance, ouvrant une route des Indes qui n'exigeait plus d'intermédiaires vénitiens ou musulmans. Dix ans après, Vasco de Gama, parti de Lisbonne à la recherche, disait-il, de chrétiens et d'épices, touchait terre à Calicut au bout d'un an de navigation. Il avait trouvé des chrétiens et surtout des épices : son retour à Lisbonne en 1499, son navire chargé de gingembre, de cannelle, de clous de girofle et d'autres condiments, récompensait fastueusement sa longue quête. Christophe Colomb, pour sa part, appareilla vers l'ouest et ne trouva ni chrétiens ni épices, mais seulement quelques îles peuplées de sauvages : en 1492, il prenait en effet possession de Hispaniola au nom de l'Espagne.

Depuis plusieurs générations, d'intrépides Portugais s'étaient aventurés de plus en plus loin dans l'Atlantique sud, fondant forts et comptoirs, négociant or et esclaves. Ces découvertes devaient beaucoup à un fils du roi du Portugal, le prince Henri le Navigateur (1394-1460), qui avait transformé son palais de Sagres en école de cartographie et de navigation. De Sagres, Henri préparait et lançait tous les ans ou presque des expéditions, chacune plus lointaine que la précédente. Déterminé à propager la parole de Dieu et à promouvoir les intérêts commerciaux de son pays, il canalisa l'enthousiasme traditionnel des Portugais pour les croisades (et probablement les fonds qui y eussent été investis) au profit de la cartographie et du Portugal lui-même. En 1454, le pape Nicolas V autorisa le neveu d'Henri, le roi Alphonse V, à réduire en esclavage les indigènes des territoires nouvellement découverts, dans le but de les convertir.

Les autorités s'efforcèrent, dans l'ensemble, de maintenir le silence sur ces premières découvertes, pour empêcher les intrus de braconner dans leurs réserves profitables et durement gagnées. La possibilité d'emprunter les grandes routes océaniques ne fut, en effet, révélée que tout à la fin du XVe siècle. Par la suite, puisqu'une autre puissance chrétienne s'était lancée dans l'exploration avec Colomb, le pape, par une bulle de 1493, répartit entre l'Espagne et le Portugal les territoires qui seraient découverts. L'année suivante, les deux parties intéressées redéfinirent ce partage par le traité de Tordesillas : l'Espagne obtint ainsi toutes les nouvelles terres à l'ouest d'une ligne nord-sud à trois cent soixante-dix milles à l'ouest du Cap-Vert, et le Portugal s'attribuait le reste, sans qu'on prît la peine de décider comment les deux moitiés s'ajusteraient de l'autre côté. L'accord fut conclu juste à temps pour que Lisbonne reçût le Brésil (découvert en 1500 par Cabral). Les deux puissances ibériques se retrouvaient donc, sans concurrence virtuelle, en possession des mers australes pour plus d'un demi-siècle.

Jusqu'aux années 1560, l'Europe septentrionale avait cantonné ses recherches plus au nord. L'Angleterre exploitait les bancs de pêche de Terre-Neuve depuis les années 1470, et des expéditions anglaises cherchaient un autre passage vers l'Inde par le nord-ouest et le nord-est, découvrant ainsi le Canada (1534-1535) et une nouvelle route vers la Russie, par Arkhangelsk (1553-1554).

Les perfectionnements techniques se multipliaient, améliorant les navires et facilitant l'essor des grands voyages. Depuis le XIIe siècle, le gouvernail d'étambot remplaçait progressivement l'aviron de flanc ou de queue et autorisait une manœuvrabilité supérieure ; aux alentours de 1400, de nouveaux gréements avaient permis d'accroître le tonnage ; on se mit à faire des coques plus étroites, aux lignes plus élancées et les bateaux devinrent plus rapides, maniables et marins. Quelle différence de taille et de capacité entre les caravelles de Dias et de Colomb — la *Santa Maria* de ce dernier jaugeait entre cent et cent vingt tonneaux et mesurait 25,60 mètres sur 7,60 mètres — et les galions de la flotte du Rio de la Plata ou les vastes caraques jaugeant plus de mille tonneaux et capables de transporter un millier de passagers ! A l'époque de la reine Élisabeth, un siècle plus tard, les grands vaisseaux de haute mer jaugeraient quelque cinq cents tonneaux et mesureraient une trentaine de mètres sur une douzaine.

Sans cartes, il est difficile de voyager loin, sans parler de gouverner un État. Les Chinois disposaient déjà d'une carte de leur pays en 1125 avant J.-C. L'Occident dut attendre plus longtemps, en partie parce que la cartographie, art peu prestigieux, se faisait largement au petit bonheur, lorsqu'on n'y voyait pas une entreprise éminemment théorique sans rapport immédiat avec l'expérience. Strabon, le géographe grec contemporain du Christ, considérait la géographie comme une branche de la philosophie. Cette perspective ne donnait guère de résultats satisfaisants. Les hommes du XIVe et du XVe siècles avaient une intelligence de leur monde très limitée quand elle n'était pas bizarrement déformée par des théories et des mythes qui se perpétuaient malgré les informations rapportées par les voyageurs comme les Polo.

Les Grecs — Pythagore, Aristote — croyaient que la terre était ronde, mais la plupart des hommes du Moyen Age l'imaginaient plate. La redécouverte, après le XIIIe siècle, du grand astronome du IIe siècle Ptolémée, permit de renverser le courant[1]. Mais d'autres problèmes se posaient. Ni les Grecs ni les savants du Moyen Age ne savaient vraiment comment était peuplé le monde inconnu ou à quel point il était habitable. Dans les grands espaces vides des cartes primitives, on plaçait Ophir, d'où le roi Salomon avait tiré ses trésors, et le royaume du prêtre Jean, figure légendaire aussi pieuse que riche. L'Asie était entourée d'un chapelet d' « Iles Fortunées » — pas moins de cinq mille —, et vers le sud, qui livrait tant d'or à l'Europe, on situait l'Eldorado, d'abord en Afrique où coulait le Rio de Oro, puis plus à l'ouest.

Mais toutes ces richesses étaient environnées de mystères et de dangers. Les rêves du Moyen Age se nourrissaient de vieilles légendes sur des pays où grouillaient des créatures fabuleuses : hommes à la tête de chien qui ne parlaient pas mais aboyaient, hommes sans tête avec les yeux sur le ventre, êtres qui s'abritaient du soleil sous leur vaste pied unique, griffons, grues qui se battaient contre des pygmées, géants comme Gog et Magog, dont la brutale invasion annoncerait un jour la fin de l'humanité.

Si la terre regorgeait de périls, les marins couraient autant de dangers. On croyait le fond des océans jonché d'aimants capables d'arracher tous les clous des navires qui sombraient ainsi corps et biens. Les impudents explorateurs risquaient de basculer à l'extrémité du monde, d'être écrasés par des rochers qui claquaient comme des mâchoires, d'être broyés dans les anneaux d'immenses serpents de mer, voire de périr carbonisés en arrivant à l'équateur où, pensait-on, la mer bouillait. Il fallait beaucoup de courage, de cupidité ou d'inconscience pour braver tous ces périls.

1. Il avait également commis, et ce fut peut-être une chance, une erreur grossière dans le calcul de la circonférence de la planète, ce qui encouragea Colomb à entreprendre un voyage vers l'ouest qu'il imaginait devoir être beaucoup plus court.

Comme de plus en plus d'aventuriers s'y hasardaient à la fin du XIVe et au XVe siècle, les cartes ne cessaient de s'améliorer, et la confiance grandissait. Dès le début du XVIe siècle, les marins disposaient de cartes assez fidèles de l'Afrique, de l'Asie du Sud, de l'Amérique du Sud et des Caraïbes. En 1492, Martin Behaim construisit à Nuremberg le premier globe terrestre qui nous soit parvenu. Après la fin du XVIe siècle, il faudra attendre quelque deux cents ans que la cartographie ne fasse de nouveaux progrès. Bien entendu, on connaissait mieux les côtes que l'intérieur des terres où, comme le dit plus tard Jonathan Swift :

> Sur les cartes d'Afrique les géographes
> Dessinent des sauvages pour combler leurs vides
> Et dans les déserts inhabitables
> Placent des éléphants faute de villes.

Au contraire des premiers explorateurs portugais, Colomb et Amerigo Vespucci publièrent le récit de leurs voyages, et les hommes du début du XVIe siècle se passionnèrent pour les périples et les découvertes qui élargissaient leur univers. La célèbre compilation de l'Italien Montalboddo, publiée pour la première fois en 1507 sous le titre significatif de *Pays récemment redécouverts,* eut presque simultanément six éditions italiennes, six françaises et deux allemandes, et fut rééditée à maintes reprises tout au long du XVIe siècle. Des dizaines d'ouvrages s'efforçaient de satisfaire la fringale d'un public avide d'informations historiques, géographiques, botaniques, anthropologiques et simplement anecdotiques.

Nous ne devons cependant pas imaginer que les découvertes amenèrent des changements rapides et révolutionnaires. Le Nouveau Monde n'eut pas tout de suite d'incidences économiques sur l'Ancien, et la première cargaison d'or venue d'Amérique suffit tout juste au pape Alexandre VI pour faire dorer le plafond de Sainte-Marie-Majeure. Il fallut un bon demi-siècle pour que, à l'exception des spécialistes, le public de l'Ancien Monde modifiât ses conceptions de l'univers. Encore en 1530, les *Voyages* de Sir John Mandeville (v. 1300-1372), pleins d'histoires extravagantes sur des pays imaginaires, seraient publiés trois fois. Entre 1539 et 1558, il y aurait sept rééditions en français d'un livre de géographie qui ne disait pas un mot de l'Amérique et ne faisait que quelques brèves allusions aux découvertes africaines et asiatiques. *La Nef des fous* de Sébastien Brandt, avec ses révélations miraculeuses, ses comètes et ses monstres, avait beaucoup plus de succès que même le *Livre des merveilles du monde* de Marco Polo. On ne commença vraiment à s'intéresser aux autres continents qu'après 1550-1560, et encore l'Orient, plus proche et plus familier, intriguait-il davantage que les contrées plus neuves et plus lointaines.

Cette révélation, nécessairement, venait essentiellement des livres, qui se multipliaient et propageaient des idées nouvelles. L'influence des récits de voyage transparaît dans les ouvrages d'hommes comme Giordano Bruno (1548 ?-1600), brûlé à Rome comme hérétique, Rabelais et Montaigne en France, Thomas More (l'*Utopie*, 1516) et Francis Bacon en Angleterre ; ils ne permettaient pas seulement des interprétations nouvelles mais nourrissaient l'ambition, comme l'écrit Francis Bacon (1561-1626) dans sa *Nouvelle Atlantide*, d'étendre « les limites de l'empire humain jusqu'à l'accomplissement de toutes les choses possibles ».

Un nouveau type de voyageur n'allait pas tarder à apparaître : le touriste. On voyageait déjà par pure curiosité dans l'Antiquité, comme en témoigne l'exemple de l'historien grec du ve siècle avant notre ère, Hérodote ; par contre, ses émules du Moyen Age devaient se déguiser en pèlerins. Avec la multiplication des facilités, des tentations et des possibilités, ils purent désormais réapparaître au grand jour, comme un François Ier toujours par monts et par vaux ou des globe-trotters tel ce Thomas Coryate qui traversa l'Europe à pied, embarqua à Venise pour Constantinople et poursuivit son périple via Alep jusqu'en Inde (1614-1617) où il mourut de la dysenterie et de l'abus de la dive bouteille. Pietro Della Valle quitta Venise en 1614 pour essayer d'oublier ses amours malheureuses en faisant un pèlerinage en Terre sainte ; ses pérégrinations le conduisirent ensuite à Bagdad, où, guéri, il épousa une belle Circassienne qui le suivit en Perse. Après la mort de celle-ci en 1622, le fidèle Pietro la fit embaumer, l'emmena en Inde et la ramena jusqu'à Rome (1626) via Mascate, Bassora et Alep.

Ces curieux désintéressés faisaient toutefois figure d'exceptions. C'était surtout dans l'espoir de s'enrichir que l'on se lançait alors dans l'exploration et la colonisation ; par goût de l'aventure aussi, mais essentiellement pour faire fortune, hors d'une Europe qui n'offrait guère d'occasions aussi prometteuses. On a dit des frères Pizarre, découvreurs du Pérou, qu'ils étaient « une poignée de bandits ignares et de conquérants de génie ». Cette formule pourrait s'appliquer à la plupart des conquistadores, ces hommes qui, n'ayant rien à perdre et beaucoup à gagner, firent la fortune de l'Europe en faisant la leur propre. Leurs expéditions provoquèrent la plus grande révolution entre 1400 et 1600, déchirèrent un voile d'ignorance, d'indifférence et de mythes, et révélèrent un monde nouveau regorgeant de richesses.

Les effets concrets furent encore plus manifestes que les conséquences intellectuelles : la simple connaissance du monde, bien réduite en 1500, s'était considérablement amplifiée en 1515 puisqu'elle s'enrichissait de l'Afrique de l'Ouest, de l'Inde, de Terre-Neuve et des Antilles. En 1530, le voyage de Magellan avait prouvé une fois pour toutes que la Terre était ronde, qu'un continent, l'Amérique, existait entre l'Europe et l'Asie, qu'on pouvait atteindre les îles aux Épices en doublant le cap Horn. Toutes ces contrées et, en particulier, les Indes orientales n'étaient pas seulement une réalité mais un champ de bataille où s'affrontaient les intérêts commerciaux. A la fin du siècle, la Chine, l'Arctique et l'Afrique équatoriale s'intégraient à leur tour dans une représentation du monde inconcevable trois générations auparavant.

La transformation des échanges et des voies commerciales, la relégation au deuxième plan des ports méditerranéens, l'essor commercial puis politique des ports et des pays de l'Europe du Nord — d'abord Anvers, puis, après 1576, Amsterdam et Londres — se doublèrent dans ces régions du développement de l'entreprise capitaliste sur une échelle sans précédent, grâce à des instruments nouveaux ou améliorés : vente à la commission, sociétés par actions, assurances maritimes, spécialisation bancaire moderne. On ne recherchait pas seulement l'or espagnol et les épices portugaises, mais la morue de Terre-Neuve, le tabac de Virginie, les fourrures du Canada, le sucre et le rhum des Caraïbes et les esclaves d'Afrique. La vie des Européens se transformait : par le prodigieux élargissement de leurs horizons, par l'évolution toujours plus somptueuse de l'ameublement, de l'architecture et de la décoration, mais aussi au niveau le plus humble et le plus quotidien. L'importation de textiles bon marché des Indes, de mousseline de Mossoul, de guingan de Malaisie, de calicot de Calicut multipliait, entre autres, l'usage des sous-vêtements de coton et des mouchoirs. La porcelaine et le papier peint de Chine se répandaient en Europe. Le chocolat du Mexique, les pommes de terre, les tomates, les potirons, le maïs entraient progressivement dans le régime alimentaire avec le riz et le sucre, déjà familiers comme d'autres produits tropicaux — dattes, melons, bananes, ananas — mais désormais plus aisément disponibles.

ITALIE : LE DÉBUT DE L'ÈRE MODERNE

L'ère moderne commence en Italie. Au moment où décline le Moyen Age, cette petite péninsule est un exemple de pays écarté qui profite de son isolement relatif pour devenir un centre de richesses et de culture, le point de mire de tous les peuples alentour, puis la proie de la cupidité que sa réussite attire, et qui, sous l'emprise étrangère, retourne à son insignifiance antérieure, comme l'or des fées redevient poussière entre des mains indignes.

Conquise, dévastée, divisée, l'Italie du haut Moyen Age était longtemps restée en marge d'un monde dont le centre culturel et politique se situait en France et dont les grandes décisions étaient prises au nord des Alpes. L'Italie était vassale du Saint Empire romain germanique dont les souverains, non contents de gaspiller leurs ressources, mettaient en coupe réglée les régions qu'ils visitaient pour affirmer leurs droits impériaux. Au XIIe siècle, la papauté qui se réformait mobilisa les villes en plein essor contre l'Empire. Pendant plus d'une centaine d'années, l'Italie se divisa en guelfes et gibelins, partisans du pape ou de l'empereur : les États s'affrontaient ainsi que les factions au sein des cités, même après que ces termes eurent perdu leur signification originelle.

Au début du XIVe siècle, les guelfes avaient chassé les Allemands de Naples, les Français avaient attiré de gré ou de force les papes en Avignon. Pendant soixante-dix ans, livrée à elle-même, l'Italie put se développer comme elle l'entendait, sans ingérence extérieure. Lorsque en 1377 les papes finirent par se réinstaller à Rome, ils tâchèrent de s'imposer en tant que princes séculiers au milieu d'autres États séculiers qui avaient mûri et appris à s'affirmer en leur absence. De Naples à Venise, les États italiens n'étaient pas le fruit d'une tradition, les héritiers du système féodal qui avait régi l'Europe pendant cinq siècles et maintenait son empire au-delà des Alpes, mais la création d'hommes libres — libres de certaines institutions et restrictions médiévales, libres de s'engager dans une politique active que le Nord ne pouvait ou ne voulait pas encore admettre, où ne comptaient ni les valeurs spirituelles ni les anciennes institutions mais l'ingéniosité, l'énergie et la force. Ces États étaient des *communes,* fondées sur une promesse commune d'aide mutuelle entre les citoyens. L'engagement entre égaux remplaçait ainsi le vieux serment féodal par lequel un inférieur jurait fidélité à un supérieur. A l'évidence, dans ces communes ou républiques urbaines comme dans l'Athènes antique, certains étaient toujours plus égaux que d'autres. C'était néanmoins un nouveau modèle de société qui échappait aux structures féodales et les remettait en question.

Né sur le sol italien, le droit romain, dont le souvenir et parfois la pratique avaient survécu à l'injure des siècles, offrait un substitut aux conventions féodales. Les hommes de loi, d'État et d'affaires en appréciaient les tendances centralisatrices et autoritaires autant que la forte affirmation de la propriété privée et la conception individualiste selon laquelle la société prospère davantage lorsque ses membres prennent en charge leurs propres intérêts. Le droit romain n'avait pas survécu qu'en Italie, mais dans le sud de la France le hasard d'une hérésie, l'occasion d'une croisade profitable et la brutale intervention du féodalisme du Nord écrasèrent sa brève floraison. Au même moment, dans la première moitié du XIIIe siècle, l'empereur Frédéric de Hohenstaufen, décidé à rabaisser ses sujets trop puissants, appuyait la cause des droits civiques à Naples et en Sicile en proclamant ce paradoxe aussi étrange que pertinent que l'autorité apprécie l'égalité devant sa loi. L'affirmation théorique selon laquelle les sujets étaient égaux devant la loi des princes introduisait l'idée révolutionnaire de justice égale pour tous, s'écartant de la conception hiérarchique au nom de l'efficacité politique, administrative et économique.

Après le départ de Frédéric et de ses fils, ce principe contribua à abattre les privilèges et les pouvoirs anciens dans les villes du Nord et à jeter les fondations juridiques de la société et de l'économie nouvelles qui s'y développaient. Mais l'abolition temporaire des privilèges traditionnels ne fit que préluder à l'établissement des prérogatives d'un nouveau patriciat urbain qui remplaça ou absorba les seigneurs de naguère et abusa de ses pouvoirs avec tout autant de voracité.

La politique médiévale voulait dominer les hommes au nom de forces prétendument impersonnelles. L'ère nouvelle prônait la domination de l'homme. Mais sur quoi ? Sur les autres hommes et la société, et par-dessus tout sur les événements et la nature. Il fallait donc que les hommes eux-mêmes fussent déshumanisés pour rendre les processus plus parfaits, fussent proclamés libres afin de mieux exploiter leur travail.

C'est comme si les grandes masses sans visages des campagnes médiévales s'étaient brièvement incarnées, avaient reçu une personnalité et une volonté au nom de préoccupations théoriques, pour être mieux assujetties à une subordination nouvelle qui n'impliquait même pas les anciennes relations féodales d'homme à homme, de maître et serviteur, seigneur et vassal.

La nouveauté dérange toujours, surtout les habitudes qui permettent de mieux supporter jusqu'à la gêne la plus pénible. Pour beaucoup, la nouvelle société n'était pas plus agréable que l'ancienne, et bien moins plaisante pour certains. L'Italie était morcelée : en mille dialectes, disait Dante ; en de multiples petits États, tous fragmentés selon des clivages internes : nobles, marchands, *popolo minuto* — le petit peuple — éclatés eux-mêmes en facettes multiples. Et chacun de prendre le dessus à son tour : chaque faction politique de jalouser ou d'être jalousée ; on cherchait surtout à exclure ses ennemis des affaires, de la politique, de la communauté même. Une vie pleine d'incertitudes : de grandes possibilités pour certains, pour beaucoup une considérable insécurité.

Le commerce et l'industrie, s'ils faisaient la fortune des villes, précipitaient également les conditions de leur instabilité : était en effet apparue une main-d'œuvre nombreuse et diversifiée qui ne s'intégrait pas aux hiérarchies et structures traditionnelles, qui affaiblissait les guildes et les institutions établies, provoquait des tensions sociales, exposait la société aux effets de la concurrence des autres centres commerciaux de l'Italie même, de l'Allemagne et des Pays-Bas. Les pressions économiques en tous genres ne tardaient pas à se traduire en termes politiques, surtout aux périodes de crise, lorsque détenir le pouvoir signifiait la capacité de répartir la souffrance : mes amis perdent moins et gagnent plus que les autres.

Ces contradictions internes impliquaient donc une intensification de la lutte pour la suprématie politique. Seuls des dirigeants forts et capables, un gouvernement ferme et la force pouvaient imposer un certain ordre, un semblant de stabilité et de paix. Là où le Moyen Age souhaitait que le prince fût bon, la Renaissance le voulait efficace. Peut-être les deux époques partageaient-elles au fond le même souci de combiner les deux, mais la différence résidait en ce qu'elles choisissaient de privilégier, en ce qui leur paraissait la raison dominante. Les hommes de la Renaissance savaient avant tout que la force, l'initiative et la ruse *à l'origine* des institutions étaient leur seul soutien. La foi religieuse et la superstition n'excluaient en rien cet extraordinaire sentiment d'autonomie, pas nouveau sans doute mais, depuis peu seulement, conscient, admis, exprimé, souligné de plus en plus au détriment des références purement religieuses et les éclipsant toujours davantage. Autonomie qui en cas de succès se haussait en affirmation et glorification de soi. Autonomie synonyme de réussite, de calcul et d'activité fiévreuse : Dieu n'aide-t-il pas ceux qui s'aident eux-mêmes ? Activité, impatience, compréhension neuve que le temps est de l'argent, du pouvoir, un capital précieux à épargner, investir, *utiliser* profitablement — au point qu'un auteur estimait qu'aller trop souvent à l'église, quelque « utile » que ce fût sans doute, « desservait considérablement l'exploitation exhaustive de la journée ».

Aussi, du chaos du XIIIe siècle, passons-nous à la fin du XIVe à une époque de despotes forgeant de nouveaux modèles politiques, économiques et religieux, consolidant un gouvernement de plus en plus centralisé et fondé sur des principes dynastiques dont les ambitions et les intérêts orientaient la politique intérieure et extérieure. L'autorité et l'unité de l'Église se dissolvaient sous la pression de l'État séculier et des attitudes intellectuelles des individus. La noblesse se reclassait. En tous ces domaines, l'Italie semble avoir tracé la voie au reste du monde.

A partir du XIVe siècle, d'importants changements dans l'art de la guerre donnèrent la première place à l'infanterie — l'arme des classes inférieures — puis à l'artillerie — l'arme des princes et du gouvernement central. Des compagnies de soldats de métier apparurent qui offraient de faire mieux que les maladroites milices urbaines ou que les princes alors dépourvus d'armées régulières. Elles louaient leurs services au plus offrant, quitte parfois à se vendre de nouveau au milieu d'une campagne, mais en général elles faisaient le travail pour lequel elles avaient été engagées tant qu'on les payait. En exigeant une solde pour ce qui avait été le plus noble des passe-temps, la guerre, elles dévaluaient le rôle des chevaliers. D'abord méprisés, les plus grands *condottieri* devinrent des héros populaires, se firent élever des statues par leurs employeurs reconnaissants ou, comme Sir John Hawkwood, Giovanni Acuto, eurent leur portrait équestre peint, grandeur nature, sur la porte de la cathédrale de Florence. Certains furent éliminés, par le poison ou autrement, par des maîtres méfiants. D'autres, plus heureux ou plus habiles, gagnaient un domaine ou parfois un trône, à Rimini ou Fermo, voire Milan, tandis que, instruits par leur exemple, certains des moindres princes, souverains d'États pauvres — tels les Gonzague de Mantoue ou les Montefeltro d'Urbino — se faisaient condottieres à leur tour.

Les nobles perdirent leur monopole de la guerre au moment même où ils perdaient leur emprise féodale sur la terre. Ils demeuraient un élément important de la société mais n'étaient plus le principal. En Italie et aux Pays-Bas, où les activités et les richesses urbaines s'imposèrent les premières, les attitudes féodales et bourgeoises, politiques et économiques s'interpénétrèrent et, consciemment et délibérément, la mentalité de l'entrepreneur commença à déteindre sur la politique. Comme l'explique l'historien des questions sociales Alfred von Martin, « les méthodes des affaires servirent des buts politiques, les moyens politiques des fins économiques. Le crédit politique et économique était déjà indissociable. La réputation et la gloire d'un État (accru aussi par des guerres victorieuses) se reflétait dans les profits ». Et les profits d'une famille comme les Médicis ou des vastes entreprises d'import-export qu'étaient Venise et le Portugal se traduisaient en réputation et en gloire, tant qu'ils duraient. Autre permutation sur le même thème, le capitalisme militaire de familles comme les Montefeltro, dont les activités mercenaires assuraient la prospérité de leurs pauvres États et permettaient de combiner l'efficacité du gouvernement avec une imposition modérée.

L'argent (comme les Italiens du XIVe siècle furent les premiers à le dire) est le nerf de la guerre et la guerre la source du pouvoir. La guerre devint désormais une branche des affaires et la politique une forme de la guerre, jusqu'à ce qu'on considérât l'intelligence calculatrice comme la source ultime. J. C. Burckhardt souligne à juste titre à quel point les nouveaux États de l'Italie du Quattrocento ressemblaient à des œuvres d'art. Ils ne trouvaient pas leur consécration dans la tradition mais dans les circonstances et la puissance ; leur existence et leur nature mêmes dépendaient d'un créateur, le prince : situation entièrement artificielle, née d'un homme et centrée sur lui, produisant des structures, des sanctions, des méthodes et des attitudes nouvelles, qu'elle suggérait ou imposait aux autres.

Vers la moitié du XVe siècle quelques faits saillants émergeaient de la confusion des guerres, des alliances et des trahisons : l'ascension de Venise, devenue, après l'épuisement de sa rivale, Gênes, la puissance continentale la plus riche et la plus stable de la péninsule ; à l'autre extrémité de l'échelle et de la botte italienne, le royaume de Naples, arraché aux Allemands par les Angevins, capturé ensuite par les Aragonais — tête de pont d'une future intervention espagnole — était alors le plus arriéré des États féodaux ; Milan, la plus grande ville italienne, au cœur de ses plaines fertiles, disputait la Lombardie à la Sérénissime République qui tentait de s'étendre vers l'ouest tandis que Milan s'étalait vers l'est et s'attribuait brièvement la plus grande partie de l'Italie du Nord ; Florence, ambitieuse mais irrésolue, menaçait gloutonnement tous ses voisins — Pise, Sienne — et se voyait menacée à son tour par Milan ; et au centre de la péninsule, les papes fondaient leurs ambitions territoriales sur le prestige et la vaste organisation du Saint-Siège et tentaient d'affirmer leur suzeraineté sur une multitude de cités en effervescence : Pérouse, Bologne, Ferrare.

Au milieu de ces grandes puissances, quelques moindres principautés — Mantoue, Gênes, Lucques, Urbino — tâchaient de toutes leurs forces de préserver leur existence de l'avidité de leurs gourmands voisins, s'efforçaient de survivre un an de plus, obéissant tantôt à un tyran, tantôt à un autre. Partout, sauf à Venise, les souverains changeaient au gré de la fortune des armes, des insurrections, des ligues et des complots, à l'image d'un marché libre régi par l'esprit d'entreprise et la chance. Quel contraste avec le Nord encore féodal, où même les vassaux rebelles avaient tendance à préserver leurs droits fondamentaux.

Tout cela n'était possible que parce que les grandes puissances européennes étaient occupées ailleurs. La politique italienne évoluait dans un microcosme isolé par le hasard de la guerre entre ses voisins. Encouragés par leur réussite dans des conditions que l'habitude semblait ériger en règles plutôt qu'en exceptions, les souverains italiens, perdant tout sens des proportions, essayèrent d'attirer les étrangers dans leurs conflits, oublièrent qu'ils invitaient des géants à rétablir l'équilibre entre des factions mineures. Certains appelèrent les Français, d'autres les Espagnols ou les Suisses. Puis on demanda aux Français de combattre les Espagnols, aux Suisses de chasser les Français, dans un ballet de traîtrises qui ne pouvait s'achever — après qu'un barbare s'était tourné contre l'autre et eut été évincé par un troisième — que par le triomphe du plus fort, du plus machiavélique et du plus chanceux, en l'occurrence l'espagnol. Les Français traversaient le ciel italien comme des comètes éclatantes et destructrices. Les Espagnols, plus tenaces, mieux commandés, payés plus régulièrement, resteraient plus de deux siècles, s'emparant d'abord de Naples, puis de Milan.

Les humanistes

Si les événements économiques et politiques influençaient la vie et la pensée, les philosophes favorisés par l'époque presseraient ce mouvement avant de finir par le freiner. Chaque société nouvelle recherche et suscite les porte-parole qui lui conviennent : on appela humanistes les hommes qui formulèrent les valeurs de la Renaissance, puis les enseignèrent et les infléchirent.

La résurrection de l'Antiquité est un des aspects les plus frappants de la Renaissance. Ce furent une mode et une longue offensive qui, en un siècle ou deux, restituèrent à l'Occident les idées et les accomplissements des anciens, oubliés ou ignorés depuis l'effondrement de Rome. Sur ces fondements retrouvés, l'Occident put édifier ses propres réalisations, encore plus grandioses. Ce processus s'était engagé très lentement et inconsciemment, d'abord à l'instigation des légistes qui, dans une Chrétienté régie par le droit canon, avaient commencé dès le XIe siècle à étudier et rénover le droit civil romain, en particulier en Italie où le Code Justinien[1] n'avait jamais disparu. Comme nous l'avons vu, ils servirent ainsi les besoins des villes en plein essor, des princes qui luttaient contre la papauté et recherchaient contre elle une autorité rivale et plus ancienne, sans oublier les brillants jeunes gens soucieux de faire carrière en dehors de l'Église.

Les écoles cathédrales qui, dans l'Europe du Nord, entretenaient, regroupaient et perpétuaient les activités intellectuelles du Moyen Age chrétien, n'existaient pas en Italie. Jusqu'au XIe siècle, l'Italie resta culturellement arriérée par rapport à une France qui excellait dans l'érudition, la littérature et l'art. L'université de Bologne, fondée au XIe siècle, constitua le modèle de ce qui serait en fait une nouvelle forme d'école pratique, spécialisée dans le droit civil — et non dans la théologie comme dans le Nord. Toutefois, les études classiques en tant que telles restèrent relativement

1. L'empereur Justinien (527-565) organisa la collecte et la publication de toutes les lois et constitutions existantes *(Codex)*, des opinions juridiques à leur propos *(digeste)*, et d'un manuel de droit (les *Institutes*). Cette grande œuvre de codification, trop impressionnante pour être falsifiée, gêna le développement ultérieur du droit romain pendant les siècles suivants mais assura sa survie et perpétua son prestige.

négligées jusqu'à la seconde moitié du XIIIe siècle, et il se peut même qu'elles aient été alors introduites de France en Italie, où les légistes, qui s'efforçaient de discerner les traits fondamentaux de la société humaine et des lois qui la régissaient, les adoptèrent avec enthousiasme.

Le rôle capital que les hommes de loi jouèrent dans le développement initial de l'humanisme italien n'a rien de surprenant. Ils représentaient, évidemment, un des éléments les plus cultivés de la communauté laïque ; en outre, leurs études et leur profession les maintenaient en contact avec la tradition romaine et les amenaient à considérer la civilisation romaine comme une entité vivante dont ils ne cessaient d'appliquer les valeurs aux problèmes contemporains. Cette attitude nouvelle envers la littérature de l'Antiquité prenait de l'ampleur à mesure que s'étendaient l'usage et l'étude du droit, d'autant que le recours croissant à la rhétorique dans la politique encourageait l'étude des anciennes sources littéraires, en particulier Cicéron. Cette perspective nouvelle semble s'être nourrie de considérations très pratiques, essentiellement la recherche par les professionnels de la parole — représentants, diplomates, juristes, professeurs et agents de certaines cités ou cours — de nouvelles sources d'éloquence et d'art oratoire dans les modèles antiques. Les études classiques en profitèrent avant même que Pétrarque et Boccace ne vinssent accélérer leur développement.

Les études classiques avaient fait partie des sept arts libéraux (grammaire, rhétorique, dialectique, arithmétique, géométrie, astronomie et musique) enseignés au Moyen Age dans les écoles monastiques et cathédrales. La fascination nouvelle pour les Anciens conduisit à s'intéresser davantage aux trois premiers de ces arts. Au XIVe siècle on les appela — d'une expression cicéronienne, *studia humanitatis* — les humanités, études seyant particulièrement à l'être humain. Elles incluaient, en général, la grammaire, la rhétorique, l'histoire, la poésie et l'éthique ; on les étudiait comme les anciens auteurs les avaient traitées, en latin et, bien que toujours à un moindre degré, en grec.

A la fin du XVe siècle, on appelait les hommes qui enseignaient ces humanités « humanistes » ; d'abord sobriquet venu de l'argot étudiant, ce terme devint une étiquette professionnelle, comme celle d'autres spécialistes : artistes, légistes ou canonistes. Les humanistes, au sens propre du mot, resteraient toujours des enseignants et des représentants professionnels de cette branche particulière du savoir, à ne pas confondre avec la doctrine de l' « humanisme », terme forgé seulement au XIXe siècle pour définir une philosophie particulière de l'homme.

Si certains élaborèrent des philosophies personnelles, les humanistes de la Renaissance n'étaient pas nécessairement des philosophes. En revanche ils étaient hommes de lettres, qu'ils fussent écrivains (Pétrarque, Boccace, Érasme), professeurs d'écoles ou d'universités (Vittorino da Feltre), conseillers ou secrétaires au service des villes ou des princes (Coluccio Salutati, Nicolas Machiavel), clercs, ou encore dillettantes comme Pic de la Mirandole. Mais il serait faux de leur attribuer un point de vue commun, d'autant que nous parlons d'hommes qui vécurent, certains au XIVe siècle, d'autres au XVe ou au XVIe, dans des villes et des sociétés différentes. Tous, cependant, partageaient une attitude commune et jouèrent un rôle essentiel dans la formulation de l'idée de Renaissance dont ils étaient un élément majeur. Comme l'écrit l'historien Kristeller, « ils croyaient que l'Antiquité classique était sous bien des aspects un âge parfait ; qu'elle avait été suivie d'une longue période de déclin, l'Age Sombre ou Moyen Age ; et que c'était la tâche et le destin de leur propre époque que d'effectuer une renaissance de l'Antiquité classique, de son savoir, de ses arts et de ses sciences ».

Leur redécouverte de textes latins, perdus ou négligés pendant des siècles, accrut considérablement la masse disponible de littérature latine, utilisée sans doute au Moyen Age mais avec des vides essentiels. Plus importante peut-être que leur résurrection de manuscrits et d'auteurs fut leur active et plus large diffusion de cette culture. Les manuscrits de classiques latins du XVe siècle sont probablement plus nombreux que ceux de tous les siècles précédents réunis, ce qui indique à quel point la Renaissance lisait et propageait les auteurs anciens.

Les humanistes copiaient et établissaient les textes, aidés dans cette tâche par l'introduction à leur époque du papier, support meilleur marché que le parchemin ou le papyrus, par l'organisation d'un commerce systématique des livres manuscrits, puis, à la fin du XVe siècle, par l'apparition de l'imprimerie. En tant qu'hommes de lettres et professeurs, ils commentaient et critiquaient les textes et leurs sources. Ils se livraient aussi, et peut-être est-ce leur contribution majeure, à la collecte et à la traduction en latin, langue plus accessible, des textes grecs dont ils enrichirent les bibliothèques occidentales. Le Moyen Age avait sans doute étudié et même traduit quelques auteurs grecs : Platon, Hippocrate, Galien, Ptolémée et surtout Aristote. Certains de ceux-ci furent retraduits ainsi que la plupart des poètes, historiens et philosophes non aristotéliciens que les érudits du Moyen Age avaient négligés : Homère, Sophocle, Hérodote, Thucydide, Xénophon, Plutarque, Épicure, Plotin et tant d'autres.

Alors que les siècles précédents avaient étudié les lettres latines en long et en large, un des plus grands apports des humanistes fut cette résurrection de la littérature et de la philosophie grecques, grâce en partie à l'afflux de réfugiés de Constantinople qui multiplia les professeurs et les textes originaux. Ce renouveau de l'intérêt pour l'hellénisme se manifesta notamment par un courant philosophique — limité mais influent — qui rayonna surtout dans la Florence du XVe siècle.

Les platoniciens (ou néo-platoniciens), comme Marsile Ficin et son brillant élève Pic de la Mirandole, étaient des humanistes par leur éducation, leur classicisme, leur respect des anciens et des arts, des idées et institutions de l'Antiquité. Mais pour eux, ce retour aux sources ne s'arrêtait pas à l'époque de César et d'Auguste. Peut-être parce qu'ils avaient été formés à la philosophie scolastique dans des universités comme celles de Paris ou de Padoue, ils connaissaient mieux et subissaient davantage l'influence de la spéculation philosophique sérieuse héritée du Moyen Age. Ils refusaient de se satisfaire de la rhétorique superficielle d'un Cicéron, préféraient revivifier et développer les possibilités d'étude et d'interprétation des textes explorés longuement par les érudits médiévaux. Grâce à eux, Aristote et saint Augustin, aussi bien que Platon et ses héritiers, connurent un regain d'intérêt ; les préoccupations religieuses de l'époque se teintèrent d'érudition et de philosophie. L'aspiration de l'âme vers Dieu se mua en réaffirmation de la liberté humaine : Ficin, dans sa *Théologie platonicienne*, et Pic de la Mirandole dans son grand *Discours* sur la dignité de l'homme (1487) proclamèrent en effet la capacité presque existentielle de l'individu à déterminer sa manière de vivre.

Une fois de plus, la dignité de l'homme dépendait de son aptitude à se frayer par la pensée une voie dans un monde problématique. Le souci chrétien de rétablir l'harmonie de la foi (chrétienne) et de la raison (ancienne) ; la préoccupation civique de former de bons citoyens capables d'accepter des responsabilités ; les efforts intellectuels des penseurs tâchant d'offrir une philosophie laïque de la vie plus valide que la théologie scolastique de jadis ; la volonté didactique de professeurs désireux de donner des références à leurs étudiants, des modèles pour améliorer leur goût, leur éloquence, leur raisonnement et leur caractère : tout cela témoigne d'un besoin de redéfinir les règles de vie et d'action dans un monde qui ne se satisfaisait plus de la coutume.

Rien d'étonnant, par conséquent, que le XVe siècle vécût une sorte de révolution de l'enseignement. Les écoles se multiplièrent partout ; l'alphabétisation se répandit (avec certaines limites, évidemment : dans le Londres de Thomas More, trois personnes sur cinq savaient lire) ; le nombre des étudiants fréquentant les universités tripla ou quadrupla. A la fin du XIVe siècle, il existait quarante-cinq universités *(studia generalia)* en Occident ; trente-trois autres furent fondées au XVe siècle et autant encore pendant les cinquante années suivantes, essentiellement dans des pays négligés jusqu'alors comme l'Écosse, l'Espagne et le Portugal. L'Empire, qui comptait cinq universités en 1400, en possédait dix-huit en 1520. A l'évidence, cette floraison s'explique en partie par des raisons matérielles : pour qui n'était pas bien né ni riche, ou qui, riche, manquait de prestige, l'éducation était le plus sûr gage d'ascension sociale, permettait de se hisser dans l'administration, les cours, l'Église. Tout au long du Moyen Age, l'Église avait représenté la voie royale du talent personnel : seule la hiérarchie ecclésiastique offrait alors les plus hautes positions aux hommes doués et ambitieux d'humble extraction. Cette situation n'évolua pas très rapidement mais l'orientation laïque venue d'Italie ouvrit la possibilité de multiples carrières nouvelles.

Guillaume Postel (1510-1581), orphelin d'une famille paysanne, d'abord valet de ferme, puis marmiton dans un collège parisien, put s'instruire et devenir prêtre. Il parcourut l'Europe et l'Orient, apprit le grec, le turc, l'arabe, le copte, l'arménien, ramena des manuscrits de monastères du Moyen-Orient et fut nommé par François Ier professeur au Collège des lecteurs royaux. Auteur de la première grammaire arabe et du premier essai de grammaire comparée, il rêvait d'une harmonie œcuménique entre toutes les religions et tous les hommes. Comme le dit un poète de ses contemporains, « il médita en lui la concorde du monde ». Les Vénitiens le crurent fou, l'Inquisition romaine le jeta en prison, les magistrats de Lyon le poursuivirent, et le Parlement de Paris finit par l'interner dans une abbaye. Un visiteur de passage le trouva vieilli mais toujours digne, plein de passion encore, avec une longue barbe blanche et des yeux de feu ; une sorte de fumée nimbait sa tête quand il disait la messe « tant son âme était tendue vers ce mystère ».

Le cas de Postel est peut-être extrême mais il n'était pas le seul à poursuivre avec tant de véhémence ses savantes études. Les annales de l'époque regorgent d'histoires d'hommes qui travaillaient dur et souffraient longuement pour acquérir ce qu'ils recherchaient : la connaissance. Ainsi le Belge Jean Standonck (1443-1504), lui aussi fils d'un pauvre ouvrier, élevé à la dure par les frères de la Vie Commune chez qui il apprit « la peur de Dieu, l'horreur du feu de l'enfer, l'amour de la patrie céleste » et celui des livres. Il se rendit à Paris en 1471, travailla dans la cuisine d'un couvent et comme sonneur de cloche pour payer ses études. La nuit, trop pauvre pour s'éclairer, il étudiait dans le clocher à la lumière de la lune. Quatorze ans plus tard, il était recteur de la Sorbonne et principal d'un des grands collèges de Paris. Ainsi Thomas Platter (1499-1582), fils de pauvres paysans suisses, quitta le foyer familial pour parcourir le monde au service d'un étudiant errant — nombreux à cette époque. Il mendiait pour son maître et lui-même une misérable pitance tout en s'efforçant de s'instruire. Avec une incroyable persévérance, Platter apprit seul le latin, le grec et l'hébreu, devint précepteur puis cordier, ce qui lui permit de gagner sa vie tout en traduisant la Bible et en enseignant l'hébreu, qu'il avait appris en autodidacte, aux humanistes qui sollicitaient ses leçons. Ces hommes n'étaient pas des exceptions mais une catégorie un peu particulière à une époque où tant de personnes semblaient ivres de savoir, de la jouissance et de l'effort de la découverte.

Il y avait eu d'autres vies vouées à l'étude ; le Moyen Age n'avait pas manqué d'érudits ès lettres classiques. Mais ceux-ci ne s'étaient pas souvent, sinon jamais, consacrés à la littérature pour le seul plaisir ; ils s'efforçaient plutôt de la mettre au service de la philosophie et de la théologie. On apprenait le latin et même le grec pour s'en servir et non pour l'agrément. Lorsque l'on fonda des chaires de langues anciennes et orientales dans le Paris du XVe siècle, ce fut dans le but bien précis de faciliter la conversion des infidèles et elles restèrent vides. Il fallait une société suffisamment prospère et oisive, comme celle qui fit d'abord son apparition en Italie, pour qu'on songeât à mêler l'utile à l'agréable.

Partout, néanmoins, et surtout dans le Nord, l'idée que l'éducation pouvait développer les capacités se répandit plus aisément que le sentiment qu'elle améliorait aussi les loisirs. On devait d'abord gagner sa vie. D'aucuns ont comparé les humanistes à leurs contemporains, les condottieres, soldats de fortune sur une autre scène mais décidés eux aussi à affirmer leur génie, leur unicité, à essayer d'influencer les autres, à forger non seulement leur fortune mais aussi leur gloire, comme Pétrarque — sur le marché libre, pourrions-nous ajouter, que leurs aïeux n'avaient pas connu. Le parallèle économique est éclairant lui aussi, parce que les premiers humanistes reflétaient et renforçaient les valeurs de l'économie nouvelle, soulignaient l'utilisation productive du savoir, des aperçus critiques et de l'indépendance, critiquaient le mépris chrétien des richesses avec le distinguo que les richesses bien employées à acheter des livres, de belles choses, à mener une vie noble, reflétaient et influençaient à la fois la fortune ainsi que cette nouvelle qualité indéfinissable, la *virtù,* — combinant l'intelligence, l'esprit d'entreprise, la maîtrise de soi, la volonté de forger son destin — qui seule, écrivait un ami de Laurent le Magnifique, « ennoblit les hommes ».

Mais l'éducation humaniste était inutile aux affaires et à l'aristocratie, qui dans sa majorité se souciait peu de connaissances. D'un autre côté, bien peu d'étudiants avaient assez de ressources pour mener une vie de loisirs. Ne restait donc guère que le service de l'État, et la plupart des humanistes s'orientaient dans cette voie par goût autant que par nécessité, prêchant et pratiquant parfois les nouvelles vertus civiques : l'intégrité, le patriotisme, l'amour-propre, le souci du bien-être de la communauté. Les Florentins du XVe siècle qui écrivaient sur l'éducation brossaient le portrait idéal de l'homme d'affaires cultivé, non du saint ou du chevalier médiéval. Ils essayaient de développer le corps aussi bien que l'esprit mais jugeaient inutiles les divertissements dangereux et ostentatoires des féodaux, comme les tournois, et méprisaient la perfection purement physique dénuée de qualités morales et intellectuelles. Loin de souscrire aux valeurs aristocratiques, quand ils ne les rejetaient pas résolument, ils faisaient fi de la brutalité oisive de la chasse, du vain orgueil de se recommander, comme le dit Poggio, d'une « longue lignée de hardis mécréants ». Ce n'étaient ni la naissance ni la consécration ni les vastes domaines qu'ils honoraient, mais la richesse et l'érudition, toutes les choses, ou presque, qu'un homme pouvait obtenir par lui-même. Ils avaient à cœur d'indiquer les directions nouvelles et de fournir les moyens de les atteindre.

Une conception du passé

Un des grands changements qu'amenèrent les humanistes fut l'idée qu'on pouvait se préoccuper de littérature et de connaissance sans référence explicite à la religion. Un autre changement non moins révolutionnaire vint de ceux dont les profondes convictions religieuses s'appuyaient sur leur éducation humaniste pour exiger le retour aux sources originelles — dans ce cas la Bible et les Pères de l'Église. Cela impliquait de revenir, par-delà la théologie scolastique du Moyen Age, par-delà les poussiéreuses compilations éloignées du contexte, aux classiques chrétiens et surtout à la Bible elle-même. On avait donc le devoir de critiquer et de rétablir les Écritures comme on le faisait avec Cicéron, et ce pour des raisons semblables : parce qu'il s'agissait d'œuvres fondamentales faisant autorité, il importait donc de les débarrasser des erreurs et ajouts. Les textes acceptés depuis des siècles commencèrent à être remis en question et corrigés lorsque Lorenzo Valla (1406-1457) fit la critique de la *Vulgate* de saint Jérôme à partir du texte original grec, lorsque Érasme eut publié le Nouveau Testament grec, que Luther traduisit de l'hébreu et du grec la Bible en allemand, quand des érudits catholiques révisèrent la *Vulgate* au XVIe siècle et que des lettrés anglais établirent la version de Jacques Ier au début du XVIIe.

La référence aux documents contemporains authentiques, l'étude sérieuse des textes, l'appréciation critique des éléments disponibles seraient également appliquées à l'histoire, qu'elle fût ecclésiastique ou séculière. Un exemple en est l'attaque de Valla contre la Donation de Constantin : l'humaniste montra en effet que les parchemins médiévaux qui en attestaient l'authenticité étaient des faux[1]. Au XVIe siècle,

1. La Donation de Constantin avait été « découverte » par la chancellerie pontificale au VIIIe siècle. Par ce document, l'empereur Constantin Ier abandonnait son autorité au pape qui la lui restituait immédiatement afin qu'il la mît au service de Dieu et de l'Église. « Le Saint Siège de Pierre sera glorieusement exalté au-dessus de notre Empire et de notre trône terrestre. » Quant à Rome et à ses territoires occidentaux, ils seraient gouvernés par le pape et ses successeurs tandis que Constantin régnerait sur Constantinople et l'Orient.

Cette charte, qui définissait et confortait la théorie de la suprématie de la papauté, devait ce révéler non, comme elle le prétendait, un document romain du IVe siècle, mais un faux ultérieur. Valla prouve en effet que le latin utilisé ne datait pas de l'époque de Constantin.

protestants et catholiques entreprirent de réécrire l'histoire de l'Église selon leurs points de vue particuliers. Leur dénonciation acérée des témoignages retenus par leurs adversaires, si elle ne convainquait que les convaincus, fit aussi progresser les techniques critiques et encouragea des perspectives plus sceptiques.

Entre-temps, la conception même de l'histoire évoluait. On ne se contentait plus d'écrire ou de réécrire l'histoire de l'Église. Les problèmes politiques de l'Italie de la Renaissance contraignaient les penseurs politiques et les historiens à adapter les hypothèses traditionnelles aux réalités contemporaines, à établir un cadre de pensée, une manière d'étudier la société et la politique qui convînt aux situations du temps. On ne peut saisir les intérêts permanents derrière les actions des amis et des ennemis que par l'analyse et la compréhension du passé. C'est à l'époque où l'on découvrit la perspective dans la peinture que l'on reconnut également l'importance de la perspective historique.

Les premiers humanistes — Pétrarque, Poggio, Ficin — avaient montré comment l'éthique des anciens pouvait être conciliée avec la tradition chrétienne, comment la philosophie classique pouvait s'appliquer à la politique moderne. Leurs héritiers allèrent plus loin : de la rhétorique à la politique, la transition était évidente. La nomination des responsables gouvernementaux, la position sociale des hommes d'affaires, l'engagement ou le licenciement des mercenaires, tout cela était discuté à la lumière des conceptions des Anciens. Spéculer sur des sociétés utopiques et des institutions parfaites avait sans doute son utilité mais il existait des forces historiques qu'il fallait comprendre et évaluer : l'argent, le commerce, les armes, l'usage de la violence en politique, l'efficacité des différents types de dispositifs gouvernementaux, les personnalités avec leur individualité imprévisible et parfois diabolique.

Dans le climat dangereux de la Florence du XVIe siècle, parcouru de guerres et de révolutions, des hommes comme François Guichardin (1483-1540) et Nicolas Machiavel (1469-1527) ne se contentaient plus d'abstractions : leurs préoccupations étaient trop pressantes pour qu'ils se permissent un tel luxe. Il fallait élaborer un art de la politique qui fût pratique, applicable aux affaires publiques comme la loi dans les tribunaux ou la médecine au corps. Les humanistes avaient clarifié et codifié les principes anciens de l'art, du droit et de la médecine, pourquoi ne pas faire la même chose pour la politique ? Ce fut à cette tâche que s'attela Machiavel, pour découvrir finalement (ce que nous savons maintenant) que les historiens, quelles que soient leurs intentions, ne peuvent écrire qu'en fonction de leur propre temps. Comme son *Prince* (1532), ses *Discours sur la première décade de Tite-Live* (1531) traitaient moins de la politique du passé que du présent : amoraux, pleins de relativité, ses aperçus et ses conclusions s'écartaient de ses intentions premières.

La perspective de Machiavel ne reflète pas seulement les circonstances différentes d'une époque moins optimiste que celle de Pétrarque, mais aussi une évolution intellectuelle exigeant une plus grande subtilité. Si l'histoire devait être — comme l'avaient cru les premiers humanistes — une école de vertu et d'héroïsme, enseignant moins aux hommes ce qu'ils sont que ce qu'ils devraient être, ses découvertes négatives risquaient fort de ruiner l'effet désiré. La méchanceté, la passion, le vice, ou simplement la faiblesse humaine, sont rarement édifiants. Par conséquent, si la recherche, les faits et une certaine attitude critique envers la crédibilité et la valeur des documents avaient leur importance, il fallait souligner lourdement les implications morales et les leçons édifiantes. Les historiens n'hésitaient donc pas à truffer leur récit de discours sentencieux qui ne visaient pas à une reconstitution réaliste mais à l'exhortation morale et à l'ornementation rhétorique.

Ce n'est que lentement que l'on admit la pertinence de la vérité, de la variété et de la richesse des événements. Dans cette perspective nouvelle, les hommes pouvaient être intelligents et bons, et pourtant vaincus ; ou connaître la réussite malgré leurs défauts — peut-être même grâce à eux — ou simplement par chance. Un modèle unique, une seule règle établie ne pouvaient s'appliquer à toutes les circonstances. L'histoire devenait moins la poésie des universaux que la relation d'événements particuliers, uniques mais interdépendants. De la sorte, parce que les hommes du XVIe siècle recherchaient des informations plutôt que l'édification, la vérité des faits prit une importance nouvelle. On reconnut l'histoire comme un instrument essentiel d'instruction politique, et non plus de morale.

Que semblait-elle montrer ? Guichardin soulignait en 1532 « l'instabilité des affaires humaines, comme une mer battue par les vents ». Ce n'était pas la constance mais le changement qui régissait le monde des hommes. Ainsi, du moins pour certains, l'histoire considérée au départ comme un modèle d'action devint-elle une leçon de résignation, enseignant la relativité et l'imprévisibilité de la fortune. Elle visait ainsi à tempérer l'impuissance de l'homme par le sentiment stoïque qu'une attitude digne et philosophique peut adoucir l'effet des forces incontrôlables dont il semble être, autrement, la proie. Les hommes *peuvent* être étudiés au travers de l'histoire ; elle ne reflète pas seulement leurs échecs mais aussi leurs réussites, leur potentiel, leurs espoirs (limités). Leçon de dignité, de mesure, de souplesse politique : réajustement sans doute mais aussi réaffirmation des espoirs prométhéens d'une époque antérieure.

LA SCIENCE DE LA RENAISSANCE

Il existe certains aspects d'une époque qui, s'ils importent particulièrement aux contemporains, comme les banalités de la vie quotidienne, rétrospectivement se détachent rarement voire sombrent entièrement dans l'oubli. D'autres aspects, en revanche, qui souvent passent inaperçus sur le moment, se révèlent durables et colorent en réalité l'essentiel d'une époque. C'est le cas de l'histoire de la pensée, pour laquelle la plupart des hommes manifestent, peut-être à juste titre, une imperturbable indifférence, sans se douter que, plus tard, eux-mêmes ou leurs enfants en seront affectés et, en tout cas, l'image qu'auront d'eux les générations futures.

Les instruments de base

Mouvement d'hommes de lettres pour qui les livres et les études jouaient un rôle majeur, la Renaissance attacha une grande importance aux problèmes philosophiques, mais il ne faudrait pas oublier les difficultés spécifiques auxquelles se heurtaient les gens de l'époque : non seulement la rareté relative des supports de l'activité intellectuelle (papier, livres), l'insécurité des temps, l'inconfort de la vie (l'encre gelait souvent dans les encriers) mais, plus important encore, l'indigence de leur outil principal, le langage.

La purification du latin entreprise par les humanistes eut-elle un effet bénéfique ou paralysant, fallait-il préférer la souplesse du latin médiéval aux structures pétrifiées d'une langue morte ressuscitée, le latin ou les langues vulgaires ? Ce débat a fait couler beaucoup d'encre. Mais qu'ils fussent en latin ou en langue vernaculaire, la plupart des textes écrits jusqu'au XVIe siècle compris, voire après, laissent l'impression d'une grammaire qui se cherche, d'une syntaxe embarrassée, d'un mélange total des temps, d'une confusion des propositions subordonnées, d'un désordre général. Lente à venir au fait, la pensée se perd en détails intempestifs ; obscure, maladroite, elle divague, se noie dans d'interminables explications. A de rares exceptions, il ne s'agit pas d'écrivains de métier mais plutôt de parleurs bavardant avec plus de faconde que d'habileté, s'abandonnant à l'excitation de laisser courir les mots, de manier cet instrument nouveau et encore gauche : le langage, plein de mystère comme l'existence, riche de sens et tout à fait dépourvu de précision. Rien ne reflète mieux l'esprit et le temps que la langue, et celle du XVe et du XVIe siècle exprime toute la rudesse, l'ivresse, l'application et la métamorphose d'une pensée encore à la recherche de sa forme.

Pourtant, ou peut-être pour cette raison même, certaines des tendances philosophiques sont séduisantes. La Renaissance héritait d'une tradition gréco-romaine pour qui la réalité est extérieure à soi, la vérité une entité fixe, et la pensée simplement la recherche d'universaux parfaits et déjà existants. La grande tâche de la philosophie de la Renaissance fut de transformer l'homme, jusque-là contemplateur lointain et plutôt insatisfait de la vérité, en acteur qui vit, forge et assimile la vérité. Autrement dit, elle dut placer l'homme et la pensée, la pensée et la vérité, sur un plan unique, accessible et, peut-être, relatif.

L'application

Comme nous l'avons vu, les doctrines étaient désormais défendues moins sur des bases religieuses (c'est-à-dire, révélées) ou traditionnelles qu'au nom de la nature et de la raison. On faisait moins référence à l'au-delà : la position centrale de l'homme dans l'univers renforçait la notion tirée de Platon et des stoïciens que la vertu est sa propre récompense. L'intérêt nouveau pour le bonheur et le confort de l'homme plaçait les poursuites intellectuelles pratiques au-dessus des préoccupations théoriques et spéculatives. La science de la Renaissance, elle aussi, abandonna la magie pour la mécanique, renonça à tenter de violer la nature ou à lui jeter des sorts pour s'efforcer de comprendre ses processus et ses lois, afin de les utiliser. Léonard de Vinci (1452-1519) est un excellent exemple de cette démarche : il amorça toutes sortes de découvertes originales, comme le fait qu'on peut voir une lumière rouge à travers la brume alors qu'on ne distingue pas le bleu, perception dont il se servit pour donner plus de profondeur à ses paysages. Il explora d'innombrables techniques mécaniques : ponts, excavatrices, gilets de sauvetage, limeuses automatiques, machines pour aiguiser les aiguilles, anémomètres, etc.

S'efforcer de comprendre la nature et ses lois pouvait prendre bien des directions, dont une des plus populaires est illustrée par la fresque que Raphaël peignit au plafond d'une des pièces de la villa Farnésine bâtie pour le banquier Agostino Chigi par B. Perruzi : vaste représentation du ciel le jour de la naissance du banquier, le 1er décembre 1466, agrémentant son horoscope de scènes mythologiques. Chassés des temples, les anciens dieux survivaient en tant que planètes et constellations et affectaient ainsi les vies des hommes plus puissamment que jamais. Les influences astrales n'étaient pas invincibles : un professeur d'astrologie de Bologne fut brûlé vif en 1327 pour avoir soutenu le contraire. Mais il était bon de connaître leur influence sur soi, connaissance difficile à acquérir mais disponible pour tous grâce à des horoscopes sommaires. L'astrologue de l'époque assistait le médecin, était parfois praticien lui-même, comme Arnaldo da Villanuova. Médecin du roi d'Aragon, philosophe et alchimiste, celui-ci croyait, avec beaucoup de ses collègues, à la médecine psychosomatique, recommandait de traiter simultanément le corps et l'âme, comme un tout. On continue aujourd'hui, jusque dans les sphères les plus élevées, à consulter les astrologues[1].

Jules Michelet, l'historien du XIXe siècle, attribue deux découvertes à la Renaissance : celle du monde et celle de l'homme. Nous pourrions ajouter les découvertes au XVIe siècle des cieux et de l'homme, non seulement comme individu mais comme être physique, si nous nous rappelons l'influence prodigieuse d'André Vésale (1514-1564), médecin belge dont le grand traité d'anatomie de 1543, *De Humani Corporis Fabrica*, aux superbes gravures sur bois, serait encore cité textuellement, à quelques légères modifications près, par l'*Encyclopédie* de Diderot, deux siècles plus tard. Il

1. Si l'on a souvent ridiculisé l'importance qu'accordait Adolf Hitler aux devins, on ne peut ignorer que le gouvernement le plus à gauche que connût Ceylan depuis l'indépendance fixa la date des élections de 1965 selon les conseils des astrologues. Il ne fut pas réélu.

fut le point de départ d'une prestigieuse lignée de chercheurs aboutissant à William Harvey (1578-1657), en passant par Ambroise Paré (1517-1590), médecin de quatre rois de France. Ce fut Paré qui formula en 1545 la nouvelle démarche scientifique en soutenant que nous devons utiliser les anciens comme des échasses ou des tours, du haut desquelles nous pouvons voir plus loin, mais que chaque fois que l'expérience les contredit il nous faut suivre nos vérifications. La tradition ne sert à rien, ajoutait-il, si elle nous égare, si elle nous encourage à commettre les erreurs des autres parce que nous sommes trop paresseux ou trop timorés pour voler de nos propres ailes. Je préfère tout faire seul que de me tromper avec les sages et même avec l'humanité tout entière : le savoir est une grande chose, mais seulement s'il se fonde sur l'expérience, disait-il.

Le représentant le plus célèbre de cette démarche est Nicolas Copernic. Bien que né au XVe siècle (1473), son ouvrage principal ne parut que l'année de sa mort (1543) et son influence ne se fit guère sentir avant la fin du siècle. Fondamentalement, Copernic ôtait à la terre (et ainsi à l'homme) son rôle de centre du monde et faisait du soleil l'axe de l'univers. Quel bouleversement ! Mais sa géométrie était lumineuse, ses calculs se déroulaient avec élégance ; ses tables astronomiques, bien qu'elles se soient révélées fausses par la suite, étaient plus séduisantes et plus justes que le modèle de Ptolémée en vigueur avec sa théorie des sphères planétaires. Son ouvrage, dédié à Paul III, était préfacé par un pasteur luthérien. Apparemment, personne n'y vit d'inconvénient, et personne ou presque ne perçut les implications de sa théorie ni la menace qu'elle représentait pour les conceptions géocentriques et anthropocentriques. Il serait vite trop tard pour revenir en arrière : Tycho Brahe (1546-1601) d'abord, puis Johannes Kepler (1571-1630) perfectionnèrent les tables astronomiques ; enfin Galilée (1564-1642) développa les implications mécaniques des observations ultérieures. Un Polonais, un Danois, un Allemand et un Italien avaient détruit la représentation d'un univers clos et stable, soulignaient que le mouvement, le changement, d'infinies possibilités régissaient un monde ouvert et inépuisable. Balayés les modèles stables de la Genèse et d'Aristote ! Les contemporains de Galilée le comparèrent à Christophe Colomb qui lui aussi avait révélé des mondes nouveaux.

Ce n'était pas le système de Copernic qui était révolutionnaire, mais ses implications ; et les arguments nécessaires pour le défendre ou l'imposer contre la théorie géocentrique acceptée — pour expliquer pourquoi, si la terre bougeait, les objets et les édifices à sa surface restaient stables — ébranlaient les fondations mêmes de la physique, de la mécanique et du sens commun, sans parler de la théologie. Il semblait plus raisonnable de supposer que la terre était fixe tandis que le soleil et les étoiles tournaient autour, que de prétendre qu'elle bougeait et que le soleil restait stable. Si Copernic avait raison, Aristote se trompait et nos sens s'abusaient. Les calculs de Copernic étaient certes plus élégants que ceux de Ptolémée, mais on ne pouvait tout de même pas sacrifier une pensée scientifique sensée au style mathématique, ni jeter par dessus bord la vieille philosophie de la nature avant d'en mettre une autre à la place. Il faudrait pour cela attendre que Galilée en suggérât la possibilité au début du XVIIe siècle.

A l'évidence, les hommes de la Renaissance ne se retrouvaient pas face à un domaine de la pensée vierge. Ils étaient les héritiers, non seulement des anciens, mais de nombreuses générations de philosophes chrétiens dont les ouvrages et les spéculations avaient forgé l'univers intellectuel dans lequel ils étaient nés. Dante, dans *La Divine Comédie,* résumait ainsi la conception du XIVe siècle d'un ordre naturel dans lequel « (...) toutes choses inclinent, par fortunes diverses, plus ou moins près vers leur principe. Elles se dirigent donc vers divers ports sur la vaste mer de l'être, et chacune avec l'instinct d'y tendre.

« Voilà qui élève le feu vers la lune, qui émeut dans les cœurs des choses mortelles, qui maintient la terre et l'unit. »

C'était un monde à la substance et à la nature clairement visibles à qui y réfléchissait, où les choses disposaient d'un principe d'existence (la pluie pour faire pousser les récoltes, les étoiles pour éclairer les cieux, l'homme « pour connaître Dieu et en jouir à jamais »), d'une essence expliquant leur tendance (vers le bas pour l'eau qui était lourde, vers le haut pour la vapeur ou le feu qui étaient légers), et d'un but, qui consistait — en fin de compte — à servir et à éclairer l'homme sur terre. Même les planètes dans leur course, disait Dante, sont disposées « pour satisfaire le monde qui les invoque » : le monde de l'homme, l'homme de Dieu.

Le principe d'Aristote concernant le premier moteur disposait que « toutes les choses, quelles qu'elles soient, observent un ordre mutuel, qui est la forme modelant l'univers à l'image de Dieu ». Le premier moteur des anciens se confondait désormais avec le Dieu chrétien, lui aussi moteur universel dont, dit Dante, « la gloire imprègne l'univers », et qui « a fait tout ce qui parcourt l'esprit ou l'espace avec un ordre si parfait que quiconque le contemple ne peut rester sans quelque goût de Lui ».

Ainsi, comprendre la nature revenait à se rapprocher de Dieu, comprendre le dessein de Dieu à déchiffrer la nature et ses phénomènes. Il semblait naturellement plus important de connaître Dieu et Sa volonté envers l'homme et le monde, car, de la sorte, tout le reste s'éclairait. Les sciences naturelles dépendaient donc de la théologie et, largement spéculatives, procédaient par déduction de la certitude ultime que tous les phénomènes avaient un but et une signification. Essentiellement déductive, la science ne se souciait pas d'expérimenter : les idées importaient davantage que les faits.

On pouvait aussi préférer, cependant, partir du plus petit vers le plus grand comme aux XIIe et XIIIe siècles sous l'influence d'Aristote et de saint Augustin. Les grands tenants de cette méthode étaient des universitaires d'Oxford comme Robert Grosseteste (1168-1263) qui deviendrait évêque de Lincoln. Fasciné par l'analogie entre le divin et la nature physique de la lumière, Grosseteste en vint à estimer que les mathématiques, l'optique et l'astronomie (outils pour analyser et mesurer la lumière) contribuaient à la compréhension philosophique, que la physique et la métaphysique étaient une seule et même chose, et que la connaissance positive méritait d'être acquise pour elle-même.

Les disciples de Grosseteste, comme le franciscain Roger Bacon (1219 ?-1292), apprirent de lui les vertus de l'observation et de l'expérience analysables et vérifiables et, aussi, l'utilité des mathématiques en tant qu'instrument de description exacte. La réputation de cette école non conformiste, expérimentale et positiviste se perpétuerait jusqu'au XVIIe siècle.

Dès ses origines, son influence se fondrait avec celle des critiques nominalistes d'Aristote (dont le plus connu fut le professeur anglais Guillaume d'Ockham (1280 ?-1349 ou 1350), qui soutenaient que la réalité était seulement individuelle et spécifique. Il n'existait pas de catégories universelles, comme l'affirmaient les platoniciens, mais uniquement des mots. Il y avait des chevaux, mais l'idée de cheval était une notion fabriquée par l'homme. Armés de cette perspective plutôt sceptique, les nominalistes soulignaient que les suppositions ne se justifiaient que par des arguments sans appel, par des faits démontrables. Ils allaient éveiller un intérêt nouveau pour les sciences naturelles. Les praticiens nominalistes, en particulier ceux de l'université de Paris, s'en prirent avec succès à la cosmologie d'Aristote, remirent en question son univers plein de signification, frôlèrent au XIVe siècle certaines des découvertes qui marquèrent les XVIe et XVIIe siècles.

Puis ce fut le XVe siècle, l'ère des humanistes qui, nous l'avons vu, tournèrent leur attention de la science vers la littérature. Des possibilités de la démarche expérimentale on en revint alors aux hypothèses et aux dialectiques ingénieuses. Tout critiques qu'ils fussent, les humanistes n'avaient guère d'inclination pour l'étude des phénomènes. Ils se servaient sans doute de leurs yeux et de leurs têtes mais la science appliquée ne les attirait pas. D'ailleurs, le contact physique avec les choses matérielles leur semblait plus vil que la spéculation. La pensée était plus pure que l'action, l'idée plus proche de la perfection que n'importe quelle image d'elle. Nous avons vu que la philosophie et la science médiévales subordonnaient la physique à la métaphysique. Les propriétés de la matière étaient sujettes aux lois et puissances immatérielles, le plus bas dépendait du plus haut, exactement comme dans la société humaine les humbles étaient supposés exécuter les desseins des plus nobles. Les humanistes reprirent ces conceptions à leur compte. Par conséquent, celui qui étudiait la physique, et les sciences naturelles en général, étudiait la philosophie et non la matière. Sa perspective n'était pas quantitative, comme de nos jours, mais qualitative : il décidait ainsi, par la logique, quels corps et quels éléments devaient être soumis aux autres en fonction de leur noblesse ou petitesse relative au sein d'une sorte de hiérarchie sociophysique.

Un aspect de la noblesse perceptible à tous était l'affranchissement du travail manuel. De même, plus une science était noble, plus elle était pure de l'expérience et des contacts matériels. La meilleure manière de pratiquer la médecine consistait à la traiter en reflet de la philosophie, et les remèdes étaient prescrits selon une tradition apprise dans les livres et nourrie d'interprétations ésotériques et symboliques. Quant aux soins physiques, ils revenaient à des médicastres incultes et obscurs, aux méthodes empiriques, et à des chirurgiens souvent aussi barbiers, qui arrachaient les dents, cautérisaient, appliquaient des sangsues, effectuaient des opérations et se livraient peut-être aussi à un peu de magie au rabais.

Les sciences abstraites et appliquées se situaient sur un autre niveau ; au point que l'anatomie et la chirurgie passaient pour les branches les moins nobles de la médecine ; l'éloignement relatif de la théorie médico-philosophique leur permit d'ailleurs de faire des progrès notables. Il en alla de même pour les mathématiques et l'astronomie, qui se perfectionnèrent également au XVIe siècle grâce à des recherches tout à fait concrètes, sans pour autant modifier la philosophie traditionnelle de la nature. L'abstrait et l'expérimental ne se rencontreraient véritablement qu'avec Galilée qui, mathématicien et astronome, se présentait aussi comme philosophe de la nature. Il n'hésita pas à empiéter sur le domaine des sciences nobles et proclama que la physique nouvelle, la physique véritable, devait se fonder non sur la logique mais sur le calcul et l'expérience, et substituer la quantité (c'est-à-dire, les mathématiques) à la qualité (la philosophie). Ce que nous appelons aujourd'hui la science décrit, analyse et explique les phénomènes naturels. Au XVe et au XVIe siècles, par contre, le processus explicatif restait fortement teinté de logique aristotélicienne et de références aux anciens. L'accent « moderne » mis sur l'observation, l'expérience et la démonstration n'apparaîtrait pas réellement avant le XVIIe siècle.

Cependant, quelque peu impressionnante qu'elle puisse paraître auprès des découvertes ultérieures, la spéculation de la Renaissance était passablement subversive. Lorsque les humanistes disaient que telle autorité était supérieure à telle autre, que tel auteur romain était une meilleure source de sagesse que tel docteur de l'Église médiévale, ils impliquaient le droit de décider entre autorités différentes et, par conséquent, la possibilité de juger par soi-même. Si quelques humanistes remplaçaient une foi aveugle en certains livres parce qu'ils étaient saints par une autre foi aussi aveugle en d'autres ouvrages parce qu'ils étaient anciens, certains décidaient de placer l'expérience et l'expérimentation au-dessus de n'importe quel livre, de n'importe quelle autorité de deuxième main. C'était, là aussi, quelque chose de nouveau.

Vérités et conséquences

Rien d'étonnant donc que le pape Paul II (1464-1471) accusât les humanistes, surtout lorsqu'ils faisaient partie de sa propre chancellerie, de paganisme, de refus de l'immortalité et d'autres péchés. Ignorant et bourru, sans doute, ce pape avait un jugement plus sûr qu'il ne pouvait sembler. Quelque longtemps que cela prît, la corrosion de ces nouvelles conceptions finirait par ronger et détruire les anciennes. En posant comme règle fondamentale que « rien n'arrive de contraire à la nature, même si les choses peuvent paraître contraires (...) rien parmi les hommes n'est de mauvais augure », Pétrarque tirait une salve qui exploserait dans le libertinage d'un Cyrano de Bergerac qui déclarerait en 1641 : « On ne doit croire d'un homme que ce qui est humain. »

Époque de forte croyance religieuse, la Renaissance s'intéressait aussi de plus en plus à des domaines intellectuels profanes qui, s'ils n'entendaient pas contredire la doctrine religieuse, finiraient tôt ou tard par la concurrencer. Même le dévot Moyen Age avait connu des curiosités temporelles pour la littérature, le savoir et les arts. Ce fut donc un changement de degré, et ces préoccupations, croissant à mesure que s'étendaient les limites du monde et ses possibilités, allaient présenter progressivement une vitalité et un attrait plus grands que les intérêts purement religieux.

Les perspectives de la Chrétienté s'élargissaient. Marsile Ficin, l'humaniste florentin qui traduisait Platon, tenait certes le christianisme pour la plus parfaite des religions, mais trouvait quelque vérité dans chaque foi. Pic de la Mirandole, son disciple, croyait que toute religion et philosophie participait d'une vaste vérité universelle ; et les deux hommes estimaient que la variété des religions enrichit le monde. La religion, pensaient-ils, fait partie de la nature humaine et distingue l'homme des animaux qui n'en ont point ni n'en ont besoin. De telles conceptions, bien que nullement contraires au christianisme, paraissaient trop tolérantes à certains. L'idée d'une humanité commune, d'une communauté humaine générale, chère à Ficin, l'amenait à estimer que l'on est le plus pleinement humain lorsqu'on aime les autres hommes et qu'on les considère comme des semblables et des égaux. La cruauté, l'inhumanité, exclut l'homme de la communauté humaine et trahit la perte de sa dignité. Le cruel est moins homme qu'un autre, il est inhumain : les jeunes, les imbéciles, les malades ne voient pas leur relation et leur identité avec tous les autres hommes et leur devoir de traiter tous les hommes en frères.

Un siècle après Ficin, un cordonnier silésien, Jacob Boehme (1575-1624) comparerait la diversité des religions à celle des fleurs, dont toutes les variétés poussent les unes auprès des autres sans se reprocher leur couleur, leur goût ou leur parfum. « Et chacune croît selon son essence et les qualités qui lui sont propres. Il en va de même avec les enfants de Dieu. » L'intolérance, aussi absurde que néfaste, est contraire aux lois naturelles les plus élémentaires : « Qui rêverait de condamner les oiseaux dans les bois, qui louent le Seigneur de toute chose par leurs chants ? L'esprit de Dieu les punira-t-il parce que leurs voix ne sont pas en parfaite harmonie ? Laissons-les plutôt chanter de toutes leurs forces et jouer en Sa présence. »

PROCHE DE LA NATURE, L'ART

L'esprit nouveau ne parvint à s'exprimer sans équivoque que dans une seule direction : la beauté et l'élévation qu'elle procurait. Sur un plan théorique, les hommes de la Renaissance accordaient du prix à la beauté parce qu'elle pouvait guider son adorateur vers les domaines transcendants où elle trouvait sa source. C'est le miroir que l'homme présente à la nature et à lui-même, par lequel passe notre quête de l'absolu : la beauté la plus élevée étant la plus subtile, comme ces femmes éthérées de Botticelli qui permettent à l'amant d'entrevoir l'idéal sous l'enveloppe matérielle. Le sentiment de la justesse, d'un certain rythme ou d'un accord entre le caractère et la forme, entre le visible et l'invisible — où, comme le dit le poète anglais Edmund Spenser, « l'âme est forme et modèle le corps » — donnaient à certains une vision très riche et très large. Un biographe qui l'avait connu parle du « plaisir singulier et très intense » que ressentait le grand architecte Alberti en présence de la beauté : « Un vieillard à l'aspect vénérable, vigoureux et actif pour son âge, avait pour lui un merveilleux attrait. Le génie ou la virtuosité technique de l'artiste, les courbes et les horizons du paysage, la lumière et la couleur d'une gemme ou d'une fleur — il voyait dans leur beauté quelque chose de la nature divine elle-même. Il n'était pas rare que contempler le visage souriant de la terre parvînt à le guérir d'une maladie. »

Mais il n'était pas nécessaire de rester spectateur passif, l'homme pouvait créer lui-même la beauté. L'art de la Renaissance essaya d'appliquer la raison à la découverte et à l'expression des lois naturelles de la proportion et de l'harmonie. Il s'agissait d'intégrer les œuvres humaines aux créations plus grandioses de la nature et, par-dessus tout, de mobiliser ce que la nature met à notre disposition pour la joie et l'affirmation de l'homme.

Proportion, perspective et lumière

L'art était discipline et ordre. Aristote y avait reconnu le don d'exprimer et de « purger » les passions, et soulignait qu'il devait non seulement toucher les sentiments mais aussi les discipliner. Cet idéal allait jouer un rôle important à une époque qui remettait en cause et ébranlait l'ordre traditionnel dans lequel elle s'insérait. La nature en suggérerait les règles, tandis que les anciens — redécouverts, réexaminés — lui serviraient d'interprètes ou d'intermédiaires. Tout en empruntant leurs principes à la nature, les œuvres d'art conservaient une logique propre, utilisaient le langage de l'ordre et du calcul humain.

Les résultats ne participaient guère de Rome et moins encore du mystère et du désordre apparent de la nature. Dans leurs règles de proportions, les architectes de la Renaissance, comme ceux de l'Antiquité, exprimaient leur conception organique de la nature en comparant les relations entre les parties d'un édifice à celles des membres du corps humain, qui correspondent les uns aux autres ainsi qu'à l'ensemble. L'homme étant créé à l'image de Dieu, raisonnaient-ils, ses proportions reflètent certainement les proportions idéales d'un univers harmonieux, et leur étude doit offrir un modèle permettant aux créations architecturales de s'insérer au mieux dans le monde : les relations géométriques entre les différentes parties du corps peuvent donc s'appliquer aux éléments d'une construction.

Dans son traité d'architecture, Vitruve (Ier siècle avant J.-C.) affirmait le principe fondamental que toutes les parties doivent s'articuler de telle sorte que tout ajout ou soustraction en ruinerait l'harmonie. Les mathématiques étant le meilleur moyen de résoudre le problème de l'intégration des parties à l'ensemble, la perfection devint donc une question géométrique d'équilibre, d'unité et de proportions par laquelle l'harmonie cosmique pouvait, d'une certaine manière, être reproduite sur terre, et, pour commencer, dans les sanctuaires. Dans l'église San Lorenzo de Brunelleschi à Florence (achevée en 1470) et dans la chapelle circulaire ou *Tempietto* de Bramante à Rome (achevée en 1502), les ressources de l'art ancien et des formes classiques furent adaptées aux conceptions nouvelles et personnelles des volumes, articulés clairement et distribués rigoureusement selon les nobles principes de la géométrie. C'étaient là des lieux où l'homme et Dieu pouvaient se rencontrer, dans cette combinaison du carré et du cercle qui (comme l'avait montré Vitruve) symbolisait l'homme. Inscrits dans des cercles parfaits qui, n'ayant pas de fin, offraient un symbole pertinent de la divine éternité ; couronnés de vastes dômes, miracles d'équilibre, ces nouveaux sanctuaires affirmaient triomphalement l'hommage de la créature à la divinité.

Mais si le plan d'ensemble devait subordonner les parties au tout, cela signifiait en architecture, dans la littérature comme dans la perspective picturale, un choix aussi bien qu'un calcul. La suprématie d'une idée dominante impliquait, pour la peinture italienne de la Renaissance, d'éliminer de l'arrière-plan les détails incompatibles, de dépouiller les chapiteaux des colonnes de leurs fantaisies médiévales, voire d'organiser et de rationaliser de plus en plus l'État, considéré aussi comme œuvre d'art. La nouvelle synthèse classique visait à assujettir les parties à l'ensemble dans la monarchie comme dans l'art, dans l'urbanisme comme dans la littérature, essayait d'établir un lien organique entre les différentes parties, de les soumettre à un centre.

Il serait faux de n'y voir — ou même d'y voir surtout — qu'une affaire de philosophie. C'était bien davantage un style et une atmosphère reflétant les conditions ambiantes. La curiosité pour les choses étranges et exotiques, pour les costumes bizarres et les animaux venus d'ailleurs, exprimait la quête générale de l'inconnu, la mentalité de découvreurs à la recherche d'horizons de plus en plus lointains — et de profits toujours plus vastes. La volupté technique des artistes, leur goût des problèmes mathématiques et scientifiques, leur plaisir à expérimenter et à découvrir — de l'exploration de la perspective par Paolo Uccello aux problèmes que cherchait et résolvait Léonard — étaient tout à fait typiques de l'époque.

Arts et artistes sont le miroir de leur temps. Comme les dieux et les hommes, les formes et les styles bougeaient de plus en plus vite, traduisaient par leur accent et leur individualisme nouveaux, l'affirmation récente des personnalités, des cités et des États. La vie, passionnante, s'enfuit trop rapidement ; le monde est une aventure, et l'art, comme l'existence, s'efforce d'en saisir l'essentiel d'une manière héroïque voire souvent, comme chez un Michel-Ange, colossale.

La grande découverte du Quattrocento italien, c'est-à-dire du XVe siècle, fut que l'espace pouvait être rationalisé et maîtrisé par l'artiste, du camée jusqu'à la cathédrale. L'intelligence et la raison triomphaient dans les tensions linéaires pures, opposées à l'ornementation contournée du gothique flamboyant. Elles triomphaient, surtout, dans la conquête de l'espace par l'habileté technique et l'illusion, contribution essentielle de cette époque à l'art moderne.

L'espace médiéval était limité : par les murs et les voûtes, par la pierre et le verre, plus fondamentalement par la conception limitative des hommes qui l'aménageaient et de la société qu'ils servaient. Ce n'était pas un lieu de rencontre mais une séparation entre des compartiments aussi cloisonnés que les parties d'un monde qui avait une manière bien à lui de s'arrêter brutalement au bord d'une forêt, d'une carte, d'une mer, de l'inconnu. Plus ces marges reculaient et plus l'expérience humaine élargissait ses proportions, plus la vision spatiale de l'artiste se dilatait à son tour. Sa première conquête serait la perspective.

Si le Moyen Age ne l'ignorait pas, la perspective, réseau idéal de lignes convergeant vers un point imaginaire, prend désormais toute son importance parce qu'elle indique la place et l'échelle justes des hommes et des choses, notions de plus en plus pertinentes à mesure que le monde s'étend davantage. La proportion est divine, comme le suggère le titre d'un ouvrage sur la question, parce qu'elle indique la place correcte des parties au sein du tout. La proportion et la perspective s'inscrivent toutes deux dans la science nouvelle dérivée de l'étude des anciens, de la rencontre entre les découvertes archéologiques et l'exploration de la géométrie. Le dôme que Brunelleschi posa sur la nef de la cathédrale de Florence n'est pas seulement la solution de problèmes mathématiques et techniques que les générations antérieures ne pouvaient pas résoudre, mais l'expression d'un monde non plus fermé mais ouvert, non plus cerné mais relié à tout ce qui est à la portée de l'esprit humain.

L'espace lui-même ne tarderait pas à se révéler une contrainte : les formes de Michel-Ange s'efforcent de sortir des limites que leur imposent la pierre ou le cadre, tâchent d'effectuer la percée que la lumière et l'optique vont réussir à réaliser au XVIe siècle grâce à des travaux comme ceux d'un Léonard, qui utilisa la lumière pour résoudre les problèmes posés par l'espace. Tandis que les architectes — influencés en cela par leur profession — insistaient généralement sur la nature massive, opaque de leurs constructions, les peintres — enrôlant la perspective au service de la fantaisie — entreprenaient d'accroître l'illusion de l'espace et de prolonger dans toutes les directions le monde limité des intérieurs. Certains des peintres dont l'œuvre est la plus accessible à notre époque traduisent le plus clairement cette tendance générale.

Giotto (1266 ?-1337) ferme une période surtout préoccupée de Dieu pour en ouvrir une tournée essentiellement vers l'homme. Pourtant ses proportions, comme dans la peinture médiévale, n'expriment pas les dimensions physiques réelles des personnages et des objets mais une échelle idéale dans l'esprit du peintre. Avec Masaccio, les hommes, les pieds fermement plantés sur le sol, perdent leur humilité devant les puissances surnaturelles : leurs proportions s'élargissent, leur corps dénotent une masse et une évidence concrète absentes auparavant. Même lorsque — comme dans *Adam et Ève chassés du Paradis* — ils fuient la colère de Dieu, ils semblent pleins de vie et d'énergie et émeuvent par leur souffrance humaine. Masaccio, né en 1401, mourut en 1428, presque un siècle après Giotto, après avoir donné une réalité nouvelle à la peinture et à l'homme un sens de la divinité, qualité héroïque comme celles que prônaient les humanistes, ses contemporains.

Une génération plus tard, avec Piero Della Francesca (1416 ?-1492), la dignité de l'homme est devenue plus complexe et plus solennelle. Son expression évolue désormais vers une attitude aristocratique nouvelle, obéissant aux idéaux de géométrie et de perspective découverts au début du siècle. Les règles transcendantes présidant à l'élaboration d'une œuvre d'art offrent un cadre approprié à la représentation des mystères transcendants : la résurrection du Christ devient une scène lumineuse, presque abstraite, vide de la douce humilité de Giotto comme de la qualité franchement terrestre de Masaccio. Surtout, nous constatons que l'œil a conquis son environnement. Non content de tracer les formes avec plus de précision, il a appris à les placer en perspective. Cette victoire intellectuelle fascina tant ses premiers initiateurs qu'un Paolo Uccello (1397-1475, contemporain de Piero Della Francesca) préférait tout abandonner pour mener ses études sur la perspective. Encore en 1505, le jeune Albrecht Dürer se rendrait de son Nuremberg natal jusqu'à Bologne pour étudier ce qu'il appelait « l'art secret de la perspective ».

Les artistes antérieurs plaçaient sans doute leurs personnages dans l'espace, mais c'étaient eux qui importaient, leur environnement ne servait que de cadre. Peintres, sculpteurs et architectes pouvaient désormais démontrer dans leurs œuvres la certitude nouvelle que les choses, l'espace et l'homme forment un tout. Dans un tableau comme *La Vierge aux rochers* de Léonard, personnages et paysage ne font qu'un, la nature reflète et intensifie les sentiments des participants. La lumière elle-même se voit attribuer un rôle actif : jadis simple réceptacle transparent des formes qu'elle accueillait, elle est devenue *éclairage*, dynamique à la personnalité propre, modifiant ce qui est simplement perçu comme volonté, imagination, intention de l'artiste.

Masaccio, Piero Della Francesca, ou encore Sandro Botticelli, compagnon d'apprentissage de Léonard, soulignaient tous les contours de leurs personnages avec des coups de pinceau bien appuyés. La ligne même s'estompe désormais, au point qu'objets, êtres et tons se fondent les uns dans les autres : un certain vague permet à la lumière et à l'ombre de dominer la toile. La force de la peinture repose moins dans les personnages que dans l'atmosphère. L'artiste, qui avait utilisé une technique pour reproduire la perception de ses yeux, a maintenant recours à une autre pour évoquer les visions de son esprit et de ses sens : pensée, sentiment, atmosphère. Avec Léonard (et après lui des peintres comme le Caravage, Rembrandt, Georges de la Tour) les sens les plus subtils trouvent leur place sur la toile, prennent leur essor le plus vertigineux dans le contraste de la lumière et de l'ombre qui transforme la matière en esprit.

L'idéalisation pouvait évoluer dans plusieurs directions. Avec Raphaël (1483-1520) elle s'orienta souvent vers l'académisme : belles compositions plus édulcorées qu'élevées, au point que les chérubins de sa Madone sixtine semblent sourire avec quelque dédain de la douceur mielleuse de la scène. Avec Raphaël, la réalité fait rarement intrusion et l'harmonie règne sur un monde délicat divorcé des désordres brutaux sévissant au-delà de ses limites artificielles. Dans les sujets de Titien (1477-1576), presque tous bien en chair et très opulents, il y a encore la beauté mais, moins évocatrice et moins spirituelle que chez ses prédécesseurs, elle aspire à une dignité charnelle et aristocratique. La peinture antérieure à la Renaissance, souvent passablement réaliste, ne communiquait guère de vie à ses personnages. Raides et allégoriques, ils étaient plus archétypes qu'individus précis. A mesure que le réalisme naturaliste s'imposa, on s'attacha de plus en plus à représenter l'individualité, à reproduire fidèlement le réel. L'art apprit à copier la nature jusqu'à la goutte de rosée sur un brin d'herbe, jusqu'à la fourrure du moindre lapereau. La peinture à l'huile, connue en théorie mais guère utilisée avant le XVe siècle, permit de rendre les détails et la texture avec une précision impossible à la fresque ou aux autres techniques à base d'eau, d'indiquer la profondeur, le poids, les surfaces opaques ou réfléchissantes, la rugosité, la douceur de la chair ou des matières, à l'enchantement d'admirateurs qui aimaient à tâter et soupeser ce qu'ils contemplaient.

L'artiste

Conquêtes de l'homme sur la nature, les prouesses de l'art affirmaient également une gloire plus vaste : si les artistes étaient fiers de leurs réalisations, leurs cités s'en enorgueillissaient aussi et proclamaient ainsi leur grandeur à la face de leurs rivales comme du passé. Le prestige social des artistes et la gloire que leurs œuvres faisaient rejaillir sur la communauté transparaissent dans la pluie d'honneurs publics qui se déversait sur eux. Pour les funérailles de Fra Filippo Lippi, Florence ferma boutique comme pour l'enterrement des princes. Le génie, comme la mort, était un grand niveleur.

Il faut remarquer que la majorité des artistes, même parmi les plus grands, ne se souciaient pas de faire preuve de génie créateur ou d'exprimer des jugements mondains. C'étaient avant tout, comme nous le dit Kristeller, des artisans. Beaucoup étaient d'humble origine, comme Mantegna, qui gardait les moutons près de Padoue lorsque Squarcione le découvrit ; beaucoup étaient pauvres, tel Piero di Cosimo, qui se nourrissait d'œufs qu'il faisait durcir, cinquante à la fois, dans la même eau que ses vernis pour économiser du temps et de l'argent ; certains se montraient grossiers et violents comme un Andrea del Castagno qui tua un autre peintre par jalousie. Quelques-uns étudiaient la « science » parce qu'ils avaient besoin de connaître l'anatomie, la perspective ou la mécanique pour leurs œuvres. Mais leur science était pratique, nullement théorique. De nombreux sculpteurs appartenaient à la guilde des maçons, beaucoup de peintres s'affiliaient à la corporation des apothicaires. Les ateliers dans lesquels la plupart travaillaient produisaient des rideaux, des drapeaux, des pierres tombales, des meubles, décoraient les harnais des chevaux ou les chars des cavalcades.

Les peintres, comme les maçons et les orfèvres, faisaient partie de la société et travaillaient pour elle. Le peintre, dit Alberti, essaie « de plaire à la multitude » et devrait l'écouter « lorsqu'il est possible de satisfaire ses opinions ». La multitude, pour sa part, admirait la créativité, la capacité de produire des œuvres d'art puissantes, des chefs-d'œuvre au sens corporatif du terme, appréciait la qualité des détails de l'imagination et de la technique aussi bien que la distinction du travail.

Au cours du XVIe siècle, l'artisan se mua en artiste fier de son talent, s'abandonnant à son tempérament et à ses goûts de plus en plus extravagants, tandis que son employeur devenait un mécène conscient d'une forme de grandeur qui ne s'expliquait pas par la naissance ou la condition, acceptant « les humeurs de ces hommes de génie », comme Jules II et ses successeurs supportaient celles de Michel-Ange (à qui l'on alla jusqu'à pardonner sa participation à la rébellion de Florence contre les Médicis, à condition qu'il continuât de travailler au mausolée de la famille régnante), ou se baissant comme Charles Quint pour ramasser un pinceau du Titien. Mais tout cela se passait en Italie où, ainsi que le remarque avec émerveillement un peintre portugais, « on ne se soucie pas du renom des grands princes ; seul un peintre y est qualifié de divin ».

L'EUROPE AU XVIe SIÈCLE : UN NOUVEAU CAPITALISME ?

Les événements économiques du début de l'Ère moderne forment l'arrière-plan fondamental de tous les autres épisodes de cette époque si active.

L'esprit d'entreprise d'une période, avec son dynamisme et sa remise en cause des pratiques et attitudes existantes, tend, s'il réussit, à créer de nouvelles catégories sociales qui, une fois établies, défendent leurs positions et leurs possessions, préfèrent la stabilité à l'aventure, la consommation à la production. La bourgeoisie la plus florissante préféra vite des investissements plus stables — biens immobiliers dans les villes ou fermes dans la campagne avoisinante — au commerce qui avait fait la fortune familiale. La terre elle-même n'était plus simplement un moyen de subsistance mais un capital comme un autre, une source de revenu voire de prestige. Mais c'était aussi, et pour longtemps, parallèlement à l'immobilier urbain, le patrimoine le plus stable et parfois même le plus rentable.

Les bourgeois bien installés ne cherchaient plus à se lancer dans des entreprises risquées, ils voulaient assurer leur avoir, s'installer dans leur profession, sauvegarder leurs profits et non les multiplier. Dès la fin du XVe siècle, les grands centres urbains avaient adopté une politique restrictive, limitant l'activité économique des marchands et des producteurs dans un étroit corset de réglementations municipales destinées à protéger les droits acquis des guildes et autres corps de métier. Dans les vieux centres commerciaux, comme Gand et Bruges en Flandre ou Nuremberg en Bavière, les codes corporatifs qui avaient fait leur réputation commencèrent à se montrer nuisibles : la protection des guildes se transforma en un protectionnisme qui lésait les travailleurs extérieurs au système fermé de la corporation et qui freinait l'esprit d'entreprise, les nouveautés et le développement.

Rapidement, en outre, la modification des voies commerciales à la suite de nouvelles découvertes, l'inflation, l'ascension de monarchies restreignant l'autorité des grandes cités anciennes peu disposées à obéir, encourageant les activités d'autres centres et frappant les protectionnismes et les particularismes locaux au nom d'intérêts plus larges, favorisèrent une révolution économique illustrée par l'essor de nouveaux ports — comme Anvers qui dépassa Bruges et Gand —, stimulèrent un nouvel esprit de liberté et d'entreprise, de spéculation et d'aventure. Ainsi naquit un nouveau capitalisme.

Tandis que les corps de métier privilégiés des cités médiévales glissaient lentement vers la ruine, les nouveaux centres encourageaient l'ascension de fabricants différents fondant leur activité sur la liberté du travail et l'investissement. En Angleterre, aux Pays-Bas et dans quelques régions de France, la clôture des terrains communaux par la noblesse chassa certains des paysans qui en vivaient et libéra ainsi de la main-d'œuvre pour les entreprises nouvelles, dont les profits fourniraient à leur tour le capital nécessaire à l'expansion du commerce. Dès le début du XVe siècle, l'arsenal de Venise — exemple ancien de capitalisme d'État — comptait trois mille charpentiers de marine et autant de calfats. La concentration industrielle fit son apparition dans des secteurs comme l'imprimerie, les textiles, la métallurgie, les chantiers navals et surtout les mines, où les nouvelles machines indispensables pour creuser, pomper ou étayer des puits plus profonds exigeaient plus de capitaux que n'en pouvaient trouver les petits entrepreneurs.

A Liège, alors évêché indépendant, la proximité de gisements de fer et de charbon favorisa le développement d'une importante industrie de l'armement : Liège devint la ville des mineurs et des mousquets et le resta longtemps. En 1515, un accident qui causa la mort de quatre-vingt-huit ouvriers dans une mine proche inaugura une sinistre série de catastrophes minières.

Les hauts fourneaux au charbon, dont l'usage se développa à partir de l'Allemagne et atteignit l'Angleterre vers la fin du XVe siècle, parvenaient à produire de cent à cent cinquante tonnes de fonte par an. Les salines anglaises devinrent de vastes entreprises capitalistes : l'une, par exemple, avait investi quatre mille livres sterling et employait une centaine d'ouvriers. La ballade anglaise de Jack Newbury au XVIe siècle nous parle du propriétaire d'une filature occupant deux cents tisserands et quatre cents autres travailleurs.

La production s'accrut en général au détriment des ouvriers dont les journées s'allongeaient à mesure que s'estompait la protection des corporations médiévales. Les compagnons imprimeurs du XVIe siècle, catégorie relativement favorisée, travaillaient de douze à seize heures et imprimaient de deux mille cinq cents à trois mille cinq cents feuillets par jour, soit en moyenne un feuillet toutes les vingt secondes, vitesse qui ne sera pas améliorée avant la fin du XVIIIe. Le record ne sera pulvérisé que le 29 novembre 1814, lorsque le *Times* de Londres publia le premier journal imprimé avec une presse mécanique tirant onze cents feuilles à l'heure.

Imprimeurs et livres

L'industrie de l'imprimerie est un bon exemple de production et de consommation de masse dans un domaine qui fut lui-même le support de changements révolutionnaires. Les livres, sous une forme ou une autre, existaient depuis la plus haute antiquité, mais l'absence de moyens de reproduction mécaniques en limitait sérieusement le nombre et expliquait leur cherté. Sans parler du coût très élevé du parchemin, fait de peaux — la meilleure qualité, le vélin, avec les peaux de veaux mort-nés. Le papier, connu en Chine avant le début de l'ère chrétienne et utilisé par les Arabes depuis les alentours du IXe siècle, fut fabriqué dans l'Espagne maure trois cents ans plus tard et introduit en Italie par des marchands commerçant avec les sarrasins. Il commença seulement à remplacer le parchemin au XIVe siècle.

On faisait le papier avec des chiffons ou des bouts de cordages de chanvre. L'extension de la culture du lin et du chanvre à la fin du Moyen Age, la substitution du lin à la laine pour les sous-vêtements, et enfin l'utilisation plus répandue des toiles que le Portugal importait d'Orient, multiplièrent les matières premières nécessaires. Les manufactures de papier s'établiraient d'abord en Italie et en France (XIIIe siècle), puis en Allemagne (XIVe siècle), et faciliteraient la prolifération des livres. L'imprimerie, dont le développement fut favorisé par l'utilisation du papier, finirait par en consommer tant qu'au XVIIe siècle on dut se lancer dans des expériences désespérées pour trouver des matières premières de remplacement : de l'ortie au mûrier en passant par les algues et les feuilles de palmier. Ce n'est finalement qu'au XIXe siècle qu'on trouverait la solution : le remplacement des chiffons par des pulpes de bois et de paille.

A la fin du XIVe siècle, soixante-dix ans avant l'apparition de l'imprimerie à caractères mobiles, de grandes quantités d'images pieuses gravées sur bois et imprimées en série se vendaient à bon marché à un public avide : les saints sortaient de l'église pour envahir les foyers. Ces estampes permettaient aux plus pauvres de contempler les miracles du Christ, les histoires de la Bible, ou simplement de décorer les murs de leur logis avec l'effigie de quelque saint patron : saint Christophe, protecteur des voyageurs, qui préservait de la mort soudaine ; saint Roch, qui protégeait de la peste ; saint Sébastien, des blessures ; sainte Apolline, des maux de dents.

Au XVe siècle, de vastes ateliers de copistes produisaient d'impressionnantes quantités de manuscrits : on a ainsi découvert à Leyde une commande de 1437 pour deux cents exemplaires des *Psaumes de Pénitence*, deux cents des *Distiques* de Caton en flamand et quatre cents d'un petit livre de prière — apparemment pour une bibliothèque d'université. La plupart de ces ouvrages manuscrits servaient aux étudiants et aux clercs, mais bon nombre se retrouvaient dans la bibliothèque des bourgeois. Tels les *Voyages* de Sir John Mandeville, publié pour la première fois en 1356 et dont il nous reste deux cent cinquante exemplaires — soixante-treize en allemand et en hollandais, cinquante en latin, quarante en anglais, trente-sept en français, et les autres en espagnol, en italien, en danois, en tchèque et en irlandais.

Pour dépasser ce stade et fabriquer un livre imprimé, il s'agissait essentiellement de trouver le moyen de composer une page en utilisant des caractères mobiles indépendants, qui pussent être assemblés, puis séparés le travail fini pour être réutilisés un grand nombre de fois. La solution ne vint pas, comme on aurait pu l'imaginer, des graveurs sur bois qui se servaient depuis plusieurs générations d'une forme primitive d'imprimerie, mais des métiers travaillant le métal et probablement des orfèvres comme Gutenberg (1400?-1468). Nombre des maîtres imprimeurs de la première génération mirent ainsi à profit l'expérience qu'ils avaient acquise dans la gravure des sceaux et des petites illustrations.

L'origine exacte de l'invention, ou même l'identité précise de l'inventeur, reste un mystère. Nous savons simplement que vers 1400 on utilisait déjà les trois éléments essentiels de l'imprimerie : presses à vis et presses pour éliminer l'humidité du papier ; encre à base de vernis, sur le principe des peintures à l'huile du XIVe siècle ; « caractères mobiles » comme ceux dont on se servait pour les tampons. Ce furent des Allemands qui mirent au point l'imprimerie moderne dans un ou plusieurs ateliers de Mayence, où les premières presses firent leur apparition vers 1445. Pendant les dix années suivantes, l'imprimerie et l'édition se diffusèrent en Allemagne — riche, urbanisée, pleine d'artisans travaillant le métal et de marchands en mesure de financer les nouvelles entreprises — puis dans le monde entier. Le premier livre imprimé en Italie par des imprimeurs allemands date de 1465 ; le premier ouvrage imprimé à Paris de 1470 ; le premier publié à Louvain de 1473 ; et le premier à Cracovie de 1474. En 1476, William Caxton, marchand anglais qui avait appris l'imprimerie à Cologne et dirigeait une presse à Bruges, s'installa à Westminster. Vers la même époque, des livres commencèrent à faire leur apparition en Espagne. En 1480, il y avait des ateliers d'imprimerie dans plus de cent dix villes européennes. A la fin du XVe siècle, cinquante ans après la publication du premier livre imprimé, plus de trente-cinq mille éditions avaient été publiées, de quinze à vingt millions d'exemplaires étaient sortis des presses, record honorable à une époque où l'Europe comptait moins de cent millions d'habitants, dont seule une minorité savait lire.

Il est vrai que les imprimeurs allemands qui introduisirent la nouvelle technique en Italie et en France se heurtèrent d'abord à l'hostilité des éditeurs et des copistes en place. Dédain et inertie sans doute, mais aussi ces préjugés que toutes les machines nouvelles suscitent chez les artisans épris de traditions et les riches amateurs. Fabricants et collectionneurs de manuscrits regardèrent avec suspicion cette invention qui menaçait de réduire la valeur et, dans la mesure où certains des premiers livres étaient plutôt grossiers, l'attrait esthétique des bibliothèques existantes. Encore en 1482, le bibliothécaire du duc d'Urbino, le grand humaniste Vespasiano de Bisticci, déclarait que son maître aurait honte de trouver un livre imprimé dans sa bibliothèque. Mais cette hostilité ne dura pas. Les imprimeurs prouvèrent qu'ils pouvaient rivaliser avec les plus beaux manuscrits. Les humanistes comprirent l'avantage de livres plus nombreux et meilleur marché. Surtout, l'Église accorda dès le début son soutien enthousiaste à une technique de grande valeur didactique qui, correctement employée, pouvait contribuer à rapprocher de Dieu beaucoup plus de fidèles. Un ecclésiastique du milieu du XVe siècle proclamait en effet que l'imprimerie était « l'art des arts, la science des sciences. Grâce à sa rapide diffusion, le monde s'est enrichi d'un trésor de sagesse et de science magnifique, caché jusqu'alors. Un nombre infini d'ouvrages que très peu d'étudiants pouvaient consulter jusqu'à présent, à Paris, à Athènes et dans les bibliothèques des autres grandes villes universitaires, sont maintenant traduits dans toutes les langues et répandus parmi toutes les nations du monde ».

Qui lisait ces premiers livres et quels étaient-ils ? Ces ouvrages étaient religieux ou littéraires dans l'immense majorité : environ 45 pour cent des volumes imprimés avant 1500 dont nous disposons traitent de questions religieuses, 30 pour cent sont des œuvres littéraires courantes du Moyen Age ou de l'Antiquité. La plupart (77 pour cent du total) sont en latin et s'adressent donc à un public relativement cultivé. Peu de publications éphémères destinées au lecteur ordinaire ont survécu, mais feuilles volantes, affiches, opuscules annonçant les comètes, les événements publics, les découvertes comme celles de Colomb, les victoires dans les guerres, les exploits des princes ou la visite prochaine de quelque marchand d'indulgences se criaient dans les foires et les rues, en attendant la guerre des libelles de la Réforme et de la Contre-Réforme.

A l'évidence, une révolution était en cours. Si vers l'an 1500, quelque vingt millions de livres avaient été imprimés, au moins dix fois plus seraient publiés au XVIe siècle ; ce n'est, sans doute, pas même l'équivalent de la production annuelle actuelle d'un grand pays européen comme la France [1], mais cela suffit pour rendre le livre imprimé accessible à toute personne qui savait lire au XVIe siècle. Si à la fin du XVe siècle étaient essentiellement touchés les lettrés et les clercs, au XVIe siècle de plus en plus de magistrats, de bourgeois, de marchands et d'artisans achetaient des livres. Les

1. La France édite aujourd'hui annuellement plus de 380 millions d'exemplaires.

bibliothèques s'agrandissaient aussi : grands juristes ou riches marchands disposaient parfois de cinq à sept cents volumes ; barbiers, apothicaires, tanneurs, épiciers possédaient également des collections très respectables. Toute une industrie inondait les gens ordinaires d'almanachs, vies de saints, livres pieux ou distrayants en si grand nombre qu'en 1522 l'inventaire d'un libraire en recense cinquante mille, celui d'un autre 102 285 en 1528, et celui d'un troisième 271 939 en 1545.

L'époque avait aussi ses best-sellers. Les œuvres de Rabelais dépassèrent peut-être les cent mille exemplaires ; à eux seuls, les *Colloques* et les *Adages* d'Érasme furent publiés à plusieurs centaines de milliers d'exemplaires au cours du demi-siècle qui suivit leur publication. L'*Utopie* de More s'enleva par dizaines de milliers. Mais les plus populaires étaient les ouvrages religieux. Il se vendit sans doute un million de Bibles de Luther (1522-1523) pendant la première moitié du siècle, et probablement davantage encore lors de la seconde (un seul imprimeur en tira cent mille exemplaires entre 1534 et 1574). L'œuvre de Luther — sermons, polémiques, catéchismes — marque le début de la littérature de masse, s'adressant à tous et accessible à tous, pas seulement à de petits cercles cultivés. La traduction française des Psaumes connut un succès comparable, quoique sur une moindre échelle. Les huguenots rebelles les chantaient au culte, sur les bûchers et sur les champs de bataille. Bien que ces psaumes fussent interdits à diverses reprises par édit royal, François Ier aimait à les lire, Henri II, son successeur, les chantait et se les faisait chanter. En 1561, la veuve d'Henri II, Catherine de Médicis, autorisa leur réédition et, en l'espace de quelques mois, cinquante à soixante mille tomes avaient été écoulés : un par protestant.

On peut aussi se demander dans quelle mesure les rêves d'aventure, de gloire et de richesse des futurs conquistadores ne se nourrirent pas des romans de chevalerie publiés en masse par les imprimeurs espagnols. Vulgarisée par centaines et par milliers de livres imprimés, expédiée par caisses en Amérique par presque tous les navires qui s'y rendaient, la nouvelle littérature contribua à inspirer la poursuite de l'exploration du Nouveau Monde. Des presses ne tardèrent pas à fonctionner au Mexique — où cent seize ouvrages furent publiés au XVIe siècle, mille deux cent vingt-huit au XVIIe — et à Lima au Pérou, dont les cinq collèges et l'université, qui comptait quatre-vingts professeurs, réclamaient plus de livres que n'en pouvaient transporter les navires espagnols.

Ni l'Église ni les gouvernements n'ignorèrent le merveilleux outil de propagande qu'était l'imprimerie. Le premier livre édité en Russie date de 1663 ; Constantinople n'en publiera pas avant 1727, la Grèce avant 1821. En revanche, on commença à imprimer des ouvrages en Abyssinie en 1515, à Goa en 1557, à Macao en 1588 et à Nagasaki en 1590. En 1494, deux imprimeurs allemands avaient déjà été envoyés de Lisbonne en Afrique où les Portugais exportaient des livres depuis 1490, livres qui faisaient partie des bagages de tous les premiers explorateurs lusitaniens.

Les souverains du Portugal n'oublièrent jamais que la grammaire et le catéchisme offraient un remarquable soutien aux canons et, comme les fondeurs de canons, les hommes qui imprimaient les livres comptaient parmi les capitalistes les plus occupés de leur époque. Les grands éditeurs-imprimeurs, Christophe Plantin à Anvers ou Koberger à Nuremberg, qui s'étaient spécialisés dans les livres liturgiques pour les églises et dans les ouvrages universitaires, étaient de grands entrepreneurs employant plus d'une centaine d'ouvriers dans leurs ateliers, disposant de vingt-quatre presses, et d'entrepôts ou de représentants de Dantzig jusqu'à Lisbonne. Il faudrait attendre le XIXe siècle pour qu'émergent des éditeurs plus importants. Et, naturellement, les grandes maisons d'édition se trouvaient dans les villles les plus actives — à Venise, Paris, Bâle, Nuremberg et Anvers — où abondaient les capitaux disponibles.

Les marchands

La prépondérance passée de la terre à la cité ; des corporations restrictives et exclusives, réglementant la compétition et les prix, à la concurrence et à un marché de plus en plus libre ; d'une régulation fondée sur des valeurs traditionnelles à un traitement toujours plus rationnel des problèmes économiques — gestion, production, échange, investissement ; de la consommation dans une économie de pénurie au rôle privilégié de la production et des échanges ; de la préoccupation, du moins théorique, pour la justice, à l'intérêt pour le profit et au profit fondé sur l'intérêt. Telles furent au XVIe siècle les orientations économiques qui jouèrent un rôle si important dans l'élaboration du monde moderne.

Ce furent les marchands qui introduisirent le sens de

l'exactitude qui manquait tant au XVIe siècle. L'usage constant des mesures et des calculs développa la capacité de penser en termes quantitatifs. L'importance du temps pour les contrats, les options et autres opérations, conduisit à le mesurer et à l'enregistrer avec une précision accrue. Nous ignorons la date de naissance exacte d'Érasme, de Rabelais et de Luther, en revanche les négociants du XVIe siècle notaient l'anniversaire de tous leurs enfants, tous les principaux événements de leur vie, leurs voyages et leurs maladies. Le temps prenait de la valeur, devenait de l'argent.

Il y a loin de la magie aux mathématiques, mais les marchands contribuèrent largement à combler ce fossé. Pour abriter leurs activités commerciales, toutes les villes bâtirent des Bourses. Anvers, qui en ouvrit une en 1460, la remplaça par un édifice plus somptueux en 1531. Sir Thomas Gresham, agent de la reine Élisabeth à Anvers, construirait la Bourse de Londres, que la souveraine inaugura elle-même en 1571. Les Bourses médiévales, comme celle de Bruges, avaient été des foires améliorées ; les nouvelles fonctionnaient davantage dans le cadre d'une économie fondée sur le papier — crédit, prêts, assurances, marchandises non encore disponibles — de sorte que la nature des transactions devenait de plus en plus abstraite et concentrée.

Les affaires restaient une entreprise très aventureuse. Dans un univers largement irrationnel et imprévisible, la superstition était forte, le jeu très répandu : on jouait partout aux cartes et aux dés. La marge semblait étroite entre les affaires et le jeu, qui reflétaient tous deux une conception aléatoire du monde. On spéculait vigoureusement : transactions à terme, tentatives d'accaparer le marché, de manipuler les changes et les taux d'intérêt.

Les affaires étaient un jeu, et on y pariait volontiers. En 1502, deux négociants de Lübeck parièrent sur la prise éventuelle d'un château qu'assiégeait le duc de Gueldre ; en 1534, un contrat spécifiait qu'il ne serait valide que si le vendeur épousait une nonne ou la fille d'une nonne avant une certaine date. (Ce qu'il fit, mais la clause fut annulée par un tribunal.) On pariait aussi sur les cours en Bourse ou sur le sexe des enfants à naître.

Beaucoup avaient une piètre opinion de tout cela. « Loterie-tromperie », écrit un Anversois qui achète pourtant un billet de tombola. « La finance est un joli mot pour le vol », fait remarquer Matthäus Schwarz, chef comptable de Jacob Fugger. C'était particulièrement vrai des assurances — très organisées et très développées aussi à cette époque. L'assurance maritime remonte au moins au XIVe siècle en Italie. Au XVIe siècle, on standardisa les contrats et les primes, apparurent des courtiers d'assurance spécialisés (il y en avait six cents à Anvers en 1504) ; l'assurance sur l'incendie, née à Hambourg, se développa, ainsi que l'assurance sur la vie, avec toutes ses possibilités de fraude. Des marins étaient ainsi assurés sans le savoir puis assassinés ; des vieillards étaient enlevés, séquestrés et on les laissait mourir de faim. Les archives de l'époque abondent en litiges et en textes de loi relatifs à ces problèmes.

Au début du XVIe siècle, les compagnies traditionnelles dominaient encore la scène en Europe du Nord ; associant le commerce et la banque, c'étaient de grandes entreprises familiales aux succursales dirigées par un membre de la famille ou par un employé de confiance : tels les Welser d'Augsbourg, dont les onze comptoirs s'égrenaient entre Lisbonne et Nuremberg, et qui, dans les années 1520, iraient jusqu'à tenter de coloniser le Venezuela. De nouvelles ententes commerciales ne tarderaient pas à faire leur apparition qui permettraient à de modestes investisseurs de se lancer dans des entreprises coûteuses mais prometteuses. Ainsi, deux marchands allemands s'associèrent en 1525 à Anvers pour développer leurs affaires : Kilian Rietwieser de Würzburg avait son siège à Leipzig et commerçait essentiellement entre l'Allemagne centrale et Anvers ; Joachim Pruner de Berlin faisait surtout du négoce entre Lisbonne et Anvers : leur nouvelle société pouvait de la sorte espérer élargir ses horizons.

De même, cinq marchands d'Aix, Tournai et Bois-le-Duc, tous des Pays-Bas, s'associèrent en 1535 à Anvers pour entreprendre ensemble un voyage d'affaires en Espagne dont les profits et les dépenses seraient partagés en fonction du capital investi par chacun. Pour modérer les dépenses, ils convinrent de limiter leur vêture « à ce que requièrent l'usage normal, leur état et condition », de fournir un justificatif de leurs débours tous les quinze jours, de réduire les frais de nourriture autant que possible, d'être personnellement responsables non seulement pour « tout banquet ou dépense extraordinaire » mais aussi pour l'argent perdu au jeu ou dans les « lieux de débauche » et pour les amendes éventuellement encourues de ce fait. Si en Espagne, les associés trouvaient qu'un voyage au Pérou pouvait se révéler profitable, ils s'embarqueraient incontinent ; sinon, ils vendraient leurs marchandises sur place. Si d'aventure l'un d'entre eux trouvait au Pérou ou ailleurs « de l'or, de l'argent, des pierres précieuses ou des bijoux », il partagerait avec les autres équitablement. Et si se déroulait au Pérou quelque guerre contre l'infidèle et que l'un des associés s'y engageât, le butin qu'il y récolterait serait aussi partagé — un tiers pour celui qui le gagnerait, le reste à ses partenaires, même s'ils s'étaient prudemment tenus à l'écart de l'affaire. Quel étonnant mélange de prévisions raisonnables et de rêves effrénés de richesses lointaines.

Ces rêves n'étaient pourtant pas entièrement chimériques. Les entreprises qui réussissaient rapportaient parfois d'énormes profits. Lukas Rem, qui commença comme employé des Welser dans les années 1490, et monta ensuite sa propre société, note dans son journal : « Le 15 juin 1525, à Augsbourg, nous avons dressé le bilan général (...) par la grâce de Dieu j'ai constaté un bénéfice de trente pour cent. »

La grâce de Dieu se montrait particulièrement généreuse avec ceux qui préféraient le commerce de l'argent à celui des marchandises. Pendant quinze ans, entre 1511 et 1526, les Fugger, qui faisaient le négoce des bijoux, des épices, des tissus, des minerais, mais surtout de l'argent — prenant le revenu des mines pour cautionner leurs prêts — gagnèrent plus de cinquante-quatre pour cent par an. Leurs rivaux qui s'occupaient davantage de denrées que de crédit devaient se contenter bon an mal an de neuf à dix pour cent. A leur apogée, les Fugger d'Augsbourg disposaient d'un capital de 4 700 000 florins d'or correspondant à 13 000 kg d'or pur. Par comparaison, les Peruzzi, grands banquiers florentins du XIVe siècle, devaient se contenter de 135 000 florins, soit 147 kg d'or. Au XVIe siècle donc, un seuil avait été franchi qui interdisait la comparaison avec le capitalisme médiéval.

Le commerce du Nord au XVIe siècle se caractérisait également par un nouvel esprit, par une rapacité nouvelle s'ajoutant aux risques que connaissaient depuis longtemps les hommes d'affaires du Sud. Surtout, une échelle différente affectait les prix aussi bien que les possibilités commerciales. On importait désormais les épices d'outre-mer en telles quantités qu'elles pouvaient se vendre cinq fois moins cher à Lisbonne que jadis à Venise. En 1548, les Fugger entreprirent de fournir aux Portugais pour leur traite en Afrique près de quatre tonnes de bracelets de cuivre, plus de quarante mille chaudrons et toutes sortes d'autres ustensiles. Cela suppose des stocks gigantesques. Un groupe français qui s'efforçait à la même époque d'accaparer tout le commerce français du sel en monopolisant les importations d'Espagne, dut affréter une véritable flotte pour assurer le transport de quelque trente mille tonnes de marchandises.

Il serait pourtant incorrect d'attribuer une importance excessive à ces exemples. Comparés à leurs devanciers, ces hommes étaient modernes, mais cessaient de l'être auprès de leurs successeurs. Leurs méthodes, leur esprit, leurs entreprises sont les balbutiements du capitalisme naissant, rien de plus. Même l'échelle de leurs opérations témoigne de leurs limites : tout le fret franchissant alors le col du Saint-Gothard en une année pourrait être transporté par un seul de nos trains de marchandises, et le millier de tonnes d'épices portugaises vendu à Anvers en 1504 passerait presque inaperçu sur le connaissement d'un de nos cargos.

Le capitalisme moderne recherche la maximisation du profit par l'augmentation du volume des affaires, par la multiplication des ventes, même si le bénéfice unitaire doit être moindre. De ce point de vue, les très fortes marges bénéficiaires du commerce des épices ou de la banque évoquent moins le début du capitalisme moderne qu'une structure économique relativement primitive dans laquelle des marchés sous-développés, l'inorganisation des finances publiques et la pénurie du capital et du crédit supposaient de gros risques, de grosses pertes et de gros profits. Les structures économiques et sociales de l'époque paraissent souvent plus « médiévales » que « modernes », plus « féodales » que capitalistes. Le « capitalisme nouveau » restait essentiellement commercial, ne nécessitait pas de changements techniques significatifs. La production de masse était encore généralement impossible, faute de moyens technologiques. L'agriculture de subsistance représentait une bonne partie de l'activité économique. Une offre éparpillée ne parvenait pas toujours à satisfaire une demande tout aussi fragmentée : la consommation ne pouvait pas se reposer sur la production ni la susciter. La concentration économique était moins liée à la production qu'à la distribution et aux échanges. Pourtant, les choses semblaient manifestement en train de changer. On a pu à juste titre relever la modernité du XVIe siècle et, avec autant de pertinence, la situation arriérée de l'économie, la pauvreté des moyens, la rareté des possibilités. L'histoire a toujours été écrite et lue par deux types d'hommes : ceux qui soulignent les similitudes et ceux qui insistent sur les différences. Au lecteur de décider selon son inclination si les changements que nous avons constatés importent plus que les liens persistants qui rattachaient cette période à l'époque précédente.

Comment les activités économiques affectaient-elles les

hommes et leurs attitudes ? Relativement peu, semble-t-il. Touchée matériellement par leurs initiatives, la société dans laquelle évoluaient les marchands n'avait pas évolué vers une restructuration de ses valeurs fondamentales. Même les négociants les plus entreprenants se heurtaient à des forces contraires — inertie, conservatisme, hostilité à l'innovation, conformisme — à l'œuvre non seulement autour d'eux mais *en* eux-mêmes. Ces hommes nouveaux faisaient partie d'une société de castes, d'ordres et de corporations qu'ils n'avaient jamais songé à remettre en cause mais seulement à exploiter (ou à circonvenir). Ils faisaient circuler les richesses et les augmentaient, suscitaient des activités nouvelles, introduisaient de nouvelles méthodes commerciales, une comptabilité plus exacte, des communications plus rapides, une précision plus grande jusque dans la vie quotidienne. Mais ils ne contestaient pas l'ordre établi, cherchaient seulement à s'y intégrer ; ils n'attaquaient pas la hiérarchie en place mais n'aspiraient qu'à s'y élever.

Les exemples les plus caractéristiques de la réussite économique recherchaient des occupations plus nobles, enseignaient le latin à leurs enfants, qui quittaient le commerce pour des emplois plus élevés — le droit, l'administration, les conseils des princes —, laissant la place à de nouveaux groupes de parvenus. Les générations suivantes, les rejetons de familles marchandes devenaient parfois des humanistes comme Hans Jacob Fugger dans les années 1560, qui connaissait le latin, le grec, l'hébreu, l'italien, le français, le hongrois, le tchèque et le polonais ; des mécènes tel son frère Ulrich qui dépensa tant pour ses collections et ses protégés que sa famille obtint une injonction contre ses dilapidations. L'hôtel des Fugger à Rome fut décoré par un élève de Raphaël. En 1508, Giorgione et Titien furent engagés pour peindre les fresques du Fondaco dei Tedeschi (la Maison des marchands allemands) à Venise. (Titien y obtint même une charge de courtier en 1516.) Les Médicis, nul ne l'ignore, devinrent nobles — ducs, papes, princes —, se ruinèrent et rebâtirent leur fortune, non par le commerce cette fois mais par les revenus tirés du gouvernement.

Jacques Cœur, la plus grande réussite financière de la France du XVe siècle, peut être considéré comme le prototype de ce qu'on appellerait « l'homme de la Renaissance ». Il avait des affaires partout et dans tous les domaines : il battait monnaie, fabriquait des textiles, exploitait les mines françaises sur une échelle sans précédent ; armateur, il obtint du pape une concession pour le transport des pèlerins en Terre sainte tout en faisant d'immenses profits grâce à la contrebande d'armes vers l'Égypte. Ses talents le rendirent indispensable au roi Charles VII, et il se trouva en mesure de faire ou défaire villes et sociétés, qui toutes recherchaient assidûment ses faveurs. S'il touchait force commissions, il en distribuait à son tour : à la maîtresse du roi, aux grands officiers de la couronne, au souverain lui-même qu'il associait à ses entreprises, l'intéressant ainsi à leur réussite (comme la reine Élisabeth aux expéditions de Sir Francis Drake). Couronnement de sa carrière, il fut anobli, maria sa fille à un noble, fit nommer son fils archevêque de Bourges, son frère évêque de Luçon, trois de ses amis à d'autres sièges épiscopaux. Disgracié en 1441, arrêté, condamné à des amendes ruineuses et à l'emprisonnement, Jacques Cœur s'évada et se réfugia auprès du pape qui lui confia le commandement d'une flotte pour combattre les Turcs à Chio où il mourut en 1456. Destin étrange et merveilleux.

Le prince

La devise de Jacques Cœur, *A vaillans cuers riens impossible* aurait pu être celle d'une époque qui offrait aux fortes personnalités de bien meilleures occasions de s'affirmer que la société moins mobile, moins urbaine et plus hiérarchisée du Moyen Age. Quelque temps seulement après la mort de Jacques Cœur, un autre banquier et marchand, Jacob II Fugger le Riche, décida des résultats de l'élection impériale de 1519. Un autre encore, Cosme de Médicis, présidait aux destinées de Florence. Des hobereaux comme Pizarre et Fernando Cortes se taillaient des empires aux Amériques. Un condottiere comme Francesco Sforza arrachait le duché de Milan à la famille Visconti. Des bâtards sans terres devenaient princes : Sforza lui-même, Alphonse d'Aragon à Naples, Sigismondo Malatesta à Rimini, sur l'Adriatique.

Bien qu'on puisse trouver de semblables destins en d'autres pays, l'Italie fut le théâtre privilégié de telles aventures. Entre 1494 — première intrusion des Français en Italie avec Charles VIII — et 1559 — moment où Henri II renonça à ses coûteuses prétentions au-delà des Alpes — la péninsule fut un champ clos d'expériences et d'initiatives individuelles sans équivalent dans le reste de l'Europe. Il est instructif de comparer le pouvoir révolutionnaire du prince italien du Quattrocento à la situation tout à fait traditionnelle des souverains au nord des Alpes. Le duc de Bourgogne, dans sa lutte contre son suzerain, le roi de France, raisonnait en termes d'autorité féodale, alors qu'un Cosme de Médicis ou un Sforza de Milan s'appuyait sur une conception nouvelle de la souveraineté fondée sur le pouvoir personnel et la richesse.

L'absence de la papauté et l'affaiblissement de l'autorité impériale ouvraient la voie à l'aventure personnelle. Les sources traditionnelles de la richesse — la terre, l'artisanat, les corporations locales — cédaient la place aux fruits du nouvel esprit d'entreprise : le maniement de l'argent, la spéculation, l'exploration et l'exploitation d'un espace neuf. Les nouveautés seyaient bien et s'accordaient à la nouveauté des princes de la Renaissance ; une forme d'entente ne pouvait donc manquer de s'établir entre aventuriers politiques et économiques, politiques et intellectuels, politiques et artistiques. Politique et imagination ne sont pas très éloignées, comme le prouvait la floraison intellectuelle et artistique. Mais une certaine stabilisation n'allait pas tarder à se produire : les usurpateurs fondèrent des dynasties et les tyrans se muèrent en princes. L'exploration des possibilités prit fin avec la consolidation de la stabilité. L'ère de l'aventure tourna au conformisme, à une nouvelle culture de cour, à une adaptation des valeurs aristocratiques aux besoins des nouveaux princes et de leurs cours, d'autorités nouvelles guère différentes de celles qu'elles remplaçaient ou des monarchies aristocratiques qui s'établissaient dans le Nord.

Dans cette évolution, les princes de la fin du XVe et du XVIe siècle trouvèrent de précieux alliés chez les hommes mêmes qui avaient formulé et répandu les valeurs de l'âge précédent : les humanistes. Au XIVe et au début du XVe siècle, les humanistes avaient vanté les vertus civiques d'une bourgeoisie active, vouée au bien public ; lorsqu'ils parlaient de Rome, ils glorifiaient la République, austère, courageuse, travailleuse, morale, convaincue de ses responsabilités sociales. Plus le XVe siècle avançait, plus les humanistes semblaient évoluer — ou peut-être reculer — comme leurs contemporains, de la liberté exigeante de la République à la contrainte, l'autorité et l'ordre de l'Empire romain. Un intérêt croissant pour les aspects moins publics de la vie ; les exigences particulières de l'érudition ; la recherche de l'isolement et du calme, loin des foules vulgaires ; tout cela incita les humanistes à quitter la ville pour la cour, à renoncer à leurs premières activités civiques pour se mettre à la disposition des grands, à troquer le républicanisme pour le service de ceux qui accordaient mécénat et distinction : les princes et les grands prélats.

Eux qui avaient réprouvé la paresse louaient désormais le loisir ; eux qui avaient chanté l'activité ne demandaient plus qu'une vie paisible. La simplicité était une bonne chose, mais meilleure encore lorsqu'elle se doublait du confort ; les gains matériels, du moins nés du travail, redevinrent vulgaires. Le réalisme se transformait aussi. La Béatrice éthérée de Dante avait cédé la place au siècle suivant à la Laure plus concrète et terrestre de Pétrarque, voire aux personnages plutôt lestes de Boccace. Voilà que ce naturalisme reculait devant une renaissance de l'idéalisation : visions plus pures, plus élevées, convenant à un nouveau public aristocratique, comme nous le constatons en comparant les œuvres d'un Pisanello (1395 ?-v. 1455) ou d'un Antonello da Messina (1430 ? - 1479) avec leur représentation naturaliste des vêtements, des chevaux et de leurs harnachements, à celles de Raphaël ou de Vinci, à qui de tels détails semblent superflus.

L'orateur, le philosophe, le chroniqueur humaniste contribuait désormais à ressusciter les anciens idéaux chevaleresques qu'on adaptait aux besoins de la nouvelle élite. Il exaltait la femme, plus confinée dans son rôle de ménagère ou de mère mais, dans la culture aristocratique, en quête des choses les plus élevées, dispensatrice de plaisir, ornement des belles manières, symbole de réussite sociale. Il polissait l'image du chevalier moderne, urbain, galant, homme du monde, ou plutôt de cour, tel que Castiglione le décrivait dans son *Parfait Courtisan (Il Cortegiano)*. La nouvelle éthique de la cour méprisait le profit, les valeurs bourgeoises, le calcul et la frugalité. La prodigalité et l'insouciance étaient bien mieux considérées que n'importe quelle dignité née du travail ou des affaires. Ce code, si semblable à celui des chevaleries du Nord, quoique plus raffiné, ne pouvait manquer de séduire les contrées plus attardées et le livre de Castiglione, publié pour la première fois en 1528, expose les usages qu'adopterait le gentilhomme du XVIe siècle.

La cour gravitait autour du prince. Dès le début du XVe siècle, certains humanistes estimaient que « la sécurité, la prospérité et l'efficacité du gouvernement » ne pouvaient provenir que du pouvoir d'un seul, que les lettres ne florissaient « que dans le progrès ordonné procuré par un prince ». Allant beaucoup plus loin dans cette direction, leurs héritiers privilégièrent la notion du roi-philosophe, au moment où la connaissance et l'absolutisme s'engageaient tous deux dans une carrière nouvelle. Machiavel n'était pas le seul humaniste à s'intéresser au prince, comme en témoignent les entreprises plus acceptables d'hommes comme Juan Luis Vives, au service de Catherine d'Aragon qui éduquait justement la princesse Marie, héritière du trône d'Angleterre, ou même comme Érasme dans son *Institution du prince chrétien.*

D'ailleurs, certains princes se montraient à la fois chrétiens et lettrés : Federigo da Montefeltro d'Urbino (1444-1482), homme pieux, avait deux chapelles jumelles — l'une chrétienne et l'autre, à côté, consacrée aux muses. Parmi les portraits des hommes illustres qui décoraient son cabinet de travail, saints et personnages bibliques alternaient avec les sages de l'Antiquité : Homère et saint Thomas d'Aquin, Sénèque et Salomon. Pourtant bien des princes vivaient dans le sang et la violence. « L'horreur est la servante des princes », écrirait bientôt l'auteur dramatique anglais John Webster. En 1402, les principaux membres de la famille régnante de Lodi furent brûlés vif par leurs ennemis sur la place publique. En 1445, lorsque les Bentivoglio de Bologne furent assassinés par une faction rivale, le peuple traqua les assassins et cloua leur cœur encore fumant sur les portes du palais Bentivoglio.

En 1478, des conspirateurs inspirés par le pape lui-même, tentèrent de prendre le pouvoir à Florence ; ils ne parvinrent qu'à assassiner Julien de Médicis dans la cathédrale où il assistait à la messe et à blesser son frère Laurent (1449-1492). Deux cent soixante-dix conjurés, dont l'archevêque, furent pendus sur les remparts de la Seigneurie ou jetés sur la place et déchiquetés par la populace. Furieux de son échec et de la mort de son archevêque, le pape Sixte IV excommunia Laurent, jeta l'interdit sur Florence et, s'alliant au roi de Naples, partit en guerre contre la ville. Après dix-huit mois de combats, serré de près, Laurent s'enfuit à Naples, y gagna son ennemi, et reprit l'existence fastueuse qui lui valut d'être appelé Laurent le Magnifique. Il mourut treize ans plus tard, malade de la goutte et de troubles abdominaux aggravés par l'absorption de perles écrasées prescrites par un médecin.

Laurent, qui dilapidait plus de la moitié des revenus annuels de l'État en livres et en œuvres d'art, n'était pourtant pas un souverain de la pire espèce. Comme le dit Guichardin, « bien que la cité ne fût pas libre sous son règne, il aurait été impossible de trouver tyran meilleur ou plus agréable ».

On ne peut en dire autant de César Borgia (1475-1507), fils préféré d'un pape espagnol corrompu et rapace (Alexandre VI) et de sa maîtresse romaine. Il assassina son beau-frère et sans doute aussi son frère aîné. Archevêque de Valence à dix-sept ans, cardinal à dix-huit ans, César renonça à la pourpre à vingt-trois ans pour épouser la sœur du roi de Navarre et prendre le commandement des armées de son père. Entre 1499 et 1503, ses campagnes permirent aux Borgia de se tailler dans l'Italie du centre un vaste domaine qui se désintégra tout aussi rapidement. Après la mort soudaine du pape Alexandre, César, malade lui-même, se retrouva privé de soutien et isolé. Ses partisans l'abandonnèrent ; sa principauté, bâtie sur le meurtre, la corruption et la trahison, s'effondra. Si sa brutalité avait brièvement établi un ordre fondé sur la terreur dans les États du pape en proie à l'anarchie, elle lui avait également valu une foule d'ennemis. La prison et la mort dans une embuscade, telle fut la fin sans gloire de l'homme en qui Machiavel voit le modèle de ceux qui « par fortune ou les armes des autres parviennent à la souveraineté ».

Esprit, superstition, athéisme, massacres, poisons, meurtres, quelques grands hommes, une infinité de coquins rusés mais infortunés. Partout des passions ardentes dans leur orgueil sauvage : telle est l'Italie du XVe siècle vue par Stendhal. Comment les humanistes pouvaient-ils accepter semblable patronage ?

Leur idéalisme offre une réponse, assurément facile. Les yeux perdus dans un passé glorieux, absorbés dans leur rhétorique exubérante, ils ne percevaient pas les durs faits du présent. Sans doute, leurs études, leur goût de la théorie, leur amour du symbole, de l'allégorie, de l'obscurité, les éloignaient du quotidien, les encourageaient à subordonner la réalité à l'idéal ou plutôt à considérer les idéaux comme des réalités supérieures. A la fin du XVe siècle, quand les humanistes philosophaient sur l'homme, ils ne parlaient pas d'hommes et de femmes véritables mais d'abstractions, éthérées comme des personnages de Botticelli, héroïques comme les créatures surhumaines de Michel-Ange. Où étaient donc passés les solides bourgeois de naguère, l'humanité des scènes les plus transcendantes que nous voyons dans les peintures de Fra Angelico (1378-1455) ? Oubliés dans les vastes galeries dorées, dans les fraîches loggias dallées où de gracieux courtisans échangeaient de nobles propos avec de sages philosophes.

Mais les humanistes avaient quand même tiré d'autres leçons de leur étude de l'Antiquité. Comme les anciens, ils ne considéraient pas l'État comme donné une fois pour toutes, mais comme l'ouvrage des hommes, l'expression naturelle des forces sociales, de la créativité individuelle ; ils concevaient sa réussite comme le fruit de la *virtù* et de la volonté humaines. Machiavel n'étudiait pas les relations entre l'individu et l'État, et entre les États, dans la perspective de la moralité ou du droit, mais dans celle des fins et des moyens ; il s'intéressait à l'application de moyens pour certaines fins, à calculer comment les croyances et les passions humaines peuvent servir un but ultime : la fondation, la consolidation et l'agrandissement de l'État. Pour Machiavel, l'État n'est plus un fief ou une commune médiévale, pas même ou pas tout à fait la cité ou l'Empire antique, pas encore la monarchie de l'Occident futur. L'État est théoriquement une république, au sens littéral de chose publique, idéalement un État-nation en gestation, pratiquement une œuvre d'art, un modèle et une machine politique, créé dans toutes ses parties par l'effort de volontés tenaces à partir du chaos fluide du monde de la Renaissance.

L'analyse de Machiavel accepte avec un réalisme brutal la violence et la fraude ; la pratique politique consiste simplement à maîtriser et à utiliser tout ce qui se présente. *Le Prince* contraste avec l'*Utopie* de More ou les *Adages* d'Érasme, écrits eux aussi pendant les années vingt du XVIe siècle, et qui se préoccupent aussi de questions de morale politique et sociale, mais du point de vue des fins plutôt que des moyens, persuadés tous deux que l'éthique chrétienne devrait régir les relations entre gouvernants, comme entre gouvernants et gouvernés. Machiavel, pour sa part, croit aux hommes, à leur action, à leur réaction face au destin, à leur courage, à leur collaboration avec la chance. Non qu'il imagine les hommes bons. Il voit bien qu' « ils sont ingrats, inconstants, faux, soucieux d'éviter le danger, âpres au gain (...) et prêts (...) le besoin venu (à) se tourner contre vous ».

On ne saurait être plus pessimiste. Néanmoins, les hommes ont une grande vertu, du moins quelques-uns, et c'est l'énergie. Machiavel méprisait les nobles, paressant sur leurs terres, loin de la cité, de sa civilisation et de ses activités, fiers de leur caste et de leur distinction barbare et gothique d'hommes qui ne travaillent pas ni ne gagnent d'argent. « Ni culture, ni profession, ni contribution à la société civile, et c'est ce qu'ils appellent un gentilhomme[1] ! » Son héros personnel n'a rien du saint ou du chevalier : c'est l'homme d'État et d'action. Il laisse la chevalerie aux livres, aux

1. Il avait, évidemment, raison, mais le fait qu'il pût le penser et a fortiori le dire, et, ce faisant, exprimer une opinion répandue, prouvait que les nobles avaient perdu leur fonction sociale, celle de soldats de métier.

poètes, à ceux qui en ont les moyens. L'habileté, la ruse, la sagacité : voilà les vertus nouvelles. Quant à la religion, indifférent à ses dogmes, Machiavel n'en sous-estime pas l'utilité. Entre les mains de l'homme d'État, la religion est un instrument efficace, dont il faut se servir, même si l'on n'y voit qu'une imposture, pour mieux imposer son joug à ses sujets. Avant Marx, Machiavel avait déjà formulé l'idée que la religion est l'opium du peuple.

Pourtant, quelque réaliste ou cynique qu'il s'efforçât de paraître, Machiavel révélait l'extraordinaire irréalisme de sa caste. Bien qu'il eût participé au gouvernement d'une des principales cités du monde, pionnière de l'industrie et de la banque, il savait peu de choses des fabriques, du commerce et de la finance, et s'en souciait encore moins. Il négligeait tout le côté social de la politique. Les réalités concrètes, « la lutte obscure des intérêts matériels » n'interviennent pas plus que les activités intellectuelles dans sa conception de la politique où seuls importent les lois et les hommes, c'est-à-dire les institutions. Son *Histoire de Florence* ne dit rien des arts et des lettres ! La politique, la diplomatie, la guerre et les lois, voilà les facteurs que relève l'historien humaniste. Cette tendance va marquer l'interprétation historique jusqu'au XVIIIe siècle.

Chassé de sa Florence natale, Machiavel raconta dans une lettre à un ami comment il employait au mieux ses journées d'exil dans une auberge campagnarde : d'interminables parties de trictrac avec l'aubergiste, le meunier et deux boulangers ; querelles pour un sou, invectives, cris et jurons. Mais lorsque tombait le crépuscule, l'ancien secrétaire de la chancellerie de la République de Florence regagnait sa chambre, ôtait ses hardes sales et s'habillait comme pour un bal de la cour. Il ouvrait ses livres, conversait avec les princes et avec les plus grands esprits du passé qui le recevaient avec aménité pendant de longues heures et lui permettaient de retrouver le respect de lui-même.

La culture et les valeurs humanistes commencèrent par servir et justifier la société bourgeoise qui les suscita. Pourtant, après avoir formulé et appliqué avec succès les vertus bourgeoises, humanistes et marchands les abandonnèrent pour des manières plus distinguées, parce qu'ils avaient encore une vision aristocratique de la réussite. Nous avons vu comment l'homme d'affaires qui avait réussi achetait des terres, un titre ou une charge, cessait autant que faire se pouvait d'être un bourgeois pour devenir rentier, noble, petit ou grand. Même s'il ne pouvait toujours y parvenir c'étaient les valeurs qu'il acceptait. Le bourgeois qui louait le travail, méprisait le travail manuel : « Ces choses qui par leur nature exigent des études et plus de savoir, écrit Giorgio Vasari (1511-1574), sont infiniment plus nobles que celles qui réclament de la force physique. » Et son contemporain le Français Loyseau d'ajouter : « Les artisans sont ceux qui exercent les arts mécaniques, ce qui est vil et abject. » Les compagnons imprimeurs, refusant d'être considérés comme tels, portaient l'épée pour le prouver.

On a presque le sentiment que le XVIe siècle marqua la rupture entre l'homme cultivé et « le reste », tant la culture, comme d'autres entreprises, devenait plus spécialisée et théorique. L'ascension d'une classe nouvelle, la bourgeoisie, contribua moins à l'émancipation de ses membres qu'à leur différenciation. La société se fit plus complexe, ses catégories se diversifièrent. La science, le talent, le savoir-faire et la richesse rejoignirent la naissance ou le rang dans l'Église au firmament de la distinction. Et, lentement d'abord, puis avec une célérité et un éclat croissants, l'étoile du monarque se leva sur la nouvelle société.

Chapitre III

PRINCIPAUTÉS ET PUISSANCES

Si tant d'écrits historiques parlent des rois et des reines, c'est que l'histoire tourna longtemps autour d'eux. Leurs caprices et leurs personnalités (et celles des grands hommes qui les servirent ou leur résistèrent) influencèrent la politique, provoquèrent guerre et traités et, de manière générale, affectèrent la vie des autres hommes.

Ce ne fut pas le cas, bien sûr, des communes italiennes du début du Quattrocento, même si cela le devint lorsque la situation fluide du XIVe siècle se solidifia au XVe siècle en États monarchiques. Nous avons vu que l'Italie bénéficia largement de ce répit parce que les empereurs avaient des problèmes avec leurs grands vassaux allemands tandis que, de l'autre côté du Rhin, les querelles intestines des Valois et les tentatives des princes anglais de s'emparer de la couronne de France détournaient quelque temps l'attention de la péninsule italienne. Les rois de France émergeraient plus forts que jamais de cette période d'épreuves à la fin du XVe siècle. Tout comme la monarchie anglaise, quand elle eut réglé ses affaires intérieures après la bataille de Bosworth (1485) qui mit fin aux guerres sanglantes pour le trône d'Angleterre entre les maisons d'York et de Lancastre, par la victoire des Tudors, héritiers des deux familles rivales.

C'est à l'aube du XVIe siècle que surgissent souverains et monarchies modernes. Ils sont tout-puissants ou aspirent à le devenir, et c'est ainsi qu'ils apparaissent à leurs contemporains. Tout dépend du monarque, écrit Claude Seyssel, conseiller de Louis XII. « Du prince, comme d'une source intarissable, coule en abondance parmi le peuple tout ce qui est bon ou mauvais », dit en écho Thomas More. Un grand lettré du XVe siècle estimait pour sa part que les rois se voyaient attribuer des anges gardiens d'un rang supérieur à celui des autres mortels. Ce flot d'hommages ne faisait que rendre compte d'un immense accroissement de leurs pouvoirs. « Tout le monde sait, expliquait un traité sur la guerre de la fin du XIVe siècle, que lorsqu'il s'agit de décider la guerre, de la déclarer ou de l'entreprendre, les hommes pauvres n'ont nul pouvoir de décision. » Au XVIe siècle comme au XIVe ou au XVe, les hommes et les femmes ordinaires n'avaient rien à dire sur la guerre, la paix, la politique étrangère, ni même sur les impôts, si le roi était assez fort. La politique était l'apanage exclusif d'une classe particulière : les princes, les nobles, leurs serviteurs et conseillers. Aussi, lorsque nous examinons la scène politique, sont-ce leurs activités que nous devons observer, en nous contentant de jeter un coup d'œil occasionnel sur ceux qui, objets plutôt que sujets, font parfois intrusion dans ces affaires, transformant leurs préoccupations, leurs besoins, leurs rébellions, en questions d'État.

Sous l'influence des juristes chargés d'étayer les arguments du roi contre les vassaux et le clergé dont il disputait l'autorité, le droit romain se répandit d'Italie dans toute l'Europe à partir du XIIIe siècle. N'invoquait-il pas l'idée du souverain absolu — le *princeps* incarnant la totalité du pouvoir, dont la volonté était loi ? Cette notion, se combinant avec l'idéal classique du héros — quasi-dieu, figure toujours dominante et bienveillante —, profita du développement simultané d'un « nationalisme » littéraire, à demi historique — fierté patriotique des origines et des gloires passées qui semblait justifier l'hégémonie présente et une grandeur future.

Vers la fin du XVe siècle, Italiens, Espagnols et Français se mirent à chanter la gloire de leur pays, à vanter la langue ou le caractère national. Les humanistes allemands de louer un passé germanique nullement inférieur à celui de la Rome antique, besoin qui aboutit vers 1500 à éditer la *Germanie* de Tacite ainsi que d'autres textes proclamant la splendeur passée de l'Allemagne et légitimant sa prétention présente à la grandeur. *La Reine des fées* de l'Anglais Spenser, poème chevaleresque enraciné dans la légende arthurienne, est un exemple des multiples épopées nationales de l'époque. Un certain nombre de pièces du XVIe siècle, comme celles de Shakespeare, prônaient le pays, dénigraient le voisin, exaltaient le sentiment patriotique. Ainsi en Allemagne, Joachim Sandrart inventa une dixième muse — Teutillis — présidant au seul art germanique.

La référence au passé colorant et inspirant le présent, pouvait se concentrer sur la figure idéale du prince, personnification de la nation. Le prince répondait au besoin contemporain de quelque autorité centrale forte, imposant ordre et unité à un assemblage disparate de provinces, de cités, de fiefs et d'individus, supprimant leurs divisions, coordonnant leurs activités, mobilisant le pays tout entier au service du bien commun.

En pratique, les débuts de l'Ère moderne verraient une nette consolidation du pouvoir central non seulement en Angleterre, en France et en Espagne, où c'est évident, mais également en Allemagne où quelques maisons princières y parvinrent aux dépens des survivants du Moyen Age : le Saint Empire romain germanique, les villes et les seigneurs. Il est difficile de dire si l'idéal répondit aux circonstances nouvelles ou si celles-ci cherchèrent et trouvèrent une justification dans la remise à neuf de notions exhumées du passé. Tandis que le système féodal se désintégrait — dans la mesure même où il était parvenu à imposer un certain ordre à l'anarchie passée —, que la population augmentait, et que s'accélérait la croissance des villes, de plus en plus de gens réclamaient un renforcement du pouvoir. La monarchie profita de la réaction hostile à la guerre civile et au chaos intérieur. Il en alla de même en Russie et dans l'Empire ottoman qui étaient, ou tâchaient d'être, des autocraties plus absolues qu'aucune autre monarchie occidentale. La Pologne, la Hongrie, la Bohême et l'Italie (à l'exception de Venise), fortement divisées, voyaient leur survie ou leur indépendance gravement menacée.

L'OMBRE ALLONGÉE D'UN SEUL HOMME

Centraliser n'était pas tâche aisée. Les États médiévaux relevaient plus du concept que de la réalité : leur territoire évoquait un puzzle de possessions où le roi d'Angleterre pouvait être le vassal du roi de France, et un prince allemand le suzerain de fiefs provençaux, bohémiens ou hollandais. Lorsque Clément V s'installa en Avignon (1309), la ville appartenait au roi de Naples et jouxtait le Comtat Venaissin pontifical, sur l'autre rive du Rhône. Lorsque Pétrarque se rendit à Montpellier en 1316 pour commencer ses études de droit, une partie de la ville dépendait du roi de Majorque et l'autre du roi de France.

Aucun gouvernement central ne pouvait maintenir son autorité sur un territoire important sans les recettes fiscales qu'on lui refusa jusqu'aux environs du XIIe siècle ; il s'ensuivait donc que la réalité du pouvoir politique et judiciaire restait entre les mains des seigneurs locaux ou d'autres corps constitués. Cette autonomie locale, essence de la période féodale, perdit de plus en plus sa signification lorsque le commerce et la vie citadine reprirent leur essor aux XIIe et XIIIe siècles, que l'économie de subsistance devint plus monétaire, et que les richesses provenant d'outre-mer, d'une bourgeoisie plus riche et plus nombreuse, ainsi que des terres saisies aux vassaux rebelles, commencèrent à affluer dans les trésors royaux. Rois et princes se retrouvèrent donc mieux en mesure d'imposer leurs droits, de rogner les prérogatives féodales, ecclésiastiques ou urbaines indépendantes, et de transformer de vagues revendications d'allégeance en autorité dûment affirmée. Ils furent aidés dans cette démarche par les crises économiques qui sapaient les positions de la grande noblesse terrienne, et par les classes urbaines, qu'elles voulussent éluder la férule trop immédiate du seigneur local, religieux ou laïc, ou qu'elles espérassent trouver au sein du royaume une sphère plus large pour leurs entreprises capitalistes.

Le pouvoir central s'efforçait effectivement d'unifier le royaume par tous les moyens. Les rois de France comme François Ier (1515-1547) et son fils Henri II (1547-1559) essayèrent ainsi d'uniformiser les poids et mesures. Si leurs tentatives échouèrent, elles créèrent un précédent utile à leurs successeurs. François Ier contribua également à répandre l'usage d'une langue commune en prescrivant l'emploi du français dans toutes ses cours de justice.

Pour venir à bout de leurs opposants, les princes avaient besoin d'armées permanentes qui pussent permettre aux officiers royaux d'affirmer leur volonté et surtout de percevoir les impôts, qui servaient d'ailleurs en bonne partie à entretenir et à grossir les forces mêmes chargées de leur collecte. Autrement dit, le gouvernement royal avait besoin du pouvoir nécessaire pour établir et faire appliquer sa loi. La relation entre l'argent et la suprématie royale est claire : rois et princes cherchant à imposer l'autorité centrale devaient faire face à des dépenses administratives et militaires toujours croissantes. Ils essayèrent donc de les financer en empruntant aux marchands-banquiers, et parfois en améliorant l'organisation financière de l'État grâce aux conseils d'hommes de la même classe que leurs prêteurs. Ces derniers profitaient à leur tour des circonstances pour tirer de vastes bénéfices et créer de nouvelles affaires en pourvoyant aux besoins de la cour et de l'armée royale.

L'accroissement de la fréquence et du montant de la fiscalité féodale contribua également au développement de l'idée de nation. Dans le système féodal, les taxes étaient perçues pour faire face à des nécessités immédiates et bien définies : défense, rançons, mariage d'un suzerain. En se transformant progressivement d'aides féodales en contributions de plus en plus fréquentes perçues non sur les seuls vassaux mais sur tous les sujets, les impôts s'individualisèrent davantage et touchèrent aussi tous les redevables d'un territoire donné. La relation moderne entre le pouvoir central et l'individu imposé en tant que sujet et résident d'un État commença à prendre forme, tout comme les institutions représentatives — conseils, parlements, États — qui marquent l'Occident moderne.

Lorsque États et souverains, au lieu de seulement demander l'aide de vassaux qui la leur devaient par contrat, réclamèrent celle de tous leurs sujets, il fallut obtenir leur consentement. Les assemblées ne pouvaient plus fonctionner au-delà d'un certain nombre de participants, comme on le constata d'abord dans certaines communes d'Italie puis dans de plus vastes circonscriptions. Se substitua alors à la présence personnelle une nouvelle conception de la représentation selon laquelle certains hommes pouvaient en quelque sorte, par élection ou nomination, parler pour d'autres hommes, villes ou États. Les monarques du XIIIe siècle mirent donc en pratique le principe du Code Justinien du VIe siècle : « Ce qui concerne tout le monde doit être approuvé par tout le monde », paroles que cita Edouard Ier d'Angleterre en convoquant barons, chevaliers et bourgeois à son Parlement de 1295.

Certaines de ces assemblées représentatives devinrent des instruments de l'opposition à l'autorité royale, à la suite de quoi elles cessèrent de fonctionner dans plusieurs royaumes. Mais pour l'essentiel, leur existence même et le fait que les mesures qu'elles approuvaient concernaient de grands ensembles régionaux donnèrent à des territoires disparates un sentiment d'unité tout à fait nouveau. L' « habitude perverse » d'un impôt permanent (selon la formule d'un Français du XVe siècle) ne toucha pas seulement la bourse mais l'esprit de ceux qui désormais le payaient.

Il fallut des fonctionnaires : la France, où les rois étaient les mieux servis en ce domaine, en comptait quelque douze mille en 1505, soit environ un pour mille deux cent cinquante habitants ou un tous les quarante kilomètres carrés. Quatre cents ans plus tard, il y avait un fonctionnaire pour soixante-dix Français ou cinquante-six tous les quarante kilomètres carrés. Les princes avaient aussi besoin de soldats, pour appuyer leur administration et aussi, et surtout peut-être, pour faire la guerre, principale occupation de leur époque comme de la nôtre. L'Europe du XVIe siècle, en proie à d'incessants affrontements, ne connut que vingt-cinq ans sans conflits importants ; le siècle suivant vingt et un. Et quelles guerres ! On songe à Philippe II d'Espagne regardant, impuissant, la mise à sac de Saint-Quentin, et vomissant, vomissant...

Il leur fallait aussi des négociateurs et des représentants pour leur diplomatie — poursuite de la guerre par d'autres moyens — au moment où la Renaissance commençait à mettre au point un droit international et un code gouvernant les relations entre gouvernements et États souverains, puisque les conventions féodales et le concept médiéval d'une Chrétienté unie étaient en train de disparaître. On pouvait jadis se reposer sur l'autorité suprême du Saint-Siège et du Saint Empire romain, mais le pape n'était désormais qu'un principicule, l'empereur qu'un roi allemand. Les disputes entre parties, ne reconnaissant plus de supérieur, ne pouvaient être soumises à quelque autorité impartiale : seule restait la guerre ou la négociation directe pour régler le conflit. La guerre et la nouvelle diplomatie — avec ses envoyés, ses nouveaux résidents permanents dans les pays étrangers, ses ambassades — se modifièrent en conséquence pour dépasser les possibilités relativement limitées de temps plus primitifs.

Ainsi les exigences de la centralisation suscitèrent-elles des compétences nouvelles, multiplièrent les spécialistes : diplomates (à partir du XVe siècle), soldats (après le XVIe siècle, sauf en Italie) et fonctionnaires de métier. Ces spécialistes étaient des laïcs et leur multiplication permit aux princes de s'affranchir du clergé tout en encourageant un autre aspect de la centralisation : l'affirmation définitive du bras séculier.

ANACHRONISMES ET ADAPTATIONS

Guère soutenu par le peuple, dont la majorité se montrait de plus en plus indifférente à ses sanctions et jalouse de ses richesses et de ses immunités, abandonné par le pape qui se livrait à ses propres marchandages avec les princes, le clergé tomba entre les mains des souverains — empereurs, rois ou ducs — qui régirent nominations et bénéfices en se souciant d'abord de leurs intérêts politiques. C'était ce que les princes du Moyen Age avaient toujours désiré : restreindre ou refuser les privilèges qu'exigeait l'Église, la tenir en lisière dans leurs territoires et nommer ses prélats. Ils y étaient parfois arrivés lorsque les circonstances le permettaient, mais au XVe siècle, en Angleterre, en France et en Espagne, la couronne parvint à dominer l'Église et à s'en servir autant que possible pour ses propres buts d'unification, d'administration et de gouvernement. Il se passa largement la même chose en Allemagne sinon que les autorités régionales l'emportèrent sur le pouvoir central tandis que les princes ecclésiastiques, tout comme à Rome, se comportaient en gouvernants séculiers et, parfois, devenaient même souverains à part entière.

Vers la moitié du XVe siècle, Fouquet (v. 1420-1481), dans un diptyque, représenta sur un panneau saint Étienne et le donateur, le trésorier de Charles VII, Étienne Chevalier, et sur l'autre, la Vierge habillée à la mode de l'époque et avec les traits d'Agnès Sorel, maîtresse du roi, dont Chevalier était éperdument amoureux. Des hommes qui ne reculaient pas devant le blasphème n'hésiteraient certainement pas à violer les droits plus concrets que respectaient les générations précédentes. Les privilèges ecclésiastiques présentaient un obstacle majeur à l'affirmation du pouvoir central : un criminel des ordres les plus mineurs, conférés à beaucoup d'étudiants universitaires, pouvait se prévaloir de son appartenance au clergé, obtenir le sursis pour son premier crime, et rechercher par la suite la justice plus clémente des tribunaux épiscopaux. Les criminels en fuite pouvaient trouver asile dans les sanctuaires et autres lieux sous la juridiction de l'Église. La justice royale n'allait pas longtemps tolérer de telles enclaves : des lois nouvelles limitèrent leurs effets, abolirent le droit d'asile, incorporèrent l'appareil judiciaire ecclésiastique dans celui de l'État en pleine ascension.

Les communes médiévales furent également assujetties à la couronne, virent leurs privilèges de plus en plus soumis à la volonté du souverain. Les corporations aux pratiques restrictives déclinèrent devant l'essor des métiers nouveaux et des villes libres de leurs limitations. Les nouveaux capitalistes se rangèrent aux côtés du roi parce que la monarchie s'opposait à l'exclusivisme ancien et favorisait, du moins temporairement, la liberté économique. Les campagnes s'élevèrent aussi contre les vieilles cités parce qu'elles interdisaient ou restreignaient les industries rurales. Dans les villes mêmes, diverses factions recherchaient l'appui royal et les municipalités y faisaient appel en cas de conflit avec leurs rivales. Les milices urbaines, aux compagnies improvisées, s'entraînant le dimanche, ne pouvaient résister aux soldats de métier. Sous la pression de la monarchie, l'autonomie municipale commença à s'estomper. La grande époque des républiques communales touchait à sa fin : Florence en 1530, Gand en 1540, Constance en 1548, et, pendant la décennie suivante, une vingtaine de cités libres allemandes perdirent leurs libertés.

Tout cela ne s'effectua pas sans soubresauts. Pendant longtemps, à chaque occasion favorable — minorité d'un prince, affaiblissement ou division de ses serviteurs — des groupes encore imparfaitement soumis essaieraient de se soulever, de se rebeller, de rétablir leurs anciennes franchises. En 1477, par exemple, dès que se répandit la nouvelle de la mort de Charles le Téméraire, le premier souci de ses villes et de ses provinces fut de rétablir les libertés locales usurpées par la consolidation de l'État bourguignon. Comme ailleurs, lors de tentatives semblables, elles ne connurent qu'un succès temporaire. Les forces locales continueraient de lutter contre l'État pendant encore un siècle, et parfois deux, mais elles ne pouvaient, à terme, résister à une puissance supérieure qui profitait de ressources croissantes et des exigences des conflits internationaux pour renforcer son emprise sur les parties et ordres particuliers du royaume. L'opposition à la centralisation royale demeura toutefois un des problèmes clefs de la politique au XVIe siècle et un facteur essentiel d'instabilité.

Pendant toute cette période, la noblesse prenait une importance croissante, bien que plus sous son ancien aspect féodal. Ne demeurait-elle pas le réservoir d'hommes que leur éducation première, et parfois unique, destinait à la carrière des armes ? D'autant qu'elle se montrait beaucoup moins indépendante que jadis. L'État avait en effet entrepris de subjuguer et discipliner les nobles, et une bonne partie de la politique intérieure jusqu'en 1800 tournerait autour de la volonté d'intégrer ces sujets d'une importance particulière dans une structure plus ordonnée, s'efforcerait d'offrir à la cour et au service du prince des exutoires nouveaux à leurs énergies et ambitions. On pouvait, à l'évidence, les envoyer à la guerre. Mais il n'y avait pas toujours la guerre et tout le monde ne pouvait combattre en permanence. Il fallait donc occuper les nobles, leur donner d'autres satisfactions que les armes auxquelles ils excellaient.

Plus elle perdait son utilité, plus la noblesse se faisait ornementale ; plus on lui arrachait son pouvoir, plus elle était traitée avec faste, encouragée à s'exhiber. La réalité de jadis tourna au jeu ; parade et ostentation devinrent la grande affaire de la vie aristocratique et des cours où on pouvait la mener avec la plus grande perfection.

Comme nous l'avons noté, le XIVe et le XVe siècle virent un regain des valeurs chevaleresques. De nouveaux ordres de chevalerie furent créés : les monarchies en pleine ascension essayaient ainsi de souder la noblesse de leurs diverses provinces par des conventions et des symboles qui l'attirât et par des activités aussi innocentes que prestigieuses. Cette nouvelle culture chevaleresque fleurit d'abord avec le plus grand éclat à la cour de Bourgogne d'où elle se répandit dans le reste de l'Europe pour culminer peut-être lors de la fameuse rencontre du Drap d'or, au cours de laquelle François Ier tenta d'obtenir l'alliance d'Henri VIII, joute pompeuse et fastueux étalage dont la totale absence de conséquences politiques souligna le vide de cette longue et coûteuse mode.

Argent, imagination et énergie se dissipaient en quantités prodigieuses dans ces jeux des princes et des nobles, imprégnés d'influences littéraires : légendes et récits des prouesses chevaleresques du temps jadis nourrissaient l'éducation, les manières et la politique. Lorsque Caxton installa sa presse à Westminster dans les années 1470, c'est cette littérature — le roi Arthur, Charlemagne, les multiples versions anglaises des « romans » courtois —, lecture préférée des aristocrates d'alors, qui constitua le plus clair de sa production. La guerre de Troie, les splendeurs mythiques de la cour d'Alexandre, les exploits des héros antiques, essentiellement imaginaires, servaient de modèles au chevalier moderne. Il est difficile de croire que c'étaient des hommes et non de grands enfants, fait remarquer Henri Pirenne dans son *Histoire de la Belgique* en décrivant le spectacle exubérant de la cour de Bourgogne : le mariage en 1468 de Marguerite d'York et de Charles le Téméraire ; les tournois, parades et costumes, la « baleine » de vingt mètres de long que quarante hommes à l'intérieur faisaient gambader dans la salle du banquet, les éléphants, les trente arbres dorés hauts de deux mètres cinquante, le pélican vomissant du vin pour en régaler l'assistance, une masse de jouets merveilleux, gracieux ou étranges mais toujours somptueux et dont l'accumulation fait tourner la tête.

Il y avait des festins avec « un pasté, dedans lequel avoit vingt-huit personnages vifs, jouant de divers instruments » ; des oiseaux jaillissant de la gueule d'un dragon mécanique ; une tour de plus de douze mètres de haut, pleine d'automates : sangliers sonnant de la trompette sur les créneaux, chèvres chantant des motets, tandis que des loups jouaient de la flûte. Des artistes qui, en d'autres temps, eussent peint les grands retables des églises, préparaient des décors gargantuesques, de même qu'en 1488 le peintre Gérard David serait convié à Bruges pour décorer les barreaux et les volets de la prison où était incarcéré l'archiduc Maximilien. Ou encore, annonçant le Drap d'or, le grand camp de Charles le Téméraire à Neuss, ville de bois et de toile, avec bains et églises. Étincelant et flamboyant, au milieu d'une débauche de bannières, il devait évoquer, selon l'image de Pirenne, une boîte géante de soldats de plomb, avec ses régiments aux couleurs éclatantes, comme tout ce qui appartenait à cette époque fastueuse.

Ces jeux splendides dissimulaient une crise grave, la crise de la noblesse. Son monopole des armes reculait devant l'invasion de l'infanterie et de l'artillerie. Ses revenus fonciers ne suffisaient plus à ses dépenses. Ainsi la Bourgogne de Charles le Téméraire s'effondra-t-elle sous les coups des paysans suisses et des mercenaires du roi de France. En ce domaine aussi, l'ordre ancien cédait devant le nouveau. Nombre de vieilles familles nobles d'Europe ne survécurent point à ces changements. Elles furent remplacées par de riches bourgeois qui achetèrent lettres de noblesse, domaines et charges. Les nobles qui s'entêtaient à leurs jeux anachroniques étaient condamnés. La nouvelle aristocratie formait un ensemble plus impitoyable et efficace de titulaires de charges, de militaires, et de propriétaires terriens doublés d'hommes d'affaires.

LA RENAISSANCE DANS LE NORD

Dans l'ensemble, cette « aube de choses meilleures », dont parlait le Florentin Palmieri dans les années 1430, ne franchit les Alpes qu'environ un siècle plus tard. Dans ma jeunesse, « le temps estoit encores ténébreux et sentant l'infélicité et la calamité des Gothz, qui avoient mis à destruction toute bonne littérature », écrit Gargantua à son fils Pantagruel.

« Mais, par la bonté divine, la lumière et dignité a été de mon eage [de mon vivant] rendue ès lettres (...) Maintenant, toutes disciplines sont restituées, les langues instaurées : Grecque, sans laquelle c'est honte que une personne se die sçavant, Hébraïcque, Caldaïcque, Latine ; les impressions (l'imprimerie) tant élégantes et correctes en usance, qui ont esté inventées de mon eage par inspiration divine (...) » Et Rabelais n'écrit cela qu'en 1532. Une génération plus tard, Pierre de la Ramée (l'humaniste Ramus) pourrait s'écrier qu'en un siècle il avait vu de plus grands progrès chez les hommes de science que ses ancêtres n'en avaient constatés dans tous les siècles qui précédèrent. On retrouve le langage et l'excitation du Quattrocento, avec un retard d'une centaine d'année sur l'Italie.

Le Nord, cependant, loin de rester stérile, disposait, même en ces temps de troubles, d'une riche culture propre, quoiqu'elle s'intéressât peu au début à ce qui se passait dans les villes transalpines. La première renaissance italienne, urbaine, bourgeoise, venait des juristes, des marchands et des professeurs, et s'adressait à eux. Avant que la société aristocratique du Nord pût condescendre à y trouver quelque pâture, les Italiens durent développer une culture aristocratique propre, intelligible aux peuples du Nord et susceptible de les attirer. Il fallut attendre, comme nous l'avons vu, la fin du XVe siècle, et c'est effectivement à ce moment-là que le Nord commença à chercher la lumière en Italie. Il est tout aussi révélateur que certaines des figures les plus remarquables de la Renaissance septentrionale furent des princes et des princesses, parmi les premiers à adopter les modes des cours italiennes.

En 1499, les archers français de Louis XII entrant à Milan s'étaient servis du grand modèle en argile de la statue de Francesco Sforza de Léonard comme cible d'entraînement. Dix-sept ans après, Léonard se rendait au château royal d'Amboise où il vécut jusqu'à sa mort en 1519 au Clos-Lucé, hôte de marque du souverain français. D'ailleurs, François Ier, sa mère, sa sœur et ses maîtresses chantaient, dansaient, rimaient, protégeaient les lettres et les arts. Marguerite de Navarre, sœur du roi, écrirait un recueil de nouvelles lestes à la Boccace, l'*Heptaméron,* plusieurs hymnes très pieux et un bref traité mystique : le *Miroir de l'âme pécheresse.* Protectrice d'Érasme comme de Rabelais, Marguerite s'intéressait aussi bien aux protestants qu'aux catholiques à condition qu'ils représentassent les valeurs artistiques et intellectuelles de l'humanisme qui lui était si cher. La mère du roi, Louise de Savoie, elle aussi poète d'une certaine valeur, écrivait nombre de ses lettres en vers et apprit à ses enfants à imiter son exemple. Peut-être estimait-elle que les épîtres des princes devaient être rédigées dans un autre style que celui des simples mortels.

Henri VIII d'Angleterre composait de la musique, latinisait et se piquait de théologie. Sa femme, Catherine d'Aragon, connaissait le latin ; ses enfants Edouard et Marie parlaient latin et français, Elisabeth y ajoutait le grec et l'italien. Lorsque François Ier nomma de nouveaux lecteurs royaux dans son Collège des trois langues (aujourd'hui Collège de France), Henri, pour ne point être de reste, fonda des chaires de grec et d'hébreu à l'université de Cambridge.

Une renaissance s'effectuait aussi dans une autre monarchie en pleine ascension, l'Espagne, où Salamanque, fondée au XIIIe siècle, était devenue une des plus grandes universités d'Europe en 1500. Ouverte aux idées nouvelles, Salamanque autorisait les anatomistes à disséquer le corps humain et les coperniciens à enseigner leur système. Qui plus est, elle était la seule université à permettre aux femmes de suivre ses cours et d'obtenir ses diplômes. Entre 1472 et 1526, neuf autres universités furent créées en Espagne. La plus célèbre d'entre elles, Alcala de Henares (1498), où naquit Cervantes, est le premier exemple de ville universitaire conçue comme telle. Le cardinal Jiménez, qui fonda Alcala, parraina aussi le grand projet de *Bible polyglotte* ou *Complutensienne* (d'après le nom latin d'Alcala, Complutum) en hébreu, araméen, grec et latin.

Bien que Ferdinand d'Aragon puisse lui disputer la palme (et Machiavel le voyait certainement dans cette perspective), François Ier apparaît comme le modèle du souverain de la Renaissance — non le meilleur, mais le plus éclatant — de l'autre côté des Alpes ; et sa caractéristique la plus notable est sa fascination pour tout ce qui était italien. Il ne fit pas seulement venir en France artistes et architectes, peintres et sculpteurs mais aussi magistrats, juristes, prélats, soldats, marins, financiers, commerçants, humanistes, professeurs et artisans en tous genres. Il fit élever ses enfants à la manière « progressiste » italienne, maria son fils aîné à une princesse italienne, infusa les idées italiennes à l'art, bien sûr, et aussi au gouvernement et à la jurisprudence, et se servit de l'art et des artistes pour sa propagande dans sa lutte contre son rival, l'empereur Charles Quint.

Il est frappant que les modes nouvelles apparurent dans l'Europe du Nord et de l'Ouest cent ans ou plus après leur éclosion dans les cités italiennes, et que toutes furent introduites pour l'essentiel par le sommet. Il en découle donc que le Nord, même les Pays-Bas, ne s'était pas autant affranchi de l'aristocratie dominante que les communes italiennes, au moment où la Renaissance commença. Le code social demeura de bout en bout celui de la noblesse, c'est-à-dire longtemps féodal. Ainsi, lorsque en 1412, un augustin français proposa une réforme sociale bannissant de France tous les roturiers qui n'exerçaient aucune profession ou métier, il ne concevait pas, à l'évidence, que les nobles pussent travailler. Tout aussi clairement, le commerce, le droit ou les études n'étaient pas considérés comme socialement utiles, ni même de quelque importance. En 1444, alors qu'en Italie la littérature était un art à part entière, respecté voire pratiqué par les plus nobles princes, le futur Pie II, Enea Silvio Piccolomini, écrivait d'Allemagne que les seigneurs locaux « s'intéressent davantage aux chevaux et aux chiens qu'aux poètes et, négligeant ainsi les arts, meurent aussi oubliés que leurs bêtes ».

C'est pourtant à ce moment-là que l'on pouvait percevoir l'aube d'une renaissance dans les cités allemandes. Bien situées sur les routes commerciales reliant le nord et le sud du continent, exportant le fer, le cuivre et surtout l'argent des mines d'Europe centrale, commerçant aussi volontiers avec Londres et Anvers qu'avec Venise ou Milan, les villes comme Nuremberg, Augsbourg et Innsbruck entraient dans une période de spectaculaire prospérité. Au même moment, la musique allemande, guère notable avant le milieu du XVe siècle, s'élevait à un niveau comparable à celle de l'Italie ou des Flandres. Après des débuts maladroits, les chansons allemandes illustrèrent avec brio la société active et florissante qui les suscitait et les appréciait, et dont l'habileté technique se reflétait dans les orgues toujours plus complexes de ses églises (un organiste aveugle, Konrad Paumann [1415-1473] fut même fait chevalier par l'empereur). L'assurance des bourgeois éclate dans la vigueur de la Nuremberg de Hans Sachs, avec sa société de maîtres chanteurs, ses sculpteurs, peintres et orfèvres, qui prospéraient grâce au commerce. Le moment venu, la France et l'Angleterre se remettraient de leurs guerres et emboiteraient le pas à l'Allemagne.

L'Europe du Nord se jetterait dans la connaissance avec autant de volupté que dans les arts. L'érudition, qui joua un si grand rôle dans la Renaissance italienne, faisait moins partie de la vie quotidienne que dans ces contrées où la lumière, le paysage et les ruines partout présentes proclamaient toujours, comme en Toscane ou à Rome, la gloire de l'Antiquité.

Pour l'essentiel, la renaissance classique resterait, par-delà les Alpes, l'apanage du clergé, des érudits et des professeurs, dont les préoccupations ne touchaient que très peu les masses. L'Antiquité appartenait à la légende : lorsque Charles le Téméraire fut enterré à Nancy, nous raconte Huizinga, le jeune duc de Lorraine vint lui rendre hommage « habillé à la mode antique, c'est-à-dire portant une longue barbe dorée qui lui descendait jusqu'à la taille », et, en ce costume suprêmement distingué, il pria pendant un quart d'heure.

Au XVIe siècle, alors qu'aucun gentilhomme italièn digne de ce nom ne manquait ne fût-ce que d'un vernis de culture, la fine fleur du Nord commença à se rendre compte que le savoir pouvait servir à autre chose qu'à la carrière religieuse, que les belles lettres pouvaient préparer au gouvernement, favoriser l'avancement, voire être utiles aux affaires et aux litiges d'un propriétaire terrien. Mais combien de fiers-à-bras seraient plutôt morts que de lire un livre, et s'en faisaient gloire ? Quant aux artistes, si honorés dans la péninsule, leur statut social restait bas. Albrecht Dürer répugnait à quitter Venise en 1506, tant l'Italie lui semblait un autre monde : « Combien le soleil me manquera dans la froidure ! » et surtout : « Ici je suis un gentilhomme, au pays je passe pour un parasite. »

Pourtant, la vie même de Dürer reflète le changement qui, au XVIe siècle, transforma l'artiste-artisan en érudit ou artiste-humaniste, fréquentant scientifiques et savants, évêques et aristocrates. Le meilleur ami du peintre, l'humaniste Willibald Pirkheimer, était fils de patriciens de Nuremberg. Dürer étudia les langues et les mathématiques, s'essaya à la poésie ; son attirance pour les animaux et les costumes étranges était typique de la curiosité avide de l'humaniste, comme en témoigne, par exemple, sa dernière excursion dans les marais de Zélande infestés de moustiques pour voir une baleine échouée sur le rivage, et qui lui valut d'attraper la malaria dont il mourut.

Dans son art, en revanche, Dürer prêtait une attention scrupuleuse aux minuscules détails que les Italiens abandonnaient pour des lignes plus générales et rapides. Il ne cachait pas non plus qu'il travaillait pour vivre. Une des raisons de son voyage aux Pays-Bas en 1520 était, comme il le dit, « de vendre de l'art », et à Anvers il dessina bon nombre de portraits qu'il faisait payer un florin pièce. On lit encore dans son journal : « J'ai vendu deux Adam et Ève, un monstre marin, un Jérôme, un chevalier (portrait du fils d'un marchand allemand), une Némésis, un Eustache, une feuille complète et dix-sept gravures, huit quarts de feuille, dix-neuf autres estampes, et sept pauvres gravures sur bois, deux livres et dix petites passions sur bois, le tout pour huit florins. »

Si Dürer se considérait comme un marchand d'art, d'une manière qu'aucun des grands Italiens n'eût envisagée, c'était du fait de l'orientation sociale et commerciale du monde septentrional qui était le sien. De même, ses préoccupations pour des questions religieuses dont ne se souciait plus guère l'Italie cultivée prouvaient qu'il appartenait à une autre culture. La religion, si caractéristique du Moyen Age, joua un rôle immense dans la Renaissance du Nord, dans l'art, la littérature aussi bien que la science. Les humanistes d'Allemagne, de Suisse et des Pays-Bas étaient chrétiens sans la moindre ambiguïté, et l'art de leur pays le demeura longtemps, sans se préoccuper de l'évolution de l'Italie. Pendant tout le XVe siècle, et encore au début du XVIe, la religion demeura la principale source d'inspiration. Nous le voyons bien dans le grand retable sculpté par Veit Stoss de Nuremberg pour la cathédrale de Cracovie en 1493, avec un réalisme nullement affecté par l'idéalisme nouveau qui s'imposait à Rome. Ou encore dans les toiles inquiétantes des Hollandais Bosch et Brueghel. Et surtout dans l'intensité mystique de Matthias Grünewald (1460 ?-1528)[1] dont la vision des souffrances du Christ ne venait pas d'un Sud mesuré, de plus en plus formaliste, mais du mysticisme chrétien de Thomas a Kempis. Le jeune Dürer s'efforça de rencontrer Grünewald et, s'il n'y parvint pas, il vit sans doute la plus grande de ses œuvres, le retable peint pour l'abbaye d'Isenheim en Alsace (1512), dont la passion du Christ exprime l'angoisse avec une intensité si terrifiante que les Italiens de l'époque en auraient assurément condamné la démesure. Grünewald était plongé dans les préoccupations religieuses de son temps et, pour des raisons religieuses et morales, dans ses problèmes sociaux. Il se peut même qu'il ait participé à la guerre des Paysans des années 1520. Dans cette tradition, Dürer, adepte de Luther, recourut à toutes les possibilités du symbolisme médiéval, qu'il enrichit du nouveau symbolisme humaniste, au service de l'imagerie propagandiste des protestants.

Tout cela n'était guère moderne, bien que nous puissions y découvrir quelques tendances résolument nouvelles et que

1. Nom donné par J. van Sandront en 1675 au peintre identifié ultérieurement comme Mathis Gothart Neithardt ou Mathis Nithart.

cet art fût enraciné dans l'activité économique et dans la richesse commerciale. S'étendant des Alpes à la mer du Nord et à la Manche, les domaines du duc de Bourgogne, riches et populeux, connaissaient une civilisation urbaine très développée, au point qu'au XVe siècle les villes y étaient presque aussi peuplées que les campagnes. Les cités — Arras, d'où venait la tenture à travers laquelle Hamlet poignarda Polonius ; Cambrai, célèbre pour la finesse de ses toiles ; Lille et Valenciennes, capitales du fil et des dentelles ; et surtout Bruges, Gand et Ypres, ainsi que le port d'Anvers en plein essor — ne le cédaient qu'à celles d'Italie, qu'elles supplanteraient d'ailleurs au siècle suivant.

Avant la mort de Charles le Téméraire en 1477 et l'effondrement de son empire, la cour de Bourgogne domina brièvement l'art et la mode de l'Occident. Ses ducs étaient plus riches que des rois et, après 1420, lorsque le père de Charles, Philippe le Bon (1419-1467), transféra sa cour de Dijon aux Pays-Bas, l'art et la musique fleurirent dans les Flandres comme jamais en dehors de l'Italie.

On ne croit plus aujourd'hui que les Italiens apprirent des Flamands les techniques de la peinture à l'huile, mais Jan Van Eyck (1385 ?-1441) et Rogier Van der Weyden (1400 ?-1464) étaient admirés en Italie, et des peintres comme Botticelli et Mantegna furent influencés par les innovations flamandes. Il est certain, en revanche, que l'école franco-flamande produisait la meilleure musique du XVe siècle. Josquin des Prés (v. 1440-1521), le plus grand musicien de son époque, était aussi recherché en Italie qu'en France. Charles le Téméraire lui-même composait motets et chansons. Puis l'élégant madrigal italien, léger et aérien, se mêlerait à la sévérité linéaire de l'art bourguignon pour aboutir au milieu du XVIe siècle à la précision et à la grâce nouvelles que nous associons à l'éclat des motets de Roland de Lassus ou à la musique de Palestrina.

On connaît mieux aujourd'hui les peintres que les musiciens, et leurs œuvres nous sont plus accessibles. Un coup d'œil suffit pour constater que l'*ars nova* du Nord tant admiré des gens du Sud fut *sui generis* et que ces deux pôles de la Renaissance avaient recours à des références différentes. La *Naissance de Vénus* de Botticelli, peinte vers 1480, représente une femme et non la Vierge, et sa beauté diaphane mais classique proclame le triomphe de la vie et non des cieux. Ses allusions, son langage allégorique parlaient aux Médicis, protecteurs de Botticelli, et à une société qui avait assimilé les valeurs des Anciens en même temps que leurs mythes. Les gens du Nord — qu'ils fussent les contemporains du Florentin ou ses prédécesseurs — étaient modernes à leur manière propre : moins classique et plus chrétienne.

Comparés à ceux de Masaccio, les personnages de Jan Van Eyck vivaient dans un autre monde, plus clair, plus simple, plus ancien aussi que celui où évoluent les figures massives du jeune Italien. Le portrait des *Époux Arnolfini* de Van Eyck est sans doute une œuvre de pionnier dans sa psychologie comme dans sa représentation de la vie de gens ordinaires, mais, malgré son réalisme méticuleux, il émane de ce tableau un mystère suggérant l'irruption toujours possible d'éléments métaphysiques. Bien que le décor architectural de ses œuvres soit souvent celui de la Renaissance, Van Eyck demeure un peintre gothique, et le chatoiement des ailes de ses anges est aussi flamboyant que les inventions polyphoniques de ses contemporains de l'école franco-flamande. Les maîtres des générations suivantes (Hans Memling, Dirk Bouts qui vécurent en même temps que Piero Della Francesca et le jeune Botticelli) accusent cette différence entre l'Italie et les Flandres par une géométrie austère dont les arcs gothiques soulignent souvent la distance entre la mer du Nord et la Méditerranée. La foi et le fantastique populaire du Nord apparaissent avec encore plus de clarté dans les toiles d'un Jérôme Bosch (1450-1516) qui peignait moins pour la cour ducale que pour des confréries religieuses. Paysages étranges et ensorcelés, forêts hantées, squelettes qui marchent, poissons volants et plantes composites bizarres, aux couleurs aussi troublantes que leurs formes, diables grotesques tentant ou tourmentant l'homme déchu : l'œuvre de Bosch est un livre d'images populaire enraciné dans le quotidien, une des dernières expressions de la vision médiévale du monde.

Entre-temps, et avec un certain retard par rapport à l'évolution de l'Italie, les Pays-Bas abandonnaient lentement la tradition originale et mystique illustrée par Van Eyck et Van der Weyden. La progression de l'humanisme, l'accroissement de l'influence italienne apparaissent timidement dans l'œuvre de Quentin Metsys (1466 ?-1530), avec ses portraits de banquiers, prêteurs, percepteurs d'impôts, mais aussi d'érudits (comme Érasme, 1517), et deviennent évidents avec Jan Gossaert (dit Mabuse, v. 1478-v. 1532) et Bernard van Orley (1492-1542) qui tous deux étudièrent en Italie. Les Flamands ne perdirent point toutefois leur spécificité : en effet, tandis que la peinture italienne tendait plus vers l'abstraction que vers la reproduction d'une scène spécifique, représentait plus ce que le peintre imaginait que ce qu'il voyait, Metsys et

Mabuse revendiquaient un réalisme précis, rendaient la matière dans toute sa réalité concrète. Toile, soie, satin, granit ou grès, les écailles d'un poisson ou la croûte d'un pâté fidèlement représentés avaient autant d'importance que la plus idéale des valeurs.

Les nouveaux artistes ne se considéraient plus comme des artisans, à la manière de leurs devanciers mais, tel Léonard ou Hans Holbein le Jeune (v. 1497-1543), comme des artistes à part entière et des philosophes, amis et pairs des hommes de lettres. A l'exception de Pieter Brueghel (v. 1525-1569) dont certaines des meilleures œuvres illustrent avec amertume ou ironie les hommes et la société qu'il avait sous les yeux, les Flandres du XVIe siècle, et surtout Anvers, devinrent un vaste atelier et marché de peintures italianisantes : de véritables dynasties de peintres se transmettant leur état de père en fils finirent par exporter leur production en Espagne, en Angleterre, en Allemagne, en France et même en Italie, au point que dans la seconde partie du siècle, les peintres flamands furent, en quelque sorte, l'équivalent artistique des mercenaires suisses.

Comme les autres mercenaires, ils se mettaient au service de ceux qui pouvaient les payer, et à cette époque, si les villes regorgeaient d'argent, les nobles en avaient encore davantage ou du moins le dépensaient plus volontiers. Aussi, lorsqu'elle n'exprimait pas le mysticisme et les fantasmes propres à l'Europe du Nord, ou les fins peu communes de la connaissance, la Renaissance du Nord servait-elle la noblesse, et ses thèmes en reflétaient-ils les valeurs.

LES GRANDES PUISSANCES

La France

Tournons-nous maintenant vers la politique intérieure des principales puissances pour essayer d'obtenir une vue d'ensemble des questions européennes.

La France dominait les affaires du continent, en raison, notamment, de sa taille et de sa population : environ quatorze millions d'habitants vers 1500, deux fois plus qu'en Espagne, quatre fois plus qu'en Angleterre, dix fois plus qu'à Venise. Quant aux souverains du Saint Empire romain germanique, plus vaste et plus peuplé, incapables de mobiliser les ressources d'une Allemagne fragmentée, ils ne pouvaient compter que sur leurs domaines héréditaires. Après 1459, le roi de France était en mesure de lever non seulement une armée nationale mais aussi, et sans consulter ses États, les impôts nécessaires pour payer ses soldats et mettre en œuvre sa politique.

Entre 1450 et 1560, la France, en paix à l'intérieur, livra la plupart de ses campagnes à l'étranger et put ainsi rebâtir une prospérité fort compromise par un siècle de guerre. La production de céréales augmenta ; les recettes de la taille royale, impôt sur le revenu et les biens fonciers, quadruplèrent entre 1462 et 1481. La mort de Charles le Téméraire fit disparaître la menace bourguignonne et permit à Louis XI d'arrondir ses domaines au nord et à l'est. Son fils poursuivit ensuite son expansion territoriale en épousant l'héritière de la dernière grande province féodale, la Bretagne, annexée au royaume à la fin du XVe. Charles VII (1422-1461) avait projeté l'organisation d'une armée régulière pour se rendre indépendant des mercenaires. François Ier réalisa son rêve au XVIe siècle : il créa d'abord une cavalerie, les gendarmes, puis une bonne artillerie et enfin un corps d'infanterie constitué de « légions » régionales. Pour cela, il lui fallait de l'argent, et son règne, comme celui de toutes les têtes couronnées de l'époque, fut une quête perpétuelle de ressources. Lorsque, en 1518, François Ier réorganisa les finances du royaume, les trois départements de son administration financière exploitèrent les domaines royaux, les revenus extraordinaires (aides, droits, etc.) et finalement les *inventions,* expédients fiscaux dont le plus durable serait la création et la vente des charges, institution dangereuse sans doute mais qui contribua à multiplier le nombre de ceux qui avaient intérêt à la stabilité de la couronne et de l'État.

Entre-temps, un concept ancien et des politiques nouvelles permirent de mettre l'Église au pas. Le gallicanisme, élaboré au XIVe siècle, en revenait à la conception conciliaire selon laquelle, *primus inter pares,* le pape n'exerce aucun pouvoir temporel sur les différentes Églises nationales et en particulier française. Moins une doctrine qu'une attitude et la rationalisation de pratiques convenant au roi, à ses légistes et à certaines parties du clergé, le gallicanisme colorerait les relations entre la France et la papauté jusqu'à nos jours. La première mesure inspirée par cet esprit gallican fut la pragmatique sanction de Bourges (1438) par laquelle Charles VII réorganisait l'Église de France sans faire référence au Saint-Père : elle abolissait les taxes levées par le pape, l'appel des jugements des tribunaux ecclésiastiques français auprès de la cour romaine, et l'approbation du souverain pontife à l'élection aux sièges épiscopaux et aux autres bénéfices ecclésiastiques qui reposaient désormais largement entre les mains du roi. L'Église gallicane devenait ainsi presque autonome et sa hiérarchie beaucoup plus puissante que les directives de Rome.

Ces nouvelles dispositions ne durèrent pas très longtemps. Le concordat de 1516 rendit, en théorie, son autorité au pape, bien qu'en fait il la confiât au roi qui conservait ainsi la haute main sur le clergé, source de pouvoir pour lui et de bénéfices pour ses serviteurs et favoris. Comme en Espagne, l'Église de France relevait désormais de la cour et de la noblesse, mais devenait aussi, avec tout ce que cela implique, une organisation nationale.

Impôts, soldats, serviteurs. Dans une boutade célèbre, l'empereur Maximilien disait qu'il était le roi des rois parce que personne ne lui obéissait ; le roi d'Espagne était le roi des hommes parce que les hommes le critiquaient et exécutaient pourtant ses ordres ; quant au roi de France, il était le roi des animaux parce que nul homme n'osait jamais résister à ses commandements. L'ironie ne parvient pas à dissimuler l'envie de l'empereur qui, comme les autres souverains d'Europe, aurait bien aimé gouverner ainsi ses propres « animaux », riches et nombreux qu'ils étaient.

L'Angleterre

Le vieil ennemi de la France, qui avait précipité celle-ci dans une désastreuse guerre de Cent Ans à cause des prétentions de ses rois à la couronne des Valois, avait enfin été repoussé dans son île pendant les années 1450. Ensuite, l'Angleterre avait plongé dans une ruineuse guerre civile entre les maisons d'York et de Lancastre qui se disputaient la royauté. La lutte entre la rose blanche,emblème de la maison d'York, et la rose rouge de Lancastre, lui valut le nom de guerre des Deux-Roses. De la rose, cette terrible cascade de meurtres, d'assassinats, de batailles et de trahisons n'eut que les épines. Finalement, en 1485, la bataille de Bosworth, qui vit la défaite du dernier roi York, Richard III, plaça sur le trône un homme bien décidé à le conserver, l'ultime prétendant des Lancastre, Henri Tudor. Il saisit fermement la couronne qu'un soldat avait ramassée sur le champ de bataille de Bosworth où elle était tombée sur un buisson d'épines et, pour mieux l'assurer, se hâta d'épouser Élisabeth, héritière de la maison rivale.

Henri VII (1485-1509) devint ainsi roi d'un pays dont l'aristocratie avait été tellement décimée par trente ans de combats qu'un cinquième des terres se retrouvaient sans seigneur. Il les incorpora au domaine royal, avec les fiefs confisqués aux rebelles, et devint ainsi le plus grand propriétaire terrien et le plus puissant baron de son royaume. Jadis confortablement prospère grâce à ses exportations de laine, puis de tissus, l'Angleterre avait longtemps vécu et travaillé dans la paix relative imposée par ses énergiques souverains. Elle sortait de la guerre exsangue et se retrouvait, à la fin du XVe siècle, en marge de l'économie et de la culture européennes. Comme le disait Charles Quint : « Je parle latin à Dieu, italien aux musiciens, espagnol aux dames, français à la cour, allemand aux laquais et anglais à mes chevaux. »

Henri VII voulait maintenir le pays en paix, restaurer sa prospérité, rétablir ses finances et solidement asseoir la nouvelle dynastie. Il resta donc à l'écart des querelles du continent et non seulement épargna ainsi de l'argent mais en reçut pour prix de sa neutralité : politique aussi lucrative que peu exaltante. Son successeur, Henri VIII (1509-1547), se montra plus actif, plus extravagant et surtout beaucoup plus turbulent. Six épouses : deux décapitées, deux répudiées, une morte en couches et une qui lui survécut ; une rupture brutale avec l'Église catholique qui ne voulait pas lui accorder le divorce qu'il demandait ; la persécution de ceux qui n'acceptaient pas son emprise sur l'Église d'Angleterre et le martyre de nombreux catholiques, dont Sir Thomas More (brièvement chancelier, de 1529 à 1532) ; des repas gargantuesques et des manières rabelaisiennes : telles sont les images de lui qu'a retenues la postérité. Trois siècles après sa mort, on parlait encore d'Henri VIII comme d'« une tache de sang et de graisse sur l'histoire de l'Angleterre ». Ses contemporains avaient de lui une tout autre vision : cultivé, opiniâtre et beau, décidé à rétablir la grandeur de son pays. Pour ce faire et surtout pour l'emporter sur la France, rivale de toujours, et ce d'autant qu'elle était gouvernée par un prince aussi flamboyant et ambitieux que lui, Henri s'engagea dans une longue série d'entreprises aussi inutiles que coûteuses qui, s'ajoutant aux fastueuses dépenses de sa cour, eurent tôt fait d'engloutir le trésor que son père avait accumulé.

Comme tous les souverains ses contemporains, il s'efforça de mettre en œuvre et d'élargir un pouvoir royal absolu et d'en multiplier les institutions. Aidé par le hasard, par sa volonté farouche, par des chanceliers compétents et dévoués comme le cardinal Thomas Wolsey (v. 1473-1530) et Thomas Cromwell (v. 1485-1540), et par la haine de son peuple pour le pape, il fut le premier souverain à s'emparer de l'Église et à la soumettre ouvertement et totalement, du moins en théorie, à l'État. Parallèlement, d'abord pendant son règne puis sous celui de ses successeurs, se déroula une révolution administrative qui donna au gouvernement centralisé les moyens de gouverner et enrôla l'aristocratie et la petite noblesse au service du roi au sein d'une structure qui, encore de nos jours, demeure spécifiquement anglaise.

Dans le cadre de ces institutions en cours de formation, la vie économique du pays prit un élan nouveau. Les changements politiques et économiques ne touchèrent pourtant guère les intérêts commerciaux, ainsi qu'en témoigne l'industrie de la pêche, ressource capitale de cette nation insulaire, pour l'alimentation et peut-être surtout comme réservoir de marins. Henri VIII, qui créa une marine royale, tandis que les souverains de son temps constituaient des armées régulières sur le continent, ne fut jamais indifférent au sort des marins. Or l'avènement de la Réforme impliquait la disparition de l'obligation religieuse de manger du poisson le vendredi et risquait de gravement léser les pêcheurs. Edouard VI en 1549, puis Elisabeth Ire en 1559 édictèrent des lois imposant le jeûne pour protéger les pêcheries et, en 1563, une nouvelle loi requérait de manger du poisson le mercredi en plus du vendredi habituel. Certains Londoniens goûtèrent du pilori cette année-là pour avoir bravé l'interdiction.

C'est la lutte contre l'urgent problème de l'inflation qui provoqua les changements économiques les plus spectaculaires. Dans la plus grande partie de l'Europe, en effet, à la fin du XVe siècle et pendant le XVIe siècle, les prix ne cessèrent d'augmenter, réduisant le pouvoir d'achat des pauvres mais aussi la rente foncière des nobles. Dans certaines régions de France, huit nobles sur dix se retrouvèrent ainsi ruinés et certains même acculés à la mendicité, comme en témoignent des documents provençaux du XVe siècle. La production alimentaire ne parvenait plus à satisfaire une demande gonflée par l'accroissement des investissements non productifs : armées, armements plus coûteux, multiplication de la consommation somptuaire et des dépenses superflues des plus riches.

Comment faire donc, dans une structure rigide et en place depuis longtemps, pour que producteurs et propriétaires fonciers s'adaptent à la situation nouvelle ? En Angleterre comme en d'autres contrées, les propriétaires tentèrent de résoudre le problème en transformant en loyers monétaires ou forfaitaires les redevances coutumières que leurs locataires payaient traditionnellement en nature — services ou produits —, ou en réduisant la durée des baux pour mieux pouvoir en ajuster le montant à mesure que diminuait la valeur de l'argent. L'*enclosure* représenta une autre solution : on entoura la terre avec une haie ou des clôtures pour l'exploiter d'une manière plus intensive, en produisant non plus pour la consommation personnelle comme c'en était l'habitude mais pour vendre récoltes et laine sur le marché contre des espèces sonnantes. Les propriétaires clôturèrent donc leur propre domaine, les terres encore en friche (drainant les marais, labourant les landes), les fermes en location pouvant être ainsi exploitées de façon plus profitable, et même les communaux, au mépris du droit des manants à les utiliser. Ce procédé n'avait rien de nouveau mais, généralisé et pratiqué sur une vaste échelle, il chassa des campagnes de nombreux paysans, acculés ainsi à la mendicité et à la révolte.

Le gouvernement essaya d'endiguer et la mendicité et les « enclosures », mais sans grand succès. (Commencé au XVIe siècle, le mouvement connut son apogée au XVIIIe.) La loi, faite et appliquée par des propriétaires terriens, reflétait inévitablement leurs intérêts. « Les riches, non seulement par duperie individuelle mais aussi grâce aux lois communes confisquent et arrachent chaque jour aux pauvres quelque part de leur subsistance, lisons-nous dans l'*Utopie* de More. A leurs agissements malfaisants et injustes, ils donnent maintenant (...) le nom de justice, en vérité, et cela par la force d'une loi. »

La colère des paysans éclata en une longue série de soulèvements contre la rapacité des propriétaires terriens : le Pèlerinage de grâce de 1536, le rébellion de Ket en 1549, celle de Wyatt en 1554 s'inscrivent dans la vague de troubles qui déferla sur l'Europe tout entière. L'éphémère république de Savonarole à Florence (1497-1498) ; le complot de Fiesco à Gênes ; la *Germania* de Valence (1519-1522) n'indiquent pas nécessairement une dépression générale mais la misère de certains au moment où d'autres prospéraient ; ou encore, comme la guerre des Paysans en Allemagne (1524-1526), la résistance d'une paysannerie vigoureuse à des pressions et abus semblables à ceux qui triomphaient en Angleterre.

En Angleterre, d'ailleurs, s'y ajoutèrent les réactions qui suivirent la saisie des biens de l'Église par Henri VIII pour financer ses entreprises fantastiques. La confiscation et la sécularisation des terres ecclésiastiques impliquèrent souvent la mise en coupe réglée de tenanciers et de fermes qui végétaient depuis des générations, pour couvrir les dettes et les besoins des nouveaux propriétaires séculiers. Les progrès économiques et la création de droits acquis pour ceux qui profitaient de la situation furent payés par les souffrances d'une partie de la population. Il est vrai que les moutons mangeaient les hommes, comme le dénonçait More, mais leur viande et leur laine en nourrissaient d'autres : une bourgeoisie active et une petite noblesse campagnarde assez prospère grandissaient sur les ruines d'un monde plus ancien.

L'Espagne

Des problèmes économiques et politiques tout aussi graves trouvèrent une solution très différente dans les territoires de la couronne d'Espagne. L'héritière du royaume de Castille, Isabelle (1474-1504), avait le choix entre épouser l'héritier du Portugal ou le roi d'Aragon, Ferdinand (1479-1516). Elle préféra ce dernier et, en 1469, leur mariage unit les deux couronnes et des domaines très divers. Malgré toute son habileté et son génie, le roi Ferdinand, s'il sut gouverner la série d'États disparates qui s'étendaient de l'Atlantique et des Pyrénées à la Méditerranée et, par-delà, aux colonies italiennes de l'Aragon, ne parvint pas à les unifier. Cette tâche difficile revint à son petit-fils, Charles, qui, grâce à d'autres alliances et successions, se retrouva à la tête des domaines de l'Espagne, des Habsbourg, de la Bourgogne et de l'Autriche, y compris leurs possessions outre-mer. C'est Charles Quint (1516-1556), puis son fils Philippe II (1556-1598), qui donnèrent à l'Espagne un gouvernement efficace, et renforcèrent les liens et la structure du royaume qu'avaient réuni les « Rois Catholiques ».

Les fondations avaient en effet été jetées par Isabelle — surnommée « la trop catholique » — et Ferdinand qui conquirent Grenade, dernier bastion de l'Islam (1492), financèrent les fameuses expéditions navales en Amérique, contraignirent leurs sujets musulmans et juifs à se convertir ou à s'exiler, rallièrent à leur service le soutien du clergé et les intenses sentiments religieux de la population, avivés par des siècles de guerre sainte, et soumirent la hiérarchie ecclésiastique à la couronne. Un de leurs principaux instruments d'unification fut l'Inquisition, introduite, à leur requête, par le pape Sixte IV en 1478 pour pourchasser hérétiques et relaps parmi, en particulier, les Morisques et les Maranes, Maures et juifs baptisés de force et qui, très souvent, avaient réussi à secrètement conserver leur foi. L'intolérance religieuse servait des buts très pratiques dans des contrées et à une époque où orthodoxie spirituelle et loyauté politique se confondaient ; et cela d'autant plus lorsque l'on entreprit d'appliquer les instruments ecclésiastiques à des fins séculières, bousculant lois, coutumes et privilèges traditionnels pour soumettre tous les hommes, quels que fussent leur rang et leur fortune, à la couronne et à ses règles.

Il est difficile de prendre la défense de l'Inquisition, instrument de conformité religieuse ou politique, mais malgré sa sinistre célébrité, elle ne fit guère qu'hériter de pratiques alors habituelles. Qui plus est, selon les critères du XVe siècle, ses procédures judiciaires étaient mesurées, ses tortures modérées, ses exécutions ni plus horribles ni plus nombreuses qu'en Angleterre, par exemple, où l'on était condamné au bûcher pour de nombreux crimes : ainsi, pas plus tard que le 18 mars 1789, une femme fut-elle brûlée pour avoir fabriqué de la fausse monnaie. On peut voir en l'Inquisition espagnole le pendant des chasses aux sorcières qui bouleversèrent le reste de l'Europe.

Si elle contribua à unifier le royaume, l'Inquisition l'appauvrit incontestablement : une bonne partie de ses sujets les plus productifs et les plus entreprenants furent tués, exilés ou emprisonnés. D'autant que, dans une perspective plus générale, l'Inquisition et l'Église encourageaient, main dans la main, une orientation quasi médiévale favorisant les occupations économiquement improductives. Le commerce et l'industrie n'impliquaient-ils pas parfois une certaine avidité ? Faire de l'argent n'avait rien de chrétien ; un mauvais chrétien ne pouvait être un gentilhomme, risquait fort d'être déloyal, d'attirer le mépris de ses voisins et la dangereuse sollicitude du Saint-Office. Les jeunes ambitieux de l'Espagne du XVe siècle cherchaient fortune dans *Iglesia o mar o casa real* — l'Église, la mer ou la maison du roi — avec, notons-le bien, priorité à l'Église. Aux alentours de 1570, presque un quart de la population adulte du pays était dans les ordres, presque un million d'hommes (sans compter les femmes) sur un total de neuf à dix millions d'Espagnols. Des chiffres aussi importants ne sauraient présager rien de bon pour la santé d'une société.

Même au cours de ce que l'on a appelé le siècle d'or — en gros le XVIe et le début du XVIIe siècle — cette orientation vers la consommation plutôt que la production, vers des occupations stériles mais prestigieuses, sapa la prospérité de la péninsule. Les Castillans en particulier et les Espagnols en général tiraient vanité de leur distinction et de leur catholicisme. Un gentilhomme ne pouvait travailler sans déchoir, aussi tout Espagnol assez malheureux pour devoir travailler et assez heureux, cependant, pour faire des économies, achetait-il des rentes d'État qu'il mettait au nom de ses héritiers afin de leur permettre de vivre pauvrement mais décemment de leurs revenus. Ils devenaient ainsi *Hidalgos,* « fils de quelque chose » et non gens du commun. Les nobles aussi rendaient leurs domaines inaliénables, les plongeant généralement ainsi dans l'improductivité. Peu de terres se vendaient ou s'achetaient et ceux qui les possédaient montraient peu d'intérêt pour les méthodes agricoles nouvelles. La production déclina, il fallut importer davantage de blé pour nourrir une population qui manquait de produits d'échange tant sa mentalité paralysait l'esprit d'entreprise.

La principale richesse espagnole ne fit d'ailleurs qu'aggraver les choses : l'élevage des moutons était en effet l'unique activité dans laquelle les nobles condescendaient à investir, et bien des champs de blé et des producteurs de céréales y furent sacrifiés. Il n'y avait pas qu'en Angleterre que les moutons mangeaient les hommes, et les misérables paysans sans terres espagnols étaient bien en peine d'acheter les rares biens manufacturés que produisaient les villes. D'autant que, comme en Espagne les impôts ne pesaient que sur les roturiers les moins en mesure de les payer, les villes restaient petites, l'industrie ne s'y développait guère et le commerce ne pouvait devenir compétitif, au point qu'en 1546 le futur Philippe II se plaignait à son père que les Espagnols se tenaient à l'écart de toute forme de commerce, et laissaient aux étrangers le soin de développer les échanges.

Par contre, les Espagnols s'engageaient en masse dans les régiments du roi : loyaux et braves, ils étaient certes fiers de leur lignage, mais tout de même pas jusqu'à refuser de porter une pique ou une arquebuse dans les *tercios,* ces nouvelles unités d'infanterie qui faisaient l'admiration et la terreur de l'Europe.

Hommes et ressources fuyaient l'Espagne qui, en contrepartie, exprimait tout ce qu'elle pouvait de ses colonies. Les métaux précieux affluaient d'Amérique : d'abord le butin pris aux Aztèques et aux Incas, puis un filet d'argent extrait des mines mexicaines qui se mua en torrent avec la découverte en 1545 des gisements de Potosi. Ce flot de métaux précieux, aussitôt transformés en numéraire, gonfla la masse monétaire et amplifia l'inflation dans toute l'Europe et d'abord en Espagne, aggravant ainsi les problèmes économiques du pays dans la mesure où la hausse des prix espagnols décourageait les acheteurs étrangers et encourageait les importations.

Il ne faut pas exagérer la contribution de l'Amérique au trésor royal espagnol, alimenté essentiellement pendant tout ce siècle par un empire qui, sous le règne de Charles Quint et de Philippe II, resta largement européen. Si l'or et l'argent des Indes occidentales jouèrent un grand rôle, non moins importants étaient les prêts des riches banquiers allemands dont l'aide permit au roi d'Espagne d'obtenir la couronne impériale, ou les crédits des financiers internationaux d'Anvers, de Gênes et d'Augsbourg qui finançaient ses interminables campagnes militaires, ou encore les mines d'Europe centrale et orientale, principaux fondements de la puissance des Habsbourg, commandant une bonne partie de leurs politiques.

On ne peut nier, toutefois, que ces trésors d'outre-mer permirent largement aux rois d'Espagne de se lancer dans des entreprises si grandioses et si coûteuses qu'elles se seraient effondrées autrement. « Sept Pérou ne suffiraient pas aux besoins de l'empereur en Lombardie », écrivait le représentant de l'Espagne à Gênes en 1537. Et Henri II de France dirait que l'or américain arrivait en Espagne, venait en France pour acheter des marchandises, puis en Italie pour entretenir les soldats, et repartait ensuite pour l'Orient où ce même empereur qui possédait l'Amérique en apanage achetait des produits de luxe. Les Espagnols sont oubliés dans cette équation, à moins qu'ils ne soient comptés parmi les soldats.

Lorsque apparaissent des produits ou des procédés nouveaux, les entrepreneurs qui se chargent de la vente et encaissent les profits vont faire de tels bénéfices qu'ils peuvent, si l'innovation est suffisamment importante, modifier l'équilibre social en devenant rapidement plus riches et plus puissants que les riches ou les producteurs dominants. C'est ce qui est arrivé, semble-t-il, aux négociants et marchands de l'Europe du XVIe siècle. Par contre, en Espagne et au Portugal, la richesse des Indes profita non à une classe d'entrepreneurs mais à l'aristocratie traditionnelle, à l'État et à la cour, servit leurs intérêts et leurs dépenses somptuaires et, de ce fait, fit plutôt monter les salaires que les prix, au détriment de la création d'une classe nouvelle. Il est frappant de comparer l'affairement et la richesse de l'Anvers du XVIe siècle aux ports espagnols et portugais de l'époque. Un Belge en visite au Portugal a décrit les Lisbonnins paradant dans les rues escortés d'esclaves noirs et retournant dans leur pitoyable demeure pour dîner de quelques misérables légumes. Honteux de se livrer à une profession utile, ils abandonnaient ce soin aux gens du Nord. A Anvers, entre-temps, les bourgeois travaillaient et se distrayaient, gagnaient et dépensaient de l'argent, leur goût du confort et du luxe les incitant à redoubler d'efforts. Sans doute le roi d'Espagne — qui deviendrait également roi du Portugal après 1580 — était-il aussi duc d'Anvers et y percevait-il des impôts comme en Italie et dans ses territoires allemands.

Sous le règne de Charles Quint, le roi d'Espagne fut aussi empereur d'Allemagne[1], inconvénient épargné à son fils Philippe II mais qui pesa lourdement sur sa politique. Après l'abdication de Charles et le partage de ses vastes domaines entre les branches espagnole et autrichienne, la stratégie des Habsbourg et les affaires de l'Europe en conservèrent néanmoins la marque pendant encore quelque cent cinquante ans.

Les Allemagnes

Les tendances que nous avons vues à l'œuvre en Angleterre, en France et en Espagne, subirent un échec en Allemagne ou apparurent à un autre niveau, sous un aspect différent. L'Empire était une institution médiévale et toutes les tentatives pour le moderniser ne purent parvenir à l'adapter au monde nouveau : trop de puissances souveraines diverses avaient trop intérêt à prévenir la mise en place d'un gouvernement central efficace. Deux cent quarante États, des centaines de seigneuries largement autonomes, outre les territoires personnels des Habsbourg, poussaient des hauts cris chaque fois qu'il était question d'une telle transformation. Charles ne réussirait pas à unifier l'Empire, pas plus que ses

1. Notamment ! Voici la liste de ses titres en 1519 : « Roi des Romains ; empereur élu ; Semper Augustus ; roi d'Espagne, de Sicile, de Jérusalem, des Iles Baléares, des Iles Canaries ; duc de Bourgogne, de Brabant, de Styrie, de Carinthie, de Carniole, du Luxembourg, du Limbourg, d'Athènes et de Patras ; comte de Habsbourg, des Flandres et du Tyrol ; comte palatin de Bourgogne, du Hainault, de Pfirt, du Roussillon ; landgrave d'Alsace ; comte de Souabe ; seigneur d'Asie et d'Afrique. » C'est en tant que souverain du Saint Empire romain qu'il resterait dans l'histoire sous le nom de Charles Quint.

successeurs ; il faudrait attendre pour cela plusieurs siècles. Il demeurerait une mosaïque d'États quasi indépendants, ne devant qu'une allégeance formelle à l'empereur, manœuvrant au mieux de leurs intérêts entre les grandes puissances — Saxe, Bavière, Prusse — et les vastes domaines des Habsbourg, noyau de ce qui devint effectivement au XVIIe — avant d'être ainsi baptisé au XIXe siècle — l'Empire autrichien.

L'Allemagne, comme l'Italie, ne représentait guère une réalité politique, c'était tout au plus une expression géographique, et qui recouvrait, en outre, une grande variété. Le Nord, des Pays-Bas à Stettin, la vallée du Rhin depuis les Alpes jusqu'à la mer du Nord, et la haute vallée du Danube, comptaient de nombreuses villes et participaient au grand courant économique et culturel de l'Occident. Toutes ces cités offraient aux paysans alentour un marché pour leurs produits et, le moment venu, les moyens de leur émancipation. Au-delà de l'Elbe, où l'Allemagne se fondait dans l'Europe de l'Est et du Nord-Est, les villes étaient rares, leur activité économique (à de notables exceptions près) demeurait faible et leur influence politique et culturelle modeste. Transporter les céréales au marché se révélait une entreprise difficile et coûteuse, dépassant les possibilités du cultivateur individuel. Dans ces régions, le développement d'une agriculture commerciale, encouragée par la demande croissante des centres urbains de l'Ouest, multiplia la richesse et la puissance des marchands de gros et des propriétaires terriens nobles qui imposèrent le servage aux paysans, chargés de nourrir non tant les insignifiantes bourgades voisines que les lointaines métropoles affamées. Les fruits de la terre enrichissaient les magnats et non les laboureurs, les exploiteurs et non les producteurs.

Cette situation explique largement l'évolution différente de l'Europe orientale : en recul ou éteinte à l'Ouest, la féodalité persista et prospéra dans les États de l'Allemagne de l'Est et dans les pays slaves. Alors qu'en France, en Angleterre ou en Espagne l'aristocratie s'affaiblissait et cédait devant les empiétements et l'affermissement de la couronne, le contraire se produisait sur les marches orientales de l'Europe : l'enrichissement des nobles polonais leur permit, en effet, de triompher des faibles tentatives centralisatrices de leurs rois ; de même, les magnats hongrois résistèrent victorieusement aux velléités absolutistes de leurs souverains. Pourtant, la Buda de Mathias Corvin se compara brièvement à la Ferrare des Este et rivalisa avec les cours les plus brillantes d'Europe entre 1458 et 1490. On y trouvait une bibliothèque magnifique, un brillant cercle d'humanistes et d'artistes, et même une armée permanente. Les mines d'argent de Transylvanie, exploitées par des mineurs allemands, firent quelque temps d'une Hongrie aux magnats amoindris la puissance dominante en Europe orientale.

A la mort de Mathias, toute son œuvre se dissolut en luttes de factions dont, en fin de compte, les paysans firent les frais. Au début du XVIe siècle, un jeune roi régnait en Hongrie mais ne gouvernait pas, les magnats se disputaient les dépouilles du pouvoir ; les paysans asservis, exaspérés, se soulevèrent et subirent une brutale répression. En 1515, la diète (constituée des seuls aristocrates) plaça toutes les terres sous l'emprise de la noblesse et décréta la « servitude perpétuelle » des manants. Il n'est guère étonnant qu'ils fussent si nombreux à accueillir les Turcs comme l'avaient fait certains Slaves du Sud au siècle précédent. En 1521, Belgrade, porte de la vallée du Danube, tomba pour deux siècles entre les mains des Ottomans. En 1526, l'armée magyare, mal organisée, fut taillée en pièces à la bataille de Mohacs ; le dernier roi d'une Hongrie indépendante périt au combat, en même temps que dix mille de ses vassaux ; le pays fut alors partagé entre les Turcs et les Habsbourg ; Buda devint une forteresse ottomane et les territoires orientaux des Habsbourg se transformèrent en bastions avancés d'une Europe chrétienne assiégée par la Sublime Porte.

Les Turcs

Le siège s'était installé lentement. Les tribus ottomanes, profitant des querelles internes des Byzantins, avaient fait leur première apparition en Europe vers la moitié du XIVe siècle et une cinquantaine d'années plus tard imposaient leur domination aux Bulgares et aux Serbes. Une série de croisades se solda, à Nicopolis (1396), par la désastreuse déroute de chevaliers occidentaux tout aussi incapables qu'à Azincourt (1415) de sacrifier la témérité à la tactique et au bon sens. Constantinople tomba, comme nous l'avons vu, en 1453, et les Ottomans poursuivirent leur avance au détriment des États musulmans décadents de la Méditerranée orientale ; par mer, ils s'emparèrent des comptoirs vénitiens de la mer Égée et de l'Adriatique et s'aventurèrent jusqu'en Italie où, en 1480, un détachement turc occupa brièvement Otrante, tandis que, vingt ans plus tard, la cavalerie ottomane lançait une incursion jusque sous les murs de Vicence, dans la vallée du Pô.

S'ils ne conquirent pas l'Italie, les Turcs soumirent la Syrie (1516), l'Égypte (1517) et Rhodes (1522). Ils dominaient désormais la Méditerranée orientale et commandaient ce qu'ils ne gouvernaient pas directement, notamment les routes commerciales traditionnelles ravitaillant le négoce italien. D'autant que Belgrade, prise en 1521, leur ouvrait les portes de l'Europe centrale. En 1529, une armée turque mettait le siège sous les murs de Vienne, début d'une série d'offensives incessantes. En 1534, ils s'enfoncèrent dans la Méditerranée occidentale. Aucune histoire de l'Europe ne peut être complète si elle omet les Ottomans ; la pression qu'ils exercèrent sur les Habsbourg — et ainsi sur les Allemands ; la terreur que leur arrivée soulevait ; leurs graves effets sur la sécurité et la prospérité de l'Italie ; leur rôle comme alliés des Français contre la grande puissance des Habsbourg, comme concurrents orientaux de la puissance espagnole au couchant, et , finalement, en tant que prototypes du pouvoir absolu que les monarques européens s'efforçaient d'établir.

L'Empire ottoman était une vaste organisation militaire, créée spécialement pour la conquête, vivant des pays vaincus, recrutant ses meilleurs soldats et administrateurs parmi les peuples assujettis qu'il convertissait et intégrait au groupe dirigeant. Omnipotent, le sultan faisait des ministres de ses esclaves et des esclaves de ses ministres. Le gouvernement absolu et l'ordre relatif imposés par le sultan tranchaient tant sur l'anarchie et l'oppression que les Balkans et le Proche-Orient avaient connues avant la conquête ottomane qu'ils rendaient le fardeau plus acceptable. Les Turcs n'étaient pas plus durs que leurs prédécesseurs, leurs exactions pas plus grandes et leurs soldats étaient mieux disciplinés[1]. Ils se montraient plus tolérants et avaient instauré une paix plus sûre. Les Grecs orthodoxes payaient certes de lourds impôts mais ils n'avaient pas à subir les persécutions et les pressions que leur imposaient les Vénitiens catholiques ou les Hospitaliers de Saint-Jean-de-Jérusalem.

Les Turcs, au début du moins, ignorèrent le grand problème du XVIe siècle : la lutte entre une noblesse terrienne héréditaire et l'absolutisme bureaucratique en plein essor des monarchies. Leur empire était fondé sur des fonctionnaires à son entier service, sans prétention héréditaire au pouvoir ou

1. Il était strictement interdit aux soldats ottomans en marche de fouler les rosiers.

à une situation. Augier Ghislain de Busbecq[1], gentilhomme flamand qui était ambassadeur d'Autriche auprès de la Sublime Porte, nous a laissé à ce propos une dépêche célèbre de 1555 : « C'est par le mérite que les hommes s'élèvent dans le service, système qui garantit que les postes ne sont confiés qu'aux personnes compétentes. En Turquie, chacun tient en main son lignage et son état dans la vie, qu'il peut améliorer ou gâter à son gré. Ceux qui reçoivent les plus hautes fonctions du sultan sont pour la plupart fils de bergers ou de pâtres et, loin d'avoir honte de leurs parents, ils s'en font gloire et s'enorgueillissent de ne rien devoir à l'accident de la naissance ; car ils croient que les hautes qualités sont en partie le don de Dieu et en partie le fruit d'une bonne éducation, d'une grande industrie et d'un zèle infatigable. Chez les Turcs, par conséquent, les honneurs, les postes élevés et les fonctions de juge sont la récompense d'une grande capacité et d'un bon service. Si un homme est malhonnête, paresseux ou insoucieux, il reste en bas de l'échelle, objet de mépris ; car on n'honore point de telles qualités en Turquie ! Voilà pourquoi ils réussissent dans leurs entreprises, en imposent aux autres et étendent chaque jour les bornes de leur empire. Ce ne sont point là nos idées ; chez nous, nulle place n'est faite au mérite ; la naissance décide de toutes choses ; le prestige du sang est l'unique principe de l'avancement dans le service de l'État. »

Il n'y a rien d'étonnant à ce que Busbecq s'étende aussi longuement sur ces questions de naissance et de mérite qui nuiraient longtemps à l'efficacité de l'Occident.

Au moins jusqu'à la mort de leur grand sultan Soliman (1520-1566), les Ottomans — plus rationnels, plus souples et plus autoritaires — eurent l'avantage sur leurs ennemis occidentaux. Après la mort du Magnifique, la médiocrité de ses successeurs dans un régime aussi autocratique, la relative stabilisation des frontières turques et le développement de castes héréditaires précipitèrent le déclin de l'Empire. L'autorité devint rigide, les institutions pratiques dégénérèrent en carcan, et l'efficacité turque s'effondra tandis que s'accroissait celle de l'Occident. Tout cela, évident rétrospectivement, n'apparut pas aussi clairement à l'époque, et, tout en déclinant lentement, les Ottomans gardèrent une importance considérable, restèrent longtemps un danger dont les États se

1. C'est lui qui, entre autres choses, introduisit en Europe le lilas et la tulipe qu'il trouva dans le Levant.

disputant la suprématie en Europe se devaient de tenir compte.

C'est sur cet arrière-plan de guerres, de révoltes et de traités qu'allaient se dérouler les deux principaux drames du XVIe siècle : la lutte dynastique entre les Valois et les Habsbourg et les guerres de Religion.

Valois et Habsbourg

En 1494, Charles VIII (1483-1498) pénétra en Italie pour réclamer l'héritage napolitain que le souverain d'Aragon avait usurpé aux Angevins[1]. Cette expédition marqua le début de plus de soixante ans de combats pour la domination de ce qui était, du moins au départ, la contrée la plus avancée, la plus civilisée et la plus riche d'Europe. Les États italiens rivaux avaient souvent fait appel à l'étranger contre leurs ennemis, or cette intervention aggrava les difficultés plus qu'elle ne les régla, provoqua l'intrusion d'une puissance bien supérieure aux forces fragiles des principicules italiens, dont les campagnes se révélèrent rapidement une promenade militaire (comme le dit Machiavel de celle de Charles VIII).

Les Italiens qui avaient espéré utiliser les étrangers s'aperçurent qu'ils ne faisaient que servir leurs intérêts. Une intervention ne pouvait qu'en susciter une autre : pour déloger les Français, il fallut faire venir les Espagnols, dont l'emprise se révéla encore plus tenace. Entre 1494 et 1559, le pays servit donc d'enjeu à un affrontement inexpiable entre ces deux grandes puissances. Les milices urbaines et les armées de mercenaires fondirent ou cédèrent devant les *tercios* ou les gendarmes français ; le pape se réfugia dans le château Saint-Ange tandis que Rome était mise à sac par des mercenaires allemands ; seule la peste pourrait venir à bout de l'envahisseur.

La France lançait une expédition après l'autre, invitée par Milan contre Naples (1494), par Venise contre Milan (1499), par l'empereur Maximilien contre la Sérénissime République

1. De 1268 à 1435, le royaume de Naples avait été gouverné par des rois de la maison d'Anjou, apparentée aux Valois. Cette dynastie avait été évincée par Alphonse V d'Aragon qui s'empara de la couronne de Naples en 1435. C'est à son héritier que Charles VIII de Valois venait demander la restitution des États sur lesquels il estimait avoir un droit dynastique.

(1508), par le pape contre ses ennemis espagnols (1526 et 1556). A chaque fois, les Français laissèrent échapper leur-proie, leurs alliés firent défection. Des ligues se formaient contre chaque puissance victorieuse, pour se dissoudre dans la victoire comme dans la défaite et renaître en regroupant les ennemis d'hier contre un nouveau protagoniste jusqu'à ce que, finalement, le règlement de 1559 fît du pays un satellite de l'Espagne qui dominait ses deux extrémités, Naples et Milan.

Les historiens expliquent ces guerres par des ambitions rationnelles, prétendent que la France avait besoin du blé sicilien pour nourrir ses villes, convoitait un marché, souhaitait se saisir des cols alpins ou simplement des richesses de Milan. Plus convaincante est l'explication avancée par l'historien contemporain, Philippe de Commynes (v. 1447-v. 1511), qui estime que Charles VIII se rendit en Italie parce qu'il était jeune, sot et mal conseillé. Rien de plus vrai, sans doute, mais il y avait davantage. Les prétentions de Charles sur Naples (comme celles de Louis XII sur Milan et celles de François Ier sur les deux) étaient parfaitement fondées. Il était invité, et pas pour la première fois, par le duc de Milan. Avant tout, il voulait éloigner de la France l'énergie sauvage de sa noblesse et la jeter dans des contrées étrangères dont elle et lui pussent espérer tirer quelque profit. Il est très douteux que Charles VIII songeât le moins du monde aux intérêts économiques de ses sujets : échanges méditerranéens ou commerce des grains. Les profits des marchands n'entraient pas dans les calculs des rois. Ils se battaient, comme Charles, pour des intérêts dynastiques, pour la gloire, pour des rêves mal calculés de conquêtes et de pillages, pour satisfaire la vanité. C'est là qu'il faut chercher les raisons du mirage doré et sanglant que quatre rois de France[1] poursuivirent au sud des Alpes de 1494 à 1559, pour que finalement l'Espagne en profitât.

Après les années 1520, cependant, l'Italie servirait de contrefort dans un jeu bien plus vaste où les rois d'Europe luttaient pour des enjeux d'une autre ampleur. Le monde changeait. Les Ottomans approchaient. En 1509, Henri VII mourut, en 1515, Louis XII, en 1516, Ferdinand d'Aragon. Une nouvelle génération arrivait au pouvoir et, pour commencer, les princes parlaient de paix. En 1518, le traité de Londres entre les rois d'Angleterre et de France, vite ratifié

1. Après Charles VIII, ses successeurs Louis XII, François Ier et Henri II.

par toutes les grandes puissances européennes, entendit assurer la paix perpétuelle de la Chrétienté et la défense commune contre la menace turque. Il incarnait aussi bien les rêves séculaires d'une Chrétienté unie et menant la croisade que les idées humanistes de paix et de lumières. Le traité dura trente mois et précéda les grandes guerres qui déchirèrent l'Europe et le monde chrétien plus profondément que jamais.

La couronne d'Espagne était passée en 1516 au petit-fils de Ferdinand et d'Isabelle. Élu empereur en 1519 (bien que seulement couronné en 1530) sous le nom de Charles Quint, il tenta de réaliser ce qu'impliquaient ses multiples titres, c'est-à-dire d'une part l'établissement d'un empire universel et d'autre part le démembrement de la France pour recouvrer les provinces bourguignonnes saisies par Louis XI et qui faisaient partie, estimait-il, de son héritage. Mais la Bourgogne importait moins à Charles Quint que l'Italie du Nord-Ouest. Milan représentait pour lui un anneau indispensable dans la chaîne d'un empire qui s'étendait depuis l'Espagne et Naples jusqu'à la Baltique et à la mer du Nord et dont les communications passaient par la Lombardie. Clef de l'Empire pour l'empereur, Milan était pour François Ier le levier par lequel il entendait briser l'étreinte de son rival. François avait aussi brigué la couronne impériale et, l'ayant perdue, il n'abandonnait pas l'espoir de gagner l'Allemagne ou, sinon, de la vaincre. Encerclée par les territoires des Habsbourg et menacée de toutes parts, la France les menaçait à son tour, grâce à sa richesse en hommes et en ressources qui lui permettait d'enrôler des mercenaires toujours plus nombreux des cantons guerriers apparemment inépuisables de la Suisse.

Autour de ces rivaux gravitaient les princes allemands, les États italiens et l'ambitieux roi d'Angleterre. L'Angleterre, traditionnellement hostile à la France, et tout aussi traditionnellement liée à ses marchés des Pays-Bas, semblait l'alliée prédestinée de l'Espagne jusqu'à ce que l'imbroglio conjugal d'Henri VIII, sa tentative désespérée de divorcer d'avec la fille d'Isabelle, tante de Charles Quint, en fît l'ennemie de l'empereur. Le pape soutenait les deux côtés. En quête d'alliés sûrs, François se rappela la devise de Louis XI, la fin justifie les moyens. Battu par l'empereur, il se tourna vers Soliman, ennemi oriental de son rival, ouvrit ses ports aux corsaires musulmans et finit par conclure une alliance officielle avec les Turcs (1535). Empêtré dans une guerre continuelle, pressé de tous côtés, Charles ne put jamais tirer parti de ses succès. En Méditerranée, il combattait la flotte ottomane et les pirates d'Afrique du Nord, montait de grandes expéditions contre Tunis, Alger et autres ports barbaresques. En Allemagne, harcelé par les princes, par les problèmes religieux, par la menace turque, il ne pouvait intervenir qu'occasionnellement. Les Français ne le laissaient pas en paix : François Ier mourut en 1547, mais son fils, Henri II, continua à combattre les Habsbourg en Allemagne et en Italie.

Le rêve impérial devenait écrasant, d'autant que Charles se faisait vieux : il était né en 1500. Les plats épicés qu'il affectionnait lui donnaient de la goutte et de l'asthme. Sa piété s'accroissait de jour en jour et comme son seul péché mignon était la gourmandise, la vie de ses courtisans oscillait entre la messe et la table *(de la missa a la mesa).* Il finit par abdiquer en 1556, laissant ses domaines allemands et la couronne impériale à son frère Ferdinand ; l'Espagne, l'Italie et les Pays-Bas à son fils Philippe. Les moyens de communication du XVIe siècle ne permettaient pas de gouverner des possessions aussi étendues que celles de Charles. Pour donner ses meilleurs résultats, la centralisation avait besoin d'un pays vaste, sans doute, mais pas trop dispersé. La taille pouvait être un gage de puissance mais il était encore trop difficile d'administrer des territoires par trop éparpillés. L'État moderne se développa dans des unités territoriales compactes, comme la France, l'Angleterre, l'Espagne ; et même Philippe aurait des difficultés à conserver les lointains duchés des Pays-Bas.

Charles se retira pour la fin de ses jours dans une abbaye espagnole où il mourut en 1558, un an avant que Philippe et Henri II ne concluent enfin la paix au Cateau-Cambrésis. Pourtant les longs et fatigants efforts de l'empereur n'avaient pas été inutiles. Le traité marquait en effet la fin des tentatives françaises de conquérir l'Italie et les débuts de l'hégémonie espagnole en Europe. La mort, la même année, d'Henri II, tué lors d'un tournoi — ce qu'un historien français contemporain appelle un « accident sportif[1] » — empêcha les Français de poursuivre immédiatement leurs fructueuses conquêtes en Lorraine et marqua le début des guerres de Religion en France, au moment même où les Allemands parvenaient à régler temporairement leurs difficultés religieuses (Augsbourg, 1555) et où l'offensive protestante marquait le pas ailleurs. En 1558 aussi, les Anglais perdaient Calais, leur dernier bastion sur le continent, mais gagnaient

1. Édouard III avait interdit les sports de ce genre en Angleterre en 1340.

une nouvelle reine, Élisabeth, fille d'Henri VIII et de sa deuxième femme Anne Boleyn, dont le bref règne s'était achevé sur l'échafaud à l'âge de vingt-neuf ans. Grâce à l'affaiblissement temporaire de la France, ils allaient pouvoir jouer un rôle plus important.

LE MERCANTILISME

Les besoins, et surtout les coûts, d'un état de guerre permanent incitèrent chaque puissance à multiplier et organiser ses ressources, à tenter de parvenir à l'autonomie, surtout en ce qui concernait les produits stratégiques — armes et munitions, salpêtre, soufre, métaux —, l'argent pour les acheter, pour payer les soldats, financer les fortifications et les manœuvres diplomatiques. Chaque État ambitionnait désormais d'être économiquement indépendant. On ne pouvait se fier à ses amis, encore moins à ses voisins. Pour survivre, les pays devaient développer leur industrie, leur agriculture et leur commerce ; établir une balance commerciale favorable ; encourager les entreprises par des privilèges, des monopoles, des contrôles, une protection tarifaire ; accumuler les métaux précieux si importants, les empêcher de quitter le pays et en acquérir davantage par tous les moyens.

Ce nationalisme économique, qu'on appelle généralement le *mercantilisme,* fut moins une théorie qu'une arme, le recours aux moyens économiques pour servir des fins politiques. Cette pratique n'avait rien de nouveau. Les rois d'Angleterre s'étaient servi au Moyen Age de leur pouvoir de contrôler les exportations de laine pour faire pression sur les seigneurs et les villes des Flandres et du Brabant. En 1381, une loi sur la navigation avait essayé de réserver aux navires anglais tout le commerce passant par les ports anglais. Désormais, ce qui avait été pratique occasionnelle devint politique d'État : l'usage de l'autorité pour accroître la prospérité et la puissance.

Une manière de drainer la richesse était d'aller la chercher outre-mer, de braconner dans les chasses gardées espagnoles et portugaises. L'empire oriental du roi de Portugal s'ajouta à celui de l'Espagne lorsque Philippe coiffa la couronne lusitanienne en 1580. C'était devenu à ce moment-là, selon la formule de l'historien Garrett Mattingly, une épicerie de gros en faillite. Au Portugal, comme dans les ports d'Espagne, l'excès d'organisation, de réglementations, de restrictions, ne pouvait qu'encourager les contrevenants. A mesure que les Anglais, les Français, puis les Hollandais, commencèrent à s'aventurer dans des régions que l'Espagne et le Portugal considéraient comme des réserves exclusives, ils durent forger des arguments répondant aux prétentions des puissances coloniales, arguments qui, en réalité, proclamaient la liberté du commerce et de la navigation, au mépris des idées et des pratiques mercantilistes qu'ils prêchaient par ailleurs.

Mercantilistes chez eux, François Ier, Henri VIII, et surtout Élisabeth, parlaient un tout autre langage quand il s'agissait de l'étranger : et d'affirmer que la mer était libre et que les hommes ne pouvaient, par un simple édit, se voir interdire l'usage et la jouissance de la moitié de la terre. En 1540, on entendit François Ier déclarer que le soleil brillait autant pour lui que pour les autres, et que seule l'occupation pouvait créer un droit sur les territoires outre-mer. Il fallut un certain temps avant qu'Anglais et Français missent ces principes en pratique, mais le refus de François de reconnaître le système établi jeta les fondations de la libre entreprise coloniale et de la lutte des grandes puissances pour les territoires d'outre-mer qui marquera le reste des Temps modernes.

Entre-temps, les idées mercantilistes et le concept d'équilibre des échanges qu'elles impliquaient, précipitèrent les concurrents des Habsbourg dans des aventures coloniales propres, leur permettant de trouver les produits qu'ils achetaient à d'autres, d'obtenir leur autonomie économique. En 1614, la Compagnie anglaise du Levant exportait vers la Turquie du poivre et des épices des Indes orientales. C'en était bel et bien fini de l'époque où les marchandises de l'Orient parvenaient en Europe via Suez et Venise.

CHAPITRE IV

LA CRISE DU CHRISTIANISME ET DE LA CHRÉTIENTÉ

Le 31 octobre 1517, un ecclésiastique de province afficha sur les portes de la chapelle du château de Wittenberg quatre-vingt-quinze thèses dénonçant l'abus des indulgences et de l'absolution. Geste critique mais nullement révolutionnaire : proposer un débat sur des questions théologiques était pratique courante et le Dr. Martin Luther parlait un langage parfaitement académique. Pourtant l'écho de ce geste éclaterait comme un coup de tonnerre d'un bout à l'autre de la Chrétienté. En 1518, les grandes villes allemandes — Nuremberg, Strasbourg, Bâle — se mêlaient à la querelle ; à Zurich, un prêtre de tendances humanistes, Ulrich Zwingli, lançait un mouvement personnel. En 1520, l'Allemagne tout entière était en effervescence et le reste de l'Europe s'éveillait à une nouvelle question qu'elle ne pouvait plus éviter. La guerre et les rébellions religieuses doublèrent les conflits politiques, offrant aux vieux ennemis de nouveaux cris de bataille et provoquant des conflits aussi inédits que profonds. Les guerres de Religion allaient ravager l'Allemagne jusqu'aux années 1550, la France et les Pays-Bas pendant la seconde moitié du XVIe siècle, et jeter l'Angleterre dans la confusion politique. En l'espace d'une génération, la robe sans couture de la Chrétienté était en lambeaux. La foi chrétienne divisa désormais les hommes autant que l'allégeance politique ou l'intérêt économique : ce fut la Réforme.

LA RELIGION AUX XVe ET XVIe SIÈCLES

On ne peut comprendre les immenses implications d'un problème religieux que dans le contexte d'une société et d'un monde où la religion était une affaire capitale. Si aujourd'hui le christianisme est une religion parmi d'autres, une question de goût ou de choix, au XVIe siècle c'était la définition même de l'Europe, l'air que l'on respirait, la trame du tissu de la vie : point de choix possible en ce domaine inéluctable et omniprésent. Diplômes, testaments, traités, contrats même parfois, étaient des actes religieux. Le baptême donnait à l'homme son certificat de naissance ; le mariage fondait la famille au seuil de l'église ; l'enterrement dans le cimetière paroissial marquait la fin d'une vie où les cloches des sanctuaires scandaient le temps du travail, des repas ou du repos, où le calendrier n'était pas une succession de dates mais de journées consacrées chacune à un saint. Qu'il fît jour ou nuit, impossible d'oublier sa foi : « Debout, debout, chrétiens, criait le veilleur de nuit dans la Besançon du milieu du XVIe siècle, et priez pour les morts afin que Dieu leur pardonne ! »

Puisqu'elle englobait tout, la religion faisait naître de graves préoccupations, chez certains du moins. On devenait plus exigeant, on se montrait plus critique envers la théologie en place qui tenait que le mystère de Dieu et du salut restaient en fin de compte incompréhensibles et que le chrétien avait le devoir de croire sans trop réfléchir et de pratiquer les rites comme l'Église le prescrivait. Si la doctrine chrétienne avait jadis offert une explication raisonnable de la réalité, à une époque où l'on se préoccupait moins du pourquoi et du comment des choses, elle était devenue désormais une sorte de rituel magique ou de formalisme, ensemble impersonnel de règles et de gestes. Il n'était pas étonnant, donc, que certains, loin de vouloir abolir les rites religieux, s'efforçassent de leur rendre vie, de restituer à des symboles morts la communion réelle qu'ils signifiaient.

Les rites n'étaient pas tout. Le christianisme se veut un mode de vie et les réformateurs ont toujours cherché à le revivifier en le vivant et en encourageant les autres à en faire autant avec le plus de simplicité, de charité, et d'amour du

Christ possible. Pendant tout le Moyen Age, les réformateurs s'efforcèrent, par-delà la mondanité du christianisme institutionnalisé, de retrouver la simplicité et l'enthousiasme primitifs. L'échec de saint François au XIIIe siècle et la proclamation emphatique par les papes du XIVe siècle que la doctrine de la pauvreté chrétienne était hérétique (bulles de Jean XXII, 1322-1323) poussèrent bien des fidèles vers des compensations apocalyptiques et en contraignirent d'autres à l'« hérésie ».

Au XIVe siècle, un Hollandais, Geert Groote de Deventer (1340-1384) fonda une fraternité d'hommes pieux qui, sans prononcer de vœux monastiques ni porter l'habit d'un ordre, vécurent dans la chasteté et la dévotion et essayèrent de rénover la religion tout comme les humanistes, au même moment, rénovaient le savoir. Ce qu'on appellerait la Nouvelle Piété *(devotio moderna)* s'exprime de la manière la plus caractéristique dans l'*Imitation de Jésus-Christ* de Thomas a Kempis (1380-1471), journal d'une âme qui cherche dans le Christ « l'amour qui seul rend léger ce qui est lourd ». Une humilité intellectuelle, mystique et pourtant vigoureuse et claire, remplaçait la sécheresse des raisonnements scolastiques et proclamait qu'il fallait vivre et ressentir le chemin menant au Christ.

Pragmatiques, éthiques, stoïques, peu enclins à la spéculation, les frères de la Vie Commune, comme ils se baptisèrent, soulignaient l'importance qu'il y avait à se connaître soi-même et à mettre le christianisme en pratique dans la vie quotidienne. Peu intéressés par les formes liturgiques, ils prônaient la méditation sur la vie du Christ et de la Vierge, proposaient des exercices méthodiques se servant des associations psychologiques pour concentrer l'attention du croyant et aider le mystique à se rapprocher de la Divinité en qui il cherchait à se fondre : « Le désert immense, un, infranchissable, où le cœur vraiment pieux (...) erre sans se perdre, se perd sans s'égarer, est submergé de joie et continue inflexible (...). » En se répandant le long du Rhin et dans l'Allemagne du Nord, les frères installèrent des presses, fondèrent des écoles et des foyers pour étudiants pauvres. Ils formèrent ou influencèrent ainsi des hommes comme le futur cardinal Nicolas de Cusa (1401-1464), Rudolf Agricola, « le père de l'humanisme allemand » (1443-1485), Érasme, Luther, et bien des humanistes allemands.

Le mysticisme encouragé par les frères pouvait, cependant, s'exprimer dans d'autres directions, comme l'enthousiasme contemporain pour la Vierge et sainte Anne, la dévotion à la passion du Christ, le culte de son Sacré Cœur et du Rosaire, qui surgirent tous à cette époque, en réponse à un besoin populaire d'une religion plus chaleureuse et plus personnelle, mais laissait aussi libre cours à un débordement de pieuses imaginations qui pouvaient aisément dégénérer. Ainsi, le grand visionnaire breton, le dominicain Alain de la Roche (1428-1475), un des premiers promoteurs du culte du Rosaire, n'était pas seulement un ami des frères de la Vie Commune (chez qui il mourrait), mais le maître de Jakob Sprenger qui, tout en propageant la Fraternité du Rosaire en Allemagne, s'illustra surtout comme un des principaux chasseurs de sorcières de son pays et comme coauteur du terrible *Malleus Maleficarum* (le Marteau des sorcières, 1487), bible des sinistres inquisiteurs.

Les tentatives de réforme pouvaient prendre une forme plus vigoureuse et, pour l'Église, plus inquiétante quand elles se mêlaient aux campagnes et aux intérêts politiques. Dans l'Angleterre du XIVe siècle, l'irritation devant les exigences financières du Saint-Siège et la méfiance envers les papes d'Avignon, durant la guerre contre la France, suscitèrent l'adhésion populaire (et, plus importante, royale) aux théories de John Wycliffe (1320-1384). Celui-ci privilégiait par-dessus tout la grâce personnelle qu'il liait à la prédestination. Le salut ne pouvait dépendre des cérémonies de l'Église ; les prêtres ni le pape ne pouvaient excommunier les justes ou absoudre les pécheurs, et a fortiori leur procurer des indulgences. L'Église n'est que la communauté de tous les croyants, elle doit abandonner au gouvernement séculier tout ce qui est temporel et donc, par conséquent, ses biens matériels, aussi bien que son patronage et son influence politique. Quant à l'autorité religieuse, elle dérive de la Bible, et surtout des Évangiles, le seul guide absolu. Il s'ensuivait que tout le monde devait y avoir accès dans la langue qu'il comprenait, la sienne. Au début du XVIe siècle, on comptait dix-neuf éditions de la Bible en allemand et vingt-quatre de l'Ancien Testament en français.

La logique de son argumentation amena finalement Wycliffe à proposer la confiscation des biens de l'Église, comme première étape de sa réforme, puis à s'en prendre même à la doctrine de la transsubstantiation en affirmant que la présence du Christ dans le pain et le vin était spirituelle ou symbolique, non effective et substantielle. Son influence se ferait surtout sentir en Bohême où les sentiments réformateurs nationaux et radicaux semblables à ceux de l'Angleterre de Wycliffe culmineraient dans l'hérésie et le martyre de Jan Hus (v. 1370-1415).

Pour Jan Hus, l'Église était la communauté de ceux que Dieu a prédestinés au salut ; et d'exiger la réforme d'un clergé corrompu, indiscipliné et simoniaque. Sa mort à Constance, brûlé vif par l'empereur qui lui avait promis un sauf-conduit pour le concile qui s'y déroulait, ne fit que précipiter l'affrontement entre ses partisans tchèques et le parti catholique, identifié à l'empereur. D'abord vainqueurs, les hussites réclamèrent le droit pour tous les fidèles à communier sous les deux espèces — ce que l'Église réservait aux seuls prêtres. Cette doctrine, dont les adhérents prirent le nom d'utraquistes, affirmait, cette fois encore, que tous les croyants étaient égaux, et que le clergé n'avait droit à aucune prééminence. Des groupes hussites plus radicaux rejetèrent au XVe siècle toutes les croyances et toutes les pratiques qui ne se fondaient pas explicitement sur le Nouveau Testament, nièrent l'existence du purgatoire, la validité des indulgences et des messes pour les morts, condamnèrent l'adoration des saints, des reliques et des images, et rejetèrent finalement le statut spécial des prêtres qu'ils entreprirent d'élire eux-mêmes.

LES RÉFORMATEURS HUMANISTES

Une critique plus modérée, et donc, dans une certaine mesure, plus efficace, vint des humanistes. Certains historiens soulignent leur influence païenne ou paganisante. Et nul doute que l'étude soit subversive lorsqu'elle développe la vision critique et le détachement, permet de voir le contraste entre ce que les hommes disent et font, ou aboutit au cynisme avec lequel un Lorenzo Valla répondit en 1440 aux inquisiteurs : « Je crois ce que notre mère l'Église croit. Il est vrai qu'elle ne sait rien. Mais ce qu'elle croit je le crois. » On ne manifestait guère d'irréligion. Dans cette période de dévotion et de sentiments religieux actifs, la Réforme, loin d'être païenne, était plutôt l'explosion de la foi la plus vive. Ce n'est pas par leur cynisme ou leur agnosticisme que les humanistes nuisirent aux intérêts de l'Église mais parce qu'ils étaient des chrétiens dont les recherches ne faisaient souvent que reprendre les préoccupations du Moyen Age. La critique textuelle contribua certes à la révision et à la reformulation des doctrines et des textes traditionnels et, ainsi, au courant réformateur. Cependant, comme l'écrivait l'humaniste français Mathurin Cordier (1479-1564), une vie dévote et chrétienne vient avant la pureté de langage. Sans piété, il ne peut y avoir de vrai progrès dans le savoir : c'était là l'esprit de l'humanisme chrétien sinon son aspect le plus subversif.

Les humanistes tendaient peut-être à des réformes, mais pas à la Réforme. Loin de la position théologique des grands réformateurs, optimistes et anthropocentriques, ils rejetaient la prééminence du péché originel, la totale impuissance de l'homme à faire seul son salut, le refus luthérien du libre arbitre. Les grands réformateurs n'étaient pas, comme les meilleurs humanistes, les apôtres d'une nouvelle tolérance, mais les sectateurs d'une interprétation aussi nouvelle qu'intolérante s'opposant à l'ancienne. Les humanistes cherchaient une morale ; les réformateurs affirmaient une foi. Les recherches des humanistes revalorisaient les Écritures, réduisaient les rites et les formalismes traditionnels, insistaient sur la décision et le choix personnels et intérieurs, toutes démarches qui pavèrent le chemin pour la Réforme. Mais leur souci du libre arbitre et du libre choix heurtait le dogmatisme réformé autant sinon plus que l'Église catholique. Le plus grand des partisans humanistes de Luther, Philippe Melanchthon (1497-1560) le formulerait très bien : « Que demandons-nous à la théologie ? Deux choses. Des consolations pour la mort et pour le Jugement dernier. Luther les procure. Érasme veut une leçon de morale et de civilité. »

More et John Fisher seront décapités par Henri VIII à cause de leur loyauté envers Rome. Servet sera brûlé par Calvin pour son rejet subversif de la Trinité, Érasme refusera la barrette et mourra sans confession, attaqué par les deux côtés. Par contre, un important humaniste comme Sadolet devint cardinal et Melanchthon, autre érudit, entreprit d'éduquer l'Allemagne luthérienne. Quant à Calvin, humaniste de formation, et d'envergure, nous savons qu'il fonda le calvinisme. Ainsi les humanistes s'engagèrent-ils dans toutes les directions et il ne servirait à rien de les lier à tel ou tel parti.

Desiderius Erasmus (1466 ?-1536) fut le prince incontesté des humanistes du XVIe siècle. Dans toutes ses œuvres (en particulier l'*Éloge de la folie*, 1509), Érasme s'efforça de transmettre la sagesse des anciens aux hommes de son temps. Cette démarche colorait jusqu'à son christianisme, et le modèle qu'il proposait était celui du chevalier chrétien, homme vertueux, sage et modéré, qui suit les enseignements du Christ, libre de développer sa personnalité, de devenir un membre utile de la société, par sa propre interprétation des Écritures. Érasme refusait le mariage des prêtres, le monachisme, l'ascétisme et les superstitions. Il s'efforçait de concilier l'esprit critique né de la Renaissance et l'acceptation traditionnelle du dogme et de l'autorité sans lesquels l'Église n'aurait pu résister à la tourmente des siècles. Ce faisant, pourtant, il s'éloignait, du moins en théorie, du dogme, tant il minimisait l'importance des différends dogmatiques — si le Saint-Esprit procédait du Père, ou du Fils, ou du Père et du Fils ensemble, par exemple —, et privilégiait les implications essentielles : les applications de la foi chrétienne, la morale vivante de l'esprit, s'exprimant dans l'amour et la foi, la charité et la joie. Son christianisme, pratique et non littéral, différait autant des querelles stériles des écoles que des injonctions rigides des rebelles protestants.

C'est cette interprétation vivante du Nouveau Testament qui inspira la religion utopiste de son ami Thomas More : simple, tolérante et libre. Diffusé par de multiples ouvrages, par une vaste correspondance, recopié et propagé dans toute la Chrétienté, le message d'Érasme inspira à beaucoup le respect des études classiques, le dégoût des rituels vides et des moines inutiles, et surtout la vénération des Écritures. On doit se tourner vers Jésus, sans intermédiaires humains ou surnaturels, pour trouver le salut dans un monde plein d'espoir pour les hommes désireux d'exprimer leur nature fondamentalement bonne (et non mauvaise) et de recourir à leurs capacités essentiellement positives. Lorsque le sage Gargantua de Rabelais édictait la seule clause de son abbaye de Thélème : « Fay ce que vouldras », il l'expliquait ainsi : « Parce que gens libères, bien nez, bien instruictz, conversant en compaignies honnestes, ont par nature un instinct et aguillon, qui tousjours les poulse à faictz vertueux et retire de vice, lequel ilz nommoient honneur. »

Quelle contradiction avec la doctrine pessimiste du péché originel : l'homme est corrompu et ne peut rien faire de bien par lui-même, dit Luther. L'homme est mauvais et plein de péché, tempête Calvin. L'homme est né pour aimer la sagesse et faire de bonnes actions, proteste Érasme. Pour lui, l'homme est prométhéen — esprit libre, volonté libre, agent libre, capable de pénétrer la vérité et de l'appliquer à un monde bon — bon par nature et, par conséquent, en mesure d'atteindre tous les niveaux à sa portée, de réaliser toutes les tâches spirituelles qu'il se propose, si seulement son potentiel individuel est admis, encouragé, entraîné à se développer librement.

Telles étaient les conceptions d'Érasme, et après lui de Rabelais et de More, puis de tant d'autres. Mais il faudrait pour cela attendre un certain temps. Comme le faisait remarquer Luther en 1517 : « Avec Érasme, l'humain est plus utile que le divin. » Peut-être est-ce pour cela qu'il touche encore notre époque. Son temps privilégiait des vertus plus sévères : More fut exécuté, Érasme mis à l'écart ; Rabelais ne survécut que parce qu'on le prit pour un clown. Les hommes qui triomphaient étaient les prophètes armés dont Machiavel avait parlé.

LE CLERGÉ

L'ennemi le plus dangereux de la religion, qui risquait le plus de déchaîner les attaques contre l'Église était le clergé lui-même : depuis le pape jusqu'aux moines, en passant par les évêques et les prêtres. Comme nous l'avons vu, les papes avaient dégénéré en princes séculiers ; leurs États n'étaient qu'une mosaïque absurde de domaines féodaux, dirigés avec tyrannie ou incurie, sinon fanatisme. Au long exil avignonnais avait succédé la période dégradante du schisme pontifical et la lutte peu reluisante pour le pouvoir entre les papes et les conciles ecclésiastiques. Lorsque la papauté émergea derechef, vers 1500, son autorité nouvelle ne se fondait plus sur les vertus chrétiennes mais sur des valeurs ô combien de ce monde : l'argent, les armes et la diplomatie. Alexandre VI, un Borgia, fut le premier à montrer ce qu'un pape pouvait faire avec de l'argent et des hommes. Il montra aussi combien il se souciait moins des responsabilités ecclésiastiques que des intérêts les plus terre à terre de sa famille. Pourtant, ses efforts et ceux de son fils César aboutirent à la restauration de la puissance pontificale dans le domaine séculier.

Avec des aspects utiles et d'autres plus malencontreux. Le pouvoir séculier confère du prestige, offre le moyen concret de réaliser des buts spirituels. La fonction de la papauté, pouvait encore écrire Érasme en 1514, était « d'arranger les querelles des princes chrétiens ». En réalité, il y avait longtemps qu'elle était partie prenante à ces querelles. Morte, la vieille interdiction de réduire les chrétiens en esclavage ; l'ancienne idée de croisade contre l'infidèle servait surtout d'excuse à des impôts supplémentaires ou à des campagnes qui se finissaient plus souvent en Italie qu'en Palestine.

Quels que fussent les efforts de certains souverains pour rendre vie aux croisades, comme l'expliqua très clairement Henri VIII à un ambassadeur de Venise : « Aucune expédition générale contre les Turcs ne s'effectuera jamais tant qu'une semblable traîtrise prévaudra parmi les puissances chrétiennes, tant que leur seule pensée sera de s'entre-détruire. »

Le Saint-Siège était profondément engagé dans de coûteuses manœuvres pour accroître son pouvoir temporel et la prospérité de la famille du pape régnant. Comme les autres princes, pour couvrir les dépenses de leurs politiques monarchiques, les papes durent faire commerce des marchandises dont ils disposaient : fonctions ecclésiastiques, dispenses, indulgences. Ces dernières, cause immédiate des thèses de Luther, étaient une vieille ressource, fondée sur une doctrine du XIIIe siècle, formulée officiellement par Clément VI dans sa bulle *Unigenitus* (1343). A l'en croire, l'Église disposait d'un grand trésor de bonnes actions — celles du Christ et des saints — que le Christ avait confié à saint Pierre ; et ce vaste capital spirituel s'accroissait quotidiennement par l'accumulation d'autres mérites. Le Pape pouvait user de ce fonds afin de récompenser d'autres chrétiens méritants et il le faisait sous la forme de l'indulgence, chèque tiré sur ce compte inépuisable qui délivrait le bénéficiaire des conséquences de ses péchés.

Cette trouvaille était promise à un très grand succès. Dès 1300, lorsque Boniface VIII promit des indulgences spéciales aux pèlerins venant à Rome célébrer le jubilé de cette année-là, l'affluence se révéla si considérable qu'il fallut canaliser la foule sur le pont Saint-Ange en faisant circuler les gens sur la droite : premier exemple connu de réglementation de la circulation. Les papes avaient découvert le filon et ils ne se firent pas scrupule de l'exploiter, soit pour attirer les pèlerins dans quelque sanctuaire privilégié [1], soit pour financer leurs projets en cours : depuis les œuvres de charité ou d'utilité publique jusqu'à la construction de la basilique Saint-Pierre à Rome. Tout cela ne pouvait manquer de provoquer des critiques, comme ce passage célèbre de l'*Éloge de la folie* d'Érasme : « Où mettrais-je ces gens-là qui se croient hors de dette avec la divinité, en vertu des pardons et des indulgences ? Gens qui, par cette sorte de fausses rémissions, mesurent comme avec la clepsydre, comme géométrique-

1. Telle l'église Saint-Julien de Rome où la confession valait la rémission de huit mille années de purgatoire.

ment, et sans craindre l'erreur de calcul, mesurent, dis-je, la durée, les siècles, les années, les mois, les semaines, les jours, les heures du purgatoire (...). Sur ce fondement des pardons et des indulgences, un négociant, un soldat, un juge, n'a qu'à jeter une petite pièce d'argent dans le bassin : le voilà net, et aussi reblanchi que lorsqu'il sortit du baptême. Tant de parjures, tant d'impuretés, tant d'ivrogneries, tant de querelles, tant de meurtres, tant d'impostures, tant de trahisons, tout cela se rachète par un peu de monnaie, et se rachète si bien qu'on se croit en droit de faire un nouveau compte de vices, de crimes, de scélératesse... »

La rémission des péchés, évidemment, pouvait aussi provenir de quelque objet particulièrement sacré ou des reliques d'un saint. Les fidèles qui dépecèrent le cadavre de sainte Élisabeth de Hongrie en 1231 le savaient bien, tout comme les moines de Fossa Nova qui prirent soin de conserver les restes de saint Thomas d'Aquin : ils lui coupèrent la tête, firent bouillir son corps, mirent de côté ses os et sa graisse ; ou encore le roi Charles VI de France qui distribuait les côtes de son saint ancêtre Louis IX en 1392.

Pétrarque raconte que saint Romuald dut feindre la folie pour s'échapper de France parce que ses admirateurs voulaient le tuer pour être sûrs d'obtenir ses reliques. Le propre protecteur de Luther, Frédéric le Sage de Saxe, avait rassemblé 17 443 reliques dans l'église de son château de Wittenberg — grand musée d'objets édifiants conservés dans douze galeries autour de la nef, grâce auxquels les pieux pèlerins pouvaient obtenir cent vingt-huit mille ans d'indulgences.

Ces indulgences auraient été particulièrement utiles à ceux qui en faisaient le trafic. L'indignité du clergé ne pouvait, en effet, que porter atteinte au prestige de l'Église. En 1479, le testament de l'évêque Jean VI de Cambrai énumérait une longue liste de bâtards ; l'abbé du monastère de Saint-Aubert signala comme allant de soi dans le registre de l'abbaye qu'il fut parrain d'un enfant que l'évêque avait eu avec la fille d'un chanoine de la cathédrale. En 1547, un curé de l'endroit se présenta devant le conseil municipal de Gand pour faire savoir qu'il léguait sa maison à ses cinq bâtards. L'évêque de Bâle, un des rares prélats réformateurs, enjoignait à son clergé « de ne pas se friser les cheveux avec des fers à friser, de ne pas poursuivre leurs affaires dans les églises ni d'y faire de tapage, de ne pas tenir de débits de boisson, ni de se livrer au maquignonnage, ni d'acheter des objets volés ». Son voisin, l'évêque de Coire « choisissait ses maîtresses dans les couvents de son diocèse », tandis que son collègue de

Constance faisait de grands profits en portant de quatre à cinq florins l'amende sur les enfants des prêtres. En Écosse la plus grande piété côtoyait les pires abus. Écoles, églises et hôpitaux y furent fondés par dizaines entre 1450 et 1550, alors que, par exemple, le cardinal James Beaton engendrait neuf enfants et Hepburn, évêque de Moray, dix, tous de mères différentes.

Même lorsque leur moralité était sans tache, trop d'ecclésiastiques négligeaient les devoirs de leur ministère, comme un Rupert von Simmern, évêque de Strasbourg de 1440 à 1478 qui, dans toute sa longue carrière ne dit pas une seule messe. Ces personnages avaient acheté leur charge, ou obtenu leur nomination en récompense de services ou simplement grâce aux relations de leur famille. Au XVIe siècle, les concordats signés entre papes et souverains accrurent cette tendance en troquant des privilèges fiscaux pour le Vatican contre le droit de regard des rois sur le clergé. Il en résulta que la puissance royale utiliserait de plus en plus les bénéfices ecclésiastiques importants au profit de ses fins propres. En Écosse, la progéniture illégitime des Stuart monopolisait archevêchés, évêchés et abbayes, tel Alexandre, bâtard de Jacques IV, nommé en 1504, à onze ans, archevêque de St. Andrews. En France, Jean de Guise, fait cardinal en 1518 à l'âge de vingt ans, reçut comme bénéfices, par la grâce de François Ier, cinq grandes abbayes, neuf évêchés et trois archevêchés, parmi les plus riches et les plus importants du pays. Il vivait avec une somptuosité proverbiale, au point qu'un mendiant aveugle de Rome s'écria en recevant son aumône : « Vous êtes ou le Christ ou le cardinal de Lorraine. » Aspect moins digne du Christ, un chroniqueur contemporain affirmait qu'il n'était presque aucune dame ou demoiselle de la cour qui n'eût été débauchée ou circonvenue par ce prélat.

Le haut clergé devint désormais un cercle privilégié et aristocratique de courtisans qui ne s'intéressaient qu'aux profits de leurs charges et préféraient souvent à leur diocèse ou abbaye la cour du roi dont dépendaient leur faveur et leur carrière. Leurs relations avec le reste du clergé étaient distantes voire hostiles. Réduit à ramasser les miettes qui tombaient de la table des prélats, le bas clergé menait une vie misérable, rancunière, et ajoutait au discrédit de son habit quand il n'alimentait pas les critiques. En 1512, le concile du Latran, réuni par le pape Jules II (1503-1513), proposa des réformes, tenta de restreindre, faute de pouvoir abolir, les abus les plus criants comme le cumul des bénéfices, la simonie et la débauche des moines. Tout cela n'empêcha pas le chancelier de François Ier, Duprat, d'acquérir deux abbayes, cinq évêchés, un archevêché et, finalement, en 1527, la barrette à laquelle se joignit, trois ans plus tard, le titre de légat du pape.

L'essor du mysticisme à la fin du Moyen Age démontrait à l'évidence que les voies officielles ne suffisaient pas à ceux qui s'efforçaient d'apaiser leur soif de Dieu dans une communion sans rites ni intermédiaires. Quant au clergé, il était déshonoré — bien que les prélats conservassent leur prestige, séculier du moins, et que les ecclésiastiques honnêtes fussent respectés, même si on leur faisait grief de ne pas toujours être à la hauteur des exigences de leur ministère.

Si l'on reprochait à l'Église son avidité et sa corruption, on lui en voulait encore davantage d'être étrangère. Le pape était un évêque italien, l'Église était perçue comme italienne. A elle seule, l'Italie comptait trois cent un évêchés alors que l'Allemagne, la France, l'Espagne, le Portugal et les îles Britanniques n'en totalisaient que deux cent soixante-sept. D'autant que nombre de sièges épiscopaux se trouvaient entre des mains italiennes. Et non seulement les bénéfices mais aussi la sainteté semblaient un apanage des Italiens : entre 1300 et 1650, l'Église canonisa, en effet, plus de deux cents Italiens et seulement soixante Français et vingt-six Espagnols. Sans parler de l'argent : annates, denier de saint Pierre, indulgences, prix des services juridiques, etc. Charles Quint, pourtant peu hostile à l'Église, se plaignait que le pape tirait plus d'argent de l'Allemagne que lui, l'empereur.

AMOINDRISSEMENT DU RÔLE DE L'ÉGLISE

Enfin et peut-être surtout, alors qu'elle échouait dans ses fonctions spirituelles, l'Église se voyait supplanter dans ses attributions temporelles. Principale responsable de l'éducation depuis bien longtemps, elle subissait désormais la concurrence des laïcs, maintenant que les plus savants ne se recrutaient plus en son sein.

Au début du XVIe siècle, les maîtres les plus recherchés étaient des humanistes, des frères de la Vie Commune, des professeurs enseignant dans les collèges municipaux largement subventionnés par les autorités locales : collège de

Guyenne à Bordeaux, St. Paul's School à Londres, académie Sturm à Strasbourg. Les élèves de ces institutions se destinaient d'ailleurs moins à l'état ecclésiastique qu'aux nombreuses fonctions que la société laïque commençait à offrir dans l'administration, l'enseignement, les affaires et la magistrature. Les nouvelles écoles ne se contentaient pas de concurrencer leurs devancières, elles brisaient la coquille de la culture ancienne. Les écoles latines médiévales servaient les besoins de l'Église qui les avait fondées ou les protégeait, formaient essentiellement des clercs versés dans un latin qui demeurait la langue vivante de la société chrétienne. Les professeurs de la Renaissance y substituèrent un latin cicéronien beaucoup plus pur dont l'usage distinguait les « hommes de lettres » du commun. Un fossé se creusa ainsi entre le langage de la « culture » et celui de la vie quotidienne, et, qui plus est, entre les laïcs instruits et les prêtres et moines pauvres, dont beaucoup savaient à peine lire et écrire.

L'Église avait également été la principale dispensatrice de la charité et de l'aide sociale, activités très importantes à une époque où la mendicité et le vagabondage représentaient un grave problème. Le déclin de l'artisanat, les crises industrielles, la multiplication des soldats démobilisés ou invalides, tout cela accrut le nombre des nécessiteux au moment même où la désorganisation des fondations, la dégénérescence des monastères, paralysaient les efforts de l'Église. Autorités municipales et royales durent intervenir : elles réorganisèrent, simplifièrent, regroupèrent, prirent en charge l'administration des écoles, des hôpitaux, des ateliers, fondèrent les premiers systèmes d'assistance publique, mirent les enfants au travail, édictèrent des peines sévères contre les mendiants valides, sacrifiant la charité chrétienne à un empirisme brutal. Dans des villes comme Nuremberg, dont l'évêque, qui résidait au loin, avait largement perdu ses prérogatives, le conseil municipal supervisait le clergé local et gérait les affaires des églises, des couvents, des monastères et des institutions charitables : les fondations d'une Église d'État existaient déjà.

Plus les institutions laïques intervenaient dans les affaires ecclésiastiques afin de réformer, de contraindre les évêques à consacrer davantage de leurs revenus au diocèse, de se charger de certaines des tâches charitables et pédagogiques que l'Église avait coutume de remplir, plus les chrétiens cherchaient leurs guides spirituels parmi les responsables séculiers. Lorsque le concile de 1431 se réunit à Bâle, les hussites placardèrent un manifeste sur la porte de la cathédrale :

« Pourquoi Dieu devrait-il écouter les prières des prêtres plus que celles des autres hommes ? demandaient-ils entre autres choses. Serait-ce à cause de leurs lèvres épaisses et de leurs joues rubicondes, ou peut-être en raison de leur brillant appareil, de leur avarice et de leur luxure ? » Cinquante ans après, l'orateur du clergé aux états de Tours trouvait les « laïques meilleurs que les ecclésiastiques ». Alors, peut-être un saint homme laïc était-il plus véritablement un prêtre qu'un clerc corrompu. Et surtout, le dialogue entre l'homme et Dieu avait-il besoin de la médiation de ce corps aussi déconsidéré ? « La dignité pontificale provient de l'empereur, avait protesté Hus ; la primauté et les institutions papales viennent de la puissance impériale. » Le concile de Constance avait dénoncé cette proposition comme hérétique. Beaucoup la trouvaient désormais pertinente. Après avoir fait appel auprès du pape et réclamé un concile, Luther finit (en 1519 à Leipzig) par rejeter la condamnation de Hus par le concile de Constance. Un chrétien pouvait avoir raison contre le pape ou un concile si Dieu était avec lui ; et avec plus de sécurité si le prince le soutenait.

LA RELIGION DU PEUPLE

La corruption, l'irréligion, la décadence, le laïcisme et parfois la laïcisation, les recherches et la critique des humanistes, le mécontentement contre le clergé comme au sein du clergé, tout cela contribua à l'atmosphère dans laquelle la Réforme devint un problème crucial. Mais un rôle clé doit être attribué aux préoccupations du peuple nourries par les ouvrages religieux populaires très largement diffusés. Si tel grand prédicateur proclamait que l'on ne pouvait pas plus mettre la Bible entre les mains de l'homme ordinaire que confier un couteau à découper à un enfant, c'était pourtant ce que faisaient les imprimeurs. Avec la dévalorisation du clergé et de l'Église, Dieu demeurait la seule autorité certaine, et l'on pouvait connaître Sa volonté par un document tangible : les Écritures. Pendant le demi-siècle qui précéda 1520 parurent plus de cent cinquante éditions latines de la Bible et presque autant en langues vulgaires : la première version allemande fut publiée en 1466, italienne en 1471, hollandaise en 1477, espagnole en 1485 et l'on édita la première Bible entièrement en français en 1487, sur ordre du roi. Dans sa *Nef des fous* (1494), Sébastien Brandt décrit une Allemagne débordant de « Bibles, doctrines du salut, éditions des Saints Pères et autres ouvrages semblables ». Et si les livres sont mentionnés en premier lieu à cause du mécontentement que suscitaient les ecclésiastiques, ils rendaient les services de ces derniers moins nécessaires, permettaient à chacun d'entendre directement la parole de Dieu et de l'interpréter à sa guise. Chacun devenait son propre prêtre.

On s'interrogeait beaucoup, trop de gens s'inquiétaient, brûlaient de poser des questions, et trop étaient prêts à y répondre. Peut-être est-ce là que se situe le fonds du problème, là qu'on peut rechercher les origines de la Réforme.

En effet, les historiens récents de la Réforme la présentent surtout comme l'expression religieuse d'une grande angoisse, fruit de l'insécurité et de la détresse générales d'une période de troubles et de catastrophes : les trente-neuf années de schismes, la guerre des Deux-Roses en Angleterre, la guerre des hussites en Bohême, l'ascension et la chute météoriques de Charles le Téméraire et de ses États, la menace turque qui se rapprochait, et partout des épidémies de peste, des famines, une accumulation de maux qui épouvantaient les populations. De telles calamités étaient sans doute la punition de fautes graves. Chacun, homme ou femme, avait commis assez de péchés pour nourrir la fournaise de sa culpabilité, et les fantasmes de châtiments encore plus effroyables dans l'au-delà. Avec la fin du XVe siècle, beaucoup en vinrent à croire que depuis le temps du Grand Schisme, pas une âme n'était entrée au paradis.

Ils pouvaient voir ce qui les attendait après la mort dans les horreurs raffinées que peignait un Jérôme Bosch et dans bien d'autres œuvres de la même veine. L'enfer et le Jugement dernier avaient toujours été un thème privilégié des fresques destinées à édifier les fidèles au Moyen Age. Après la peste noire du XIVe siècle, les détails, les abominations des souffrances infernales prirent une intensité nouvelle ; Satan s'enfla démesurément au point de devenir ce monstre gigantesque se repaissant des âmes des damnés dans une des miniatures des *Très Riches Heures du duc de Berry*, illustration méticuleuse de la vie au début du XVe siècle.

Avant la damnation, la mort ; et la mort était partout, avec sa faux, son sablier, ses ailes de vampire, son squelette grimaçant : sinistre, macabre (le mot apparaît au XIVe siècle), inévitable, entraînant dans sa gigue égalitaire rois et évêques, laboureurs et bourgeois. Fresques, gravures, chansons et pantomimes faisaient de la mort la compagne constante de chacun dans un monde où, d'ailleurs, elle n'était jamais bien loin. Et pourquoi pas la catastrophe finale que tant de calamités préliminaires semblaient laisser présager, pourquoi pas l'apocalypse qu'annonçait Savonarole, que gravait Dürer (1498), que Lucca Signorelli peignait dans ses terrifiantes fresques d'Orvieto (1504) : cette fin du monde que préparait la ruine de Rome (que tous pouvaient voir), la venue de l'Antéchrist (que beaucoup croyaient voir) et le Jugement dernier que proclamaient tous ces prédicateurs ambulants aux redoutables prophéties.

Dans cette extrémité, les hommes recherchaient plus que jamais ce qui pouvait les préserver de la mort et de la damnation : l'aide du Christ, avant toute chose — non plus le calme Seigneur en majesté des grandes cathédrales, mais cet homme tourmenté, torturé, pleurant des larmes de sang, expiant les péchés de l'humanité, cet homme révulsé de souffrances, rongé de douleur, que nous montrent Grünewald, Dürer, Michel-Ange dans sa *Pietà*, dont parlaient ces prédicateurs qui connaissaient le nombre exact de flagellations qu'il avait subies (5475), au point que la Passion finit presque par faire oublier la Résurrection. Comme celle des Aztèques à la même époque, la religion de la Chrétienté angoissée cherchait l'expiation dans le sang, les souffrances et les larmes. Contrairement aux Aztèques, cependant, elle recherchait aussi une protection chez des personnages pleins de douceur — la Vierge par-dessus tout, dont le grand manteau enveloppait l'humanité en détresse. Son culte prit une ampleur sans précédent au XVe siècle avec la croyance en l'immaculée conception, la récitation du rosaire, les pèlerinages à son sanctuaire spécial de Lorette, l'attention portée de plus en plus à sa mère, sainte Anne.

Après la Vierge, les saints, particulièrement honorés au XVe siècle et au début du XVIe, au point d'évoquer une résurgence du polythéisme. Après les saints, les indulgences, les amulettes, les images pieuses et les reliques. Pourtant, même cet arsenal que l'on accumulait selon ses moyens (en vieillissant, Louis XI en réunit une impressionnante collection) ne parvenait pas à rassurer, tant les manifestations de la colère de Dieu pleuvaient en tous sens.

Le XIVe siècle finissant avait exprimé tout cela dans ce qui est, encore aujourd'hui, l'hymne de la mort, le *Dies Irae* :

Jour de colère, jour d'affliction
Où l'univers sera réduit en cendres.

Selon les oracles de David et les prédictions de la [Sybille.
Quelle sera la terreur des hommes
Lorsque le souverain Juge
Viendra scruter toutes leurs actions[1] !

Aucun intercesseur n'apparaissait pour soulager le sort de l'homme, seul devant son Créateur. Seul, comme le pensait Luther, seul lorsqu'il devrait abandonner son arsenal de béquilles et de rationalisations et que ne resterait que le témoignage de sa vie : lui-même, petit, médiocre et dénué de vertu devant la terrible majesté de Dieu. A quoi pouvaient bien servir les formes et les hochets de ce monde dans une situation où seuls comptaient la grâce de Dieu, le libre don du salut, et la foi de l'homme en Celui qui donne et en Son présent ? Voilà la réponse de Luther et des autres réformateurs aux angoisses et obsessions de leur temps.

En résumé, au XVIe siècle, les liens et conventions qui gouvernaient les relations entre les hommes, entre eux et la société, entre eux et les gouvernants, se rompaient partout ; et en Allemagne plus qu'ailleurs, comme nous allons le voir. La corruption, l'anarchie et la misère générales n'offraient aucune solution. Princes et prélats étaient tombés dans le discrédit. Parmi les lettrés, les meilleurs réclamaient un changement tandis que le reste se dispersait en quêtes insignifiantes. Chez ceux qui commençaient à réfléchir, à mettre en question, à espérer, un sentiment d'inquiétude et d'absurdité s'amplifiait, poussant au cynisme ou à la rébellion. Mais dans quel but se rebeller ? Si l'on n'était pas cynique ou apathique, une foi nouvelle pouvait surgir de l'ancienne, un nouvel engagement naître des trahisons antérieures, une réaction contre les déconvenues présentes pouvait affirmer — réaffirmer — la promesse ancienne que les clercs, les politiciens et les juristes avaient travestie : la promesse de l'amour de Dieu et du salut par Son entremise.

Ce monde dont les hôtes les plus sages avaient perdu toute foi n'offrait aucun espoir, aucune issue ; sinon en Dieu et dans la communion intérieure avec Lui qui pouvait être rétablie en renouant le contact avec Sa parole et Sa volonté, en écartant, si nécessaire, les barrières institutionnelles qui sem-

1. A comparer avec cette ballade du XVe siècle citée par Huizinga dans *Le Déclin du Moyen Age*. « Temps de douleur et de tentation / Age d'envie, de larmes et de tourment / Temps de langueur et de damnation / (...) Age de tristesse qui abrège la vie. »

blaient obstruer le chemin. Là était la source de ce que Norman Cantor appelle la doctrine existentielle de Luther et de ses amis. Que l'homme se réconcilie avec Dieu et il se réconciliera de nouveau avec lui-même et, il faut l'espérer, avec ses semblables.

Luther

Le Dr. Martin Luther (1483-1546), professeur de théologie à Wittenberg, avait trente-quatre ans quand il placarda ses thèses sur la porte de la chapelle du château. C'était, à sa manière, un bon exemple de la promotion sociale et intellectuelle ouverte à un garçon intelligent de cette époque. Son père, simple mineur saxon, avait fait montre de suffisamment d'esprit d'entreprise pour monter une affaire et envoyer son fils étudier le droit canon à l'université d'Erfurt. Mais le jeune Martin ne se souciait guère de droit et de profit. Tiraillé entre des élans contradictoires, sujet à de graves crises émotionnelles, en conflit avec son père et les valeurs terre à terre que représentait le dur vieillard, il abandonna ses études juridiques et, pensait-il, le monde. Il entra chez les augustins en 1505 et se tourna vers la théologie, la philosophie et l'érudition pour finalement obtenir une chaire d'université. Vulgaire, violent, impatient, disputailleur, impulsif, il se révéla un talentueux professeur et un remarquable prédicateur, comme ne tardèrent pas à le remarquer ses supérieurs.

Une question le tourmentait : le salut. Comment la créature humaine, pécheresse, corrompue, faillible, pourrait-elle jamais surmonter sa *damnosa hereditas,* transcender son humaine servitude, sauver son âme immortelle ? La peur de la damnation plongea Luther dans le désespoir jusqu'à ce qu'il trouvât une réponse dans l'assurance de saint Paul aux Romains que le juste vivra par la foi. La formule n'avait rien de neuf et l'idée ne semble guère subversive. L'humaniste français Lefèvre d'Étaples avait dès 1512 énoncé la doctrine de la justification par la foi dans sa nouvelle édition des Épîtres de saint Paul. Louis XII et François Ier, tout comme la sœur de ce dernier, Marguerite de Navarre, avaient une haute opinion de Lefèvre et encouragèrent ses travaux, qui culminèrent avec sa traduction en français du Nouveau et de l'Ancien Testament (1523 et 1525). Pour Luther, cette conception fut un soulagement et une révélation tels qu'il se sentit « renaître et pénétrer par les portes grandes ouvertes dans le paradis lui-même ».

En 1515, trois ans après que Lefèvre eut exprimé ses idées en France, Luther se mit à enseigner dans une perspective semblable. La prééminence de la foi impliquait que toute superstructure dogmatique et formelle était une déviation, un obstacle, un dédale dans lequel l'homme se perdait, s'écartait du simple appel de Dieu, oubliait d'écouter la parole divine, parole qui ne se trouvait pas dans les bibliothèques, les tribunaux, les savantes dissertations, mais dans les propres déclarations de Dieu telles que les rapportaient les Écritures et que l'homme en trouvait l'écho dans son propre cœur. S'ensuivait l'idée du « sacerdoce de tous les croyants » qui contribua aux soulèvements précipités par la prédication de Luther. Il s'ensuivait en outre que l'Église dissimule plus qu'elle ne révèle la vérité et le salut divins, tant ses activités mondaines impliquent de compromis avec le mal, tant ses rites et ses promesses égarent le croyant. Seule la foi sauve. Seul Dieu accorde la foi. L'homme est la créature de Dieu ; il est entre Ses mains, sa volonté se confond avec la volonté divine, son salut ne dépend que de son créateur. Si le salut vient du Christ et que le Christ n'accorde de valeur qu'à la foi, les indulgences sont des blasphèmes, leur vente se résume à une escroquerie.

Les arguments de Luther résonnèrent si vite et si loin en Allemagne et au-delà qu'ils devaient répondre à des aspirations ou des rancœurs fortes et diverses : chez les intellectuels qui critiquaient le relâchement et la corruption des ecclésiastiques ; chez les gens ordinaires fatigués d'entretenir une Église peu satisfaisante et souvent étrangère ; finalement chez les princes qui espéraient profiter de l'élimination de l'autorité papale, de la confiscation des biens ecclésiastiques, pour dominer les structures de la nouvelle Église dans leurs États ; et surtout chez nombre de croyants résolus à sauver leur âme.

Mais pourquoi les Allemands furent-ils si touchés par ce message ?

En 1517, l'Allemagne, comme Lucien Febvre l'a décrite dans le meilleur livre que nous ayons sur le jeune Luther, était dans un état d'anarchie. Elle possédait richesses, fierté, industrie, grandes villes, mais ni unité ni stabilité ni la capacité de rien changer à cette situation. On perçoit également un sentiment diffus d'humiliation à constater que si des États nationaux se constituaient autour de lui, l'Empire demeurait une nation médiévale, une mosaïque de dialectes, de privilèges, de rivalités de clochers, sur laquelle régnait un empereur plus pauvre que ses évêques, plus faible que les souverains ses voisins, et que gouvernaient des princes locaux en quête d'un pouvoir qu'ils commençaient à organiser efficacement dans leurs territoires.

Les hommes étaient nombreux, mais ils menaient une vie plus difficile et plus incertaine que jamais peut-être depuis la peste noire, surtout les gens du commun. Fernand Braudel rappelle les paroles de Charles Quint au siège de Metz en 1552, du moins les paroles qui lui furent attribuées : l'empereur demanda qui étaient les mourants et s'il s'agissait de gentilshommes et de personnes de qualité. On lui répondit que c'étaient tous de pauvres soldats. Peu importait qu'ils mourussent, dit-il alors. Et de les comparer à des chenilles, à des criquets et à des hannetons qui mangent les bourgeons et autres présents de la terre...

Dans les campagnes, les seigneurs transformaient un mode d'exploitation féodal approximatif en système plus centralisé et mieux administré, asservissant les locataires héréditaires, réaffirmant les anciens droits féodaux et en inventant de nouveaux. Le mécontentement et l'agitation provoqués par ces changements dégénéraient souvent en émeutes, parfois même en mouvements millénaristes qui promettaient la satisfaction des revendications et le règne véritable de la justice divine. La révolte de Luther contre l'autorité ecclésiastique encourageait la possibilité de rébellions contre d'autres autorités. Les aspirations religieuses se mêlaient aux doléances séculières, donnant un surcroît d'élan à une effervescence déjà endémique dans le pays.

Les révoltes paysannes n'avaient rien de nouveau au XVIe siècle. Elles faisaient partie de l'Ancien Régime, a suggéré Marc Bloch, au même titre que les grèves sont un élément normal du système capitaliste. Les annales, depuis le Moyen Age jusqu'au XIXe siècle, regorgent de soulèvements paysans, de châteaux brûlés, de « rois » ou de « papes » élus par les insurgés, de revendications toujours plus ou moins semblables sur la dîme, les droits de glanage, dénonçant les droits de chasse et tous les autres privilèges des seigneurs et des prêtres. Ces jacqueries s'inspiraient souvent d'espoirs millénaristes, de souvenirs évangéliques d'égalité humaine, de sentiments religieux qui n'attendirent pas la Réforme pour s'exprimer. Et ces sentiments, ces doléances et ces espoirs étaient souvent formulés par des chefs appartenant au clergé, pauvres prêtres de campagne aussi démunis que leurs partisans mais légèrement plus instruits, mieux en mesure de concevoir les misères particulières en termes généraux, d'apporter le ferment intellectuel sans lequel la révolte ne pourrait se transformer en rébellion.

Mais la parole partie de Wittenberg se répandit plus fortement dans les cités indépendantes où la prédication luthérienne se concentrait surtout et dont les conseils municipaux se montraient plus sensibles à l'exigence populaire de réforme que les petits souverains qui s'en souciaient moins. Dans les villes, les compagnons avaient de plus en plus de mal à devenir maîtres, les artisans en étaient réduits à travailler comme salariés, les groupes économiques et sociaux se sclérosaient. Là aussi, les revendications sociales trouveraient naturel de s'exprimer en termes religieux.

Hommes et factions qui n'arrivaient pas à s'entendre sur une réforme politique parvenaient à s'accorder sur la Réforme, car dans ce domaine tout le monde pouvait espérer quelque profit sans craindre de rien perdre. L'empereur, rival traditionnel de la papauté, souhaitait accroître son autorité ; les cités et les bourgeois rêvaient d'endiguer la fuite de l'or dans les coffres de Rome ; les princes de s'emparer des biens de l'Église. Un événement cristallisa tous ces espoirs : la mort de l'empereur Maximilien en 1519. On agitait depuis longtemps la question de sa succession : le futur souverain serait-il le petit-fils de Maximilien, Charles d'Espagne et de Bourgogne ; serait-ce le roi François Ier de France, ou l'électeur Frédéric de Saxe qui avait la faveur du pape, ou encore le volage Henri VIII d'Angleterre ? Parmi ces candidats, seuls les Habsbourg et les Valois avaient les moyens de prétendre sérieusement à une couronne qu'il fallait acheter, souvent plusieurs fois, à chaque électeur. Un électeur vendit ainsi sa voix six fois : trois fois à François Ier et trois fois à Charles qui finit par en disposer.

Les échos de cette campagne qui mettait toute l'Allemagne sur des charbons ardents, attisèrent les feux du nationalisme ou, du moins, de la xénophobie. Assez de tous ces étrangers qui, non contents d'intervenir sans cesse, voulaient en plus régner. Comme nous l'avons vu, c'est le plus allemand des candidats, Charles de Habsbourg, qui remporta finalement l'élection, porté par une véritable vague de sentiment national. Là encore, Luther exprima et amplifia la colère et l'humiliation des masses populaires. « Il n'est pas de nation plus méprisée que l'allemande », tonna-t-il, dénonçant ces Italiens trop malins qui suçaient la moelle du pays. Et si l'Allemagne était envahie et pillée par les étrangers, la faute en revenait largement à Rome.

En 1520, Luther publia ses trois pamphlets les plus célèbres : le *Manifeste à la noblesse allemande*, qui invitait les Allemands à résister aux exactions de Rome et à réformer l'Église par un concile général. La *Captivité à Babylone*, le seul en latin, traitait de la question des sacrements — ne concluant à la nécessité que du baptême, de l'eucharistie et de la pénitence[1] — et reprochait à la papauté d'égarer les chrétiens. Le troisième, le *Petit Traité de la liberté humaine*, précisait la doctrine de la justification par la foi.

De semblables idées, présentées avec tant d'éloquence et de force, se devaient de provoquer un conflit puis la rupture avec Rome. Pour ses amis — tel Ulrich von Hutten, chevalier, humaniste, ennemi de la papauté, et lié aux barons brigands — Luther luttait pour les libertés allemandes, pour l'indépendance et l'affirmation de son pays. Des observateurs moins partisans, comme Érasme, estimaient que ce n'était pas pour ses hérésies que Rome poursuivait le réformateur, mais parce qu'il avait levé la main sur « la tiare papale et le ventre des moines ». Et il semble bien que, décidée à défendre ses intérêts allemands, sa position dans l'Empire, son autorité et ses revenus, Rome traitait Luther non comme une âme chrétienne mais comme un fléau indomptable qu'il convenait d'écraser et non de convaincre. Elle le jeta ainsi dans la rébellion qu'elle avait redoutée, et ses compatriotes avec lui.

Luther niait l'infaillibilité du pape, puis même des conciles. Excommunié en décembre 1520, il invita les étudiants et les bourgeois de Wittenberg à le voir brûler publiquement la bulle papale. L'empereur lui intima de se rétracter mais il répliqua qu'il ne le pouvait pas et n'entendait pas démentir la vérité telle qu'il la voyait (diète de Worms, 1521). Il se retrouva alors au ban de l'Empire, mais son protecteur, l'électeur de Saxe, le cacha dans le château de la Wartburg, où il traduisit la Bible en allemand, forgeant ainsi pendant cette année d'exil la plus grande arme au service de la popularisation d'une doctrine qui se répandait désormais rapidement dans toutes les classes sociales. D'abord sous la plume de Hutten, puis sous celle de Luther, la polémique était passée du latin à l'allemand, de l'appel aux puissants et aux gens instruits au ralliement du peuple allemand tout entier contre l'ennemi commun.

De Worms, le légat du pape, Aléandre, dut informer son maître qui s'attendait à un rapide règlement de cette « querelle de moines » que les neuf dixièmes des Allemands

1. Ce dernier fut finalement abandonné à son tour.

étaient pour Luther et que le dixième restant s'opposait au souverain pontife. Peut-être faut-il inverser ces chiffres ; quoi qu'il en fût, le message réformateur prenait rapidement de l'ampleur jusqu'à ce qu'il apparût soudain que cette brise rafraîchissante était annonciatrice d'un ouragan révolutionnaire.

Il est impossible d'attaquer les structures existantes, de provoquer une modification radicale des croyances et des institutions sans susciter de nouvelles revendications. Comment se servir hardiment de son jugement, affirmer le libre arbitre contre l'autorité, sans ouvrir le chemin à d'autres qui veulent en faire autant et qui, l'autorité ayant été écartée, tirent des conclusions différentes ? Comment, après avoir invoqué des principes chrétiens qui subvertissent fondamentalement l'ordre social et la justice ordinaire, empêcher les pauvres et les opprimés de les brandir à leur tour pour leur propre cause et d'en faire les drapeaux d'une révolution qui peut aisément passer du plan spirituel au plan social ?

Luther s'était attaqué au problème du salut, préoccupation cruciale de certaines âmes chrétiennes, que d'aucuns considéraient comme allant de soi. Péniblement, il avait écarté les alluvions entassées par les siècles pour revenir à la promesse originelle de l'Église — que la foi sauve et que le salut est libre — conception dérangeante et guère soucieuse, en outre, des nécessités institutionnelles. L'Église condamnait les partisans de Luther comme schismatiques, tandis que ceux-ci lui reprochaient, pour leur part, d'avoir perdu l'esprit et oublié la parole de Dieu. Désormais, le contenu profondément subversif de la pensée de Luther non seulement se déchaînait contre Rome, « la putain de Babylone », mais réaffirmait implicitement la vie et le monde qui, bien que pleins de péchés, doivent pourtant être bons puisqu'ils ont été créés par Dieu. Les tâches qu'accomplissent les hommes, tout humbles soient-elles, sont la volonté de Dieu. Chaque chrétien — paysan, artisan, femme ou chevalier — a tout autant de mérite que le prêtre ou le prédicateur. En vérité, ils sont tous prêtres, tous témoins de la gloire et de la puissance de Dieu, bien plus que les moines ou les nonnes qui, dans leur retraite, nient la vie.

C'étaient là des idées révolutionnaires, séduisant bourgeois, vilains et gentilshommes, mais réactionnaires aussi par leur insistance sur la place et la tâche attribuées à chacun par Dieu à la naissance. Et chacun de les interpréter différemment, selon son penchant. Des villes comme Nuremberg et Strasbourg, peu touchées par l'agitation sociale de l'époque, répondirent avec ardeur à l'appel spirituel. Humanistes et artisans, suivant le conseil de Pierre (I, Pierre, 5, 7) de se décharger sur Dieu de tous leurs soucis, s'en trouvaient mieux, plus légers, plus forts, plus sûrs d'eux-mêmes. Rancœurs sociales et difficultés économiques en poussèrent d'autres à insister sur l'appel à l'homme de devenir un instrument de Dieu, en balayant la corruption, en rétablissant la bonne vie conçue pour lui, en établissant ici, sur terre, le royaume de Dieu. En 1520-1521, l'Allemagne était en effervescence. La guerre des pamphlets faisait rage en tous lieux ; les troubles éclataient dans les rues comme dans les églises. On attaquait les prêtres, on insultait les moines. La parole — qui avait suffi à Luther — devenait chair, actes, agitations et, pour finir, rébellion.

Inévitablement, nombre de prédicateurs poussaient les idées évangéliques de Luther beaucoup plus loin qu'il l'eût souhaité. Ainsi des hommes comme Karlstadt (1480 ?-1541) et Thomas Münzer (1489 ?-1525), qui songeaient à un christianisme des élus, vivaient dans un communisme vertueux et attendaient la fin du monde, ne tardèrent pas à prêcher ce qui revenait à une révolution sociale. C'étaient les puissants et les riches, disaient-ils, qui écartaient les masses du salut en les maintenant trop pauvres, trop ignorantes et trop tourmentées pour qu'elles pussent prier et lire la Bible. La réforme religieuse ne pouvait aboutir que par la réforme sociale, c'est-à-dire par la révolution sociale. Ces arguments encouragèrent d'abord la grande révolte paysanne de 1524-1525, puis l'essor de l'anabaptisme qui culmina dans le terrible siège de Münster (1534-1535).

Anabaptistes et réformateurs évangéliques

L'histoire des anabaptistes montre jusqu'où le christianisme radical de certains réformateurs pouvait aller. Né en Allemagne du Sud, où il subit la persécution aussi bien des luthériens que des catholiques, l'anabaptisme fit rapidement des adeptes parmi les paysans, les ouvriers et les pauvres. Il se répandit en Allemagne du Nord et aux Pays-Bas et, dans les années 1530, devint une force dangereusement corrosive. Beaucoup plus mystiques que doctrinaires, ses prophètes annonçaient la fin du monde : Dieu allait venir juger les vivants et les morts. La nouvelle comblait les aspirations des masses populaires misérables. Apocalyptiques, les anabaptistes rejetaient l'ordre établi, l'Église et les prêtres, la propriété et le gouvernement, avec ses magistrats, ses soldats et ses contrats. Tout cela était profane et, à ce titre, mauvais. Les justes, les purs, les sauvés allaient bâtir leur propre cité de Dieu, où les hommes seraient égaux et libres, où toutes les distinctions s'aboliraient dans une communauté de charité et d'amour.

On voit la nature profondément révolutionnaire de telles conceptions et pourquoi leurs adeptes furent rapidement persécutés par une société et un État trop conscients de leur menace. Cyniquement ou non, beaucoup adoptaient d'enthousiasme les arguments religieux pour cesser de payer l'impôt, nier la compétence des tribunaux laïcs, rejeter l'autorité des supérieurs sociaux et se dresser contre eux. Ces idées prirent finalement une forme concrète avec l'apparition en 1533 d'un certain Jan Matthis de Haarlem qui, balayant la tentation de la résignation chrétienne, se mit à prêcher un royaume de Dieu établi par l'épée, une nouvelle Jérusalem fondée sur la terreur. Un premier soulèvement de ses partisans échoua à Amsterdam en 1534. L'année suivante, un disciple de Matthis, Jean de Leyde, trouva sa Jérusalem et la mort, en compagnie de beaucoup d'autres, à Münster, ville de Westphalie. Après la prise de Münster, Jean et ses lieutenants furent enfermés dans des cages de fer pendues aux clochers de la cathédrale : toute la chrétienté sut alors qu'il fallait traquer les anabaptistes comme des chiens enragés, même si la plupart des survivants en étaient revenus à des conceptions apocalyptiques moins radicales. Jusqu'à la moitié du XVIe siècle, les anabaptistes fourniraient à l'Inquisition la majorité de ses victimes, et jusqu'aux partisans de la tolérance les considéreraient comme trop dangereux pour les accepter.

La grande majorité des réformateurs évangéliques s'étaient depuis longtemps dissociés de ces activités extrêmes. Luther le premier : il ne voulait ni ne prêchait la rébellion, la démocratie, et les transformations sociales. En dehors du cœur, la Réforme ne relevait pas de M. Tout-le-monde — *Herr Omnes* — dont la tâche était d'obéir, mais des autorités légitimes : sinon le pape du moins l'empereur ; sinon l'empereur alors les princes territoriaux. Voilà pourquoi Luther réagit violemment à la révolte d'hommes qui non seulement outrepassaient considérablement ses intentions, mais niaient les autorités mêmes qui seules pouvaient et devaient faire appliquer les valeurs qu'il ressuscitait.

Il est juste de reconnaître que Luther n'était pas luthérien : il ne se voulait pas l'homme d'une nouvelle Église et encore moins d'une révolution radicale. Les paysans qui le considéraient comme un champion des opprimés et l'ennemi des tyrannies se trompaient profondément : il ne pouvait tolérer qu'ils brandissent les Évangiles contre leurs seigneurs et leurs princes. Dieu seul, qui les avait faites, pouvait rabaisser les autorités séculières. La seule liberté véritable de l'homme est spirituelle. Tout le reste mène à l'anarchie et est l'œuvre du diable. Le chaos sanglant du premier soulèvement des paysans avait convaincu Luther de l'incompétence politique du menu peuple. Il alla alors jusqu'à déclarer qu'en des circonstances aussi extraordinaires, « un prince pouvait gagner le royaume des cieux plus facilement en versant le sang que d'autres par la prière ». En était-il arrivé en 1525 à contredire ses précédentes positions ? Il est plus probable qu'il réaffirmait sa croyance que la cité de Dieu n'est pas de ce monde et que sur cette terre les hommes ne pouvaient essayer que de la mériter et non de l'instaurer. Citoyens de la cité céleste — du moins par leur aspiration — les hommes doivent vivre leur vie comme ils le peuvent ici-bas : en acceptant, non en se rebellant ; en accomplissant la fonction que Dieu leur a confiée. Telles étaient les assises de l'Allemagne luthérienne.

Les hommes ne pouvaient pas simplement abandonner l'ordre profane, créer leurs propres communautés et se gouverner selon la loi de Dieu, telle qu'elle leur apparaissait. Ils devaient accepter la règle de ceux que Dieu avait placés au-dessus d'eux, magistrats et princes. Les relations de l'homme avec le divin pouvaient être directes ; il n'avait pas besoin d'intermédiaire, sans doute, mais, souvent, d'un maître : telle était la fonction didactique que devait remplir l'Église. L'Église n'était pas une institution représentative ou gouvernante mais un élément de la structure sociale soumise au magistrat séculier ou au prince, une Église d'État loyale envers l'État qu'elle servait.

Ces conceptions rassuraient les puissants et les propriétaires alarmés par le lien apparent entre les idées réformées et les bouleversements sociaux. Ainsi, un ami de Luther et d'Érasme, le patricien de Nuremberg et humaniste Willibald Pirkheimer (le meilleur ami de Dürer), avait-il violemment critiqué les évangéliques dans les années 1520, leur reprochant d'être « entièrement désunis et divisés en sectes qui doivent suivre leur cours, comme les paysans fanatiques, jusqu'à la folie. Que Dieu préserve tous les hommes, les pays et les peuples pieux d'une semblable doctrine qui, là où elle pénètre, fait disparaître la paix, le calme et l'unité ».

La position adoptée par Luther en 1525 découragea les

extrémistes populaires qui ne représentaient guère une force politique importante, et surtout calma les inquiétudes de ceux qui comptaient. La Saxe, la Prusse, la Hesse, le Brandebourg, le Schleswig, le Brunswick, et un grand nombre de villes soutinrent Luther. En 1529, leurs protestations contre la majorité catholique à la diète impériale de Spire leur valurent le nom de Protestants et se conclurent par une déclaration de principe[1] : « Dans les questions qui concernent l'honneur de Dieu et le salut et la vie éternelle de notre âme, chacun doit répondre et témoigner devant Dieu lui-même. »

Le mouvement s'étendit, dans la guerre comme dans la paix : Clèves, le Palatinat, le Wurtemberg rallièrent les protestants. Puis ce fut au tour des Scandinaves, fermement retranchés vers le milieu du siècle dans le camp luthérien. A Anvers et à Paris, les premiers martyrs de la Réforme périrent sur le bûcher en 1523, et en Écosse cinq ans plus tard. En Angleterre, Thomas Cromwell, qui aida Henri VIII à rompre avec Rome, ne cachait pas ses sympathies luthériennes. A chaque fois, pourtant, la réforme de l'Église alla dans le sens d'un renforcement de la monarchie. Il est remarquable que là où, comme en Espagne et en France, la couronne dominait l'Église nationale (ou, comme en Italie, l'Église était incontestablement nationale) le protestantisme ne put l'emporter véritablement. Si Luther aimait à signer, après 1517, *Eleutherius* — le libérateur — la libération qu'il apportait restait strictement limitée, tant d'un point de vue politique que spirituel.

L'enthousiasme des humanistes allemands qui saluaient en Luther le Cicéron ou l'Hercule allemand ne doit pas nous faire oublier que l'émancipation qu'il apporta par rapport à la messe, aux vœux religieux, au célibat des prêtres, aux jeûnes et autres formes traditionnelles, ne correspondait que de très loin à l'importance que les humanistes donnaient à l'individualité et à la dignité de l'homme. Certes, l'homme de Luther est un reflet du Dieu de vérité et de beauté qui l'a créé à Son image, qui lui a donné raison et savoir comme Il a donné les fleurs et le soleil au monde. Mais le miroir est fêlé, la relation entre l'homme et Dieu brisée sans espoir de réparation, du moins humaine, par le péché originel et l'inévitable corruption qui en résulta. A cela nulle issue sans l'intervention, la grâce de Dieu. Il ne suffit pas (comme le dirait Érasme) à l'homme de vouloir, de s'efforcer vers le christia-

1. Les théologiens avaient été incapables de se mettre d'accord sur une déclaration de foi.

nisme et le salut. Il ne lui suffit pas de s'acquitter consciencieusement des devoirs et des rites prescrits (comme l'estimait l'Église). Dieu doit intervenir sans être appelé, arbitrairement, librement, pour que l'homme puisse être sauvé. L'initiative ne revient pas à l'homme mais à l'appel de Dieu ; ce que Jean Calvin porterait à sa limite logique avec sa théorie de la prédestination.

Calvin

Misogyne, insomniaque, monomaniaque comme tous les génies, doué d'une forte volonté bien que maladif, éloquent, entêté, instruit et bénéficiant d'une excellente mémoire, Jean Calvin (1509-1564) représente, pour ainsi dire, la génération suivante — les hommes qui tirèrent les conclusions de la révolution qui les empoigna lorsqu'ils étaient encore en pleine jeunesse. Français, Calvin suivit des études humanistes et juridiques avant de rompre avec le catholicisme en 1534. Il chercha refuge dans les cités protestantes de l'est de la France et finit par s'installer en 1541 à Genève, petite ville de moins de dix mille habitants. C'est là qu'il travaillerait et combattrait jusqu'à sa mort, transformant sa dernière retraite en citadelle d'un protestantisme nouveau.

Luther avait rejeté une tradition pour retrouver une filiation plus ancienne, n'avait rompu avec une institution que pour se tourner vers une autre, ne s'était rebellé — semblait-il à beaucoup — que pour aboutir à une nouvelle orthodoxie. Calvin abandonna institutions et traditions pour se fonder sur les Écritures, sur le seul Christ, sur la grâce et la foi, et singulièrement sur Dieu tout-puissant. Bien qu'il convînt avec Luther que l'homme était justifié par la foi et que les œuvres ne lui valaient aucun mérite, la logique le conduisit à formuler les implications plus rigoureuses de la prédestination : l'homme dépend du plan éternel de Dieu.

Pas de salut sans prédestination. Les hommes se représentent Dieu à leur propre image, et Celui de Calvin est le reflet fidèle du réformateur : parfaitement indépendant avec sa puissance illimitée, d'une volonté implacable, d'une froide intelligence, un dieu immuable qui ne change jamais d'avis. Ainsi, sur son lit de mort, Calvin demanda aux pasteurs de Genève de ne faire ni changements ni innovations, « parce que tous les changements sont dangereux ». On ne peut connaître Dieu, car Sa majesté est hors de portée de tous nos sens. On ne saurait avoir un aperçu du mystère divin qu'au travers des Écritures, Sa révélation aux hommes, miroir de Dieu pour ceux qui ont la foi. Mais la foi est un libre don : les mystères de Dieu ne sont compris que par ceux à qui cela est donné. Dieu distingue les hommes pour la vie éternelle ou les condamne à être éternellement privés de Lui, c'est-à-dire damnés, selon Son bon plaisir, selon Sa grâce, que rien ne peut modifier hormis Sa volonté, qu'aucun homme ne peut rien faire pour mériter ni, d'ailleurs, rejeter ; et qui se manifeste dans la vie, le caractère et chaque action de l'élu. La pensée juste, la vie juste, les bonnes œuvres ne sont pas les moyens mais l'expression du salut ; une perpétuelle inquiétude, un examen de conscience constant permettent seuls de déterminer si l'on est ou non l'élu de Dieu. Mais une fois que l'on en a acquis la conviction, la joie et la gratitude ne peuvent qu'exhorter vivement à servir le Maître et Sa parole, à sacrifier et sanctifier tant soi-même qu'un monde qui doit obéissance et louange à Dieu, son créateur, son souverain et son seigneur.

C'est là une conception de Dieu pour des hommes forts, solides, vigoureux, confiants, qui acceptent une image semblable parce qu'ils auraient pu l'inventer eux-mêmes. On y retrouve — là encore — les idées guerrières, chevaleresques et monarchiques du temps. L'adepte devenait ainsi un soldat de Dieu : armé de cette doctrine d'énergie et d'action il revivait les guerres saintes de l'Ancien Testament pour défendre le Nouveau, transposait sur un plan chrétien les théories de l'honneur chevaleresque en vigueur. Comment le calvinisme n'aurait-il pas séduit la noblesse : de la France à l'Écosse, de la Pologne à la Transylvanie et aux Pays-Bas ? Il se répandit aussi parmi les artisans et les paysans français, écossais et hollandais ; mais toucha moins la bourgeoisie prospère peu soucieuse de se faire trop remarquer. Vers 1570, la moitié de la noblesse française et un tiers de la bourgeoisie étaient protestants ; pourtant bon nombre des réfugiés qui affluaient dans la Genève de Calvin n'étaient ni pauvres ni nobles : marchands, imprimeurs, manufacturiers, médecins, légistes, érudits qui manifestaient la très forte adhésion d'une intelligentsia plus à même, en outre, de se déraciner que les paysans ou la noblesse campagnarde attachés à la terre par la nécessité autant que par le choix.

Peut-être l'attrait du calvinisme se comprend-il moins dans un contexte purement social que dans une perspective politique. Se savoir sauvé est bien, savoir ses ennemis damnés, mieux encore. Contrairement au luthéranisme qui s'alliait volontiers aux dirigeants, les aidait à affirmer ou à accroître leur pouvoir, le calvinisme se présentait comme une foi combattante s'associant souvent à l'opposition politique. Calvin lui-même respectait l'autorité séculière autant que Luther, réservait à Dieu le châtiment des mauvais magistrats et interdisait de leur résister. Mais l'autorité de Dieu transcendait celle des princes et là où Il ne pouvait prévaloir, le calviniste s'en remettait à sa conscience, ce qui, trop souvent, le poussait à la révolte.

Partisans de la prédestination et du congrégationalisme, les calvinistes constituaient leur propre ordre politique tandis que les luthériens respectaient les institutions établies. Leur assurance, leur indépendance, la forme d'autodétermination qu'ils affirmaient ici-bas imposaient un changement du caractère local chaque fois que leur foi s'implantait quelque temps : la Genève dissolue devint une ville rangée et sérieuse, les Écossais imprévoyants, violents et débauchés se transformèrent en une nation de citoyens austères et entreprenants. Tous étaient pénétrés de l'idée du progrès : le progrès se mesurant par le changement, le changement qu'ils décrétaient convainquait les observateurs qu'ils allaient de l'avant.

Si tel était le cas, ce mouvement s'effectua d'abord dans une grande confusion. En Angleterre, le Parlement et la « Convocation » (l'assemblée de l'Église) firent sortir l'Église d'Angleterre de la tutelle de Rome en 1534 sur l'ordre d'Henri VIII, la rapprochèrent de Genève sous le règne d'Édouard VI (1547-1553), la ramenèrent dans le giron romain avec Marie Tudor (1553-1558) pour finalement l'installer à mi-chemin entre le catholicisme et le calvinisme sous l'égide d'Élisabeth Ire (1558-1603). La rupture définitive avec Rome intervint seulement avec l'excommunication d'Élisabeth et se confirma en 1588 par l'échec de l'armada espagnole à reconquérir le royaume pour le catholicisme. En Écosse, les idées réformées se répandirent avec Jacques V (1528-1542), furent réprimées sous le règne de Marie Stuart, triomphèrent de nouveau avec John Knox et l'établissement de l'Église presbytérienne en 1560.

La situation fut aussi hésitante dans les autres pays et s'exprima parfois en mesures paradoxales. Ainsi, lorsque Henri VIII mourut en 1547, François Ier ordonna qu'une oraison funèbre fût célébrée dans la cathédrale (catholique) de Notre-Dame de Paris. L'explorateur français Villegagnon, qui voyagea au Brésil entre 1555 et 1558, bien que favorable aux idées réformées, n'imagina jamais que cela impliquât une rupture avec Rome. Dans l'Allemagne du XVIe siècle, traditions catholiques et sentiments protestants allaient souvent de pair. Nombre de villages ignoraient l'étiquette sous laquelle ils priaient ; les prêtres officiaient selon le rite catholique ou luthérien, au gré du seigneur local. A Zurich, le chef de la Réforme, l'ancien prêtre Ulrich Zwingli, conserva toutes les fêtes dédiées à la Vierge Marie et faisait sonner l'angélus pour commémorer l'incarnation. Un prince comme Guillaume le Taciturne de Hollande passa successivement du catholicisme au luthéranisme et au calvinisme. Henri IV, né protestant, se convertit au catholicisme après le massacre de la Saint-Barthélemy, redevint protestant dès qu'il le put pour abjurer de nouveau en 1593 et être couronné roi très chrétien de France en 1594.

LA RÉFORME CATHOLIQUE

Entre-temps, la contre-offensive catholique s'organisait. Le défi protestant, qui rendit d'abord suspect tout projet de réforme, exigeait que Rome entreprît de sérieuses transformations.

La Réforme était sortie d'une renaissance religieuse qui, par-delà ses débordements destructeurs, restait vivante chez les catholiques aussi bien que chez les protestants. Le mysticisme du XVe continua de fleurir au siècle suivant avec, en particulier, sainte Thérèse d'Avila (1515-1582) et saint Jean de la Croix (1542-1591). L'étincelle divine qu'on trouve en chaque âme humaine pouvait servir d'Échelle de Jacob pour s'élever jusqu'à la communion avec Dieu, s'annihiler en Lui, se fondre extatiquement en Lui — expériences qui, une fois vécues, laissent le cœur et l'âme occupés du seul Créateur. Ignace de Loyola se servirait d'une expérience semblable, confinée dans une structure considérablement plus disciplinée, pour créer sa Société de Jésus en 1534. Approuvée par le pape huit ans plus tard, elle deviendrait le soutien le plus dynamique et le plus efficace de la Contre-Réforme.

Ouvert à l'individualisme des mystiques, plus accessible au public par les œuvres culturelles et charitables des oratoriens (fondés en 1516), pédagogiques et politiques des jésuites, la Réforme catholique se fit répressive avec la fondation en 1542 à Rome de la Congrégation de la Suprême et Universelle Inquisition. Son initiateur, le cardinal Carafa (le futur pape Paul IV, 1555-1559), réforma ainsi l'ancienne Inquisition romaine sur le modèle espagnol, beaucoup plus efficace. La Suprême Inquisition s'en prit dès 1543 aux livres et imprimeurs subversifs et publia en 1557 le premier index des ouvrages interdits. Sa stricte censure et ses redoutables activités contraignirent les moins orthodoxes au conformisme ou à l'exil et contribuèrent à étouffer la remuante vie intellectuelle de l'Italie, à en faire ce désert culturel qu'elle demeura (à l'exception des arts plastiques) jusqu'au XIXe siècle.

Tout cela culmina avec le concile de Trente (1545-1564) qui réaffirma l'autorité de la tradition, de l'Église et de la hiérarchie. Sainte, sans doute, l'Écriture n'est pas tout. Le Christ lui-même a dit qu'il y aurait de nouvelles révélations par l'entremise du Saint-Esprit. La doctrine chrétienne, loin d'être donnée une fois pour toutes, est une révélation progressive, interprétée, diffusée et appliquée par l'Église, hors de laquelle il n'y a pas de salut mais seulement l'hérésie. Cette réaffirmation donna lieu à la publication d'un cathéchisme en 1556 et d'une édition approuvée de la Bible — la Vulgate — en 1592 ; l'Inquisition fut chargée de la proclamer ; et les princes catholiques la firent appliquer en Pologne, dans l'Empire, et dans tout le monde latin.

LA RUPTURE CONSOMMÉE

Il importe de se rappeler qu'au début du XVIe siècle la Réforme — la première Réforme qui s'achève avec la mort de Luther en 1546 et celle de Calvin en 1564 — n'avait nullement l'intention de rompre avec l'Église, de créer une ou plusieurs Églises nouvelles, de diviser la chrétienté, mais de réformer, au sens le plus littéral, l'Église et la religion, de les purifier, de les revivifier et de les réintroduire dans les vies, les âmes et les sociétés. Il n'y avait certainement aucune volonté de séculariser (cela vint des laïcs) et, si les réformateurs supprimèrent les moines et les prêtres, c'est qu'ils voulaient que tous fussent moines et prêtres, vécussent une existence consacrée à Dieu, priassent et travaillassent dans de vastes villes-couvents comme Genève aspirait (brièvement) à le devenir.

Il arriva cependant ce qu'on ne voulait ni n'attendait. Il ne fut pas tout de suite évident que cela créait une situation nouvelle. Dans la seconde moitié du XVIe siècle, l'Europe s'installait néanmoins dans ce changement. Non sans difficultés, non sans inquiétude, non sans luttes douloureuses dont les cicatrices mirent longtemps à s'effacer. Mais les différences idéologiques ne pouvaient supprimer une unité plus fondamentale puisqu'elle reposait sur une culture commune et une économie complémentaire, vaste communauté aux rapports civilisés (même dans la guerre) qui ne pouvait se dissoudre qu'en détruisant la civilisation elle-même.

Les terres-neuvas anglais continuèrent à fournir aux catholiques le poisson de leur carême. Les mines du pape de Tolfa ne cessèrent de livrer aux teinturiers anglais l'alun dont ils avaient besoin. Dans la grande église de Gouda aux Pays-Bas, les vitraux protestants jouxtent les catholiques : Philippe II et Guillaume le Taciturne se font face malgré la violence de leur conflit. Des artistes protestants ont décoré des églises catholiques et, comme Rembrandt (dans certaines de ses gravures comme celles de la mort de la Vierge), se sont adressés à la clientèle catholique. Rubens et Van Dyck, amis des jésuites, ont travaillé pour la cour anglaise. Dans leurs collèges, les jésuites se servaient des livres d'Érasme et même du luthérien Melanchthon.

Aussi, lorsque nous parlons de ce qu'écarta la Réforme, nous ne parlons pas de deux cultures mais d'une seule. On trouve une tendance anti-intellectuelle dans les deux camps. La Contre-Réforme suspectait les lettrés, au mieux sympathisants tièdes de l'Église, d'activités subversives. Chez les protestants aussi, nombre de prédicateurs tonnaient contre l'étude et affirmaient qu'il valait mieux enseigner le travail manuel aux enfants. Limitée aux Écritures l'étude était une bonne chose, mais sinon il s'agissait d'une diversion dangereuse. C'était aussi l'avis des princes qui, depuis leur mainmise sur l'éducation et l'Église, exerçaient une surveillance de plus en plus étroite sur toutes choses. En outre, nombre de gens du peuple qui s'étaient jadis lancés dans les études pour entreprendre une carrière dans l'Église, n'avaient plus de raison de le faire en Angleterre et dans les autres pays protestants. Comme le regrettait l'évêque Latimer, « il n'y a plus que les fils des hommes importants dans les collèges, et leurs pères veillent à ce qu'ils ne deviennent pas des prédicateurs ». Dans les pays catholiques aussi la carrière ecclésiastique dépendait plus de la naissance que de l'étude ou de la capacité.

Une nouvelle pensée politique émergeait également des tensions et difficultés des guerres de Religion : pas fondamentalement nouvelle, elle plongeait dans la tradition médiévale pour étayer les idées convenant aux changements de l'époque. Les catholiques affrontant Élisabeth Ire ou Henri IV, les protestants en lutte contre Philippe II, avaient besoin d'un cadre de référence pour justifier leur révolte. Jésuites aussi bien que réformés, soucieux de prouver le droit de déposer les princes hostiles à leur foi, proclamaient que le souverain était le délégué et le garant spirituel de son peuple, qui pouvait légitimement l'écarter de force s'il essayait de lui imposer sa religion ou son hérésie. L'autorité provient de Dieu qui la confie au peuple, déclaraient les calvinistes français comme l'Espagnol Juan de Mariana (1536-1624) ; et c'est le peuple qui délègue cette autorité au prince qui la conserve tant qu'il respecte la loi divine. Lorsqu'il cesse de l'observer et viole ainsi le contrat social, le peuple, par l'intermédiaire des anciens et des magistrats (par les états du royaume, dit Mariana), peut lui ôter le pouvoir. Puisqu'il est devenu l'ennemi du peuple, il est désormais possible de s'opposer au prince, de le déposer et même de le tuer. La rébellion ou le tyrannicide devenaient ainsi parfaitement licites : c'est ce qu'invoquaient les régicides de souverains jugés hérétiques (Guillaume le Taciturne, Henri III et Henri IV) et ce qui justifierait la rébellion politique d'un côté comme de l'autre, en France, en Angleterre, en Écosse et aux Pays-Bas.

Le droit traditionnel de gouverner se voyait donc remplacé par une conception nouvelle qui se réclamait de droits naturels tirés non de la coutume mais de Dieu, et confiés non plus au prince mais au peuple. Cette perspective, loin de clarifier la situation, ne fit que multiplier les arguments dans une discussion déjà passablement confuse. Elle permit, en tout cas, grâce à cet éventail de doctrines, à chacun de tirer ses interprétations et ses déductions selon ses intérêts et les circonstances dans lesquelles il se retrouvait.

LES EFFETS ÉCONOMIQUES DE LA RÉFORME

Le XVIe siècle était mal dégrossi et matérialiste : les Allemands avaient la réputation de manger et boire avec excès ; Florence allait périr noyée dans le chianti, déplorait un Florentin d'alors ; Rabelais dépeint les héros de son époque sous les traits de Gargantua et de Pantagruel. Pas étonnant que les grands réformateurs fussent aussi de grands apôtres de la tempérance ; et, comme eux, la Contre-Réforme déclara la guerre à l'alcoolisme et à la mendicité.

Les protestants semblent, cependant, avoir davantage privilégié certaines des vertus économiques. La relative sobriété encouragée par leurs idées, le refus de l'ostentation et des ornements brillants de l'art baroque, incitaient à l'épargne et à l'accumulation du capital. On a suggéré que la spoliation de l'Église qui consacrait jadis une partie considérable de ses revenus à des dépenses artistiques contraignit artisans et artistes des pays réformés à passer de la qualité à la quantité, ce qui expliquerait « une première révolution industrielle » pendant la période 1540-1640 dans les nations protestantes comme l'Angleterre, la Suède et les Provinces-Unies (indépendantes en 1648).

Mais c'est là une explication très partielle. Quelques-uns des plus grands capitalistes du XVIe siècle étaient catholiques ; et même le premier opposant allemand de Luther, Johann Eck (1486-1543) d'Ingolstadt en Bavière, défendait le capitalisme commercial et le prêt à intérêt. Luther, conservateur en économie, dénonçait l'avidité, l'usure et l'avarice avec toute la flamme d'un prédicateur du Moyen Age, mais remettait les décisions économiques à la conscience de chacun, ce qui laissait la porte ouverte à toutes les transgressions du christianisme traditionnel. Calvin, plus moderne, ne se montrait pas plus « progressiste » que les franciscains du XVe siècle qui avaient fondé les monts-de-piété municipaux pour protéger les pauvres. Il aurait aimé bannir l'usure du monde mais, faute de le pouvoir, se résigna à trouver des accommodements avec ce qu'il appelait l'utilité publique. En 1547, à Genève, les prêts ne pouvaient dépasser un intérêt de cinq pour cent. En 1568, l'État genevois organisa un service de prêts à dix pour cent d'intérêt. Les vertus calvinistes si souvent vantées ne sont pas sans rappeler les maximes d'Alberti, ce Florentin du XIVe qui louait l'économie, dénonçait la paresse et la prodigalité, recommandait que les dépenses ne fussent jamais supérieures aux revenus et conseillait de tout faire dans un « vertueux esprit d'ordre ».

Le monde changeait rapidement, et les protestants exprimaient ce changement avant même de changer davantage encore à sa suite. Dans l'Europe tout entière une nouvelle mentalité prenait forme : individualisme, rationalisme, goût de l'efficacité, du profit, des techniques modernes, et aussi de l'administration, du droit, de l'histoire, du savoir exact par opposition à la tradition, à l'approximation et au ouï-dire.

Rien de tout cela ne fut créé par le protestantisme, bien qu'il contribuât à l'accélérer.

On disait autrefois que le protestantisme favorisa l'essor de la mentalité capitaliste en balayant les obstacles doctrinaux au gain sous toutes ses formes et en laissant libre cours à la raison du profit. Mais il n'existe pas de relation nécessaire entre la ferveur protestante et l'entreprise capitaliste. L'Écosse, la Norvège et la Suède restèrent sous-développées bien que réformées ; la France et Milan continuèrent de prospérer malgré leur allégeance à Rome ; l'Espagne et les cités italiennes ne connurent de déclin économique qu'au XVIIe siècle, et encore pour des raisons largement politiques. Il vaut sans doute mieux oublier les corrélations directes de nature économique et envisager l'échauffement — puis le refroidissement — des passions religieuses. Ce que l'on constate effectivement à long terme c'est une laïcisation des valeurs. La plupart des études récentes sur le XVIe siècle concluent que le protestantisme est né d'efforts désespérés pour revenir aux sources, à l'enseignement des apôtres, pour appliquer le message redécouvert à la vie privée et publique afin de réaliser une réforme à la fois spirituelle et institutionnelle.

Lorsque les réformateurs lancèrent l'idée du salut dans la vie quotidienne, lorsqu'ils remplacèrent la mortification individuelle par le devoir social, la contemplation par l'effort, les vertus de la pauvreté par celles du travail, ils allèrent à rebours des conceptions chrétiennes traditionnelles qui considéraient le mendiant comme une image du Christ, le monde comme mauvais ou, à tout le moins, regrettable. Pourtant les tendances qu'ils formulaient étaient déjà présentes. Les réformateurs rationalisèrent et justifièrent des pratiques de plus en plus répandues dans l'Occident, catholique ou non. En fournissant aux hommes des justifications, ils les libérèrent de la nécessité de la honte et de la dissimulation, favorisèrent le développement d'une mentalité nouvelle, encouragèrent la formulation de concepts tout à fait neufs que les réformateurs n'avaient pas soupçonnés, bien plus laïcs et beaucoup moins religieux que Calvin ou Luther ne l'aurait imaginé.

DEUXIÈME PARTIE

Les débuts de l'ère moderne
1559-1715

CONTINUITÉ ET CHANGEMENT

Le 3 avril 1559, les représentants d'Henri II de France et de Philippe II d'Espagne signaient le traité du Cateau-Cambrésis. Un siècle et demi plus tard, le 11 avril 1713, la France, l'Espagne, l'Angleterre et les Provinces-Unies concluaient le traité d'Utrecht. C'est entre ces deux dates que nous situons les débuts de l'Europe moderne : outre la cristallisation de nombreuses tendances antérieures, de multiples faits nouveaux advinrent que personne n'aurait prévus à la Renaissance.

Une chose restait stable, qui explique les bornes arbitraires choisies pour délimiter cette époque : presque partout, au Cateau-Cambrésis comme à Utrecht, les États demeuraient personnifiés par leurs dirigeants, s'identifiaient à eux. Ainsi en témoigne la mémoire collective lorsqu'elle découpe l'histoire en règnes. Comme les anciennes chroniques, les chapitres des manuels s'ouvrent et se concluent au son des trompettes du couronnement et des cloches qui égrènent le glas. En ce sens, Le Cateau-Cambrésis et Utrecht forment le confluent de tels événements dynastiques. En 1559, Élisabeth Ire d'Angleterre règne depuis moins d'un an ; Philippe II a hérité de la couronne d'Espagne en 1556, après l'abdication de son père, l'empereur Charles Quint, mort en 1558, juste avant le début des négociations du Cateau. Moins de trois mois après le traité, en juin 1559, meurt Henri II de France. De même, en 1713, Louis XIV, responsable de la grande guerre à laquelle Utrecht met fin, n'a que deux ans à vivre et la reine Anne d'Angleterre un an seulement. Ces deux listes de noms incarnent, en quelque sorte, deux époques différentes : l'une fleure encore la Renaissance (et la Réforme), l'autre est déjà moderne. Elles reflètent aussi les grands changements qu'ont connus les royaumes de ces princes.

En 1559, le roi de France, éclipsé par ses rivaux, les Habsbourg d'Espagne, n'était encore qu'un prétendant incertain à la suprématie en Europe. Mais la puissance de la couronne de France, affaiblie après la mort d'Henri II, allait s'affirmer de nouveau avec l'accession au trône d'une nouvelle dynastie — celle des Bourbons — en la personne d'Henri IV (1589-1610). En 1713, le petit-fils du roi Henri, Louis XIV, gouvernait la France, tandis que son propre petit-fils régnait sur l'Espagne où les descendants de Charles Quint et de Philippe II s'étaient éteints avec le XVIIe siècle. Ainsi, deux des signataires du traité d'Utrecht étaient-ils des princes de Bourbon, effaçant symboliquement la barrière des Pyrénées entre ces puissances jadis rivales et attestant la réussite d'un rêve dynastique.

La famille des Habsbourg survivait à Vienne où elle avait hérité en 1556 de la couronne impériale de Charles Quint. Lentement, péniblement, la maison d'Autriche consolidait sa puissance, moins dans l'Allemagne divisée qu'en agrandissant ses propres domaines. En 1714, c'était Charles VI (1711-1740) qui régnait à Vienne. Prétendant au trône d'Espagne, il combattait depuis longtemps avec vigueur pour obtenir satisfaction. Il n'envoya pas d'émissaires à Utrecht, mais seul, malgré l'accord qui rejetait ses ambitions espagnoles, poursuivit la lutte contre la France. Sa persévérance fut récompensée quelques mois plus tard. Si au Cateau-Cambrésis, la France avait renoncé à ses rêves italiens en faveur de Madrid, avec le traité de Rastatt, signé en 1714 et inclus dans la paix générale d'Utrecht, les garnisons autrichiennes remplacèrent celles de l'Espagne en Italie, tandis que Vienne prenait possession des Pays-Bas espagnols, fragile barrière entre les Provinces-Unies et la France. En Europe, l'Espagne se cantonnait désormais dans ses limites ibériques : le rôle longtemps joué par Madrid dans la longue rivalité entre les Bourbons et les Habsbourg revenait dorénavant à Vienne.

Un troisième signataire de 1713 n'existait pas en 1559 : les Pays-Bas (et Utrecht même) étaient alors sous la tutelle du roi d'Espagne. La révolte des années 1560 fit éclater ces possessions en deux et une longue guerre forgea dans le nord du pays une république nouvelle, les Provinces-Unies, qu'on appelait aussi Hollande, du nom de la plus grande d'entre elles.

La reine Élisabeth Ire d'Angleterre, en revanche, était représentée au Cateau-Cambrésis. A l'époque, son royaume ne pesait pas lourd auprès de ceux des autres signataires, et la plus jeune fille d'Henri VIII devait manœuvrer avec précaution. Depuis lors, l'Angleterre avait pris de l'importance. Devenue une puissance mondiale, comme le confirmait le traité d'Utrecht, elle disputait à la France la suprématie en Europe et, dans les conflits internationaux, était en mesure de faire pencher la balance du côté qu'elle décidait de soutenir.

L'Angleterre, elle aussi, avait connu des changements dynastiques. Les Stuart d'Écosse avaient succédé à la lignée Tudor, éteinte à la mort d'Élisabeth en 1603. Leur alliance par mariage à une grande famille hollandaise — la maison d'Orange — permit de déposer Jacques II Stuart en 1688 et d'assurer une succession protestante sans changement formel de dynastie : ainsi, de 1688 à 1702, le Royaume-Uni fut-il gouverné par un prince d'Orange (Guillaume III) marié à une princesse Stuart, Marie. Au moment de la paix d'Utrecht, la couronne était revenue à la sœur de Marie, Anne, mais l'essentiel était préservé : la souveraine était protestante, tout comme ses successeurs éventuels.

On constatait là une autre nouveauté : le protestantisme, hérésie encore menaçante en 1559, faisait partie en 1713 de l'ordre établi. Philippe II et Henri II avaient réglé leurs différends en partie parce que chacun souhaitait avoir les mains libres pour écraser l'hérésie réformée dans son royaume ; et Philippe ne cessa jamais d'espérer qu'il pourrait aussi l'extirper d'Angleterre. Depuis lors, la France et l'Espagne étaient effectivement demeurées dans l'Église romaine, mais en 1713 l'existence du protestantisme ne faisait plus figure de problème international. Profondément ancrée dans le sentiment populaire, la religion était devenue, sur le plan politique, une affaire d'État parmi tant d'autres, plus qu'une partie intégrante de la vie. Certes la fonction royale était encore placée sous la protection divine, et les prières de l'Église locale continuaient d'assurer la prospérité du royaume, mais même ces conceptions se muaient en rites pieux, simples éléments de la panoplie de souverains dits absolus et d'États de plus en plus omnipotents.

On en était arrivé là au prix de durs efforts et de maintes effusions de sang. Comme les hommes, les royaumes et les institutions naissent dans la douleur et grandissent par le travail. Si notre présentation de l'aube des Temps modernes s'étend sur les peines et les travaux, elle ne néglige pas les résultats positifs qu'ils engendrèrent. La cristallisation de la monarchie, la mise en place de l'absolutisme royal et les difficultés qu'elle rencontra, les rôles nouveaux des hommes et des classes dans la société, les idées et les institutions que cette évolution déclencha, comme les grands épisodes de la politique internationale, tels seront les principaux thèmes des trois chapitres suivants.

CHAPITRE V

À LA RECHERCHE DE NOUVELLES STRUCTURES

À LA RECHERCHE DE L'ORDRE

Les débuts de l'Occident moderne se révèlent une redécouverte, une affirmation nouvelle de l'individu : la figure exceptionnelle, héroïque, du chevalier, le marchand, le banquier, l'entrepreneur audacieux, fils de ses œuvres, l'artiste éprouvant sa volonté et son imagination sur la matière ou sur les structures politiques, la conscience raffinée des humanistes et, pour finir, la conscience morale individuelle dont la Réforme affirmait les droits, tout cela témoigne d'un thème omniprésent. La période suivante, par contraste, est plus impersonnelle. Elle dénote la recherche d'une structure, ou plutôt de nombreuses recherches différentes pour renouveler ou remplacer les structures d'un monde devenu beaucoup plus étendu, plus complexe, plus confus ; un monde où s'étaient effondrées les routines rassurantes du culte, de la coutume et des groupes sociaux, où des forces, des valeurs et des problèmes nouveaux s'étaient ajoutés aux difficultés antérieures sans jamais être assimilés. Les fonctions des groupes sociaux avaient changé, les États s'étaient agrandis, les économies modifiées, des unités s'étaient dissoutes et d'autres constituées. Le changement avait engendré la confusion : où étaient la place, les devoirs et l'autorité de chacun ? Qui faisait quoi, comment et de quel droit ? La fin du XVIe siècle et le XVIIe siècle semblent, globalement, se consacrer à une tâche de réorganisation, à la création d'attitudes et d'institutions — politiques et religieuses, sociales et intellectuelles — permettant de maîtriser quelque peu ce monde nouveau.

Nous verrons que ce processus a été, comme tout processus historique, douloureux, compliqué et désordonné, au gré de l'ambition ou de la vision de quelques-uns, de l'inertie ou de la malléabilité de la plupart, du hasard, des accidents voire de véritables catastrophes. Il s'est déroulé de bric et de broc et l'on ne peut y trouver de cohérence que rétrospectivement. Il est toutefois possible de le voir à l'œuvre pendant quelque deux cents ans, marquant les royaumes et les Églises, la littérature, le commerce, la science et l'esprit des hommes.

Les diversités furent progressivement réduites : les autorités centrales étouffèrent les particularismes locaux, les libertés et les privilèges médiévaux — tyranniques à l'égard de l'extérieur, anarchiques à l'intérieur. La bureaucratie se multiplia : davantage de lois, d'impôts, de rôles fiscaux, de recensements et toujours plus de fonctionnaires laïcs pour s'en occuper. L'on vit se discipliner la religion, que la Réforme avait plongée dans la confusion. Tout comme les arts plastiques et l'urbanisme, avec une insistance nouvelle sur la forme ; écoles et universités n'échappèrent pas au souci de cohérence de l'époque. La guerre, plus terrible et sur une échelle plus vaste que jamais, exigeait aussi d'être réglementée — par le droit international que ses horreurs développèrent, et, progressivement, par la retenue des belligérants.

Si le XVIe siècle fut une époque de révolutions, le XVIIe siècle vit le triomphe de la guerre, organisée, massive, impliquant et nécessitant l'organisation plus efficace des participants : États, sujets, armées. A l'aube du XVIIIe siècle, les bandes mal entraînées, le service temporaire, les petits contingents disparates, ou les fougueux chevaliers appartenaient au passé. La victoire revenait aux gros bataillons, bien armés, entraînés, disciplinés, équipés, portant l'uniforme et uniformisés.

La société, comme l'armée, se spécialisa davantage, les classes se fermèrent. La hiérarchie sociale du Moyen Age faisait partie d'une chaîne reliant le peuple à Dieu. La hiérarchie sociale de l'Ère moderne, hérissée de cloisons séparant des élites différentes, devint une sorte de course d'obstacles. La mobilité géographique s'accrut à mesure que les guerres et l'économie brassaient les populations, par contre, les barrières sociales s'élevèrent parallèlement au durcissement des distinctions de classes. Sans doute y avait-il une mobilité et une promotion sociales aussi bien que géographiques, mais la conscience de sa condition changeait aussi et, avec elle, la volonté de défendre son rang et de l'affirmer en en excluant les autres. L'éducation, comme la société, se fit plus exclusive, s'aligna sur la hiérarchie sociale et se soucia des positions auxquelles elle devait préparer les hommes. Elle devint également plus systématique, dans l'optique de la préoccupation générale de méthode et de discipline.

L'ordre était l'idéal nouveau — un nouvel ordre écartant l'ancien, traçant de nouvelles cartes, de nouveaux plans des cieux, de nouvelles anatomies, concevant la nature, la société et l'État comme des mécanismes. C'est ainsi que le philosophe Leibniz recommandait à Pierre le Grand de Russie un nouveau système d'administration de l'État inspiré des mécanismes d'horlogerie, représentation que certains allaient jusqu'à appliquer à l'homme. Mais cet ordre ne put être élaboré et imposé qu'imparfaitement et au prix d'une incroyable violence à l'encontre de ceux qui ne le subissaient qu'à contrecœur. Les plus grandes luttes du XVIIe siècle furent celles qui opposèrent les partisans de la coutume à ceux du changement, les tenants de la tradition à ceux du pouvoir. C'est pourtant la nécessité qui poussa les princes à empiéter sur les privilèges locaux au nom du *salus populi* (le bien du peuple) qui devait être la *suprema lex.* Seulement, tout le monde n'était pas d'accord sur la nature de ce bien et sur ses bénéficiaires. Méthode et système, symétrie et contrainte furent moins la récompense d'une bonne administration que le fruit de l'épuisement, de la coercition et de la contrainte. La discipline apparut comme le revers de la sauvagerie, comme l'extrémité réprimée d'un monde brutal.

AINSI VA LE MONDE

La forme extérieure des États et, à l'intérieur, celle de leurs institutions, leurs rivalités internationales et les solutions qu'ils trouvent à leurs tensions internes pèsent sur la vie privée et, plus lourdement encore, sur la conscience des hommes. Les peuples retiennent plus facilement le nom des soldats et des hommes d'État que celui des penseurs et des inventeurs. Les batailles s'avèrent plus mémorables que les réformes, les couronnements que les progrès agricoles. Et pourtant, nous savons bien que l'évolution des attitudes, des techniques, des groupes sociaux et des institutions — moins frappante, en règle générale, que les guerres, moins facile à définir qu'un règne particulier — trace les bornes d'une histoire différente et peut-être plus profonde.

Comme les idées, la politique reçoit sa signification du peuple. La simple description des faits politiques ne prend vie que parce que les hommes agissent, interprètent et appliquent les idées pour en faire des lois, des œuvres, des gestes et des controverses. C'est là que nous devons rechercher les bases du récit traditionnel, qui ne commence pas par les guerres et les monarchies mais par des thèmes plus terre à terre : le monde et la vie quotidienne de l'homme moderne à ses débuts.

Non que, alors comme en toute autre période, la politique ne fût séparée des affaires quotidiennes. Loin de là. Mais elle les affectait du dehors, un peu comme le temps ; et il convient de décrire la scène, les fondations vivantes et souffrantes sur lesquelles soldats et prêtres, princes et clercs jouaient leurs jeux compliqués et coûteux. La plupart des gens, à l'évidence, consacraient le plus clair de leur temps à gagner leur vie. Leurs valeurs servaient essentiellement ce propos, et les plus hautes aspirations que nous notons et étudions, si elles jouaient un rôle dans certaines sphères, devaient, d'une manière ou d'une autre, composer avec les dures nécessités d'un monde matériel difficile où il importait surtout de survivre.

La population

Au cours du XVIe siècle, cet effort de survie avait été couronné de succès et la population s'était fortement accrue. En Castille, elle avait doublé entre 1530 et 1594, passant de trois à six millions ; en Sicile elle avait augmenté des deux tiers sinon davantage : de six cent mille en 1501 à plus d'un million en 1570. En 1600, l'Espagne comptait environ huit millions d'habitants, le Portugal un million, la France seize, l'Italie douze à treize, la Turquie seize (la moitié en Europe et la moitié en Asie), l'Angleterre et le Pays de Galles quatre millions. Au sud de la Méditerranée, on recensait de deux à trois millions d'âmes en Égypte et autant en Afrique du Nord.

La population des pays les plus peuplés restait encore très clairsemée : l'Italie comptait en moyenne vingt-sept habitants au kilomètre carré, la France vingt et un, le Portugal et l'Espagne dix seulement. C'est là une densité très faible : auprès de régions relativement habitées comme la Lombardie ou la vallée de la Loire, s'étendaient des contrées pratiquement désertes — une grande partie de l'Aragon, des secteurs de l'Andalousie et de la Provence et, dans tous les pays, des zones montagneuses comme la Corse, les Balkans, ou les Cévennes — où ne vivaient que des animaux sauvages et quelques hommes non moins farouches. Cinquante ans après, au milieu du XVIIe siècle, la population de l'Europe atteignait quelque cent millions d'habitants. Les campagnes peu habitées se réduisaient, pour l'essentiel, aux forêts et aux régions marécageuses, inhospitalières pour l'étranger. Les nobles vivaient dans des manoirs ou des châteaux fortifiés, les paysans dans des huttes plus souvent en terre ou en pisé qu'en pierre. Les routes, mauvaises en toutes saisons, devenaient impraticables par mauvais temps ; les loups y rôdaient et les cadavres des pendus se balançaient çà et là, rappelant le péril que faisaient courir les voleurs encore vivants.

Les progrès que nous constatons au milieu du XVIIe siècle dans certains pays favorisés par la paix, le climat et l'initiative économique — la France, l'Angleterre, les Provinces-Unies — ne compensaient pas l'affaiblissement d'autres contrées : l'Espagne, l'Italie, la Pologne, la Hongrie, l'Allemagne du Sud, et le sud des Pays-Bas espagnols, où la guerre et le déclin économique précipitaient le dépeuplement. L'axe de la population, comme celui de la richesse et de la puissance, était passé du sud à l'ouest et au nord-ouest de l'Europe.

Les conditions agricoles

La capacité de nourrir une population en fixe les limites. A l'exception de l'Angleterre et des Pays-Bas, l'économie agricole des XVIe et XVIIe siècles ne diffère guère de celle du XIVe ou du XVe. Le Moyen Age avait introduit le fer à cheval, les étriers, l'usage de harnais et de jougs plus efficaces, les moulins à vent. La faux remplaçait la faucille (qui survécut cependant dans certaines régions de France jusqu'au XIXe siècle et même plus tard en Europe orientale) ; on avait amélioré aussi les barattes pour la production de beurre. Après les XIVe et XVe siècles les plus grands changements, moins techniques que structurels, vinrent de l'inflation qui ruina les propriétaires terriens féodaux aux revenus fixes : ni inventions ni innovations mais le remembrement des terres pour leur meilleure exploitation. Là où ce mouvement eut lieu, surtout en Italie et dans l'ouest de l'Europe, les anciens propriétaires vendirent généralement leurs champs à la bourgeoisie marchande, qui avait profité de la hausse des prix. Sous son influence, l'agriculture de subsistance fit place à des productions spéculatives, conçues pour la vente plutôt que pour la consommation. Les exploitants bourgeois ne conservaient qu'une petite partie de leurs récoltes et vendaient le reste. Ainsi à Florence peut-on encore voir les guichets, à l'entrée des palais, où les concierges débitaient le vin ou l'huile produits sur les domaines familiaux.

Ces remembrements indiquent que ces propriétés s'agrandirent aux dépens des petits paysans. Bourgeois ou nobles, à la fin du XVIe siècle, les grands propriétaires évincèrent les petits exploitants. La terre était le plus profitable et le plus sûr des investissements. On l'achetait comme on achèterait les rentes d'État au XIXe ou les actions des grandes sociétés du XXe. Lentement, péniblement, il leur fallait parfois plus d'un siècle pour rassembler en un domaine respectable des dizaines de petites parcelles. Les paysans pauvres avaient de plus en plus de mal à survivre les mauvaises années, ils s'endettaient et devaient vendre leurs terres à leurs voisins plus riches. Même lorsqu'on leur donnait des champs, ils étaient contraints de les céder à leurs créanciers ; et ainsi, comme le dit Christopher Hill, les riches héritèrent de la terre.

> La loi emprisonne l'homme ou la femme
> Qui vole l'oie sur les communaux ;
> Mais elle laisse libre le plus grand brigand
> Qui vole à l'oie les communaux,

disait la ritournelle populaire.

Dans les régions montagneuses ou accidentées, impropres aux grands domaines, se maintenaient nombre de petits propriétaires pauvres. Les paysans libres, et même des communautés agricoles libres, subsistaient nombreux dans les cantons montagnards suisses, le Tyrol, la Forêt Noire, les vallées pyrénéennes et les Cévennes. Les plaines et les grandes vallées se prêtaient davantage à la constitution de vastes exploitations et, si les paysans libres y devenaient également plus nombreux en règle générale, un nombre croissant se retrouvait sans terres, étranglés ou forcés de vendre par des fermiers plus riches, des prêteurs ou des seigneurs, tant ecclésiastiques que séculiers.

Des pratiques juridiques vénérables contribuaient à l'accumulation des terres : le *majorat,* qui déclarait des domaines inaliénables et transmissibles selon un ordre de succession précis ; la *mainmorte,* qui plaçait les biens entre les mains « mortes » de quelque institution, généralement une abbaye ou un chapitre. Cette évolution, quoiqu'elle ruinât les petites gens, ne concernait plus les personnes (comme pendant les siècles précédents) mais seulement les biens.

Entre-temps, il fallait nourrir les villes, les armées, et la population qui se multipliait partout en Europe ; les campagnes avoisinantes étaient loin d'y suffire et on dut faire appel à ces greniers à blé qu'étaient la Pologne, les Balkans, la Roumanie et l'Ukraine. Les grandes exploitations produisant pour l'exportation avaient besoin d'une main-d'œuvre nombreuse qui se retrouva attachée à la glèbe pour servir les intérêts des seigneurs et des princes locaux, de sorte que, de la Baltique à la mer Noire et à l'Adriatique, un servage nouveau fut institué là où régnaient naguère la liberté, l'anarchie ou les libertés locales. Ainsi, à l'est de l'Elbe, l'asservissement des paysans s'établit ou se renforça au moment même où il disparaissait ailleurs. Les latifundia fondés sur le travail forcé adaptèrent l'économie seigneuriale antérieure aux nouveaux besoins alimentaires. Les formes et le droit féodaux pouvaient donc être mis au service d'objectifs politiques modernes.

Les seigneurs de l'Allemagne du Nord-Est — les Junkers — présentent le prototype des conditions régnant dans les régions « coloniales » à l'est de l'Elbe. La noblesse, dont la fonction était essentiellement guerrière, se tourna vers l'agriculture et usa de son pouvoir politique pour contraindre les paysans, libres jusqu'alors, à travailler, avec leurs animaux et leurs outils, au service de ses entreprises agraires. Ces paysans devinrent donc serfs et furent soumis à la justice seigneuriale au moment même où ailleurs la mainmise passait des hommes aux biens immobiliers. La dépendance économique et juridique croissante des serfs ou des métayers sur ces *Gutsherrschaften,* où les seigneurs possédaient pratiquement leurs sujets et leur patrimoine, contraste avec l'émancipation relative qui s'esquissait dans l'Europe occidentale ; ces deux courants, à l'évidence, reflétaient et influençaient des structures politiques en train de diverger dans ces deux parties du continent.

Au total, cependant, on peut dire que quelques puissants propriétaires terriens regroupaient de plus en plus de possessions, surtout dans l'Europe du Nord-Est et de l'Est, mais aussi en Italie, en Espagne et dans l'ouest du continent. Les villes s'étaient étendues aux dépens non seulement de la noblesse voisine mais aussi de la paysannerie. Partout où ils le pouvaient, les bourgeois qui remplaçaient les anciens maîtres féodaux devenaient à leur tour seigneurs et exploiteurs, mais plus distants, plus impersonnels et plus tenaces que leurs prédécesseurs, au point que dans certains cantons suisses et quelques provinces des Pays-Bas les paysans durent attendre la fin du XVIIIe siècle et la Révolution française pour s'émanciper.

Les nouveaux propriétaires s'intéressaient au revenu, non à l'innovation. Çà et là, sans doute essayait-on de nouvelles méthodes, en plantant par exemple des navets et du trèfle pour nourrir le bétail l'hiver. On disposait ainsi pendant la mauvaise saison de viande fraîche, mets rare à une époque où l'on devait abattre et saler la plupart des animaux à l'automne, faute de fourrage. Sans compter le fumier grâce auquel il n'était plus nécessaire de laisser les terres en friche un an sur deux ou trois. La rotation des cultures stimula vivement la production, tout comme l'utilisation du fumier, ainsi qu'en témoigne l'apologie lyrique qu'en fait Olivier de Serres dans son *Théâtre d'agriculture et mesnage des champs* (1600) : « C'est lui qui réjouït, reschauffe, engraisse, amollit, adoucit, dompte & rend aisées les terres fachées & lasses par trop de travail, celles qui de nature sont froides, maigres, dures, amaires & difficiles à cultiver, tant il est vertueux. »

Mais, pour l'essentiel, les engrais restaient rares et les terres ingrates, d'autant que les paysans hésitaient, alors comme aujourd'hui, à changer les pratiques éprouvées héritées de leurs aïeux. Au XVIIe siècle, les progrès les plus importants avaient été réalisés aux Pays-Bas, où le climat et l'essor des villes stimulaient les ventes de denrées agricoles et, surtout, l'élevage. Les Hollandais exportaient tant de produits laitiers qu'à la cour de Louis XIV on les appelait les « marchands de fromages » — insulte dans la bouche des Français et, pour nous, preuve de leur renom. Cependant, jusqu'à la fin du XVIIe siècle, en fait jusqu'au XVIIIe, de telles initiatives demeuraient exceptionnelles. La production alimentaire par les méthodes traditionnelles restait limitée et entièrement soumise aux aléas de la nature et à la malveillance des hommes : quel gaspillage représentaient les petits lopins de terre souvent en jachère, ensemencés, à l'excès, de graines sales, grattés à l'aide d'outils de bois, que l'on moissonnait avec des faucilles, faute de faux. Une minorité possédait des charrues et bien peu disposaient d'une paire de bœufs pour le trait et le fumier. Et un bœuf passait pour gras dès qu'il pesait plus de trois cent cinquante kilos (deux fois moins qu'aujourd'hui, en moyenne). Dans ces conditions, la nourriture manquait périodiquement et les famines endémiques laminaient un taux de natalité qui, sinon, aurait permis à la population de doubler tous les vingt-cinq ans.

La nourriture et la faim

Comment produire davantage de nourriture ? tel était le problème économique capital du XVIIe siècle. Or le producteur de base, le paysan, était saigné à blanc par les exigences de ses maîtres : seigneurs s'efforçant de rattraper la hausse des prix et du niveau de vie ; villes dont la gestion et les conceptions devenaient de plus en plus mesquines ; États exigeant toujours plus d'impôts pour leur administration, leurs guerres et leurs cours. Tout ce monde ne se souciait guère d'améliorer les méthodes de production en vigueur, et les paysans ne voyaient aucune issue : ils ne connaissaient que la convoitise des propriétaires et des percepteurs d'impôts, et la ronde incessante des cultures. Une bonne récolte et leur naissaient trop de bouches à nourrir, une mauvaise et la famine réglait le problème par une hécatombe.

Certains s'efforçaient pourtant d'obtenir un excédent. Le premier traité de la rotation des cultures parut vers le milieu du XVIe siècle en Italie. C'est là aussi que l'on commença à cultiver le maïs — dans le delta du Pô, en Lombardie et dans le Piémont — et le riz, qui connut un si grand succès qu'il couvrait dès 1710 la même surface qu'aujourd'hui. A la fin du XVIIe siècle, le maïs et le coton s'étaient répandus dans les Balkans ; on mangeait des pommes de terre en Irlande et en Angleterre. Cette tubercule économique, nutritive, dont la culture n'exige pas trop de travail, allait s'étendre lentement au XVIIIe, d'abord par le Nord, et devenir un aliment de base au XIXe siècle, contribuant ainsi à l'essor démographique du continent. Mais en attendant, et pour longtemps encore, l'économie rurale — singulièrement en Europe orientale où régnait le servage — demeurerait terriblement inefficace jusqu'à la révolution agricole qui débuta au milieu du XVIIIe.

Par exemple, la culture des céréales sans assolements épuisait des sols rarement enrichis de fumier. On laissait les champs en jachère un an sur deux dans le Sud, un an sur trois dans le Nord, de sorte que au moins les deux cinquièmes des terres cultivables restaient improductifs. Partout la productivité était basse ; les agriculteurs, sous-employés, mal nourris, en mauvaise santé, mouraient jeunes. La moitié des enfants n'atteignait pas un an, un sur quatre arrivait à l'âge de vingt ans et les survivants vieillissaient vite : après quarante ans un homme passait pour un vieillard ; dans les régions ou les classes pauvres, une femme était vieille à trente ans. On estime l'espérance moyenne de vie des Européens de l'ouest à vingt et un ans entre 1656 et 1676, à trente ans en 1700. La population restait limitée par le simple fait que tout accroissement diminuait la quantité de nourriture disponible pour chacun et augmentait par conséquent la mortalité. Disettes et famines périodiques désorganisaient l'agriculture, tuaient les hommes en état de travailler ou les contraignaient à rejoindre sur les routes la foule des vagabonds, voleurs et mendiants. Leur absence accentuait encore la baisse de production, la famine, la hausse des prix, pendant que la faim, la pauvreté et le chômage, après avoir ravagé les campagnes, déréglaient l'économie urbaine à son tour.

La mort et la faim scandèrent la vie de la plupart des Européens jusqu'à ces deux derniers siècles, tandis que, de temps à autre, des famines faisaient des ravages meurtriers [1]. La plupart de ces désastres restaient locaux ou régionaux et étaient aggravés par les difficultés du transport et les barrières douanières intérieures, mais certains dévastaient des pays entiers : un tiers de la population pourtant dispersée de la Finlande disparut ainsi en 1696-97. La France, un des pays les plus riches, compta treize famines générales au XVIe siècle, onze au XVIIe, seize au XVIIIe. Entre 1375 et 1791, Florence en connut cent onze : une tous les quatre ans, contre seulement seize récoltes exceptionnelles pendant la même période ! En 1662, un tiers des Bourguignons mangeaient de l'herbe.

La faim en elle-même n'avait rien d'extraordinaire. Une gazette romaine de février 1558 rapporte en effet : « A Rome, rien de neuf, sinon que l'on meurt de faim », et de parler d'un banquet donné par le pape. Les périodes de disette étaient communes. Lorsque l'on faisait du pain avec des fougères ou du son, les plus forts survivaient et seuls les vieux et les malades mouraient plus vite. On ne parlait de famine que

1. Une étude sur l'alimentation dans le monde nous donne une liste partielle des plus importantes famines de cette période en Europe : 1556 : France ; 1558 : Angleterre et France ; 1560 : France ; 1563 : Irlande et Angleterre ; 1565 : France ; 1572-74 : France ; 1586 : Irlande, Angleterre, Hongrie ; 1587 : France ; 1588-89 : Irlande ; 1590-93 : Paris (cent mille morts en trois mois) ; 1594 : Hongrie ; 1594-95 : Angleterre ; 1595-98 : France, Allemagne, 1601-03 : Irlande ; 1610 : Saxe ; 1621 : France ; 1629 : Paris ; 1630 : Angleterre ; 1649 : Écosse et nord de l'Angleterre ; 1693 : Écosse ; 1698 : Angleterre, France ; 1700 : Angleterre ; 1709 : Écosse, Angleterre, France.

quand des paroisses ou des provinces entières étaient ravagées ; quand les boulangers se battaient pour de la farine aux portes des villes ; quand un médecin du XVIIe siècle trouvait « un garçon qui avait déjà mangé une de ses propres mains » pour survivre ; quand des bourgades étaient abandonnées aux moribonds tandis que les moins affaiblis allaient chercher ailleurs une nourriture improbable ou la mort.

Il n'y avait pas que la faim. Dans son sillage, s'engouffrait la maladie, la peste. Dans la vallée d'Urgell en Catalogne, les mauvaises récoltes de 1627, 1628 et 1629 furent suivies d'une épidémie en 1630. A la campagne, note la chronique de la petite ville de Cervera, les gens « ne mangeaient que de l'herbe et ils arrivèrent ici, tout noirs ou livides et expirants, que c'était pitié de les voir... ».

Même lorsqu'il n'y avait pas de famine, *surtout* lorsqu'il n'y avait pas de famine, la pression démographique augmentait à elle seule la demande de céréales, au point que l'Espagne et la Sicile, par exemple, jadis exportatrices, en importaient à la fin du XVIe par bateaux entiers, hollandais, anglais et hanséatiques, et aussi par chariots et mulets. Accroissement du commerce et du transport, donc du nombre de chevaux et de mulets ; encore fallait-il nourrir ces animaux de trait, et l'on cultivait pour le fourrage des terres où poussaient naguère des céréales, ce qui aggravait le déficit alimentaire, la hausse des prix, la misère générale.

Les villes aussi, qui avaient d'abord joué un rôle libérateur, étaient devenues de véritables sangsues exploitant la campagne alentour aussi bien que les contrées lointaines. Chaque cité, a-t-on dit, était un vaste estomac. La plus grande d'entre elles, Constantinople — environ sept cent mille habitants — dévorait le blé de la mer Noire, le poisson du Bosphore, les troupeaux des Balkans, les fruits de l'Anatolie, toujours avide et jamais repue. En mars 1581, huit bateaux de blé égyptien nourrissaient Constantinople pendant exactement une journée. Mais les navires étaient rares, les livraisons marginales. Madrid, bien plus petite, engloutissait, estime-t-on, vers 1600, cinquante mille moutons, douze mille bœufs, soixante mille chevreaux, dix mille veaux, et treize mille porcs par an. Pas étonnant que les villes fussent toujours au bord de la famine.

Entre 1650 et 1750, l'Europe tout entière se débattit dans une dépression économique générale et surtout agricole, ponctuée de crises brutales dont témoigne l'atmosphère morose de l'époque. De violents orages et de graves sécheresses détruisaient souvent les récoltes tandis que les importations de blé d'Europe orientale, destinées à prévenir la famine, faisaient chuter les prix et ruinaient nombre de paysans à l'ouest. En Italie, en Allemagne et en France, sur de vastes étendues, on ne trouvait que fermes délaissées, villages désertés, champs abandonnés aux orties ou rongés par l'érosion.

Tout cela eut de larges répercussions : les affaires en pâtirent, l'instabilité économique paralysa le développement. Dans un monde aux limites physiques étroites, le marasme ne pouvait guère que se perpétuer, d'autant que les métaux précieux, extraits tant d'Europe que d'outre-mer, se faisaient rares. Les stocks d'or et d'argent qui s'étaient multipliés par dix pendant le XVIe siècle, doublèrent à peine au XVIIe alors que la demande augmentait parallèlement à la croissance des échanges commerciaux. Il en résulta une hausse des prix jusque vers 1650, moment où la tendance commença à s'inverser. Les profits évoluèrent dans le même sens, l'accumulation du capital devint difficile, les sources et les possibilités d'investissement se raréfièrent, l'expansion économique se tassa, certaines entreprises s'effondrèrent tandis que d'autres stagnaient, la production diminua, le chômage s'aggrava avec son cortège de troubles sociaux et de difficultés économiques. Échaudés, les entrepreneurs cherchèrent des changements technologiques susceptibles de réduire leurs coûts de production tout en évitant les projets impliquant quelque risque. Les autorités centrales durent intervenir de plus en plus, afin d'arbitrer les conflits sociaux exacerbés par la dureté des temps, ou pour suppléer aux défaillances de l'initiative privée. L'ingérence des fonctionnaires royaux se fit donc plus fréquente et il fallut percevoir davantage d'impôts. La plupart des rancœurs se cristallisèrent alors sur les hommes du roi : émeutes et rébellions contre le pouvoir central, souvent conduites ou déclenchées par les notables locaux dépossédés de leurs fonctions par les officiers de la couronne, devinrent presque endémiques.

Voilà le sinistre arrière-plan de l'agitation politique qui marqua cette époque : dizaines de soulèvements mineurs un peu partout ; révoltes plus graves pendant les années 1640 dans certaines provinces de l'empire espagnol : Naples, la Catalogne et le Portugal ; insurrection de l'Ukraine de 1646 à 1654 ; guerre des Paysans suisses en 1653 ; rébellions du cosaque Stenka Razine en Russie (1667-1670), des paysans irlandais et bohémiens dans les années 1640 et 1680. Il est frappant que les jacqueries, endémiques depuis des siècles, deviendraient beaucoup plus rares dans l'Europe de l'Ouest avec l'amélioration des conditions au XVIIIe. Il ne faut surtout pas oublier ces terribles famines qui, avant cette révolution agricole, tuaient aussi impitoyablement qu'Auschwitz (trente pour cent par an ; un tiers de la population), et dominaient la vie et l'esprit des hommes. Après les années 1690 en Angleterre, après 1710 en France, diminuerait le nombre de ces famines générales qui décimaient la population dès qu'elle commençait à augmenter, forçaient les hommes à manger les enfants pour survivre, et fixaient des limites infranchissables à l'expansion. Jusqu'à ce moment-là, la nourriture demeurerait le problème principal.

La nourriture était alors synonyme de pain. Aujourd'hui, une famille ouvrière consacre de un à trois pour cent de son budget au pain et aux autres céréales, et une part relativement faible de son revenu à la nourriture en général. Avant 1830, le pain représentait plus de la moitié des dépenses alimentaires et absorbait entre le tiers et la moitié du budget ouvrier total. L'alimentation se composant essentiellement de soupe et de pain, la plupart des gens étaient scorbutiques. Sans doute la situation différait-elle selon les régions mais elle était généralement, au mieux, mauvaise.

Le paysan suédois vivait de pain bis, de raves et de bouillie d'avoine. Les fonctionnaires qui travaillaient au château d'Uppsala devaient se contenter de pain, de poisson et de bœuf salés, arrosés de bière. On ne trouvait pas de viande fraîche pendant la moitié de l'année. En fait de produits laitiers, il fallait se satisfaire de beurre salé, le plus souvent rance. Jusqu'au XIXe siècle, il n'était pas rare pendant une disette de se rabattre sur du pain fait avec des écorces, et encore était-ce là, semble-t-il, l'expédient le moins désespéré. En Islande on en était réduit à se repaître d'os, de bruyère et de crottin de cheval, agrémentés de mousses et de graines de lin. Certains paysans mangeaient régulièrement du pain d'écorce pour s'habituer à le digérer si la récolte se révélait catastrophique.

On peut presque dire que s'ils ne vivaient pas seulement de pain, les hommes vivaient uniquement de céréales. On consommait de grandes quantités de bière, à base de grain : les soldats en campagne en recevaient plus de huit litres par jour (les Hollandais une dizaine de litres en 1582, les hommes de la reine Élisabeth seulement quatre). L'ivrognerie était chose normale presque partout et la distillation de l'eau-de-vie ne fit qu'aggraver ce fléau. La nourriture, peu variée, ne s'améliora guère. L'introduction de la pomme de terre en Irlande au XVIIe siècle permit à la population d'échapper à la dîme assise sur la production céréalière, de vivre à meilleur marché et de concurrencer ainsi victorieusement les immigrants anglais et écossais installés dans le Nord par Cromwell et ses successeurs, parce que ces derniers refusaient de manger autre chose que du pain de blé ou d'avoine. De même, l'apparition du maïs dans le sud des Balkans vers la même époque, puis dans les principautés roumaines un siècle plus tard, permit aux paysans de cultiver un produit dont ne voulaient pas les Ottomans et que le gouvernement ne taxait pas. Grâce à ce surcroît de nourriture, la population s'accrut tandis que s'estompaient, pendant quelque temps du moins, les troubles sociaux nés de la faim.

Tout cela concerne, bien entendu, les pauvres, c'est-à-dire la grande majorité de la population. La minorité aisée vivait beaucoup mieux, même si elle mangeait plutôt trop que bien. Les légumes étaient généralement méprisés, à l'exception des truffes et des artichauts — jugés aphrodisiaques —, des choux qui passaient pour prévenir la calvitie et donner du lait aux nourrices, et, pour quelque raison mystérieuse, les navets. Les riches appréciaient une cuisine épicée, parfois parce que la viande n'était pas très fraîche, le plus souvent par goût et parce que les médecins croyaient que les mets relevés se digéraient mieux. La moutarde, le gingembre, le miel et le poivre — ensemble ou séparément — titillaient le palais, purifiaient le sang et clarifiaient la bile de ceux qui pouvaient se les offrir. En 1600, le sucre était encore un si grand luxe que, s'il s'en trouvait sur la table, on en saupoudrait jusqu'à la viande. Les pauvres s'en passaient, bien sûr, et sucraient avec du miel lorsqu'ils pouvaient s'en procurer. Le sucre ne devint un produit ordinaire dans les classes aisées qu'au cours du XVIIe siècle, en même temps que d'autres denrées exotiques : café, précieux contre l'hébétude distillée par le sermon ; thé, souverain pour les nerfs et les vapeurs ; tabac, d'abord utilisé comme herbe médicinale, prisé dès 1558, fumé couramment aux alentours de 1600, au point que Jacques Ier le stigmatisa dans son *Counterblast to Tobacco* en 1604 et que le pape en interdit l'usage dans les églises.

Le thé aussi, importé pour la première fois en Europe par les Hollandais en 1609, se présenta d'abord comme un produit de luxe apprécié pour ses qualités médicinales : « A la maison où je trouve ma femme en train de faire du thé, note Samuel Pepys le 28 juin 1667, breuvage qui, lui a dit Mr. Pelling, l'apothicaire, est bon pour son refroidissement et ses défluxions. » Populaire au XVIIIe, le thé concurrençait le café, qui avait atteint Paris vers 1643, via l'Italie, par où transitait le commerce de l'Europe avec la Turquie et le Moyen-Orient. A la fin du XVIIe siècle, Paris comptait deux cent cinquante cafés, l'Angleterre, l'Allemagne et la Hollande lui emboîtant le pas. Il fallut plus longtemps pour qu'ils se répandissent ailleurs, et l'on raconte que c'est après s'être emparé de grosses quantités de café dans le camp des Ottomans, lorsqu'ils durent lever le siège de Vienne en 1683, que les Viennois prirent goût à la nouvelle infusion et lancèrent la tradition de leurs célèbres cafés.

Le chocolat resta longtemps un luxe, bien qu'en 1657 un Français ouvrît le premier établissement où l'on en servît à Londres et que Pepys nous dise en avoir bu dans un café en 1664. Il fallait adoucir tous ces breuvages : on multiplia donc les importations de sucre qui devint de plus en plus accessible, du moins au XVIIIe. Le vin s'améliora aussi, sans toutefois atteindre sa qualité présente. C'est dans les années 1670 que l'on commença à produire du porto et ce que nous appelons aujourd'hui le champagne : dom Pérignon, maître de chai à l'abbaye bénédictine d'Hautvillers, inventa en effet alors ce célèbre vin mousseux notamment en remplaçant les bouchons de tissu en usage par des bouchons de liège. Les femmes, qui en aimaient le crémant et la mousse, et les Anglais qui en louaient le pétillement, lanceraient ce vin promis à une glorieuse carrière. Mais, s'ils se multipliaient, ces produits de luxe restaient réservés à une élite. Viande gâtée, poisson fétide, beurre rance, pain, vin ou bière frelaté voire, par la suite, contrefait à l'aide de substances chimiques toxiques : voilà de quoi devaient se contenter les pauvres des villes et, souvent, les riches aussi.

Les paysans, nous l'avons vu, étaient fréquemment encore plus à plaindre. Saint Vincent de Paul, qui les connaissait bien, les appelait sauvages. En Angleterre, où ils étaient moins misérables, on les traitait de « bêtes ». En 1613, un légiste français, qui n'avait pour eux que mépris, s'étonnait incidemment que, si accablés d'impôts, ils pussent subsister et qu'il y eût encore des cultivateurs pour nourrir le reste du pays. *In cauda venenum,* comme toujours, surtout quand la pointe est inconsciente : ces paysans opprimés nourrissaient effectivement les autres, le petit monde qui seul comptait et vivait de leur labeur.

Un environnement dangereux

La nature semblait présenter à ces gens une menace continuelle et directe. Aujourd'hui, nos principales inquiétudes sont d'origine humaine. Les dangers naturels n'ont pas été éliminés mais nous en connaissons les causes : le tonnerre et les comètes, s'ils peuvent nous effrayer un instant, ne sauraient nous alarmer durablement. Ce n'était pas le cas jadis. Dans la campagne en particulier, tout était sujet de peur. Une panique soudaine, tournée généralement contre un innocent, pouvait provoquer l'assassinat de quelque voyageur solitaire, soupçonné de Dieu sait quoi, le lynchage d'un collecteur d'impôts, voire une émeute que les cloches des églises transformaient parfois en soulèvement. Nul besoin de prétexte spécifique quand il existait tant de périls latents toujours prêts à éclater, comme la peste, qui ne sommeillait jamais bien loin de la surface. La superstition, elle, ne connaissait pas de repos dans un monde où tout restait encore concevable, où la distinction entre le naturel et le surnaturel était à peine établie, où des sorts pouvaient tuer le bétail et des charmes capter l'amour, où l'on organisait des processions à travers champs pour faire tomber la pluie ou attirer le beau temps.

Impôts, famines, luttes entre seigneurs, seigneurs et cités, seigneurs et rois, la guerre et ses destructions, les mauvaises récoltes, toutes ces calamités multipliaient les brigands dont les bandes écumaient les campagnes, tirant parti de la multiplicité des circonscriptions judiciaires et politiques pour s'échapper de l'une à l'autre. Don Quichotte et Sancho Pança rencontreraient une de ces bandes aux environs de Barcelone et seraient très impressionnés par la discipline que son chef, Roque Guimaro, imposait aux nombreux malandrins sous ses ordres. L'Italie, en particulier, regorgeait de brigands, au point que, surtout après une mauvaise récolte, Rome et les autres cités émergeaient comme des îles battues par des vagues de malfaiteurs. Des montagnes aux plaines, poussés par la faim ou l'occasion, les paysans à qui le pillage offrait un ultime espoir gonflaient les rangs des bandits. Ils suivaient quelque baron rebelle, tâchaient de s'enrôler dans telle ou telle armée, négociaient avec les papes ou les ducs trop contents de les aider à quitter leur territoire.

Les soldats qui parfois les pourchassaient ne valaient pas mieux qu'eux. Routiers, paysans, brigands : quel monde sauvage et maltraité, à la base même de la société mais presque en marge de l'existence. Violence et précarité tissaient les jours et les errances, le temps, l'espace et les valeurs de l'époque. La torture était la méthode courante d'enquête ; les châtiments restaient terriblement barbares : on coupait le nez, les oreilles, la main droite, on brûlait la langue, on arrachait les yeux, on ouvrait les joues, on marquait au fer rouge. Pour la peine capitale, il n'y avait que l'embarras du choix : pendaison (garrot en Espagne), décapitation, noyade (parfois dans un tonneau), bûcher, enterrement vivant. Entre Dresde et Prague, un voyageur anglais rencontra sur son chemin « plus de sept vingtaines de gibets et de roues, où des voleurs étaient pendus, certains depuis peu, d'autres à demi-pourris, et les cadavres des meurtriers rompus membre par membre sur la roue ». Lorsque le scientifique Huygens quitta la Hollande pour l'Italie en 1620, il ne compta pas moins de cinquante gibets le long du Rhin sur quelque deux cents kilomètres. Les exécutions publiques représentaient une distraction très courue à une époque qui en manquait. Les formes étranges qui ponctuent les paysages de Jérôme Bosch sont des roues juchées sur des poteaux à l'usage des voleurs de grands chemins que l'on pendait à l'endroit même où ils avaient été pris. Autre amusement populaire, on brûlait des chats dans un sac suspendu au-dessus d'un brasier.

Manières de vivre et de mourir

Nombre de gens, donc, se souciaient moins de politique ou de diplomatie, des rois et des guerres que de leur survie. Et la plupart du temps, lorsqu'ils ne s'échinaient pas au travail, il ne leur restait guère qu'à donner le jour ou à mourir. Les femmes mariées faisaient normalement un enfant par an, sauf lorsque l'allaitement rendait ce rythme bisannuel. « Dominants et dominés » avaient un taux de natalité différent, souligne Pierre Chaunu, celui des riches étant très supérieur à celui des pauvres parce qu'ils se nourrissaient mieux et se mariaient plus jeunes. On confiait généralement les bébés des classes aisées à des nourrices, ce qui permettait à leurs mères d'avoir plus rapidement d'autres enfants et offrait aux frères de lait un moyen de promotion sociale. Tel fut le cas du cardinal Mazarin, qui gouverna la France de 1643 à sa mort en 1661 : sa mère avait été la nourrice d'un rejeton de la famille Colonna, et la protection de son frère de lait lui permit de se lancer sur la voie qui fit de ce roturier un

Premier ministre, l'amant et peut-être l'époux de la fille d'un roi d'Espagne, veuve d'un roi de France.

Les femmes de bonne famille qui confiaient leur progéniture à des nourrices, si elles concevaient davantage, mettaient souvent au monde des enfants plus fragiles, sans compter qu'elles subissaient plus fréquemment les risques et les incommodités de la grossesse. Une honnête femme devait toujours être enceinte ou juste relever de ses couches, écrit la marquise de Villeneuve-Arrifat en parlant de sa jeunesse au XVIIIe siècle. Pour sa part, la princesse Palatine, belle-sœur de Louis XIV, trouvait, disait-elle, « la tâche de fabriquer des enfants (...) une méchante, dangereuse et stupide affaire, dont aucune étape ne m'a jamais procuré le moindre plaisir ». Mais ceux qui songeaient à mettre en question les lois d'airain de la nature étaient aussi rares que mal considérés. Au XVIIe siècle, on commença à utiliser des méthodes de régulation des naissances en Angleterre, exemple que les classes supérieures ne tardèrent pas à suivre sur le continent malgré la censure de l'Église. Les pauvres, comme on peut s'y attendre, n'avaient pratiquement pas recours à la contraception ; il leur restait pourtant d'autres recours : les parents ivres ou épuisés écrasaient et étouffaient si souvent les bébés qui dormaient avec eux qu'on a suggéré que c'était une des manières de limiter les familles au XVIIe siècle.

Lorsque manquent les méthodes contraceptives, seuls le mariage tardif et l'abstinence peuvent restreindre les naissances, et l'on avait largement recours à ces palliatifs. Célibataires, nonnes et prêtres abondaient. Colbert, ministre de Louis XIV, soucieux de mobiliser toutes les énergies au service de l'industrie qu'il tentait de développer en France, avait estimé que douze pour cent de la population active étaient dans les ordres. D'autres renonçaient tout simplement à se marier, afin de faciliter l'éducation de quelques-uns des garçons et le mariage de quelques filles de la famille. Malgré Shakespeare qui fait convoler la mère de Juliette à douze ans et la Miranda de *La Tempête* à quatorze, l'historien de Cambridge Peter Laslett a établi que sous les règnes d'Élisabeth et de Jacques Ier, les femmes se mariaient en moyenne à vingt-quatre ans et les hommes à presque vingt-huit ans. « Plus la situation sociale était élevée, plus on se mariait jeune », ajoute-t-il.

L'Anglais moyen ne voyait que la moitié de ses cinq ou six frères et sœurs atteindre l'âge adulte et perdait un de ses parents pendant l'adolescence (à quatorze ans, en moyenne). Son premier mariage avait lieu à vingt-sept ans environ et il avait cinq ou six enfants, dont un ou deux seulement lui survivraient. Si, contrairement à la plupart des gens, il atteignait la cinquantaine, il avait enterré presque tous ses proches : frères, sœurs, parents, enfants, sans doute son épouse. Ses grands-parents étaient probablement décédés avant sa naissance, bien que l'un des quatre eût peut-être survécu pour s'éteindre pendant son enfance.

Les riches qui, bien sûr, mangeaient et vivaient mieux, avaient sans doute une croissance plus rapide et une jeunesse plus vigoureuse, mais connaissaient des problèmes de santé particuliers. Dans cet âge d'excès, ceux qui le pouvaient se gorgeaient de nourriture et ceux qui ne le pouvaient pas rêvaient d'en avoir l'occasion. La gloutonnerie des nobles et des riches se soldait souvent par l'apoplexie. Beaucoup succombaient à des défaillances cardiaques dues à l'excès de graisse, comme le frère de Louis XIV, le duc Philippe d'Orléans, foudroyé au sortir d'un dîner. Quant au Roi Soleil, son autopsie révéla un estomac et des intestins deux fois plus grands que la moyenne.

Quand on ne mourait pas de faim ou d'abus, on risquait fort de périr d'une des nombreuses et cruelles affections de l'époque : maladies de carence, comme le scorbut et la pellagre ; épidémies qui se propageaient comme un feu de prairie dans des populations affaiblies par la disette, les excès ou les prescriptions des médecins contemporains. La variole et la rougeole étaient courantes et souvent mortelles, tout comme la diphtérie, qu'on surnommait en Espagne le *garrotillo* d'après l'instrument de supplice avec lequel on étranglait lentement les condamnés à mort. Très répandue, la syphilis faisait des ravages : dans une des premières descriptions, le médecin de la cour d'Alexandre VI en signale dix-sept cas dans l'entourage et la famille du pape en septembre et octobre 1497.

La maladie la plus meurtrière était peut-être le typhus ; épidémique depuis le XVIe siècle, on l'appelait la « fièvre hongroise » ou la « fièvre des prisons » parce qu'il se transmettait souvent par les poux des prisonniers lors des procès. Pendant la session de 1577 à Oxford, il tua plus de cinq cents personnes et resta dangereux pendant deux siècles, emportant notamment John Howard, réformateur judiciaire, qui l'attrapa pendant l'enquête qu'il effectuait pour rédiger son traité, *L'État des prisons en Angleterre et au Pays de Galles* (1770). Il se répandait d'autant plus facilement que la plupart des gens avaient des poux aux XVIe et XVIIe siècles et que l'on ignorait encore le rôle des parasites et des microbes dans les épidémies. Sir Francis Bacon attribuait l'infection à des « miasmes » s'insinuant dans les corps, d'autres théories incriminaient l' « air vicié », tandis que l'opinion populaire en accusait des vents papistes élaborés à Louvain et lâchés à Oxford.

La peste bubonique sévissait également, sans compter toutes sortes d'épidémies engendrées et répandues par la misère, la famine et la guerre. Ces horreurs culminèrent sans doute avec la guerre de Trente Ans (1618-1648) qu'un historien des maladies et de leurs vecteurs a décrit comme « l'expérience naturelle d'épidémiologie la plus gigantesque à laquelle l'humanité ait jamais été soumise ». Le typhus domina la première partie des hostilités, la peste la seconde, sans toutefois s'exclure mutuellement ; leur prêtèrent main forte, avec une effroyable efficacité, la dysenterie, la typhoïde, la dyphtérie, la variole, la scarlatine, la syphilis et quelques autres calamités semblables.

Lorsque de telles maladies surgissaient et disparaissaient d'une manière aussi mystérieuse que formidable, il n'est pas étonnant que la panique et les préjugés se soient combinés à l'ignorance pour imaginer les plus extravagantes explications. Les grandes épidémies de peste qui ravagèrent Milan en 1576 et en 1630 furent répandues par des suppôts du diable (que beaucoup virent dans une voiture tirée par six chevaux noirs) qui frottaient portes et murs avec un onguent mortel ou jetaient leur poison dans les bénitiers des églises. Si ce n'était pas le diable, il fallait y voir la main de l'étranger. Français et Anglais furent, semble-t-il, les principaux boucs émissaires à Milan, comme les hérétiques à Lyon en 1564, les Anglais en France pendant la guerre de Cent Ans (1384), les Français dans la plus grande partie de l'Italie la plupart du temps, et les juifs partout.

En Autriche, l'aumônier de la cour impériale, Abraham a Sancta Clara (1646-1709), accusait de la grande peste qui dévasta Vienne en 1679 les juifs, les sorcières et les fossoyeurs — ces derniers parce qu'ils tiraient profit de cette pléthore de cadavres à enterrer. Dans un de ses ouvrages, Sancta Clara expliqua que ces gens se servaient d'un miroir pour empoisonner la lune dont les rayons pouvaient être ensuite dirigés par le même miroir sur des figurines de cire représentant les personnes choisies pour être contaminées. Il n'explique pas, cependant, pourquoi des sorciers aussi ingénieux devaient recourir à des méthodes aussi alambiquées. Sancta Clara croyait également aux loups-garous, aux cadavres qui rougissaient, aux cloches qui sonnaient toutes seules, aux signes dans le ciel et autres balivernes[1].

Nous aurions plutôt tendance, de nos jours, à tenir la malnutrition et la mauvaise hygiène pour responsables de ces épidémies. Nous devons aussi nous rappeler que, aujourd'hui encore, la plupart des êtres humains grouillent de vermine et que, encore récemment, les gens passaient leur temps à se gratter. Les Occidentaux l'ont oublié, et pourtant c'était le lot même des plus grands en 1700, époque où l'on enseignait aux jeunes princesses françaises qu'il ne convenait pas de se gratter par habitude mais seulement par nécessité et qu'il était très mal élevé de prendre poux, puces et autre vermine par la tête pour les écraser en public. Le jeune George Washington recevrait les mêmes recommandations. On prétend que l'usage de la perruque se développa au XVIIe siècle pour essayer de lutter contre les parasites, les cheveux coupés court devant en accueillir moins. Si tel est le cas, cette tentative se solda par un échec. Les perruques, bien évidemment, étaient souvent des nids à vermine : « De là à Westminster chez mon barbier, note Pepys, pour faire nettoyer de ses lentes, qui me tourmentaient cruellement, la perruque qu'il m'a faite récemment. » Certains allaient même jusqu'à se prendre d'affection pour leurs parasites familiers. Les dames de la cour de France et d'Espagne affectaient de dresser et de nourrir des puces. Le futur Louis XIV avait, petit enfant, un minuscule canon d'or tiré par un équipage de puces. Les plus riches vêtements hébergeaient une non moins riche vermine.

Dans les villes, en particulier, l'insuffisance des systèmes d'égouts était une grande cause d'infection. Cloaques et fosses d'aisances s'infiltraient dans les puits et les citernes, s'écoulaient dans les rivières proches, empoisonnant l'eau. L'accroissement de la consommation de vin, de bière et de thé confectionné avec de l'eau bouillie fit reculer la typhoïde et autres maladies. Mais le danger restait présent : si Madrid disposait du vent des sierras, Naples et Rome du soleil médi-

1. De semblables croyances se révélaient parfois utiles. Dans sa *Conquest of the Plague* (Oxford, 1953), L. Fabian Hirst raconte qu'une comète apparut au-dessus de la Russie en 1664. Le tsar demanda ce qu'elle annonçait et on lui répondit qu'il y aurait une épidémie de peste à l'automne, mais qu'elle serait moins dangereuse en Russie qu'ailleurs. Il établit alors un cordon sanitaire à ses frontières et interdit l'accès de ses ports aux navires étrangers, en particulier anglais. L'histoire est peut-être apocryphe, mais il semble que la Russie fut épargnée par la maladie à ce moment-là.

terranéen, Amsterdam des marées, les autres villes baignaient dans leurs excréments. La pollution n'est pas un problème nouveau.

La plupart du temps, bien sûr, on manquait d'eau, et le peu dont on disposait servait essentiellement à la cuisine. On se lavait peu et il fallait être très malade ou très riche pour se baigner. Les bains publics, jadis populaires, avaient été fermés parce qu'on les accusait d'être des lieux de débauche. Le XVIIe était un siècle remarquablement sale et fier de l'être. Les gens enlevaient leur crasse en se frottant ou en se grattant. Il était même rare de se laver les mains. La première femme d'Henri IV, la princesse Marguerite de Valois, se vantait de ne pas s'être lavé les mains depuis une semaine ; deux générations plus tard, une dame reçue en audience par la reine Christine de Suède regrettait de ne pouvoir décrire ses mains « tant elles étaient dégoûtantes ». La propreté était chose exceptionnelle : son biographe souligne longuement que le peintre Guido Reni (1575-1642) était si propre qu'il ne sentait jamais mauvais. Henri IV dégageait une odeur tellement nauséabonde que sa femme se faisait faire des parfums puissants pour pouvoir le supporter ; Louis XIII s'enorgueillissait d'avoir hérité des effluves de son père. Ceux qui le pouvaient suçaient des pastilles anisées pour atténuer une haleine chargée par de lourdes digestions et l'absence de toute hygiène dentaire. Ces senteurs terribles, d'hommes qui étaient aussi des cavaliers, poussaient les riches à s'inonder de parfums violents, qui devaient contraster étrangement avec les odeurs persistantes des chandelles de suif, des déchets des maisons sans égouts et des rues qui tenaient, elles, du cloaque.

Dans ce terrain de choix, les médecins pratiquaient leur meurtrière profession. « Ceux qui périssent des mains des médecins sont beaucoup plus nombreux que ceux qui guérissent », remarque Casanova (1725-1798) dans ses *Mémoires*. Un coup d'œil à l'arsenal de saignées et de purges, d'émétiques et de cautères, d'onguents et de baumes, nous persuade qu'il voyait juste. Malgré l'invention des forceps, qui sauvèrent des milliers de vies là où on les adopta, en Angleterre et en Hollande, les chirurgiens du XVIIe siècle durent verser plus de sang que les soldats, puisque la saignée était leur prescription favorite. Même un très bon chirurgien comme Ambroise Paré se vantait d'avoir saigné un jeune homme vingt-sept fois en quatre jours. Ventouses et purges ont sans doute envoyé plus de monde à la tombe que les guerres et abrégé les jours de nombreux patients dont, probablement, Louis XIII, son Premier ministre, le cardinal de Richelieu, et le successeur de celui-ci, le cardinal Mazarin[1]. Les contemporains se rendaient bien compte des possibilités meurtrières de la médecine comme en témoigne une des pièces les plus populaires de l'Espagnol Calderón de la Barca, *Le Médecin de son honneur (El Médico de su Honra),* dans laquelle le héros, qui soupçonne sa femme (à tort, en l'occurrence) d'avoir souillé son honneur, contraint un chirurgien à la saigner à mort.

Bien que moins redoutables parce que d'une inefficacité relative, les autres remèdes nous font rêver. Copernic a ainsi recopié une ordonnance médicale qui prescrivait les ingrédients suivants : éponge d'Arménie, cannelle, bois de cèdre, tormentille, dictame, santal rouge, débris d'ivoire, crocus, camomille au vinaigre, zeste de citron, perles, émeraudes, saphirs, os cardiaque de cerf *(sic)* ou pulpe de cœur, scarabée, corne de licorne, corail rouge, or, argent et sucre. Un savant médecin de Londres prétendait s'être guéri de la peste pendant la grande épidémie de 1665 en s'appliquant sur le ventre un gros crapeau qui absorbait le poison. Les pastilles de crapeau séché étaient très populaires : un médecin soigna mille cas avec cette préparation, bien qu'un autre les considérât comme plus efficaces pour la prévention que le traitement.

La famille

Les naissances et les morts étaient alors si nombreuses que, semble-t-il, on s'attachait moins aux enfants et on leur accordait aussi moins d'importance personnelle qu'aujourd'hui, où ils sont plus rares et ont plus de chances de grandir et de devenir des individus dignes d'affection. Il devait exister dans les relations entre parents et enfants une sorte de fossé affectif qui touchait sans doute l'ensemble de la société. Ils se connaissaient moins, s'aimaient moins. En outre, une société composée d'enfants pour la moitié ou presque ne pouvait que se préoccuper d'ordre et d'autorité.

Le droit romain, appliqué par les légistes bourgeois, insistait sur l'autorité paternelle et sur la prééminence masculine. Les enfants n'avaient aucun droit, les femmes restaient de

1. Le médecin personnel de Louis XIII, Héroard, chirurgien vétérinaire de formation, rédigea un rapport détaillé de ses activités pendant vingt-sept ans. En prenant une année au hasard, on apprend que le roi fut saigné quarante-sept fois, purgé deux cent douze fois, et qu'il subit deux cent quinze lavements.

perpétuelles mineures, la loi ne reconnaissait que les hommes.

Sans doute n'y avait-il pas que la loi. Les grandes dames avaient été chantées par les troubadours du Moyen Age et par les cours d'amour de la Renaissance. Les humanistes chrétiens du XVIe siècle s'étaient chargés d'en instruire quelques-unes, comme les filles de Sir Thomas More ou Marguerite de Navarre, sœur du roi François Ier, mais ces exceptions ne sont pas plus représentatives du sort général des femmes que les grandes reines d'alors et de jadis : Isabelle la Catholique, Catherine de Médicis, Élisabeth d'Angleterre.

Qui plus est, les femmes qui, au Moyen Age, avaient joué un rôle économique important en dirigeant leur maisonnée, s'enfoncèrent dans l'inactivité et perdirent donc leur rôle social, à mesure que la bourgeoisie s'efforçait d'imiter les valeurs aristocratiques excluant le travail. Au début du XVIe siècle, certaines femmes d'imprimeurs avaient su assez de latin pour aider leurs maris à corriger les épreuves. Au siècle suivant, un imprimeur qui avait réussi n'acceptait pas que sa femme se livrât à des tâches aussi vulgaires. Et même les premières écoles pour les jeunes filles que les ursulines avaient fondées en Espagne et en France dès le XVIe siècle n'enseignaient pas la culture classique ou des arts utiles mais la piété et les bonnes manières.

En un sens, cela reflétait une promotion sociale et idéologique. Le Moyen Age n'avait pas grand-chose à dire en faveur de la femme, responsable de la Chute et occasion de tentations ultérieures ; ni en faveur du mariage, que les théologiens jugeaient inférieur à la chasteté. Il fallut attendre que des humanistes comme Érasme réhabilitassent l'idée de l'amour dans le mariage. Par ailleurs, tous les grands réformateurs (Luther, Zwingli et même Calvin) se marièrent, donnant ainsi l'exemple à leurs adeptes. Il devenait désormais possible à un auteur d'encenser sa bien-aimée, même si elle n'était pas quelque dame noble, inaccessible ou lascive, mais simplement son épouse. L'*Epithalamion* d'Edmund Spenser (1594) est un hymne en l'honneur de son mariage. Un poète polonais contemporain chantait la femme qu'il avait épousée par amour parce qu'elle n'avait pas d'argent, aux tresses aussi blondes que l'écorce d'un jeune bouleau. On pouvait aimer sa femme et n'être pas ridicule. On pouvait être une femme respectable bien que de naissance roturière.

Il semble pourtant que, malgré quelques apparitions politiques ou littéraires occasionnelles, les femmes jouaient au XVIIe siècle un rôle moins important qu'au Moyen Age. Surtout dans les classes moyennes en plein essor, elles servaient essentiellement aux plaisirs des hommes et à la perpétuation de leur lignée ; objets d'échange et de contrats, les jeunes filles étaient ajoutées à leur dot comme les différents plats sur une addition de restaurant, sans apparence de différence entre les deux. Ainsi, en septembre 1698, Jean Racine écrit-il à son fils, à propos d'un projet de mariage, qu'on lui proposait une fille avec quatre-vingt mille livres. C'eût pu être aussi bien une vache et deux hectares, pas assez en tout cas pour un Racine...

Comme la plupart des enfants perdaient leurs parents avant leur majorité, les jeunes gens devaient assumer devoirs et responsabilités sans y avoir été beaucoup préparés, et ils avaient rarement le loisir de se mettre en quête d'une carrière : suivre les traces de son père, reprendre sa profession ou son métier, apparaissait comme la manière évidente de faire face à une situation d'ailleurs urgente. Il restait à tirer profit de l'expérience que la famille pouvait offrir, à y effectuer son apprentissage. Et tout comme il n'était guère question d'inclinations personnelles dans l'adoption d'une carrière, de même les sollicitait-on peu dans le choix d'une épouse : l'intérêt de la famille primait les préférences personnelles.

En ce domaine, le critère essentiel n'était ni Dieu ni soi-même ni le profit, mais la famille, être durable à maintenir et à améliorer ; tous les efforts et les sacrifices de tous ses membres visaient à accroître ses richesses et son statut ; les enfants venaient au monde pour participer à sa grandeur, si possible par de fructueuses alliances matrimoniales. Lorsque la jeune Élisabeth Paston refusa d'épouser un vieux veuf bancal, sa mère se mit à la battre « une ou deux fois par semaine, parfois deux fois en un seul jour, et elle eut la tête brisée en deux ou trois endroits », traitement qui dura trois mois. Peu importait l'entente dans cette perspective utilitaire ; le couple adoptait une relation au mieux formelle que maintenait souvent une grande différence d'âge : à quarante ans, Molière épousa une jeune fille de seize ans ; le comte d'Évreux, qui avait besoin d'argent pour régler ses dettes de jeu, convola avec la fille de douze ans d'un financier et gaspilla sa considérable dot tandis qu'elle apprenait à chanter et à écrire au couvent.

Les vieux, les jeunes et les pauvres

Il était si rare de survivre que les vieillards de cinquante et soixante ans jouissaient d'un grand prestige, ne fût-ce que pour avoir atteint un âge aussi respectable. Leur expérience se révélait d'autant plus utile que la société changeait très lentement et que les conceptions des anciens semblaient moins anachroniques, plus proches des réalités sociales et économiques qu'elles ne le paraissent aujourd'hui. Et la lenteur même du changement s'expliquait probablement par le relativement petit nombre de personnes qui atteignaient la pleine maturité intellectuelle et avaient, en outre, le temps ou la formation nécessaire pour réfléchir et mettre leurs connaissances en pratique, même de la manière la plus simple. Les activités humaines sont limitées avant l'âge de dix à douze ans et la masse immense de la jeunesse pesait lourdement sur la minorité qui devait faire tourner les rouages de la société tout en surveillant les mineurs. Autrement dit, les ressources en énergie et en capacités n'étaient pas seulement restreintes par l'immaturité de la population mais par la nécessité d'élever les enfants eux-mêmes.

Par contre, dans la mesure où les jeunes représentaient la partie la plus imposante de la société, davantage d'entre eux devaient travailler dès l'enfance. Lorsque les gens meurent si tôt, la vie ne souffre pas de retard. Les garçons entraient en apprentissage à un âge très tendre, dans les ateliers, les magasins, aussi bien que dans l'armée : Cinq-Mars, le favori de Louis XIII, prit du service dès treize ans ; Turenne, un des plus grands soldats du siècle, à quatorze ans ; le futur maréchal de Saxe à douze ans, et à treize ans il participait à la bataille de Malplaquet, ayant couvert à pied la distance entre la Saxe et les Flandres. Un autre garçon, que son père avait emmené en campagne dès neuf ans, reçut un coup de sabre à douze ans alors qu'il se battait comme un homme. De même, dans les administrations royales et les tribunaux, nombre d'officiers, de magistrats et de fonctionnaires avaient une vingtaine d'années et parfois moins.

La progéniture des pauvres était encore plus sévèrement exploitée. Les enfants des indigents, écrit John Locke en 1697, doivent travailler au moins à mi-temps dès trois ans, et se contentent essentiellement, semble-t-il, de pain et d'eau. Au XVIIe siècle à Leyde, grand centre textile qui ne le cédait qu'à Lyon, des enfants, parfois âgés de six ans seulement, besognaient dans les manufactures. On y traînait aussi les orphelins de l'asile municipal et, pendant le boom du textile des années 1638-1648, on fit venir quatre mille enfants de l'évêché de Liège. Un arrêté municipal de 1646 dut limiter le travail des enfants à quatorze heures par jour et un inspecteur fut nommé par la ville pour veiller à son application.

Le *Statut des ouvriers* (1563) de la reine Élisabeth nous donne une certaine idée des conditions de travail : reflet des pratiques de l'époque, il prévoyait, en effet, que la journée de labeur commençait au lever du soleil pour ne s'achever qu'au crépuscule. Une centaine d'années plus tard, en 1648, un juge de York la fixait « de cinq heures du matin à sept heures du soir l'été et de sept heures à cinq heures l'hiver ». Au XVIIIe siècle, les ouvriers de la manufacture de ferronnerie du philanthrope Ambrose Cowley travaillaient treize heures et demie par jour, six jours par semaine — plus de quatre-vingts heures hebdomadaires. On s'est étonné que les salariés aient pu vivre de leur seul salaire. Il est encore plus difficile de comprendre comment les pauvres parvenaient simplement à survivre.

Grèves et mutineries répétées n'aboutissaient jamais qu'au châtiment de leurs instigateurs. Les pauvres n'avaient aucun droit : c'étaient des prolétaires, la classe qui ne peut offrir à la société que sa descendance — *proles*. Mais puisqu'on pouvait les utiliser, on se les arrachait. En 1618, une centaine de garçons et de filles furent ramassés dans les rues de Londres et expédiés en Virginie. Quinze ans plus tard, un industriel reçut l'autorisation de réunir de la main-d'œuvre de cette expéditive manière pour ses mines galloises. Les asiles et les prisons de Paris fournissaient des colons pour la Louisiane et, en 1719, lorsque cette source fut tarie, on racola les vagabonds valides des deux sexes directement dans la rue. L'autorité s'imposait aux pauvres comme aux enfants. L'isolement, l'analphabétisme et une misère préoccupée de la seule survie portaient à la résignation, qu'encourageait la propagande officielle. Le *Catéchisme* de l'Église d'Angleterre de 1549, que tout curé enseignait et que chaque paroissien devait apprendre par cœur, culminait dans le souhait « de faire mon devoir dans la condition d'existence où il plaira à Dieu de m'appeler ».

Ne comptaient que l'autorité et le rang. Dans un monde où les riches étaient cousus d'or et les pauvres effroyablement démunis, ces derniers étaient jugés sans aucune importance et leur existence n'attirait guère l'attention que lorsqu'elle suscitait des troubles. L'histoire n'enregistre que ces crêtes :

désordres, insurrections, soulèvements sporadiques, brigandage, reflétant la marée montante de la misère, la révolution des prix qui laissa les salaires en deçà des coûts d'existence, la procession cauchemardesque des mendiants, estropiés, vagabonds, émigrants vers les Indes[1], pèlerins, voleurs, ivrognes, les longs convois des bagnards promis aux galères et les chroniques sanglantes du banditisme aux portes des villes et même dans leurs murs.

La « fainéantise » et le vagabondage que dénonçaient les autorités étaient exemplaires d'économies arriérées dans lesquelles les hommes n'avaient ni emploi régulier ni rétribution convenable de leur labeur. Dans ces conditions, il n'est pas étonnant que le travail manuel fût tenu en aussi piètre estime. La concentration des terres et la réduction du commerce devaient rendre l'Église et l'administration très attirantes, voire presque inévitables dans des pays comme l'Espagne. Comme le dit l'historien anglais J.H. Elliot de la Castille : « La nature du système économique était telle que l'on devenait étudiant ou moine, mendiant ou bureaucrate. Il n'y avait pas d'autre choix. » Il est curieux de constater que tandis que disparaissait la lèpre, le fléau du Moyen Age, les léproseries se peuplèrent d'indigents : hospices, maisons de correction, asiles de fous et orphelinats, les anciennes geôles des lépreux héritées par les nouveaux lépreux du monde moderne cachaient ou emprisonnaient les fruits du chômage ou du sous-emploi, essayaient de soulager les pressions pesant sur des économies primitives, d'éloigner de la rue les criminels et les agitateurs en puissance, de séquestrer les fous, les infirmes et les pauvres, tous ces groupes aussi asociaux les uns que les autres qu'on ne pouvait guère qu'enfermer. Ainsi vivaient les pauvres et il semblerait que, jusqu'à la Révolution française, la moitié de la population était considérée comme pauvre par l'autre moitié, qui se fondait pourtant sur des critères infiniment plus sévères que les nôtres.

1. « Refuge et protection de tous les désespérés de l'Espagne, église des rebelles, sauf-conduit des assassins », écrit Cervantes. Est-ce pourquoi le XVIIe siècle fut colonialiste ?

LA SOCIÉTÉ AUX XVIe ET XVIIe SIÈCLES

Les états

Survivances et changements, hérédité et mobilité, apparition de classes définies par le revenu, persistance d'ordres définis par une fonction traditionnelle : jusque vers la fin du XVIIIe siècle, les structures des sociétés européennes restèrent plus proches de celles du Moyen Age que de celles de la révolution industrielle. Ceux qui n'étaient pas de noble extraction pouvaient certes s'enrichir et devenir influents par l'investissement et le commerce. Pourtant, cette classe grandissante, dont le succès matériel semblait gage de pouvoir, se préoccupait davantage de sécurité et de statut : sécurité des rentes financières ou foncières, statut qu'on pouvait acheter avec une lettre de noblesse ou un office royal, dans le but ultime de vivre « noblement », c'est-à-dire dans l'oisiveté. Selon de telles valeurs, ce n'était pas la puissance économique mais la dignité de son état qui déterminait son rang. Et à chaque état sa hiérarchie propre : des cardinaux aux évêques, aux curés et aux humbles moines ; des princes de sang royal au dernier acheteur de quelque lettre de noblesse.

Les légistes continuaient de diviser les hommes en ces trois fonctions normales d'une société moins caduque que nous l'imaginons parfois : il y avait toujours ceux qui priaient, ceux qui combattaient et ceux qui travaillaient, ces derniers indispensables roturiers, beaucoup trop divers pour être traités comme une totalité indissociable. Dans la pratique, ces trois catégories se répartissaient en une multitude de subdivisions. Les sommets de la hiérarchie sociale étaient peu fréquentés : quelques princes de l'Église, quelques grands aristocrates, avec le reste du clergé et de la noblesse à de biens moindres hauteurs. Vers 1600, trente-deux grands d'Espagne pouvaient appeler le roi « mon cousin » ; cinquante-huit pairs du royaume siégeaient à la Chambre des Lords en Angleterre. Au-dessous de cette grande noblesse, on trouvait la petite noblesse : la *gentry,* chevaliers, gentilshommes, *junkers* et *hidalgos,* hommes de noble extraction plutôt que simples acheteurs de titres.

Plus bas encore venaient les couches les plus élevées du tiers état : officiers de la couronne, hommes de loi et de lettres, marchands qu'un légiste du XVIIe décrivait ainsi : « Les dernières gens à être considérées comme honorables, étant qualifiés d'hommes honorables ou personnes honnêtes ou bourgeois, qualités attribuées ni à travailleurs ni à régisseurs, ni à artisans, et encore moins à laboureurs qui sont tous réputés personnes viles. » C'est dans cette classe que se recrutait la noblesse parallèle d'office ou « de robe ».

De la manière la plus simple, on peut diviser le tiers état en ceux qui travaillaient de leurs mains et les autres. Officiellement, le plus grand prestige revenait aux « hommes de lettres » : diplômés de l'université destinés aux fonctions officielles ou aux professions libérales : médecins, légistes, notaires et ainsi de suite. En pratique, ils rivalisaient avec les riches marchands, armateurs, banquiers et financiers, avec les apothicaires, les joailliers et les bijoutiers, et s'alliaient probablement avec eux. Tous formaient la *bourgeoisie,* avec les charges et privilèges que cela impliquait : accès aux fonctions municipales, droit à exercer et réglementer leurs professions, droit de regard sur les milices locales, plus toutes les exemptions et immunités qu'ils pouvaient obtenir dans leur localité. En dessous venaient les artisans, les boutiquiers, les petits métiers de toutes sortes, les ouvriers et les paysans.

Ces divisions n'étaient nullement étanches. Au fil de plusieurs générations, plus souvent au bout d'un siècle ou deux, il arrivait qu'une famille s'élevât d'un ordre au suivant. Mais entre-temps, les gens vivaient dans les compartiments définis par la naissance, sujets aux diverses limites que cela impliquait.

Les privilèges

Il existait maintes gradations sociales dans la hiérarchie du XVIIe siècle, mais seulement une différence essentielle : celle qui séparait les privilégiés — qui, selon la formule latine, bénéficiaient de *privatae leges,* de lois privées — et les autres. La noblesse était une condition suffisante mais non nécessaire : les membres du clergé et même certaines personnes du commun jouissaient de prérogatives spéciales, d'exemptions de tous les impôts ou de quelques-uns, d'un traitement particulier selon la loi ou de la possibilité d'y échapper en étant soumis à la juridiction de tribunaux spéciaux, sans compter toutes sortes d'avantages, du droit à disposer d'un pigeonnier privé à celui de ne pas retirer son chapeau en présence du souverain. Voilà les gens qui comptaient, d'une manière ou d'une autre. Au XVIIe siècle, liberté signifiait en réalité privilège, le droit d'avoir quelque chose que les autres n'avaient pas et de leur en interdire l'accès. La franchise d'un domaine ou d'une ville provenait d'une charte de privilège qui entraînait droits et immunités : immunité parlementaire, immunité de l'homme libre devant la conscription et le fouet. Aussi, lorsque le XVIIe siècle parle de liberté, parle-t-il des droits exceptionnels de la minorité possédante, ou des droits spéciaux de tel groupe particulier.

Ailleurs et bien en dessous d'eux, dans une autre région, se mouvaient les non-privilégiés, la masse des prolétaires que Sir Thomas Smith décrivait en 1560 comme « cette sorte d'hommes qui ne gouvernent point » : journaliers, cordonniers, maçons et ainsi de suite, ne possédant aucun bien et n'ayant, de droit, nul droit à quoi que ce fût. Pas le moindre mot à dire, nulle personnalité. Lorsque Henri IV de France fut assassiné en 1610, les juges qui interrogèrent Ravaillac en le mettant à la torture ne pouvaient croire qu'un homme du commun eût eu l'idée et le courage d'un tel crime sans qu'il lui eût été soufflé par quelque haut personnage. En 1615, un tailleur londonien, qui avait déclaré qu'il valait bien le gentilhomme qui refusait de régler sa facture, fut condamné à payer une amende deux fois plus élevée que la note de son noble client.

Symbole de cette différence, la plupart des gens du commun n'avaient pas de nom de famille mais simplement un prénom suivi d'un qualificatif géographique ou professionnel : Pierre du moulin ou le charron. Les Anglais ne commencèrent à porter régulièrement un nom de famille qu'au XVIe siècle, suivis en cela, quoique lentement, par les autres Européens. Bien des Hollandais n'adoptèrent un patronyme qu'au XIXe siècle, comme les juifs, et le Danois moyen ne commença à transmettre son nom de famille qu'en 1828. Les seules personnes qui comptaient n'étaient-elles pas les rares privilégiés ?

Et notamment, bien sûr, les bourgeois : ces aristocrates du tiers état qui jouaient un rôle important dans les affaires de l'Angleterre, des Pays-Bas et même de la France. Mais la bourgeoisie en tant que telle vit son importance décliner, à mesure que les cités indépendantes s'effaçaient devant la montée de l'autorité centrale. Les villes perdirent leur indépendance politique à la fin du XVe siècle (Constantinople en 1453, Barcelone en 1472, Grenade en 1492) et les états urbains cédèrent la place aux États territoriaux, seuls capables de faire face aux coûts de la guerre moderne et de fournir l'espace et les hommes nécessaires. Nous avons déjà parlé des problèmes qu'avaient les villes à se nourrir, avec toutes leurs implications politiques. Les cités surpeuplées du XVIe siècle devaient chercher leur nourriture toujours plus loin, battre la campagne, quêter le soutien des seigneurs territoriaux capables de combler leurs besoins ou d'en faciliter la satisfaction. Ou elles augmentèrent leur arrière-pays et leurs possessions, absorbant leurs voisines, telle Florence, Milan ou Venise, ou elles se ratatinèrent quand elles ne devinrent pas les sujettes de quelque plus grande puissance. En dehors des Pays-Bas, la cité médiévale avec ses champs alentour, maîtresse de son destin comme des routes et des côtes proches, devint un souvenir du passé (et finalement en Allemagne aussi au XVIIe siècle).

L'influence des patriciens urbains s'estompa ; les plus grands d'entre eux se fondirent dans la noblesse qui renforça ses positions au XVIIe siècle, lorsque la terre redevint l'investissement le plus sûr et la source de revenus maigres mais réguliers, lorsque de nouveaux abîmes béèrent entre riches et pauvres, lorsque les relations entre les classes se nuancèrent d'indifférence voire de brutalité. Nombre de ceux qui vivaient dans les bourgades n'étaient que de riches paysans possédant une maison à la ville. A l'inverse, comme c'était le cas depuis longtemps, les citadins disposaient fréquemment de terres hors les murs — parfois une maison et un verger dans la ville où ils exerçaient leur profession et une vigne à l'extérieur — et les marchands, médecins et drapiers prospères plaçaient tous une partie de leur capital en le moins hasardeux des avoirs : la terre. Dans les pays où la possession foncière conférait la noblesse, les bourgeois en achetaient pour s'anoblir. Mais si la promotion sociale était tentante, la franchise d'impôt le semblait tout autant. Dans les pays comme la Suède, où les bourgeois ne pouvaient acquérir que les terres soumises à l'impôt et où les titres s'obtenaient seulement par décision de la couronne, comme les décorations, la bourgeoisie se montra beaucoup plus lente à se constituer des domaines. En revanche, tous les bourgeois désiraient « vivre noblement » et rien n'y ressemblait davantage que la jouissance d'un manoir ou d'une demeure à la campagne.

La mobilité sociale

Les plus ambitieux se hissaient vers la noblesse, avec tout ce qu'elle impliquait de franchises, de prérogatives et d'exemptions. Sans doute Saint-Simon a-t-il qualifié le siècle de Louis XIV, c'est-à-dire la seconde partie du XVIIe, de « long règne de vile bourgeoisie », mais les bourgeois qu'il méprisait étaient des hommes promus à une quasi-noblesse, en qualité de fonctionnaires ou de magistrats, et cette métamorphose, pour eux-mêmes ou pour leurs enfants (fût-ce par un coûteux mariage), était leur but constant : un titre, l'exemption des impôts, la promesse de perpétuer leur nom dans de nobles dynasties. Tout le long du XVIe et du XVIIe siècle, on vendit titres, offices et privilèges, gages d'une sécurité plus grande ou d'un statut plus élevé. Les Anglais furent scandalisés d'apprendre en 1616 que le bourreau de Londres s'était acheté des armoiries pour vingt-deux shillings.

Les occasions de promotion sociale abondaient mais, en fin de compte, guère par le biais de la réussite dans les affaires, du moins au-delà d'un certain niveau. Certains des grands marchands qui fondèrent la Compagnie hollandaise des Indes orientales à Amsterdam avaient commencé comme pauvres manœuvres ou réfugiés. L'un d'eux, Jan Poppen, laissait à sa mort, en 1616, la somme considérable d'un million de florins ; à l'époque, un ouvrier hollandais gagnait un demi-florin par jour, un maître charpentier un peu moins d'un florin, et un matelot naviguant à bord des navires de la Compagnie des Indes orientales dix florins par mois. Il convient toutefois de remarquer que Poppen avait renoncé depuis longtemps aux entreprises risquées qui avaient fait sa fortune au profit de solides investissements en terres agricoles, immeubles et obligations de la Compagnie des Indes orientales ; huit ans après sa mort, sa fille épousait un noble.

La carrière de Poppen dans la Hollande républicaine illustre parfaitement cette mentalité pour laquelle les affaires représentaient une étape vers la sécurité et les richesses, un moyen d'être considéré plutôt que de lancer d'autres entreprises. Du moins se fondaient-elles au départ sur le commerce. L'ascension d'autres familles serait plus caractéristique de l'âge nouveau. Ainsi les Perrenot : l'arrière-grand-père, maréchal-ferrant de village ; le grand-père, notaire de petite ville ; son fils aîné, Nicolas (1468-1550), entre au service de l'empereur Charles Quint, réussit et achète le domaine de Granvelle. L'aîné des quinze enfants de Nicolas, Antoine (1517-1586), est placé dans la Maison de Philippe II, devient évêque d'Arras, chancelier de Bourgogne, archevêque et cardinal de Malines. Ou les Fouquet : le grand-père, un marchand de Nantes ; le père, un conseiller au Parlement de Paris ; son fils Nicolas (1615-1680) entre au service du cardinal de Richelieu, puis de Mazarin, devient surintendant des Finances, marquis, protecteur d'hommes comme Corneille et La Fontaine, tandis que son château de Vaux incite le jeune Louis XIV à construire Versailles. A un niveau moins exceptionnel, André Bossuet, fils d'un petit fonctionnaire bourguignon, fait fortune dans le commerce des offices et des biens immobiliers, puis se sert de sa richesse pour protéger et pousser un jeune parent de Dijon, Jacques Bénigne Bossuet, futur évêque et précepteur du dauphin[1].

La maison des grands

La cour et le service du prince. A partir du XVIe siècle, la cour va jouer le rôle que les villes avaient assuré auparavant et va devenir le nouveau centre du pouvoir, de la richesse et de la culture. Les villes mêmes ne prospèrent désormais que dans la mesure où elles sont résidence royale ou apprennent à servir la cour. Les hommes cessent d'être citoyens, au sens premier du mot, mais se font gloire d'être les serviteurs des princes, et les grands serviteurs peuvent effectivement servir grandement leurs propres intérêts comme ceux de leur maître. Pourtant, si un prince entendait affirmer sa puissance, il lui fallait compter avec ses sujets les plus importants : la haute noblesse, ces hommes qu'un historien moderne qualifie de « petits rois ». Nous verrons plus loin comment se déroula cette lutte qui fut la question intérieure primordiale des trois siècles précédant la Révolution française.

On peut comparer les grands seigneurs du XVIIe siècle à de grands fauves — lions, tigres, ou buffles, nobles et féroces. Ils ont quelque chose d'étrangement préhistorique : souvent incultes, certains des plus grands ne savent pas même lire ou écrire. S'ils sont dissolus et violents, ils font preuve d'un courage, d'une arrogance et d'une splendeur effrénés. Trucu-

1. Le roi Charles V de France avait acheté en 1349 la province du Dauphiné qu'il donna à son fils aîné, le futur Charles VI. Désormais, *dauphin* devint le titre de l'héritier présomptif de la couronne de France.

lents, brutaux, avides, prodigues, incapables de tolérer le plus léger semblant d'offense, généreux pour les leurs, impitoyables envers les autres, dévoués corps et âme à leur maison, à leur nom, à leur réputation ; imprévisibles, ils proclament leur gloire, leurs richesses, leurs conquêtes amoureuses, ils se parent comme des châsses, se couvrent de tant de pierres précieuses qu'on voit à peine le tissu de leur habit. Le duc de Nevers, ambassadeur d'Henri IV auprès du Saint-Siège, éblouit Rome avec son pourpoint de velours noir tout rebordé de diamants. La maîtresse d'Henri IV, Gabrielle d'Estrées, se rendit à un baptême, vêtue d'une robe de satin noir ornée de tant de perles et de pierres précieuses qu'elle avait peine à marcher. Quand le futur Louis XIII fut baptisé à Fontainebleau en 1606, le duc d'Épernon avait ceint une épée incrustée de mille huit cents diamants, tandis qu'un des maréchaux d'Henri arborait un pourpoint violet tissé d'or et enrichi de cinquante livres de perles. Louis XIV, somptueux dans sa jeunesse, s'habillait avec plus de simplicité à l'âge mûr, ce qui ne l'empêchait pas de revêtir parfois des vêtements grandioses ; ainsi, pour impressionner l'ambassadeur de Perse, le reçut-il dans un habit orné de diamants valant plus de douze millions de livres. « Il ployait sous le poids », rapporte Saint-Simon.

Une telle ostentation était un gage de grandeur. En 1636, le roi Charles Ier d'Angleterre interdit les faux bijoux parce qu'ils permettaient trop facilement d'imiter les grands et jetaient la confusion sur ces différences de rang essentielles « dans un État bien gouverné ». Lorsque le duc de Buckingham vint à Paris en 1625, il apporta vingt-sept tenues de cérémonie. La plus remarquable, en velours blanc cousu de diamants, était enrichie de rangées de perles mal accrochées afin qu'elles tombassent et fussent ramassées par les laquais et les courtisans. Il arrivait aussi les jours de fête que l'on ferrât les chevaux d'argent et cela si légèrement que ces fers se détachaient au profit des spectateurs.

Susceptibles et prompts à s'enflammer, ces grands seigneurs, ainsi que de bien moindres sires, s'engageaient dans d'interminables querelles sur des titres, des questions d'étiquette et de préséance, voire des torts imaginaires. Un général italien fut ainsi surpris et vaincu par l'ennemi en 1625 parce qu'il avait refusé de lire un message qui omettait certains de ses titres. En 1632, les députés de la ville de Barcelone bloquèrent les travaux des Cortès catalanes en raison d'une dispute portant sur le droit des conseillers municipaux à garder leur chapeau en présence du roi. Une question apparemment aussi futile contribua au déclenchement de la révolte catalane de 1640. Sous Louis XIV, de semblables controverses deviendraient des affaires d'État, débouchant presque sur la guerre.

Personne ne semblait douter qu'un grand seigneur fût différent des autres hommes, évoluât sur un plan inaccessible aux lois et aux règles normales, entouré qu'il était d'un prestige quasi religieux et d'une horde de clients et protégés. Domestiques des deux sexes pullulaient, en raison sans doute du faible niveau de la technique mais surtout parce qu'ils symbolisaient la richesse et la puissance de leur maître, la splendeur de leur appareil reflétant sa magnificence. Le duc d'Osuna, qui avait fait fortune en tant que vice-roi de Naples, fit son apparition lors d'un tournoi à Madrid, vers la fin du règne de Philippe III, escorté de cent laquais en livrée bleue et or et de cinquante officiers vêtus de pourpoints brodés de pierres précieuses. Et ce n'est qu'un exemple parmi tant d'autres.

Plus le seigneur était grand plus il s'entourait de nombreux serviteurs. Le duc de Sully en comptait tant dans un de ses châteaux à la campagne que quatre-vingts pouvaient tomber malades sans qu'on remarquât leur absence. Avant la guerre civile anglaise (1642-1646), la maison des Herbert comptait plus de cent valets et suivants ; moindres sires, les Howard disposaient d'une cinquantaine de laquais dans une seule de leurs résidences champêtres. Un ambassadeur du XVIIe siècle se devait d'avoir un ou deux secrétaires, un chapelain, des cuisiniers, des laquais, des valets, des pages, des cochers, des palefreniers et d'autres domestiques, sans compter quelques gentilshommes pour lui tenir compagnie. Une petite maison d'ambassadeur dans une cour moyenne, comme celle de La Haye, pouvait s'élever à une trentaine de personnes ; une grande ambassade à Rome, Paris ou Madrid dépassait la centaine. En 1690, un junker de médiocre importance du Holstein employait quarante-cinq laquais et serviteurs, sans compter les serfs autour de sa demeure. Ces chiffres se réduiraient vers la moitié du XVIIIe, mais la domesticité continuerait à représenter une partie importante de la population active. Les travailleurs n'ayant qu'un faible pouvoir d'achat, en bien des endroits, le marché dépendait des domestiques et de leur habileté à voler leurs maîtres. Le vol faisait partie intégrante du système, dans la mesure où ce personnel touchait rarement ses gages (comme en témoigne *Le Mariage de Figaro*). Lorsque la duchesse de Berry, fille du duc d'Orléans, régent de France, mourut en 1719, elle devait à ses huit cents serviteurs quelque dix-sept mille livres de gages.

Tout cela ne fait que souligner le rôle économique des grands aristocrates, parasites dont les parasites représentaient une proportion significative de la communauté solvable et des gens qui achetaient, de sorte que l'arrivée ou le départ d'une grande maison pouvait enrichir ou appauvrir une ville tout entière. Ce passage risquait aussi de secouer le voisinage, parce que ces nobles fauves et leurs gens avaient des dents et des griffes fort acérées. La guerre avait longtemps été la grande occupation de la noblesse et la justification d'une existence autrement improductive. Plus la guerre devint professionnelle et sale, plus les autorités centrales interdirent les querelles privées, plus il fallut que l'agressivité des nobles trouvât à s'exprimer d'autres manières : sports sanglants dans lesquels des ménageries entières s'entre-massacraient, chasses qui, de ressource utilitaire, devinrent une coûteuse obsession, et surtout duels — le plus noble et le plus meurtrier des jeux.

Entre 1585 et 1603, sept mille gentilshommes qui avaient tué leur adversaire sur le pré reçurent des lettres de grâce d'Henri IV. En 1606 seulement, deux mille bretteurs périrent en France. En 1607, trois cents hommes se rencontrèrent lors d'un affrontement massif entre deux clans du Poitou : quinze seulement des combattants en réchappèrent sans blessures graves. De la moitié du XVIe à la moitié du XVIIe siècle, les hommes se battaient pour un rien, par deux, quatre ou plus, à l'épée et à la dague, ne reculant devant aucune perfidie pour occire leur adversaire. Deux gentilshommes de la cour de Valois se prirent de querelle sur le point de savoir si la broderie sur le manchon d'une dame avait la forme d'un X ou d'un Y. Ils s'affrontèrent et l'un d'eux y laissa la vie. Des écoliers se battaient à mort. Le futur Henri IV déplorait que les nobles fussent toujours prêts à se trancher la gorge, portassent des dagues, des cottes de mailles et même des armures légères sous leur cape.

Le raffinement croissant de la vie

Ces manières sauvages et meurtrières, si elles persistèrent encore longtemps, produisirent une réaction. Dès le début du XVIIe siècle, on se mit à privilégier la courtoisie et les bonnes manières. Un premier témoignage de ce revirement est *L'Astrée* d'Honoré d'Urfé (dont la première partie parut en

1607) qui souligne la préséance de l'« âme » sur le « corps », des sentiments galants sur la force brutale. La nouvelle éducation classique se préoccupa d'autant plus de discipline que l'époque en manquait singulièrement. La modération semblait si inaccessible qu'on la tenait en particulière estime. Le temps passant, tout se mit à refléter l'orientation nouvelle : finis les courtisans hâlés toujours sur les routes, à cheval, en voiture, en barque, courant d'un château à l'autre, la mode était à la peau blanche. Avec Louis XIV, la vie de cour se déroula toujours davantage à l'intérieur, dans les couloirs du pouvoir, au sens littéral du mot, au point que les dames de qualité portaient un masque pour ne pas être brunies par le soleil lors de leurs excursions dans le monde extérieur.

Le progrès du confort et du raffinement allait toucher progressivement de plus en plus de gens, de plus en plus de milieux. Dès 1600, de petites poupées portant des costumes de cour parfaitement imités répandaient les dernières modes dans toutes les provinces, avec parfois des conséquences inattendues. Nous avons vu que les maisons étaient froides, surtout l'hiver, de sorte que la plupart des gens mettaient plusieurs vêtements les uns sur les autres pour avoir chaud. Au milieu du XVIIIe siècle, Olivier Goldsmith (1728-1774), visitant la prospère Hollande, vit des hommes qui portaient sept gilets et neuf pantalons et dont les femmes s'engonçaient dans tant de jupes qu'on eût dit que leurs hanches commençaient sous les bras. Les vitres restèrent rares jusqu'au XVIIe siècle ; en Écosse, encore en 1661, même les palais royaux n'avaient de carreaux que dans la partie supérieure des fenêtres, tandis que le bas était fermé par des volets. Ceux qui le pouvaient faisaient des feux l'hiver, mais généralement on se réfugiait dans la cuisine. Même les grandes demeures chauffaient rarement plus d'une pièce où toute la famille se blottissait sur des bancs de pierre autour de l'âtre, sous le manteau. Les Allemands disposaient de poêles, mais jusqu'au XVIIe siècle on ne trouvait guère leurs carreaux de porcelaine qu'en Europe centrale.

Au XVIIe siècle, cependant, les maisons devinrent plus confortables, plus richement décorées, plus opulentes. En Hollande, par exemple, ce luxe nouveau entraînait tant de dépenses que des rumeurs accusaient Louis XIV d'avoir comploté l'affaiblissement d'un pays jadis austère en l'inondant des modes parisiennes. Jusqu'aux paysans qui ajoutaient de nouvelles pièces à leurs fermes, y installaient des cheminées, commençaient à brûler du charbon, remplaçaient bancs et tabourets par des chaises. Hormis chez les plus démunis, un confort relatif s'installait et l'on découvrait la vie privée, qui permettait et encourageait l'introspection, les journaux intimes, l'étude de soi, si caractéristiques de l'époque de René Descartes (1596-1650) et de Thomas Browne (1605-1682), ce médecin de Londres dont la *Religio Medici* était, disait-il, « un exercice privé dédié à moi-même ». D'autres miroirs contribuèrent peut-être à cette tendance. On faisait des glaces à Venise depuis le XIVe siècle mais elles restèrent très chères jusqu'à ce qu'on les fabriquât en plus grande série en Angleterre et en France vers la moitié du XVIIe siècle. Les miroirs permettaient aux hommes (et surtout aux femmes) de mieux se voir tels qu'en eux-mêmes. L'intimité permettait aussi de mieux séparer ceux qui vivaient sous le même toit. A mesure que les demeures bourgeoises s'équipaient de salons et de salles à manger, que l'on chauffait davantage de pièces dans toutes les maisons, la cuisine — jadis pièce commune à tous — fut abandonnée aux serviteurs, d'ailleurs de plus en plus relégués dans des appartements distincts.

Cette tendance ne faisait que s'esquisser au XVIIe siècle et nous la retrouverons ultérieurement à un stade plus avancé. Elle annonçait et révélait de nouvelles divisions qui allaient désormais affecter la société et colorer ses attitudes. Les classes inférieures se retrouveraient bannies, toujours davantage, des quartiers et de la présence des riches. A Dijon, le marché aux fruits fut ainsi transporté en 1674 dans un quartier moins élégant pour que son tumulte ne dérangeât plus les magistrats qui habitaient alentour. A Rome, les riches Romains fermèrent progressivement à la plèbe les superbes spectacles qu'ils offraient aux XVe et XVIe siècles. Alors que dans les années 1560 les tournois du pape, nombre de pièces, de banquets et d'autres festivités étaient encore publics, afin que le peuple en profitât au moins par les yeux, la foule s'en vit exclure à la fin du siècle, les rues se fermèrent au vulgaire. On ne présenta plus les mystères à l'ensemble de la population : des troupes de comédiens ambulants jouaient pour les gens du commun sur la Piazza Navona et pour les gens de qualité dans leurs salons. En 1600, les hôtes d'un banquet offert par le cardinal Aldobrandini au vice-roi de Naples, de passage, durent présenter leur carte d'invitation à la porte. Le fossé entre riches et pauvres se creusait au point que ces derniers n'avaient même plus le droit de jeter un coup d'œil sur les plaisirs des nantis.

Cette ségrégation descendit jusque dans les jardins dont les plantes utiles furent bannies au XVIIe siècle. Le bon goût rejetait tout ce qui était pratique : arbres fruitiers et surtout légumes. Vergers et potagers aussi bien que lieux de loisir au Moyen Age, les jardins aspiraient désormais à devenir des parcs, ornés de statues, de pavillons, avec des lignes et des perspectives gourmées, comme l'exigeait le bon ton à la mode. Plus question non plus de tolérer d'objets utilitaires en bonne compagnie : le rouet, jadis dans tous les salons bourgeois, fut relégué à la cuisine à la fin du XVIIe siècle.

Les convenances interdisaient tout travail utile, surtout manuel. Comme nous l'avons vu, c'était là un des critères fondamentaux de l'identification sociale. Artisans, ouvriers et surtout paysans étaient personnes viles, aux occupations déshonnêtes et sordides. Dans son influent *Traité des ordres et simples dignités* (1613), Loyseau souligne que quiconque travaille de ses mains ne peut prétendre à une position honorable dans l'existence. Le travail était en soi avilissant, bien qu'il y eût des degrés dans l'abjection. Le commerce de détail passait pour aussi dégradant que n'importe quel artisanat. Les grossistes, en revanche, pouvaient se dire « négociants », qualification plus respectable. A l'évidence, les hommes qui achetaient et vendaient en grosses quantités étaient mieux à même d'amasser les fortunes qui pourraient s'investir dans les terres ou les offices donnant rang et promotion sociale. Là encore, l'aspiration à devenir un gentilhomme ou à passer pour tel se révélait l'obsession des roturiers ambitieux.

Pourtant, à en croire les apparences, vivre en gentilhomme n'était point si aisé. Luxe et raffinement, produits nouveaux, brimborions et nécessités, mode de vie coûteux et compliqué, tout cela se résumait en dépenses multiples. Comme l'écrivait Sir John Oglander en 1632 : « Il est impossible pour un simple gentilhomme de province de jamais s'enrichir ou d'élever sa maison. Outre son héritage, il lui faut quelque autre vocation : être courtisan, légiste, marchand ou autre semblable emploi. Faute d'une telle disposition, qu'il affrète un navire et en tire judicieusement parti, ou qu'il achète quelque office d'auditeur, ou devienne vice-amiral de son comté. S'il se contente de son sort, il respectera peut-être sa parole et restera intègre, mais il n'augmentera jamais sa fortune. »

Toute l'Europe de l'Ouest abondait en « pauvres gentilshommes », comme les appelait le cardinal de Richelieu, dont la fortune se résumait en terres qui permettaient tout juste de survivre à une époque où les loyers diminuaient et où la richesse véritable venait d'autres sources.

Conscients que cette impossibilité de faire du commerce les défavorisait, les nobles s'efforçaient parfois d'abolir la flétrissure dont étaient entachées certaines professions roturières. Les aristocrates français, plaidant la distinction entre le commerce de détail et de gros, obtinrent le droit de devenir marchands sans déroger. Dans le duché de Bretagne, on pouvait renoncer temporairement à sa noblesse jusqu'à ce qu'on eût gagné suffisamment d'argent pour, son blason redoré, retrouver ses prérogatives aristocratiques. Certaines affaires passaient pour honorables : tel le négoce des grains auquel se livraient ces grands capitalistes qu'étaient les propriétaires terriens allemands, polonais et danois ; les mines et la métallurgie, qui enrichirent les nobles suédois et allemands, associés parfois à des marchands hollandais, hanséatiques ou de Nuremberg ; les entreprises maritimes de toutes sortes sur la côte atlantique — depuis la construction navale jusqu'à la piraterie — dans lesquelles, là encore, les nobles s'associaient souvent à des roturiers.

Mais tout cela relevait plus de l'exception que de la règle. Idéaux, inclinations et préjugés sociaux se combinaient pour restreindre le nombre et l'envergure de telles initiatives. En 1626, des nobles catalans demandèrent au roi la permission « d'avoir une part dans les échoppes et dans toutes sortes d'autres commerces ou affaires sans rien perdre de leur rang », mais en vain. D'ailleurs, ces diverses entreprises commerciales se révélaient plus souvent une occasion pour les roturiers de s'élever dans la société en s'associant à des aristocrates que le moyen pour ceux-ci de s'enrichir. Plus l'affaire était noble, plus les profits étaient faibles. Pas étonnant que la plupart des gens de qualité s'en remissent aux charges et aux pensions royales.

LA SOUVERAINETÉ ET LE ROI

Au sommet de la pyramide sociale, clef de voûte de l'ensemble, trônait le roi.

En Europe, la royauté remonte à l'Empire romain ainsi qu'aux coutumes anciennes des tribus germaniques. Le premier offre une tradition de pouvoir absolu, les dernières plaident pour une autorité dérivée de l'investiture par le peuple ou par les pairs. Le christianisme y ajoute la notion chère à Charlemagne que les rois tiennent leur pouvoir de la grâce de Dieu. Les clercs qui commentaient ces questions au Moyen Age insistaient sur la sainteté de la fonction royale, que soulignait l'huile sainte dont on oignait le monarque. Les souverains de France étaient dits rois très-chrétiens parce que l'huile utilisée pour leur sacre avait été un présent céleste offert à leur prédécesseur mérovingien Clovis. Mais toute royauté était considérée comme semi-divine : une sorte de prêtrise, incluant le pouvoir de guérir certaines maladies.

Les rois régnaient donc en vertu de ce qu'on appellerait le droit divin bien avant le XVIe siècle. L'absolutisme y trouverait une justification théorique, renforcée par la renaissance du droit romain proclamant que « le plaisir du roi a force de loi ». Sans doute, des considérations institutionnelles et pratiques pouvaient en limiter les implications, et les limitaient effectivement. Mais la théorie existait pour soutenir, justifier et encourager ceux qui avaient le pouvoir de l'appliquer.

Il y avait toutefois une difficulté : les rois ne gouvernaient pas seulement de droit divin mais en raison de droits très terrestres nés de contrats entre eux et leurs sujets : accords selon lesquels des droits privés (ceux des nobles féodaux, par exemple) étaient subordonnés à des droits publics dans un engagement mutuel entre gouvernant et gouvernés. Les termes de ces contrats variaient, en fonction de la capacité des parties à les faire appliquer, à les défendre ou à les enfreindre. Dans les territoires des rois d'Espagne, seules les Cortès de Castille reconnaissaient aux souverains le pouvoir de faire et d'interpréter les lois « de quelque manière qu'il leur conviendra de le faire » ; celles d'Aragon protestaient que « le peuple a autant de droits et plus de pouvoirs que le roi ». En France, comme en Espagne, le souverain n'avait pas les mêmes prérogatives dans tout son royaume. Selon des conditions dûment reconnues, provinces et villes, corporations et groupes sociaux, abbayes et chapitres des cathédrales, connaissaient un sort différent. Les impôts étaient plus élevés dans certaines provinces, les lois différaient d'un endroit à l'autre tout comme — souvent — les tribunaux chargés de les appliquer.

Les limites

Quoi qu'il en fût, si gouverner signifiait concevoir, interpréter et appliquer les lois, les possibilités concrètes de le faire étaient sévèrement limitées. La grande chaîne du système féodal subsistait dans ses formes légales — liens entre hommes, entre suzerains et vassaux, entre fiefs et bénéfices — comme dans les loyautés : clients, grandes maisons, suivants redevables à un seigneur ou à un protecteur, qui escomptaient son aide et sa protection, même contre les officiers du roi.

Les pouvoirs du roi étaient limités en outre par les notions courantes réduisant les fonctions de l'autorité civile à « simplement la police de l'Église » ; ainsi que par la conception dominante de la loi vue comme une sorte de révélation, de commandement de Dieu validé par un texte. A la suite de Platon et d'Aristote, le Moyen Age considérait les lois humaines comme le reflet des lois éternelles de Dieu, l'ordre imposé par les lois comme un reflet de l'ordre universel divin. « La loi naturelle est ce que la nature, c'est-à-dire Dieu Lui-Même, enseigne à tous les animaux (...), une certaine impulsion contrôlée provenant de la nature d'un être vivant », déclarait le légiste anglais du XIIIe siècle, Henry Bracton. Chaque créature particulière suit sa loi propre. La loi de l'homme et de la société humaine « concerne l'état du corps politique » et impose son modèle à la société.

A strictement parler, les hommes — et même les rois — ne pouvaient pas faire les lois, mais seulement formuler les intuitions et déductions tirées des lois de la nature, c'est-à-dire les résultats observables des commandements de Dieu. Comme si cela ne suffisait pas, même les prérogatives divines de la royauté s'effaçaient quelque peu devant les prétentions à la suprématie d'un personnage au sacerdoce plus patent : le pape. Et les monarques médiévaux ne parvinrent à l'emporter contre le Saint-Siège qu'au terme d'une lutte aussi dure que longue.

Tout cela signifiait que le pouvoir du roi pouvait être mis en question en théorie aussi bien qu'en pratique : par le pape revendiquant une autorité supérieure à la sienne comme par ceux qui se recommandaient de lois, coutumes et contrats séculiers, tels les devoirs mutuels du vassal et du suzerain dans la société féodale.

La Réforme avait aboli les prétentions du pape dans les États comme l'Angleterre et la Suède, où les rois devinrent chefs suprêmes des Églises locales. Les troubles civils qui suivirent la Réforme subordonnèrent les limitations traditionnelles au besoin d'ordre. L'absolutisme, dit Émile Lousse, est une monarchie qui fut jadis, mais ne reste plus, limitée. Malgré des restrictions théoriques, les rois médiévaux se montraient absolus eux aussi, même si leur puissance et leurs moyens de l'affirmer ne l'étaient pas tant ils dépendaient des nobles et des états. Au cours des XVe et XVIe siècles, la couronne se libéra de sa dépendance envers le monopole militaire de la noblesse féodale. Les fières Cortès d'Aragon furent rabaissées par Philippe II à la fin du XVIe. Vers la même époque, en France, à Naples et aux Pays-Bas espagnols, états et assemblées cessèrent de se réunir et donc de limiter le pouvoir de souverains aux prérogatives en plein essor.

Les assemblées des états représentant les ordres de la nation, nées après le XIIIe siècle pour consentir au monarque des ressources exceptionnelles, pouvaient soutenir aussi bien que freiner le pouvoir du roi. En règle générale, les souverains en appelaient aux états dans l'espoir d'un appui matériel ou politique et essayaient de les laisser en sommeil lorsqu'ils pouvaient (ou souhaitaient) se passer d'eux. C'est très clair en France où des rois forts comme François Ier et Henri II ignorèrent les états généraux. Ceux-ci retrouvèrent vie quand le pouvoir royal s'affaiblit lors des guerres de Religion, puis ne se réunirent plus après 1614 pendant cent soixante-quinze ans, la cour décidant de ne plus donner à une éventuelle opposition l'occasion de s'exprimer.

En Angleterre, toutefois, la révolution Tudor du XVIe siècle avait besoin de l'approbation d'un grand corps représentatif. En 1485, à la fin de la guerre des Deux-Roses, c'était le Parlement qui avait validé l'accession au trône d'Henri VII. En 1534, Henri VIII y fit appel pour confirmer sa rupture avec Rome, se faire nommer à la tête de l'Église d'Angleterre et établir sa succession. Ainsi, les ordonnances légalisées par l'approbation du Parlement formèrent-elles la base de l'État anglais moderne et la souveraineté en vint-elle à reposer en Angleterre non seulement sur la couronne mais aussi sur le Parlement, l'autorité consitutionnelle ultime étant « le roi en son Parlement ». Mais ce fut là une exception et, même en Angleterre, ses implications ne se révélèrent pas avant le XVIIe siècle. Cette « crainte et peur des rois » dont parle Shakespeare resta durable :

> « Toute l'eau de la mer dure et rude
> Ne peut laver le baume dont roi fut oint ;
> Le souffle des hommes ici-bas ne peut chasser
> Le député élu par le Seigneur. »

L'emprise dynastique

Le prestige de la succession héréditaire, le sentiment que la royauté était confiée à une famille particulière, renforçaient les prétentions à une légitimité dynastique. Dieu manifestait son choix dans une naissance royale, et l'analogie avec l'autorité « naturelle » du père suggérait que les rois devaient être respectés et révérés comme les pères par leurs enfants. Quelle que fût la force de tels arguments, la succession héréditaire tendait à créer un fort attachement pour la famille régnante. Dans les États dynastiques du XVIe siècle et après, la loyauté envers le souverain, le respect du caractère sacré de sa fonction, jouaient le rôle dévolu aujourd'hui au patriotisme. Patrimoines plus ou moins anciens, il fallait défendre ces legs du passé qu'étaient les États dynastiques, ne fût-ce qu'en raison de « l'amour et de la loyauté » que les sujets portaient à leur monarque et au Christ dont il était le régent sur terre.

Ces États étaient gérés comme d'immenses domaines familiaux, les droits patrimoniaux remplaçant autant que possible les droits particuliers des vassaux, des féodaux et des provinces. Ainsi, les conflits dynastiques — du moins au niveau juridique — tournèrent-ils de plus en plus autour de questions d'héritages, de dots, de droits acquis par mariage ou naissance, de sorte que les prétentions des princes, affirmées ou défendues comme toujours par la force des armes, se fondaient sur des contrats matrimoniaux et non plus féodaux, et que le territoire des futurs États nationaux, comme nous allons le voir, fut constitué comme une propriété familiale. La maison de Habsbourg offre le meilleur exemple de ce processus : sa grandeur venait moins du titre impérial auquel elle se cramponnait que de sa patiente accumulation de territoires autour de ses possessions autrichiennes initiales. Il n'est pas surprenant que, dans un royaume conçu comme patrimoine héréditaire d'une famille, les rois invocassent plutôt les droits du paterfamilias que ceux de seigneurs féodaux.

Si la royauté conserva certains de ses aspects magiques et mystiques — surtout dans l'esprit populaire — après le XVIe siècle, la théorie souligna moins la volonté de Dieu dans le choix du roi ou la responsabilité du souverain à gouverner selon les désirs de Dieu et son serment du couronnement, que le devoir des sujets d'obéir à leur roi. « Nous n'avons pas le droit de résister, ni de nuire d'aucune manière à un roi dûment sacré, qui est le lieutenant de Dieu, le vice-régent et le plus haut ministre du pays où il est roi », proclamait un modèle d'homélie de l'Église d'Angleterre, destiné à inspirer les sermons prononcés dans tout le pays. Jusque dans la lointaine Moscovie, les moines omniprésents affirmaient que le tsar, « quoiqu'il soit par son corps comme tous les autres hommes, dans l'exercice de ses fonctions est semblable à Dieu ».

Le contrat

Il y avait toutefois des limites à ce pouvoir tout patriarcal, et d'abord la survivance de l'idée d'une autorité fondée sur l'accord. Et même là où ces conceptions contractuelles le cédaient aux prérogatives absolues du droit divin, le respect de la loi naturelle ou des coutumes établies limitait la souveraineté du roi, c'est-à-dire sa liberté d'intervenir dans certaines sphères, comme la vie privée ou le culte public. Le monarque ne pouvait aller au-delà d'un certain point, et jusqu'aux exigences théoriques d'une obéissance absolue au roi étaient bornées par des droits particuliers.

Les écrits politiques de certains théoriciens chrétiens, comme le jésuite Juan de Mariana et — bien qu'avec beaucoup plus de circonspection — Jean Calvin, instituaient d'autres limites encore. Mêlant les souvenirs de l'ancien droit féodal de résister à un suzerain qui ne remplit pas son contrat au devoir traditionnel du monarque chrétien de défendre la vraie religion et de réprimer l'hérésie, ces auteurs estimaient que, s'il faut obéir aux autorités et en particulier au roi, autorité suprême, dans certaines circonstances de moindres responsabilités pouvaient maintenir l'ordre et la parole de Dieu contre des puissances supérieures, fût-ce le roi s'il devenait un tyran.

Cet argument serait opposé en Angleterre aux Stuart qui insistaient sur leur droit divin à gouverner avec absolutisme, aux dépens de leurs devoirs contractuels envers le peuple. A la fin du XVIIe siècle, les rois anglais étaient devenus les premiers magistrats de leur royaume, le système du roi en son Parlement combinant autorités héréditaires et électives (pour inégales qu'elles fussent) dans le gouvernement du pays.

Les choses se passèrent différemment ailleurs. On en vint à estimer que nul contrat social ne pouvait durer longtemps sans un pouvoir fort pour le faire respecter, un pouvoir libre de toutes contraintes autres que l'opportunité — comme le prince de Machiavel. Dans un monde où l'ordre existant semblait constamment menacé par quelque changement ou danger, la survie représentait donc le souci premier de la société. Il importait donc au premier chef de définir enfin la souveraineté, pouvoir absolu et ultime de décider. On réclamait donc la suprématie d'une volonté unique, libre de faire et d'appliquer la loi à son gré dans l'intérêt de la société, non en tant que déléguée d'un peuple souverain mais en tant qu'agent sacré par Dieu.

La souveraineté — c'est-à-dire l'autorité ultime et le pouvoir de la mettre en œuvre — reposait au Moyen Age sur la loi de Dieu, et les querelles politiques tournaient alors sur l'interprétation et l'application des lois, non sur leur création. Le roi faisait appliquer les lois ; il n'était jamais au-dessus de la loi. Désormais, les guerres de Religion, les désordres intérieurs, les menaces extérieures, le chagrin et le désespoir qui étreignaient l'Anglais Thomas Hobbes dans des circonstances ultérieures mais semblables « pour les présentes calamités de (son) pays », plaidaient en faveur d'une monarchie si forte que nulle résistance ne pourrait troubler l'ordre qu'elle imposait. S'il doit bien gouverner l'État, écrivait Jean Bodin en 1576 dans *La République,* alors que les guerres de Religion faisaient rage autour de lui, un prince souverain doit être au-dessus de la loi.

Pourtant, même un Bodin estimait que, au-dessus de la loi ou non, le prince restait lié par les lois de Dieu et de la nature. Pas vraiment responsable mais encore — comme chez Aristote — théoriquement lié. Cent ans après, Thomas Hobbes (1588-1679), aussi choqué que l'avait été Bodin par la guerre civile, « les écervelés » et les ambitieux, affranchirait le prince des bornes et d'Aristote. Hobbes représente les limites de la recherche de l'ordre et de l'autorité : s'appuyant sur une observation désabusée, il soumet les notions traditionnelles à une critique dévastatrice.

La vieille notion de contrat ne sert à rien, affirme Hobbes dans son *Léviathan* (1651). Traités, promesses ou serments ne veulent rien dire, sont incapables d'assurer la paix entre les hommes parce que les hommes les violeront toujours. La seule chose qui puisse réprimer les instincts sauvages de l'humanité est la force, et la peur que seule la force inspire. Le roi absolu doit avoir la puissance des armes et le dernier mot dans le règlement des disputes que nous appelons justice. Quelque arbitraire ou tyrannique qu'il se montre, un semblable maître vaut mieux qu'aucun maître du tout, et sa puissance despotique reste la seule manière d'échapper à la liberté sauvage de cette foire d'empoigne qu'il nous épargne. Nous ne devons pas tenter d'entraver l'autorité du souverain par des institutions limitatives ou par la possiblité d'une critique efficace, parce que tout ce qui restreint son pouvoir est un pas vers le retour à l'anarchie. Le roi n'est responsable envers personne. Il est tout. Et, bien que nous lui sacrifiions notre liberté, nous devons bien comprendre qu'il est impossible de concilier la liberté et la vie, et qu'il vaut donc mieux choisir la vie, parce que, sans elle, la liberté est absolument impossible.

Présupposer une loi naturelle revient à admettre un critère extérieur de critique. Or les États ne font plus partie d'une Chrétienté toute théorique. La *Respublica Christiana*, dans le contexte de laquelle de tels arguments conservaient une signification, s'était désintégrée. Les États apparaissaient comme — et étaient — des sociétés indépendantes, n'existant qu'en termes de pouvoir, ne connaissant ni bien ni mal en dehors des lois faites par le souverain. La seule loi de la nature que Hobbes reconnaissait était la survie, et pour survivre point d'autre solution possible qu'une société gouvernée par une puissance souveraine protégeant la vie de ses sujets au prix de leur liberté — y compris la liberté de jugement. Souveraineté et tyrannie se confondaient, et même la haine traditionnelle du despotisme se voyait condamnée parce que nuisible à la société.

Rares étaient ceux qui partageaient les conceptions de Hobbes, jugées généralement excessives. Pourtant, elles devaient se révéler prophétiques. A son époque, en tout cas, on commençait à rejeter la notion de transcendance de la loi naturelle, on dissociait progressivement la loi naturelle de la théologie pour l'étudier dans la perspective d'un gouvernement seul capable de créer une civilisation ordonnée et justifiée par son fonctionnement satisfaisant. Ce qui convient à la société est un soutien plus solide des institutions que la volonté divine, et les gouvernements qui fonctionnent se conforment, selon toute vraisemblance, à la loi naturelle.

Ainsi, à mesure que le pouvoir de la loi naturelle se réduisait et que s'affaiblissait l'emprise de la religion, le droit, de moins en moins considéré comme l'expression d'une éthique supérieure, devenait le moyen d'objectifs particuliers, évalués rationnellement. La législation, comme la politique, se justifiait moins par la volonté de Dieu que par celle du souverain, mû par la « raison d'État ». Ce que James H. Billington, dans *The Icon and the Axe* (1966), dit de la révolution de Pierre le Grand dans la Russie du XVIIIe s'applique parfaitement aux transformations que connut l'Europe de l'Ouest au XVIIe : « L'opportunité politique fondée sur le calcul impersonnel remplaça un monde où prédominaient les fins idéales et les liens personnels. » La monarchie absolue, représentée par Louis XIV et (du moins théoriquement) par ses héritiers, se transforma en un absolutisme plus séculier, progressivement dépouillé de son manteau religieux entre les mains des futurs despotes prétendument éclairés.

LE GOUVERNEMENT

A l'époque d'Henri VIII, Sir Thomas More avait ainsi défini le gouvernement : « Rien qu'une certaine conspiration d'hommes riches s'assurant leurs propres avantages sous le nom et le titre de république. » Au XVIe et au XVIIe siècle, c'était la cour qui gouvernait. En fait, la cour servait à distribuer entre les nantis le revenu des impôts du pays. Or les recettes diminuaient et les dépenses se multipliaient à mesure que déclinaient les anciennes sources de revenus féodaux, que la cour, en devenant sédentaire, ne pouvait plus faire payer ses dépenses par les hôtes aristocratiques qui recevaient le roi lors de ses voyages, à mesure que les armements devenaient plus coûteux et les guerres « un désastre financier ». Pourtant, le roi devait se montrer libéral, « multiplier et conférer affection et devoir », selon l'expression des conseillers de Jacques Ier. La munificence, expliquait le secrétaire Cecil, était « une vertu essentielle du roi ». Une génération plus tard, un autre haut responsable estimait qu'il était « aussi nécessaire pour les princes d'avoir des emplois pour récompenser les serviteurs de mérite que de l'argent dans leur trésor ». En réalité, c'était parce qu'ils n'avaient pas d'argent dans leur trésor qu'ils avaient besoin d'emplois à distribuer pour des raisons politiques.

Pour dompter les grands ou pour les intimider, pour employer ou pensionner ses gentilshommes avides, il fallait au roi armées, places et ressources. Pour réunir des ressources, il lui fallait des armées qui, une fois mobilisées, allaient dévorer ces ressources. C'était un cercle vicieux, que nul prince ou homme d'État de l'époque ne parvint jamais à résoudre. Les souverains ne disposaient pas de revenus ; l'argent ne pouvait provenir que des impôts. Faute de personnel disponible ou capable, la plupart des contributions étaient affermées à des financiers qui versaient un forfait et promettaient parfois de payer un loyer en échange du droit de percevoir ce qu'ils pouvaient. En réalité, les gouvernements hypothéquaient leurs ressources fiscales en échange d'argent liquide, et cela à des conditions très onéreuses.

Pourtant, il fallait récompenser les favoris, payer les serviteurs et les officiers, rembourser les emprunts, entretenir les forces armées, acheter toutes sortes de fournitures. Pour ce faire, le roi accordait monopoles et privilèges, donnait des terres ou les louait pour une somme nominale, empruntait de l'argent, vendait des offices à des hommes qui entreprenaient de récupérer leur investissement au détriment du pays, autrement dit glanaient toutes les ressources disponibles de toutes les manières imaginables. Quelles que fussent ces multiples méthodes, elles se révélaient toujours aussi incommodes qu'inefficaces.

On peut voir le développement des gouvernements au début des Temps modernes comme une tentative d'introduire ordre et efficacité dans un système chaotique. Mais imaginer que les changements découlaient d'un objectif constant ne ferait que plaquer des motivations anachroniques sur une réalité dominée par une grande confusion. Les hommes — les princes comme les autres — se débattaient avec leurs difficultés au petit bonheur et tentaient de les résoudre de manières souvent contradictoires. Nulle règle — sinon peut-être l'absence de règle — ne présidait à leurs politiques, hormis la tradition, qui, comme la Bible, peut se prêter à n'importe quelle interprétation. Et si le pouvoir absolu d'un roi finit par triompher dans la plupart des sociétés — et encore imparfaitement, selon nos critères — ce fut le résultat de tentatives désordonnées.

Peut-être fut-ce pour le mieux ! Ce qui triompha réellement, comme nous allons le voir, dans la plus grande partie de l'Europe, ce fut moins le souverain absolu qu'une conception du pouvoir absolu et, dans une certaine mesure, une structure permettant d'étayer et d'étendre ce pouvoir. Entre-temps, dès le début, le développement de l'État moderne répondit à des besoins immédiats et non à des théories ; essentiellement, comme en tout autre domaine, le besoin d'argent qui — de l'avis général — était la plus grande puissance en ce monde, immédiatement après la divine providence.

Les ressources

L'inflation et l'augmentation des dépenses touchaient autant les gouvernements que les particuliers. Sans doute, les revenus s'accroissaient-ils : ceux de Charles Quint triplèrent, ceux de Philippe II et de Philippe III doublèrent au cours de leur règne, mais, pendant ce temps, les dettes firent plus que quadrupler. Il fallait emprunter pour combler les déficits constants du Trésor ; le non-remboursement des emprunts précipitait des banqueroutes ; les finances de l'État oscillaient toujours au bord du gouffre, et les luttes financières primaient toutes les autres considérations. De ce point de vue, la politique de l'Espagne aux Pays-Bas dans les années 1560, les impôts arbitraires, les exactions ignorant les droits traditionnels des villes et des états apparaissent comme une tentative de plus en plus désespérée pour exploiter les richesses d'un grand marché, et la révolte des Pays-Bas est bien moins un soulèvement pour défendre la liberté religieuse qu'une insurrection contre une fiscalité abusive.

Nous nous retrouvons confrontés une fois de plus à l'un des faits les plus saillants de cette époque : les limites de ses possibilités et de ses moyens, le contraste entre des potentats tout-puissants et ce qui se trouvait effectivement à leur portée, entre l'échelle des empires et leur puissance — sapée par une technologie primitive, par l'inadéquation des communications et des structures administratives. L'insuffisance des moyens explique pourquoi tant de guerres et de politiques s'effondrèrent en cours de route : faute de nourriture, d'argent, de productivité, de moyens de transport, d'une rapidité suffisante. Des campagnes victorieuses s'interrompaient parce que les armées ne pouvaient tout simplement pas marcher plus loin ; villes et provinces se trouvaient à la merci des éléments ; les souverains se révélaient incapables de maintenir l'ordre dans leur royaume, et gouverner était l'affaire la plus problématique au monde. A maintes et maintes reprises, les grandes entreprises s'essoufflaient, les aspirations impériales avortaient, des plans parfaitement logiques étaient asphyxiés par l'étroitesse des possibilités qu'autorisait la réalité. Rien ne pouvait vraiment réussir qui dépassât une certaine dimension.

Sans parler d'une certaine dimension financière, aussi, qui pouvait conditionner tout le reste. L'or et l'argent étaient « le sang de l'économie », la substance même de l'État : s'ils cessaient de circuler, l'État s'affaiblissait, sa politique échouait. Pourtant, le numéraire disponible était remarquablement réduit ; les plus grandes banques ne détenaient que très peu d'or selon nos critères, et les métaux précieux circulant dans toute l'Europe en 1660 représentaient sans doute moins de deux tonnes d'or. On avait alors une notion toute matérielle de la valeur, interdisant de généraliser la monnaie fiduciaire ; et les essais d'introduction de numéraire en métaux non précieux, comme le cuivre en Espagne après 1600, créèrent des situations absurdes : il fallut organiser de vastes convois de charrettes pour transporter des sommes relativement peu importantes ; l'argent nécessaire à l'achat de bougies de cire prenait autant de place que la marchandise et pesait beaucoup plus lourd. En 1653, pour acheter cent livres de bougies ou de fromage, il fallait quatre cents livres de pièces de cuivre...

L'insuffisance ou l'incommodité du numéraire impliquait que nombre d'échanges et de paiements se faisaient encore par troc. En 1573, six pour cent seulement des revenus de la couronne de Suède étaient payés en espèces, le solde se composant de marchandises en tout genre, des céréales à la bière en passant par le beurre, les fourrures et les minerais. Au début du XVIIe siècle, la plupart des impôts, des salaires et des échanges continuaient de se régler en nature, et à la fin du siècle, malgré de grands efforts pour obtenir le versement des revenus de la couronne en espèces, presque un tiers se payait encore en nature. Sans doute la Suède était-elle particulièrement arriérée par rapport à l'Europe du Nord-Ouest et du Nord, mais elle ne représentait pas un cas si exceptionnel dans un monde où l'économie naturelle persista presque partout jusque vers la fin du XVIIIe siècle. Les paysans hongrois avaient beaucoup de peine à rassembler les espèces nécessaires au paiement de leurs impôts. Encore en 1783, plusieurs comtés hongrois demandèrent à pouvoir les régler en nature. On estime aujourd'hui qu'une bonne partie de l'agitation populaire — en particulier rurale —, même dans l'Ouest, fut provoquée par le fait qu'on exigeait le paiement des impôts en espèces de gens dont les activités économiques procuraient peu de numéraire.

Il est frappant de constater les difficultés des États — plus encore que des particuliers — à recouvrer et à distribuer leurs ressources, à tenir des comptes, à effectuer des paiements, à devenir et à rester solvables.

En un sens, le manque de numéraire encouragea la recherche de moyens d'y remédier. Le commerce européen se développa grâce au crédit. Précurseur du chèque, la lettre de change, inventée au Moyen Age, servit de plus en plus, tout comme le billet à ordre, en particulier sans date d'échéance. L'expansion des instruments de crédit négociables fut la clef de l'essor commercial de l'Europe, et les hommes du XVIIe siècle comprenaient très bien que les progrès des instruments de crédit — le raffinement croissant des billets, des effets et de l'escompte — étaient les gages du développement des échanges, de l'insdustrie, de l'agriculture et, par conséquent, du renforcement de l'État.

La vente des offices

Une des manières de se procurer de l'argent consistait à vendre des offices : en France en particulier, mais progressivement dans beaucoup d'autres pays aussi, le présent fait traditionnellement lors de la nomination à quelque fonction publique — percepteur, conseiller municipal, magistrat — devint une redevance, un prix ; l'office se transforma en marchandise qu'on pouvait acheter, vendre, hériter (contre un droit), un objet d'investissement et de spéculation, une source de revenus pour la monarchie, qui pouvait toujours inventer des postes nouveaux, comme les gouvernements d'aujourd'hui peuvent imprimer davantage de billets, avec des résultats similaires.

Cette technique semblait faire d'une pierre deux coups : elle fournissait les administrateurs et le personnel nécessaires à un État mal organisé et leur faisait payer ce privilège. Mais à long terme elle se révéla onéreuse parce que, comme toutes les hypothèques, il fallait la régler en fin de compte, pas tant sous la forme des traitements des fonctionnaires, qui étaient maigres et irrégulièrement versés, que par la quasi-impossibilité de réformer des services créés au petit bonheur sans aucune logique bureaucratique, et surtout par la médiocre qualité de l'administration elle-même. Le ministère des juges, leur juridiction et leur distribution de la justice, expliquait un orateur des états généraux français de 1586, ne sont qu'une échoppe où les offices qu'ils ont achetés en gros sont revendus en détail. Pourtant, pressés de toutes parts, les princes se raccrochaient à la moindre brindille et continuaient de créer toujours plus de charges, de sorte que la classe des officiers — possesseurs de leur office — ne cessait de croître.

« Quand il plaît à votre Majesté de créer des charges, dit à Louis XIV un des ministres, il plaît à Dieu de créer des fous pour les acheter. » Pas si fous, néanmoins : les acheteurs de charges ne gagnaient pas seulement du prestige social mais des avantages concrets : ils étaient exemptés de l'obligation de loger et nourrir les militaires, des devoirs de la milice et de la garde, des taxes communales, parfois même de la capitation et de la gabelle. Comme on pouvait acquérir des privilèges d'autres manières, en achetant immunités et exemptions ou en occupant des fonctions municipales, il restait toujours moins de foyers soumis à l'imposition et, alors que les impôts ne cessaient d'augmenter, ils devaient être supportés par les contribuables les moins capables de les régler. De plus en plus de fonctions continuaient d'être créées, certaines vendues à deux ou trois titulaires à la fois, de sorte que le même poste pouvait être rempli (et sa rémunération versée) à différentes personnes selon le semestre ou l'année. Finalement, en 1706, le gouvernement français proposa de vendre des exemptions et des privilèges à vie, *sans* office, à raison de tant par paroisse.

La multiplication des offices prenait des proportions insensées. Bien malin qui pouvait échapper toute sa vie à la myriade d'officiers judiciaires, notaires, juges, avocats, avoués, huissiers, baillis, commissaires, greffiers, employés des communes ou des tribunaux, chacun exigeant ses émoluments et ce que l'on appelait en France les « épices », ces petits présents sans lesquels nulle affaire ne pouvait avancer. Personne ne pouvait ignorer les fermiers des impôts et leurs sbires, les collecteurs de péages au bord des rivières et des routes, à la porte des villes ou sur les marchés. Cette engeance pullulait en tous lieux. Rien que sur la Seine, une péniche devait payer des droits à trente-cinq personnes différentes exigeant péages, pesage, timbres, contrôles, inspections, et autres tributs d'une localité à l'autre, avec les conséquences catastrophiques que l'on imagine sur les prix : beaucoup doublèrent en effet pendant les vingt années qui précédèrent 1715, tandis que paysans, viticulteurs et autres producteurs obtenaient de moins en moins pour leurs produits. Ainsi, le bois de chauffage coûtait moitié plus cher en 1715 qu'en 1695, alors que les forêts perdaient entre un tiers et la moitié de leur valeur. La différence allait à la bureaucratie et aux impôts.

Les bureaucrates

Si la vente des offices était un expédient fiscal particulier à certains pays, la croissance de la bureaucratie n'en épargnait aucun. Au fil des siècles, la maison du prince médiéval s'était transformée en administration de plus en plus spécialisée à mesure que les affaires du gouvernement s'étendaient et se compliquaient. Le service public temporaire des clercs et des chevaliers se transforma en emplois durables, plus ou moins régulièrement payés, confiés à des secrétaires, des fonctionnaires et des conseillers formés dans les universités. Les souverains modernes ne pouvaient gouverner qu'avec un personnel administratif toujours plus nombreux et spécialisé. Comme nous l'avons vu, une solution consista à confier nombre de fonctions publiques à des personnes privées. Mais, dès le XVIe siècle, on se préoccupa de mieux maîtriser l'administration, notamment dans les provinces : dans cette optique, on multiplia le recours aux commissaires, hommes chargés d'une mission temporaire : effectuer une enquête, préparer un rapport, surveiller les armées royales dans une région, organiser une police au niveau national ou local, examiner ou améliorer les routes, surtout tirer le meilleur parti des sources de revenus, inspecter les foires, les rôles de l'impôt, les propriétés royales et ainsi de suite.

Alors que les titulaires d'offices exploitaient leurs charges d'abord pour eux-mêmes et leur famille, les nouveaux administrateurs — bien que pas entièrement incorruptibles — servaient directement le prince et l'État, sources de leurs traitements et de leur promotion et objets de leur loyauté. Ces officiers étaient recrutés parmi les roturiers, comme en France et au Danemark, dans la petite noblesse, comme en Allemagne et en Suède, chez les deux, comme en Russie, en Italie et en Espagne. Ils finiraient par former une classe nouvelle, coupée des vieilles valeurs féodales qui entravaient et ligotaient les initiatives royales : une nouvelle noblesse administrative, reconnue officiellement comme telle en Russie, intégrée à l'ancienne en France, mais vouée au service de l'État. Et, tandis que la vieille noblesse perdait ses fonctions, mais jamais sa place dans la société, une nouvelle classe croissait et se multipliait, dont les couches supérieures se fondaient avec l'aristocratie tout en demeurant fonctionnellement différentes d'elle : la bureaucratie de l'État moderne.

Ainsi, parallèlement au vaste ensemble d'officiers et de prébendiers à demi-indépendant, se développa un autre réseau de commissaires, inspecteurs, contrôleurs et même gouverneurs, plus réellement les *intendants* du roi — comme on appelait les principaux d'entre eux —, en lutte constante avec les autorités traditionnelles — détenteurs d'offices et de prébendes, tribunaux et états provinciaux — qui s'efforçaient de protéger leurs prérogatives contre les empiétements des nouveaux bureaucrates.

Comme toute grande entreprise en pleine croissance, l'État recherchait, souvent à tâtons, une emprise plus effective sur ses affaires, et sur ses sujets. Il devait se heurter à de gigantesques difficultés. En 1613, le secrétaire de Philippe III déclarait qu'aucun être humain, pas même le roi, ne connaissait le montant des revenus de la couronne. Le roi aurait bien aimé le savoir, il avait réclamé un rapport à cet effet, mais ses ordres n'avaient pas été exécutés. Sans doute pouvait-il se dire — piètre consolation — qu'il s'agissait probablement d'une tâche impossible, de sorte qu'en fin de compte, peu importait qu'une telle enquête fût ou non entreprise. Combien de fois verra-t-on les souverains et les hommes d'État de cette époque dans cette lumière étrange, comme garrottés par les fils invisibles de l'ignorance, de l'inefficacité, de l'incapacité à agir par-delà de très étroites limites — celles de leur temps et de leurs moyens.

Un centralisme imparfait

Pour mobiliser ses ressources, l'État du XVIIe siècle avait créé un corps de fonctionnaires soucieux d'efficacité et donc avides d'informations plus nombreuses et meilleures — le genre de choses que Philippe III ne pouvait pas obtenir : statistiques, recensements de la population, dénombrements des naissances, mariages et décès, tables indiquant le mouvement des prix. Dans l'idéal, ils étaient supposés diriger et contrôler tout. En pratique, il n'existait ni plan d'ensemble, ni efficacité ; sans parler des multiples interventions à tous les niveaux, en particulier local.

Le gouvernement cherchait moins à accroître la production qu'à assurer l'approvisionnement des villes et des armées, ainsi que la perception des impôts. Dans cette optique, il avait essentiellement recours à la réquisition. Les agriculteurs étaient contraints de livrer leurs produits au marché. Si cela ne suffisait pas, on perquisitionnait les fermes et on confisquait les denrées. Les paysans dissimulaient donc une bonne partie de leur production et le système de distribution fonctionnait mal, d'autant que les difficultés des transports ne permettaient pas aux villes de s'approvisionner très loin. La pénurie tournait facilement à la famine, comme nous l'avons vu, et le succès des expéditions fiscales dans les campagnes, privant les cultivateurs de semences, pouvait provoquer de maigres récoltes l'année suivante et précipiter les paysans sur les routes, en quête de la nourriture que leur refusaient les villes.

L'incompétence et l'insuffisance technologique épargnèrent à l'Europe le totalitarisme qu'impliquait l'absolutisme bureaucratique. Cependant, à mesure que se développait la machinerie administrative, que l'expérience en raffinait les techniques et que le gouvernement devenait plus englobant, une conséquence très importante se faisait jour : une véritable bureaucratie impliquait en effet des réglementations fixes qui allaient rogner le pouvoir royal de décision. Les choix, en raison de leur nombre et de leur fréquence mêmes, passèrent des mains de l'autorité centrale (rois, ministres, intendants) à de multiples bureaux, aux fonctionnaires subalternes qui agissaient en fonction des précédents et des règlements. Le pouvoir royal avait créé l'administration afin de s'affirmer ; à la longue, il serait limité par la croissance et l'efficacité de sa propre bureaucratie, qui allait de plus en plus fonctionner comme un organe indépendant, avec sa vie, ses moyens et ses pouvoirs propres.

Il en alla de même avec l'appareil judiciaire, en particulier les hauts magistrats. Dès la fin du XVIe siècle, Montaigne déplorait l'ascension d'un quart état de juges. A l'époque de Richelieu, une génération après, on ne pouvait plus ignorer, comme nous le verrons, la puissance d'une magistrature, forte de son esprit de corps et du sentiment de son pouvoir, qui avait d'ores et déjà acquis une dynamique et une inertie propres.

La couronne avait balayé l'influence de ses sujets les plus puissants — fiers prélats et aristocrates indociles — mais l'administration du royaume, largement élaborée et mise en œuvre par des officiers privés, échappait à son emprise. Si elle existait par la vertu de la sanction royale et ne représentait aucune menace pour la position politique du monarque, comme jadis les grands féodaux, la magistrature avait tout intérêt à refuser le moindre changement, en qui elle voyait une menace pour son existence même. Pour avoir anéanti toutes les innovations royales destinées à adapter le système par des réformes administratives ou financières, le pouvoir judiciaire contribua à l'effondrement de l'Ancien Régime après 1789. Le roi pouvait tout faire hormis toucher aux privilèges sur lesquels il fondait son absolutisme et aux serviteurs qui formaient la charpente de son État. A terme, cette situation ne pouvait laisser d'affaiblir et l'État et sa mainmise sur lui. Cette tendance n'était alors qu'en germe et ne viendrait pas à son terme avant longtemps encore.

Quelles que fussent les critiques contre le nouveau système, il n'en reste pas moins que les officiers du roi étaient préférables aux nobliaux qui tyrannisaient habituellement villages et petites gens et les rongeaient jusqu'à l'os avec leurs injustes impôts, comme le déplorait un placet français de 1643. Là où les forces de la couronne étaient faibles et les privilèges des nobles étaient forts, régnait « l'état de nature », c'est-à-dire, le chaos. Ainsi que le constaterait en 1613 un noble castillan, le marquis de Almazan : « Ils disent qu'ici (en Catalogne) les *caballeros* sont libres. Mais à mon sens, ils sont plus opprimés que ceux de Castille, parce qu'ils ne peuvent sortir de la ville sans un grand nombre d'hommes, alors que je pouvais voyager de Madrid à Almazan seul ou avec un unique serviteur, sans redouter personne. Voilà ce que j'appelle la liberté, et non ce qui passe pour tel en Catalogne. » Quand elle empiétait sur des droits particuliers, la puissance royale contrariait en somme la faculté des classes dominantes à faire ce que bon leur semblait au mépris du reste de la population. Ces interventions des serviteurs ou de la législation du roi s'expliquaient généralement par le besoin d'argent, mais aussi par ce que nous pouvons considérer comme un souci de justice et de bon gouvernement.

Il importe cependant de ne pas exagérer la portée de ces innovations. Le mot même d'« État » ne commence à être utilisé dans son sens actuel que vers le milieu du XVIe siècle. Au XVIIe siècle, le gouvernement restait encore largement informel, relevait du bon plaisir du roi et de ses favoris, des conseillers, des serviteurs de l'État et de leurs créatures. Tout était improvisation et expédients, réactions aux pressions et difficultés extérieures. Des ministres comme Richelieu, des favoris comme le duc de Buckingham « gouvernaient » en vertu de leur crédit auprès du roi, par l'entremise d'hommes qui leur étaient personnellement dévoués et qui, à leur tour, préféraient avoir recours à des collaborateurs loyaux, parents par exemple dont, par tradition et intérêt, ils pouvaient escompter la plus complète fidélité. Et, si tant de choses échappaient à l'attention, une myriade de questions subalternes encombraient les plus hautes sphères gouvernementales. Louis XIII et Richelieu se souciaient de fixer le prix du pain ou la composition et la solde de petites garnisons provinciales. Le roi et ses ministres étudiaient et discutaient des affaires qui seraient aujourd'hui du ressort de fonctionnaires obscurs. Philippe II d'Espagne, déterminé à surveiller tous les rouages de ses vastes possessions, travaillait jour et nuit, « couvant sans fin ses dossiers », ainsi que le déploraient ses sujets, et, submergé par leur masse, il infligeait à ses collaborateurs des retards interminables. Quelque cinquante ans plus tard, le pays le mieux administré d'Europe — la France de Louis XIV et de Colbert — n'était dirigé que par un millier d'hommes. Quand nous nous représentons ce maigre exécutif submergé de décisions à prendre, de tâches à accomplir, manquant de personnel et de ressources, loin de nous étonner de ses négligences nous devons plutôt nous émerveiller de ce qu'il parvenait à réaliser.

Les secrétaires du roi eux-mêmes, personnages très importants, ne disposaient pas de bureaux dans le palais royal ni dans aucun bâtiment officiel. Ils venaient s'entretenir avec le monarque et repartaient avec leurs dossiers pour travailler chez eux avec des collaborateurs personnels. Cela ne commença à changer qu'au cours du XVIIe : les services se virent alors attribuer pour leurs bureaux et archives quelques pièces du palais royal ou d'autres édifices publics. Philippe lui-même installa les archives royales à Simancas, mais il fallut attendre un siècle pour que ses cousins Habsbourg imitent son exemple. A la fin de son règne, Louis XIV employait neuf cents « secrétaires royaux », tout en demeurant son propre Premier ministre et non le moins dur à la tâche. Pourtant, comme le disait à Philippe II son grand aumônier, « Dieu n'a pas envoyé Votre Majesté et tous les autres rois, ses vice-rois sur terre, pour qu'ils perdent leur temps à lire ou à écrire... ». La fonction royale dépassait les préoccupations purement administratives et ne devait pas en être embarrassée, mais elle ne pouvait utilement s'accomplir sans y avoir trouvé une solution satisfaisante.

Le culte du roi s'amplifie

Ce que le comte de Strafford, ministre de Charles Ier, disait de l'Angleterre s'appliquait ailleurs aussi : « L'autorité du roi est la clef de voûte qui couronne l'arche de l'ordre et du gouvernement et, si elle est ébranlée, tout l'édifice s'effondre en un tas confus de fondations et de remparts. » Débarrassé de vos dettes, expliquait Strafford à Charles Ier, « vous pourrez gouverner comme il vous plaira ». Shakespeare avait dit la même chose quelques années auparavant, et ses allusions répétées à l'ordre et au rang reflétaient l'inquiétude de ses contemporains de les voir disparaître. Comme l'explique Ulysse dans *Troilus et Cressida* :

> Les cieux eux-mêmes, les planètes et ce globe
> Observent degré, priorité et rang,
> Régularité, trajet, proportion, saison, forme,
> Office et coutume, dans l'ordre qui s'impose (...)
> (...) mais lorsque les planètes,
> En coupable chaos, s'abandonnent au désordre,

Quels fléaux, quels malheurs et quelles rébellions !

Trop d'insurrections et de désordres tourmentaient cette époque pour que l'on prenne de telles paroles à la légère. Là encore, la tendance autoritaire du temps était à la mesure de son besoin de direction, de la constante menace du chaos pesant sur lui, de sa foi en un souverain suprême, rassurant, protecteur, symbole de l'unité et de l'ordre si manifestement absents, si violemment désirés.Les Habsbourg en Espagne, les Stuart en Angleterre, les Bourbons en France, de moindres monarques ailleurs, cherchèrent à élaborer un idéal et une politique fondés sur ces besoins : la monarchie absolue qui culmina en la personne de Louis XIV.

La souveraineté du roi passait parfois par la personne d'un ministre ; mais cet homme, tel Richelieu pour Louis XIII ou Olivares pour Philippe IV, pouvait devenir un maire du palais, une puissance rivale menaçant de supplanter l'autorité de plus en plus formelle du monarque. Louis XIV, comme Philippe II, résolut donc de devenir son propre Premier ministre, d'être le seul à connaître tous les secrets et à actionner tous les leviers du pouvoir. Cette tâche exigeait un effort considérable et une constitution de fer. Il dut s'astreindre à une vie de plus en plus disciplinée, mesurer son temps et ses gestes, dans un souci d'efficacité maximale, de sorte que l'on pût toujours savoir où il se trouvait et ce qu'il faisait. Comme l'Escorial espagnol, mais à un degré encore supérieur, Versailles, plus qu'une fantaisie royale, fut sa retraite et son lieu de travail, le centre de sa bureaucratie — avec deux ailes consacrées aux bureaux — où il recevait ses secrétaires d'État les uns après les autres.

Comme il voulait qu'aucun ministre ne supervisât le gouvernement, que nul autre que lui ne fût indispensable à l'État, Louis divisa et mélangea les fonctions et leurs titulaires : jugeant que sa sécurité dépendait de leurs rivalités, il ne cessa de dresser ses ministres les uns contre les autres. Débarrassé du chef de son gouvernement à la mort de Mazarin en 1661, Louis trouva difficile de dominer les officiers royaux, devenus indépendants par l'achat de leurs charges. Pour leur faire pièce, il créa un personnel bien à lui, nommé par ses soins et révocable, toute une nouvelle hiérarchie civile et parfois militaire pour l'administration des provinces, la fiscalité, la police et la justice : d'abord et surtout les *intendants*. Et pour faire appliquer directement ses décisions, il eut largement recours à la lettre de cachet, par laquelle il pouvait ordonner à n'importe qui d'exécuter son désir souverain et arbitraire. Une lettre de cachet pouvait signifier une arrestation ou l'exil, prévenir une conspiration réelle ou imaginaire, écarter un obstacle du chemin du roi, ou simplement satisfaire la requête d'une famille lasse de l'inconduite d'un des siens. Pour accomplir ces missions et pour maintenir l'ordre public, une police omniprésente et une armée efficace furent créées, encadrées et améliorées selon la volonté de Louis XIV par des hommes recrutés non plus dans la haute noblesse indocile mais dans la bourgeoisie, et dont la fortune dépendait entièrement du bon plaisir royal.

L'aristocratie de vieille souche n'aimait guère cette évolution. Les gentilshommes dont la lignée remontait aux croisades, voire à l'époque de Charlemagne, estimaient qu'offices et fonctions publiques leur revenaient de droit et souffraient de les voir confiés à des gens de bien plus médiocre naissance. Ils ne supportaient guère non plus la concurrence de la noblesse de robe, beaucoup plus récente, bien que, s'il en avait le choix, le roi préférât s'en remettre à des gentilshommes instruits et loyaux plutôt qu'à des roturiers.

Le pape Alexandre VII faisait remarquer que, tout comme les rois de la terre aimaient à s'entourer de personnes bien nées, le souverain des cieux devait aussi préférer leur compagnie. Un roi sans nobles, estimait le duc de Savoie, était comme un diamant serti dans du plomb. Les monarques les avaient contraints à l'obéissance en les rendant inutiles ou dépendants, tout en leur conservant leurs privilèges ; mais ils ne pouvaient toucher à ces privilèges, prix de leur soutien et donc de leur propre pouvoir, bien qu'ils entravassent leur action et pesassent sur leurs ressources. Si un roi sans aristocratie était un diamant serti dans du plomb, un roi entouré de nobles était un diamant enfermé dans un coffre.

Certains souverains absolus allèrent jusqu'à fonder leur puissance sur la noblesse elle-même : ainsi l'électeur de Brandebourg ; ou Charles XI de Suède, dont l'absolutisme bureaucratique fut mis en place en 1680 avec le soutien de la petite noblesse qui appuya sa campagne de récupération des domaines aliénés aux grands magnats, afin que les biens de la couronne pussent assurer la rémunération de ses fonctions administratives. Par contre, beaucoup de nobles français, surtout de haut lignage, comme le remarquaient les auteurs contemporains, n'avaient pas l'instruction requise pour un emploi administratif, sans parler de la discipline. Leurs lettres en témoignent : mal écrites, infantiles, pleines de fautes d'orthographe. Ils n'avaient pas non plus les moyens d'acheter les offices que les princes souhaitaient vendre. D'ailleurs, ils n'avaient jamais aimé ces politiques empiétant sur leur rang et leurs privilèges qu'impliquait le souci du bien général. Aussi, Louis entreprit-il d'apprivoiser et d'assujettir sa noblesse, en la réunissant dans une cour dont les coûteuses occupations la rendissent de plus en plus dépendante de sa bonne volonté, des pensions, postes ou bénéfices qu'il pouvait lui accorder. Il fit croire aux aristocrates que les fonctions de l'État se répartissaient entre la couronne et eux, tout en conservant en fait l'essentiel des prérogatives aux nouveaux bureaucrates qui relevaient de son autorité. Entre-temps, il éblouissait les courtisans avec des jeux splendides qui les persuadaient que Versailles était une sorte de mont Olympe où, héros et demi-dieux, ils entouraient le Roi Soleil, le plus noble d'entre eux.

La nécessité de mobiliser les grands dans cette mascarade somptueuse autant qu'illusoire explique certains aspects du culte royal. Le roi devait se montrer très grand pour que le reflet de sa grandeur donnât aux courtisans le sentiment de n'être point que des parasites décoratifs, leur conférât une partie de sa propre considérable importance. L'analogie avec le soleil venait immédiatement à l'esprit. Un courtisan avait déjà comparé Henri IV à l'astre du jour, et son fils, Louis XIII, bien que cruellement battu comme tous les enfants de son époque, au point qu'il lui arrivait de s'évanouir sous les coups, fut aussi élevé comme une sorte de demi-dieu : les ambassadeurs étrangers venaient lui rendre hommage ; les pauvres se rendaient en pèlerinage auprès de lui et suppliaient qu'il les touchât pour les guérir des écrouelles ; on le présentait parfois d'un balcon à des foules qui s'agenouillaient à sa vue ; on battait le tambour et on agitait des drapeaux à son passage.

Le petit-fils d'Henri IV fut encore plus le centre du monde. Le château de Marly, construit pour Louis XIV entre 1679 et 1686, était conçu pour rappeler au spectateur le rôle que le monarque devait jouer. Le plan de Marly était théâtral mais sans aucune ambiguïté : Louis résidait au centre, dans un pavillon décoré de symboles solaires et dédié à Jupiter, roi des dieux. Autour de lui, douze autres pavillons voués à d'autres divinités ou à des vertus — Renom, Abondance, Apollon et ainsi de suite — formaient comme une cour. D'un côté se dressait la chapelle, de l'autre le corps de garde, « comme si, fait remarquer Roland Mousnier, le Seigneur Dieu était, lui aussi, un des officiers du Seigneur Roi ». Et il est vrai que le souverain devint une sorte de dieu, comme dans le bas Empire romain, en particulier à Byzance. A l'inverse, Dieu apparaissait de plus en plus comme une sorte de roi, patriarche imposant rappelant Jupiter, majesté divine reflet de la majesté terrestre.

Cette conception d'un centre autour duquel tout rayonne, s'exprimait à tous les niveaux. L'urbanisme du XVIIe siècle évoque le désir royal d'établir dans la ville le même ordre que dans l'État : plans symétriques, régularité des rues, des places et des bâtiments. Tout comme dans le gouvernement le pays s'ordonne autour du souverain, tout comme dans le raisonnement les idées secondaires se subordonnent aux prémisses, les plans urbains eurent tendance à distribuer les édifices autour d'un point central, soumirent à la hiérarchie la cité comme l'État.

Le monde des lettres se vit enrôler à son tour. Un groupe de lettrés se retrouvait depuis 1629 chez un des secrétaires du roi, Valentin Conrart : en 1635, Richelieu institutionnalisa ces réunions qu'il transforma en société privilégiée : l'Académie française, dont il se fit le Protecteur officiel. Les académiciens, dûment pensionnés, se durent de chanter les louanges du roi, de polémiquer avec les Espagnols et les Hollandais qui critiquaient la France, de purifier et de régler la langue, en composant un dictionnaire et une grammaire. En 1671, Colbert plaça ce groupe privilégié sous la protection de l'État ; le roi en devint le protecteur attitré, lui accorda un budget annuel et lui permit de siéger au palais du Louvre. Comment l'Académie n'eût-elle pas encensé toujours davantage un aussi gracieux mécène : « Tous les mots de la langue, toutes les syllabes nous paraissent précieuses, parce que nous les regardons comme autant d'instruments qui doivent servir à la gloire de notre Auguste Protecteur », disait ainsi un des siens, Racine[1].

L'absolutisme et ses adversaires

Cette exaltation nouvelle de la puissance royale et les efforts pour créer une administration à son service reflètent le souci primordial de sécurité qui domine l'époque, ce sentiment cher à Hobbes que les pactes sont sans doute une belle chose, mais que, sans le soutien de l'épée, ce ne sont que de

1. Cf. pour les paragraphes précédents le quatrième tome de l'*Histoire générale des civilisations : Les XVIe et XVIIe siècles, Les progrès de la civilisation européenne et le déclin de l'Orient,* de Roland Mousnier, Livre II, chapitre II (Paris, 1954).

vaines paroles. Contemporains, Hobbes et Louis XIV exprimaient, chacun à sa manière, une terreur absolue de l'anarchie et du désordre, que seule une souveraineté illimitée pouvait prévenir. Puisque les hommes sont naturellement violents et brutaux, il n'y a pas d'autre solution qu'un dispositif artificiel dirigé par un maître suprême — un dompteur surhumain dans une cage aux lions — dont le pouvoir arbitraire ne connaîtrait pas de limites. Diverses personnes arrivèrent aux mêmes conclusions par des chemins différents. Pour Louis, le pouvoir de l'État se justifiait par son existence même, pour Hobbes par le besoin des individus qui, mûs par l'intérêt personnel et poussés par la peur, acceptaient sa protection omniprésente. Ces justifications utilitaires de l'absolutisme diffèrent des rationalisations théologiques de l'époque comme des références populistes du totalitarisme contemporain. Néanmoins, les résultats sont similaires : dans chaque cas, l'autorité de l'État devient primordiale, sa signification ultime, ses services sont présentés comme indispensables. Le sujet abdique toute responsabilité, même morale ou religieuse, en échange d'une sécurité toute matérielle.

Le droit divin n'avait jamais été absolu. Son pouvoir limité, légitimé par la tradition, se voyait remis en question par un gouvernement despotique se fondant sur la logique et la force. Quant à sa nécessité, la plupart l'admettaient. Un républicain anglais observait ainsi en 1653 que la question n'était pas « si nous devrions être gouvernés par un pouvoir arbitraire, mais dans quelles mains il devrait être ». L'ordre étant le but ultime, seul un pouvoir discrétionnaire pouvait le garantir, qu'il fût exercé par Louis XIV ou par l'homme qui avait fait décapiter l'oncle par alliance du Roi Soleil : Olivier Cromwell. Sans doute le Leviathan de Hobbes ne vit-il pas le jour : la dictature totalitaire qu'il prônait n'était ni bonne ni, à l'époque du moins, réalisable. L'atmosphère angoissée et morose qu'il exprimait, à juste titre d'ailleurs (comme tant d'autres ouvrages écrits dans la première moitié du XVIIe), se dissipa avec la seconde partie du siècle. En fin de compte, le grand héritage de Hobbes serait sa conception pessimiste de l'homme et sa suggestion de fonder la réflexion politique sur l'analyse et l'application de la psychologie humaine plutôt que sur les assertions invérifiables et inadéquates de la loi antique et biblique. Mais cela ne serait compris que plus tard. Entre-temps, on retint son totalitarisme absolu, que les praticiens de la politique essayaient de mettre en œuvre tout en se gardant bien de le reconnaître.

Les réformes entreprises pour faire face au changement

des temps suscitèrent au XVIIe siècle une profonde rancœur voire une violente opposition. Les gens sentaient la nécessité de l'absolutisme mais se rebellaient contre ses conséquences ; ils recherchaient la stabilité qu'il promettait mais rejetaient ses innovations. Ces quelques lignes de l'*Oceana* de James Harrington (1656) évoquent la lutte pour le pouvoir que se livraient la couronne et les représentants du peuple : « Qu'est-il advenu des princes de l'Allemagne ? Balayés. Où sont passés les états et le pouvoir du peuple en France ? Balayés. Où est l'autorité du peuple en Aragon et dans le reste des royaumes espagnols ? Balayée. Où est celle des princes autrichiens en Suisse ? Balayée (...) Et nul ne trouvera une raison digne de ce nom expliquant pourquoi le peuple d'Oceana a balayé son roi, sinon que ses rois ne l'ont pas balayé les premiers. »

Le XVIIe siècle est ponctué d'innombrables révoltes et conflits. Pas seulement les soulèvements des pauvres contre les riches, mais plutôt ceux des mécontents du changement et surtout des impositions royales. Les nobles se dressaient contre les tentatives du roi de rogner leur influence et leurs griffes ; les provinces protestaient contre la volonté du monarque de restreindre les libertés locales pour les intégrer à un ensemble centralisé ; les paysans se révoltaient contre les exactions des percepteurs d'impôts et les ravages des armées royales ; les ouvriers s'insurgeaient lorsque le pain coûtait cher et que le travail manquait, ils massacraient les officiers honnis du roi, mettaient à sac leurs bureaux et leurs domiciles ; parlements, états, corps de magistrats redoublaient de remontrances devant le nombre croissant de fonctionnaires que le roi pouvait faire et défaire à volonté et dont les prérogatives empiétaient de plus en plus sur les leurs. Tout le monde d'invoquer le bien public : certains au nom de l'État et de son chef, le roi, censé représenter l'intérêt général ; les autres au nom d'institutions dont les intérêts particuliers se contrebalançaient les uns les autres pour le meilleur avantage de tous.

Pour finir, les conflits religieux coiffèrent le tout, se nourrirent de toutes les oppositions et les alimentèrent, dressant les protestants contre les catholiques, les puritains contre les modérés, les catholiques contre les « dissidents », persuadant les rois de France qu'ils ne seraient jamais maîtres chez eux tant que les privilèges spéciaux des protestants ne seraient pas abolis, les « dissidents » anglais et écossais que leurs intérêts religieux et économiques ne faisaient qu'un, les rois d'Espagne que leurs ambitions impériales se confondaient avec le service du Christ. Les querelles religieuses que nous avons étudiées dans la Première Partie étaient loin, en effet, d'être terminées : la fin du XVIe et le début du XVIIe siècle verraient s'épanouir la Contre-Réforme, tandis que l'antagonisme multiforme entre le catholicisme et les sectes protestantes compliquerait les conflits politiques des princes qui se disputaient puissance et territoires.

LES RELIGIONS RÉFORMÉES

La fonction sociale

En un sens, il y a quelque chose de très étrange dans les disputes religieuses qui déchirèrent cette époque, une dimension chimérique dans laquelle on s'opposait des arguments bizarres pour régler des questions apparemment incongrues. Tant de chaleur, tant d'intérêt passionné pour des affaires dont nous ne percevons plus l'importance nous décontenancent aujourd'hui. On se déchirait sur des arguties, en perdant trop souvent de vue l'essentiel, et les victoires emportées par la casuistique ou par la force nous interloquent. Pourtant, derrière les disputes desséchées par le temps, derrière les rangées interminables de livres, de sermons et de pamphlets, surgissaient les problèmes essentiels du pouvoir, de l'ordre social, de la place et des devoirs de l'homme, de l'État et des gouvernants : la raison de croire à toutes ces choses se fondait sur une vision totale du plan divin concernant l'homme et de ses implications.

Puisque l'autorité ultime dépassait l'homme, il importait essentiellement d'interpréter sa volonté et ses intentions. Le grand débat portait sur ces interprétations, sur les déductions qu'on en tirait, et, dans la mesure où les protagonistes étaient humains, sur les moyens de concilier les intérêts et les intentions existants avec cette loi supérieure.

Pendant cette période et dans tous les pays, l'Église joua un rôle crucial, demeura le pivot sur lequel une bonne partie de la vie continuait à tourner. Le sanctuaire lui-même était l'édifice central de la communauté : on s'y réunissait, on s'y donnait rendez-vous, il servait parfois d'entrepôt ou de lieu de passage. Dans le Dôme de Milan, comme dans des milliers d'autres églises, et pas seulement catholiques, on trouvait des femmes qui cousaient ou filaient, des marchands des quatre saisons, des maçons en train de tailler des pierres dans les endroits encore en chantier de la cathédrale, des gens qui ne faisaient que passer d'une rue à l'autre : saint Charles Borromée qui le consacra en 1577 dut rapidement fermer les portes latérales pour empêcher brouettes et cavaliers de l'utiliser comme raccourci.

Les services religieux permettaient aussi de se retrouver et d'échanger des nouvelles, tant on manquait de distractions et de moyens d'information. A une époque d'analphabétisme et d'administration primitive, où la presse existait à peine, la chaire était une tribune privilégiée pour les annonces en tout genre. Quelque ignares qu'ils fussent souvent, prêtres et pasteurs étaient encore souvent les hommes les plus instruits de la paroisse, et ils parlaient avec autorité de tous les aspects de la vie et de la politique, depuis la longueur des cheveux jusqu'aux impôts. C'était de leur prédicateur que la plupart des gens entendaient parler des nouvelles lois, des taxes ou des grands événements ; et partout, le curé faisait office dans sa paroisse de représentant des autorités civiles : il consacrait des sermons aux questions qu'il avait instruction de traiter, transmettait les décisions gouvernementales et les expliquait de son mieux, exhortait ses ouailles à s'y soumettre. Le prêtre était un rouage mineur mais essentiel de la machine administrative, sans compter qu'il lui fallait souvent tenir l'état civil, établir l'assiette fiscale ou administrer la paroisse et ses institutions.

Comment s'étonner dans ces conditions que tout le monde convînt que la religion avait une fonction sociale, comme l'exprimait crûment ce conseiller municipal londonien qui recommandait en 1650 pour remédier aux problèmes de l'époque, y compris le ralentissement du commerce, « des prêtres capables et pieux (...) qui enseigneront aux gens à redouter Dieu, à obéir à leurs supérieurs et à vivre en paix les uns avec les autres ». Puisque « guider la chaire » avait une telle importance politique, il était essentiel de maîtriser les leviers nécessaires.

Le combat politique

La Réforme elle-même s'inscrit dans cette lutte politique pour s'assurer la maîtrise de la chaire, pour dominer les hommes qui définissaient et assuraient l'orientation idéologique de la société. Il est frappant de constater que les premiers remous de la Réforme, et ses succès les plus durables, surgirent sur les lisières de la Chrétienté latine, furent une sorte de révolution provinciale (ou prénationale) contre la domination de l'Église catholique *romaine* en Allemagne et en Transylvanie, autour de la Baltique et de la mer du Nord. Nous remarquons surtout aujourd'hui le triomphe de la Réforme dans les contrées les plus avancées économiquement. Mais loin d'être le cas au départ ce furent les régions les plus attardées ou, du moins, les plus périphériques qui en ressentirent l'effet.

Partout, les considérations politiques déterminèrent largement le dénouement des problèmes religieux. Les princes allemands avaient trouvé dans le luthéranisme un moyen commode d'affirmer leur indépendance contre l'empereur catholique et leur pouvoir sur leurs sujets. En France et en Espagne, en revanche, la couronne, dominant fermement l'Église, n'éprouvait guère la nécessité de rompre avec Rome, tandis qu'en Angleterre, la lutte pour la prise en main de l'Église déboucha sur une rupture que le souverain n'avait pas envisagée. Les Habsbourg d'Autriche hésitèrent un certain temps : en tant qu'empereurs ils étaient catholiques ; en tant qu'hommes, les conceptions protestantes les attiraient parfois ; en tant que princes d'Europe centrale ils reflétaient les divers partis pris de leurs sujets, souvent luthériens dans les provinces autrichiennes ou utraquistes en Bohême aussi bien que catholiques. L'orientation de la dynastie ne devint définitive qu'avec Ferdinand II (1619-1637)), et si l'éducation jésuite et les préjugés personnels de Ferdinand ne sauraient être sous-estimés, cette décision se fonda à l'évidence sur une évaluation de ce qui s'avérerait l'alliance la plus profitable, de ce qui assurerait le soutien le plus ferme à la cause des Habsbourg.

Il est intéressant de noter que le luthéranisme est toujours resté une croyance provinciale et spécifiquement allemande : il se répandit dans le sillage de la diaspora germanique, en Europe centrale, orientale et septentrionale, autour de la Baltique, le long du Rhin, partout où des colonies de marchands ou d'émigrants allemands vivaient ou commerçaient. Voilà qui en fixa largement les limites. Quant au provincialisme, il fut encore accentué par sa soumission presque de principe à l'État. La théorie selon laquelle l'État devait régenter les affaires de l'Église et déterminer sa politique n'avait rien de nouveau. Formulée lors des grandes luttes médiévales entre Philippe le Bel et Boniface VIII, elle avait été vigoureusement réaffirmée lors d'une controverse semblable entre l'empereur et les papes d'Avignon, à la dévotion de la

France : dans son *Defensor Pacis* (1324), Marsile de Padoue concluait que la société est modelée par l'État qui tire son autorité du peuple, et dont les actions et les intérêts gouvernent l'existence extérieure, la juridiction et la hiérarchie de l'Église ; il revient à celle-ci de présider au salut des âmes non aux affaires d'ici-bas. Wycliffe et Luther s'inscriraient dans la même tradition.

L'érastianisme

Ces idées allaient être reformulées au XVIe siècle par le théologien suisse Thomas Erastus (1524-1583), pour qui l'Église n'était qu'un département du gouvernement laïque, la religion un domaine privé policé par des clercs, considérés comme de simples employés de l'État. L'érastianisme — doctrine à laquelle il donna son nom — toucha toutes les Églises protestantes et fournit la matière de discussions enflammées pendant quelque trois siècles. Ces débats se déroulèrent cependant surtout entre calvinistes, dans la mesure où les luthériens, dans l'ensemble, acceptaient l'esprit, sinon toujours les applications, de ces principes. Les Églises luthériennes devinrent rapidement et demeurèrent un bras de la puissance séculière. Conservatrices, intellectuellement peu entreprenantes, socialement inadéquates (hormis dans un sens négatif), et théologiquement grevées d'un aride formalisme, elles servirent essentiellement à entretenir un isolationnisme provincial, linguistique et culturel et, par des allusions fréquentes à la loi mosaïque, à introduire des peines draconiennes pour des délits mineurs, comme les jurons et les blasphèmes, qui faisaient partie intégrante de la vie, créant ainsi de nouveaux problèmes sociaux et pénaux sans résoudre les anciens.

La propagation du calvinisme

Alors que le luthéranisme restait circonscrit culturellement et géographiquement, et se montrait socialement et politiquement conservateur, le calvinisme se révélait universaliste, dynamique, hautement subversif, moins de propos délibéré qu'en raison des croyances qu'il inculquait et de leurs effets. Ainsi que la représente *Le Voyage du pèlerin (The Pilgrim's Progress from this world to that which is to come)* de John Bunyan (1678), la vie chrétienne est tissée d'efforts continuels, d'embûches, de luttes incessantes contre le mal, contre le diable, la tentation, la corruption. La politique n'en diffère en rien. Le duel contre Satan et ses féaux ici-bas n'est qu'un prolongement des conflits spirituels intérieurs.

Les puritains[1] vivaient dans une époque de chaos et de crime (bien que peut-être pas plus que telle ou telle autre période). Ils savaient que les hommes sont méchants et ont toujours besoin de surveillance et de contrainte ; ils souhaitaient entraîner leur conscience et leur volonté à résister triomphalement au péché environnant. On ne pouvait y parvenir, estimaient-ils, que par l'autodiscipline, la répression délibérée des iniquités et des faiblesses, et cela par la discipline, volontairement acceptée, proposée par la communauté religieuse et exprimée immédiatement par les membres de la congrégation. La maîtrise de soi suggérait la maîtrise des autres. La répression de soi présageait celle des autres, annonçait cette discipline politique, vigilante et critique, que les puritains instituèrent chaque fois qu'ils le purent dans les communautés qu'ils fondèrent à Genève, en Amérique du Nord et ailleurs.

C'était là un nouveau type d'homme, son propre maître après Dieu, qui rejetait les loyautés traditionnelles au profit de la seule loyauté envers sa foi, qui abandonnait l'attitude passive des gens du commun pour une activité et une affirmation de soi vigoureuses justifiées par son credo. Les puritains savaient à merveille critiquer — les autres aussi bien qu'eux-mêmes — débattre, voter ; et cela selon le rituel pieux et rigoureux qu'ils s'imposaient délibérément. Tout cela leur conférait une assurance débordant le simple fanatisme et leur permettait de garder le meilleur moral au milieu des circonstances les plus difficiles. La vie chrétienne était une guerre et la guerre faisait partie de leur vocation. Certains des plus grands innovateurs militaires du temps étaient mûs par ce sentiment — notamment Oliver Cromwell —, mais, plus important, il inspirait leurs hommes, les faisait obéir plus volontiers et se battre plus efficacement. La discipline collective les préparait à la discipline militaire.

Pourtant, si la foi était une forme de guerre — au point que

1. Utilisé pour la première fois dans les années 1560, ce terme décrivait avec une nuance de mépris ceux qui voulaient purifier l'Église d'Angleterre de toute influence papiste : presbytériens, congrégationalistes, baptistes et finalement quakers. Ici, il est employé dans un sens plus large pour définir les tendances « pures » et séparatistes du calvinisme.

le courageux M. Vaillant-pour-la-vérité (Mr. Valiant-for-Truth) de John Bunyan souhaitait emmener ses marques et ses cicatrices avec lui dans l'au-delà « pour, disait-il, témoigner pour moi que j'ai livré les batailles de Celui qui sera désormais l'auteur de ma récompense » — elle ne procédait que de la persuasion. Pour vouloir ainsi s'engager, il faut être convaincu. Le salut était propagé par la discussion.

D'abord et surtout courant intellectuel, le calvinisme fut diffusé par les livres plus encore que par les hommes ; et les livres le répandaient dans des cercles et des contrées particulièrement ouverts à son message fier et exigeant : groupes d'intellectuels, de négociants, d'artisans, de nobliaux, malheureux dans leur quête de protections et de situations, prêts à transformer leurs rancunes, leur ardeur, leur opposition à une cour indifférente, en une sorte de non-conformisme plein d'orgueil. Rétrospectivement, avec toute la déformation qu'implique de tels parallèles anachroniques, les calvinistes font figure de bolcheviks du camp protestant : peu nombreux, armés de leur foi, de leur théorie et de leur organisation, éminemment dogmatiques, ils formèrent une force dangereuse, potentiellement explosive et généralement révolutionnaire, partout où ils apparurent.

Le réseau calviniste s'étendit de Genève à l'Écosse, en Pologne, en Hongrie, en Hollande et au Brésil. En France, comme nous allons le voir, les huguenots (sans doute corruption populaire de l'allemand *Eidgenossen*, confédérés) firent de nombreux adeptes, trouvèrent soutien et dirigeants parmi les princes de sang royal tels les Bourbons et les plus grandes familles du pays comme les Coligny, et allèrent jusqu'à menacer la sécurité de la couronne. Leur organisation provinciale en colloques, églises et synodes leur permettait partout de mobiliser rapidement leurs partisans, les congrégations locales faisant office d'unités de recrutement. En 1561, l'amiral de Coligny put affirmer que la France comptait 2 150 congrégations, et les forces que les huguenots parvinrent à réunir pendant les guerres de Religion, entre 1562 et 1598, témoignent de leur importance. Les calvinistes demeurèrent cependant un groupe minoritaire et leur Église ne détint jamais longtemps l'exclusivité du pouvoir en dehors de Genève, de l'Écosse et des Pays-Bas. En tant que mouvement d'opposition, le calvinisme regroupait trop d'intérêts disparates, aux représentants facilement découragés par l'échec, amollis par le succès, achetés ou détournés. En France, en Angleterre, en Écosse et en Hollande, où le calvinisme se révéla le plus puissant, les préoccupations religieuses et politiques se mêlaient si inextricablement que les factions politiques se faisaient religieuses et que les sectes religieuses combattaient pour des objectifs politiques.

En fin de compte, huguenots, presbytériens et puritains furent vaincus par les défenseurs de l'ordre politique établi. Ceux qui ne furent pas battus prirent le pouvoir, comme à Genève même, ou se résignèrent à quelque compromis conservateur, comme en Transylvanie. Non que le calvinisme, dans sa forme la plus pure, fût nécessairement révolutionnaire : il pouvait certes l'être, comme lorsque les classes pauvres — marins, ouvriers, prolétariat urbain des villes hollandaises — s'emparaient des doctrines intraitables d'un pasteur Gomarus pour fustiger les riches patriciens. Des groupes prolétaires surgirent çà et là, dans le sillage de quelque prophète local qui en appelait au principe de tolérance et aux révélations égalitaires de la lumière intérieure, dénonçait la sagesse mondaine, les lois et les taxes, exigeait une liberté nouvelle qui pouvait rapidement virer à l'anarchie ou, lorsqu'elle triomphait brièvement comme à Münster, à l'oppression et aux violences arbitraires.

Aucune de ces tentatives n'alla très loin. Elles furent toutes dispersées ou éliminées par les forces de l'ordre, mais elles reflétaient une forte tendance à la division qui se devait d'affecter une croyance insistant sur la conscience individuelle. Le calvinisme éclaterait en groupes et en sectes dont certains rejetaient la prédestination en faveur de l'idée que Dieu étant un Dieu d'amour, Sa grâce devait être disponible à tous de sorte que même les plus humbles pouvaient espérer le salut. En Angleterre, un rapport du Conseil privé de 1634 voyait en les « browniens, les anabaptistes, les ariens, les traskites, les familistes et quelques autres espèces » des gens à surveiller en raison de leur appartenance aux classes inférieures, de leurs idées démocratiques et de leur refus subversif de se conformer aux règles. Pour leur part, les dirigeants parlementaires puritains étaient des conservateurs, comme Cromwell lui-même, et les chefs aristocratiques des huguenots tout à fait réactionnaires. La petite noblesse huguenote du XVIe siècle s'opposait aux empiétements du roi sur leurs droits féodaux et rêvait de démanteler la puissance et l'efficacité croissantes du gouvernement central. La gentry parlementaire de l'Angleterre du XVIIe siècle refusait les « innovations » royales dans les nominations, l'imposition, l'administration, et l'interprétation de la loi.

Le résultat le plus intéressant de ces divergences religieuses fut la fondation en Amérique du Nord de colonies qui se voulaient des havres pour les croyants incapables de trouver la paix chez eux, après la tentative avortée d'installer des huguenots français au Brésil vers le milieu du XVIe siècle. Le gouvernement de Jacques Ier et de son fils Charles en Angleterre, avec sa persécution de plus en plus décidée des « non-conformistes », poussa un petit groupe de puritains, pour la plupart des gens humbles d'East Anglia, à s'exiler aux Pays-Bas avant de se risquer à tenter la périlleuse traversée de l'Atlantique vers l'Amérique. (A cette époque, les gentilshommes de l'île de Wight faisaient leur testament avant d'entreprendre un voyage à Londres, à seulement cent cinquante kilomètres de là.) Le 11 novembre 1620, le *Mayflower* les débarquait au cap Cod, et peu après ils labouraient leurs premiers champs autour de la baie de Plymouth.

Comme le dit leur chef, le gouverneur Bradford, « de même qu'une petite chandelle peut en allumer un millier, de même la lumière surgie ici brille pour beaucoup... ». Une nouvelle Angleterre naissait outre-mer, refuge sanctionné par des chartes royales pour ceux qui, ayant passé un pacte avec le Seigneur, entendaient vivre leur vie en suivant Son chemin. En 1640, quelque vingt mille colons s'étiraient le long de la côte de Nouvelle-Angleterre, depuis le Massachusetts (1629), jusqu'au Connecticut (1639) et au Rhode Island (1636-1638), avec leur propre forme de gouvernement, leurs propres presses primitives, et même une université fondée en 1636 et baptisée du nom de John Harvard deux ans après. Dans le Rhode Island en particulier, la séparation de l'Église et de l'État impliquait la tolérance et la liberté pour tous — quelles que fussent les croyances religieuses — de participer au gouvernement. C'étaient là des pratiques dont on n'entendrait pas parler ailleurs, et surtout en Angleterre, avant plusieurs siècles.

Et pourtant, on ne savait pas grand-chose en Europe de ces distantes contrées, et leurs institutions étonnamment démocratiques ne déborderaient pas leurs frontières. Comme le calvinisme, que certains considèrent comme un mouvement éminemment démocratique en raison de son organisation autonome, c'était en fait un système aristocratique ou oligarchique privilégiant le rôle d'anciens qui se chargeaient largement du fonctionnement des églises et de l'élection des pasteurs. Dans la mesure où les congrégations calvinistes, comme tout le monde à cette époque, avaient coutume de s'en remettre à leurs supérieurs, les notables de la communauté étaient généralement élus à sa tête. Ces possibilités séduisaient les hobereaux français, hongrois et polonais, capables d'offrir protection et direction, et qui entreprirent donc de mener la plupart des congrégations. Telle fut la tendance qui prévalut en Europe orientale. Dans l'Ouest, le conflit entre démocratie et oligarchie trouva finalement sa solution au XVIIe siècle, lorque l'échec politique ou la persécution fit passer le calvinisme de mode ou jeta sur lui le discrédit : en Angleterre et en France ses adhérents les plus influents l'abandonnèrent, tandis qu'en Écosse et en Hollande le calvinisme d'État lui-même devenait modéré, acceptable, mais avec une telle étroitesse qu'il ne pouvait tenter les plus exigeants. D'abord considérés comme de dangereux extrémistes, les puritains finirent par passer pour de mornes hypocrites qui, dit Samuel Butler,

> S'accommodent des péchés qui les charment
> En condamnant ceux qui point ne les tentent ;
> Et pourtant si pervers et si faux
> Qu'on croirait qu'ils offrent à Dieu leur fiel.

Ils devinrent des cagots maîtres dans l'art de faire honte aux autres, de les rabaisser plus bas que terre. Leur fâcheuse habitude d'entendre d'interminables sermons explique sans doute leur tendance, si fréquemment dénoncée, à s'endormir au temple, au point qu'en Suède un bedeau armé d'une longue gaule était chargé de réveiller les fidèles qui s'assoupissaient. (Il semble, en revanche, que la sténographie fut inventée pour noter les prônes des prédicateurs puritains, le poète royaliste John Cleveland parle en effet de « la maudite sténographie du destin ».) Le portrait le plus féroce et le plus convaincant d'un puritain sectaire est sans doute ce poème de l'Anglais George Crabbe (1754-1832) :

> Le grave Jonas Kindred, maître et seigneur de Sybil Kin-[dred,
> Grand de six pieds, paraissait six pouces de plus ;
> Droit, morose, déterminé, solennel et lent,
> Qui le connaissait ne pouvait jamais l'oublier ;
> Il se vouait un respect sans mélange,
> Et ne pardonnait ni liberté ni négligence.
> La paix régnait dans la sobre demeure de Jonas,
> Où nul n'ignorait son devoir et sa place :
> Mais point cette paix que quelques heureux mortels
> Trouvent dans l'équanimité et l'échange ;
> Ni la douce paix nuancée d'amour
> Qui meut chacun d'un seul cœur ;
> Mais ce qu'exige une volonté tyrannique

En écrasant les inférieurs ;
Qui fait taire tout murmure, toute objection
Et d'une voix impérieuse, ordonne : Paix !

En 1722, un bourgeois de Genève remerciait Dieu dans son testament des grâces infinies qu'Il lui avait accordées en favorisant ses *affaires* d'une manière aussi extraordinaire. Si les œuvres de l'homme ne suffisaient pas à lui assurer le salut, les œuvres de Dieu suffisaient à en faire la preuve. La plus grande contribution des calvinistes fut peut-être leur participation au développement économique. La relation directe entre le travail et la vertu, l'épargne et l'entreprise capitaliste, si souvent suggérée, est très contestable. En revanche, on ne peut douter de l'importance des facteurs politico-religieux dans les migrations d'hommes et de groupes qui jouèrent un rôle clef dans l'essor de l'industrie et de la finance. Les migrations contribuent toujours fortement à la propagation des techniques et aux mouvements de capitaux. Tout au long du XVIe et du XVIIe siècle, les secteurs neufs de l'économie européenne se développèrent à l'initiative d'émigrants des grands centres commerciaux d'Italie, d'Espagne, d'Allemagne méridionale et des Flandres : banquiers et négociants catholiques, réfugiés juifs, exilés calvinistes. Des foyers capitalistes de naguère, de Séville, et de Lisbonne, d'Augsbourg et de Lucques, d'Anvers et de Liège, maîtres et compagnons se répandirent dans toute l'Europe pour mettre en valeur les régions inexploitées dont la croissance s'amplifia parallèlement au déclin des pôles anciens où les entreprises s'étaient sclérosées et bureaucratisées, où la liberté avait viré au despotisme, aussi bien dans l'économie que dans la religion ou la société.

S'ils n'étaient pas nécessairement calvinistes, ces entrepreneurs mettaient en pratique les vertus du calvinisme : la conscience de sa valeur, l'autonomie, l'indépendance, le dynamisme. Les juifs, tout aussi structurés, tout aussi dynamiques, se heurtaient, pour leur part, à des difficultés sociales et politiques particulières : si certains individus parvenaient au faîte de la richesse et de la puissance, les communautés israélites, tout juste tolérées, ne pouvaient jamais espérer qu'une acceptation réticente, situation suffocante qui ne s'améliorerait que très lentement. Les catholiques, en revanche, lorsqu'ils réussissaient, comme les banquiers d'origine italienne en France ou aux Pays-Bas espagnols, se fondaient dans la société environnante dont ils adoptaient les valeurs aristocratiques, aux antipodes, donc, des conceptions économiques. Les protestants, aussi, s'intégraient aux communautés qui les acceptaient, mais leur religion encourageait l'activité, condamnait les occupations improductives, insistait sur le devoir de l'homme d'œuvrer pour la gloire de Dieu. Ils substituaient le culte du travail au culte de la charité : les pieux catholiques aidaient les pauvres pour qu'ils survécussent ; les calvinistes pieux leur donnaient du travail.

Le calvinisme permettait aux capitalistes de glorifier Dieu en exerçant leur fonction économique ; il n'est donc pas surprenant que les calvinistes aient joué un rôle essentiel dans l'essor de l'industrie, du commerce et des finances, d'abord en Hollande et dans les villes du nord de l'Allemagne, puis au Danemark, en Suède, autour de la Baltique, en Angleterre, en France, en Bohême — où les armées de l'empereur catholique étaient financées par un banquier calviniste qui avait émigré d'Anvers à Prague — et finalement en Prusse. La plupart d'entre eux étaient des réfugiés, et c'est l'exil, plus qu'une identité religieuse, qui unissait les Belges qui partirent développer l'industrie française et allemande, et surtout celle du nord des Pays-Bas, puis de la Suède et du Danemark ; ou les huguenots fuyant les persécutions de Louis XIV qui, un siècle plus tard, jouèrent le même rôle en Suisse et dans les pays allemands, diffusant les techniques et les initiatives de sociétés plus avancées dans des pays moins développés ou, comme en Angleterre, apportant des procédés et un dynamisme nouveaux dans les contrées plus évoluées.

Les souverains des pays catholiques acculèrent à l'émigration leurs citadins les plus critiques et les moins conformistes. Ceux-ci, pour reconstruire leur propre fortune, firent du même coup celle des sociétés qui les accueillaient. Et pourtant, ces mêmes monarques catholiques intolérants devaient recourir aux services financiers des protestants. Les Habsbourg parvinrent à survivre au cours du XVIIe siècle grâce à l'aide des financiers calvinistes qu'ils avaient expulsés de leurs territoires flamands. Le grand banquier de Louis XIV, Samuel Bernard, était un religionnaire renégat ; et au XVIIIe siècle, les héritiers du Roi Soleil s'efforcèrent de joindre les deux bouts avec le soutien des hommes d'argent huguenots qui, chassés de France, s'étaient installés en Suisse. Colbert lui-même, tout hostile qu'il fût aux hérétiques, s'efforça d'imposer des politiques en fait très similaires aux démarches calvinistes pour bannir « l'oisiveté », la charité, les pèlerinages, les fêtes religieuses qui entravaient la production, les fondations religieuses qui réduisaient la population active ; il tenta de substituer le travail à l'aumône et la reconnaissance de l'individu aux privilèges traditionnels. Il ne se rendait pas plus compte de la parenté de ses objectifs avec ceux des calvinistes, que ses contemporains les jansénistes n'admettaient la similarité de leur doctrine avec celle de Genève. Mais cette ressemblance manifeste indique à quel point les attitudes calvinistes correspondaient aux besoins sociaux, combien l'économie et l'austérité convenaient à une société qui en manquait singulièrement et qu'étouffait la glorification de la consommation et de l'ostentation. En réalité, donc, l' « éthique » capitaliste souvent attribuée au calvinisme caractérisait moins un groupe religieux qu'une époque s'adaptant aux nécessités et aux possibilités qu'elle entrevoyait.

On peut sans doute arguer qu'en étant jugés subversifs, qu'en étant persécutés, les calvinistes furent acculés aux efforts que nous associons aux minorités étrangères ou brimées, qui doivent se montrer plus soudées, plus énergiques, plus entreprenantes, plus productives, si elles entendent survivre et s'affirmer. N'en tirons pas, cependant, de conclusions hâtives : les persécutions ne sont pas un stimulant créateur. Elles paralysent et détruisent plus souvent qu'elles n'aiguillonnent. Les juifs, poursuivis, internés, opprimés, survécurent péniblement et ne s'épanouirent que dans la relative liberté du XIXe siècle. Les calvinistes qui réagirent fructueusement à la persécution — et ils ne furent qu'une minorité parmi tous ceux qui cédèrent, plièrent, dépérirent ou renoncèrent — réussirent parce qu'ils trouvèrent un refuge, parce que le filet de leurs persécuteurs avait des trous, que leur oppression se révéla imparfaite, et parce que, dans cette mosaïque que devint la Chrétienté au XVIIe siècle, les hommes pouvaient échapper à certains préjugés en s'enfuyant dans des contrées où il leur était plus aisé de s'adapter.

CONTRE-RÉFORME ET RÉFORME CATHOLIQUE

Le catholicisme, lui aussi, reflétait et parfois combinait les tendances au conformisme comme au dynamisme. D'un côté, il s'efforçait de rétablir l'ordre dans une société ébranlée par les interrogations et les schismes ; de l'autre, il tâchait de reprendre l'initiative, de s'adapter à l'époque, de riposter au défi de la Réforme protestante par une réforme propre. Nous avons déjà vu que la réforme intérieure se doubla de mesures visant à répondre aux menaces du protestantisme. La réforme catholique et la Contre-Réforme se complétaient. Tout au long de la seconde moitié du XVIe siècle, en particulier, plusieurs papes énergiques se succédèrent pour combattre le protestantisme, diriger la restauration spirituelle du catholicisme et la réforme progressive de l'administration de l'Église.

Des hommes vigoureux et déterminés comme Pie V (1566-1572) et Sixte V (1585-1590) renforcèrent le rôle central du pape qu'avait affirmé le concile de Trente, firent appliquer la règle exigeant que les évêques rendissent personnellement compte au souverain pontife de la gestion de leur diocèse à intervalles réguliers, organisèrent les cardinaux jadis turbulents en une sorte de conseil des ministres dirigeant un ensemble systématique de services appelés congrégations, instituèrent une forte bureaucratie ecclésiastique afin qu'elle étayât la suprématie papale. A la fin du XVIe siècle, une représentation diplomatique régulière par un ensemble de nonces apostoliques avait été mise en place, tandis qu'un nouveau dignitaire, le secrétaire d'État du pape, prenait en main les principales activités de la curie. En 1622, fut fondée une congrégation de la Propagande afin de superviser les multiples missions nouvelles entreprises au cours des dernières décennies. En Italie même, les États du pape, agrandis et consolidés vers 1600, offraient une assise économique à des budgets longtemps dépendants des contributions étrangères et, en particulier, permirent la réalisation des grands projets architecturaux qui transformèrent la Rome médiévale en ville baroque.

En réaffirmant sa suprématie, le Saint-Siège ne se heurta pas seulement aux protestants, mais aussi aux catholiques : les grands monarques catholiques, en particulier, qui entendaient conserver la haute main sur les nominations ecclésiastiques dans leurs domaines, convoitaient une part de la richesse de l'Église et encourageaient les doctrines théologiques et juridiques prônant la limitation des pouvoirs du pape. Cette tradition, le gallicanisme comme on l'appelle généralement, qui revendiquait une certaine autonomie de l'Église de France, existait depuis la lutte qui avait opposé au XIIIe siècle le pape Boniface à Philippe le Bel. L'université de Paris, forte de son prestige européen, continua de soutenir les thèses subordonnant le pouvoir spirituel du pape à celui de l'Église dans son ensemble (ou représentée par un concile) et accordant au roi (ou aux tribunaux, voire aux deux) la suprématie dans les questions séculières, comme la nomination des évêques. Ces attitudes surgissaient ailleurs — en Espagne ou dans les possessions des Habsbourg — lorsqu'elles favorisaient les intérêts des souverains. Rome dut donc poursuivre une lutte continuelle contre ses alliés, qui plaçaient de plus en plus souvent leurs intérêts matériels au-dessus de leurs préoccupations religieuses.

Tout cela fait partie de la Contre-Réforme, dont nous verrons ailleurs les aspects politiques. Simultanément furent adoptées des initiatives plus strictement religieuses : on entreprit très sérieusement de développer le savoir et d'améliorer l'éducation du clergé, d'encourager les recherches sur les débuts de l'histoire chrétienne (les catacombes de Rome furent découvertes en 1578), la bibliothèque du Vatican fut améliorée et enrichie. En 1582, le pape Grégoire XIII promulgua un nouveau calendrier, plus précis [1]. Des séminaires nationaux furent créés à Rome pour la formation des prêtres. Au XVIIe siècle, l'Église pouvait compter sur un clergé séculier bien plus compétent, versé dans la théologie, capable de lire, d'écrire, de prêcher et d'enseigner une meilleure culture religieuse à ses ouailles. Grâce à ce bas clergé, mal payé mais dévoué, l'expérience religieuse des masses populaires elles-mêmes deviendrait moins élémentaire et plus profonde.

Deux tendances, parfois séparées, parfois mêlées, se dégagent chez les grands instigateurs de la réforme catholique. L'une est la réaction contre la mondanité de la Renaissance et la jouissance humaniste de la nature et des sens, dont les interventions et les critiques irresponsables avaient montré la voie à la rébellion. Il en résulta une exigence de discipline, de modération et de repentir, et une méfiance envers l'expression spontanée, y compris dans les arts, comme nous le verrons, où l'ordre et la technique tournèrent au maniérisme

1. La réforme grégorienne du calendrier ajouta une variante chronologique aux schismes contemporains. Ce calendrier amélioré fut adopté avec réticence par l'Espagne, le Portugal, l'Italie et la France en 1582, tandis que l'Allemagne catholique attendit jusqu'en 1583. Le Danemark, la République hollandaise, les États protestants d'Allemagne ne l'acceptèrent qu'en 1700, l'Angleterre en 1752 (le peuple anglais, expliquait Voltaire, préférait que son calendrier fût en désaccord avec le soleil que d'être du même avis que le pape). La Suède n'adopta le calendrier grégorien qu'en 1753 alors que la Russie orthodoxe attendit la Révolution, le 31 janvier 1918. Il y avait dix jours d'écart entre l'ancien calendrier julien (instauré en 45 par ordre de Jules César) et le nouveau.

et parfois même à l'académisme. Dans cette perspective, on attribuait le schisme au sentiment et à l'enthousiasme : la meilleure parade contre l'hérésie était donc la froide maîtrise de la raison et de l'esprit sur le corps aux passions indomptables. L'autre attitude, militante, enthousiaste, ardente, passionnée, encline à l'héroïsme et à l'émotion, semblait tout le contraire de la conception officielle et était pourtant tout aussi nécessaire si le catholicisme devait survivre en tant que foi combattante.

Ce fut cette seconde tendance qui domina extérieurement les orientations de la Contre-Réfome, et sa ferveur colore les impressions que nous en retenons. Impression qui n'est pas fausse : les héros de la Contre-Réforme furent des hommes passionnés. Incapable de convaincre un homme avec qui il voyageait que Marie était réellement vierge, Ignace de Loyola eut la tentation de le poignarder. Il résista victorieusement à ce désir et, par la suite, accrocha sa dague au mur de l'église de Montserrat et la consacra à la Vierge. Seuls des hommes passionnés pouvaient livrer les batailles nécessaires dans ce grand conflit, monter à l'assaut du territoire ennemi, supporter les épreuves, les dangers, les horreurs : les minuscules réduits où l'on cachait les prêtres dans les demeures des nobles catholiques anglais qui refusaient de se convertir au protestantisme ; la possibilité d'être pris, torturé, exécuté, massacré par des foules furieuses ou embroché par des indigènes indifférents ; les évasions insensées, comme celle de Fr. Greenway qui traversa la Manche au milieu d'une cargaison de carcasses de porcs ; les déguisements, le recrutement de gentilshommes exaltés ou réticents, voués à périr dans quelque complot ; les voyages interminables vers les pays lointains.

Seuls des enthousiastes pouvaient affronter le martyre et s'en réjouir ; et le martyre faisait nécessairement partie de l'arsenal de la Contre-Réforme. Il fallait impressionner les fidèles ; les novices s'apprêtant à s'enfoncer dans la jungle hérétique ou païenne devaient être endurcis et inspirés par le récit haut en couleurs de la longue histoire des souffrances que les chrétiens avaient endurées pour leur foi. Le collège anglais de Rome présentait sur ses murs une véritable chronique de l'Angleterre, limitée, il est vrai, aux tortures infligées aux catholiques. Les fresques de l'église du collège allemand, Santo Stefano Rotondo, illustrent l'histoire des persécutions : chrétiens enveloppés dans des peaux de bêtes et déchirés par des chiens, démembrés avec des pinces rougies au feu, écartelés par des chevaux, à l'aide d'arbres ployés, lacérés avec des griffes de fer, jetés dans des fournaises ou dans des bacs de plomb fondu, percés de flèches, lapidés, coupés en morceaux, les yeux arrachés, les seins tranchés, ou miséricordieusement dépêchés de plus traditionnelle manière. « Nous ne devons pas craindre de peindre les tourments des chrétiens dans toute leur horreur, écrit le cardinal Paleotti en 1594 : les roues, les grils, les chevalets, les croix. L'Église veut ainsi glorifier le courage de ses martyrs, mais elle veut aussi enflammer l'âme de ses enfants. »

Toute une littérature descriptive fleurit alors, à grand renfort d'érudition, comblant apparemment l'attente des contemporains : étranges fantasmes de sacrifices, de souffrances et d'extraordinaires violences. Les catholiques n'en avaient pas le monopole : combien d'hommes et de femmes ont patiemment enduré d'être brûlés et rôtis pour des opinions vaines et incomprises qu'ils avaient empruntées à d'autres, regrettait ainsi Montaigne.

Saints et mystiques

Il s'agit là de la face visible de la Contre-Réforme, ni négligeable, ni fondamentale non plus. La réforme catholique fut essentiellement un mouvement spirituel, dominé par les grands mystiques espagnols, français et italiens : certains durs et angoissés, comme saint Jean de la Croix (1542-1591), d'autres joyeux et pragmatiques comme saint Philippe Neri (1515-1595) ou saint François de Sales (1567-1622). Le Florentin Philippe Neri, fondateur de l'Oratoire, poursuit en quelque sorte la tradition franciscaine d'une foi aussi gaie que réfléchie, vouée surtout au salut, sans doute, mais aussi aux recherches intellectuelles et à l'art. Le Savoyard François de Sales se présente comme l'apôtre plus suave d'une dévotion adoucie à l'usage des Français, « pour l'artisan dans son échoppe, le prince à sa cour, le couple au foyer ». Son évaluation réaliste des possibilités et des besoins inspirerait la carrière de Jeanne Frémyot (1572-1641) — née dans une famille de magistrats dijonnais, veuve d'un certain baron de Chantal — qui fonda l'ordre des visitandines (qui se consacrent à visiter et soigner les vieux, les malades et les nécessiteux) et devint sainte Jeanne de Chantal.

Pour ces saints bienveillants, les œuvres semblaient le meilleur reflet de l'enthousiasme. Dans les plaines de Castille, arides et battues par les vents, cependant, une tradition plus rude donna naissance à ces grandes mystiques dont les visions allaient ranimer la « flamme de l'amour vivant » (saint Jean de la Croix) dans le « château intérieur », comme le décrivait sainte Thérèse d'Avila (1515-1582) dans son *Livre du Château intérieur ou les demeures intérieures de l'âme.* Leurs rêves exaltés, leur pieuse hystérie offraient la poésie et l'intériorité, étanchaient la soif d'intimité avec Dieu, que les protestants avaient proposées lorsque l'Église s'y refusait[1].

Quelle que fût leur orientation personnelle, tous soulignaient la nullité de l'homme en formules inspirées de saint Augustin qui, curieusement, évoquent Luther et Calvin. C'est sur cette insignifiance humaine que Pierre de Bérulle (1575-1629), fondateur de l'Oratoire de France, édifia sa conception de l'abnégation : renoncement, annihilation de soi-même au service du Christ, afin de parvenir à une union parfaite avec lui. L'ordre des oratoriens, qu'il créa en 1611, enseignait le respect de Dieu, l'examen de conscience et la compréhension de soi-même, et proposait une vision théocentrique de la vie et du monde dont l'accent sur l'entière soumission à un Dieu omnipotent pouvait aisément s'appliquer au souverain, vice-régent de Dieu sur terre. D'ailleurs, le cardinal de Bérulle faisait partie du Conseil de Louis XIII. En revanche, puisque les œuvres étaient importantes (comme le concile de Trente l'avait souligné en 1564), la plupart des ayants ne manquaient pas de sens commun et de pragmatisme, qui tempèrent l'austérité de préoccupations pratiques, même dans la vie de mystiques comme sainte Thérèse d'Avila, mais surtout chez des personnages comme saint Vincent de Paul (1581 ?-1660), qui insistait tant sur les actions charitables et consacra sa vie aux forçats, aux pauvres et aux plus démunis.

Ordre et savoir avec les jésuites, dévotion et entrain avec les oratoriens, piété et bonnes œuvres avec les disciples de saint François de Sales et de saint Vincent, extase avec les mystiques : l'Église catholique réformée pouvait à nouveau lutter contre les hérésies et offrir à tous ce qu'ils cherchaient.

Bien entendu, les nouveaux ordres (et les anciens, régénérés), s'ils remplissaient une fonction sociale, créaient aussi

1. N'en déduisons pas que sainte Thérèse était inhumaine ou manquait d'esprit et de charme. Au cours de ses voyages, elle notait que « Dieu nous donne tant à souffrir pour Lui, ne fût-ce que des puces, des esprits et des mauvaises routes ». Elle écrivait de longues lettres pour chapitrer le roi Philippe II et n'hésitait pas à tancer Dieu lui-même avec familiarité. « Il n'est pas étonnant, Lui lança-t-elle une fois, que Tu aies si peu d'amis quand Tu traites si mal ceux que Tu as. »

des pesanteurs sociales nouvelles. Il fallait leur affecter des hommes et des ressources qui auraient pu servir à des fins plus productives. C'était du moins l'avis d'un Colbert, bien qu'à considérer le sous-emploi chronique de l'époque on puisse en douter. Peut-être les ordres religieux remplissaient-ils une fonction dévolue aujourd'hui aux universités : éloigner une partie de la population active du marché du travail, afin que le reste puisse trouver un emploi. En tout cas, ils écartaient du mariage une fraction de la population nubile, et cette méthode contraceptive de groupe avait également son utilité. En outre, les ordres nouveaux, s'ils accrurent le fardeau économique des sociétés où ils apparurent (ce qui signifie que les pays protestants avaient davantage de capitaux disponibles pour d'autres investissements), réconciliaient aussi la collectivité avec ces charges, avec l'ordre existant et avec la couronne qu'ils soutenaient (presque) toujours. Ils remboursaient ainsi en ordre et en stabilité ce qu'ils pouvaient coûter en ressources et en inertie socio-économique.

Les jésuites

Omniprésente était l'influence de l'éducation jésuite qui modela le cœur et l'esprit de tant de catholiques : Bérulle lui-même, Descartes, Corneille, Bossuet, Colbert suivirent en effet l'enseignement des jésuites dont tout le système visait à façonner l'intelligence et la volonté de sorte que ses produits pussent trouver et appliquer des solutions chrétiennes à toutes les situations. Puisque l'homme peut par sa volonté éviter le péché et parvenir au salut, l'éducation jésuite visait à renforcer la volonté par l'habitude, à imposer l'ordre et la discipline, à enseigner la ponctualité et les bonnes manières, de sorte que les étudiants s'accoutument à agir selon le devoir et non selon le désir. L'orgueil, l'ambition et même la vanité pouvaient être mobilisés au service de la religion, du souverain, de l'État ; tout comme les classiques et les leçons du passé, après avoir été dûment expurgés, commentés et mis au goût du jour.

Les instincts naturels étaient un don de Dieu : il ne fallait donc pas les étouffer mais les maîtriser, les hiérarchiser, les harmoniser, et surtout les éduquer. On pouvait apprendre aux hommes à mener une vie chrétienne et dans ce but aucun moyen ne devait être ignoré. Le théâtre devint ainsi une technique privilégiée d'éducation entre les mains de la Compagnie de Jésus. Dans les vingt et un collèges jésuites de la région du Bas-Rhin, cinq cent deux pièces furent jouées entre 1597 et 1761 ; deux cent treize, y compris des ballets, entre 1635 et 1761 au collège de Clermont à Paris. Même dans l'Inde lointaine, une *Vie de saint François Xavier* fut représentée en 1624 sur la place devant l'église de Goa, tandis qu'à Pondichéry on donnait *Le Triomphe de David sur Goliath* ou l'histoire de *Josaphat,* en tamoul, pour l'édification du public indigène. Que toutes les pièces soient adaptées aux fins désirées par la Compagnie, à savoir, engager les âmes des hommes à détester les manières impudiques et les habitudes perverses, à fuir l'occasion de pécher, à s'appliquer à la vertu, à imiter les saints, recommande en 1619 une instruction de la province du Bas-Rhin. Le théâtre jésuite culminerait avec le *Polyeucte* de Corneille, brillant élève des jésuites de Rouen, dans lequel la volonté de faire le bien triomphe du désir et de la peur.

En 1580, les jésuites comptaient cinq mille membres, vingt et une provinces, cent quarante-quatre collèges : c'était le plus international et le plus efficace des nouveaux ordres. Un jour qu'il visitait le collège jésuite de Rome, en 1592, le cardinal Odoardo Farnese constata que l'on parlait vingt-sept langues différentes au réfectoire. Omniprésents et efficaces, les jésuites ne manquaient pas, toutefois, de détracteurs. Leur enseignement prétendait rationaliser la piété, « normaliser le surnaturel », rendre tout trop facile et trop simple pour être vrai, leur reprochait-on. Leurs pieuses acrobaties casuistiques ne pouvaient satisfaire les plus exigeants. Le relativisme de leurs argumentations, le laxisme de la discipline qu'ils imposaient à des personnages trop importants pour qu'on les affligeât par trop de sévérité, tout cela prêtait le flanc à la critique, non seulement des schismatiques mais aussi des ordres rivaux.

L'étroite organisation militaire de la Compagnie et sa devise « Pour la plus grande gloire de Dieu » allaient à l'encontre de l'essor de la conscience nationale et des orientations indépendantes des États modernes. Sans compter un autre inconvénient : intelligents, les jésuites avaient la dangereuse habitude de pousser leurs arguments jusqu'au bout, et les conclusions logiques sont trop souvent extrêmes. On pouvait donc — et à juste titre — leur prêter les théories les plus subversives, y compris la justification du régicide. Le cardinal Manning, prélat anglais du XIXe siècle, remarquait combien il y avait peu de différence entre les presbytériens et les jésuites dans les grandes disputes qui déchirèrent le XVIIe siècle : les deux grands classiques du régicide étaient l'œuvre d'un jésuite espagnol, Mariana, et d'un presbytérien écossais, Buchanan, et tous deux soutenaient que le contrat donnant au roi ses pouvoirs impliquait, si le souverain le violait, la possibilité de le détrôner ou de le tuer. De telles conceptions ne pouvaient plaire aux têtes couronnés, d'autant qu'on découvrit que des jésuites étaient impliqués dans les complots — dont certains réussirent — pour assassiner les rois de France Henri III et Henri IV, Jacques Ier d'Angleterre, Guillaume d'Orange, et quelques moindres personnages.

On ne prête qu'aux riches, et l'on imputa aux jésuites plus de conspirations qu'ils n'en imaginèrent ; on leur attribua les noirs desseins de Machiavel, non sans raison. A Machiavel et à sa théorie que la fin justifie les moyens, les jésuites avaient objecté que seule l'intention, et non les résultats, peut justifier les moyens ; que des idéaux valables peuvent excuser jusqu'à des moyens indignes, quels que soient les résultats ; que ce qui compte finalement en politique, c'est, selon la formule de Giovanni Botero, « la raison d'État ». La conception pratique de l'homme politique céda la place à la justification idéologique de presque n'importe quoi. C'est sans doute pourquoi les gouvernements catholiques, ignorant en général les risques subversifs des jésuites, recherchèrent leur aide. Ils savaient qu'ils formaient le mieux organisé, le plus efficace, et probablement le plus intelligent des ordres réguliers, et voulaient les avoir de leur côté. Même l'ancien huguenot Henri IV s'en remettait à leur soutien.

La pompe et le faste

Ainsi l'Église catholique se ressaisit-elle, regagna-t-elle les positions perdues et colmata-t-elle les brèches. Elle y parvint en renforçant la discipline, en améliorant l'organisation et en mobilisant l'enthousiasme du clergé régulier. La propagande des missions et l'appel aux émotions ranimèrent la piété populaire. Rénovés, les martyrs, les saints et les reliques connurent un regain de faveur ; on canonisa de plus belle. Certains risquèrent leur vie pour préserver un fragment de la Couronne d'Épines, un éclat du crâne de saint Thomas Becket, un débris d'humérus de saint Vital. Traditionnellement, la chrétienté européenne (surtout dans le Sud) inclinait vers une sorte de polythéisme, comme en témoigne l'importance des saints. Les protestants attaquèrent les saints et cet iconoclasme ne fit que redoubler la dévotion que les catholiques leur portaient ainsi qu'à la Vierge Marie.

Les saints jouaient certainement dans la pratique religieuse le rôle, très utile, d'intermédiaires entre un Dieu lointain et un pécheur insignifiant[1], de même qu'aujourd'hui, la confession dispense nombre de catholiques de recourir à d'autres thérapies. Il se peut aussi que le culte des saints, allant parfois jusqu'au fanatisme, permît de sublimer certaines des passions qui, dans le Nord protestant, se résolvaient dans de sanglantes chasses aux sorcières. Le surnaturel ne se laisse pas aisément éliminer. Quoi qu'il en soit, le polythéisme n'est pas l'apanage des seuls catholiques. Au fin fond de la Scandinavie luthérienne, on continua d'adorer les vieux dieux nordiques jusqu'au XVIIIe siècle : divinités anciennes et nouvelles se mêlaient dans les rites et les sortilèges. Ces survivances ne devinrent pas plus rares avec le temps, mais simplement moins évidentes, furent intégrées progressivement dans les cadres liturgiques et théologiques que venait renforcer la coutume. Dans l'ensemble, l'application des décisions prises au concile de Trente élimina les chimères médiévales que critiquaient les protestants, ainsi que le laisser aller pendant les cérémonies ou la possibilité d'intervenir pendant le sermon. On fit taire les fidèles, on purifia le culte, tout devint plus solennel, plus raffiné, plus lointain, plus impressionnant, mais aussi plus étranger.

Pour en imposer aux croyants, la liturgie se fit plus grandiose et ostentatoire. On couvrit les saints d'ornements somptueux et on les installa dans des sanctuaires magnifiques. Si les grands seigneurs vivaient dans des palais splendides, portaient de riches vêtements et des bijoux précieux, la Sainte Famille et son entourage se devaient de disposer d'atours et de demeures encore plus éblouissants ! Le matérialisme de ces conceptions ne tarda pas à imprégner une hiérarchie qui, naturellement, partageait les idées courantes sur les attitudes et les privilèges du rang. Comme le murmura le cardinal Mazarin devant la statue du pape Jean XXII à Avignon : « Ce fut un grand pape, il a laissé huit millions ! » Mazarin

1. Au Brésil, saint Antoine, le plus populaire des saints brésiliens, était chargé de protéger le pays contre les envahisseurs étrangers, au point d'avoir été nommé lieutenant-colonel dans les armées brésiliennes, avec la solde que lui valait son grade. Une de ses nombreuses responsabilités au XIXe siècle était d'aider à retrouver les nègres marrons ; il arrivait parfois que sa statue fût jetée dans un trou sombre ou le visage contre terre, et qu'on la laissât ainsi jusqu'à ce qu'on eût repris le fugitif, pour l'inciter à ne pas ménager son aide.

accumulerait une fortune deux fois plus importante. A l'inverse, une génération plus tard, lorsque Louis XIV s'empara des territoires avignonnais du pape, le cardinal d'Estrées s'étonnait que le souverain pontife pût résister à un roi qui avait deux cent mille soldats. On ne se serait pas posé une telle question, du moins sous cette forme, un siècle auparavant.

Le formalisme

Avec l'ostentation se développa le formalisme. La piété profonde et angoissée de Philippe II, la dévotion seraine de Louis XIII firent place à une série de gestes, sans grande signification, mais supposés conserver une certaine efficacité automatique. Philippe IV d'Espagne, par exemple, ne cessait de prier les sœurs d'Agreda d'obtenir l'expiation de ses péchés sensuels, tandis que l'abbesse s'efforçait, en vain, de lui expliquer que la pénitence exige aussi quelque effort de la part du pécheur. Les criminels disaient leurs prières et leur rosaire, non pour s'arracher à leur vie scélérate mais pour échapper au châtiment et à la loi.

Un aspect frappant de ce nouveau formalisme se manifeste dans les nombreuses allusions à la confession, dont témoignent les gazettes de Madrid : « Cette nuit, Fernand Pimentel fut tué d'un coup de rapière sans avoir eu le temps de tirer l'épée. Il réclama la confession à cor et à cri... » (8 août 1622). « A huit heures le soir, quelques gentilshommes attendaient Diego de Avila à la porte d'une maison pour le tuer ; ils se jetèrent sur lui et le pourfendirent ; il demandait la confession à grands cris... » (1er décembre 1622). « Christoforo Bustamente a été tué dans la rue Paredes, sans avoir le temps de se confesser » (3 octobre 1627). Un chroniqueur italien du XVIIe siècle rapporte une histoire semblable : « Un prêtre de la famille Bardi tua un autre membre du clan avec qui il avait une querelle. Sa victime mourante l'implora de ne pas prendre son âme en même temps que sa vie, et de le confesser et de l'absoudre ; le meurtrier accéda à sa requête. »

Un siècle après la Réforme, l'Église s'était tellement rétablie qu'elle se retrouvait à son point de départ. Le nouvel étalage, le formalisme, surtout l'écart entre la religion et la conduite, pouvaient apparaître aussi révoltants qu'à l'époque de Luther. Une autre réaction était inévitable et elle surgit, comme toujours, du sein même de l'Église.

Le jansénisme

Le concile de Trente s'était efforcé d'aider les pécheurs en rendant la communion plus fréquente, l'absolution plus accessible, la pénitence plus aisée. Cette tendance à l'indulgence et au laxisme révoltait les croyants les plus austères, et notamment un Basque plein d'ardeur, Duvergier de Hauranne, abbé de Saint-Cyran, qui dirigea la réforme du couvent cistercien de Port-Royal, près de Paris. Dans les années 1630, Port-Royal devint le centre d'une renaissance de l'ascétisme, considérant que seule la grâce pouvait racheter l'homme, damné par le péché originel. Mais la grâce est prédestinée, inaccessible à nos efforts, terrible situation à laquelle même l'intervention de l'Église ne pouvait remédier.

En 1640, centenaire de la fondation de la Compagnie de Jésus, les trois énormes volumes de l'*Augustinus,* ouvrage posthume de l'évêque d'Ypres, Jansenius, ami de l'abbé de Saint-Cyran, sortirent des presses de Louvain. La condamnation de Rome ne se fit pas attendre. La bataille passa du latin en français avec la publication en 1643 d'un livre d'un partisan de Port-Royal, *De la fréquente communion,* qui attaquait l'abus de ce sacrement. L'ouvrage d'Antoine Arnauld recommandait aux pénitents de s'abstenir de l'eucharistie tant que la contrition n'avait pas été prouvée. Cette idée laissait aux individus, fidèles ou prêtres, la responsabilité religieuse, et semblait nier l'efficacité du rituel et même la supériorité de jugement du clergé. Sur la querelle religieuse se greffèrent des rivalités politiques, et Port-Royal s'identifia aux nobles vaincus de la Fronde qui, quelques années seulement auparavant, avaient tenté de brider le pouvoir royal par la résistance armée. Mazarin obtint la condamnation des doctrines jansénistes en 1655, fit fermer leurs écoles et disperser les « solitaires » qui s'étaient rassemblés autour de l'abbaye. C'est alors (en 1656-1657) que le jansénisme trouva un redoutable champion en la personne de Blaise Pascal : ses *Provinciales* (brûlées publiquement par le bourreau en 1660), combattant en effet la casuistique jésuite dans un style étincelant, attirèrent l'attention sur la secte persécutée et lui valut la sympathie du public.

La querelle se poursuivit donc, nourrie en partie par la tradition gallicane et par le sentiment que, si les jansénistes étaient bien français, leurs principaux adversaires doctrinaux, les jésuites, représentaient les intérêts de Rome. Le débat avait cependant une autre dimension. Rétrospectivement, il se présente comme un affrontement entre des rigoristes — pétris de la pensée de saint Augustin et qui concluaient avec lui que l'homme n'est rien, qu'il ne compte pas devant la grâce de Dieu, les mérites humains semblant bien vains devant les souffrances du Christ crucifié — et ceux, représentés en particulier par les jésuites, qui ne voyaient guère en cette doctrine qu'une résurgence du calvinisme. Quelle que fût la pertinence des critiques adressées aux jansénistes, on les persécuta surtout parce qu'ils réclamaient une rigueur morale aussi étrangère aux indulgents jésuites qu'à l'État. Leur croyance en la prédestination laissait l'homme parfaitement libre de choisir le bien, non pour sa récompense mais pour sa propre satisfaction personnelle : une sorte d'engagement gratuit aux riches possibilités éthiques qui ne pouvait séduire les masses et qui surtout menaçait les autorités — religieuses ou laïques — dans la mesure où il estimait que la vérité venait du cœur. Guère en mesure de lutter contre les subtiles rationalisations des jésuites, cette doctrine pouvait attirer des consciences plus exigeantes : bourgeois cultivés, magistrats, noblesse de robe, voire quelques grands seigneurs en quête d'une vérité personnelle. Bien qu'étouffé, après la fermeture de son centre de Port-Royal, l'emprisonnement ou l'exil de ses adeptes, et l'obligation faite à tout le clergé français de prêter serment de loyauté, le jansénisme survécut, amplifié par les persécutions, et, de dispute théologique devenu une importante affaire d'État, il offrit aux catholiques une solution de remplacement non protestante à la complaisance, une variante catholique de ce ton critique d'une haute portée morale et intellectuelle que l'on trouvait chez les calvinistes.

Comme le protestantisme sévère, il arriva cependant, au jansénisme de s'engager dans des directions moins attrayantes, d'exercer une influence étrangère à l'esprit de ses fondateurs. A une époque où la religion de certains commençait à se colorer de bon sens, où la foi des hommes cultivés virait à la philosophie moralisante, où la vertu devenait une sorte de sagesse circonspecte, les jansénistes réagirent en niant la liberté de l'homme ou sa capacité à réaliser son propre salut. L'homme est trop esclave des passions et des sens, est trop la proie d'une nature mauvaise, pour atteindre le bien ou un Dieu terrible qui n'accorde sa grâce qu'à quelques âmes choisies. Cette conception pessimiste allait jusqu'à identifier la beauté au péché, au point de recommander à ses adeptes de fermer les yeux quand ils priaient dans une trop belle église. Angélique Arnauld se vantait d'aimer tout ce qui était laid, l'art ne lui semblait que vanité et mensonges, et de déclarer que qui donne aux sens prend à Dieu. Il n'y avait pas de fleurs dans les abbayes de Port-Royal — seulement des plantes médicinales ; pas d'ornements dans la demeure des élus, ni colonnes, ni statues. Cette rupture entre l'univers et Dieu, entre le physique et le métaphysique, traçait une frontière entre la conscience morale et la création, l'esprit et les affaires d'un monde qu'on savait irrémédiablement perdu : il suffisait de se consacrer à son propre salut jusqu'à ce qu'on parvînt à la conclusion formulée par Richard Steele dans *The Tradesman's Calling* (1684) : « Prudence et piété furent toujours très bonnes amies (...) on peut gagner suffisamment des deux mondes si l'on place chacun à sa juste place. »

Le quiétisme

D'une moindre influence générale, mais pleine d'implications insidieuses, fut l'apparition des doctrines quiétistes, exprimées au départ dans les œuvres d'un théologien espagnol, Miguel de Molinos (1628-1696). Le quiétisme nie l'utilité de toute activité extérieure, insiste sur la passivité totale du croyant, passivité que Dieu peut utiliser pour tourner son âme vers l'amour pur. Cette glorification de l'inertie reflétait des situations où la meilleure activité consistait à n'en avoir point, comme dans la patrie de ses principaux tenants. Il se répandit après 1670 dans les sociétés où régnaient des conditions semblables : en Allemagne où l'électeur de Brandebourg fut le plus notable de ses partisans, et en France où son propagandiste le plus enthousiaste, Mme Guyon, fit des adeptes à la cour de Louis XIV, en particulier la puissante Mme de Maintenon et (quoique seulement brièvement) le futur archevêque de Cambrai, François Fénelon (1651-1715), précepteur du duc de Bourgogne, petit-fils du roi et héritier du trône.

Les quiétistes français vantaient l'amour et la simplicité d'une manière plutôt séduisante, mais une foi qui assimile la passivité à la sainteté et dont l'antirationalisme refuse toute controverse théologique — voire toute théologie — allait à l'encontre de la structure même de l'Église. Quant à l'État, malgré l'accent que mettait le quiétisme sur la soumission, il ne pouvait pas accepter son renoncement aux tâches de ce monde. Les idées de Molinos furent condamnées par Rome en 1687, celles de Fénelon en 1699, après une grande polémique avec Bossuet. Il n'était pas question que la société permît qu'on la répudiât, que l'Église survécût en abdiquant ses responsabilités séculières. La question se posait toujours de savoir si les chrétiens devaient se soucier de telles préoccupations, mais on y répondait toujours en termes non religieux. La sensibilité qu'exprimait le quiétisme, le désir de paix et de vertus simples, la réaction contre la grandeur froide et calculatrice de la religion ou contre son institutionnalisation resurgiraient au XVIIIe siècle dans le sentimentalisme et le romantisme.

Dieu et César

Si l'Église parvenait à repousser les attaques de l'intérieur, il lui fallait en payer le prix. En chassant l'hérésie, elle chassait du même coup la variété. Dans ses premiers siècles d'existence, l'Église s'était montrée relativement souple et tolérante. Dans les Temps modernes, après avoir résisté à la révolte protestante en serrant les rangs et en s'alliant à l'État, elle ne tolérerait plus la moindre rébellion ni même la contestation. Les professeurs de l'université de Prague devaient chaque année proclamer par serment leur foi en l'Immaculée Conception de la Vierge, avant même que celle-ci ne fût devenue un dogme. La bigoterie allait suivre la rénovation. L'humanisme tournera au dogmatisme. Au contraire des béguines ou des frères de la Vie Commune, on préféra éliminer jansénistes et quiétistes plutôt que de les assimiler : changement considérable, aussi bien social que politique.

Chez les protestants, les catholiques et les orthodoxes, le problème fondamental demeurait la division entre Dieu et César : l'autorité d'une conscience chrétienne face à celles de l'Église organisée et de l'État, l'autorité de l'Église défiant celle de l'État, les exigences d'un Dieu à qui tout devait être subordonné vis-à-vis du droit de formuler, d'interpréter et d'appliquer cette Volonté divine. Certains préféraient assurer leur salut personnellement et en profondeur ; d'autres s'efforçaient de concilier les demandes du ciel et du monde. Les Églises établies préféraient généralement cette deuxième voie : la chair était faible et fort l'attrait du siècle ; la piété austère ne convenait pas à l'immense majorité des hommes et des femmes, quelque bien intentionnés qu'ils fussent, ni ne s'accordait aux plans, aux besoins ou aux goûts de la plupart des gouvernants. Pourtant, l'idéal intransigeant de dévotion chrétienne incitait assez d'hommes et de femmes à s'en prendre aux plus accommodants : puritains et « indépendants » en Angleterre, piétistes protestants en Allemagne, jansénistes en France, « Amis de Dieu » et vieux-croyants intégristes en Russie — pénitents, rigoristes, éternellement aux prises avec Dieu, le diable, et une divine Providence agissant en eux, souvent purs comme des anges et fiers comme le diable, comme disait l'archevêque de Paris des sœurs de Port-Royal.

L'État et l'Église ne pouvaient tolérer une foi qui écartait la majorité de la population et rejetait leur propre autorité. Les hommes ne pouvaient toujours trembler devant un Dieu terrible. Évêques et rois voulaient être obéis sans qu'on fît constamment référence à la conscience personnelle, mais, tout en réprimant ces puristes intraitables et parfois subversifs, ils essayaient aussi de purifier l'Église des relâchements et des faiblesses qui l'exposaient aux critiques : forme et foi furent réformées, l'Église fut réorganisée et réglementée, cessa d'apparaître comme une sorte de bazar ou de lieu de rencontre pour de plus en plus se purifier et se spécialiser. De la sorte, lentement mais sûrement, la confusion de jadis entre le sacré et le profane se dissipa, les familiarités naïves du Moyen Age disparurent et, épurée, séparée des préoccupations séculières, la religion perdit sa fonction sociale pour se cantonner dans une dimension politique. Quand on eut chassé les marchands du temple, le temple commença à sortir de la vie quotidienne : lentement, progressivement, parfois de la manière la plus paradoxale qui maintenait l'Église dans le courant de la vie tout en l'en séparant, de sorte que les hommes ordinaires pouvaient pécher pendant six jours et prier le septième jour sans remords, tandis que les quelques élus, à l'écart, abandonnaient le monde à sa perdition. Les Églises établies s'accrochaient à des structures de plus en plus vides de contenu, corps dont l'âme semblait prête à s'envoler à tout moment.

Le sécularisme et l'érastianisme progressaient à grands pas. Si Paris valait bien une messe pour Henri IV, Londres, estimait Charles II, valait bien qu'on y renonçât. Aussi Henri abjura-t-il le protestantisme pour la couronne, tandis que Charles se détournait du catholicisme pour conserver la sienne. Les questions religieuses devenaient désormais manifestement politiques, des affaires d'État sous quelque aspect qu'on les envisageât. Il en allait ainsi pour un penseur comme Spinoza (1632-1677) qui soulignait dans son *Tractatus theologico-politicus* (1670) que « le culte religieux dépend uniquement de nos jours de la compétence des autorités supérieures et que personne, sinon avec leur autorité et leur approbation, n'a le droit ou la capacité de régler la religion, de choisir ses serviteurs, de déterminer les principes et les doctrines fondamentaux de l'Église, de se prononcer sur la morale et les actes de piété, d'excommunier une personne ou de l'admettre dans l'Église, ou finalement de s'occuper des pauvres (...) quiconque souhaite priver les autorités de ce pouvoir essaie de se frayer un chemin vers la magistrature suprême ».

C'était aussi l'avis de l'Anglais John Selden (1584-1654), pour qui l'Église et le clergé étaient ce que le peuple en faisait. Mais si l'office du prêtre n'apparaissait guère que comme une profession parmi d'autres, tel était aussi le cas du métier de roi. « Un roi, affirmait Selden, est une chose que les hommes ont faite dans leur propre intérêt. » Pas plus de droit divin pour les souverains que pour les prêtres. La pression croissante qu'imposait à la religion l'autorité séculière, tout en renforçant temporairement celle-ci allait la menacer à terme.

Pendant les deux siècles qui suivirent la Réforme, les préoccupations religieuses s'exaltèrent d'abord pour mieux s'estomper par la suite. L'idéal des croisades, si fort vers la fin du XVIe siècle, se dissipa. Après don Juan d'Autriche (1547-1578) et le roi Sébastien de Portugal (1557-1578), les passions chrétiennes se tournèrent vers les luttes intérieures : les guerres de Religion, que nous étudierons ensuite. Les derniers de ces conflits religieux se livrèrent pendant la première moitié du XVIIe siècle : en Bohême et en Allemagne, en Russie orthodoxe attaquée par la Pologne catholique et la Suède luthérienne, en France et enfin en Angleterre. La Paix de Westphalie se conclurait en 1648 sans la participation du pape. Désormais, l'Europe ne se définirait plus par la référence à la Chrétienté.

CHAPITRE VI

LES LUTTES POUR L'HÉGÉMONIE

Ces siècles qui connurent tant de changements peuvent se diviser en deux périodes politiques principales : la première, qui s'étend approximativement du milieu du XVIe siècle au milieu du XVIIe, voit l'hégémonie de l'Espagne ; la deuxième, plus brève, celle de la France. Pendant la première, les Habsbourg espagnols, insuffisamment contrebalancés par une France divisée, ne se heurtèrent qu'à l'Angleterre protestante, sur mer, et, surtout, à leurs propres sujets rebelles aux Pays-Bas. S'ils parvenaient à harceler le souverain espagnol, ces deux adversaires ne purent véritablement rabaisser sa puissance. La prédominance politique de Madrid pendant toute cette période se manifesta également par sa suprématie culturelle. Le français et l'italien s'enrichirent de mots espagnols ; on ne comptait plus les traductions de l'espagnol ; tant de personnes apprenaient le castillan qu'en 1617 la dernière œuvre de Cervantes fut immédiatement rééditée à Paris avant même d'être traduite en français. A la cour de Louis XIII, les manières, les parfums, les toilettes et les fards des dames venaient pour la plus grande partie d'Espagne. Lorsqu'en 1624 Philippe IV d'Espagne introduisit, par économie, certaines réformes vestimentaires et bannit de sa cour la coûteuse fraise, cela suffit pour faire passer la mode de cette collerette dans l'Europe tout entière. Ce genre d'influence se perpétua pendant les années 1630 et ne prit guère fin qu'avec la décennie suivante, lorsque la France, ayant enfin remis de l'ordre chez elle, arracha à Madrid la suprématie militaire et politique.

Ce fut alors au tour de la France de dominer l'Europe, grâce à la faiblesse des Habsbourg de Vienne comme de Madrid, aux troubles intérieurs de l'Angleterre, et aux ressources de ce qui était potentiellement — et, pendant quelque temps, réellement — l'État le plus riche et le mieux organisé du monde. Puis l'hégémonie française succomba sous les coups du même David obstiné qui avait usé l'Espagne : la riche puissance marchande des Hollandais. En outre, les ambitions de la France, qui menaçaient tous ses voisins, eurent pour effet de les contraindre à se liguer contre elle et à la réduire à l'impuissance. L'Angleterre, gouvernée par un prince hollandais, prendrait la tête de cette grande lutte et la poursuivrait longtemps après la paix d'Utrecht de 1715, qui disposait qu'aucune puissance n'imposerait sa volonté à toutes les autres.

L'Angleterre ne cherchait pas l'hégémonie ; l'équilibre entre les diverses nations servait mieux ses intérêts. Les visées impériales de l'Espagne et de la France, des Habsbourg et des Bourbons, vaincues pour le moment, céderaient la place au principe d'un équilibre des puissances, né en Italie longtemps auparavant. Tout comme les États querelleurs de l'Italie de la Renaissance, incapables de s'entre-dévorer, avaient dû accepter un équilibre précaire par lequel aucun ne pouvait devenir trop fort sans susciter la création d'une ligue contre lui, les États européens concurrents apprirent à la fin du XVIIe et au XVIIIe siècle à calculer les équations et les combinaisons des affaires internationales. Et tout comme Venise, habile puissance commerciale, aux intérêts maritimes et à l'oligarchie marchande, avait lancé cette nouvelle idée en Italie, la Grande-Bretagne, pareillement maritime, marchande et réaliste, la représenterait en Europe.

Le traité d'Utrecht proclamait son but « de confirmer la paix et la tranquillité du monde chrétien par un juste équilibre du pouvoir... », et cette conception anglo-hollandaise, au nom de laquelle on avait fait la guerre (du moins les deux pays au cœur du conflit), devint pour une centaine d'années l'idée motrice des relations internationales.

LA DOMINATION ESPAGNOLE

Les ambitions impériales de la maison de Habsbourg avaient commencé par les tentatives de Charles Quint de réaliser les possibilités de son héritage bourguignon : reconstituer l'ancien royaume de Lothaire le carolingien, réunir les territoires divisés des ducs de Bourgogne dans un empire situé entre le Rhin et le Rhône, de la Méditerranée et les Alpes à la mer du Nord. Pour ce faire, il devait recouvrer les provinces perdues au profit de la France après la mort de Charles le Téméraire ; mais, malgré ses victoires sur François Ier, il ne put y parvenir. Le traité de Cambrai, en 1529, entérinait son échec et l'abandon du rêve bourguignon.

Après Cambrai, Charles se tourna vers l'Italie, où les besoins espagnols inspirèrent une nouvelle politique : la Sicile pouvait en effet fournir les céréales dont manquait la péninsule ibérique, les domaines de la couronne napolitaine allaient garantir les prêts des banquiers allemands, le duché de Milan offrirait une base solide pour la maîtrise des cols alpins, et Gênes le crédit de ses banques et les facilités de sa flotte et de ses ports. L'Italie devint alors la plaque tournante de la politique des Habsbourg.

Après l'Italie, l'Allemagne. Les troupes espagnoles tenaient le Saint Empire pour les princes de Habsbourg, mais on ne saurait gouverner qu'avec des piques, et l'infanterie d'élite des *tercios* ne pouvait convaincre les Allemands, fussent-ils catholiques, fussent-ils les Habsbourg d'Autriche, que l'héritier de Charles, un prince espagnol, devait y succéder à son père. Les soldats espagnols durent se retirer en 1551, et lorsqu'en 1556, Charles abdiqua la couronne impériale, elle revint à son frère autrichien Ferdinand et non à son fils castillan. Sous bien des aspects ce fut un avantage dans un monde où plus un royaume était vaste plus il était difficile à gouverner. Après les prétentions universelles d'un Charles Quint aux territoires disparates, la puissance de Philippe II put s'établir de manière quelque peu plus concentrée. La politique du père s'était fondée sur l'Italie et les Pays-Bas, celle du fils s'ancra dans l'Espagne et sa couronne. Charles s'était épuisé à étancher la plaie béante de l'Allemagne ; Philippe abandonna toute prétention germanique mais se vit harceler par les Pays-Bas. Son empire était plus compact, plus cohérent, moins distrait par des préoccupations territoriales de la politique outre-mer, principal souci et source majeure de sa puissance ; mais ce n'était qu'un empire de fait et non de nom. Le titre impérial était revenu à son oncle viennois (et à ses héritiers). Philippe avait lieu de le déplorer lorsque des querelles de préséance opposaient ses ambassadeurs à ceux d'autres rois, surtout celui de France ; au point qu'il songea à s'attribuer le titre d'Empereur des Indes. La rumeur en circula à diverses reprises et, bien que ce projet restât sans lendemain, il indique l'importance persistante d'un titre impérial à une époque aussi soucieuse d'apparences et de prestige.

Faute de titre, Philippe disposait de possessions qui — vastes étendues maritimes et terrestres, richesses en quantités jamais vues auparavant — le tenaient sous leur emprise, gouvernaient ses politiques, affectaient tout son style de vie. Au rebours de son pérégrin de père, Philippe s'installa en Espagne et consacra de plus en plus son énergie aux affaires d'outre-Atlantique. La bureaucratie, la paperasserie et les multiples secrétaires qui l'envahirent furent peut-être en partie la conséquence de cette stabilité nouvelle, fruit elle-même de l'étroite surveillance du monarque sur la source principale de ses revenus et la base essentielle de son pouvoir.

La politique européenne de Philippe, lorsqu'elle ne découlait pas de ses préoccupations premières, espagnoles et atlantiques, résultait largement de la Contre-Réforme ; s'il lui fallut une génération pour mûrir, une fois prête, celle-ci attaqua le Nord et l'Ouest protestants avec un tel dynamisme qu'elle entraîna même Philippe, le précipitant dans des conflits qu'il aurait peut-être préféré éviter. En bon fils de l'Église, Philippe s'enfonça dans le guêpier hollandais, perdit l'amitié de l'Angleterre, se lança dans une guerre contre la France sans toutefois parvenir à écarter l'hérétique Henri de Navarre de son trône. En fin de compte, le traité de Vervins (1598) entre la France et l'Espagne et la trêve conclue avec les rebelles hollandais (1609) mirent les ambitions espagnoles en sommeil, jusqu'à ce que les guerres épuisantes du XVIIe siècle les anéantissent une fois pour toutes.

Entre-temps, les possessions méditerranéennes de l'Espagne en faisaient le principal défenseur de l'Europe contre la menace infidèle. Croisé de la foi contre les protestants, Philippe dut jouer le même rôle face aux Turcs. Bien que des esprits plus modernes envisageassent les conflits religieux dans une perspective plus pragmatique, l'idéal croisé de jadis survivait, notamment dans la péninsule ibérique où l'on n'avait pas oublié la *reconquista.* La défaite de la flotte turque à Lépante (1571) fut considérée comme une croisade aussi bien par le pape que par l'amiral espagnol, don Juan d'Autriche (demi-frère de Philippe), bien que ni Philippe ni les Vénitiens avaient interprété ainsi, jugeant leur affrontement endémique avec les flottes et les corsaires musulmans largement comme des nécessités militaires et commerciales. Mais les croisades avaient leurs partisans et la dernière croisade ibérique restait encore à être livrée : en 1578, le jeune roi Sébastien de Portugal, hanté d'idées chevaleresques, enfourcha cette chimère jusqu'au Maroc où il périt avec la fine fleur de la chevalerie lusitanienne sur le sol aride de Ksar el-Kébir. Deux ans après, Philippe devenait roi du Portugal et de son empire.

A ce moment-là, comme nous le verrons, l'Espagne s'était embourbée dans une révolte qui allait épuiser une bonne partie de ses ressources. Notons à ce stade que les Pays-Bas s'insurgèrent parce qu'ils refusaient que leurs privilèges fussent piétinés par un prince étranger qui voulait gérer et exploiter ses domaines de manière plus sensée et efficace. L'essor du calvinisme, que Philippe était déterminé à écraser, vint compliquer l'affaire. Seule la force pouvait venir à bout de ces troubles politiques doublés de bouleversements religieux. Les troupes que le duc d'Albe (1508-1582) amena avec lui aux Pays-Bas en 1567 coûtaient cher et impliquaient des impôts nouveaux. Ce furent ces impôts qui, à la fin des années 1570, avaient divisé les dix-sept provinces en dix « obéissantes » au Sud et sept rebelles au Nord. Le Sud fut discipliné, maintenu dans le catholicisme, et ruiné. Le Nord, tirant ses richesses — et ses terres — de la mer, apprit à devenir une nation : urbaine, mercantile et ouverte, diamétralement et agressivement opposée à tout ce que l'Espagne était ou représentait.

La manière dont les rebelles parvinrent à survivre et à prospérer, face à la puissance du plus grand souverain d'Europe, témoigne des problèmes auxquels se heurtèrent Philippe, ses ministres et ses successeurs, en particulier l'insuffisance des communications dans un monde beaucoup plus vaste qu'il n'apparaît aujourd'hui. La circulation des soldats, du ravitaillement, de l'argent, des informations et des ordres s'avérait difficile et hasardeuse. Il arrivait au gouverneur de Philippe à Bruxelles de se retrouver sans instructions pendant des semaines sinon des mois. A la fin du XVIe siècle, pour transporter cent mille écus d'or de Florence à Paris il fallait dix-sept lourdes charrettes escortées de deux cents fantassins et de cinq compagnies de cavalerie. On peut donc imaginer les problèmes que devaient surmonter les Espagnols pour acheminer l'argent destiné à leurs soldats aux Pays-Bas lorsque les voies maritimes étaient fermées.

On doit considérer la stratégie espagnole dans cette perspective, avec ses voies maritimes à la merci des pirates embusqués dans les ports français ou flamands, puis des Anglais par la suite ; avec ses communications terrestres s'étirant le long d'un chemin ténu à travers l'Italie, les cols alpins, la vallée du Rhin, risquant d'être attaquées par les Français lorsque ceux-ci ne permettaient pas aux convois espagnols de traverser leur territoire. La neutralité de la France sur terre, de l'Angleterre sur mer, était nécessaire pour maintenir les communications ouvertes ; l'hostilité de l'une ou l'autre puissance pouvait donc paralyser les manœuvres de Sa Majesté très Catholique, en coupant ses lignes de ravitaillement comme le firent les Anglais avec l'aide des Hollandais dans les années 1590 et comme les Français s'y efforcèrent, sans jamais y parvenir, pendant plus d'un demi-siècle.

La politique espagnole visait à se concilier l'Angleterre, à diviser et affaiblir la France. Elle n'atteignit ces deux buts qu'un certain temps pour finalement échouer. Ramenée dans l'orbite espagnole par le mariage de Philippe avec Marie Tudor, qui régna de 1553 à 1558, l'Angleterre resta amicale au début du règne de son successeur, Élisabeth (1558-1603), puis la situation changea radicalement dans les années 1580. Des considérations religieuses et dynastiques, la pression des protestants français et hollandais, des expéditions de piraterie en haute mer, le soutien de Philippe à la prétendante catholique au trône, Marie Stuart, tout cela fit d'Élisabeth la championne des protestants contre le roi d'Espagne, glaive de la Contre-Réforme. Entre 1587 et 1604, l'Angleterre et l'Espagne se livrèrent une guerre pleine d'hésitations.

L'Angleterre apparaissait à Philippe et à ses conseillers comme la clef de tous leurs problèmes, comme une base inappréciable qui, favorable à l'Espagne ou occupée par ses forces, aiderait à chasser les rebelles hollandais de la Manche et de la mer d'Irlande, à priver du soutien qui leur permettait de poursuivre la lutte tous ces corsaires qui harcelaient les galions espagnols arrivant d'Amérique chargés de trésors, et à donner à l'Espagne la maîtrise des mers. Il fut décidé qu'une attaque contre l'Angleterre viendrait aisément à bout de cette île mal armée et mal défendue et réglerait bon nombre de problèmes d'un seul coup. Une flotte monstrueuse se rassembla dans les ports ibériques : cent trente vaisseaux, plus de trente mille hommes, qui allaient rééditer le triomphe de Lépante contre les Turcs. Mais 1588 n'était pas 1571, et l'Atlantique n'avait rien à voir avec la Méditerranée comme le découvrirent à leurs dépens nombre de galères conçues pour des mers plus calmes. Lorsque l'Armada appareilla enfin après d'interminables retards, elle était vouée à l'échec et à la défaite.

Harcelée dans la Manche par des vaisseaux anglais mieux parés, plus marins, armés de meilleurs canons et qui pouvaient naviguer plus près du vent, la lourde flotte espagnole se désintégra. Elle s'engagea dans l'Atlantique Nord, presque jusqu'en Norvège, contournant les Shetlands et les Hébrides, puis repiqua vers le sud, le long de l'Irlande, proie aisée des vents et des tempêtes dans ces mers peu familières. Lorsque ses débris finirent par regagner leurs ports, plus de la moitié des navires avaient été perdus ou étaient hors d'état de naviguer, un tiers des hommes étaient morts, pour la plupart dans des naufrages ou de maladie. Malgré ces pertes considérables, la puissance navale espagnole n'était pas détruite, loin de là. Philippe, plus morose mais plus ferme que jamais, allait poursuivre la lutte, bien que l'échec de son Armada eût anéanti ses espoirs de victoire. La forteresse protestante anglaise s'était révélée imprenable et le rétablissement des ennemis continentaux de l'Espagne doublerait sur terre l'affrontement maritime.

La France, il est vrai, avait fait preuve d'une faiblesse durable. A la mort d'Henri II en 1559, la couronne était revenue à sa veuve, Catherine de Médicis (1519-1589), et à ses trois fils qui ne surent que gaspiller le pouvoir royal. Le pays était déchiré par des luttes religieuses et politiques, l'Espagne soutenant le parti catholique dirigé par la famille de Guise et l'Angleterre les protestants dont le chef, Henri de Navarre, finit par accéder au trône en 1589, sous le nom d'Henri IV. Attaqué par des forces espagnoles venues des Pays-Bas, Henri déclara la guerre à l'Espagne en 1595, officialisant un conflit resté larvé jusqu'alors. Mais Henri parvint à affirmer son autorité contestée et la France recouvra ses forces. Les seuls à profiter de la guerre furent les protestants : les Anglais des difficultés du commerce ibérique, les Hollandais de la ruine d'Anvers et des Pays-Bas espagnols. Les marins anglais et hollandais entrèrent en Méditerranée, atteignirent les Indes, conquirent l'Atlantique, et, tandis qu'ils se partageaient le monde, l'Espagne et la France se disputaient quelques arpents dévastés en Europe. En fin de compte, ruinés et épuisés, Henri IV et Philippe II se résignèrent à la paix en 1598 et signèrent le traité de Vervins qui rétablissait la situation définie au Cateau-Cambrésis (1559) : la France abandonnait certaines positions dans les Alpes qui menaçaient l'Italie et les routes espagnoles et conservait Calais et les trois évêchés de Lorraine.

L'Espagne et l'Angleterre firent la paix à leur tour en 1604, et en 1609 Madrid reconnaissait *de facto* l'existence des Provinces-Unies en signant avec elles une trêve de douze ans. Cette cessation des hostilités aurait peut-être débouché sur une paix durable sans les efforts de la diplomatie française.

En effet, les Français, se sentant forts, préparaient de nouvelles initiatives et ne voulaient pas que les Espagnols se dépêtrassent de leurs difficultés dans le Nord. Ils parvinrent à leurs fins, mais nous ne connaîtrons jamais les plans exacts d'Henri IV, car il fut assassiné en 1610 et la guerre générale qu'il projetait fut retardée de dix ans. Quand elle finit par éclater en 1620, avec une virulence et une durée — elle se poursuivrait jusqu'en 1648 — multipliées par l'attente, ce fut dans une région que les conflits importants avaient épargnée depuis quelque temps : l'Empire.

LA GUERRE DE TRENTE ANS

Le glissement de la guerre de la France en Italie au XVe siècle, d'Italie en Allemagne, puis aux Pays-Bas et en France au XVIe siècle, de la Méditerranée à l'Atlantique pour revenir en Europe centrale au XVIIe siècle, suggère que la guerre tendait à se livrer dans les contrées qui pouvaient la soutenir — à cette époque, les belligérants se nourrissaient sur le pays. Un historien italien réfléchissant aux destructions qu'un tel affrontement avait provoquées dans sa ville natale après un siècle de paix et de prospérité en tirait la conclusion suivante : « J'ai toujours entendu dire que la paix amène la richesse ; la richesse l'orgueil ; l'orgueil la colère ; la colère la pauvreté ; la pauvreté l'humanité ; l'humanité la paix ; la paix, comme je l'ai dit, amène les richesses, et ainsi tournent les affaires du monde. »

Au milieu du XVIe siècle, les conflits déclenchés par la Réforme avaient pris fin en Allemagne. En 1555, le traité d'Augsbourg avait rétabli la paix en donnant aux princes et aux cités libres le droit de choisir leur religion, chaque territoire adoptant la foi de son souverain, selon la formule *cujus regio, ejus religio.*

Depuis 1555, l'Allemagne avait eu le temps de s'engraisser. Avec le déplacement vers l'ouest de l'axe du commerce et des conflits, l'Empire s'était retrouvé un peu à l'écart du progrès, sans que cela nuît pourtant à sa prospérité. L'autorité de l'empereur avait lentement décliné pour presque disparaître avec le petit-fils de Charles Quint, Rodolphe II (1576-1612), prince étrange dont l'excentricité frôlait la folie et qui accueillait à sa cour praguoise artistes, alchimistes et astrologues sans guère se soucier de gouverner. Les choses ne s'arrangèrent pas avec son successeur, Mathias (1612-1619). Tandis que les souverains d'Espagne, de France et d'Angleterre accroissaient et centralisaient leur pouvoir, l'empereur se contentait largement de régner sur un pays fragmenté que n'unissaient guère que son opposition au changement et sa détermination à empêcher toute affirmation de la puissance impériale. En revanche, le successeur de Mathias, Ferdinand II, élève des jésuites, était un homme pieux et profondément convaincu de ses droits et de ses devoirs : il s'efforça donc d'affirmer son autorité et de rétablir le catholicisme là où la marée protestante ne cessait de monter depuis un siècle. Son refus de toute concession poussa ses sujets bohémiens à la révolte. Ils le déposèrent du trône de Bohême, auquel il avait été élu, pour l'offrir en 1619 à un protestant, Frédéric V, électeur palatin, gendre de Jacques Ier d'Angleterre. Frédéric accepta la couronne, bien qu'il n'eût pas les moyens de la défendre, et Ferdinand, tirant prétexte de la rébellion, lança les troupes impériales contre les Tchèques qu'elles écrasèrent (1620) et mit la Bohême sous le joug des Habsbourg. Ses alliés bavarois chassèrent l'électeur du Palatinat, sans que Jacques pût intervenir, et le duc catholique de Bavière s'appropria la dignité électorale et la plupart des domaines de Frédéric. L'affaire semblait réglée, elle ne faisait pourtant que commencer.

Ferdinand n'entendait pas se contenter d'une victoire aussi économique. Maintenant que le collège électoral était devenu, dans sa grande majorité, catholique, il entreprit d'écraser le protestantisme dans son Empire tout en y affermissant son emprise. Il voulait appliquer le traité d'Augsbourg, mais dans un sens catholique, refuser de reconnaître toute sécularisation survenue depuis le milieu du XVIe siècle, s'emparer des territoires et des biens des protestants et imposer sa volonté avec l'aide d'une grande armée levée pour lui par un condottiere bohémien, Albrecht von Wallenstein (1583-1634). Les cousins espagnols de Ferdinand financèrent et soutinrent cette politique. Leur trêve avec les Provinces-Unies s'achevait en 1621 et il leur fallait s'assurer un passage pour leurs troupes entre l'Italie et la Belgique via les cols alpins et la vallée du Rhin. Les armées espagnoles et autrichiennes y pourvoiraient, tandis que les vaisseaux de Sa Majesté très Catholique trouvaient de nouvelles bases d'opérations contre les Hollandais dans les ports de l'Allemagne du Nord occupés par les soldats de Wallenstein.

Ces initiatives ne menaçaient pas seulement les protestants allemands, trop faibles et trop désunis pour résister efficacement, mais aussi les intérêts des États voisins. Les revenus du roi de Danemark dépendaient des droits qu'il percevait sur le commerce de la Baltique empruntant le détroit d'Øresund. En tant que duc d'Holstein, le roi de Danemark était également un prince de l'Empire et sa politique visait à s'assurer la maîtrise de l'embouchure des fleuves allemands, voire du commerce de l'Allemagne du Nord-Est. Le roi de Suède, Gustave-Adolphe (1594-1632), qui luttait depuis longtemps pour la domination de la Baltique orientale, nourrissait des projets semblables, encouragé par l'espoir de prendre la tête d'une ligue des princes protestants allemands. Il faisait la guerre en Pologne et le conflit entre protestants et catholiques qui y faisait rage ne pouvait être séparé des événements semblables qui se déroulaient en Bohême et en Allemagne.

La guerre allemande devait inévitablement impliquer le nord et l'est de l'Europe aussi bien que le sud et l'ouest. Les Hollandais, directement menacés par les armées espagnoles, croyaient que leur survie dépendait de la fermeture du port d'Anvers, or ils ne pouvaient en maintenir le blocus s'ils étaient attaqués à partir de bases ennemies dans le Nord. L'indépendance de la Suisse reposait sur un équilibre entre les puissances voisines, faute de quoi elle risquait de tomber sous la coupe de l'une ou de l'autre. L'occupation par l'Espagne de la Valteline — passage vital entre l'Italie et l'Allemagne — inquiétait fort les Suisses, d'autant que juridiquement leurs cantons relevaient encore de l'Empire et qu'ils couraient donc le hasard de devoir se soumettre à l'empereur s'il devenait assez fort pour affirmer ses droits. La France, surtout, avait toutes les raisons de redouter les ambitions espagnoles. Les troupes de Philippe IV stationnaient partout autour de ses frontières et nul ne pouvait dire quand elles allaient attaquer Dijon, voire même Paris. Tandis que les Impériaux multipliaient les succès en Allemagne et les Espagnols en Italie, la diplomatie française prit l'initiative d'organiser l'opposition à leurs menées, jetant contre eux dans la bataille d'abord les Danois, puis les Suédois.

Les Danois furent bientôt vaincus. En 1630, les menaces que faisait peser Wallenstein sur la Baltique et les intrigues de Richelieu incitèrent finalement Gustave-Adolphe à intervenir en Allemagne pendant deux années météoriques. Sa mort en 1632 contraignit les Français à agir. En 1633, ils occupèrent le duché de Lorraine ; puis, lorsque les armées austro-espagnoles réunies eurent vaincu les Suédois à Nördlingen (1634), ils se décidèrent à déclarer la guerre (1635). Ils soudoyèrent tous les ennemis susceptibles de se dresser contre les Habsbourg : les Hollandais, les insurgés catalans luttant pour les libertés de leur province face à la couronne d'Espagne et à ses agents castillans (1640) ; ils envoyèrent des armes aux Portugais pour les aider à reconquérir leur indépendance nationale (1641), soutinrent un soulèvement des Napolitains contre Madrid (1647), encouragèrent le prince de Transylvanie à envahir les territoires autrichiens, s'allièrent à Cromwell pour vaincre les Espagnols à la bataille des Dunes (1658). Quand elles entrèrent ouvertement dans le conflit, les armées françaises s'assurèrent la maîtrise de l'Alsace, des cols alpins et de la Catalogne. En 1638, elles s'emparèrent de Breisach sur le Rhin, coupant ainsi la route vitale entre Milan et les Flandres. L'Allemagne fut dévastée mais la France épargnée.

La guerre était devenue une des plus grandes industries de l'Europe, sinon la principale. Wallenstein, promu duc de Friedland, était le plus important des spéculateurs ; son armée, y compris les non-combattants qui l'accompagnaient, équivalait à la population d'une ville moderne ; ses officiers organisaient le ravitaillement des soldats mal payés comme une véritable entreprise à laquelle ils consacraient tous leurs efforts ; les gains, le pillage et les récompenses de la guerre permirent à plus d'un gentilhomme de reconstituer sa fortune. Les armées n'étaient payées que rarement et irrégulièrement : il arrivait que les difficultés à régler la solde des combattants prolongent une guerre, et les responsables faisaient parfois traîner les conflits parce que, incapables de payer les soldats pour les démobiliser, ils redoutaient les ravages qui risquaient de s'ensuivre. Ces ravages étaient pourtant pratique courante. Le médecin anglais William Harvey, qui traversa l'Europe en 1630 avec le duc de Lennox, parcourut des régions où il avait « peine à trouver un chien, un corbeau, un milan, une corneille, le moindre oiseau ou la moindre chose à anatomiser, hormis quelques misérables, reliques de la guerre et de la peste, que la famine avait anatomisés avant (son) passage ».

« Que peut la guerre, demandait Milton, sinon encore engendrer l'interminable guerre ? » Seul l'épuisement des belligérants pouvait y mettre fin. Nördlingen en 1634 avait été la dernière victoire espagnole, remportée contre les Suédois. En 1643, à Rocroi, les Français portèrent le coup fatal au vieux mythe de l'invincibilité castillane. Le renforcement de la puissance de la France convainquit Philippe IV et les Hollandais de faire la paix en 1648. Quelques mois plus tard, les négociations qui traînaient depuis quatre ans dans les petites villes westphaliennes de Münster et d'Osnabruck aboutirent aux traités de Westphalie qui scellèrent le destin de l'Allemagne pour deux siècles. L'Empire resterait divisé, ses « libertés » — c'est-à-dire la quasi-indépendance des princes allemands — seraient garanties par les rois de France et d'Espagne, l'impuissance de l'empereur serait assurée par une diète impériale qui, contrainte à l'unanimité pour toutes les questions importantes, ne pourrait jamais rien régler. Le fils de Frédéric V recouvra le titre d'électeur de son père et une partie de ses territoires, tandis que le duc de Bavière conservait une partie de ses conquêtes ainsi que son propre titre d'électeur.

Au sein de l'Empire, que les Provinces-Unies et la Suisse quittaient définitivement, un équilibre du pouvoir fut instauré entre catholiques et protestants : on rétablit les dispositions du *cujus regio* du siècle précédent, on ratifia les sécularisations réalisées avant 1624. La domination suédoise sur la Baltique fut consacrée par son annexion de la Poméranie et des évêchés de Brême et de Verden, qui lui donnaient la maîtrise des principaux fleuves du nord de l'Allemagne : l'Oder, la Weser et l'Elbe. Pour sa part, le roi de France consolidait ses frontières orientales en obtenant l'Alsace ainsi que la reconnaissance de sa souveraineté sur Metz, Toul et Verdun, dont s'était emparé Henri II. Vienne demeurait la capitale d'un Empire qui devenait de moins en moins allemand : la maison de Habsbourg fondait en effet sa puissance sur l'Autriche, la Bohême et la Hongrie, et regardait vers les Balkans. Ses ambitions impériales déçues en Allemagne, elle se tournait résolument désormais dans la direction opposée, essentiellement aux dépens des Turcs.

Seule l'Espagne résistait. Son conflit terminé avec les provinces-Unies, elle poursuivit la lutte avec la France pendant encore une dizaine d'années, jusqu'à la conclusion du traité des Pyrénées (1659). La guerre franco-espagnole avait duré vingt-quatre ans. La paix, territorialement avantageuse pour la France, prévenait en outre la reconstitution de l'alliance austro-espagnole : l'infante d'Espagne, Marie-Thérèse, qui aurait dû se marier avec l'empereur, épousa en effet Louis XIV. Sans doute renonçait-elle à ses prétentions sur le trône d'Espagne, mais en échange de cinq cent mille couronnes d'or, douaire que le Trésor espagnol ruiné ne parvint jamais à réunir. L'infante conserva donc ses droits, dont hérita son mari ; il ne manquerait pas de s'en prévaloir le moment venu ainsi que de ses propres prérogatives en tant que petit-fils de Philippe III d'Espagne. Comme toujours, le traité portait les germes d'un conflit futur. Entre-temps, l'Europe allait jouir d'une certaine harmonie, fondée sur l'équilibre des puissances rivales et l'épuisement des conflits religieux. Les prétentions espagnoles à l'hégémonie avaient été déjouées et la France devenait la grande puissance (très contestée) des années à venir.

L'HÉGÉMONIE FRANÇAISE

Des années 1660 aux années 1680 la France domina l'Europe plus complètement qu'aucune autre puissance depuis Rome. Mais sa domination, plus que sa force, reflétait la faiblesse de ses rivaux et de ses voisins, divisés intérieurement et incapables de mobiliser leurs ressources.

La France, qui avait connu vingt années de troubles après l'assassinat d'Henri IV et dix années d'agitation (1643-1653) après la mort de son fils Louis XIII, se releva grâce à la poigne de ministres puissants. Le cardinal de Richelieu triompha des rebelles protestants (1628) ; à son tour, le cardinal Mazarin parvint à mettre au pas une noblesse outrecuidante et des magistrats ambitieux (1653) : la couronne régnait sans partage dans ce royaume dont l'empereur Maximilien disait que Dieu l'aurait donné à Son fils cadet s'il en avait eu un. Un jeune roi plein de magnificence portait cette couronne, un roi déterminé à être non seulement son propre maître mais à imposer sa domination à tout ce qu'il désirait.

Plus spécifiquement, Louis XIV avait, semble-t-il, jeté son dévolu sur l'héritage de Lothaire et de la maison de Bourgogne : les Pays-Bas espagnols et le Luxembourg au nord, la Lorraine et l'Alsace, la Franche-Comté à la frontière avec la Suisse, les places fortes commandant le passage vers l'Italie. Ces exigences apparemment incongrues s'expliquent mieux si l'on y voit les revendications du petit-fils d'un roi d'Espagne qui était également le gendre d'un autre souverain espagnol. Mais si ce légalisme dynastique offrait des justifications, il faut y ajouter des calculs plus concrets : le contrôle des voies que les forces espagnoles devaient emprunter pour gagner le nord de l'Europe ; le désir défensif d'éloigner la frontière de Paris, capitale trop exposée ; et surtout la maîtrise des grands passages par lesquels les troupes ennemies avaient souvent envahi la France : les plaines flamandes, le plateau lorrain, les villes alsaciennes et le grand pont de

Strasbourg sur le Rhin, les cols alpins. Et si Louis n'obtint pas tout ce qu'il convoitait — pas tous les Pays-Bas mais seulement la Flandre avec sa population dense et ses richesses, pas toute la Lorraine (qui ne serait conquise qu'en 1738), pas tous les cols (mais les plus importants avaient été acquis sous le règne de son père) — en 1678 il était parvenu à arrondir très remarquablement le territoire français.

Si elles peuvent se refermer, les portes peuvent tout aussi bien s'ouvrir pour permettre aux armées d'attaquer et de ravager les autres pays. Quand la sécurité intérieure est assurée, on peut être tenté d'envahir un voisin sans défense. Les ambitions de Louis dépassaient largement le souci de sécurité, à moins que sa conception de la sécurité ne fût plus active que ce que ses contemporains pouvaient tolérer sans risque. Son désir d'hégémonie s'enfla au point de vouloir dominer les Pays-Bas, l'Empire, l'Italie, et même parfois l'Espagne. C'est du moins l'impression qu'en avaient certains enthousiastes en France et de prudents observateurs à l'étranger. Et bien que Versailles démentît de telles prétentions, les armées françaises faisaient campagne ou gagnaient du terrain d'inquiétante manière. Les Hollandais, avec quelque raison, redoutaient la perspective d'une France dynamique à leurs frontières méridionales à la place d'une Espagne domptée et conciliante ; l'empereur et les autres princes allemands se préoccupaient de l'avance française sur le Rhin ; le duc de Savoie craignait pour son indépendance, le roi d'Espagne pour ses territoires italiens. Loin de se cantonner au continent européen, la France exigeait, comme le proclama Colbert en 1677, que toutes les autres nations s'inclinassent sur les mers comme à la cour des rois. Pour faire respecter cette revendication, Gênes fut bombardée deux fois (1678, 1684), et Français et Hollandais se livrèrent de véritables batailles navales en temps de paix (1687, 1688). Les Anglais ne pouvaient ignorer la menace et, après la chute des Stuarts trop accommodants en 1688, leurs intérêts et surtout leur orgueil se dressèrent contre les arrogants Français.

Depuis longtemps déjà, les puissances européennes avaient commencé à s'unir contre leur inquiétante expansion. En 1668, l'Angleterre, la Hollande et la Suède s'allièrent pour contraindre Louis à cesser son avance en Flandre et à conclure la paix à Aix-la-Chapelle. Quelques années plus tard, son offensive contre les Hollandais suscita une Grande Alliance (entre la Hollande, l'empereur, l'Espagne, le duc de Lorraine, rejoints ensuite par la diète allemande et le Danemark) qui évita aux Pays-Bas d'être dévorés par la France et modéra temporairement les appétits du Roi Soleil (paix de Nimègue, 1678).

Nimègue persuada l'Europe que Louis XIV n'entendait pas borner là ses conquêtes, ce que confirma l'annexion de Strasbourg avec son pont stratégique sur le Rhin (1681). La fierté des Français devant les accomplissements de leur souverain ne pouvait qu'encourager ses ambitions : leur hégémonie se voulait universelle, comme l'était déjà leur langue : les envoyés danois à Nimègue rédigeaient leurs dépêches en français, et même l'ambassadeur espagnol s'exprimait dans la langue de Racine. Cependant les prétentions impériales des Bourbons se heurtaient à la réalité impériale du clan Habsbourg, que l'empereur dirigeait désormais de Vienne. Les traités de Westphalie avaient détourné les ambitions des Habsbourg vers l'est et le sud, où les Turcs offraient des possibilités plus tentantes et aussi des dangers plus immédiats que les princes allemands. Sans doute les forces impériales étaient-elles ainsi dissuadées d'intervenir massivement sur le Rhin, mais, entre-temps, elles accumulaient des succès qui se traduiraient dans l'avenir en confortables dividendes. En 1683, avec l'aide des Polonais, les armées de Léopold Ier repoussèrent le dernier grand assaut turc contre Vienne et prirent l'offensive : en 1699, elles avaient reconquis la Hongrie et la Transylvanie, reculant les frontières autrichiennes jusqu'aux Carpates et au Danube.

Si la puissance de l'empereur se renforçait ainsi, ses engagements mêmes lui interdisaient de s'opposer pleinement aux menées des Français à l'ouest. Il avait besoin d'alliés et les trouva chez les puissances maritimes, menacées par l'impérialisme commercial de la France. La longue lutte entre les Anglais et les Hollandais pour la maîtrise des mers s'était achevée dans les années 1660 à l'avantage des premiers : les Hollandais évacuèrent presque tous leurs territoires américains (y compris la Nouvelle-Amsterdam qui devint New York) pour se replier sur leurs possessions orientales. Favorables aux Français, les Stuarts avaient rêvé d'imposer la monarchie absolue et le catholicisme dans leur pays. Après l'échec de leur tentative, ils furent remplacés par un prince d'Orange, et les forces de l'Angleterre et des Provinces-Unies s'unirent dans une alliance profondément hostile aux Français qui, entre-temps, continuaient de grignoter le continent : en Alsace, le long du Rhin et dans les Alpes. En 1686, l'empereur, l'Espagne et la Suède s'associaient à quelques princes allemands pour former la ligue d'Augsbourg et assurer l'application des traités de Westphalie et de Nimègue. En

1688, après que l'Angleterre et les Provinces-Unies les eurent rejoints, s'engagea la guerre de la ligue d'Augsbourg qui parvint à immobiliser les Français et même à les dépouiller de certaines de leurs conquêtes passées (traités de Ryswick, 1697).

Mais le plus grave de ces conflits n'avait pas encore été livré. Pour une fois, il éclata contre la volonté de Louis, las de se battre et incertain de la victoire. Mais l'héritage de l'empire espagnol était en jeu. Le dernier des Habsbourg espagnols, Charles II, se mourait sans héritier direct. Les principaux prétendants étaient, à Vienne, la branche cadette de la maison de Habsbourg et, en France, la famille royale, descendante directe des rois d'Espagne par les femmes. On envisagea un instant, en guise de compromis, la candidature de l'électeur de Bavière, mais il mourut. Vienne ne voulait accepter aucune solution privant le candidat Habsbourg (l'archiduc Charles, futur empereur Charles VI, 1711-1740) de l'intégralité de ses droits. Finalement, Louis, l'Angleterre et la Hollande parvinrent à un accord reconnaissant l'archiduc Charles comme héritier présomptif tandis que les prétendants français recevaient des compensations en Italie et en Espagne. Ce plan, très compliqué, n'était pas irréalisable : la France et les puissances maritimes y gagnaient essentiellement le maintien de la paix et les Habsbourg recueillaient beaucoup plus que ce qu'ils auraient obtenu par leurs propres efforts, mais Vienne hésitait à accepter et, surtout, les Espagnols n'entendaient pas assister passivement au démembrement de leur empire par des étrangers.

Charles d'Espagne mourut finalement en 1700. On avait eu beau apporter la momie de saint Isidore, une urne contenant les restes de San Diego d'Alcala et bien d'autres reliques, lui poser des pigeons fraîchement tués encore tièdes sur le front, et des entrailles fumantes d'animaux sur le ventre ; rien n'y fit et le souverain débile trépassa en laissant un testament qui désignait comme son seul héritier le petit-fils de Louis XIV, le deuxième fils du Dauphin, Philippe d'Anjou ; à défaut son frère cadet ou, en troisième position, l'archiduc Charles. Il n'était pas question de partager les territoires espagnols.

Louis se retrouvait devant une redoutable alternative : manquer à sa parole et faire la guerre pour Philippe d'Anjou ou abandonner l'empire espagnol à l'archiduc Charles et voir renaître le formidable État de Charles Quint. Ce ne fut pas son choix presque forcé de la première solution qui précipita la guerre mais les initiatives trop favorables à la France du nouveau roi, Philippe V d'Espagne (1700-1746). La guerre de la succession d'Espagne éclata en effet en 1702 et pendant douze ans la France se battit contre presque toute l'Europe, non pour elle-même mais pour Madrid. Quand le conflit s'acheva, la France était ruinée mais entière, Philippe V restait en possession de l'Espagne et de son empire colonial, et l'archiduc Charles, devenu empereur en 1711, recevait de l'Espagne ses territoires italiens et les Pays-Bas. L'empereur avait manifestement accru sa puissance, mais non sans concessions à ses pairs allemands, notamment protestants. En 1700, en échange de son appui, l'électeur Frédéric de Brandebourg avait été reconnu roi de Prusse. Dans les traités d'Utrecht, Louis XIV renonçait à soutenir les prétendants Stuarts au trône d'Angleterre et entérinait la succession protestante. C'est ainsi qu'en 1714, l'électeur de Hanovre, George-Louis, devint le roi George Ier d'Angleterre (1714-1727). Les puissances européennes, et en particulier la France, avaient accepté la légitimité de la révolution de 1688, la conception anglo-hollandaise du contrat et l'accord entre le prince Guillaume d'Orange et le peuple anglais par lequel l'ancien stathouder, puis la reine Anne (1702-1714) et leurs successeurs hanovriens, ne gouvernaient pas seulement par le privilège du sang et de l'héritage mais par un contrat constitutionnel. L'Angleterre était le véritable vainqueur de la guerre, moins par ses gains territoriaux (elle obtenait Gibraltar et Minorque de l'Espagne, Terre-Neuve, l'Acadie et la Baie d'Hudson de la France) que par l'affirmation de sa politique et de son prestige. L'Espagne accorda aux Anglais le droit de commercer avec l'Amérique du Sud (du moins temporairement), d'autant que les navires britanniques s'étaient emparés pendant la guerre d'une bonne partie des marchés d'outre-mer. Ses idées constitutionnelles bénéficiaient désormais d'une acceptation générale, non seulement à l'intérieur, mais aussi à l'étranger. Ainsi les négociateurs anglais avaient-ils imposé à Philippe V de renoncer à ses droits sur le trône de France, et à ses cousins, les ducs de Berry et d'Orléans, d'abandonner leurs prétentions à la succession d'Espagne, afin d'éviter une éventuelle union des deux couronnes. Ces décisions, impossibles en droit absolu, étaient parfaitement légitimes dans la perspective plus souple du droit contractuel qui allait désormais l'emporter. C'était là un changement fondamental qui consacrait symboliquement la défaite des théories de la souveraineté de droit divin qu'avait incarnée Louis XIV.

La France restait une grande puissance, mais aucun pays n'allait plus pouvoir prétendre à la domination de l'Europe sans provoquer une coalition d'opposants. Les princes demeuraient les maîtres de leurs royaumes mais ne seraient jamais plus l'unique source du pouvoir. La monarchie conservait son caractère sacré, mais les conventions humaines — traités et conventions — pèseraient dorénavant plus lourd que le droit divin. Les poisons de la modernité s'infiltraient dans les veines de l'ancien système. L'équilibre — ainsi que les déséquilibres et les tensions — des *pouvoirs* allait devenir une des caractéristiques des Temps modernes.

CHANGEMENTS INTÉRIEURS ET CONSTITUTIONNELS

L'Italie

Au XVIe siècle l'Italie n'était plus que l'ombre de son glorieux passé, une annexe de l'Espagne. Depuis 1559, la péninsule se trouvait sous l'emprise des Espagnols installés à Milan, à Naples, en Sicile et en Sardaigne. Les Génois étaient leurs banquiers, les Médicis (grands-ducs de Toscane depuis 1569) leurs protégés. Parme et Mantoue tremblaient devant les *tercios* des Milanais ; le pape se soumettait avec réticence. Le brigandage et la malaria régnaient en maîtres sur les États pontificaux. Encore éclairés au début du XVIIe, les prélats ne cessaient de se scléroser. Une étroitesse d'esprit toute cléricale succédait à la curiosité enthousiaste qui inspirait les amis et les protecteurs de Galilée. On décourageait les activités scientifiques et intellectuelles. Une étroite censure muselait la presse romaine. Les universités, jadis grandes et brillantes, stagnaient et dépérissaient. 1642, l'année de la mort de Galilée, vit aussi la naissance de Newton, symbole du déclin de la pensée et de la science là où elles avaient brillé d'un éclat si vif, et de leur puissante résurgence dans le nord-ouest de l'Europe, jadis encore barbare.

Sur le plan politique aussi l'influence du pape déclinait à mesure que les affaires nationales et internationales se sécularisaient davantage. Qu'ils fussent pieux ou libertins, honnêtes ou corrompus, les papes n'étaient plus que le reflet falot d'un prestige ancien. Présage funeste, les traités de Westphalie ne tenaient aucun compte de leurs désirs : après 1648, le Saint-Siège serait tenu à l'écart de tous les grands traités de paix de l'Ère moderne.

Parmi les États italiens (puissances serait un terme trompeur) seules Venise et la Savoie conservaient quelque apparence de politique indépendante. Gênes, vassale de l'Espagne, suivrait le déclin de sa puissance tutélaire et, humiliée par la France, finirait par se réduire à une ville arriérée, pleine de palais et de moindres demeures qui, comme le constaterait plus tard Charles Dickens, puaient « comme de très mauvais fromages conservés dans des couvertures très chaudes ». A Florence, le lustre passé des Médicis s'était tristement flétri. Le voyageur anglais John Evelyn trouva le grand-duc dans le palais Pitti « en train de vendre ce qu'il pouvait céder de ses vins, dans la cave de sa propre demeure ; des bouteilles en osier, enseignes annonçant un caboulot, pendaient même au-dessus de l'entrée principale du palais ».

Venise se trouvait prise en tenaille entre les grandes puissances commerciales nouvelles, dont la concurrence érodait l'opulence de ses négociants, et la Turquie qui entravait ses intérêts orientaux. Ses longues guerres avec l'Empire ottoman avaient abouti à la perte de presque tous ses échanges avec le Levant au profit des Français, des Anglais et des Hollandais. Les grandes familles patriciennes se détournèrent du commerce pour investir leur capital dans la terre, et devinrent de plus en plus conservatrices. La Sérénissime République s'allia à la papauté et aux Habsbourg, ses voisins du Nord ; le tourisme y prit une importance toujours croissante. Au nord-ouest, si le duché de Savoie faisait toujours figure de contrée retardataire et indigente, sa position éminemment stratégique interdisait à ses dirigeants, comme l'expliquait le prince Eugène de Savoie, « de se permettre d'être honorables » : ils manœuvraient donc habilement entre l'Espagne et la France, vendaient au plus offrant les cols alpins qu'ils commandaient, tiraient parti de chaque occasion pour améliorer leur situation précaire et éviter de tomber irrémédiablement sous la dépendance d'un de leurs puissants voisins. La fin de la guerre de Succession d'Espagne livra au duc de Savoie la couronne qu'il convoitait : il devint roi de Sicile, qu'il échangea rapidement contre la Sardaigne, plus pauvre mais valant également à son possesseur la dignité royale.

L'Italie était donc une sorte de colonie, au destin scellé par des étrangers. En 1574, déjà, un patriote italien déplorait le sort du pays « qui avait été roi de tous les royaumes et est maintenant asservi par des nations étrangères et barbares ». Quelques générations plus tard, nous trouvons ce commentaire révélateur dans un rapport du gouverneur espagnol de

Milan : « (...) Ces Italiens, bien qu'ils ne soient pas des Indiens, doivent être traités comme tels, afin qu'ils comprennent qu'ils sont sous notre tutelle (...). » L'Espagne exerçait une influence toute-puissante. Les vêtements noirs et funèbres que les Italiens empruntaient à leurs maîtres symbolisaient, disait un sonnet du début du XVIIe siècle, l'état où le pays était tombé.

Les villes, gloire de la Renaissance, en étaient largement réduites à tenir lieu de résidences aux nobles propriétaires terriens ou de centres administratifs à des principicules et à de petits prélats. L'esprit d'entreprise, l'industrie et l'économie qui avaient fait la fortune de la bourgeoisie se muèrent en gaspillage, paresse et parade. L'argent ne servait plus à l'épargne ou à l'investissement mais à une consommation tout ostentatoire. Une activité culturelle, médiocre il est vrai, fleurissait néanmoins tant ces provinciaux avaient de temps et d'énergie à perdre[1]. Les nouvelles académies se multiplièrent où les désœuvrés consacraient de longues heures à la poésie et à la rhétorique, improvisant vers et harangues dénués de toute valeur artistique ou sociale : « stupéfiantes futilités », disait un observateur qui ne comprenait pas qu'il s'agissait de passer ainsi un temps qui ne pouvait être utilement ou impunément employé à d'autres occupations. L'Italie ne tarda pas à devenir un musée et une réserve touristique à l'usage des riches étrangers.

Aux alentours de 1660, les structures industrielles s'étaient tellement effondrées que l'économie était redevenue presque entièrement agraire tandis que l'agriculture se fossilisait sous l'effet des fidéicommis, des majorats et de l'indifférence du plus grand des propriétaires terriens, l'Église. Les principales exportations invisibles (banque et transport) avaient été abandonnées aux Hollandais et aux Anglais. Le marché espagnol dépérissait, le marché allemand était tari par la guerre, le français par l'essor de l'industrie nationale. Ravagées par la peste en 1630 et en 1657, les grandes villes italiennes perdirent environ un tiers de leurs habitants. Lorsque, à la fin du siècle, la population retrouva son niveau d'antan, elle ne parvenait plus à s'employer, faute de travail ou de demande pour les marchandises produites. L'Italie res-

1. La décadence économique peut stimuler la vie culturelle autant, et parfois plus, que la prospérité. A Rome, le quartier des banquiers était aussi celui des artistes et, à la fin du XVIe siècle, Valence deviendrait un des plus importants foyers intellectuels de l'Espagne.

terait ainsi surpeuplée, sous-employée, arriérée et sous-industrialisée jusqu'au XXe siècle.

L'Espagne

1559 ne fut pas seulement l'année où fut conclue la paix du Cateau-Cambrésis, mais celle où Philippe II quitta, à jamais, les Flandres pour l'Espagne. Il s'installa plus précisément à Madrid d'où il « gouverna le monde dans un fauteuil », selon l'expression d'un document aragonais, imposant non tant la volonté de l'Espagne que celle de la Castille, plus arriérée, plus austère et plus arrogante, aux habitudes aristocratiques et autoritaires. Le royaume demeurait un conglomérat de provinces, chacune avec sa personnalité caractéristique : l'Aragon dont la noblesse et les Cortès affirmaient jalousement leurs « libertés » et leurs prétentions féodales, du moins juqu'à la fin du XVIe siècle ; la Catalogne (qui faisait partie des domaines de la couronne d'Aragon), plus commerçante, plus « moderne», fière de son grand port de Barcelone, de sa langue catalane et des droits particuliers de ses états ; la Castille, la plus grande et la plus peuplée et aussi la plus soumise à la couronne ; le Sud avec ses vastes domaines et son atmosphère semi-coloniale. Les territoires aragonais regardaient au nord et à l'est vers la France, la Méditerranée, les possessions italiennes du roi. La Castille, davantage tournée vers l'Afrique et, par-delà l'Atlantique, vers les Amériques, se considérait avant tout comme le noyau conquérant et la base de la monarchie.

Sa cour établie à Madrid, Philippe entreprit de construire à quelque quatre-vingts kilomètres de là, un grand monastère, l'Escorial, qu'il avait promis de consacrer à saint Laurent pour le remercier de la victoire de Saint-Quentin, et dont le plan reproduisait le gril sur lequel le saint avait été martyrisé. C'est derrière les murs de granite gris de ce qu'un historien américain appelle à la fois un palais, un monastère et une tombe, au milieu de moines hiéronymites, au-dessus du grand mausolée familial, devant les jardins qu'il aimait, que le prudent roi travaillait, priait et hésitait, tandis que les dossiers s'empilaient autour de lui, attendant sa décision.

« Le temps et moi pouvons rivaliser avec n'importe qui », disait Philippe, mais sa puissance reposait surtout sur l'argent et les armes. Les *tercios* espagnols étaient aussi célèbres que redoutés, au point que l'écrivain français Pierre de Brantôme (1540-1614), apprenant que les armées du duc d'Albe allaient traverser la Lorraine pour se rendre aux Pays-Bas, se précipita en chaise de poste pour admirer ces superbes soldats. Mais d'aussi admirables guerriers coûtaient cher, comme nous l'avons vu. La couronne d'Espagne dépensait plus chaque année pour tenter de mater la rébellion flamande qu'elle ne recevait de cette riche province lorsque le commerce y florissait. Et d'autres conflits impliquaient d'autres dépenses, en particulier la guerre sur les mers. L'Invincible Armada — bien que son tonnage total (57 868 tonneaux) fût légèrement inférieur à celui du *Queen Mary* — revint à elle seule à des sommes astronomiques. En 1612, Thomé Cano expliquait dans son *Arte de Navegar* qu'un vaisseau de cinq cents tonneaux qui coûtait quatre mille ducats à l'époque de Charles Quint revenait désormais à quatre fois cette somme. Pourtant la perte de l'Armada ne fut que le prélude à la construction d'une nouvelle Armada, pas plus heureuse que la précédente.

Les richesses de l'Amérique ne suffisaient pas à financer de telles entreprises et il fallait lever des impôts toujours plus élevés. Même s'il convient de n'en pas exagérer l'importance, les trésors de l'Amérique devaient être considérables, du moins les contemporains en avaient-ils le sentiment. Nous pouvons en juger par un exemple tiré d'une chronique de la fin du règne de Philippe II. Le 22 mars 1595, les navires de la flotte des Indes se rangèrent le long des quais de Séville et se mirent à décharger trois cent trente-deux voiturées d'argent, d'or et de perles. Le 8 avril, le principal galion de la flotte débarqua à lui seul cent trois charretées. Le navire amiral avait été jeté sur la côte de Lisbonne par une tempête et sa cargaison dut être acheminée vers Séville par voie de terre. A partir du 23 mai, des charrettes bourrées d'or et de pierreries défilèrent pendant six jours à travers les portes de la ville. La Casa de Contratación, où l'on entassait ces richesses était si pleine qu'il fallut empiler dans toutes les cours les caisses pleines de lingots de métaux précieux.

Pourtant, ni les trésors qui affluaient du Nouveau Monde ni les impôts de l'ancien ne suffisaient aux gigantesques dépenses de Philippe. La couronne prit l'habitude de la banqueroute et le seul Philippe II annula sept fois ses dettes au cours de son règne. A sa mort en 1598, il laissait le pays ruiné et épuisé, état qui ne ferait qu'empirer pendant le XVIIe siècle.

Du moins Philippe avait-il imposé un certain ordre dans son royaume, avait-il fermement assis la couronne sur une administration solide et efficace, en tout cas selon les critères de l'époque. Sa mort rouvrit la question de la souveraineté politique, permit à l'aristocratie de relever la tête et de s'emparer de nouveau de l'appareil gouvernemental. Sous le règne de ses successeurs incapables, son royaume devint la proie et le jouet de favoris avides. Le duc de Lerma (1552-1625), ministre du fanatique Philippe III, le duc d'Olivares (1587-1645), ministre du frivole et esthète Philippe IV (1621-1665), ne manquaient cependant pas de talent. Par contre, les favoris de Charles II (1665-1700) et de ses reines eurent un rôle désastreux, ne semblant s'intéresser qu'au pillage du pays. Pendant tout le XVIIe siècle, la cour royale, brillante et inutile, ruineuse et immorale, fut sans doute (ainsi que l'a décrite un historien espagnol) la pire des calamités nationales. Il y en avait d'autres. Les groupes les plus productifs de la population, les juifs et les Maures, avaient été expulsés ou contraints à se convertir peu après 1492. Les convertis restés en Espagne — Maranes et Morisques — passaient généralement pour n'avoir abandonné leur ancienne foi qu'en apparence et subissaient un fort racisme populaire ainsi que le lourd bras de l'Inquisition. La plupart des Maranes émigrèrent au XVIe siècle. Entre 1609 et 1614, plusieurs centaines de milliers de Morisques, agriculteurs émérites et productifs, furent expulsés, dans la liesse populaire, avec des conséquences désastreuses pour une économie déjà aux abois.

En 1600, le gouvernement en difficulté dévalua la monnaie et introduisit des pièces de cuivre, ce qui eut, évidemment, pour effet de chasser de la circulation l'or et l'argent. Le numéraire de cuivre, nous l'avons vu, était si encombrant qu'il créait de graves problèmes de transport et de stockage. Pis encore, les étrangers refusaient de l'accepter, et l'argent faisant prime, le commerce extérieur s'effondra avec ce qui restait de l'activité économique. Même le pape exigeait de l'argent, et les Cortès de 1624 déplorèrent qu'on ne pouvait obtenir de bulles, d'indulgences et autres documents pontificaux, de sorte que beaucoup de gens « ne parviennent pas à gagner d'indulgences papales et les morts sont privés de prières faute de monnaie d'argent pour payer les bulles ».

Entre 1620 et 1650, les prix augmentèrent de deux cents pour cent, les impôts davantage. Or il y avait de moins en moins de contribuables, surtout en mesure de les payer. En 1591, 3 319 chefs de famille étaient inscrits sur les rôles de Burgos : parmi eux on trouvait 1 722 hidalgos, de noble naissance, 1 023 membres du clergé et seulement 574 contribuables économiquement actifs et productifs — 17 pour cent du total ! Comment s'étonner du déclin de la population : en

1594 et 1646, Tolède perdit la moitié de ses habitants, ses centaines d'ateliers textiles se réduisirent à une douzaine ; Burgos, longtemps le principal marché de la laine brute pour l'exportation, tomba de 2600 foyers (de cinq personnes en moyenne) à 600. Medina del Campo, jadis le lieu de grandes foires, était ruinée : 3000 feux en 1570, 650 en 1646. Les unes après les autres, des villes autrefois prospères devenaient des bourgades à demi rurales dont les habitants vivaient des revenus fonciers plutôt que de la production industrielle ou du commerce. Les champs gisaient à l'abandon, les villages dépérissaient, les maisons tombaient en ruine. Dans certaines régions, le bétail diminua de 60 pour cent, la population humaine d'un quart. Don Quichotte et Sancho pouvaient voyager des jours entiers sans croiser âme qui vive. En Aragon, près des Pyrénées, note un voyageur français en 1617, on marche, on marche, sans trouver un habitant.

Le nombre des prêtres et des moines grandissait, la richesse et la puissance de l'Église (qui possédait environ un cinquième de tout le pays) semblait s'accroître à mesure que se réduisait la prospérité de l'Espagne. Dans une circulaire de 1689, le roi Charles II déplorait auprès de l'épiscopat qu'en bien des endroits on avait peine à trouver un jeune homme qui ne fût pas dans les ordres : « Presque tous font cela pour bénéficier de l'exemption du droit commun, vivre dans une plus grande liberté, éviter les impôts, et pour d'autres raisons aussi profanes. »

C'est sans doute une exagération, mais qui en dit long : les Espagnols s'efforçaient d'éviter le travail productif, de vivre sans participer à l'accroissement de la richesse sociale. L'oisiveté passait pour noble ; un théoricien social de l'époque commente ainsi fièrement la paresse espagnole : « Toutes les nations produisent les artisans pour l'Espagne (...) elle est la reine des cités, puisque tous la servent et qu'elle ne sert personne. » L'indolence s'accompagnait de négligence : *Don Quichotte*, dont on a dit que c'était « un discours sur l'absence de méthode », paraît au moment même où les techniques rationnelles connaissent ailleurs une vogue croissante. Le style espagnol privilégiait la passion et non la raison, la noblesse et non l'efficacité, et l'on peut se demander si ces partis pris ne tâchaient pas de compenser l'irréflexion, l'inaction et l'inefficacité qui empiraient toujours davantage dans le pays.

Le déclin économique freinait la mobilité économique et donc sociale, accentuait le contraste entre les groupes sociaux et aggravait l'ostentation et le formalisme. Plus la société espagnole se sclérosait plus elle se souciait de montre. Un sens exagéré de l'honneur confondait droiture et réputation, intégrité et vanité. « L'honneur, disait le Code de Castille, est la réputation qu'un homme a acquise par le rang qu'il occupe, par ses grandes actions ou par la valeur qu'il montre (...) et il y a deux choses aussi graves : tuer un homme ou souiller sa réputation, parce que l'homme qui a perdu sa réputation, même sans aucune faute de sa part, est mort aux valeurs et aux honneurs de ce monde, et pour lui la mort vaut mieux que la vie. » Ce genre d'honneur dépend des autres, de leurs actions et de leur opinion : on ne songe alors qu'à leur faire impression, à s'imposer à eux. Comme le dit Lope de Vega :

> Nul homme n'est honorable en lui-même
> Il tient son honneur des autres.
> Il n'est pas honorable d'être vertueux
> Et plein de mérite. L'honneur
> Repose donc en les autres, pas en soi-même.

L'honneur est par conséquent une valeur moins personnelle que sociale, excessive et hautement verbalisée, un réflexe mécanique dénué de vertu individuelle, une apparence extérieure, comme ces maisons espagnoles, si souvent sordides ou misérables derrière les gigantesques armoiries plaquées sur la façade.

Pourtant, l'Espagne survivait, fière, comme l'écrit Felipe de Meneses en 1554, de son isolement et de sa sécurité spirituelle derrière « cette muraille ardente qu'est le Saint-Office de l'Inquisition ». Les trésors de l'Amérique ne cessaient de s'amenuiser. En 1647, l'Espagne retira sa flotte des Caraïbes et les boucaniers connurent alors leur âge d'or, mais pourquoi entretenir des vaisseaux de guerre quand il restait si peu de métaux précieux à escorter en raison de la baisse de productivité des mines sud-américaines et de la hausse des coûts d'extraction, sans compter les fraudes qui réduisaient encore les trésors trouvés ? Enfin, de nouveaux circuits commerciaux expédiaient l'or et l'argent vers les Philippines et la Chine plutôt que de les ramener à Cadix et à Séville. Le tarissement des métaux précieux ne fit qu'aggraver l'anémie qui rongeait la puissance espagnole.

Avec l'amenuisement des revenus d'outre-mer et la hausse des dépenses gouvernementales, l'économie passa, par défaut, entre les mains des Hollandais hérétiques, des juifs portugais et des « Maures blancs » de Gênes. Il en résulta, semble-t-il, une sorte de réaction nationaliste, inspirée, en partie, par un sentiment croissant d'infériorité et, en partie, par l'incapacité de sortir de difficultés obsédantes. Un nouveau nationalisme castillan, plein d'agressivité, inspira les politiques de réforme d'Olivares, Premier ministre de Philippe IV de 1621 à 1643, et les tentatives ultérieures pour réaffirmer la grandeur passée en des guerres qui s'avérèrent encore plus coûteuses et catastrophiques que celles du temps jadis.

La faillite devint un mode de vie, d'autant que l'Espagne ne renonçait pas pour autant à ses dépenses ostentatoires. En 1637, pour célébrer l'élection à l'Empire de Ferdinand III, cousin viennois du roi, la cour de Madrid consacra trois cent mille ducats à de grandes festivités : « On dit qu'une manifestation d'une telle importance ne visait pas qu'à l'amusement et qu'une telle ostentation entendait signifier au cardinal de Richelieu, notre bon ami, qu'il reste assez d'argent pour châtier son roi. » Derrière cette orgueilleuse façade se dissimulaient de dures réalités. « Il y a bien des jours, écrit un chroniqueur en 1654, où les maisons du roi et de la reine manquent de tout, même de pain » ; et dans une note de novembre 1657, Diego de Velasquez (le peintre, nommé intendant du palais royal en 1652) se plaignait que ses appointements avaient un an et demi de retard, que les serviteurs, non payés, avaient cessé le travail et que, faute d'argent, on ne pouvait acheter de bois de chauffage à Leurs Majestés. C'en était bien fini de la grandeur espagnole.

Les Pays-Bas

Les plus éclatants joyaux de la couronne de Charles Quint avaient été les provinces bourguignonnes de la basse vallée du Rhin, où le commerce et l'industrie prospéraient comme nulle part ailleurs qu'en Italie. Le centre de cette activité économique était Anvers, et vers le milieu du XIVe siècle, comme l'a dit l'historien belge Henri Pirenne, les Pays-Bas lui servaient pratiquement de faubourgs. Il en allait de même pour les autres foyers du commerce européen : laine anglaise, épices portugaises, luxueuses marchandises italiennes, pondéreux de la Baltique, produits manufacturés allemands ou flamands aboutissaient à Anvers, venant du Rhin ou de par-delà les mers. Au sommet de sa prospérité, dans les années 1560, chaque jour quelque cinq cents navires remontaient ou redescendaient l'Escaut, des centaines de voitures déversaient leurs voyageurs, des milliers de charrettes livraient denrées et provisions. Sa population comptait nombre d'étrangers, dont beaucoup de protestants, protégés par la politique de tolérance de la ville et surtout par la certitude que la prospérité des Pays-Bas dépendait de la liberté, des allées et venues, de l'activité cosmopolite de leur bourgeoisie.

Les dix-sept provinces groupées autour d'Anvers étaient administrées depuis Bruxelles par un gouverneur royal. Chacune était représentée par des députés réunis en une assemblée — les états généraux — remontant à 1463 et qui pouvait seule voter les impôts et les subsides demandés par le gouverneur ou par le roi. Ces états, comme les provinces qu'ils représentaient, se montraient très jaloux de leurs droits et de leurs privilèges. Charles Quint les avait traités avec tact et prudence, évitant l'affrontement et épargnant leurs intérêts. Plus entêté, Philippe II ne fit aucune concession. Espagnol et moderne, il n'éprouvait, au rebours de son père, aucune sympathie pour ces survivances du Moyen Age que les Pays-Bas appelaient leurs libertés, pour les anciennes coutumes qui préservaient un assemblage confus de privilèges et d'intérêts. Philippe, pour commencer, voulait instaurer un système fiscal plus simple et plus efficace, lui rapportant davantage. Il entendait également extirper l'hérésie, à l'aide des jésuites et de l'Inquisition, et essayer de rationaliser l'organisation ecclésiastique pour mieux y parvenir. Ses mesures bousculèrent les intérêts en place, menacèrent la richesse des bourgeois, l'orgueil des nobles, la liberté du marché, les droits des États. Le calvinisme se répandait, tant chez les marchands que chez les pauvres des villes. Les efforts du roi pour l'interdire ne firent qu'aggraver l'inquiétude suscitée par ses plans autoritaires. Les excès ne pouvaient manquer de se nourrir les uns les autres : l'iconoclasme calviniste suscitait la répression royale, la répression les émeutes et l'agitation. Philippe résolut de soumettre ses sujets rebelles : en 1567, le duc d'Albe arriva à Bruxelles avec dix mille soldats venus d'Italie, de quoi châtier les insurgés et instaurer la discipline espagnole parmi ces Flamands insoumis. Il fit régner la terreur, entreprit d'extirper la rébellion et l'hérésie au prix de milliers d'exécutions.

Le duc d'Albe aurait peut-être réussi si, poussé par le besoin, il n'avait pas imposé une intolérable série d'impôts — les alcabalas, dont un droit de dix pour cent sur toutes les ventes — sur le modèle espagnol qui, dans ce pays commerçant, risquait fort de ruiner l'industrie et les échanges. L'impôt, rationnel et uniforme, devait être acquitté par tous, quels que fussent les classes ou les privilèges ancestraux :

c'était une mesure égalitaire ignorant les distinctions sociales et provinciales, pour le meilleur et pour le pire. S'il n'était pas entièrement mauvais, ce projet avait surtout le tort d'être espagnol et irréfléchi. En 1572, les Flamands se soulevèrent contre la perspective de la ruine du commerce, contre le principe d'un impôt permanent imposé d'en haut sans consultation ni consentement de leurs états. Le « Placard de déchéance », par lequel les états généraux enlevaient à Philippe sa souveraineté sur ses provinces des Pays-Bas, faisait appel aux anciens contrats féodaux entre prince et sujets que, proclamaient les états, le roi d'Espagne avaient violés en ignorant leurs droits. Les traditions médiévales l'emportaient sur les considérations religieuses, même si l'affirmation calviniste des droits individuels correspondait à l'esprit des principes et donnait l'énergie de les mener à terme.

Ce n'était qu'un commencement. Des combats sporadiques mais impitoyables firent rage dans le pays pendant près de quarante ans. La longue lutte entre les forces espagnoles et leurs partisans et les rebelles ne prendrait fin qu'au siècle suivant. Le hasard et la géographie finirent par en déterminer l'issue : le Sud était plus facile à conquérir, les provinces septentrionales se retranchèrent victorieusement derrière leurs remparts aquatiques. Les réfugiés protestants du Sud se réfugièrent au Nord, pour échapper aux Espagnols ; les catholiques du Nord fuirent les rebelles et les iconoclastes calvinistes. Anvers, mis à sac en 1576 par les Espagnols, en 1583 par les Français, capturé par les troupes royales espagnoles en 1585, envoya des milliers de réfugiés entreprenants dans le Nord, et beaucoup, qui n'étaient pas protestants au départ, se convertirent, d'autant que le calvinisme devint synonyme de la résistance à l'Espagne catholique. Dès 1579, les Pays-Bas se divisaient — approximativement comme aujourd'hui — entre les dix provinces du Sud, qui firent la paix avec Philippe et avec Rome, et les sept du Nord (Hollande, Zélande, Gueldre, Utrecht, Overijsel et Groningue) plus faciles à défendre et moins aisément accessibles, qui allaient bientôt former les Provinces-Unies.

Guillaume, prince d'Orange (1533-1584) contribua, plus que quiconque, à l'organisation et à la victoire des rebelles. Cet héritier d'une grande famille mit son opiniâtreté, son humanité et ses talents au service de la cause protestante ; unies autour de lui, les fractions divergentes parvinrent à surmonter les moments les plus difficiles pour constituer, finalement, un nouvel État. Après son assassinat par un catholique, probablement stipendié par l'Espagne, sa fonction de stathouder (commandant militaire et gouverneur des Pays-Bas) continuerait d'être assurée par des membres de sa famille : son fils, Maurice de Nassau (1567-1625), le demi-frère de Maurice, Frédéric-Henri (1584-1647), le fils de Frédéric, Guillaume II (1626-1650), et enfin Guillaume III (1650-1702).

Bons stratèges, bien que parfois malheureux, les princes d'Orange-Nassau réorganisèrent et modernisèrent les armées des états, et tendirent à devenir les chefs du parti de la guerre, hostile aux politiques conciliantes et pacifistes que préféraient généralement les patriciens négociants. Autour de ces deux pôles deux partis se développèrent : les républicains, dirigés par le Grand Pensionnaire (principal magistrat) de Hollande et par la bourgeoisie urbaine, défendaient les droits municipaux, le commerce et la paix ; les orangistes, s'appuyant sur les officiers, la petite noblesse et les classes inférieures attachées à la famille d'Orange et hostiles aux riches marchands, tendaient au bellicisme et au centralisme.

Fait presque unique dans un âge d'absolutisme, les Hollandais mirent en effet sur pied une fédération d'oligarchies, pour qui les libertés locales importaient plus que la puissance nationale. Suffisamment efficace en l'absence de danger grave, cette structure lâche se révéla lourde et lente face à de graves périls. A ce moment-là, le gouvernement d'un petit groupe d'hommes riches cédait la place à l'autorité des Orange, et les préoccupations locales se soumettaient — provisoirement — à la centralisation qu'imposaient les nécessités militaires. Ces renversements étaient précipités, et parfois facilités, par l'identification de la faction républicaine avec la Hollande, de sorte que les orangistes devinrent une sorte de « parti national », représentant non seulement l'opposition au pouvoir des marchands mais exprimant la rancune plus générale des autres provinces contre la prédominance d'Amsterdam et des Hollandais.

Les questions politiques se compliquaient de conflits religieux et de luttes sociales entre riches et pauvres, intérêts commerciaux et le parti militaire et national. L'importante minorité catholique n'avait guère son mot à dire, tandis que les protestants se divisaient en multiples sectes. Les calvinistes, dominants, se répartissaient en deux tendances : la plus rigoriste était dirigée par le pasteur Francis Gomar (1563-1641), tandis que la plus modérée, sous la conduite d'Arminius (1560-1609), estimait que les aspects sociaux de la religion devaient se soumettre aux autorités civiles. Si les gomaristes semblèrent d'abord l'emporter sur les arminiens, ils ne parvinrent pas à introduire les strictes mesures religieuses qu'ils envisageaient. Le souvenir de l'attitude libérale de Guillaume se perpétua, les villes cosmopolites n'acceptèrent pas longtemps la répression des dévots et la République ne tarda pas à devenir un havre de tolérance. Dans un monde voué à l'uniformité et à l'exclusivisme, les sept provinces furent les premières à autoriser le pluralisme confessionnel et à en tirer profit. Parmi les exilés qui y trouvèrent refuge, de nombreux juifs et Maranes, qui avaient fui l'Espagne pour Lisbonne, puis pour Anvers, se fixèrent finalement à Amsterdam où leurs talents et leurs techniques nouvelles (notamment dans le travail du diamant) fécondèrent utilement le commerce, l'industrie et la banque.

La liberté politique, la liberté de pensée voire, quoique à un moindre degré, de dissidence, firent de la République hollandaise un foyer intellectuel, un abri sûr pour les lettrés, les scientifiques, les philosophes et les théologiens, un carrefour de l'intelligentsia européenne. La liberté d'expression et l'absence de censure encouragèrent un foisonnement de gazettes et de journaux, dont bon nombre en français pour atteindre un public plus large. Leur fonction se révéla particulièrement importante lorsque, dans les années 1680, les persécutions antiprotestantes de Louis XIV multiplièrent leurs lecteurs et les transformèrent en tribunes critiques.

La plus grande, la plus forte et la plus riche des Provinces-Unies (assurant 54 pour cent du budget national) était la Hollande (dont le nom devint synonyme du pays tout entier). Amsterdam, première ville hollandaise, hérita du rôle d'Anvers, ruiné par les Espagnols et par l'exode de ses citoyens les plus entreprenants. Elle devint la bourse et le marché monétaire, le centre des imprimeries et des libraires, le principal marché des fourrures et la plus grande raffinerie sucrière d'Europe, son port le plus prospère. En 1609, la fondation de la Banque d'Amsterdam affirma son rôle de foyer du capitalisme européen et accéléra son développement. Inestimable institution de crédit, la banque acceptait les dépôts et consentait des prêts, faisait des opérations de change, offrait des moyens de paiement commodes (billets de banque, chèques) permettant le transfert d'argent d'un compte à l'autre par de simples jeux d'écriture, ainsi qu'une source de capitaux pour les affaires et l'État apparemment illimitée.

Les Provinces-Unies regorgeaient de ports et d'initiatives. Faute de terres, elles investissaient leurs capitaux dans de fructueux projets industriels et commerciaux, en particulier maritimes. Un contemporain de Charles Quint avait déjà remarqué que « les Hollandais pêchent plus d'or et d'argent dans la mer que les autres pays n'en extraient du sol » ; cent an plus tard, les états généraux proclamaient la pêche « une des principales mines des Pays-Bas ». Outre la pêche, les entrepreneurs hollandais, souvent d'anciens réfugiés du Sud, fondaient toutes sortes d'industries, creusaient des mines, devenaient fermiers généraux, créaient des banques, dans tout le monde occidental. Fuyant Anvers pour Amsterdam puis Copenhague, Gabriel Marcelis devint le principal fournisseur du roi du Danemark ; son parent Louis de Geer développa les mines de fer et la sidérurgie suédoises, se lança ensuite dans les armements et, finalement, en 1644, arma une flotte tout entière pour la Suède. Ce furent les Hollandais qui enseignèrent aux Européens du Nord à bâtir des villes confortables, rationnelles, propres et sillonnées de canaux : le Copenhague de Christian IV (1588-1648), dont certains quartiers rappellent tant Amsterdam ; Oslo, que Christian reconstruisit après l'incendie de 1620 et baptisa Christiania ; Göteborg, créée la même année par son rival Gustave-Adolphe ; des quartiers de Berlin ; et même Saint-Pétersbourg, que le plan initial du tsar concevait comme une ville de canaux, à l'image d'Amsterdam.

Commerçants, armateurs, entrepreneurs, les Hollandais transportaient des céréales de la Baltique à la Méditerranée, des denrées alimentaires du nord au sud, et des épices du sud au nord. Ils allaient chercher des produits exotiques aux Indes, des esclaves en Afrique et du sucre au Brésil. La Baltique devint leur chasse gardée pendant quelque temps et ils parvinrent presque à s'imposer de la même manière dans les mers de l'Asie du Sud-Est. Ils commerçaient avec leurs ennemis comme avec leurs amis, et n'interrompirent jamais leurs échanges avec l'Espagne et le Portugal pendant les quatre-vingts ans de guerre, débarquant les marchandises en contrebande quand ils ne pouvaient pas faire autrement, se battant quand il le fallait pour imposer leur volonté.

La politique et la guerre se mirent au service du commerce, tout comme les nécessités économiques encouragèrent la tolérance religieuse : ainsi le voulait, en effet, la doctrine de l'ouverture des mers. La Compagnie des Indes orientales, la plus grande puissance du pays, grâce au monopole du commerce avec les Indes, s'efforçait d'imposer sa loi sur les mers, écartait ou chassait les navires des autres nations, à l'aide d'une flotte de quarante à soixante vaisseaux et d'une armée forte de plus de dix mille hommes. La vente des marchandises importées permettait des dividendes de 25 à 30 pour cent et le prix des actions avait quintuplé sinon sextuplé en 1670. La spéculation triomphait donc, prenant parfois une ampleur prodigieuse comme lors de la folie des tulipes des années 1630.

D'abord importées de Turquie en Allemagne vers la moitié du XVIe siècle, les tulipes firent leur apparition comme curiosité exotique aux Pays-Bas en 1593 et devinrent les reines des jardins après 1615, lorsqu'on apprit qu'elles étaient à la mode à Paris. La spéculation sur les bulbes et les nouvelles variétés — des centaines furent sélectionnées — atteignit d'incroyables sommets en 1636 : on pouvait acheter une maison pour trois bulbes, une voiture et une paire de chevaux pour un seul. Le krach de 1637 ruina beaucoup de monde, comme le peintre Jan Van Goyen. D'autres débâcles semblables firent de nombreuses victimes, et l'on peut se demander dans quelle mesure les œuvres sombres des dernières années de Rembrandt ne s'expliquent pas par le fait qu'il perdit ainsi l'essentiel de sa fortune investie en actions de la Compagnie des Indes orientales. Beaucoup s'enrichissaient cependant, et les Pays-Bas devinrent assez prospères pour supporter les fardeaux d'une guerre interminable sans s'effondrer. En 1665, Colbert estimait que les Hollandais possédaient les trois quarts de la flotte mondiale, environ quinze mille navires. Chiffre sans doute très exagéré, mais leur flotte était néanmoins huit à dix fois plus nombreuse que celle de la France.

Le plus important est qu'entre 1568 et 1648 une nation s'était forgée dans les sept provinces entre la mer du Nord et le Rhin, nouvelle forme d'État fédéral sans unité géographique, religieuse ou ethnique, mais dont les citoyens avaient réalisé de grandes choses ensemble et entendaient en accomplir encore davantage. Ils avaient, en effet, résisté victorieusement à la puissance espagnole, repoussé l'offensive catholique, créé des institutions politiques et économiques, permis des entreprises intellectuelles, scientifiques et artistiques de la plus haute valeur. La tolérance religieuse et les succès militaires leur avaient donné une conscience de l'unité tout en accélérant des expériences historiques qui se dérouleraient beaucoup plus lentement ailleurs. Sans doute la République hollandaise ne pouvait-elle se conduire en grande puissance que lorsque ses plus puissants rivaux étaient temporairement affaiblis (comme en 1659-1660), et encore le faisait-elle avec prudence, mais elle était en mesure de pousser les grandes nations à agir. Pendant la plus grande partie du XVIIe siècle, les Hollandais prospérèrent dans un vide du pouvoir relatif.

Lorsque d'abord la France, puis l'Angleterre s'affirmèrent, cette situation changea. Les institutions politiques aussi bien que les fortunes individuelles pâtirent de l'effort de guerre trop prolongé. La prospérité se maintint mais les ressources limitées ne suffisaient plus à faire face aux affaires internationales. Après la paix d'Utrecht, les Provinces-Unies « n'étaient plus, dirait Frédéric II, qu'une chaloupe à la remorque des vaisseaux britanniques ».

La France

Aucun pays ne pouvait présenter de contraste plus frappant avec les Provinces-Unies que la France : un grand royaume, soumis à une couronne forte au terme d'une longue évolution historique, une noblesse fière et querelleuse, une classe moyenne entreprenante et éprise de juridisme. Sa puissance s'était développée selon les lignes tracées par les grands ancêtres, sa richesse venait largement de la terre, et sa force reposait sur ses armées et non sur sa marine. Tandis que les États hollandais s'attachaient à construire une nation nouvelle, les rois de France s'efforçaient de structurer un vieux pays, en soumettant à leur pouvoir toutes sortes de groupes sociaux et provinciaux. Le principal obstacle auquel ils se heurtaient était la noblesse : fière, rebelle, disparate, mais férocement jalouse de ses droits et de ses privilèges. Traditionnellement, les droits nobiliaires récompensaient une fonction, d'abord le métier des armes, mais aussi tout autre office au service de la couronne, dans l'administration ou la magistrature. Le développement des armées de mercenaires et d'un corps de fonctionnaires et de légistes recruté parmi des roturiers qui devaient leurs postes au souverain et non à leur naissance, rendit une bonne partie de la vieille noblesse inutile et douloureusement consciente de son insécurité nouvelle, à mesure, en particulier, que l'inflation croissante rognait ses revenus et son mode de vie.

Touchés par la révolution des prix du XVIe siècle, les nobles furent encore plus atteints par la fin des guerres qui les laissa sans emploi. En Allemagne, au moins, leurs fonctions sociales s'accrurent ; en Espagne, le service du roi ou l'émigration offrait une solution acceptable ; en Angleterre et aux Pays-Bas, beaucoup pouvaient s'engager dans des entreprises économiques, commerciales ou agricoles ; par contre, en France, le commerce restait hors de question, les fonctions sociales étaient de plus en plus usurpées par les serviteurs roturiers de la couronne ; faute de majorat, le patrimoine familial se dispersait et la richesse diminuait ; et, pour finir, après 1559, la paix mit fin aux possibilités de carrières militaires. Il n'est donc pas étonnant qu'après la disparition d'Henri II, tué dans un tournoi, les nobles se tournèrent vers le banditisme, la rébellion et la guerre civile, pour se distraire et surtout pour rétablir leurs fortunes fléchissantes.

Le protestantisme, en particulier sous sa forme calviniste, française, se répandit rapidement dans le pays, surtout dans l'Ouest et le Sud, et fit des adeptes dans toutes les couches sociales mais généralement sous la conduite et la protection de la petite noblesse locale. Vers le milieu du XVIe siècle, le protestantisme représentait une force qui menaçait non seulement le catholicisme dominant mais aussi l'autorité de la couronne. Henri II n'aimait pas les calvinistes mais il se retrouva paralysé par la guerre avec l'Espagne qu'il acheva en 1559 afin, essentiellement, d'avoir les coudées franches chez lui. Cette même année, la première réunion, à Paris, d'un synode protestant renforça la méfiance du roi à l'égard des hérétiques et l'encouragea à prendre des mesures à leur encontre. La mort d'Henri suspendit ces initiatives. Sous la régence de sa veuve, Catherine de Médicis, fille des ducs de Toscane, la noblesse assoiffée de puissance renforça ses positions tandis que les espoirs et l'importance des protestants se multipliaient. Contre le parti huguenot, dirigé par la branche cadette de la famille royale, se dressa un autre groupe d'intérêts, sous la conduite des princes lorrains de la maison de Guise, qui s'identifia à la cause catholique. La reine tenta de manœuvrer en s'appuyant sur un troisième parti regroupé autour de la puissante famille de Montmorency, dont les vastes domaines se situaient au centre du pays et qui, bien que catholique, préférait une politique de compromis et de tolérance à un affrontement qui risquait de déboucher sur une guerre civile. Ces hommes, qu'on surnomma les Politiques, déploraient aussi bien le puritanisme huguenot que le fanatisme catholique ; selon les termes d'un historien contemporain, ils préféraient le repos du royaume et leurs propres foyers au salut de leurs âmes, aimaient mieux que le royaume restât en paix sans Dieu plutôt qu'en guerre pour Lui.

Un équilibre aussi délicat ne pouvait pas durer. Les fanatiques des deux bords se faisaient face et s'exaspéraient des frictions constantes. Les neveux des Montmorency, les Coligny, se convertirent au protestantisme, apportant une force et une direction nouvelles au camp calviniste dont la progression terrifiait les catholiques. Ce ne fut probablement que l'attachement du peuple à la religion ancienne qui sauva l'Église en France, mais pas avant que ses défenseurs aient précipité la guerre civile. Massacres, coups de main, meurtres, sièges et batailles rangées dévastèrent le pays. Hommes et femmes par milliers furent poignardés, lapidés, jetés dans le vide, étranglés, battus, brûlés ou affamés, enterrés vivants, noyés, étouffés... qu'ils fussent huguenots ou catholiques, même si ces derniers perpétrèrent le plus terrible de tous ces massacres, déclenché à Paris le jour de la Saint-Barthélemy (24 août 1572) avant de se poursuivre dans la France entière. Les meurtres appelaient d'autres meurtres : les protestants tuèrent le duc de Guise, les Guise assassinèrent Coligny, Henri III fit massacrer deux autres Guise et fut abattu à son tour par le moine Jacques Clément. La France baignait dans le sang. Une sorte d'État protestant surgit du parti huguenot face à la Ligue catholique, et les deux camps se disputaient le soutien du roi qui appuyait tantôt l'un tantôt l'autre.

L'autorité de la couronne s'effilochait. L'un après l'autre, les trois fils d'Henri II montèrent sur le trône (François II en 1559, Charles IX en 1560, Henri III en 1574) mais sans parvenir à asseoir leur pouvoir. Avec l'assassinat du dernier en 1589, la maison de Valois s'éteignit. L'héritier du trône était un hérétique, Henri de Bourbon, souverain du petit royaume de Navarre, chef du parti protestant. C'est alors que les troupes espagnoles intervinrent aux côtés de la Ligue, contre Henri : après trente ans de troubles civils éclata une guerre générale qui allait durer dix ans. Henri IV parvint lentement à pacifier le pays, à chasser les Espagnols et à mettre fin au conflit. Les politiques qui voulaient la paix et l'ordre se rallièrent à lui. Lui-même comprit que la couronne ne lui reviendrait définitivement qu'au prix de sa conversion. Renversant le principe selon lequel les sujets doivent suivre la religion de leur roi, Henri IV adopta le culte de la majorité des Français avant de se faire couronner et d'entrer, catholique, dans sa capitale. Paris valait bien une messe (1594). Quatre ans après, épuisées toutes deux, la France et l'Espagne concluaient la paix à Vervins.

La paix à l'intérieur importait encore davantage. Promulgué quelques semaines avant Vervins, l'édit de Nantes reconnaissait aux protestants la pleine liberté de conscience, la liberté du culte dans des endroits précis et, en guise de garantie, leur attribuait un certain nombre de places fortes. C'était là un de ces traités religieux habituels à cette époque (semblable ainsi à la paix d'Augsbourg) et généralement critiqués parce que les passions religieuses étaient trop fortes pour que les gens acceptent de sanctionner leur coexistence. Conçu pour réconcilier les huguenots avec un roi et un royaume catholiques, et les catholiques avec l'existence d'une minorité protestante qui, non tolérée, pouvait provoquer le chaos, l'édit de Nantes ne satisfaisait ni les uns ni les autres (pas plus que d'autres mesures royales semblables dans le passé) mais il dura parce que les deux camps étaient épuisés.

Il fallait désormais relever les ruines de quarante ans de guerre, rétablir la prospérité. Henri s'y attela avec l'aide de deux nobles huguenots, Maximilien de Béthune, qui deviendrait duc de Sully (1560-1641), et Barthélemy de Laffemas (1545-1611), qui prit la tête d'un nouveau Bureau du Commerce, fondé dès le retour de la paix pour susciter des entreprises nouvelles, sortir guildes et corporations de leurs paresseuses routines. L'agriculture revécut, on bâtit des routes et on creusa des canaux, l'industrie reprit vie, on encouragea la fondation de manufactures nouvelles : la France redevint une puissance économique. Mais sa prospérité était fragile. Elle dépendait, comme toutes choses alors, des caprices de la nature, et aussi de la paix et de l'ordre. La guerre signifiait la reprise des dévastations, l'alourdissement des impôts ; un changement de gouvernement risquait d'amener des troubles, d'affaiblir l'autorité de la loi, de paralyser l'économie, de replonger le pays dans la ruine. Au XVIIe siècle, les contemporains de Richelieu et de Mazarin considéreraient le bon vieux temps du roi Henri comme un âge d'or : vision excessive sans doute, mais du moins était-ce une période de prospérité.

Mais en 1610, Henri fut assassiné par un fou doublé d'un fanatique, et le gouvernement, confié à la régence de sa veuve, Marie de Médicis (1573-1642), se retrouva derechef à la merci des factions et des favoris. L'héritier du trône, Louis XIII (1601-1643), n'avait que neuf ans : enfant maladif et tourmenté qui deviendrait un souverain maladif et tourmenté mais profondément dévoué à sa tâche. Dans le milieu des années 1620, il se fit aider d'un serviteur habile et énergique de la reine Marie, Armand du Plessis, cardinal de Richelieu (1585-1642). Celui-ci entreprit alors de ramener tous les sujets du roi à leur devoir et de rétablir le nom du souverain parmi les nations étrangères au rang qui méritait d'être le sien, comme il l'expliqua dans son *Testament politique*. La première de ses tâches, chronologiquement, fut de mettre les huguenots au pas. La minorité du roi et la reprise des troubles avaient accru leur crédit et leur tendance à traiter avec les ennemis étrangers du monarque comme s'ils étaient une puissance indépendante. Tant que les huguenots seront en France un État dans l'État, écrivit Richelieu à Louis XIII dans une note de 1625, le roi ne pourra pas être le maître dans son royaume ou réaliser de grandes choses à l'extérieur.

En quelques années d'une lutte acharnée, les huguenots furent vaincus et dépouillés de leurs places fortes : leur puissance militaire brisée, ils étaient réduits à l'impuissance politique. Richelieu entreprit également de dompter la noblesse et de l'engager au service du roi ; il lui rogna ses redoutables griffes et l'employa dans ces campagnes qui réaffirmaient les intérêts et la puissance de la France à l'étranger. Son successeur, Giulio Mazzarini, le cardinal Mazarin (1602-1661), poursuivit sa tâche, malgré une recrudescence de cet esprit de rébellion qui marqua toujours la minorité des souverains français. Louis XIII avait neuf ans à la mort de son père, son fils quatre ans lorsqu'il disparut. De 1643 à sa mort en 1661, Mazarin fut le Premier ministre du jeune Louis XIV, l'administrateur du royaume. Pendant une bonne partie de cette période, la révolte se déchaîna contre la couronne, dernière tentative pour asseoir par la violence les privilèges des princes et des grands seigneurs, des magistrats, des assemblées municipales et des parlements contre l'autorité royale. Les plus graves de ces séditions, les Frondes (1648-1653) — d'après l'engin avec lequel les galopins des villes s'amusaient à bombarder de boue et de cailloux voitures et cavaliers — marquèrent le jeune roi d'une manière indélébile. Il résolut que cela ne se reproduirait jamais, que la puissance royale devait se construire sur de solides fondations et qu'aucune classe dans le royaume ne la remettrait de nouveau en question.

Louis le Grand

Louis XIV transporta sa cour du turbulent Paris dans le hameau de Versailles, abri isolé hors de portée de la révolte populaire ; il domestiqua l'orgueilleuse noblesse, la détourna de la politique en l'attirant à sa cour éclatante, la persuada qu'elle ne pourrait trouver la beauté, le profit et la vraie vie que dans la pompe artificielle qu'elle mettait en scène. Les courtisans s'enfermèrent dans une cage dorée de cérémonies et de pensions, de présents et de dotations, de bénéfices et d'offices ; le peuple fut frappé de révérence par le pouvoir, ébloui par la dimension des édifices et des spectacles, charmé par le style du roi, influencé par la propagande officielle. Louis parvint à persuader chacun des états — le clergé, la noblesse et ce fameux tiers état qui représentait, en fait, bien plus les légistes, les magistrats et les détenteurs d'offices que les masses — qu'ils devaient leur existence au roi, agissaient en fonction de la couronne et à ses conditions. Sans doute n'emporta-t-il pas cette conviction de manière définitive : l'opposition resurgissait de temps à autre ; il arrivait qu'on proclamât, ou du moins qu'on rappelât, les anciens droits et les intérêts nouveaux, surtout après la mort du grand roi. Mais cela resterait de l'insubordination, non de la rébellion.

Louis se préoccupait profondément de son royaume et ressentait vivement ses responsabilités. Il est douteux qu'il prononçât jamais la phrase qu'on lui attribue, « l'État c'est moi », bien qu'il ait fort bien pu dire « l'État est à moi ». Les souverains de son temps ne considéraient-ils pas leur royaume comme un vaste domaine personnel ? Lorsqu'on se soucie de l'État, on travaille pour soi-même. Le bien de l'un fait la gloire de l'autre, soulignait-il. Le roi s'accomplissait dans un État qui réalisait la totalité de son potentiel grâce aux efforts de son souverain. Telle est la théorie de la monarchie absolue. La faiblesse de ce système, quoiqu'elle ne fût pas manifeste alors, était que, humain, le monarque avait des capacités limitées : l'État vivait plus longtemps que lui, sa machinerie continuait à fonctionner même lorsque le roi faisait défaut.

Malgré sa petite taille (d'où les hauts talons et les perruques qu'il affectionnait), Louis s'efforça de devenir l'incarnation même de la puissance royale : beau, courtois, majestueux et — selon tous les témoignages — prodigieusement impressionnant pour tous ceux qui l'approchaient. Mais même cet homme énergique et actif, dont l'acharnement à remplir les devoirs de sa charge rappelle qu'il descend de Philippe II d'Espagne, allait dépérir et mourir. L'État finirait par dépasser le roi, d'abord soumis puis sacrifié à des intérêts et à un pouvoir théoriquement sans limites.

Les excellentes intentions de Louis ne pouvaient compenser ses insuffisances, en particulier sa vanité. Sa réputation se fonde largement sur des entreprises nourries par des illusions de grandeur (dont il se repentit avant sa mort) : palais et guerres, aussi interminables et ruineux les uns que les autres, quelle que fût leur raison d'être : ces dernières offraient un emploi aux énergies inutiles et confortaient l'idée de grandeur (tant qu'elles furent victorieuses), les premiers donnaient un cadre scénique à la pompe et à l'ordre du roi, et tous deux laissaient libre cours à l'ostentation et au grand ballet royal des préséances et du pouvoir.

Tout cela coûtait cher. Ministre des Finances efficace, Jean-Baptiste Colbert (1619-1683) accrut les recettes royales tout au long des années 1660, mais les longues guerres dans lesquelles Louis s'embarqua eurent tôt fait d'engloutir ces économies. Le dernier excédent budgétaire disparut en 1672 ; quelques années plus tard, Bossuet, précepteur du dauphin, écrivait au roi pour lui remontrer la misère de son peuple. Le gouvernement dut avoir recours à des expédients toujours plus désespérés. Les grands hommes qui avaient servi Louis XIV dans sa jeunesse disparurent les uns après les autres pour être remplacés par des personnages d'une moindre stature. Le roi lui-même se fit vieux et pieux. L'inepte gestion de l'économie fut aggravée par la persécution des huguenots (environ dix pour cent de la population totale), dont la présence gâtait l'uniformité de la France et semblait défier l'autorité du roi. L'édit de Nantes révoqué en 1685 par l'édit de Saint-Germain, la grande majorité des protestants dut se convertir de force et superficiellement seulement ; beaucoup émigrèrent. Comme nous l'avons vu, le pays perdit ainsi des milliers de ses sujets les plus entreprenants, les plus qualifiés et parmi les plus loyaux, dont l'énergie et les ressources se consacrèrent désormais à améliorer les ressources des voisins et concurrents de la France.

En 1694, le pays souffrit d'une telle famine que dans certaines provinces les gens mangeaient les cadavres. La guerre de Succession d'Espagne transforma la misère en désastre. Peu avant la bataille de Malplaquet (1709), les armées françaises restèrent sans pain pendant une trentaine d'heures, illustration du dénuement qui accablait la nation. En 1713, les dépenses représentaient pratiquement le double des recettes, la dette royale s'élevait à trente-quatre fois le montant des revenus annuels, et les impôts des huit prochaines années étaient hypothéqués !

L'hégémonie française n'avait pas duré longtemps et s'était dissoute en rêves vides. La France s'était certes agrandie, était devenue plus imposante, et Louis lui avait donné une unité religieuse qui, si elle nuisait à l'économie, correspondait à la plupart des conceptions de l'époque. L'autorité royale ne serait pas sérieusement remise en question avant les années 1780 et la période de paix qui suivit la mort du Roi Soleil permit à l'économie de se rétablir. Si la puissance de la France serait constamment prise à partie, sa domination culturelle demeurerait incontestable. Louis mourut critiqué de tous, mais le souvenir des hommes qui dressent de grands monuments ou tuent beaucoup de monde se perpétue lorsque s'estompe le détail des événements. Don Fernand le dit dans *Le Cid* :

> Le temps assez souvent a rendu légitime
> Ce qui semblait d'abord ne se pouvoir sans crime.

Ne se souvient-on pas encore aujourd'hui de Louis XIV comme de Louis le Grand ?

L'Angleterre

Si la France représente le prototype de l'absolutisme dynastique, l'Angleterre élabora sa réfutation et, plus important encore, inspira une solution de remplacement valide. La Réforme avait permis à la souveraineté nationale de devenir « absolue » en la rendant absolument indépendante de toute autorité extérieure au royaume. Si la suprématie spirituelle s'incarnait toujours dans le monarque, la suprématie civile se partageait désormais entre la couronne et le Parlement. Les légistes d'Henri VIII et de ses successeurs établirent que la couronne et le Parlement avaient compétence en tous les domaines, sans trop chercher à déterminer comment les prérogatives se répartiraient entre eux. L'essentiel au départ était que l'Église et l'État ne constituaient que des aspects différents de la chose publique et que la Haute Cour du Parlement (comme le formulait un texte de 1583) « légitime les bâtards, établit les formes de religion, altère les poids et mesures ».

Une telle unité formelle, absente sur le continent, facilitait le gouvernement et la paix intérieure. Elle donnait également l'occasion de débats acrimonieux lorsque le roi et le Parlement se disputaient sur leurs prérogatives et pouvoirs respectifs, et favorisait leur réconciliation lorsque avaient été redéfinies leurs sphères d'activité.

Déjà au XVIe siècle, le long règne de la reine Élisabeth (1558-1603) avait révélé la possibilité d'une monarchie réconciliée avec ses états, ne vivant pas au-dessus de ses moyens, et considérant la religion essentiellement comme un facteur politique : les catholiques pouvaient pratiquer leur culte en privé, à condition de payer une amende et de se comporter par ailleurs en sujets loyaux de la couronne. Lorsque son grand ministre, Sir William Cecil (1520-1598) l'avait suppliée de « contrarier les humeurs des papistes », elle s'était refusée à percer « des fenêtres dans les âmes des hommes ».

Les gens qui paient des amendes pour prier comme ils l'entendent et non comme leurs voisins aimeraient qu'ils le fassent risquent néanmoins de ne pas toujours se montrer de bons et loyaux sujets et Élisabeth dut se méfier des conspirations catholiques, des complots encouragés par l'argent espagnol et l'enthousiasme des jésuites, et de la petite noblesse insatisfaite — qu'on trouvait en Angleterre comme ailleurs — qui pouvait se rallier derrière quelque grand seigneur rebelle, duc de Norfolk ou comte d'Essex. De 1569 à 1587, Élisabeth garda en résidence surveillée la reine d'Écosse fugitive, Marie Stuart, qui revendiquait aussi sa couronne et offrait un point de ralliement à toutes les intrigues. L'exécution de Marie en 1587, puis la défaite de l'Invincible Armada, l'année suivante, firent disparaître les principales menaces contre sa sécurité. Les catholiques grondaient mais restaient tranquilles, la gentry se lança dans de fructueuses aventures outre-mer, le pays, exempt de lourds impôts, prospéra.

Comme pour les Provinces-Unies, la prospérité de l'Angleterre dépendait de la mer, qui non seulement protégeait l'île mais facilitait les transports et les échanges. Il en coûtait autant pour acheminer des marchandises de Norwich à Londres — quelque cent soixante-dix kilomètres — par voie de terre que de Lisbonne à Londres — dix fois cette distance — par mer. Les marins anglais commencèrent à s'aventurer dans tout l'Atlantique, en Méditerranée et dans les mers d'Asie. En 1577, Sir Francis Drake entreprit de répéter le voyage de Magellan : il ravagea la côte Pacifique de l'Amérique du Sud, installa un comptoir britannique dans les Iles aux Épices (l'ancien nom de l'archipel des Moluques) et regagna Deptford en 1580. Il fut fait chevalier sur le pont de son navire, le *Golden Hind*[1], pour avoir « englobé le monde » et enrichi la reine, actionnaire de son entreprise et dont la mise fut ainsi multipliée par quarante-sept. On créait des compagnies pour se livrer au commerce et à d'autres opérations aventureuses, et même des sociétés par actions regroupant les capitaux de quelques — et parfois de beaucoup — investisseurs soucieux de répartir entre plusieurs affaires le risque d'éventuelles pertes ou le profit des réussites.

C'est en 1587 que les galères vénitiennes jetèrent l'ancre à Southampton pour la dernière fois ; déjà les navires anglais

1. Littéralement le *La biche d'or*. (N.d.T.)

envahissaient la Méditerranée où ils concurrençaient les Français, les Hollandais, les Espagnols et les Italiens. La Compagnie du Levant comptait quinze bateaux en 1595, trente et un en 1600 ; et d'autres compagnies semblables commerçaient avec les ports de la Baltique, Arkhangelsk, l'Amérique du Nord, les Indes orientales. La Steelyard, manufacture des marchands de la Hanse à Londres, ferma ses portes en 1597 : c'étaient désormais les Londoniens qui naviguaient dans la Baltique. En 1600, fut créée une société pour commercer dans les Indes orientales. Dans tous ces établissements, nobles et roturiers travaillaient ensemble. De grands seigneurs possédaient des savonneries, des brasseries et des verreries. Les Sidney étaient maîtres de forges. Jusqu'au comte de Leicester, favori de la reine Élisabeth, qui tirait une partie de sa fortune de ses hauts fourneaux. Gresham College fut fondé en 1598 à Londres pour répondre aux besoins du commerce et de l'industrie, pour former techniciens et navigateurs. Cette institution, qui deviendrait la Société Royale pour le Progrès de la Science, avait été créée grâce à un legs de Sir Thomas Gresham (1519 ?-1579), principal conseiller financier de la reine Élisabeth, et son conseil d'administration était placé sous la direction de négociants londoniens. Quelle différence avec la Sorbonne dominée par les clercs ou les institutions italiennes qu'allait bientôt étouffer la censure pontificale ! Ce collège inspira probablement certains aspects de la *Nouvelle Atlantide* (1627) de Sir Francis Bacon, modèle d'État utopique qui comprend une faculté, la Maison de Salomon, consacrée à l'étude des sciences et des arts appliqués.

C'étaient ces négociants, ces marins, ces gentilshommes avides de trésors et de profits qui manœuvraient les navires fins et élégants qui harcelèrent l'Armada et l'acculèrent à la catastrophe. La flotte d'Élisabeth disposait en effet de vaisseaux plus rapides, plus manœuvrables, au gréement et à l'armement supérieurs, grâce à des loups de mer comme John Hawkins et Drake, à son trésorier William Cecil et aussi, du moins en partie, à cette recherche des « arts appliqués » et du profit.

Les Stuarts

A la mort d'Élisabeth, en 1603, s'éteignit la lignée des Tudor. Lui succéda Jacques VI d'Écosse, fils de Marie Stuart, qui devint roi d'Angleterre sous le nom de Jacques Ier. Il lui manquait l'autorité mêlée de tact et de diplomatie dont jouissait Élisabeth, sans compter son sens de l'économie. Sa philosophie politique, exprimée dans plusieurs ouvrages (notamment le *Basilicon Doron*, le Livre des rois), prônait le pouvoir absolu du souverain fondé sur une Église forte et hiérarchisée, seule en mesure de garantir l'ordre et la prospérité dans quelque pays que ce fût.

Jacques exaspéra ses Parlements, déplut aux marchands, désorganisa les échanges. Il couvrit ses favoris et leur entourage d'offices, de monopoles, de privilèges commerciaux et de terres du domaine royal, réduisant ainsi ses revenus personnels et devenant de plus en plus tributaire de ressources extérieures. Élisabeth et ses conseillers avaient su ménager le Parlement et s'assurer ainsi sa loyauté et celle du pays qu'il représentait. Jacques poussa dans l'opposition nombre des meilleurs esprits de son temps, élargit le gouffre entre le roi et les Communes, créant ainsi une menace potentielle pour la monarchie elle-même.

L'administration royale se révéla encore plus vénale que de coutume : le Parlement en profita et manifesta son hostilité au souverain en mettant en accusation pour corruption son lord chancelier, Sir Francis Bacon (1561-1626), qui fut incarcéré et condamné à de très fortes amendes en 1621. Aussi, chaque fois qu'ils le purent, le roi et son favori, le duc de Buckingham (1592-1628), se dispensèrent-ils du Parlement en trouvant de l'argent par tous les moyens possibles. Les politiques économiques de Jacques et de son fils et successeur, Charles Ier (1625-1649) — ou plutôt leur absence de politique, leur abus d'expédients pour réunir des fonds à n'importe quel prix — plongèrent le pays dans le marasme. Jacques et Charles avaient toujours besoin d'argent (d'où, probablement, l'incapacité du premier à aider son gendre, l'électeur palatin, dans sa lutte contre l'empereur) et leurs manœuvres se révélaient trop rigides et trop erratiques pour permettre une solution.

Partout ailleurs qu'en Angleterre (et en Hollande), les politiques économiques désastreuses touchaient essentiellement les catégories les moins influentes de la société : les pauvres, bien entendu, les négociants, les classes moyennes. En Angleterre, elles affectaient également la gentry voire parfois aussi la haute noblesse. L'Angleterre de la première moitié du XVIIe siècle était remarquablement industrialisée pour son temps et une proportion relativement importante de la population travaillait dans le secteur secondaire, en particulier dans les mines. Entre 1540 et 1640, la production anglaise de charbon fut multipliée par sept ou huit et finit par égaler celle de tout le reste de l'Europe. Des mines dont le rendement annuel atteignait en moyenne quelques centaines de tonnes en 1550, produisaient entre dix mille et vingt-cinq mille tonnes en 1640. Les industries métallurgiques se développaient aussi à grands pas : la production de fer quintupla en un siècle. Dans les années 1630, les fonderies de Keswick employaient quatre cents ouvriers, la fonderie de canons de la petite ville de Brendeley deux cents, les papeteries de Dartford, six cents. Raffineries de sucre et salines, brasseries et teintureries, briqueteries, savonneries et verreries réclamaient du charbon, des équipements, des pompes et beaucoup de capitaux.

En 1540, une brasserie pouvait fonctionner avec vingt-cinq livres ; soixante ans plus tard, le capital d'un brasseur londonien s'élevait à dix mille livres. Dans l'industrie textile, en particulier dans le Lancashire, de grands commerçants avaient affaire à des centaines et parfois des milliers de fileurs et de tisserands à domicile. Les « enclosures » continuaient aussi à remplacer les labours par des pâturages, à expulser les fermiers, à jeter des vagabonds sur les routes, à fournir de la main-d'œuvre pour l'industrie urbaine et à gonfler les rangs des mécontents. Si les salaires doublèrent entre 1603 et 1650, le nombre de salariés diminua alors même que la population augmentait. Les conflits sociaux se multipliaient : entre ouvriers et employeurs, entre propriétaires traditionnels et entrepreneurs nouveaux des « enclosures » et des villes, entre la bourgeoisie et les pauvres. Les hommes nouveaux revendiquaient le droit à créer et exploiter leurs affaires de leur mieux, prônaient le droit de la libre entreprise à satisfaire ses besoins quelles que fussent les conséquences pour les autres. Les conservateurs leur opposaient la conception traditionnelle de la société en tant que corps organique dont les membres doivent coopérer et s'aider au lieu de chercher à s'agrandir aux dépens les uns des autres.

Dans cette lutte entre l'ancienne vision communautaire de la société et la nouvelle perspective individualiste, cette dernière aurait peut-être manqué d'arguments (du moins de nature idéologique) si elle n'avait pas fait appel aux idées puritaines sur le travail, le devoir de l'homme de besogner pour Dieu. En ce sens, l'homme était lié à Dieu avant de l'être avec la société dans laquelle il vivait. S'il était appelé à faire des affaires, il avait le devoir d'y réussir de son mieux, d'y voir une discipline et une vocation. La réussite venait prouver qu'il avait accompli son devoir : le profit démontrait qu'il avait accompli sa tâche, le succès révélait la grâce divine comme la pauvreté manifestait le rejet de Dieu. Les lois protégeant les pauvres, adoucissant la misère, allaient donc à l'encontre de la volonté divine, qui n'encourage pas la paresse — source de péché — mais entend la réformer. Quoi qu'il en fût, les riches étaient les dépositaires de la richesse que Dieu leur avait octroyée, à charge pour eux de la distribuer aux pauvres méritants, à construire des chapelles, de doter des écoles ou des fondations charitables. La charité et l'aide sociale faisaient aussi partie du plan divin pour l'humanité.

Ces conceptions donnaient bonne conscience, si tant est qu'ils en eussent besoin, aux capitalistes triomphants, bourgeois et nobles. Par contre, elles allaient à rebours de la politique des Stuarts qui essayaient de perpétuer la société ancienne dans laquelle, comme Dieu l'avait décrété, chaque classe remplissait sa fonction et était assurée des moyens convenant à son état. La couronne, l'État, les tribunaux, agents temporels de Dieu, devaient veiller à ce que Sa volonté fût faite, et non défaite, à remédier à l'injustice, à réprimer l'usure, à contrôler la production et les prix, à condamner les spéculateurs responsables des pénuries, les propriétaires terriens qui clôturaient leurs champs ou extorquaient les loyers. Le pouvoir royal absolu de faire appliquer ces concepts, de légiférer en ce sens, de lever des impôts sans le consentement du Parlement, d'entretenir une armée pour imposer leur volonté — et celle de Dieu — ferait entrer les rois Stuarts en conflit avec les hommes d'affaires et les nobliaux puritains que l'économie avait rapprochés beaucoup plus étroitement que dans les autres pays. Les cadets de la petite noblesse devenaient apprentis à Londres, les fils et les filles des marchands et des gros fermiers se mariaient dans la gentry, les aspirants à bord des navires des grandes compagnies commerciales venaient de la gentry comme des riches familles citadines. Le puritanisme et l'intérêt économique pouvaient aussi bien unir que diviser et, contre le roi qui tentait de préserver l'équilibre social aux dépens des plus entreprenants, les classes aisées se rebellèrent, d'abord au Parlement, puis les armes à la main (1640-1660).

Pourtant, si les difficultés économiques pavèrent le chemin de la rébellion, elles n'en furent pas la source. Sir Robert Filmer, le pamphlétaire royaliste, disait que la monarchie avait été crucifiée entre deux larrons : le papisme et le peuple : voilà qui nous donne une indication des problèmes fondamentaux, et la religion en faisait certainement partie. En fin de compte, néanmoins, la monarchie Stuart se retrouva plutôt prise entre ses propres conceptions absolutistes et la violente opposition qu'elles suscitèrent en retour. Plus qu'une forme de gratification égoïste, la politique absolutiste des Stuarts était, du moins avec Charles Ier, une tentative d'équilibrer diverses nécessités et pressions sociales, de mesurer le vent du changement à l'agneau tondu, de protéger les plus pauvres contre les plus riches et les plus entreprenants, de réaliser une sorte de bonne société médiévale. L'archevêque William Laud (1573-1645) estimait que l'État était « l'expression temporelle d'obligations spirituelles ». Si la société était un organisme, le gouvernement avait pour finalité de permettre à ses parties de fonctionner harmonieusement ensemble.

Par conséquent, les Stuarts s'opposaient aux partis politiques, factions qui « ont toujours des fins privées ». Ils n'aimaient pas l'individualisme, qu'il fût économique ou religieux — le premier ayant tendance à ignorer le bien commun, le second autorisant les extravagances dans un domaine essentiel à la bonne exécution de la mission de l'État. D'où leur sympathie pour le catholicisme dont les conceptions sociales ressemblaient aux leurs et qui pouvait placer sa hiérarchie au service du roi. D'où aussi leur insistance sur l'alliance entre l'Église et la couronne : Jacques disait « pas d'évêque, pas de roi », et le destin de son fils en confirma la pertinence.

La guerre civile

Après s'être querellé avec le Parlement anglais, Charles Ier aggrava encore les choses en essayant d'imposer un épiscopat aux Écossais presbytériens. Lorsque les Écossais se révoltèrent, il dut réclamer au Parlement les fonds nécessaires pour les châtier ; et le Parlement, à son tour, se dressa contre les hommes qui avaient mis en œuvre ses politiques absolutistes, puis contre lui et ses prérogatives, contre ses évêques, ses impôts, ses tribunaux spéciaux, sa mainmise sur l'armée. Finalement, en 1642, le conflit se transforma en une guerre civile qui ne prit fin qu'avec l'exécution du roi, sept ans plus tard.

On trouvait à l'origine de la querelle des questions fiscales et constitutionnelles — qui doit avoir la responsabilité de l'État, quelles en sont les fonctions, qui doit payer, à qui doit revenir l'autorité suprême ? — aussi bien que religieuses : Anglais et Écossais devaient-ils faire partie d'une seule et même Église, et celle-ci devait-elle être l'Église d'Angleterre ou l'Église presbytérienne de Calvin et de John Knox ? Pouvait-on tolérer la diversité religieuse ? Ces problèmes ne cessèrent d'agiter les Anglais pendant la révolution et les années de république sous le Protectorat d'Oliver Cromwell (1599-1658).

On a dit de Cromwell que c'était « l'Anglais le plus typique de tous les temps ». Nous pouvons donc au moins savoir qui étaient ces Anglais dont il représentait l'archétype grandi : gentilhomme campagnard, aimant la poésie et les fleurs comme tant de ses généraux qui écrivaient des vers et soignaient leurs massifs, expert en agriculture et en chevaux, capable de passions soudaines et de grande jovialité, inhabituellement tolérant envers les excentriques et curieux de les connaître, tout en étant lui-même aussi capable que n'importe qui de faire preuve de conformisme et de dissimulation, profondément patriote et surtout religieux. Il ne faut pas oublier que, au moment où les évêques figuraient parmi les partisans les plus fidèles du roi au Parlement et dans le pays, la question religieuse faisait partie intégrante de la politique séculière : qui devait disposer du pouvoir dans le pays et pour quelles raisons, qui devait lever les impôts et de quel montant, que signifiait le droit de propriété, jusqu'où allait-il et dans quelle mesure pouvait-on, ou devait-on, affirmer un tel droit ?

Les sectes qui surgirent et fleurirent brièvement dans l'atmosphère troublée de la guerre civile démontrèrent jusqu'où les croyances religieuses pouvaient s'en prendre à l'ordre public. Il y avait les Diggers, littéralement : bêcheurs, communistes agraires qui réclamaient la distribution des terres aux pauvres ; les Niveleurs égalitaires, qui cherchaient à « niveler les propriétés » ; les Hommes de la Cinquième Monarchie, puritains extrémistes qui attendaient le règne imminent du Christ et de ses justes. Ces petits groupes de réformateurs radicaux prônaient conjointement leurs doctrines religieuses et des idées démocratiques avancées et égalitaires, celles-là justifiant celles-ci. Les différences sociales résultaient de la Chute. Avant,

> Quand Adam bêchait et qu'Ève filait,
> Qui, alors, était le gentilhomme ?

Après la Chute, les hiérarchies devinrent naturelles dans ce monde imparfait en quête d'un équilibre. Pourtant, les espoirs messianiques de rétablir l'unité harmonieuse de l'humanité, l'égalité primordiale d'un paradis perdu, bourgeonnaient tout le temps en révoltes millénaristes comme celle des anabaptistes en Allemagne. Ces tendances trouvèrent de quoi se nourrir dans l'Angleterre du XVIIe siècle comme naguère dans l'Allemagne du XVIe. La foi et la volonté pouvaient bâtir Jérusalem ici et maintenant, dans la verte et douce terre d'Albion. « Chaque homme étant par nature roi, prêtre, prophète, dans sa propre sphère naturelle, nul ne peut partager ses prérogatives sinon par députation, commission et libre consentement de sa part, lui dont c'est le droit et la liberté », disait un dirigeant niveleur en réclamant un gouvernement égalitaire et représentatif. Puisque « la terre a été faite par le Seigneur Tout-Puissant pour qu'elle soit un trésor commun permettant à l'humanité tout entière dans toutes ses branches d'assurer sa subsistance », l'égalité des conditions sociales et une répartition juste de la terre doivent aller de pair avec l'égalité des droits politiques, ajoutaient les Diggers.

Ce qui était dû aux chrétiens et revendiqué pour des raisons religieuses pouvait, le moment venu, devenir le droit de tous les hommes, pour des raisons éthiques. Les extrémistes religieux de la Révolution anglaise préfiguraient la démocratie dans le domaine politique et le socialisme en économie. A l'époque, cependant, leurs revendications furent rejetées, leurs activités réprimées : de telles aspirations allaient bien au-delà de ce que même les rebelles puritains, redoutant l'anarchie, étaient prêts à envisager ou à tolérer.

Quoi qu'il en fût, la ferveur religieuse de Cromwell restait très en deçà des innovations radicales. Sa foi en Dieu se doublait d'une vision très réaliste de l'homme (« Si vous ne voulez pas être trahi par vos ennemis, dit-il une fois, cessez de faire confiance à vos amis ») et d'un grand talent d'organisateur. Il assura la victoire des rebelles en forgeant une force militaire qui combinait la discipline et les tactiques de la révolution militaire avec la ferveur et l'autodiscipline des convictions puritaines. Après avoir vaincu les royalistes, son armée « nouveau modèle » entreprit de balayer les Écossais presbytériens (1650, 1651) et de « pacifier » l'Irlande (1649-1652) avec une cruauté qui laissa longtemps des souvenirs cuisants. Elle construisit une flotte capable de défaire les Hollandais (1652-1654) et envoya un corps expéditionnaire se battre contre l'Espagne aux côtés des Français, ce qui lui valut d'obtenir Dunkerque (1659). C'est en effet l'armée qui gouverna l'Angleterre pendant « l'interrègne », asservit le Parlement avant de l'éliminer, nomma Cromwell Lord Protecteur (1653-1658), puis, brièvement, son incapable de fils, Richard (1626-1712), pour finalement rappeler le Parlement (1659) qui, à son tour, rappela le fils du roi décapité : Charles II (1660).

La Restauration

La restauration d'un roi Stuart ne signifiait pas, pour autant, la restauration de la politique de la dynastie écossaise. Trop de changements importants s'étaient produits pendant les vingt dernières années, et surtout la destruction de l'absolutisme royal. Après la défaite de l'absolutisme, ses vainqueurs, naturellement, s'étaient pris de querelle. Les possédants voulaient la liberté pour eux-mêmes, mais non pour la canaille. Les gens bien nés s'irritaient du pouvoir des officiers roturiers, sortis du rang. Les tenants de l'efficacité exaspéraient la gentry ; les partisans de la démocratie et du communisme inquiétaient tout le monde. Finalement, les hommes qui avaient suivi leur conscience apprirent à composer ou furent éliminés. La religion fut sacrifiée à l'ordre social, la république aux appréhensions : l'esprit de compromis défendit la propriété, rétablit la gentry, ramena le roi, licencia l'armée, rendit inoffensifs la populace et les sectaires. La révolution était finie, on ne pouvait que pleurer les idéaux perdus.

Pourtant, sous certains aspects, la révolution ne faisait que commencer. Comme le souligne Lawrence Stone dans *Crisis of the Aristocracy* (*La Crise de l'aristocratie,* 1965), la révolution du XVIIe siècle, avec sa floraison de libelles et de théories politiques radicales, se déroula dans ce qui était peut-être la société la plus instruite du monde, avec tous les dangers que cela implique pour la stabilité. Milton avait réclamé « la liberté de connaître, de discuter et de s'exprimer librement selon sa conscience ». Les Niveleurs avaient proclamé que tous les hommes naissaient égaux et avaient les mêmes droits sur l'administration de la société. Sans doute la Restauration les avait-elle balayés, mais leur souvenir survivait, d'autant que les prétentions absolutistes de la couronne avaient été vaincues en même temps que les revendications démocratiques de la populace. L'utilité et l'opportunité l'avaient emporté sur la théologie comme sur la tradition, et c'était déjà en soi toute une révolution.

Pessimiste et intelligent, perspicace et sensuel, Charles II se révéla un homme politique plus habile que son père. Les vingt-cinq ans de son règne furent pour l'Angleterre une période de paix et de stabilité politique, maintenues, au milieu des conflits, par d'incessantes manœuvres tant à l'intérieur qu'à l'extérieur. Le pouvoir royal dûment rétabli, la question religieuse prit, une fois de plus, le dessus. Malgré ses réticences, Charles fut poussé par le besoin d'argent à conclure avec la France le traité de Douvres (1670) par lequel il promettait de faire preuve de tolérance envers les catholiques anglais et de se convertir lui-même au catholicisme dès que possible. Or, la majorité de ses sujets redoutait et détestait le « papisme », jugé subversif et étranger à l'Angleterre, et les « papistes » considérés comme une cinquième colonne des puissances étrangères hostiles. Ils n'entendaient tolérer ni les catholiques ni les « dissidents » *(Dissenters)* et voulaient interdire l'accès au trône du frère de Charles, Jacques, duc d'York (1633-1701), converti à la foi romaine et marié à une princesse catholique.

La Glorieuse Révolution

Pourtant, en 1685, à la mort de Charles II (qui venait de se convertir), le duc d'York monta sur le trône sans difficultés. L'Angleterre avait désormais un roi catholique qui s'efforçait par tous les moyens d'imposer sa religion et ses conceptions absolutistes. Le vieux souverain n'avait pas de fils, et sa fille aînée, mariée à Guillaume, prince d'Orange, garantissait un gouvernement protestant à sa mort. En 1688, cependant, au moment même où le conflit de Jacques avec le Parlement et les évêques redoublait d'intensité, la reine donna le jour à un héritier. La perspective d'une succession catholique poussa alors certains des grands seigneurs du royaume à prier Guillaume de venir sauver le protestantisme. Pendant l'été de 1688, le prince d'Orange débarqua en Angleterre. Abandonné par son armée, Jacques s'enfuit en France tandis que le Parlement plaçait sur le trône sa fille Marie (1662-1694) et le mari de celle-ci, qui prit le nom de Guillaume III (1650-1702). Les Écossais refusèrent de soutenir Jacques ; les Irlandais qui prirent son parti furent vaincus (bataille de la Boyne, 1690). Cette deuxième révolution, connue dans l'histoire sous le nom de Glorieuse Révolution, confirmait les espoirs et les réalisations de la première.

Les deux nouveaux monarques jurèrent de respecter la Déclaration des droits du Parlement (1689), qui affirmait la suprématie de la loi sur le souverain, le pouvoir du Parlement et les droits individuels des citoyens. L'Habeas Corpus Act de 1679, qui contraignait les autorités à faire juger rapidement tous les prisonniers, fut garanti. Le Mutiny Act soumit l'armée au Parlement et aux tribunaux réguliers. Enfin, le Toleration Act proclama la liberté de croyance et permit aux « non-conformistes » de pratiquer publiquement leur religion. Cette tolérance restait pourtant encore très limitée, puisqu'elle excluait les catholiques et les unitariens et n'autorisait l'accès au service *public* qu'aux personnes prêtes à faire preuve à l'occasion de conformisme ou en mesure d'obtenir une amnistie personnelle spéciale (act of indemnity). Les « non-conformistes » protestèrent et manifestèrent contre ces restrictions, mais le Toleration Act représentait pourtant un grand progrès. Les observateurs ne manquèrent pas d'y opposer l'édit de Saint-Germain de Louis XIV et l'uniformité religieuse qu'il imposait en France. En fait, cette loi rompait avec l'ancienne conception qui identifiait nécessairement l'État à une Église unique à laquelle tous les citoyens devaient appartenir. Le clergé anglais n'était plus un ordre tout à fait spécial mais simplement une profession mal payée. Le service public, comme la liberté du culte public, serait progressivement ouvert à tous les Anglais considérés comme loyaux, quelle que fût leur confession religieuse.

Ce fut l'aboutissement de ce que l'historien Macaulay (1800-1859) appela « la grande révolution anglaise du XVIIe siècle, c'est-à-dire le transfert à la chambre des Communes de l'autorité suprême sur l'administration exécutive de la couronne ». Cette transformation se fondait sur une croissance économique régulière : le contrôle du Parlement sur les impôts, les dépenses militaires, les douanes et les contributions indirectes, impliquait que l'on ne permettrait pas souvent aux politiques financières de gêner le profit. L'assujettissement de tous à l'impôt (même s'il n'était pas perçu très efficacement ni réparti très équitablement) assurait un rendement fiscal plus important et plus souple. La longue série de Navigation Acts, entamée par Cromwell, essaya d'encourager le transport maritime en imposant l'exclusivité des importations et des exportations de marchandises aux navires anglais. Entre 1660 et 1688, le tonnage de la marine marchande anglaise doubla et il continua de s'accroître par la suite, tandis que se multipliaient les profits non seulement des échanges mais aussi du transport et des assurances.

L'agriculture, aussi, prospérait et se diversifiait. Les *enclosures* ruinèrent certains, enrichirent d'autres et suscitèrent les premières formulations raisonnées de l'individualisme utilitaire : « Tout le monde, à la lumière de la nature et de la raison, fera ce qui lui profite le plus, écrivait un de ses défenseurs en 1656. L'avantage de chacun en particulier sera l'avantage de tous. » Les paysans chassés de leurs terres et qui croupissaient dans les villes témoignaient du contraire, malgré l'exemple des marchands de laine et de produits laitiers. L'industrie textile se développait également et trouvait des marchés outre-mer. Un texte de 1666 avait décrété que les Anglais ne pourraient pas être ensevelis dans des tissus importés mais seulement dans des suaires fabriqués dans le pays. Ces mesures protectionnistes se révélèrent rapidement inutiles à mesure que l'augmentation de la production et la baisse des prix permettaient aux textiles anglais de s'imposer partout où le marché était libre. La production laitière s'accroissait, le lait, le beurre et les œufs devenaient meilleur marché. L'économie passait de l'autosuffisance et du troc à la spécialisation et aux échanges. En 1680, le personnage de John Bunyan, M. Lemauvais, à qui l'on propose de se marier répond : « Pourquoi avoir une vache à soi si l'on peut acheter un litre de lait pour un penny ? » Morale douteuse mais bon sens de l'économie et illustration suggestive des transformations en cours. Grâce à une utilisation plus répandue de l'argent, les boutiques de détail, comme celles que Daniel Defoe (1660-1731) trouvait au début du XVIIIe siècle dans tant de villages anglais, diffusaient le progrès dans tout le pays. Si l'Angleterre était une nation de boutiquiers, comme on le dirait avec mépris à la fin du XVIIIe, c'était fatalement aussi une nation de clients, de gens assez prospères pour faire vivre ces multiples échoppes, dont la mentalité et l'organisation socio-économique avaient rompu avec la simplicité et le troc subsistant ailleurs.

En 1700, Londres comptait 800 000 habitants, presque deux fois plus que Paris. Elle surpassait Amsterdam en richesse et en vitalité et symbolisait le monde à venir, un monde où la fortune l'emportait sur la naissance, où le privilège récompensait l'esprit d'entreprise, où l'idéologie le cédait à l'utilité. Comme l'écrivirent Addison et Steele dans *The Spectator* : « Nous autres négociants formons une sorte de noblesse qui s'élève dans le monde depuis un siècle (...) un marchand accompli est la meilleure espèce de gentilhomme d'une nation. »

La Baltique

Au nord-est de la Grande-Bretagne, par-delà la mer du Nord, s'étend la Baltique, arriérée, gelée ou non navigable la moitié de l'année, mais voie de passage de marchandises essentielles à l'économie et à l'existence de l'Europe de l'Ouest et du Sud : céréales et surtout fournitures navales. Sans la Baltique (que l'Amérique du Nord ne seconda qu'au XVIIIe siècle), l'Europe n'aurait pu calfater ou mâter ses navires.

La mer avait longtemps connu la suprématie des villes marchandes allemandes de la Hanse dont l'influence se faisait sentir de la Finlande au Kattegat, de Bergen à la Pologne. Les pays de la Baltique étaient primitifs et arriérés. Les premiers livres imprimés à Stockholm datent de 1483, et Copenhague ne s'ouvrit à l'imprimerie que dix ans plus tard. La structure économique des contrées riveraines restait extrêmement rudimentaire. La prédominance hanséatique s'estompa au XVIe siècle, navires hollandais et anglais envahirent la Baltique et pendant quelque temps, comme nous l'avons vu, les Hollandais firent de cette mer leur chasse gardée. Danois, Suédois et Polonais en profitèrent pour s'allier aux intrus afin de secouer l'emprise allemande sur leur économie. Même le roi de Danemark, qui contrôlait les détroits entre la Baltique et la mer du Nord et s'enrichissait des redevances qu'il percevait sur tous les navires qui les empruntaient, dut composer avec la puissance navale hollandaise.

La Pologne-Lituanie

Les rois de Pologne, qui gouvernaient de vastes territoires allant jusqu'aux lisières de l'Empire ottoman, s'intéressaient aussi au commerce de la Baltique. Par Dantzig et quelques moindres ports, les plaines arrosées par la Vistule fournissaient les villes occidentales en céréales, bois de construction, goudrons, poix, cordages, et importaient en échange vin, sel, textiles, articles de luxe pour les nobles enrichis par la vente des produits de leurs immenses domaines, qu'ils ne cessaient d'agrandir en labourant les friches ou en confisquant les terres des petits paysans.

Au XVIe siècle, la Pologne-Lituanie était probablement le pays le plus étendu d'Europe après la Russie. Ses universités et sa brillante cour foisonnaient de lettrés et d'artistes italiens qui nourrirent le développement d'une littérature, d'un art et d'un humanisme spécifiques. La Réforme, qui avait fortement touché le pays, avait été repoussée par les jésuites. La nation polonaise, en conflit avec la Turquie islamique et la Russie orthodoxe, s'identifia de plus en plus avec le catholicisme. Par contre, le renforcement des grands domaines agricoles étouffa l'essor des villes, attacha les paysans jadis libres à la terre, accrut la puissance des magnats terriens et priva les rois polonais de toute base solide sur laquelle étendre ou moderniser leur pouvoir. Vers la moitié du XVIe siècle, la dynastie des Jagellon abandonna la couronne à l'assemblée de la noblesse, dominée par quelques grandes familles. Les souverains élus, bien que parfois très capables, ne purent jamais réformer un système qui interdisait toute continuité et toute stabilité à la politique polonaise. La couronne de Pologne et sa politique devinrent l'enjeu d'autres puissances dont les diplomates s'efforçaient de gagner les factions aristocratiques pour leurs propres desseins. La guerre, étrangère et civile, déchirait le pays et, tandis que les riches prospéraient, la population déclinait. Tout comme l'importance de ce royaume invertébré qui se transforma en champ de bataille des étrangers avant de devenir leur proie.

L'empire suédois

La Suède était le plus arriéré de tous les pays de la Baltique : isolé du monde extérieur par la géographie et le climat, son économie rappelait au XVIe siècle celle de la France carolingienne, six cents ans auparavant. Par l'Union de Kalmar (1397), le royaume s'était associé à la Norvège sous l'égide des rois du Danemark, mais dans les années 1520, un noble suédois, Gustave Eriksson Vasa (1490-1560) parvint, avec le soutien de Lübeck, à chasser les Danois et se fit couronner roi d'une Suède indépendante (1523) à laquelle il joignit les territoires de Finlande. Les guerres que ses entreprises entraînèrent, ses dettes envers Lübeck et les simples exigences de la survie politique amenèrent Gustave Ier à introduire la Réforme luthérienne dans son royaume et à confisquer les possessions de l'Église (le roi de Danemark l'imiterait rapidement). Sa mort en 1560 précipita un conflit entre ses fils dont l'un, Jean III (1568-1592), avait épousé une fille du roi de Pologne et espérait obtenir le trône de son beau-père en rétablissant le catholicisme en Suède. Il échoua, mais son fils Sigismond (catholique lui-même) fut effectivement élu roi de Pologne en 1587. Quelques années plus tard, après la mort de son père, Sigismond devint également roi de Suède. Mais pas pour longtemps. Les protestants suédois ne voulaient pas d'un souverain papiste et ils mirent sur le trône son oncle, qui régna sous le nom de Charles IX (1599-1611). Son avènement amorça la longue lutte entre les branches suédoise et polonaise de la maison de Vasa, conflit politique aux fortes connotations religieuses qui ne prendrait fin qu'avec la paix d'Oliwa (1660).

Belliqueux, brutaux et énergiques, les Vasa de Suède ne négligèrent pas les aspects économiques. Si l'immense majorité de la petite population suédoise (environ un million) était constituée de pêcheurs et d'agriculteurs, l'industrie minière faisait la fortune du souverain. Le minerai de fer, qui au XVIIe siècle représentait un tiers de la production européenne totale, d'abord surtout exporté, alimentait les hauts fourneaux installés en Suède même par des capitalistes hollandais. Le cuivre aussi assurait à la Suède d'importants revenus, surtout après que l'Espagne recourut aux monnaies de cuivre en 1599. Les bénéfices miniers et sidérurgiques permirent aux souverains Vasa d'équiper des armées, petites mais efficaces, qu'ils organisèrent de la manière la plus moderne et éprouvèrent dans de longues campagnes contre les Russes, les Polonais et les Danois.

Ce fut le fils de Charles IX, Gustave II Adolphe (1611-1632), qui propulsa la Suède sur le devant de la scène européenne. Reconnaissant l'importance de l'éducation, il fonda des écoles, rénova l'université d'Uppsala fondée en 1477, créa le poste d'historiographe du roi chargé essentiellement de glorifier le souvenir des Goths. Il réorganisa les tribunaux, encouragea les entreprises des immigrants anglais, écossais et hollandais et s'assura la confiance et la loyauté des quatre états de son royaume (noblesse, clergé, bourgeoisie et paysannerie). Tout cela, pourtant, n'était que secondaire par rapport à son objectif premier. Chef remarquable, brave, fier, posé, pieux sans fanatisme, refusant de contraindre la conscience des hommes, Gustave II Adolphe était un guerrier redoutable. Formé à la rude école d'une guerre incessante, le Lion du Nord s'était convaincu, après avoir consolidé sa dynastie et son royaume, qu'il lui appartenait de protéger le protestantisme en Allemagne. A sa mort, pendant la bataille de Lützen, la Suède, bien que recrue, était devenue une puissance impériale dont les territoires s'étendaient tout autour de la Baltique et dont les forces s'échelonnaient de Narva au Danube.

La fille de Gustave II Adolphe, la reine Christine (1632-1654), hérita de la curiosité intellectuelle de son père, son amour de la musique, son don des langues et de la rhétorique mais non de son talent pour gouverner. Elle abdiqua en 1654 et quitta le pays pour s'installer à Rome où, convertie au catholicisme, elle mena, dans le respect général, une existence excentrique jusqu'en 1689. Lui succéda son cousin Charles X (1654-1660) dont le bref règne se résuma à une succession de campagnes militaires. Le pays commençait à manquer d'hommes et de ressources, et les possessions, les flottes et les armées suédoises ne subsistaient qu'avec l'appui de la France, de sorte que la Suède eut tendance à devenir un satellite guerrier des Bourbons. Cette situation s'aggrava encore avec Charles XI (1660-1697) dont l'impécuniosité le précipita dans les guerres de Louis XIV. Battus sur terre par les Prussiens à Fehrbellin (1675), sur mer par les Danois, les Suédois ne parvinrent à éviter de trop graves pertes territoriales que grâce à la protection des Français. Par la suite, Charles s'efforça de donner à son pays la paix dont il avait tant besoin. Jouant les ordres inférieurs et la petite noblesse contre l'aristocratie, il agrandit les domaines de la couronne, instaura l'absolutisme, organisa la bureaucratie, dompta la noblesse récalcitrante, développa le commerce et les transports, administra le pays et son économie d'une main de fer.

L'empire suédois, menacé, se composait alors de la Finlande, arrachée aux Danois ; de l'Ingrie et de la Carélie au fond du golfe de Finlande, conquises sur les Russes ; de la Livonie et de l'Estonie, prises aux Polonais ; de la Poméranie occidentale — convoitée par le Brandebourg — qui contrôlait l'embouchure de l'Oder ; de Brême et de Verden plus à l'ouest, entre l'Elbe et la Weser, et dominait ainsi le commerce de l'Allemagne septentrionale en mer du Nord. Il n'en fallait pas davantage pour susciter l'avidité ou l'hostilité de beaucoup. A la fin des années 1690, des soulèvements en Livonie, déclenchés par une partie de la noblesse locale irritée par la politique autoritaire de Charles, déclenchèrent le plus grand des conflits contre la Suède. Les rebelles livoniens parvinrent en effet à susciter la coalition de tous ses ennemis : le Danemark, la Pologne, la Russie et la Saxe. C'est alors qu'une fois de plus un prince guerrier surgit pour sauver son pays. Charles XII (1697-1718) était jeune, grand, mince, impitoyable et d'une incomparable bravoure. Il se distingua pendant la grande guerre du Nord (1700-1721) en vainquant successivement les Danois, les Russes et les Polonais par des campagnes fulgurantes (1700-1702) ; il imposa un nouveau souverain à la Pologne (1705), battit les Saxons (1706). Mais la guerre n'était pas terminée, et Pierre le Grand attira Charles dans les profondeurs des plaines russes et finit par le battre à Poltava (1709). Pendant plusieurs années, Charles s'efforça de dresser les Turcs contre les Russes ; devant l'insuccès de ses manœuvres, il rentra chez lui en 1714 pour constater la désintégration de l'empire suédois : la Russie s'était emparée de la Finlande et de la Livonie, le Hanovre ou le Brandebourg de la plupart de ses possessions allemandes. Les revenus du pays ne couvraient qu'à moitié les coûts de la guerre, un tiers de la population masculine avait péri. Les combats se poursuivirent pourtant jusqu'à la mort de Charles lors du siège d'une petite ville norvégienne. La Suède conclut alors la paix, abandonnant toutes ses conquêtes par-delà les mers en dehors d'une petite partie de la Poméranie. Ainsi s'acheva l'étrange aventure d'un petit pays[1] qui s'était épuisé à maintenir un trop vaste empire. Ne restaient que le souvenir et la lassitude de la grandeur.

La Russie

En mai 1717, Pierre Alexeyevitch Romanov, tsar de Russie depuis 1682, vint passer six semaines à Paris. Il visita les Gobelins, la Sorbonne, l'Académie des Sciences et Versailles, mais surtout il chercha à négocier : la Suède, l'allié de la France au nord, n'était plus qu'un souvenir ; la Russie, elle, entamait son ascension. Pourquoi la France n'abandonnerait-elle pas son ancien partenaire pour s'allier au tsar ? Les Français n'écoutèrent pas Pierre mais la hardiesse de sa démarche était typique du personnage ; le fait même qu'il l'ait entreprise symbolise l'apparition d'une puissance nouvelle sur l'échiquier international.

L'héritage byzantin

La Moscovie n'était pas un royaume récent, mais elle semblait depuis si longtemps si lointaine et si étrangère que l'Europe ne se souciait guère de son existence et de ses affaires. Les Slaves orientaux l'avaient patiemment constituée en colonisant infatigablement les vastes forêts du Nord et de l'Est, et la région de la Volga. J.H. Billington a intitulé son histoire de la culture russe *L'Icône et la hache* : celle-ci défrichait le pays tandis que celle-là offrait une unité fondamentale qui, sinon, aurait manqué.

Au IXe siècle, deux missionnaires grecs venus de Constantinople, les frères Cyrille et Méthode, apportèrent le christianisme byzantin aux Slaves orientaux en même temps qu'un alphabet, dont beaucoup de caractères étaient empruntés au

1. On estime la population suédoise à la fin de la grande guerre du Nord à un million deux cent cinquante mille habitants, un huitième de celle de la Pologne, un cinquième de celle de l'Angleterre, la moitié de celle des Provinces-Unies.

grec, permettant d'écrire la langue vernaculaire, le slavon. Ainsi l'Église orthodoxe présenta-t-elle aux Slaves orientaux la culture byzantine. Ses dogmes, sa liturgie et son écriture cyrillique séparèrent les Russes de la chrétienté occidentale tout en accentuant leur sentiment d'appartenir à un peuple qui se définissait contre les catholiques à l'ouest et contre les musulmans au sud et à l'est.

Des Byzantins, les Russes n'héritèrent pas seulement le christianisme orthodoxe et le césaro-papisme d'un Empire dont le souverain était également le chef suprême de l'Église à l'image des empereurs romains, mais la double nature d'un État à cheval entre l'Orient et l'Occident : une tradition occidentale sous des dehors orientaux, splendides, fastueux et exubérants. Comme à Byzance, la tension entre les influences orientales et occidentales donna à la Russie la dynamique et le cadre d'une société durable et particulière que symbolise fort bien le fait que dans les années 1660 le grand trône du tsar, flanqué de lions mécaniques qui roulaient des yeux et grondaient, comme ceux qui ornaient le siège de l'empereur de Byzance, avait été dessiné en Pologne et construit en Perse.

Cette recherche d'une personnalité « nationale » continuellement forcée à s'affirmer contre les menaces extérieures et à emprunter à l'étranger pour survivre serait intensifiée par la longue soumission à la férule mongole, entre, en gros, 1200 et 1400, voire 1480. La Horde d'Or ne « tatarisa » jamais le peuple mais sa domination eut des effets profonds et durables. Le mépris des Tatars pour la dignité humaine, leur obscurantisme, leur cruauté et leurs méthodes politiques à base de violence et de ruse colorèrent les valeurs morales de leurs sujets chrétiens et, en particulier, de la classe dirigeante.

On considère généralement que l'histoire moderne de la Russie commence avec le règne d'Ivan III le Grand (1462-1505). Contemporain de Louis XI, Ivan manifesta le même goût de l'intrigue, la même piété, la même cautèle, la même volonté de regrouper les territoires dispersés de son royaume. C'est lui qui subjugua la ville commerçante de Novgorod, dans le Nord, en 1478, et qui mit fin en 1480 à la domination mongole sur la Russie. C'est lui, également, qui, ayant épousé en 1472 Sophie Paléologue, nièce du dernier empereur de Byzance, fit venir à Moscou toutes sortes de lettrés, d'artisans, d'architectes et d'artistes grecs et italiens qui, entre autres choses, rebâtirent le Kremlin. Il fut donc directement responsable de la reprise par la Russie de l'héritage romain et de la mission impériale de Byzance. Il introduisit l'aigle bicéphale des Paléologues dans ses propres armoiries ; s'attribua le titre de césar (tsar) en tant qu'héritier de l'Empire romain et de l'orthodoxie ; orienta la Russie en direction de Constantinople et Moscou vers son destin de troisième Rome.

Mais le vaste royaume moscovite restait isolé et lointain, menacé par les Turcs et les Tatars au sud et au sud-est, par l'expansionniste royaume de Pologne à l'ouest. Les Polonais se montraient particulièrement inquiétants : ils gouvernaient, en effet, de grandes masses d'Ukrainiens orthodoxes qu'ils essayaient d'attirer dans le camp catholique par une conversion pure et simple ou encore par l'entremise de l'Église uniate — rameau de l'Église orthodoxe qui avait accepté les dogmes romains et la suprématie du pape en 1596 tout en conservant la liturgie et les rites grecs.

La Russie et le monde occidental

Le petit-fils d'Ivan III, Ivan IV « le Terrible » (1533-1584), contemporain de la reine Élisabeth, entreprit de faire entrer la Russie en contact avec l'Occident. C'est sous son règne que des marchands anglais ouvrirent le port d'Arkhangelsk sur la mer Blanche (1553), offrant une fenêtre sur le monde extérieur, libre de tout contrôle polonais, et inaugurant de nouvelles voies commerciales avec Moscou, la Caspienne et, au-delà, la Perse et ses soies. Ivan accueillit à bras ouverts les négociants anglais et hollandais qui ne tardèrent pas à affluer. Les étrangers pouvaient, en effet, stimuler l'économie arriérée d'un pays où la plupart des gens vivaient de la chasse, de la pêche, et d'une agriculture des plus primitives ; ils pouvaient enseigner des techniques nouvelles, ébranler la paresse des boyards propriétaires terriens et procurer au tsar des ressources supplémentaires.

Comme les autres souverains de son époque, la première tâche d'Ivan fut d'imposer sa loi à la noblesse et de doter d'une structure d'autorité efficace des territoires qui s'étendaient tant bien que mal de la Baltique au-delà de l'Oural. Il subjugua les grandes familles princières, bien que temporairement seulement, et enrôla les barines indisciplinés au service de l'État, c'est-à-dire du tsar, dont la volonté autocratique serait imposée par la terreur. Toute personne de quelque conséquence dut être ou devenir un agent de l'État. Après la conquête et la soumission des vieilles et riches cités commerçantes du Nord-Ouest, il fonda de nouvelles villes qui ne mettraient pas en cause sa toute-puissance, des villes créées non par des bourgeois mais par l'État, ignorant les libertés ou la fierté municipales. Comme les boyards, les bourgeois devaient servir le pays, les plus grands marchands commerçaient ou administraient pour le tsar. Eux seuls, à part l'État lui-même, disposaient de capitaux importants. Ivan, en outre, encouragea le négoce, fit venir soldats et artisans confirmés de l'étranger, stimula la colonisation dans l'Est et dans le Sud, signifia qu'il faudrait désormais compter avec un nouveau protagoniste dans les affaires de la Baltique.

Malgré son surnom, il semble qu'Ivan n'était guère plus terrible que ses prédécesseurs. Les paysans ne voyaient aucun inconvénient à ce qu'« il écorchât vif tous les seigneurs et les princes » et « fît bouillir les boyards dans une grande marmite ». Les boyards oui. Les tentatives de modernisation se heurtaient à la tradition et à leurs intérêts enracinés dans le passé. « Un royaume sans terreur, écrivit un des apologistes d'Ivan, est comme un cheval qu'un tsar monterait sans bride. » L'Empire russe manquerait rarement de cette sinistre bride. Politiquement autant que culturellement, l'obscurantisme devint la réponse nationale au rationalisme occidental, qui ne cessa jamais d'être dénoncé comme étranger à l'esprit russe et à la foi orthodoxe.

La mort d'Ivan en 1584 donna le signal du « Temps des troubles » dominé par la figure massive de Boris Godounov, partisan des réformes et de la centralisation. Les barines qui s'opposèrent à Godounov étaient conduits par un neveu de la première femme d'Ivan, Fiodor Nikita Romanov, futur patriarche de l'Église russe. Élu tsar en 1598, Godounov dut bientôt faire face à une révolte, encouragée par les Polonais et par la papauté et conduite plus ou moins directement par un prétendant appelé Dimitri qui se disait fils d'Ivan IV. Ce fils était en réalité mort, sans doute assassiné, en 1591 à l'âge de huit ans. L'invasion polonaise, la guerre civile et étrangère, la mort de Boris Godounov et de son fils, le bref règne de Dimitri appuyé sur les armes polonaises, les tentatives pour catholiciser les Russes, une révolte anti-catholique qui déboucha sur un chaos épouvantable, tout cela prit fin en 1613 avec le couronnement d'un nouveau tsar, Michel Romanov, fils de Fiodor Nikita.

La dynastie des Romanov

Après des débuts obscurs, la dynastie des Romanov se perpétuerait plus de trois cents ans. Elle commença par chasser les Polonais. Alexis (1645-1676), le fils de Michel, reconquit

Smolensk et Kiev, négocia la réunion de l'Ukraine, dont les maîtres cosaques s'étaient d'abord tournés vers la Pologne, encouragea la colonisation des steppes, tenta de nouveau d'améliorer et de centraliser l'administration.

Le pays dut également faire face à un problème des plus délicats, mélange explosif de griefs religieux et sociaux. Depuis la fin du XVIe siècle et pendant une centaine d'années, la Russie fut en effet la proie d'un conflit social dressant les paysans contre la noblesse féodale et, parfois, les nobles contre le tsar. Les grandes révoltes agraires et sociales du « Temps des troubles » s'en prenaient essentiellement aux boyards et indirectement seulement à la monarchie. Elles furent écrasées peu après l'accession des Romanov, mais les rancœurs qu'elles reflétaient explosèrent dans un affrontement religieux catastrophique à la moitié du XVIIe siècle. Des tentatives pour améliorer et réviser la liturgie et les livres saints de l'Église suscitèrent l'opposition d'une bonne partie du clergé et du peuple, fidèle à la religion traditionnelle et aux formes établies du culte. La réforme et « l'occidentalisation » (quelque relatives fussent-elles) soulevèrent l'anathème de millions de « vieux-croyants » — intégristes xénophobes, puritains et travailleurs, profondément hostiles à toutes les influences étrangères et au monde moderne en général. La persécution des vieux-croyants se poursuivrait pendant deux cent cinquante ans ; leur résistance obstinée incarnerait sur le plan religieux les ressentiments et les tensions réprimés dans le domaine politique. Sur les ruines d'une Église affaiblie par les dissentions internes et le schisme s'éleva un État séculier auquel tout le clergé serait désormais subordonné.

Pourtant, bien que le royaume se fût renforcé et revivifié, il demeurait un pays barbare aux yeux de l'Occident. L'autocratie fonctionnait par l'entremise d'une bureaucratie centralisée mais mal structurée, mal contrôlée, inefficace, brutale et corrompue. La législation russe continuait d'être promulguée par la formule « le tsar décrète, les boyards acquiescent », même si les boyards voyaient leur pouvoir décliner au profit de l'entourage du tsar, favoris et serviteurs personnels, choisis selon son bon vouloir et non en raison de leur naissance. La société se composait de quelques maîtres et de multiples serfs, opprimés et arriérés ; les marches du pays permettaient d'atténuer les tensions sociales en offrant un refuge temporaire aux proscrits, aux rebelles ou aux êtres indépendants, qui devenaient l'avant-garde de l'Empire. Où les cosaques chevauchaient et campaient, au sud et à l'est, la Moscovie finissait par s'implanter à son tour.

Pierre le Grand

Sous le règne d'Alexis, la Russie, tout en s'étendant, s'était efforcée d'apprendre certaines des méthodes occidentales qui lui faisaient cruellement défaut, en particulier dans les domaines militaire et technique. Cette évolution restait hésitante et le grand royaume demeurait une monarchie orientale, profondément différente par le costume, les coutumes et toutes sortes d'institutions de l'Occident qu'il lui faudrait imiter pour progresser. Le fils d'Alexis, Pierre (1689-1725) précipita le changement : en 1700, le gouvernement et les finances avaient été réorganisés ; l'éducation, l'habillement et les coutumes étaient en plein bouleversement ; l'industrie et l'armement se développaient à vue d'œil ; le tsar disposait désormais d'une armée permanente et d'une flotte parées pour la guerre et pour soutenir son pouvoir.

La petite noblesse dut se mettre au service de l'État et s'insérer dans une hiérarchie administrative groupant tous les officiers et les fonctionnaires, et qui avait la préséance même sur la naissance et sur la richesse dans l'échelle sociale. Sous ces classes dirigeantes, peinait la grande masse du peuple : citadins rivés à leurs boutiques et à leurs métiers, paysans attachés à la glèbe et asservis, soumis non seulement aux impôts mais aussi aux fardeaux écrasants de la conscription et du travail forcé. Car la révolution de Pierre se révélait coûteuse. Comment en eût-il été autrement : les flottes et les armées nouvelles avec leurs armements, les routes, les canaux et surtout la nouvelle capitale, Saint-Pétersbourg, surgie du néant sur le golfe de Finlande, bâtie par une armée d'ouvriers recrutés de force, dans les marais du Nord-Ouest tantôt gelés, tantôt inondés et méphitiques. Il fallut arracher tout cela à une population réticente.

L'idéal nouveau prônait le règne du devoir, de la responsabilité, de l'esprit public et de la loi : un « État policier », un « État réglementé » qui se voulait en fait un État « policé », bien gouverné, soumis à la loi, assurant toutes les fonctions sociales et économiques. Le résultat se révélait dans la pratique chaotique, administré qu'il était par des étrangers médiocres et des Russes pires encore : la peur, la brutalité, l'arbitraire, la routine et la rigueur étaient tantôt tempérés tantôt exacerbés par l'incompétence. Les souffrances, le gaspillage et les conditions de travail terribles étaient monnaie courante à l'époque ; mais les choses semblent avoir été encore pires en Russie, en butte à des contraintes et des tourments immenses. Il est difficile d'en tirer le bilan, même si Pierre accomplit sa tâche herculéenne. Il battit la Suède, fit reculer la Pologne, ouvrit de nouveaux accès au commerce sur la Baltique. Sa Moscovie devint une puissance européenne : les échanges extérieurs quadruplèrent, l'industrie se développa ; elle établit fermement ses positions sur la Baltique, renforça ses prétentions sur le Sud-Est. La féodalité subsista longtemps en Russie après les réformes de Pierre, mais un aristocrate calcula sous le règne de Catherine la Grande que, sans lui, il aurait fallu attendre 1892 pour que le pays atteigne le niveau de civilisation et de puissance qui était le sien dès la seconde moitié du XVIIIe siècle. On ne sait pas s'il tint compte dans ses calculs des souffrances et des vies qu'il en coûta.

L'Empire ottoman

Il est possible de comparer et d'opposer la Russie et la Turquie de cette époque : toutes deux relevaient le défi du souci d'efficacité et des techniques nouvelles venus de l'étranger, toutes deux avaient besoin de réformes pour se maintenir ou s'affirmer dans le siècle, le XVIIe ; toutes deux étaient entravées par les intérêts établis s'opposant à l'innovation au nom de la tradition et de la religion. Cependant, les Russes, incapables de se prévaloir d'un grand passé impérial, pouvaient se montrer plus souples, abandonner des pratiques moins confirmées par le succès passé, copier plus aisément l'étranger. Il est possible que si les Turcs avaient moins bien réussi dans leurs entreprises antérieures, ils se seraient montrés plus disposés au changement. On ne peut en tout cas que constater qu'à la longue série de triomphes militaires qui résume l'histoire ottomane jusqu'au XVIe siècle succédèrent une rigidité croissante et une incapacité à s'adapter aux temps nouveaux.

L'essor de l'Islam

Les conquêtes de l'Islam ne laissèrent pas de susciter une forte curiosité en Europe occidentale. Entre 1480 et 1609, on publia en France deux fois plus de livres sur les Turcs que sur l'Amérique. Peuple de soldats, les Ottomans avaient besoin de techniciens, d'administrateurs, d'artisans, et de troupes toujours plus nombreux. Ils faisaient bon accueil aux renégats, offraient des privilèges et de grosses récompenses aux convertis de leurs provinces chrétiennes, aux prisonniers de leurs armées ou des pirates barbaresques, aux déserteurs des forces ennemies. Entre 1453 et 1623, sur quarante-huit grands vizirs, quatorze seulement étaient de pur sang turc : outre un Kirghiz, dix étaient d'origine inconnue, et trente-trois des chrétiens renégats — six Grecs, onze Albanais ou Slaves du Sud, un Italien, un Arménien et un Géorgien. Sous le règne de Sélim II (1566-1574), huit grands vizirs sur dix étaient des renégats, tout comme le vice-roi d'Alger, le célèbre corsaire barbaresque Euldj Ali, dit Barberousse. Non seulement trois vizirs sur quatre étaient d'origine étrangère, mais il arrivait aussi que ce fût le cas du sultan lui-même, « fils d'esclave » comme l'appelait le peuple de Constantinople, c'est-à-dire de quelque favorite du harem : ainsi la mère de Sélim II était-elle russe, celle de Mohammed III (1595-1603), vénitienne, tandis que Osman II (1618-1622), Murad IV (1623-1640), Ibrahim Ier (1640-1648) et Mustafa II (1695-1703) étaient nés de femmes grecques.

Le sultan était le souverain le plus riche d'Europe : Charles Quint ou Philippe II ne disposait que de la moitié de ses ressources, et aucun de ses rivaux ne comptait autant de sujets. Les vastes steppes de l'Empire nourrissaient par milliers les chevaux et les chameaux qui assuraient la mobilité de l'armée ottomane. Pourtant, quelles que fussent ses richesses humaines et matérielles, la Sublime Porte manquait de techniciens. Toutes les connaissances utiles se trouvaient dans le Coran, croyait-on, et il ne pouvait y avoir d'occupation plus utile que d'étudier le livre saint ou de l'appliquer à la guerre sainte. C'est à quoi se consacraient les meilleurs esprits de l'Islam. Le fatalisme, la méfiance envers les nouveautés et tout savoir non fondé sur le Coran, les divisions religieuses aussi aiguës que celles de la chrétienté, enfin une structure familiale qui provoquait de graves problèmes de succession dans la société comme dans l'État, tout cela affaiblit l'Islam et l'empêcha de dominer le monde.

Aucune richesse nouvelle n'était créée : on se contentait d'annexer et de consommer, d'attirer des étrangers de talent qu'on exploitait en parasites. Composite, la culture ottomane manquait de ces qualités que nous appelons l'imagination et l'initiative. Ses mosquées n'étaient guère que des églises byzantines flanquées de minarets et d'excroissances architecturales. Une vaste famille d'esclaves lui tenait lieu d'administration. On ne trouvait de vie et de couleurs que dans les bazars, envahis d'étrangers, chrétiens et juifs. L'Islam rejetait la civilisation européenne mais ne pouvait lui résister qu'en adoptant ses produits et ses techniques. Encore l'Empire n'y parvint-il de manière satisfaisante que tant qu'il continua de s'étendre, tant que ses dirigeants se comportèrent en chefs d'un camp militaire en perpétuel mouvement. Tel fut effectivement le cas au XVIe siècle lorsque l'Autriche et Venise ne durent leur salut qu'aux impossibilités logistiques d'une campagne à l'échelle trop ambitieuse [1] et aux guerres interminables des Turcs avec d'autres nations musulmanes, en particulier la Perse. Au XVIIe siècle, la puissance ottomane déclinait, quoique très lentement. Les Portugais pillaient l'or de l'Inde, les négociants anglais équipaient les troupes persanes de canons ; surtout, l'indifférence et l'inaptitude économiques des Ottomans étaient exacerbées par la médiocrité des gouvernants et les tumultueuses luttes pour le pouvoir provoquées par les incertitudes de la succession au trône.

Les facteurs du déclin

Dans la famille polygame du padischah, il n'existait pas de droit ou de ligne de succession bien définis. Chaque sultane intriguait pour faire nommer son fils et écarter ses rivaux ; chaque souverain s'efforçait de corrompre, d'amadouer ou d'éliminer ses éventuels concurrents ; les luttes du harem s'achevaient en guerres civiles, soulèvements et massacres. Mohamed III fit étrangler dix-neuf de ses frères, Murad III cinq seulement. Bien des sultans étaient de jeunes enfants, d'autres des malades mentaux ou des débauchés : Sélim II était un ivrogne, Murad II un épileptique, Ibrahim Ier fou à lier. Murad III ne s'occupait guère que de son harem : il fit cent trois enfants, et sur les quarante-sept qui lui survécurent il y avait vingt garçons. Dans ces conditions, les assassinats n'avaient rien d'étonnant, et nombre de sultans furent massacrés au cours de révoltes militaires. Tous étaient des érotomanes, déformés par leur éducation, manipulés par les manigances des eunuques, des femmes et des esclaves du harem, qui gouvernaient l'Empire par leur intermédiaire et le mettaient au pillage.

Comme la Turquie n'avait pratiquement pas de structure institutionnelle mais reposait entièrement sur son souverain et son armée, les conséquences de l'incurie ne pouvaient

1. En 1566, il fallut à Soliman quatre-vingts jours pour atteindre le Danube avec ses convois de vingt-quatre mille chameaux. L'intendance fixait les limites de l'expansion matérielle.

manquer d'être fatales. Pourtant, le déclin ne s'effectua que progressivement. Ses ennemis devaient faire face à leurs propres problèmes, finalement du même ordre — problèmes de logistique et d'échelle — tandis que la Sublime Porte connaissait des périodes de renouveau. Dans les années 1630, par exemple, lors d'un sursaut de ce genre, les Ottomans reprirent Bagdad (1638) aux Persans, Azov aux cosaques, et se lancèrent même dans la campagne de vingt ans qui leur permit finalement d'arracher la Crète aux Vénitiens. Mais tandis que diminuait le pouvoir d'attraction des Turcs, que les tentations et les récompenses qu'ils offraient se réduisaient ou disparaissaient, que leur expansion prenait fin — probablement avec la difficile conquête de la Crète en 1669 — leurs sources de main-d'œuvre qualifiée et d'initiative se tarissaient, leur propre incapacité à assimiler et à appliquer les techniques européennes se traduisait par un affaiblissement.

Leur dernière grande offensive s'acheva par une défaite devant Vienne en 1683, événement commémoré par une chanson allemande judicieusement intitulée « le Turc est malade ». Le fléchissement de leur puissance devint manifeste pour tout le monde dans la série de défaites qui aboutit au traité de Karlowitz (1699)[1] et à la perte de la Hongrie, de la Transylvanie, de la Croatie et de la Slavonie au profit des Habsbourg, de la Dalmatie et d'une partie du Péloponnèse au bénéfice de Venise, et de la Podolie à l'avantage de la Pologne. Les peuples chrétiens des Balkans, la Transylvanie et les principautés roumaines n'avaient jamais cessé de lutter contre les Ottomans. Au fil des siècles, avaient surgi des héros légendaires comme l'Albanais Skanderbeg vers la moitié du XVe siècle ou le prince roumain Michel le Brave (1593-1601), qui résista un certain temps aux Turcs et parvint même à les repousser. Mais dans le passé, ces reflux de la puissance ottomane ne semblaient que temporaires. Désormais le vaste empire commença à s'écrouler sur ses frontières. Les États barbaresques d'Afrique du Nord affirmèrent leur quasi-indépendance, comme les Mamelouks qui administraient l'Égypte ; en Oman et au Yémen, des dynasties locales chassèrent les garnisons turques, tandis qu'à Constantinople même la hiérarchie officielle, qui ne se recrutait plus seulement parmi les renégats, se remplit lentement de Grecs

1. Signé le 29 janvier 1699. L'heure de la signature fut fixée à la convenance astrologique des Turcs. A ce détail près, il ne satisfaisait que leurs ennemis.

qui ne prenaient même plus la peine de se convertir. Les sujets orthodoxes de la Porte commencèrent à se tourner vers la Russie, alors qu'au nord-ouest grandissait, menaçante, la puissance nouvelle des Habsbourg autrichiens.

Le Saint Empire romain

Divisés et affaiblis par les guerres de Religion, les pays allemands avaient retrouvé une certaine prospérité à la fin du XVIe siècle. Une économie agricole est à la merci de nombreux facteurs mais peut aussi reprendre rapidement lorsque les circonstances ne s'y opposent pas. Tel était le cas de l'Allemagne où l'inflation qui avait frappé la petite noblesse terrienne semblait n'avoir pas affecté les activités des multiples petits marchés urbains parsemant le pays. Pourtant, les voies commerciales se modifiaient et l'argent se faisait rare. La faillite en 1614 des Welser témoigne des difficultés que rencontraient les grandes entreprises financières et commerçantes dont les rejetons, lorsqu'ils n'étaient pas ruinés, préféraient placer leurs capitaux dans la terre ou dans l'acquisition d'un titre de noblesse.

Les effets de la guerre

La guerre de Trente Ans porta un coup fatal à cet ordre en déclin. Lorsqu'elle s'acheva, la population était tombée de quelque seize millions d'habitants à six, les loups erraient dans les décombres des villes, qui avaient perdu la moitié, et parfois les trois quarts de leur population. Entre 1648 et 1680, un tiers du sol allemand resta en jachère, faute de bras pour le cultiver : les paysans vivaient de graines de lin, de tourteaux, de pain de bran et de mousse.

Sur le plan politique, les traités de Westphalie consacrèrent la division du pays, la nature symbolique du titre impérial, et les droits régaliens des princes allemands, qui pouvaient non seulement percevoir les impôts mais également battre monnaie, lever des armées et conclure des traités comme des souverains indépendants. Les espoirs hégémoniques des Habsbourg ainsi anéantis, l'Empire se mua en une sorte de fédération internationale dont la diète faisait figure de conférence permanente où les ambassadeurs parlaient beaucoup mais sans guère d'autorité effective ; l'étranger — notamment la Suède et surtout la France — se mit à intervenir pesamment dans ses affaires « intérieures ». Les multiples familles princières continuèrent de se fragmenter et de diviser leurs domaines entre tous les héritiers jusqu'à ce que la plupart des maisons pussent se vanter de compter sept, huit branches régnantes, voire davantage, disposant chacune d'une cour et d'une capitale, d'armées et d'une politique. Cette mosaïque offrait un domaine fertile aux ambitions extérieures, à la diplomatie et aux intrigues de toutes les puissances, et souvent se transformait en champ de bataille. L'Allemagne devint aussi un riche vivier de mercenaires et de souverains : le Danemark et la Suède, la Hollande, l'Angleterre, la Pologne, et même la Russie allaient chercher leurs princes et leurs princesses dans les cours germaniques, de sorte qu'au XVIIIe siècle les rivalités provinciales de l'Europe centrale s'étaient transférées sur une scène plus vaste.

Les possessions des princes

Les Brunswick qui gouvernaient le Hanovre obtinrent le titre d'électeur en 1692 puis le trône d'Angleterre en 1714 ; Auguste de Saxe se convertit au catholicisme pour emporter la couronne de Pologne (1696) ; l'électeur Hohenzollern de Brandebourg reçut d'abord le titre de duc souverain de Prusse (1657), puis celui de roi (1700). C'est Frédéric Guillaume (1640-1688), le Grand Électeur éduqué à Leyde, en Hollande, et dans les armées de la république qui jeta solidement les bases de la puissance Hohenzollern. Décidé à régénérer et à peupler ses pauvres domaines du nord de l'Allemagne, il y accueillit tous les persécutés — juifs, catholiques, sociniens, protestants de Savoie. Il attira des Hollandais qui enseignèrent à ses paysans de meilleures méthodes agricoles et des huguenots qui développèrent l'industrie. Une administration efficace et mieux payée, et une réforme de l'imposition lui permirent de quadrupler ses revenus et de former la meilleure armée d'Allemagne — qui révéla sa valeur en battant en 1675 les Suédois à Fehrbellin.

Les domaines des Hohenzollern s'éparpillaient dans tout le nord de l'Allemagne, depuis la Pologne jusqu'à la frontière hollandaise. La plupart étaient pauvres et vulnérables, mais leur insécurité même semble avoir incité leurs souverains à tirer le meilleur parti de tout ce dont ils disposaient : ils perfectionnèrent l'administration, améliorèrent tous les moyens de mobiliser les hommes et la production, encouragèrent les sciences, les écoles et les universités. A partir de leur petit État, les Hohenzollern forgèrent une monarchie indépendante et progressiste, protectrice des protestants allemands et prête à prendre la place des Suédois en déclin.

L'Empire des Habsbourg

Les Habsbourg restaient la plus puissante maison d'Allemagne : si la guerre de Trente Ans avait affaibli leurs aspirations germaniques, elle leur avait permis de renforcer considérablement leurs positions dans leurs domaines personnels d'Autriche et de Bohême. Là, l'aristocratie avait été temporairement domptée, le clergé revigoré. Ils avaient multiplié le pouvoir et le nombre des fonctionnaires au service de la couronne, et les avaient formés dans des écoles et des universités fondées ou réorganisées spécialement par les jésuites qui dotaient le clergé et l'administration d'une base commune et ferme de valeurs, d'idées et de techniques. Léopold Ier (1658-1705), émule de son bureaucrate d'oncle, Philippe II — il signa plus de trois cent mille lettres dans sa vie — organisa une armée et une police régulières, mit en place la structure juridique et administrative d'un État moderne et repoussa les Ottomans avec l'aide de la Pologne, reconquérant ainsi la plus grande partie de la Hongrie. Pieux et travailleur, même si ses ambitieux projets étaient souvent paralysés par la pénurie dont souffraient tous les chefs d'État en cette époque désordonnée, l'empereur Léopold semble avoir été entouré d'une douve stagnante de courtisans rapaces, qui ne devenaient efficaces que dans leurs entreprises négatives. Il savait que ses vastes domaines à l'économie arriérée et aux médiocres communications avaient le plus grand besoin d'une bonne administration et s'efforça d'affirmer son autorité dans ses divers États. Il parvint à accroître les revenus du Trésor en taxant, après de longues luttes, le clergé et l'aristocratie privilégiés, recruta de nouveaux administrateurs parmi la petite noblesse et les classes moyennes, plus instruites, qui cherchaient à s'élever par leur mérite personnel.

Mais l'aristocratie conservatrice, jalouse de ses droits, ne se préoccupant que de la construction de ses grands palais, de chasses et de mondanités, ne fit qu'entraver par son inertie les efforts du souverain. Ses pouvoirs et ses privilèges maintenus en raison inverse de son utilité, elle abandonna la fonction publique à des étrangers, dont le plus grand, au XVIIe siècle et au XVIIIe, fut un Français en exil, le prince Eugène de Savoie (1663-1736), soldat froid et plein de ressources, mû par son ressentiment envers Louis XIV qui avait refusé de lui donner une chance dans les armées françaises.

Commandant en chef des forces impériales en 1697, à trente-quatre ans, président du conseil impérial de guerre à trente-neuf ans, non content d'être le plus grand général de l'Empire, responsable des plus importantes victoires remportées sur les Français et sur les Turcs, il joua le rôle d'un quasi premier ministre inspirant la stratégie diplomatique des Habsbourg (dans les *Lettres persanes* de Montesquieu, Usbek parle de lui comme du grand vizir de l'Allemagne). Ce fut en partie grâce à lui que Léopold vit ses domaines s'accroître de moitié pendant son règne. La lutte contre la France de Louis XIV, son ennemi et principal adversaire pendant toute sa vie, divisa son attention et ses forces — comme y seraient contraints ses successeurs, Joseph Ier (1705-1711) et Charles VI (1711-1740) — mais les armées autrichiennes progresseraient tout de même dans l'Est et dans le Sud, arrachant aux Ottomans des provinces qu'ils occupaient depuis un siècle et demi.

La guerre de Succession d'Espagne se conclut par la perte définitive de l'Espagne et de son empire (traité de Rastatt, 1714). En revanche, les Habsbourg purent s'emparer de l'Italie, où les garnisons autrichiennes confirmaient à Milan leur nouvelle vocation impériale, tandis que, quelques années seulement après, la lutte épuisante contre les Turcs aboutissait à de nouvelles acquisitions territoriales (traité de Passarowitz, 1718). Les Autrichiens avaient transformé leur défaite en victoire. Sur le continent européen leur pouvoir comptait désormais davantage que celui de l'empereur.

Les guerres et les conflits du siècle avaient modifié les données de la lutte pour l'hégémonie. La Turquie et la Pologne déclinaient alors que la Russie entrait en lice, la Suède avait traversé l'époque comme une comète étincelante avant de replonger dans l'obscurité, les Provinces-Unies qui avaient brillé d'un si vif éclat pâlissaient et l'Espagne se recroquevillait dans sa péninsule. Jamais incontestée, l'Angleterre triomphait sur mer et intervenait sur le continent ; la France, immobilisée dans son essor, demeurait forte ; l'Autriche contestait sa suprématie depuis ses citadelles d'Europe centrale, tandis que dans le Nord les armées prussiennes s'entraînaient et se battaient.

COÛTS ET CONSÉQUENCES DE LA GUERRE

Un siècle de guerre presque continuelle dans de nombreux pays, de préparatifs militaires entre deux conflits, et de fortes tensions même dans les provinces épargnées par les combats, ne pouvait manquer de marquer profondément l'Europe tout entière. Dans les années 1620, le roi de Suède, Gustave-Adolphe, avait le sentiment que « toutes les guerres européennes s'entremêlent en un seul nœud, en une guerre universelle ». La guerre de Trente Ans dévasta des régions entières de l'Europe centrale ; les Flandres, jadis si prospères avaient été pillées et épuisées par les Hollandais et les Français ; les guerres turques avaient ravagé les Balkans ; les Français avaient brûlé et saccagé le Palatinat ; l'Espagne se retrouvait ruinée par d'interminables conflits ; les combats meurtriers et interminables qui s'achevèrent enfin en 1713 et en 1714 laissaient l'Italie, l'Allemagne et la France à genoux. Raimundo Montecucoli, général de l'empereur Léopold, notait en 1668 que de mémoire d'homme il n'y avait pas eu de paix véritable dans cette partie du monde. Beaucoup pourraient dire la même chose en bien d'autres lieux, à bien d'autres époques.

Bouleversements et exodes

Plus d'hommes mouraient des conditions créées par la guerre que dans les batailles. Plus de cavaliers tombaient les jambes ou les genoux brisés dans des collisions dans leurs propres rangs en pleine charge, que sous les balles et les obus de l'ennemi. La peste, la variole et une douzaine d'autres maladies tuèrent plus de soldats que les combats. Et tant d'hommes succombaient qui n'étaient pas même des soldats. La guerre bouleversait l'agriculture et les transports, déclenchait famines et migrations. Nous lisons dans le *Testament politique* de Richelieu que les États ont besoin des guerres à certaines époques pour se purger des humeurs mauvaises, et certains observateurs expliquent les guerres du XVIIe siècle par l'accroissement de la population et l'insuffisance des ressources, et y voient une sorte d'infanticide différé dans la mesure où les armées de plus en plus nombreuses absorbaient une part croissante de la population masculine. La France des années 1680, plus peuplée que jamais auparavant, se retrouva en 1715 amputée de cinq pour cent de ses habitants par les combats et la famine ; si certaines pressions et instabilités de naguère avaient ainsi disparu, d'autres surgissaient à leur tour. Ce n'est certainement pas ce que Corneille avait à l'esprit quand il faisait dire à

Dircé dans *Œdipe* : « Le peuple est trop heureux quand il meurt pour ses rois. »

Le XVIIe siècle fut une époque d'exodes terribles et terrifiants : les sociétés régionales fermées explosaient sous d'innombrables pressions ; armées en marche, soldats licenciés, prédicateurs itinérants, artistes et marchands, bandes de vagabonds et de réfugiés — calvinistes, catholiques, royalistes, Irlandais, Maures ou juifs expulsés d'Espagne, huguenots fuyant la France — s'entrecroisaient en Europe, de l'Irlande à la Russie, portés par des vagues politiques, religieuses et militaires dévastatrices. Et la guerre s'exportait : certains engageaient des unités organisées, comme le faisaient volontiers les princes allemands ou le roi de Danemark, tandis que des soldats allaient offrir individuellement leurs services aux États en lutte. Le service militaire féodal avait presque entièrement disparu et, s'il fallait payer des troupes, il pouvait être plus commode de louer les services de professionnels plutôt que de mobiliser les populations locales dont la présence était nécessaire dans les champs et les manufactures. D'ailleurs, les méthodes et les besoins nouveaux de la guerre exigeaient le professionnalisme.

L'armée nouvelle

Entre 1590 et 1630 approximativement, la puissance massive de l'infanterie suisse ou des *tercios* espagnols fut battue en brèche par les innovations de généraux comme Maurice de Nassau aux Pays-Bas et Gustave-Adolphe en Allemagne. Ce qu'on a appelé la révolution militaire visait à introduire souplesse et mouvement dans l'art de la guerre, à combiner la puissance de feu et la mobilité dans des unités plus petites et moins lourdes, à utiliser chaque combattant au maximum. Les soldats apprirent à manœuvrer et à marcher au pas ; un long entraînement les disciplina et leur enseigna à utiliser plus efficacement leurs armes et leur puissance de feu ; on leur adjoignit une artillerie plus légère ; on développa l'art des retranchements sur le champ de bataille. Tout cela impliquait davantage d'officiers, de sous-officiers, comme nous dirions aujourd'hui, de techniciens et, même au niveau le plus humble, une subordination plus intelligente que celle exigée d'un piquier dans les massives formations en carré de l'infanterie suisse ou espagnole : des corps bien coordonnés d'hommes armés. Il s'ensuivait que la mobilisation temporaire finirait par céder la place à des armées permanentes encadrées par des professionnels aguerris. Cela impliquait également, du moins en théorie, que les généraux ne pouvaient plus se contenter de charger à la tête de leurs hommes mais devaient se montrer des stratèges et des techniciens préparant et réalisant des opérations compliquées depuis l'arrière.

Les armées nouvelles n'étaient plus cet agglomérat anarchique de guerriers individuels qui constituaient les troupes féodales, ni ces masses compactes que formaient les fantassins suisses, mais des corps souples et articulés, ravitaillés et financés plus régulièrement, comme l'État nouveau lui-même. Usines d'armement, fonderies, arsenaux, manuels d'exercice, traités d'art militaire, ingénieurs d'artillerie et du génie, représentaient un investissement de plus en plus important au service d'un projet permanent géré par des responsables considérés non seulement comme des commandants en chef mais toujours davantage comme des spécialistes chargés de faire fonctionner toute cette machinerie complexe.

Plus ce mouvement prenait d'ampleur, plus les armées consommaient et usaient de soldats, et les recruteurs devaient se saisir de tous les hommes disponibles. Au fil de la guerre de Trente Ans, l'armée suédoise en vint à inclure de plus en plus d'Allemands, l'armée espagnole davantage de Wallons, d'Irlandais, d'Anglais et d'Écossais. Lors de la bataille des Dunes en 1658, tant l'armée française que l'espagnole comptaient des régiments anglais et écossais. Après la bataille de la Boyne (1690), les réfugiés irlandais formèrent une brigade qui combattit au service de la France jusqu'en 1789, tout comme le régiment allemand constitué en 1654. Guillaume III remporta la bataille de la Boyne avec une armée composée, outre les Anglais, les Écossais et les Irlandais de l'Ulster, de Danois, de Suédois, d'huguenots, de Prussiens et de Hollandais. Dans la marine russe, tous les officiers devaient parler russe, anglais et hollandais.

Grotius et le droit international

Illustration de la vision de Milton d'une guerre engendrant sans fin d'autres guerres, l'époque considérait tellement que la guerre allait de soi qu'on s'efforça de la réglementer comme n'importe quelle autre activité de l'existence. Henri IV avait été le premier prince moderne à tenter de limiter les abus de ses troupes en plaçant les paysans et le bétail sous sa royale protection et en ramenant de trois jours à un seul le pillage des places conquises. Les horreurs de la guerre de Trente Ans inspirèrent Hugo de Groot dit Grotius (1583-1645), Hollandais réfugié dans le Paris de Louis XIII, qui entreprit en 1625 son *Droit de la paix et de la guerre (De jure belli ac pacis)* pour adoucir l'effondrement des anciennes contraintes et réglementer la guerre totale de son époque.

Pour limiter la guerre, les auteurs du Moyen Age avaient élaboré une théorie de la « guerre juste » insistant sur les causes légitimes (défense, réparation, punition), les motifs acceptables (essentiellement l'instauration de la justice) et les moyens admissibles. La guerre était une expression de la Chute, on ne pouvait rien y trouver de bon, tout au plus des circonstances atténuantes. Une guerre « juste » impliquait de se battre à regret, de ne pas haïr l'ennemi, d'éviter le massacre aveugle, le pillage, le viol, de renoncer aux conquêtes. Au moins ces injonctions avaient-elles eu le mérite d'exister. Mais au début du XVIIe siècle il n'en était plus du tout question. La portée du livre de Grotius, dont s'emparèrent rapidement savants et diplomates, fut qu'en esquissant les principes du droit international il permettait d'élaborer un tel droit, préparait le terrain aux relations courtoises entre États, suggérait la possibilité d'adoucir les horreurs de la guerre et de systématiser les solutions diplomatiques, tout cela dans le but d'éviter l'effondrement de la société. Plus souvent violés que respectés, ces préceptes exercèrent néanmoins une certaine influence en contribuant à modérer ou à limiter la guerre. Les bornes que fixait Grotius dans ce qui est considéré comme le premier traité moderne de droit international, allaient pourtant au-delà de ce qu'auraient envisagé les siècles précédents puisqu'elles permettaient la dévastation du territoire de l'ennemi et le massacre des populations civiles au nom des nécessités logistiques et aussi du Psaume 137 (« Heureux qui saisira et brisera tes petits contre le roc ! »).

Les ravages s'étaient multipliés avec le gonflement des armées. Philippe II disposait de quelque quarante mille soldats, Philippe IV, une génération plus tard, de deux fois plus. Louis XIV eut besoin de dix fois ce nombre pour dominer l'Europe pendant bien moins longtemps. Et il fallait payer les troupes. Dès l'époque de Charles Quint on estimait par exemple que les quatre cinquièmes des revenus espagnols de 1543 avaient été dépensés pour la guerre. « Les soldats meurent de faim, disait un rapport envoyé des Flandres à Madrid en 1629. Ils vont à demi nus et mendient de porte en porte (...) Nous avons atteint les limites de la misère, du dénuement et du besoin, en particulier les Espagnols, dont une infinité est morte et pas un seul de blessures. » La nouvelle échelle de la guerre impliquait des problèmes nouveaux pour les gouvernants, des fardeaux supplémentaires pour les sujets, des tensions additionnelles pour des économies qui ployaient déjà sous le faix. Les gouvernements se retrouvaient contraints à des politiques fiscales qu'ils n'avaient ni les pouvoirs légaux ni les moyens administratifs de faire appliquer. Les grandes puissances parvenaient tant bien que mal à satisfaire ces besoins nouveaux ; les petits pays devaient se surpasser ou renoncer à leurs ambitions : c'est en imitant la France que le Brandebourg accrut ses forces armées de neuf cents hommes en 1627 à quatre-vingt mille un siècle plus tard.

Les retombées de la guerre

Toutes ces nécessités militaires, justifiées par les horreurs de la guerre, persuadèrent les États des pays menacés de conflit d'abandonner leurs libertés à des souverains absolus capables de les défendre. Les institutions mixtes, où la liberté et l'inefficacité se mêlaient inexorablement, ne pouvaient survivre sans conséquences catastrophiques que dans des pays comme l'Angleterre où la géographie offrait des fortifications naturelles. Dans les autres nations, menacées ou dévastées par des conflits répétés, les institutions représentatives traditionnelles durent céder la place à une bureaucratie militaire et à un État administré par les fonctionnaires de la couronne. Au cours de la seconde moitié du XVIIe siècle, la Bavière, le Brandebourg, le Palatinat, puis le Danemark et la Suède adoptèrent à l'exemple de la France un système autoritaire centralisé, meilleur garant d'efficacité et de sécurité.

Les grandes armées nécessitaient de grandes ressources. Pendant le siège de Magdeburg (1631), l'artillerie du général impérial Tilly tira entre douze et dix-huit mille boulets par jour ; et ce n'était qu'un début. Il fallut accroître la production de fer. La consommation de charbon dans des centres industriels comme Liège ou Londres fut multipliée par vingt entre le milieu du XVIe siècle et le milieu du XVIIe. Dans ces villes en plein essor, la suie des fours, des brasseries, des chaudières, des raffineries et des manufactures stupéfiait les gens de l'époque. Il y avait tant de fumée à Londres que les visiteurs, dégoûtés, se demandaient comment des hommes pouvaient y vivre. John Evelyn (1620-1706) comparait ce ciel enfumé à celui de Troie après que les Grecs l'eurent mise à sac. Mais il n'existait encore que peu d'endroits comme Liège, Londres ou Saint-Étienne, bien moins que n'en nécessitait l'estomac avide de la guerre, et ces centres industriels étaient beaucoup moins productifs que ne l'auraient souhaité d'ambitieux administrateurs.

La guerre par d'autres moyens

Les ouvriers aussi étaient les soldats d'une armée industrielle peinant pour la puissance et la grandeur de l'État. Mais comme les armées de jadis ils manquaient de discipline. L'efficacité restait exceptionnelle, la production (même selon les normes de l'époque) trop faible, la présence sporadique, les conditions de travail étaient trop souples, en particulier dans le cas des gens qui travaillaient chez eux, recevaient les matières premières des marchands-entrepreneurs et se faisaient payer à la pièce. Ce système de travail à domicile présentait bien des avantages dans une société guère outillée pour les entreprises à grande échelle. Son développement dans les campagnes, en particulier, permettait d'utiliser le travail de la paysannerie sous-employée sans priver l'agriculture des bras dont elle avait besoin. Cependant, ces travaux à façon menaçaient les manufactures urbaines et risquaient de provoquer du chômage et des émeutes dans les régions industrielles d'Angleterre, des Flandres et des Pays-Bas espagnols en particulier.

Il fallait donc s'attaquer à ces problèmes, même si on y remédiait rarement, sinon jamais. Il fallait fixer la production, dans les manufactures sinon à domicile, encadrer, discipliner la main-d'œuvre, si nécessaire la punir et la forcer à travailler. L'employeur, soutenu par l'État, fut libre d'imposer des amendes, de recourir à toutes sortes de châtiments corporels (fouet, pilori, estrapade) pour réprimer les retards, la paresse, la désobéissance, l'ivrognerie, le blasphème, l'adultère ou la légèreté des mœurs, en un mot tout ce qui pouvait ralentir la production ou inciter l'ouvrier à réclamer des augmentations. Les salaires étaient pourtant bas et souvent payés en nature ; la journée de travail durait de douze à seize heures ; grèves et syndicats étaient interdits ; les ouvriers qui se plaignaient de leur rétribution se faisaient jeter en prison ; et toute mobilité était découragée par l'obligation d'obtenir une autorisation écrite avant de pouvoir quitter un emploi. Jusqu'à la religion qui était mobilisée au service de la production : la journée de travail commençait par des prières, les repas s'accompagnaient de pieuses lectures, on chantait des psaumes dans les ateliers, faute d'avoir la permission de bavarder.

Ces tentatives désespérées d'enrégimenter le travail et d'accroître la production se heurtaient à de vigoureuses survivances : les corporations, qui visaient avant tout à établir le monopole en éliminant la concurrence ; les idées restrictives prônant la limitation de la production, le contrôle de la qualité et la réglementation des prix ; les structures mêmes d'une société agraire qui ne changeait guère et d'une société féodale qui, comme nous l'avons vu, combattait tout changement. Les guildes, bien que de plus en plus réglementées par l'État, ne modifiaient leur attitude qu'avec réticence, sous la contrainte. La main-d'œuvre ne quittait pas l'agriculture pour l'industrie. Les valeurs dominantes ignoraient l'investissement et la production ; l'industrie se développait plus pour satisfaire les demandes de l'aristocratie que pour alimenter une consommation de masse qui seule pouvait amorcer une révolution industrielle. Les hommes d'affaires, comme ils l'avaient toujours fait, ne voyaient de profit que dans la production, la distribution et la vente de quelques objets coûteux. Cette démarche, qui semblait à la fois plus facile et plus naturelle, n'exigeait pas de changements sociaux ou techniques particuliers. Pendant tout le XVIIIe siècle, les produits de luxe restèrent les affaires les plus profitables, négoce parasite fondé sur l'ordre social existant et au service des classes dirigeantes. Entre-temps, les masses continuaient de vivre dans la pauvreté et de n'utiliser que très peu d'argent ; même les gens relativement aisés, et en particulier les petits propriétaires terriens, ne consommaient guère, ne remplaçaient que rarement leurs vêtements et leurs ustensiles.

Tant que les modes et les raffinements de l'aristocratie servaient d'exemple, tant que la consommation était limitée par la pauvreté des masses et par le goût particulier de quelques-uns, l'industrie était condamnée à stagner. Néanmoins, les États ne pouvaient l'ignorer s'ils entendaient survivre ; fallait-il pour autant qu'ils se livrent des guerres au nom de l'industrie ? Ils avaient certes coutume de se battre pour des territoires : ce que l'un possédait l'autre ne pouvait que le convoiter. Or l'expansion économique était envisagée dans la même optique, personne ne se rendant compte que le commerce pouvait se développer, que les concurrents n'avaient pas besoin de se détruire pour prospérer, qu'il était possible de renouveler le miracle des pains et des poissons, de répartir sans guerre une production et une consommation accrues. Les penseurs économiques du XVIIe siècle imaginaient un monde statique dans lequel la quantité d'or et de marchandises, le nombre des consommateurs et le niveau de la demande restaient toujours constants, le profit de l'un impliquant nécessairement une perte pour l'autre. Il s'ensuivait que pour enrichir un pays il fallait appauvrir ses concurrents, point de vue qui aboutit à trois guerres entre l'Angleterre et les Provinces-Unies (1652-1654, 1665-1667, 1672-1674) et au conflit franco-hollandais de 1672-1678.

Le commerce était à la fois la source principale et un grand consommateur des métaux précieux nécessaires pour payer les armées et les fournitures si essentielles. Leur pénurie permanente était le cauchemar de tous les gouvernements : les États se livraient donc une guerre monétaire incessante et s'efforçaient d'obtenir une balance commerciale excédentaire pour acquérir et conserver le numéraire. Le mercantilisme apparaissait comme la poursuite de la guerre par d'autres moyens. Il signifiait le développement de l'industrie, pas ou peu de droits de douane sur les matières premières nécessaires, des denrées agricoles bon marché pour maintenir bas les prix alimentaires, et par conséquent les salaires industriels, et donc les coûts de production. Il supposait des taux d'intérêts peu élevés pour faciliter les investissements, de bas salaires pour les ouvriers, de gros profits pour les entrepreneurs. Il impliquait des colonies assurant des matières premières peu coûteuses et un marché protégé pour les produits manufacturés. Habilement organisé, comme en Hollande qui devint la bourse du monde occidental, le commerce pouvait procurer des revenus abondants et transformer un petit pays en grande puissance. En Angleterre, les mêmes objectifs inspirèrent une longue série de textes réglementant le commerce extérieur (navigation acts) — notamment ceux de Cromwell en 1651 et de Charles II en 1660 et en 1663 — et visant à réserver les échanges maritimes aux navires britanniques, à relever les tarifs du transport, à encourager les investissements dans la construction navale, et à accroître le nombre disponible de vaisseaux de guerre potentiels. Ils stimulèrent aussi la formation et le développement des compagnies commerciales, et multiplièrent traités et conflits commerciaux. La Grande-Bretagne, à son tour, finit par devenir un grand marché unifié, en particulier après l'acte d'union avec l'Écosse (1707) qui supprimait les barrières douanières intérieures, ainsi qu'un vaste entrepôt pour les marchandises achetées à bon marché dans les colonies et revendues cher à l'étranger.

Ce fut en France que l'intervention de l'État alla le plus loin, avec une politique que l'on associe souvent à Colbert qui disait que les compagnies commerciales sont les armées du roi et les manufactures ses réserves. Une vaste machinerie se développa pour aiguillonner ou remplacer le manque d'esprit d'entreprise des commerçants, et l'État réglementa la consommation, la production, les exportations et les importations : il créa de nouvelles entreprises, directement ou en subventionnant les entrepreneurs ; il assura l'approvisionnement en main-d'œuvre en encourageant les naissances, en interdisant l'émigration, en mobilisant vagabonds et chômeurs ; il offrit une formation technique dans les écoles et les chantiers royaux, finança expériences et ouvrages techniques et anima toutes ces activités à grand renfort de commandes, de prêts et de privilèges.

L'émergence des sentiments nationaux

Le développement de l'industrie et des armées suscita un intérêt nouveau pour les ressources humaines qui, à son tour, éveilla un souci de la démographie et de l'utilisation des statistiques administratives permettant de faciliter la mobilisation de l'argent et des hommes sur une échelle sans précédent. Tandis que cette logistique politique se mettait en place, la tactique militaire se préoccupait d'occuper les territoires nécessaires à la subsistance des troupes, ou de les dévaster pour paralyser l'ennemi. On en vint à considérer les approvisionnements comme une nécessité stratégique et les techniques psychologiques maniant la terreur prirent de l'importance. La menace d'être dévasté par des armées en campagne, la nécessité de leur interdire l'accès du territoire et de se prémunir contre leurs incursions, firent naître une conscience nouvelle des frontières que l'on renforça dans une perspective stratégique. Par une chaîne de places fortifiées par le grand ingénieur militaire Vauban (1633-1707), Louis XIV tenta de fermer les portes de la France et d'établir sur ses confins de solides points d'appui pour ses campagnes étrangères. Les frontières, au sens moderne, firent véritablement leur apparition : des lignes plus ou moins définies, tracées sur des cartes, s'appuyant de préférence sur des fleuves et autres barrières physiques bien identifiables, et renforcées par une succession de forteresses, remplacèrent les vieilles marches, larges zones incertaines et disputées où l'autorité revenait à qui pouvait l'imposer. A mesure que des lignes se substituaient aux espaces, gouvernants et administrateurs commencèrent à concevoir la nation comme une société uniforme parlant une même langue au sein de frontières fixes : apparaissaient les rudiments d'un nationalisme conscient.

Le patriotisme local existe depuis toujours : l'amour et la fierté des hommes pour leur ville, leur vallée et leur région n'ont rien de nouveau, pas plus que l'aversion et la suspicion corollaires envers les étrangers. Mais l'identification à un ensemble plus vaste, l'orgueil d'être citoyen romain, tout loin fût-on de Rome, est chose plus rare, plus difficile à éveiller ou à instiller. Le sujet de l'État médiéval accordait sa loyauté à sa cité ou à son seigneur, peut-être à l'empereur, au prince ou au roi, et, finalement, bien sûr, à Dieu. Au XVIIe siècle, Dieu était devenu local ou personnel. S'il concentrait toujours les loyautés « nationales », le prince était de plus en plus identifié à la notion plus abstraite de patrie, conception des anciens traduite du latin au XVIe siècle. Renan a défini les conditions pour être un peuple : « Avoir fait de grandes choses ensemble, vouloir en faire encore. » Plus un État pouvait s'enorgueillir de hauts faits, plus tôt s'y éveilla le sentiment national. Il n'est donc pas étonnant de le voir d'abord surgir en Espagne : ainsi un Michel Servet (1511-1553), né en Navarre et élevé en Aragon, pourchassé par l'Inquisition, se disait *Hispanus* — Espagnol et non Navarrais. Lope de Vega fait proclamer à un des grands capitaines des guerres italiennes :

> Je suis Garcia de Paredes, et d'ailleurs...
> Mais ne suffit-il pas de dire : je suis Espagnol ?

Les sujets d'Élisabeth et de Jacques Ier éprouvaient le même sentiment et l'élevèrent au rang de principe. « Il est nécessaire, écrivait le dramaturge Ben Jonson (1573-1637) que tous les hommes aiment leur pays. » Au XVIIe siècle, ce sentiment s'était répandu dans toute l'Europe. Dans le manuel de géographie de Philip Clavier (1629), protestant de Dantzig enseignant à Leyde, on devine les débuts du pangermanisme. Sa grande Allemagne incluait l'Alsace, la Lorraine, la Belgique, la Hollande, la Prusse, la Bohème, la Scandinavie et, bien entendu, Dantzig. Cet ouvrage connut vingt-six éditions. Les géographies françaises publiées dans les années 1630 et 1640 plaçaient les frontières du pays sur le Rhin, fleuve que les ambitions espagnoles monopolisaient pour leurs communications avec leurs provinces flamandes, faute de pouvoir incorporer la France même dans les possessions de la couronne de Castille. Gustave-Adolphe, qui avait rêvé de transformer la Baltique en lac suédois, reporta ses prétentions sur l'Allemagne, où il espérait diriger une vaste confédération protestante depuis l'Alsace jusqu'à la Bohême, voire prendre la place de l'empereur lui-même.

Les puissances navales formulaient leur propre forme d'impérialisme : les Hollandais prétendaient imposer une liberté du commerce qui satisfaisait leur économie développée ; les Anglais proclamaient leur souveraineté exclusive sur les mers britanniques et prétendaient qu'elles n'étaient limitées que par les côtes des autres nations. Jusqu'à l'Église catholique qu'influençait le particularisme national. Lorsqu'un brahmane converti, Matteo de Castro, fut ordonné prêtre à Rome en 1634 et envoyé à Goa, possession portugaise en Inde, l'archevêque local ne l'autorisa pas à y exercer son ministère parce qu'il n'avait pas l'approbation de la chancellerie portugaise. De Castro retourna à Rome, fut consacré évêque en 1637 et, nommé vicaire apostolique, partit évangéliser le royaume indien d'Idalcan, où il n'y avait pas de prêtres portugais. Pourtant, même là, l'hostilité de l'archevêque de Goa et du roi du Portugal le poursuivirent et le contraignirent à quitter l'Inde pour Rome, où il mourut en 1677.

Bien que rien de tout cela ne fût encore codifié et présenté sous forme de doctrine, c'était un début. Les sentiments étaient déjà présents. La fierté nationale esquissait la conscience d'appartenir à une nation. Les définitions politiques renforçaient les conceptions nationales. Les sociétés les plus manifestement distinctes des autres percevaient et affirmaient leur identité particulière et le particularisme s'élargissait du cadre étroit de la province jusqu'à l'ensemble du pays. Les hommes qui jetaient une pierre à l'étranger de passage apprirent à brandir des armes plus mortelles contre les inconnus habitant des contrées plus lointaines. C'était à la fois un progrès et une dangereuse régression qui récolterait la tempête dans les siècles à venir.

CHAPITRE VII

LA CULTURE DES DÉBUTS DE L'ÈRE MODERNE

LANGUES ET LETTRES

La langue est le véhicule le plus évident de la culture. Pendant la plus grande partie du XVIIe siècle, tout comme au XVIe, la question de la langue resta sans solution, la situation confuse, le problème de la communication embarrassant et délicat. Les lettrés et parfois même les diplomates continuaient de recourir au latin, tandis qu'on conversait en italien et en français entre gens cultivés et de bon ton. Rubens préférait l'italien et signait Pietro Paolo jusqu'aux lettres rédigées dans son flamand maternel. Pourtant, le français gagnait du terrain : Montaigne, élevé en latin par un précepteur allemand qui ne parlait pas un mot de français, préférait lire Plutarque dans la traduction française d'Amyot et écrire ses *Essais* en langue vulgaire. La plupart des langues et des cultures nationales étaient encore méprisées dans les cercles cultivés, sauf lorsqu'elles se confondaient avec des intérêts politiques. On respectait le castillan, par exemple, et on encourageait son usage dans les milieux les plus élevés. Rien ne pouvait mieux contribuer que la langue à affirmer ou forger une nation. D'où l'importance d'ouvrages comme *Défense et Illustration de la langue française* (1549) de Du Bellay ou le *Tresoor der Duitsche Tale* (1553) de l'Anversois Jan Van de Werve. On commençait en effet à se rendre compte, comme le faisait remarquer l'évêque d'Avila à la reine Isabelle en lui présentant une nouvelle grammaire espagnole en 1492, que « la langue est l'instrument parfait de la souveraineté », de l'affirmation d'une culture sur les autres et d'une unité culturelle pouvant également servir et faire respecter l'unité politique. Ainsi s'explique l'ordonnance royale de 1536 qui imposait l'usage du français dans tous les actes judiciaires (en Angleterre, un siècle plus tard, des pétitions réclamèrent l'adoption d'une réforme semblable), comme les efforts des ambassadeurs de Mazarin, en 1648 à Munster, pour obtenir que le français fût reconnu comme langue diplomatique au même titre que le latin.

Mais toutes ces langues ne pouvaient manquer de rester encore quelque temps l'apanage de minorités, en particulier le latin que les gens ordinaires ne surent jamais et que de moins en moins de monde était disposé à utiliser. D'ailleurs, comme le soulignait George Sarton, « aucune langue ne peut être vraiment vivante si les femmes ne s'en servent pas » ; or seuls les hommes recouraient au latin. Même les langues nationales comme le français, l'anglais ou le castillan étaient isolées au milieu d'une mer de dialectes locaux : un évêque français déplore en 1709 que les sermons des prédicateurs itinérants, voire des curés locaux, passent au-dessus de la tête des paysans et des artisans qui ne comprennent que leur propre patois.

Les problèmes de communication apparaissent avec encore plus d'acuité si l'on étudie le rôle de la langue écrite. Nous commençons seulement à nous rendre compte que l'histoire se fonde sur les documents de sociétés qui vivaient largement dans un monde oral, où très peu de choses se notaient parce que très peu d'hommes en étaient capables, où la plupart des transactions se faisaient oralement et où l'essentiel des activités ne laissait aucune trace écrite. Sans doute, la situation variait-elle d'un endroit à l'autre. « Gens du Livre » et des livres, les protestants étaient, dans l'ensemble, plus instruits : l'Écosse presbytérienne du XVIIe siècle entreprit d'édifier un réseau d'écoles paroissiales et de collèges ; dans l'Angleterre de la moitié du XVIIe siècle, inondée de libelles et de gazettes, environ trente pour cent des hommes savaient lire et écrire. Mais ce n'étaient là que des exceptions et l'on peut estimer sans grand risque que, avant 1700, les trois quarts des hommes et les neuf dixièmes des femmes d'Europe ne pouvaient même pas signer leur nom. Même parmi les possédants, neuf sur dix n'achetaient jamais un livre. Bien que, dans sa prison de Naples, le philosophe hérétique Tommaso Campanella (1568-1639) pût se réjouir que « plus de livres ont été publiés pendant les cent dernières années que pendant les cinq mille ans qui précèdent », leur impact restait encore très limité.

Si la lecture et l'écriture faisaient encore figure de talents réservés à l'élite, les connaissances accumulées se transmettaient essentiellement par voie orale. Il n'existait pas ou presque pas de témoignages écrits des techniques, des événements (guerres, inondations, changements de maîtres), du temps et de ses caprices ; or les informations de ce genre ont de l'importance et là où l'on n'en prenait pas note (presque partout en dehors des villes), les vieux devaient les transmettre oralement aux jeunes — système erratique et incommode qui risquait facilement de s'interrompre à une époque où les gens âgés étaient presque aussi rares que les personnes instruites.

Comme la langue commune était rude et peu attrayante, les classes cultivées s'efforçaient de se démarquer du vulgaire par une affectation de maniérisme. La littérature de la fin du XVIe siècle se boursoufle de grâces outrancières : marinisme en Italie, gongorisme en Espagne, euphuisme en Angleterre. L'excessive préciosité de Giambattista Marino (1569-1625) fut rapidement imitée par un chanoine de Cordoue, Luis de Gongora y Argote (1561-1627) dont les œuvres ornées et allusives ne s'adressaient qu'aux *cultos* — aux gens cultivés par opposition au public populaire que flattaient d'autres auteurs. *Euphues ou l'Anatomie de l'esprit* (1578) de John Lylly répandit cette mode en Angleterre avec l'histoire contournée d'un étudiant d'Oxford perdu dans la société londonienne italianisante. Les guerres de Religion retarderaient l'éclosion du maniérisme en France, mais lorsqu'il y fit son apparition, au début du XVIIe siècle, ce fut avec un raffinement des sentiments poussé jusqu'aux lisières de la métaphysique, une emphase et une afféterie triomphant dans le style précieux. Le célèbre roman pastoral d'Honoré d'Urfé, *L'Astrée* (1610), présentait un monde nouveau de bergers soupirant pour les charmes de délicates bergères dans le cadre romanesque d'un passé imaginaire, inaugurant une longue série d'ouvrages qui nous semblent aujourd'hui insipides ou déraisonnables mais qui enchantaient les gens de l'époque tel l'électeur palatin Frédéric V, fugitif roi de Bohême, qui s'adressait à sa femme en termes tirés de *L'Astrée*.

Sans doute publiait-on d'autres œuvres, plus terre à terre, plus simples : les classiques de l'Antiquité dans de nouvelles versions, comme Plutarque que Jacques Amyot traduisit en français en 1559 et dont le prodigieux succès inspira non seulement une vision conventionnelle des vertus grecques et romaines, mais une conception stoïcienne de la vie. On lisait les *Essais* (1580-1588) de Montaigne — que goûtait particulièrement Henri IV — subtils et sceptiques, rappelant au lecteur que « au plus élevé trône du monde si ne sommes assis que sur notre cul ». Il y avait aussi les romans picaresques espagnols, dont le premier, le *Lazarillo de Tormes,* mis à l'index en 1559, était si populaire qu'on dut en publier une version expurgée en 1573. A la fin du siècle, *Guzmán de Alfarache,* devint le type idéal du *picaro,* tantôt étudiant, tantôt soldat, mendiant ou maquereau, tantôt voleur, tantôt volé, ramant dans les galères, traînant une pique, page d'un cardinal, aussi rusé que courageux, pieux mais dépourvu de toute conscience morale. Racontée avec une verve prodigieuse, l'histoire de Guzmán laisse la sinistre impression d'une société monolithique, engendrant d'innombrables chenapans qu'elle rejetait sans pitié.

Le roman picaresque attaquait et ridiculisait les conceptions et les chimères pompeuses d'une époque et d'une société qui se faisaient trop volontiers illusion. Dans la même veine, quoique avec plus de mesure, l'œuvre d'un homme qui vécut des aventures aussi extravagantes que les picaros atteignit une renommée internationale. Miguel de Cervantes Saavedra (1547-1616), quatrième fils d'un pauvre chirurgien d'Alcala de Henares, étudia à Madrid, à Rome et à Naples, participa à la croisade de 1571, perdit une main à Lépante, fut capturé par des pirates barbaresques en 1575 et croupit cinq ans dans les geôles d'Alger avant d'être racheté. Devenu petit fonctionnaire à Séville, il écrivit des pièces de théâtre pour tenter de suppléer à l'insuffisance de ses revenus ; en prison pour dettes (1601, 1602), il y conçut *Don Quichotte,* dont la première édition date de 1605. Cette histoire d'un prétendu chevalier, errant en quête de prouesses dans un monde où il n'y avait plus de place pour ce genre d'exploits anachroniques, ridiculisait les valeurs et les romans chevaleresques en vogue à l'époque, mais avec une certaine tendresse pour les idéaux du chevalier à la triste figure, certainement supérieurs à la médiocrité et à la suffisance ambiantes. *Don Quichotte* connut un immense succès, peut-être parce que ses lecteurs appréciaient le romanesque même que Cervantes satirisait.

Les comédies du siècle d'or eurent une vogue encore plus grande grâce à Calderon, Tirso de Molina et surtout Felipe Lope de Vega (1562-1635), vétéran de l'Armada et de moins glorieuses affaires, qui aurait écrit mille huit cents pièces dont quatre cent soixante-dix nous sont parvenues. La célébrité de Lope de Vega, comme celle de William Shakespeare (1564-1616), nous rappelle une fois de plus qu'à une époque d'analphabétisme où les livres étaient rares, la parole restait le principal moyen de communication. Les pièces de Lope étaient conçues pour être jouées et improvisées plutôt que publiées et lues. Tout comme, en fait, celles de Shakespeare qui, entre 1590 et 1613, a dû composer beaucoup plus que les trente-sept ou trente-huit œuvres qui nous restent. Le théâtre populaire consommait des pièces à une vitesse extraordinaire et les acteurs/auteurs et les acteurs/directeurs en produisaient en masse. A Paris, un Alexandre Hardy (v. 1570-1631) en écrivit quelque huit cents, dont quelques-unes seulement survivent.

Mieux adaptée aux exigences d'une vaste demande était la commedia dell'arte née en Italie, probablement à Mantoue, dans les années 1560, dont les acteurs, incarnant des personnages traditionnels, improvisaient à mesure. Ces héros et ces rôles se codifièrent progressivement : le Capitan espagnol, le Vénitien Pantalon, Pierrot, Scaramouche, Arlequin, Colombine et bien d'autres. La commedia concurrençait une tradition plus ancienne de mystères, de jeux de la Passion, de fabliaux et de soties, dont est sorti l'art dramatique moderne.

Comme nous l'avons vu en étudiant la société des débuts de l'Ère moderne, à mesure que se creusaient les distances sociales, les riches amateurs de ce théâtre ancien cessèrent de s'intéresser à des spectacles publics qui exigeaient de côtoyer le vulgaire. Masques et mystères, écrits et joués par des clercs et des bourgeois, représentés dans des lieux publics, déclinèrent et disparurent presque. Ils furent remplacés par les théâtres payants des comédiens ambulants, avec notamment pour conséquence que, les spectacles n'étant plus offerts par des amateurs, citoyens respectables, on finit par considérer comme des sortes de bohémiens les acteurs professionnels, entrepreneurs de spectacles itinérants, évoluant toujours en marge de la société stable. Synonymes de licence et d'immoralité, on leur refusait les sacrements de l'Église, notamment le droit à une sépulture chrétienne, ce qui ne les empêchait pas de prospérer.

Les premiers théâtres permanents ouvrirent à Londres en 1576, à Madrid en 1579, à Paris un peu plus tard. Ils suscitèrent immédiatement des œuvres puissantes et de qualité qui nous donnent une idée de ce que le public pouvait accepter. Nombre de comédies de Lope de Vega critiquent sévèrement l'injustice et les inégalités qui prévalaient en Espagne. Les auteurs anglais appréciaient les personnages vigoureux à la limite de la folie, comme le *Tamerlan* de Christopher Marlowe ; ou encore passionnés, amoraux et assoiffés de pouvoir tel le *Doctor Faust* du même Marlowe ou le *Macbeth* de Shakespeare. S'ils sont fous comme *Le Roi Lear* ou presque tel le Prospero de *La Tempête,* il leur arrive aussi de se montrer pragmatiques et impitoyables comme dans la deuxième partie de *Henri IV* ou dans le *Volpone* de Ben Jonson.

L'aspect peut-être le plus frappant des pièces de cette période, comme d'ailleurs de tout théâtre conçu pour un public populaire avide de distractions, d'action et d'excitation pas nécessairement très raffinées, est l'intensité des effets immédiats, la violence et la complexité de l'intrigue, la couleur et l'invraisemblance des scènes. Dans une comédie française de 1635, l'héroïne déguisée en jeune gentilhomme part à la recherche de son amant qu'elle retrouve sur les côtes de Barbarie après une tempête et un naufrage ; grâce à sa fidèle épée, elle le sauve d'une embuscade tendue par des Arabes, après quoi les deux tourtereaux sont capturés par des pirates dont le chef s'avère être le père de la jeune fille. Fin de l'acte I... Même l'intrigue des comédies de Shakespeare tourne souvent autour d'événements improbables destinés à combler un public avide de sensations.

Dans la France de Richelieu, cependant, les précieuses à la mode, nobles bas-bleus, commencèrent à venir au théâtre et à y imposer leurs goûts. Les femmes qui fréquentaient jusqu'alors les théâtres n'étaient ni cultivées, ni respectables. L'apparition de ce public particulier dans les années 1630 et 1640 imposa un décorum et un savoir-vivre nouveaux. Vers la moitié du XVIIe siècle, le Parlement de Paris avait interdit les mystères et les farces qui survivaient encore, parce qu'ils étaient l'œuvre de « gens ignorants, illettrés (...) un charpentier, un tapissier, un poissonnier, qui jouent les Actes des Apôtres ». Ces artisans incultes, ignorant l'éloquence et le bon ton, incapables de s'exprimer avec décence, en furent réduits à se produire dans les foires ou les villages. Le vrai théâtre, l'art véritable se situaient ailleurs : le raffinement l'emportait sur le naturalisme et les faits le cédaient aux idéaux supérieurs. Finis les drames enjoués et vulgaires, pleins d'aventures et d'intrigues extravaguantes : sous l'influence d'un public riche et cultivé, le théâtre devint, sinon toujours plus convenable, du moins partout plus structuré et en bien des manières plus conventionnel, se préoccupant moins de péripéties que de sentiments et de passions. La dernière compagnie populaire en France (appelée de manière révélatrice, la Confrérie de la Passion) fut dissoute en 1676, tandis que la Comédie Française se constituait en 1680 pour représenter les œuvres que la bonne société approuvait. En 1696, une ordonnance royale bannit les sifflets et les huées du théâtre. Les spectacles populaires avaient vécu. Le décorum régnait en maître.

Puis la préciosité déclina à son tour. Vers la moitié du XVIIe siècle, la tradition maniériste qui tenait la réalité à distance, périclitait. Les gens instruits s'exprimaient désormais plus clairement, comme en témoigne la poésie écrite avant et après les années 1640 : la première contournée jusqu'à la grandiloquence, la seconde plus simple et directe. Le public français appréciait donc les attaques de Molière contre les esthètes compassés dans ses *Précieuses ridicules* (1659) et son solide réalisme, tout comme les Anglais de la Restauration acclamaient les pièces gaillardes d'une nouvelle génération d'auteurs dramatiques.

Plus important, la langue elle-même changeait parallèlement au style littéraire. L'Académie française, fondée en 1635, la Royal Society of England, créée en 1662, instituèrent des commissions pour modifier, clarifier et purifier la langue. Plus les gens apprenaient à lire, plus le style littéraire s'adaptait à un public préférant l'information aux allusions savantes. Tout comme l'explosion de l'alphabétisation du XIXe siècle engendra un langage plus simple, notamment dans le journalisme, se développa au XVIIe siècle une forme de plus en plus fonctionnelle, conçue pour transmettre des faits précis brièvement et clairement. Il en résulterait une dissociation de la poésie et de la prose, la première faite « d'images plaisantes et de visions agréables de l'imagination » (John Locke) mais susceptibles d'égarer le lecteur, tandis que la seconde devenait le support privilégié de la pensée nette et des affaires sérieuses, sans fard, « présentant toutes choses avec autant de clarté mathématique que possible, préférant le langage des artisans, des campagnards et des marchands à celui des hommes d'esprit et des lettrés », ainsi que l'écrivait l'évêque Thomas Sprat (1635-1713) dans son *History of the Royal Society* (1667).

LES ARTS

Le maniérisme

Là où les mots, même parlés, et le savoir, même diffusé, ne sauraient être compris que de quelques-uns, le langage des arts peut s'adresser au grand nombre. Bien entendu, il n'en va pas toujours ainsi. A ses débuts, la Renaissance inclinait à considérer que seuls quelques esprits raffinés — intellectuels, aristocrates, princes, prélats et patriciens — pouvaient apprécier l'art à sa juste valeur. Cette conception ésotérique du goût en tant que privilège d'une élite, seule ouverte aux plaisirs de l'esprit et des sens, avait jeté ses derniers feux à la fin du XVIe siècle avec cette floraison d'œuvres rares et précieuses tant dans la peinture que dans la musique et la littérature, qu'on peut appeler maniérisme : une quête de l'étrange, de l'anormal, une sorte d'alchimie sensuelle et intellectuelle. Alors que la Renaissance essayait de clarifier la réalité, les maniéristes s'écartaient du réel, le déformaient, lui préféraient le domaine de l'imaginaire, où l'artifice suscitait des sensations et des troubles nouveaux. Gongoristes et euphuistes chérissaient l'allusion obscure, l'expression ornée, contournée. Les architectes, comme l'Italien Palladio (1508-1580), compliquaient les lignes et les volumes clairs du style antérieur, faisaient d'un édifice une sorte de jeu intellectuel. Les musiciens préféraient la polyphonie, le mélange coloré de notes et de voix multiples, de plus en plus subtil et délicat, comme dans les œuvres d'un Palestrina (1526 ?-1594) ou dans les tonalités vives et ingénieuses des motets du Wallon Roland de Lassus (1532 ?-1594). Les peintres abandonnaient la logique géométrique des lignes et de la perspective, faisaient éclater la forme et la surface par les contrastes, la lumière et l'ombre (Tintoret, 1518-1594), peignaient des portraits dans des miroirs déformants (le Parmesan, 1503-1540), s'abandonnaient à l'expressionnisme (le Greco, 1541-1614), recherchaient le grotesque (Arcimboldo, 1527 ?-1592) ou un romantisme raffiné (Nicholas Hilliard, 1537-1619).

Une conception de l'art aussi restreinte aux délices des « happy few » ne pouvait durer. Nous avons déjà vu que dans la littérature elle avait été critiquée et doublée par des œuvres plus populaires et plus directes. Le monde ne s'arrêtait pas aux salons de marbre et aux tonnelles fleuries d'une élite raffinée ; on pouvait s'exprimer avec moins d'obscurité délibérée, sous une forme accessible à beaucoup et pas seulement à une minorité choisie. La vérité importait plus que l'abstraction ; la vie, fût-elle quotidienne, plus que la fiction : d'où le réalisme. Le Caravage (1573-1610) apparaît comme le grand représentant de cette réaction contre la délicatesse fébrile et les distorsions du maniérisme : sobre, intense et aussi vivement conscient du monde réel que les maniéristes s'étaient montrés soucieux de l'exclure. Si les peintres de la Renaissance avaient représenté les saints comme des statues antiques, et les maniéristes comme de nobles seigneurs et dames, Caravage les peignait sous les traits de personnes vivantes prises dans la rue, la campagne, le monde de tous les jours.

Mais Caravage ne fut jamais très populaire, malgré son influence, en particulier dans le Nord où sa conscience sociale trouva davantage d'écho que dans le Sud aristocratique. Les conceptions antiélitistes, antiaristocratiques, qu'il exprimait dans ses toiles se reflétèrent avec le plus d'acuité dans la Réforme septentrionale, violemment hostile à l'orgueil temporel de la Renaissance, contestant sa glorification de l'homme, soulignant la Chute, refusant le droit de certains à des privilèges et à des plaisirs déniés aux autres. Les arguments sociaux des protestants affectèrent d'autant plus l'art que tant d'œuvres avaient été consacrées au service de la religion. Le nettoyage du panthéon catholique chassa l'aristocratie des cieux et dénuda les églises. L'iconoclasme protestant ne peut être réduit à un simple philistinisme, même s'il fut parfois cela, tantôt tapageur et destructeur, tantôt aveuglément fanatique. Son rejet des images traduisait également le dégoût de voir couvrir de richesses des objets morts tandis que de pauvres humains mouraient de faim, de soif et de froid. S'ils brisaient statues et images, l'Église avait, elle, brisé les hommes, comme l'écrivit un Gantois. Ainsi l'iconoclastie avait-elle une signification sociale et humanitaire qui séduisait les intellectuels, les extrémistes, et parfois même les pauvres qu'elle entendait aider.

Les protestants inclinaient à la sévérité : ils dépouillèrent le culte et les églises de leurs ornements, dénudèrent les murs et l'âme des croyants, évoluèrent vers l'abstraction aussi bien sur le plan matériel que spirituel. La Contre-Réforme en prit, presque naturellement, le contre-pied. Un décret du concile de Trente exigeait que « par le moyen des histoires des mystères de notre Rédemption illustrées par des peintures ou d'autres représentations, le peuple fût instruit et confirmé dans l'habitude de se rappeler et de continuellement garder à l'esprit les articles de la foi ». On insista sur les dogmes que niaient les hérétiques : il fallait affirmer, souligner, proclamer sans relâche la signification des rites sacrés — messe, sacrements, prières pour les morts, intercession des saints. Les images et les idoles que condamnaient les protestants étaient nécessaires, pour la doctrine et pas seulement pour la polémique, constituaient une partie essentielle de la panoplie de l'Église.

L'art savait toucher les sens et par là l'âme, placer des

exemples salutaires sous les yeux des fidèles de sorte que, disait le concile, ils « puissent être incités à adorer et aimer Dieu, et à cultiver la piété ». L'art allait recourir aux techniques de persuasion, faire appel aux masses et plus à l'élite, s'adresser au cœur et aux nerfs, adopter une qualité théâtrale, insister sur le décor, se préoccuper de l'effet de l'atmosphère sur les sens qu'il chercherait à charmer, à élever, à terroriser. Telle fut l'origine du style que nous appelons baroque ou, du moins, de son alliance avec le catholicisme.

Le baroque

Le baroque dérive de la Contre-Réforme, même si ce n'est pas le seul art qu'elle ait engendré. L'Église avait d'abord réagi au défi protestant par l'austérité et le fonctionnalisme, en cherchant à répondre aux critiques évangéliques par la réforme intérieure, la concentration, presque la sévérité. L'ardeur de ces réactions conduirait à l'intensité d'un Greco ou d'un Jean de la Croix pour culminer dans la rigueur morose de l'Escorial de Philippe II. On a dit de l'art de la Contre-Réforme que c'était une méditation longue et exaltée sur la souffrance et la mort. Cadavres, crânes, squelettes entiers ressuscitèrent la danse macabre au milieu d'un XVIIe siècle obsédé par la mort, ne se préoccupant plus de critique sociale mais de nous rappeler avec brutalité le sort qui nous attend. La sérénité humaniste de la Renaissance cédait la place à la contemplation intense d'un terrible destin, l'harmonie tranquille à des efforts pénibles, le raisonnement à la révélation, l'érudition au mysticisme, la sensualité (parfois camouflée en extase) à une chaste dignité. Dans le passé, les martyrs semblaient triompher calmement de leurs souffrances. On se complut désormais dans les descriptions les plus précises des tourments horribles endurés par les chrétiens de jadis et de naguère, comme ces moines enterrés vivants dont seule la tête dépasse et qui servent de cibles à des joueurs de boules. Toutes ces agonies, peintes, sculptées, gravées, visaient paradoxalement à soulager, consoler, exalter et finalement à instruire.

Non content d'ordonner, le concile avait également interdit. Les images qui évoquaient l'impureté ou des dogmes erronés devaient être supprimées : plus question de peindre les saints et les martyrs sous les traits d'hommes ordinaires dénués de dignité surnaturelle. Il importait désormais de traiter les grands sujets avec grandeur, de bannir la trivialité et la vulgarité. C'est ainsi qu'en 1573 l'Inquisition réprimanda Paul Véronèse pour avoir introduit dans un tableau de la Dernière Cène des personnages ne seyant guère à la dignité de l'occasion — un serviteur qui saignait du nez, des hommes armés en costumes allemands — et lui donna trois mois pour modifier son œuvre. Le Caravage se vit reprocher son réalisme vulgaire : on lui fit grief d'avoir représenté grossièrement les pieds de saint Matthieu ; sa Vierge de Lorette fut condamnée pour sa simplicité et sa ressemblance avec ses plus humbles adorateurs. On trouve là le prélude d'une stylisation de l'art religieux, trop souvent édulcorée jusqu'à la fadeur.

Bologne fut la pépinière de cet art nouveau. C'est en effet dans cette ville récemment annexée par les États du pape, à la forte tradition intellectuelle fondée sur son antique université, aussi éloignée de la mondanité de la Venise marchande que de la frivolité sensuelle de Florence, que naquirent deux des souverains pontifes à l'esprit le plus didactique : Grégoire XIII (1572-1585), à l'origine du calendrier grégorien et d'une multiplicité de collèges et d'écoles ; et Grégoire XV (1621-1623), fondateur de la Congrégation pour la Propagation de la Foi, entreprise éducative à l'échelle universelle. C'est également à Bologne que se développa l'école de peinture la plus typique et la plus influente de la Contre-Réforme, celle des Carrache : deux frères, Agostino (1557-1602) et Annibale (1560-1609), et un cousin, Ludovico (1555-1619). Cette talentueuse famille, en particulier Agostino, fut en effet la première à exiger que les formes soient au service des idées et non simplement complémentaires. Les idées devaient primer, devaient guider la main de l'artiste, subordonner ses images au message. Plus de préoccupations hors de propos, comme chez Raphaël, avec l'élégance d'une pose ou le charme d'une silhouette ; fini le souci premier d'un Michel-Ange pour les possibilités du corps humain dans toutes les attitudes concevables ; foin de la distraction des nains, des chiens ou des courtisans, comme chez Véronèse. Il ne s'agissait plus que de reproduire clairement des scènes édifiantes, rendues aussi dramatiques et émouvantes que possible.

Giotto et Fra Angelico avaient été des peintres chrétiens sans doute, mais pas assez accessibles pour satisfaire le public ou les mécènes d'une époque plus tardive. Leurs successeurs de la Renaissance, s'ils étaient des maîtres, apparaissaient souvent peu religieux. Les Carrache produisaient des œuvres que tous pouvaient saisir et apprécier, des tableaux qui survivent encore dans l'imagerie pieuse parce qu'ils exhalent un fort sentiment religieux. Il faut souligner que Ludovico avait étudié à l'université de Bologne, rare accomplissement dans le monde des artistes, et l'académie qu'il fonda dans les années 1580 influença, ainsi que les nombreuses peintures du trio familial, les œuvres de leurs disciples : le Guide, le Guerchin, le Dominiquin et bien d'autres, décorateurs préférés des églises de la Contre-Réforme qui firent, une fois de plus, de leurs murs, la Bible du peuple.

Tous les peintres voyageaient beaucoup. Les artistes avaient toujours été des vagabonds qui se retrouvaient autour d'un projet, se dispersaient ensuite, allaient de-ci de-là, d'église en villa en palais, reprenant souvent une fresque, un dôme, un polyptyque, où d'autres l'avaient laissé ; tantôt décorateurs, tantôt architectes, mais toujours, même les plus humbles (maçons ou tailleurs de pierre), vecteurs du goût et de la mode qui seraient imités pendant des générations dans les provinces ou les villes touchées par leurs pinceaux, leur ciseau ou simplement par leurs conversations dans les tavernes. On trouvait des artistes flamands en Italie et en Espagne (où ils décorèrent la cathédrale de Séville), des Portugais à Bruxelles, et qui n'a pas entendu parler des pérégrinations de ce jeune Crétois, Domenikos Theotokopoulos, qui, après avoir appris son art à Venise auprès du Titien et de Tintoret, s'installa à Tolède où il devint célèbre sous le nom du Greco. Le mélange d'imagination et de réalisme du Greco fit pénétrer en Espagne non seulement le maniérisme de Tintoret, retouché par son propre génie, mais aussi la magie sulfureuse et métallique des couleurs vénitiennes.

Nombre d'Espagnols tirèrent leur inspiration plus directement d'Italie : Ribera (1588-1652) quitta Valence pour Rome, puis s'installa à Naples jusqu'à sa mort pour peindre dans le style violemment réaliste du Caravage ; Velasquez (1599-1660), admirateur du Corrège et de Ribera ; Murillo (1617-1682), qui apprit tant des Carrache. Pas seulement les Espagnols, pourtant : l'inspiration de l'Europe du XVIIe fut italienne, comme elle serait française au XVIIIe. Nicolas Poussin et nombre de ses compatriotes ; Rubens, Van Dyck et tant d'autres Flamands ; tous allèrent chercher leurs couleurs à Venise, leurs sentiments à Bologne, leur christianisme à Rome. Et, lorsqu'au milieu du XVIIe siècle, l'Église militante céda la place à l'Église triomphante, ce furent ces hommes qui contribuèrent à transformer sa gravité en joie, son austérité en exubérance, avec toujours plus de raffinement, de majesté et de richesse.

Rubens, Ribera, Murillo, Zurbaran et la multitude des artistes moindres devaient peindre exactement ce qu'on leur disait de faire ; des théologiens, qui savaient précisément ce qu'ils voulaient montrer, déterminaient leurs sujets. Cette démarche n'avait rien de révolutionnaire, sinon par le détail et la précision des instructions, et peu d'artistes y objectaient, car la plupart partageaient la piétié de leurs contemporains : Ludovico Carrache, pour se faire pardonner une vie peu édifiante, passa ses derniers jours chez les capucins de Bologne à prier et à peindre un saint Pierre déplorant ses péchés ; le Dominiquin (1581-1641) commençait toujours le portrait d'un saint en le priant ; Jacques Callot (1592-1635) assistait chaque jour à la messe avant de se mettre au travail ; Philippe de Champaigne (1602-1674), peintre ordinaire de la reine mère, eut une fille qui se cloîtra à Port-Royal, où il se retira lui-même à la fin de ses jours ; Murillo, qui passa la plus grande partie de son existence dans des couvents et des églises, appartenait à une confrérie de Séville qui enterrait les noyés et les victimes de meurtres et consolait les condamnés à mort. Puisque la piété était générale les instructions n'avaient rien d'insupportable. D'ailleurs, comme le disait le Bernin, sculpteur et architecte : « La soumission n'est nécessaire que dans les affaires de foi ; l'homme a sinon une entière liberté dans toutes les sphères de la vie. »

On purgea les églises aussi bien que les toiles. On fit disparaître l'obscurité, les cloisons et les piliers qui empêchaient les fidèles de ne faire qu'un dans le culte comme pendant le sermon. La nouvelle architecture privilégia la visibilité, la lumière, l'acoustique, pour que chacun pût suivre chaque mouvement de la liturgie, chaque mot du prédicateur, chaque ligne du missel. Les premiers à concevoir ces formes nouvelles, préférant la simplicité, l'économie et la commodité, furent les jésuites. Tout comme certains architectes du XXe siècle envisageaient la maison comme un dispositif pour habiter, ils voyaient l'église comme un dispositif pour prier et prêcher, fonctionnel et éloquent. Ce n'est que plus tard que le baroque dora et ornementa les sobres édifices issus du concile de Trente.

Entre 1568 et 1575, pendant que s'achevait Saint-Pierre, s'édifiait à Rome l'église de Jésus — le Gesù — prototype de tous les sanctuaires jésuites, dont la géométrie sèche et la conception grandiose serviraient bientôt de modèle dans tout le monde catholique. La sobriété initiale, cependant, se transformerait rapidement en somptuosité. Les protestants prônaient la retenue, détestaient les images et les ornements.

L'Église se devait donc de faire le contraire. Là où Dieu était présent, aucune magnificence ne pouvait être trop grande. « L'église, écrirait un chroniqueur catholique, est une image du ciel sur la terre. Dieu la remplit tout entière. Comment pourrions-nous ne pas l'orner avec tout ce qu'il y a de plus précieux ? »

Le Gesù regorgeait de richesses. De même que la *Rhétorique* d'Aristote représentait le couronnement des études dans les collèges jésuites, elle inspirait également l'art qu'orientait la Compagnie de Jésus : de poétique, il devint hautement déclamatoire. Les images les plus frappantes possibles insinuaient ou assenaient la vérité des dogmes contestés ; la dévotion populaire s'exaltait — et exigeait — des décorations exubérantes, des vastes dimensions, des chapelles et des autels pleins de couleurs et de mouvement, environnés de cohortes de statues. L'art se fit dramatique comme il convient dans les pays méditerranéens où la contre-offensive fut lancée ; voluptueux dans le style outré de la péninsule où était né Loyola ; théâtral dans cet âge théâtral où tout, y compris le théâtre lui-même, apportait de l'eau au moulin des jésuites. Plus il était populaire plus il se montrait excessif, ainsi qu'en témoignent l'œuvre flamboyante de l'Espagnol José Benito Churriguera (1665-1725), les cloîtres dans le style crème fouettée et pièce montée où affluaient les pèlerins de Bavière et d'Autriche, la décoration joyeusement surchargée des sanctuaires sud-américains. Les œuvres et les édifices baroques semblent toujours en mouvement : ils foisonnent, chatoient, jaillissent, se tendent, s'enflent, débordent. Même ce qui paraît massif, stable, est une illusion, participe à un spectacle permanent de perpétuel changement.

La musique, sacrée et profane, se transforma également, elle aussi dans deux directions opposées, tout en partageant les mêmes buts : par-dessus tout, le désir désespéré de communiquer. Les compositeurs, déclarait Vincenzo Galilée, père de l'astronome, dans un ouvrage de 1581, doivent « exprimer les conceptions de l'esprit et (...) les imprimer avec la plus grande efficacité sur les esprits des auditeurs ». Sur le plan religieux, cela signifiait l'abandon des thèmes profanes au profit de motifs inspirées du chant grégorien, et Palestrina, par exemple, exigeait que les paroles soient audibles. Cela déboucha également sur la naissance du drame musical moderne. Sans doute associait-on chansons et airs à l'art dramatique depuis au moins les miracles et les moralités du Moyen Age, mais c'est vers 1600 que le premier opéra, avec dialogue mis en musique, fut représenté à Florence. La propagande cléricale mobilisa immédiatement ce genre nouveau à son service : la même année, en effet, un opéra allégorique fut joué à l'oratoire de Philippe Neri à Rome : on appela *oratorios* ces drames religieux lyriques et allégoriques, souvent interprétés sur le parvis des églises pour l'édification du peuple. Des concerts publics, essentiellement d'œuvres sacrées, seraient donnés d'abord en Angleterre (1672) et en Allemagne (1673), puis en France. En dehors de l'Italie, des représentations publiques d'opéras auraient lieu à partir de la seconde moitié du XVIIIe siècle.

En Angleterre, entre-temps, un autre divertissement médiéval, le masque — spectacle de cour coûteux et exclusif, mêlant musique, poésie et mimodrame — devenait une forme d'art à part entière, mobilisant des poètes comme Ben Jonson et Milton, des compositeurs comme Henry Purcell (1659-1695) et des décorateurs comme Inigo Jones (1573-1652), dont les mises en scène de théâtre lui apporteraient la célébrité longtemps avant qu'il n'imposât son talent d'architecte. La poésie sonnait évidemment mieux en musique (en vérité, une bonne partie était composée pour être chantée), et les pièces — didactiques ou simples divertissements — touchaient plus de monde lorsqu'elles s'accompagnaient de mime et de danse.

La splendeur, l'ampleur et le désir d'impressionner fortement dominent toutes les manifestations de l'époque. Peut-être l'harmonie contrapuntique que nous associons à Jean-Sébastien Bach (1685-1750) — grand organiste et compositeur aussi prodigieux par la quantité que par la qualité — en est-elle le meilleur symbole : accumulation d'image musicales, vaste organisation architecturale, structures élaborées obtenues par le déploiement et l'ornementation de quelques thèmes de base.

Les tendances didactiques et édifiantes contrastaient avec la tradition maniériste, plus exubérante et plus élitiste. La couleur et la courbe triomphaient, le contraste et l'effet entendaient délibérément éblouir, tant dans la peinture de Tintoret et de Véronèse que dans la musique du Vénitien Giovanni Gabrielli. Rayonnant sur la toile comme dans les sons, le pittoresque s'exprimait dans les couleurs et dans les chœurs avec les mêmes qualités de lumière et d'ombre, les effets polyphoniques répondant aux effets polychromes. La pompe monumentale et fleurie de Véronèse renvoyait à la grandiloquence des nouvelles messes festives, comme celles qu'Orazio Benevoli composa pour l'inauguration de la nouvelle cathédrale de Salzbourg en 1628. Les contrastes soudains de *fortissimo* et de *pianissimo* dans le premier chœur de la *Passion selon saint Matthieu* de Bach (1729), les structures complexes de ses *Concertos brandebourgeois*, les inventions de sa *Fantaisie chromatique*, évoquent les effets de couleur que l'on trouve dans l'*Orfeo* de Monteverdi (1607).

Le *Paradis perdu* de John Milton (1608-1674) donne la même impression de puissance et de magnificence que les œuvres de Bach. Profondément engagé dans la politique et la polémique, entré en 1649 au service de la République comme auteur et traducteur de documents diplomatiques, devenu aveugle, disgracié par la Restauration, Milton entreprit de raconter :

> La première désobéissance de l'homme, et le fruit
> De cet arbre défendu dont le goût mortel
> Apporta la mort dans le monde, et tout notre malheur.

Ce poème de la Chute, écrit par un homme profondément religieux, fasciné par la majesté de Satan déchu, « maudit quoique immortel », est la plus caractéristique des épopées baroques, avec ses harmonies d'orgue dignes d'un Bach, la richesse de ses images et de ses métaphores, la grandeur et la fulgurance de visions évoquant un Rubens, son ambition de chanter « des choses jamais encore tentées en prose ni en vers », à la hauteur des dimensions héroïques de l'époque.

Sur un niveau plus humble, son contemporain John Bunyan (1628-1688) lui fait écho dans son *Voyage du pèlerin* (1678), pérégrination allégorique du chrétien parmi les tentations de la vie. Chaudronnier, rebelle, vétéran de la guerre civile anglaise, incarcéré une douzaine d'années dans la prison de Bedford, prédicateur « non conformiste », Bunyan s'exprimait dans le langage de la Bible du roi Jacques Ier, sérieux et frappant à la fois, s'adressant aux gens simples formant ses auditoires en termes simples, concrets et majestueux pour donner un des classiques du christianisme réformé et de la langue anglaise.

Le baroque fut donc multiple. Populiste, réaliste et concret avec le Caravage, Bunyan ou saint Philippe Neri ; rhétorique et théâtral avec les jésuites et les Carrache ; spirituel et dramatique avec Milton en Angleterre, Zurbarán en Espagne ou Georges de La Tour en France ; janséniste et sobre avec Philippe de Champaigne ; vigoureux et délicat avec Velasquez ; lumineux et riche avec Rubens. Le paradoxe de ce qu'on a appelé l'art démocratique d'une société aristocratique se révèle dans le *Jugement dernier* du grand peintre flamand, peint pendant la deuxième décennie du XVIIe siècle. Dans cette toile somptueuse, la violence du mouvement, la richesse de la forme, la véhémence des couleurs, le contraste entre la lumière et l'ombre créent une Apocalypse aux victimes mieux en chair et plus désirables que la plupart de ses spectateurs probables. Aujourd'hui Rubens apparaît comme le grand représentant du style baroque, combinant dans son exubérante production la vivacité et la pompe, l'éloquence et la subtilité, le Nord et le Sud, grâce à un pinceau qui enchanterait Watteau et Delacroix, Renoir et Picasso.

Une telle diversité de styles correspondait à la multiplicité de la clientèle. L'Église n'était pas plus le seul mécène au XVIIe siècle qu'au XVe. Au contraire, c'était la grande époque de l'esthétisme et des collectionneurs. Rubens fit un excellent diplomate parce que tant de personnes admiraient sa peinture. Ainsi parvint-il en 1630 à établir la paix entre ses commanditaires, le roi d'Angleterre et le roi d'Espagne, Charles Ier et Philippe IV. Marie de Médicis et Richelieu rivalisaient dans leurs collections comme en politique ; en mourant, le cardinal Mazarin soupirait non après son âme mais après sa collection d'œuvres d'art. L'électeur Maximilien à Munich, passionné de Dürer ; l'excentrique empereur Rodolphe II, protecteur dans sa cour praguoise d'Arcimboldo et de Barholomeus Spranger ; la reine Christine écrivant à ses généraux d'expédier en Suède les livres et les tableaux de l'Europe centrale qu'ils ravageaient, ne sont que les plus avides collectionneurs de leur temps. Sans oublier le roi Charles d'Angleterre, « peut-être le plus grand protecteur royal des arts de tous les temps », au milieu de « la dernière cour de la Renaissance en Europe », selon la formule de l'historien Trevor-Roper. Les collections du souverain anglais, ses commandes à Rubens, à Van Dyck, à Inigo Jones (inspecteur royal des bâtiments publics), ses achats de Rembrandt et de Titien (il se rendit en Espagne pour conquérir la main de l'infante et en revint à la place avec une collection de Titien), sa protection des poètes et des musiciens incitèrent les nobles anglais à l'imiter, à importer des sculptures européennes, à amasser de vastes galeries de tableaux, à se construire des villas à la Palladio dans des parcs à l'italienne, cadres rêvés pour la représentation du *Comus* de Milton avec la musique que Henry Lawes composa pour l'accompagner. Ce n'était pas la pensée ou l'intellect qui animait ces hommes mais l'esthétisme et le goût du théâtre, mais cela suffit pour susciter une brève floraison vite étouffée par l'éruption de la guerre civile.

La réaction classique

Par un mouvement pendulaire, le goût du public revenait à des conceptions différentes. Certains désapprouvaient la variété et la ferveur excessives de l'art baroque ; beaucoup en déploraient l'anarchie esthétique. Choqués par le désordre artistique aussi bien que politique, les hommes se tournaient de plus en plus vers la discipline et l'ordre de la raison, dans les arts comme dans la société. Trop de subjectivité débouche sur le chaos. La pensée, tel était l'antidote que glorifiait Descartes, que les temps nouveaux respectaient. La pensée, non le sentiment. « L'intelligence seule peut percevoir la vérité », écrivait Spinoza, peut essayer de saisir la réalité « sous une forme éternelle », selon les lois « des choses fixes et éternelles (...) par lesquelles toutes les choses particulières arrivent et s'ordonnent ». La philosophie offrait désormais l'unité que la religion n'apportait plus. Descartes, Spinoza, Newton, proposaient tous une « philosophie efficace », l'ordre et la règle que le monde avait perdus.

Cette quête d'un ordre universellement valide se traduirait sur le plan esthétique par les compositions harmonieuses de Poussin, les normes restrictives de l'académie de Le Brun, les nobles édifices de Le Vau, les élégants jardins de Le Nôtre : l'ordre monumental personnifié par Louis XIV. L'idéal classique réclamait l'uniformité du style, abhorrait la fantaisie ogivale, depuis Molière qui rejetait le « fade goût des ornements gothiques » jusqu'à Rousseau qui estimait que les portails des églises gothiques ne subsistaient que pour la honte de ceux qui avaient eu la patience de les faire. Au XVIIe siècle, les chanoines de l'abbaye royale de Saint-Denis en firent détruire la façade à coups de marteau ; au siècle suivant, par dégoût des vulgaires couleurs médiévales, certains vitraux de la cathédrale de Reims furent remplacés par des vitres blanches. Rien ne pouvait mieux servir les buts classiques que la référence aux modèles antiques. Déjà pour le couronnement de Louis XIV, on avait tendu l'intérieur de la cathédrale de Reims de draperies afin d'essayer de transformer la nef gothique en temple grec. A la veille de la Révolution on envisageait sérieusement de transformer la façade de Notre-Dame de Paris pour lui donner l'aspect du Panthéon de Rome. Telle fut la réaction à l'extase baroque. Le baroque, ainsi que l'a défini l'historien d'art Heinrich Wöllflin, est un *style musical*, destiné à stimuler les émotions et les sensations, mettant l'accent sur la couleur et la suggestion, sur la lumière, la mobilité et l'atmosphère ; l'art classique est *architectural,* il recherche des définitions stables, préfère la forme et la ligne, la symétrie et l'unité. La roue avait fait un tour complet entre la résurrection classique de la Renaissance et cette nouvelle résurgence du classicisme.

Le palais de Versailles témoigne de la pertinence du jugement de Wöllflin. En peinture comme en politique, le nouvel idéal qu'il incarne est statique et non dynamique. La raison, telle que les architectes et les artistes de l'époque la concevaient, se présentait ni comme une avenue ni comme des montagnes russes mais sous la forme d'une structure magnifique. Le mouvement est presque entièrement exclu des grandes œuvres du temps ; la symétrie, le symbolisme, les abstractions dépouillées s'imposent, comme dans la lucidité aseptique, les formes et les couleurs froides du plus intellectuel des peintres, Nicolas Poussin (1594-1665). Celui-ci, qui passa la plus grande partie de sa vie à Rome, trouvait sa clientèle dans la haute bourgeoisie française. Un de ses disciples décrit ainsi sa méthode : lorsqu'un peintre a fait un dessin à partir d'un modèle vivant, il devrait entreprendre une autre étude de la même figure sur une feuille séparée en essayant de lui donner le caractère d'une statue antique. Autrement dit, les artistes devraient peindre la nature non telle qu'elle apparaît ordinairement mais ainsi qu'elle devrait être dans sa plus grande perfection. Éliminer l'accidentel, l'accessoire, l'irrégulier, le superflu qui distrait l'attention. Concentrer, choisir, simplifier, purifier. Comme le corset qui restreint cette méthode souligne également. Dans les tableaux comme au théâtre, l'intensité dramatique croît d'autant plus que l'action est concentrée. Plus le vocabulaire devient rigide, plus le rythme maîtrise inexorablement les vers du poète et plus la ligne enserre les formes du peintre, plus une certaine richesse, loin de se perdre, se déploie ; richesse largement intérieure — symbolique, psychologique, sentimentale —, apanage d'une nouvelle élite. La peinture comme le théâtre ne s'intéressent pas aux événements mais au caractère, et c'est particulièrement évident si l'on regarde la scène.

Les événements qui remplissent les romans picaresques apparaissent désormais comme des incidents fortuits au milieu d'un destin significatif. Ceux qui importent vraiment se déroulent surtout intérieurement, là où ils peuvent être contrôlés, là où, en tout cas, se situe l'action véritable. Puisque le temps et le lieu risquent de distraire, il vaut mieux concentrer l'action dans une durée raisonnable — vingt-quatre heures — qui forcera l'auteur dramatique et le spectateur à se limiter à l'essentiel : non des aventures accessoires mais les problèmes psychologiques dans lesquels la volonté devient le héros réel de l'histoire.

Le premier grand adepte de ce style différent avait été un avocat normand, Pierre Corneille (1606-1684), dont *Le Cid* (1637), qui raconte les amours d'une jeune fille avec le meurtrier de son père, tire tout son intérêt de la lutte des héros pour soumettre leurs passions à la volonté et leur raison vulgaire à la dialectique supérieure du devoir. Pourtant les situations de Corneille étaient encore trop compliquées et c'est à Jean Racine (1639-1699) qu'il reviendrait d'atteindre la perfection du style tragique. L'action de ses pièces est claire, simple et largement dénuée d'incidents accessoires, elle se concentre entièrement sur l'analyse psychologique des motifs et des passions des personnages. La psychologie de Racine n'est pas plus profonde que celle de Shakespeare, mais située dans un cadre plus dépouillé, plus abstrait, la lumière jetée sur les processus spirituels et mentaux devient plus intense parce que plus isolée. Voilà pourquoi ses œuvres atteignent le sommet de l'art dramatique classique.

On a presque le sentiment que le style classique convenait tout particulièrement à la centralisation nouvelle de l'État, à l'affirmation de la primauté de la monarchie, à la majestueuse dignité de l'ordre nouveau. Il instruisait en distrayant, reflétait l'éthique de l'époque. Aussi, en France, après 1660, les opéras de Lully, naguère encore pétillants et légers, adoptèrent la solennité éclatante et les allures monumentales de Versailles, devinrent majestueux, impersonnels, plutôt froids mais sévèrement impressionnants. Mais rien ne pouvait symboliser la puissance royale de manière plus spectaculaire que Versailles lui-même. Ce projet gigantesque coûta prodigieusement cher : sur un budget de l'État d'environ cent vingt millions de livres, la construction du château commença par représenter quelque cinq millions par an pour atteindre entre quinze et vingt-cinq millions l'an après 1678 ; vingt-deux mille ouvriers y travaillaient en 1682, trente-six mille en 1683. Dans le parc de quatre-vingt-treize hectares, on installa mille quatre cents fontaines et vingt-cinq mille arbres furent plantés en une seule année pour que le roi pût en jouir à leur taille adulte. Merveille de l'époque, la grande machine de Marly — quatorze roues hydrauliques et deux cent vingt-trois pompes — alimentait les fontaines avec les eaux de la Seine. Puis, en 1682, Louis XIV s'installa définitivement à

Versailles, et de 1693 à 1700 il ne remit pas une seule fois le pied à Paris. Il y effectuerait sa dernière visite en 1706. Versailles devint le monument de sa splendeur mais aussi sa retraite, son Escorial. Avec lui, il n'y a que grandeur, magnificence et symétrie, déplorait Mme de Maintenon, et il vaut mieux supporter les courants d'air piquants des portes, du moment qu'elles se font face. Il faut mourir symétriquement !

En dehors de Versailles, aussi, les splendides décors scéniques qui ne manquaient jamais d'exalter Jupiter ou le Soleil étaient reproduits dans l'architecture urbaine. A Rome, à Paris, à Turin, on édifia de grandes places (comme la place Vendôme, achevée en 1686) ; de conception théâtrale plus qu'organique, elles tournaient autour de la statue du monarque qui régnait sur le site comme sur l'État. L'esprit cartésien s'imposait là aussi. Le *Discours de la méthode* critiquait en effet les villes poussées au hasard et dont les divers édifices, même beaux, donnent l'impression que « c'est plutôt la fortune que la volonté de quelques hommes usant de raison qui les a ainsi disposés ».

Pourtant, le classicisme autant que le baroque couraient un risque qu'aucun n'éviterait : ostentatoires et grandioses, ils pouvaient confondre la magnificence et l'opulence, la pompe et le pompeux, la dignité et la prétention, et tomber dans la vulgarité même qu'ils voulaient éviter. Les académies créées pour codifier les arts et les lettres les desséchèrent[1] ; la rigueur des règles nouvelles, jadis vivifiante, engourdit et racornit, la discipline se fit pédanterie, l'art hardi de l'illusion tourna à l'artifice au point qu'il ne resta plus guère que la taille et l'affectation pour couvrir la réalité et étouffer l'initiative. Ce serait le côté négatif du classicisme, contre lequel le XVIIIe siècle réagirait à son tour.

1. Nous pouvons voir comment se creusa le fossé entre artisans et artistes à mesure que les académies codifiaient le travail de ces derniers. En France, en 1671, les vitriers se virent expulser de la corporation des verriers, les sculpteurs quittèrent la guilde des charpentiers. Peintres et sculpteurs n'étaient plus des travailleurs manuels mais quelque chose de supérieur, de plus noble, parfois littéralement. Le Brun fut anobli en 1662, Le Nôtre en 1675, Mansard en 1683 ; Mignard, peintre du roi, laissait à sa mort plus d'un million de livres.

Le réalisme ?

Cette réaction encore à venir naîtrait parmi les réalistes, héritiers du Caravage en Italie ou en Espagne, qui peignaient des scènes populaires (souvent pour l'amusement des nobles qui s'étonnaient de leur vulgarité bouffonne) et surtout dans les Pays-Bas bourgeois. La représentation réaliste de scènes et de gens humbles s'était toujours maintenue dans le Nord. Les préoccupations sociales de la Réforme ravivèrent cet intérêt. Particulièrement en Hollande, se développa un nouvel art profane, souvent individualiste, insistant volontiers sur la libre observation et le libre arbitre, à l'intention d'un marché libre composé non d'ecclésiastiques et de souverains mais de laïcs des classes moyennes, accordant désormais à l'homme l'attention qu'ils réservaient jadis à Dieu.

La peinture est un métier et les tableaux sont une marchandise qu'on peut utiliser pour la montre ou l'investissement et surtout pour remplir un mur vide. Boutiquiers, aubergistes, paysans achetaient des toiles, parfois à la foire. Tel riche bourgeois d'Amsterdam, libraire dans les années 1670, possédait quarante et un tableaux. Et l'on trouvait probablement infiniment plus de gravures, beaucoup moins chères. Les peintres travaillaient à la commande : tous les quarante Vermeer que l'on connaît furent exécutés à la demande. Si les artistes étaient opportunistes, ils produisaient ce qui plaisait au public : natures mortes, scènes de la vie quotidienne, paysages familiers, surtout ces portraits à la gloire du commanditaire dont un atelier peignit à lui seul quelque cinq mille exemplaires. Au XVIIe siècle dans toute l'Europe de l'Ouest, mais aux Pays-Bas plus qu'ailleurs, le portrait répondait au besoin d'ancêtres et de prestige caractéristique de l'époque. Les portraits de famille pendaient comme plus tard les photos de famille. Dans des cercles plus élevés, ils servaient aussi aux hommes d'État et aux financiers soucieux de savoir à qui ils avaient affaire. A Paris, Catherine de Médicis avait réuni un nombre considérable de dessins à cette seule fin.

La peinture de genre, très prisée elle aussi, décrivait des épisodes caractéristiques ou fournissait un sujet de conversation ; elle privilégiait les thèmes populaires voire « vils » : rixes de tavernes, fêtes plébéiennes ou les vulgaires activités des marchés. La Réforme avait banni les scènes religieuses et le marché de l'Église se réduisait à rien ou presque. Le symbolisme subtil, allégorique, était passé de mode. Objectif, concret, soucieux de couleur locale, le peintre hollandais typique refusait le genre héroïque. Ses œuvres, pleines de détails méticuleux, sans embellissements ou presque, rendaient un hommage constant au matérialisme.

Ce réalisme avait de nettes implications sociales : portraits de groupe qui témoignaient de l'activité civique et corporative de la nouvelle société[1] ; qualité polémique des tableaux de genre de Van Ostade ou de Jan Steen, qui opposent les classes inférieures, libres et malpropres, aux bourgeois sombres et austères, et dont Louis XIV sentit le caractère révolutionnaire ; la nouveauté vivante et évocatrice de paysages peints sur le vif ; la propreté douillette d'un confortable foyer bourgeois : tout cela était bien loin des valeurs qui prédominaient dans le monde extérieur. Ce joyeux matérialisme serait transcendé dans l'œuvre de Rembrandt (1606-1669), plus spirituel et brûlant qu'aucun de ses contemporains. Mais on n'apprécia guère sa grandeur à l'époque. Les problèmes d'ombre, de lumière, de dramatisation de la composition l'obsédaient tant que la plupart des gens qu'il portraiturait ne se reconnaissaient pas sur la toile, tandis que le côté étrange, énigmatique, de sa peinture gênait les spectateurs. On admirait son habileté technique mais on critiquait la manière dont ses tourments spirituels et ses recherches plastiques affectaient son style. Douze ans après la mort de Rembrandt, une grande figure littéraire hollandaise regrettait que ce pauvre homme eût aussi mal utilisé ses talents et se fût obstiné à choisir des modèles aussi vulgaires que des lavandières ou des paysannes plutôt que quelque « Vénus grecque ». Quant à Samuel van Hoogstraten (1627-1678), jadis élève de Rembrandt, il soulignait l'importance des règles et des valeurs que son maître avait ignorées pour conclure : « L'art de peindre est à mon sens si noble que l'on n'est pas loin de l'avilir si l'on s'en sert pour représenter un objet qui ne mérite pas en soi d'être contemplé. Il ne devrait placer sous nos yeux que ce qui est charmant et élégant. »

Aux Hals, Rembrandt, Terborch, Van Goyen et Solomon Van Ruysdael, succéda une génération de peintres distingués nés entre 1620 et 1640 : paysagistes comme Jacob Van Ruysdael (1628 ?-1682) et Meindert Hobbema (1638-1709) ; auteurs de scènes intimes tels Pieter de Hooch (1626-1679) et

1. L'essentiel de la production et de la réputation de Frans Hals (1580 ?-1666) se fonda sur des portraits, individuels et de groupe, dont beaucoup représentaient des compagnies de la garde civile ou les administrateurs de diverses institutions.

Jan Vermeer (1632-1675). Mais il était impossible de résister à l'influence de la France et de l'Italie. Les artistes qui ne voulaient pas abandonner la vieille tradition eurent du mal à subsister : ils ne répondaient plus au goût de la période de prospérité qui suivit la paix de Westphalie. Rembrandt fit faillite en 1658 et fut contraint de vendre ses collections. Quelques années plus tard, Haarlem accorda à Hals vieillissant une petite pension annuelle en souvenir de sa gloire passée. Steen dut se faire aubergiste, Vermeer mettre ses toiles au mont-de-piété pour manger ; les paysagistes ne vendaient rien : Ruysdael et Hobbema se retrouvèrent réduits à la charité. Le style italianisant qui subsistait dans le Sud fut d'abord à la mode et ses partisans l'importèrent d'Anvers à La Haye pour décorer les nouveaux palais de la famille d'Orange ; puis on ne jura plus que par l'académisme inspiré des Français, copié sur Poussin et Le Brun. Une lumière claire, des contours nets, de nobles sujets, l'élégance, présidèrent à la décoration de l'Hôtel de Ville d'Amsterdam et des palais de la noblesse. C'étaient les architectes œuvrant dans le genre classique qui bâtissaient les grandes demeures et les édifices publics de l'époque nouvelle, les peintres travaillant à la manière française ou italienne qui obtenaient les commandes et vendaient leurs œuvres : sujets bibliques ou mythologiques, paysages encombrés de nymphes et de satyres, de bergers et de bergères qui contrastaient violemment avec la vision réaliste que nous associons à l'art hollandais du XVIIe siècle.

En équilibre instable entre le confort et la crise, les Hollandais vivaient intensément dans leurs cités florissantes, dans leurs maisons élégantes mais étroites si différentes des palais emphatiques d'autres nations, dans leur pays souvent inondé, et non sur le mont Olympe ou dans quelque passé héroïque et brutal. Ils vivaient au présent. D'où le réalisme. D'où aussi sa dévaluation à mesure que la nouvelle oligarchie se piquait de prétentions aristocratiques et que la sobriété le cédait, là aussi, à l'ostentation. La Hollande n'avait donc vaincu ses ennemis que pour leur ressembler : c'en fut alors fini de sa contribution à la culture européenne. Le style classique triomphait. Pour quelque temps.

LA SCIENCE

Le développement de l'esprit critique en littérature, l'essor d'attitudes rationnelles, la victoire de l'ordre et du système sur les initiatives excitantes et aventureuses mais lancées au hasard sont encore plus évidents dans le domaine scientifique.

La conception traditionnelle

La conception médiévale du monde matériel se fondait sur celle des Grecs anciens et surtout d'Aristote. Ange tutélaire des écoles du Moyen Age, Aristote enseignait que le monde était un système clos, stable, fixé une fois pour toutes au cœur d'une sphère piquée d'étoiles fixes. Au sein de cette sphère extérieure, deux parties : les cieux et le monde « sublunaire » — l'un composé d'éther incorruptible dans lequel des corps célestes portés par des orbes invisibles tournent en un mouvement uniforme, circulaire et éternel ; l'autre, le nôtre, situé dans une position inférieure sous la lune, instable, corruptible et constitué de quatre éléments fondamentaux : la terre, l'eau, le feu et l'air. Au tréfonds de celui-ci, dans les entrailles de la terre, les théologiens situaient l'enfer d'où les suppôts de Satan surgissaient pour semer le trouble dans l'humanité.

Dans un monde où tous les corps et les puissances célestes se comportaient comme des êtres humains — aimant, haïssant, s'accouplant, avec leurs amis et leurs rivaux particuliers, accommodants et favorables quand leur parcours les rapprochait de leur constellation préférée, furieux et hostiles quand ils entraient en opposition avec quelque planète rivale — forces matérielles et spirituelles s'interpénétraient tellement que le ciel de l'astrologue reflétait sur une échelle plus vaste les passions et les possibilités du monde inférieur.

Partout, des sympathies et des correspondances obscures reliaient les étoiles, les minéraux, les plantes et les organes. Comme les cieux, la nature autour de nous apparaissait anthropomorphe, ses parties, comme celles de notre corps, se répondaient les unes les autres en un mystérieux réseau d'attractions et de répulsions comme celui que tissaient les étoiles. Dans la longue chaîne de l'être, le monde de l'homme et celui de la nature se pénétraient, dépendaient l'un de l'autre : les désordres de la société se manifestaient sous forme de fléaux naturels, épidémies ou sécheresses, tandis que les bouleversements des cieux laissaient prévoir leur équivalent sur terre. « Les cieux eux-mêmes présagent la mort des princes », nous dit Shakespeare, et nul n'oubliait que la naissance du Christ avait été annoncée par une étoile.

On pouvait deviner par la logique et l'analogie la relation entre les corps célestes et humains, entre les mouvements des planètes et les activités humaines. « Ces récentes éclipses du soleil et de la lune n'augurent rien de bon pour nous », grommelle un personnage du *Roi Lear*. Le soleil dominait le cœur, la lune le cerveau, Mars donnait du courage, Vénus de la sensualité. La conjonction de certaines planètes pendant leur course créait des circonstances spéciales : Saturne et Mars risquaient d'apporter la syphilis, Saturne et Jupiter la peste, les phases de la lune commandaient les saignées, les purges, les coupes de cheveux et, bien entendu, le calendrier du paysan. La causalité matérielle, lorsqu'elle était perçue, était ramenée à l'activité de ces invisibles forces magiques, aussi Catherine de Médicis consultait-elle Nostradamus et les papes fixaient-ils le jour et l'heure de leur couronnement selon les auspices des étoiles.

La pensée scientifique de la Renaissance avait apporté ses plus importantes contributions dans deux directions. Elle avait accepté l'idée même de changement, consenti à abandonner les vieilles conceptions pour de nouvelles, secoué l'emprise des stéréotypes anciens. En même temps, l'exigence d'une description et d'une maîtrise plus précises du temps et de l'espace avait suscité une recherche des structures et des règles dans tous les domaines et souligné l'importance des mathématiques. La Renaissance avait également donné lieu à un regain d'intérêt pour la pensée de Platon, et ses ouvrages, désormais disponibles dans de bonnes traductions latines, révélaient la haute considération du philosophe pour les mathématiques, une des clefs de Dieu et de cet univers. Étymologiquement, mathématiques signifiait simplement « science », et elles allaient de nouveau se confondre avec la science dans sa signification la plus globale. Le Dieu des néoplatoniciens de la Renaissance était géomètre, et les scientifiques, désireux de percevoir les lois de la nature, se tournaient vers la géométrie et l'arithmétique pour qu'elles leur ouvrent la voie.

La révolution scientifique

A la fin du XVIe siècle, ces recherches avaient amélioré le cadre mathématique de la science : on se servait des fractions décimales, de lettres pour représenter des quantités. Mais l'instrument ne suffisait pas, il fallait une attitude nouvelle envers son utilisation. Aristote aussi admirait la précision et l'élégante économie des explications mathématiques, mais il soutenait que les différents aspects de la vie ou de la nature requéraient des « sciences » différentes, des formes distinctes de connaissance, avec chacune son langage et sa méthodologie appropriés. Les « scientifiques » du Moyen Age, partageant cet avis, s'étaient efforcés d'adapter leur raisonnement et leur perspective à la nature spéciale qu'ils attribuaient aux objets étudiés, selon la qualité des éléments supposés les constituer. A l'évidence, les étoiles étaient faites d'une autre matière que les pierres ou les hommes ; les règles de leur comportement devaient aussi être différentes.

Avant qu'une science nouvelle ne pût se développer, une attitude nouvelle, une nouvelle manière de penser devait s'épanouir aussi : avant tout il importait de reconnaître que la même démarche fondée sur l'observation et le raisonnement pouvait s'appliquer à toutes les branches de la science, que cette méthode universelle pouvait servir à n'importe quelle donnée ou question et qu'elle n'aboutirait pas à une collection d' « observations curieuses » mais à un ensemble global et articulé de résultats. La diversité subsistait sans doute, mais une diversité qui faisait partie d'une totalité intégrale soumise à des lois similaires. Ce ne serait plus la « qualité » qui importerait dans la nouvelle conception mais les données quantifiables, à la collecte et à l'utilisation facilitées par le langage commun des mathématiques et par les opérations de la raison, commune, elle aussi, à tous les hommes.

Ce changement radical de la structure et des orientations de la pensée, qu'on appelle généralement « la révolution scientifique », allait se produire au XVIIe siècle, et ses plus grandes figures seraient Galilée (Galileo Galilei, 1564-1642), Johannes Kepler (1571-1630) et René Descartes (1596-1650). Dès la moitié du XVIIe siècle, leurs travaux et ceux qu'ils avaient inspirés avaient balayé la connotation morale des événements physiques et l'interpénétration anthropomorphique des phénomènes naturels, avaient établi la règle que les expériences physiques devaient s'exprimer en termes mathématiques, avaient préparé la spécialisation et l'organisation formelle de la science d'une manière qui nous apparaît aujourd'hui familière.

Nouveautés et survivances

On a appelé le XVIIe siècle l'âge héroïque du rationalisme occidental, et l'on voit les théories à la mode et les récentes découvertes mathématiques et mécaniques se refléter au théâtre et dans l'État, dans la philosophie et l'économie. Il faut toutefois se méfier de la tentation d'imaginer que l'activité scientifique de cette époque de pionniers ressemblait à la nôtre. Un scientifique contemporain ne pourrait pas discuter de son domaine avec un homme de 1500, tout instruit fût-il. Vers 1600, il parviendrait à trouver quelques très rares interlocuteurs, en 1700, déjà davantage, avec qui il pût avoir une conversation utile. On tâtonnait dans le noir, on s'attaquait à des mystères dont on ne pouvait même pas concevoir l'ampleur, on s'emparait de ce qu'on pouvait, arrivant parfois accidentellement à des résultats qui nous apparaissent aujourd'hui des plus étranges. Napier de Merchiston (ou John Neper, 1550-1617) le grand mathématicien écossais, inventa les logarithmes pour accélérer ses calculs du nombre de la Bête de l'Apocalypse. Avant lui, Michel Servet avait décrit la circulation pulmonaire du sang — bien qu'il ne comprît pas le rôle qu'y jouait le cœur — afin de prouver que l' « âme » se situe dans le sang. Infusée par Dieu par la bouche et les narines, l'âme, croyait Servet, traverse le ventricule gauche pour se loger dans le foie. Telle était l'hérésie (aggravée par ses conceptions hétérodoxes de la Trinité) qui lui valut d'être brûlé en 1553. Comme le fait remarquer E. A. Burtt en expliquant la relation entre la physique et la métaphysique : « Un des aspects les plus curieux et les plus exaspérants de tout ce magnifique mouvement est qu'aucun de ses grands représentants ne semble avoir su avec une clarté satisfaisante ce qu'il faisait ou comment il le faisait. »

Une autre différence fondamentale entre la science d'aujourd'hui et celle des XVIe et XVIIe siècles est le divorce d'alors entre la théorie et la pratique, entre la connaissance et la technologie. Les philosophes examinaient et expliquaient les phénomènes naturels tandis que des artisans essayaient d'y trouver une utilisation pratique ; les uns produisaient des théories ingénieuses sans se soucier de leur éventuelle application et les autres des techniques et des objets souvent non moins ingénieux sans nullement s'intéresser à la théorie.

Au XVIIe siècle, certains commencèrent à se rendre compte que le savoir est un pouvoir, au sens le plus pratique, que pour utiliser la nature il faut en comprendre le fonctionnement et les lois d'une manière plus systématique. De plus en plus de philosophes et de scientifiques essayèrent alors de comprendre ce que faisaient les artisans, de servir et la science et la « technologie » en les unissant. René Descartes avait été artilleur et sa géométrie analytique pouvait servir non seulement à la physique mais aussi à la balistique. Les règles de la perspective qu'utilisaient artisans et artistes affectèrent l'étude de l'optique, tandis que les innovations optiques étaient mises en pratique par les peintres et les décorateurs. Si les logarithmes de Napier avaient été conçus pour identifier la Bête de l'Apocalypse, géomètres, ingénieurs, architectes et astronomes s'en servaient pour faciliter leurs calculs. Ainsi se répandit, lentement et graduellement, la compréhension que la science pouvait apprendre de l'expérience et les hommes de métier de la théorie, que la technique pouvait profiter de l'analyse et de la précision, et la recherche systématique se nourrir des activités économiques tout en y contribuant à son tour.

Mais ces conceptions ne s'imposeraient véritablement qu'au XIXe siècle, malgré les convictions, parfois non formulées, d'hommes comme Galilée ou Francis Bacon. Ainsi, dans la *Nouvelle Atlantide* (1627) de ce dernier, le travail est-il facilité par de merveilleuses machines et la production enrichie par « divers arts mécaniques ». Traditionnellement, on maîtrisait la nature par des moyens magiques ou religieux et cette perspective ne fut abandonnée que très lentement. Pendant tout le XVIIe siècle, les progrès de la science naturelle, magie pour beaucoup, apparurent comme un substitut efficace de la magie. Si les étoiles ne prédisaient pas le destin des hommes, elles pouvaient faciliter la navigation maritime ; si les événements restaient imprévisibles, le temps ne l'était plus entièrement ; s'il paraissait difficile de se fier au chaudron des sorcières, du moins pouvait-on utiliser la vapeur et les substances chimiques. Puisque les hommes parvenaient à déterminer le parcours des étoiles ou à voir de minuscules organismes nager dans le sang, grâce à des lentilles de leur fabrication, peut-être étaient-ils en mesure de maîtriser leur destinée. En tout cas, rien ne les empêchait d'essayer ; et la science qui leur en donnait le courage leur en offrait aussi les moyens.

Néanmoins, ce processus prit longtemps, très longtemps. Dès le début, les résultats provoquèrent un enthousiasme extraordinaire chez les rares personnes au courant, tout en suscitant, parallèlement, des appréhensions. Nul n'exprima la jubilation cosmologique de la fin du XVIe siècle avec plus d'ardeur que Giordano Bruno, dont le traité *De l'infini de l'univers et des mondes* parut en 1584 : « L'excellence de Dieu est ainsi magnifiée et la grandeur de son royaume manifestée ; Il est glorifié non en un seul mais en d'innombrables soleils, non en une unique terre mais en un millier, que dis-je, en une infinité de mondes. Il n'est donc pas vain le pouvoir de l'intellect qui toujours cherche, oui, et réalise l'addition de l'espace à l'espace, de la masse à la masse, de l'unité à l'unité, du nombre au nombre, par la science qui nous délivre des chaînes d'un royaume très étroit et nous offre la liberté d'un empire vraiment auguste, qui nous libère d'une pauvreté imaginaire et tend vers la possession des richesses incalculables d'un espace si vaste, d'un domaine si précieux, de tant de mondes cultivés. Cette science ne permet pas que la courbe de l'horizon, que notre vision abusée imagine au-dessus de la terre et que notre fantaisie suppose dans le spacieux éther, emprisonne notre esprit sous la tutelle de Pluton ou à la merci d'un Jupiter. La pensée d'un possesseur si riche et ensuite d'un donateur aussi lésineur, sordide et avare nous est épargnée [1]. »

Mais Bruno fut brûlé comme hérétique en 1600 et une histoire allemande de 1587 décrit le Dr. Faust comme un rebelle athée, cherchant ce qu'il devrait laisser en paix, aspirant à des pouvoirs et à une connaissance qui ne lui sont pas destinés, pactisant avec le diable et condamné à l'enfer. Faust paie sa liberté de pensée et sa rébellion exactement comme les chercheurs et les scientifiques de l'époque qui avaient le malheur d'encourir les soupçons et la réprobation tant des catholiques que des protestants.

Au contraire de Giordano Bruno, la majorité estimait comme John Donne dans son *Anatomie du monde* (1611) que

(...) la nouvelle philosophie doute de tout,
L'élément du feu est mis à l'écart
Le soleil perdu et la terre, et l'esprit humain
Ne peut montrer à personne où le quérir.
On confesse volontiers que ce monde est fini

1. *Giordano Bruno, His Life and Work,* traduction (en anglais) de D. W. Singer (New York, 1950), p. 246.

Puisque dans les planètes et le firmament
On cherche tant de nouveautés, pour constater
Que tout s'effrite encore en atomes.
Tout est en pièces, toute cohérence perdue,
Tout juste crédit, toute relation.

La cosmologie nouvelle

La première de ces mutations intervint dans la vision des cieux et de la place que l'homme y occupait. Pour commencer, on considérait depuis longtemps la structure de l'univers comme donnée une fois pour toutes, immuable, à l'exception de la sphère sublunaire, seule susceptible de changement, de génération et de corruption. La voûte étoilée passait pour inaltérable dans sa perfection, jusqu'à ce qu'en 1572 une nouvelle étoile fît son apparition dans le ciel, suggérant la possibilité d'un changement dans un domaine où, en raison de sa perfection même, nulle transformation n'avait semblé imaginable[1]. Quelques années plus tard, l'astronome danois Tycho Brahé montra qu'un autre astre récemment découvert n'était pas une comète mais une étoile véritable, beaucoup plus lointaine que la lune, réfutant au passage la théorie qui rationalisait le phénomène des comètes en les plaçant dans la sphère sublunaire, sujette à la corruption. Ainsi que l'écrivait Donne :

L'homme a tissé un filet qu'il a jeté
Sur les cieux, et ceux-ci désormais lui appartiennent.

Ce ne furent pas des filets qui conquirent les cieux, mais des calculs et des lunettes. Johannes Kepler, héritier de Tycho Brahé, se servirait de télescopes rudimentaires — probablement inventés en 1608 par un oculiste hollandais, Hans Lippersheg — pour fournir une base ferme aux théories coperniciennes corrigées, pour préparer ses éphémérides des planètes et établir le modèle héliocentrique d'un système planétaire centré non plus autour de la terre mais autour du

1. On remarqua cette étoile au début de novembre, trois mois seulement après le massacre de la Saint-Barthélemy, et beaucoup y virent le présage de calamités encore pires ; peut-être, comme le suggéra un peintre allemand, était-ce la condensation des vapeurs des péchés humains, la marque d'une retombée empoisonnée amenant toutes sortes de maux, y compris « le mauvais temps, la peste et les Français ».

soleil. En 1609, grâce à ses remarquables connaissances optiques, Galilée parvint à construire un télescope beaucoup plus puissant avec lequel il découvrit en 1610 les satellites de Jupiter, les taches du soleil (confirmées quelques mois plus tard par les observations d'un jésuite autrichien, Fr. Scheiner), et étudia la lune qui lui parut semblable à la terre avec ses montagnes et ses vallées. L'observation de Jupiter et de ses satellites convainquit Galilée (par analogie et déduction) de la pertinence de la théorie héliocentrique et l'amena à rétablir l'harmonie d'une vision de l'univers douloureusement bouleversée par les nouvelles découvertes. Kepler avait remarqué que les objets en eux-mêmes sont inertes et qu'ils réagissent d'une manière uniforme et prévisible aux forces qui s'exercent sur eux. Galilée vérifia ces hypothèses par une série d'expériences qui établirent les principes de l'inertie et les lois du mouvement qui gouvernaient non seulement les objets inanimés mais tous les éléments et jusqu'à la circulation du sang, comme l'explique William Harvey en 1628 dans son *Exercitatio anatomica de motu cordis et sanguinis in animalibus.*

La médecine

On pratiquait depuis longtemps la médecine avec un traditionalisme étroit : la grande autorité de Galien (131?-201?) et, à un moindre degré, d'Aristote régnait sans partage sur la profession. On ne pourrait faire de grands progrès tant que la fonction chimique des médicaments se confondait avec la magie et que le corps humain passait pour impropre à la recherche scientifique. On méprisait la chirurgie, en partie parce que les chirurgiens n'étaient pas formés dans les universités et ne connaissaient souvent pas le latin. En 1215, le quatrième concile du Latran avait interdit aux clercs ayant reçu les ordres (qui jusqu'alors associaient la chirurgie à la médecine) de pratiquer des interventions afin de ne pas répandre le sang. On laissa ce soin à des hommes qui n'étaient ni des savants ni des gentilshommes, et le fossé se creusa entre les médecins, membres d'une profession érudite, et les chirurgiens, qui exerçaient une profession vile et faisaient souvent aussi office de barbiers ou de dentistes. On étudiait l'anatomie de la manière la plus superficielle, et les rares dissections étaient réalisées par des assistants, non par des médecins ou des professeurs de médecine.

Une curiosité nouvelle se développa au XVIe siècle, surtout

avec le grand anatomiste flamand André Vésale (1514-1564), dont le *De corporis humani fabrica* parut en 1543, la même année que le *De revolutionibus orbium celestium* de Copernic. Si Vésale avait failli être tué à Madrid pour avoir osé disséquer un homme, en 1580, un médecin basque de Bilbao déclarait qu' « en médecine, l'expérience a plus de force que la raison, et la raison plus que l'autorité ». Les gens commençaient à regarder avant de raisonner et à raisonner de ce qu'ils avaient effectivement vu plutôt que lu.

En 1615, William Harvey (1578-1657), professeur à l'École de médecine de Londres, annonça sa théorie de la circulation sanguine qui se répandit treize ans plus tard avec la publication de son ouvrage. Harvey réfutait la tradition galénique qui prétendait que les veines et les artères constituaient des systèmes différents. Il supposait que les capillaires permettaient au sang de passer des artères aux veines, et sa théorie, fondée sur la vivisection, l'embryologie et une recherche comparative sérieuse, mettait en pratique ce que prêchait son contemporain, Bacon, « l'observation de la nature concrète ». Cela demeura une hypothèse de travail rejetée par beaucoup jusqu'à ce qu'en 1661 le développement des microscopes permît à Marcello Malpighi (1628-1694) de voir effectivement les vaisseaux capillaires et de prouver la théorie de Harvey.

Les microscopes faisaient pour l'infiniment petit ce que réalisaient les télescopes pour l'infiniment grand. Même s'il fallut attendre les années 1830 pour disposer d'appareils très puissants, ceux qui existaient, grossissant de soixante à quatre-vingts fois, ouvraient des mondes nouveaux à la biologie et laissaient prévoir de grands besoins et de grandes possibilités dans la description, l'énumération et la pure découverte. Malpighi lui-même est considéré comme le fondateur de l'histologie des animaux et des plantes (l'étude anatomique des tissus). Plus important peut-être fut Antonie Van Leeuwenhoek (1632-1723), citoyen de Delft qui, sans formation universitaire, étudiait, en guise de passe-temps, l'anatomie microscopique et devint le père de la protozoologie. Vers le milieu des années 1670, Leeuwenhoek allait découvrir d'abord les microbes, puis les spermatozoïdes, et ébranler ainsi très sérieusement les suppositions en vigueur sur les origines de la vie et des êtres vivants.

L'importance des nouvelles découvertes

Si la plupart de ces découvertes restaient encore à faire, dès l'époque de Galilée le mouvement avait vaincu l'inertie, le changement la stabilité. On ne croyait plus le sang immobile dans les veines, élément stagnant peuplé d'esprits animaux qui faisaient remuer leur support, mais on le savait mû par les contractions musculaires du cœur, où il entrait par les veines pour ressortir par les artères dont l'obstruction pouvait empêcher sa circulation. Le monde n'était plus un système limité où la terre trônait au milieu d'un cercle de corps célestes tournoyant avec harmonie — parfaits, incorruptibles, situés à une distance uniforme du centre — mais un ensemble de satellites, différents et pourtant similaires, d'un soleil dont les taches montraient qu'il était corruptible lui aussi, imparfait comme la terre même. De nouveaux télescopes révélaient des étoiles à des distances incroyables et qui ne pouvaient donc s'insérer dans le vieux modèle aristotélicien. Les calculs de Kepler avaient montré que leurs mouvements n'étaient pas circulaires mais elliptiques, au mépris, là encore, de l'idée de perfection des contemporains. La terre elle-même tournait autour du soleil comme les autres planètes, et les objets à sa surface se déplaçaient, non selon leur nature intrinsèque, mais en fonction des lois mathématiques de la gravité et du poids. C'étaient la gravité et l'inertie qui affectaient leur comportement et non des esprits. Et Galilée osait suggérer que, loin d'être un critère de perfection, l'immutabilité — si tant est qu'elle fût possible — serait un mal. Il était plus noble, et certainement plus excitant, de se mouvoir, de croître, de changer ; et le changement était omniprésent : non la stabilité hiérarchique bien ordonnée des aristotéliciens mais le mouvement s'exerçant partout selon les mêmes lois naturelles, affectant les cieux aussi bien que la terre.

Une lettre très révélatrice de Kepler montre en 1605 que cette conception était un espoir délibéré des grands inventeurs de l'époque : « Mon but est de montrer que la machine céleste n'est pas une sorte d'être vivant divin, mais une sorte de mécanisme d'horlogerie (et celui qui croit que l'horloge a une âme attribue à l'ouvrage la gloire qui revient à l'horloger), dans la mesure où presque tous les multiples mouvements sont causés par une force magnétique et matérielle des plus simples, tout comme les mouvements de l'horloge sont causés par un simple poids. Et je montre aussi comment il faut donner à ces causes physiques une expression numérique et géométrique. »

C'était là un monde nouveau, un univers illimité s'ouvrant sur l'infini, uni par des lois applicables partout mais plus fixe. Ni immuable ni stable, comme le savaient ceux qui comprenaient les implications de ces découvertes. L'esprit curieux de John Donne, toujours assoiffé de nouveauté, était aussi fasciné par les découvertes de Kepler et de Galilée que par l'exploration de l'Amérique, et ses lettres parlent dans une même phrase de la Virginie et des étoiles nouvelles. Son poème pour le premier anniversaire de la mort de la fille de son protecteur (1611) est triste non tant à cause du deuil qu'il commémore qu'en raison de la disparition inéluctable d'un ordre et d'une représentation du monde au profit d'autres univers aux implications troublantes où surgissent

> De nouvelles étoiles, et les anciennes disparaissent à nos [yeux.
> Comme si les cieux subissaient des séismes, la paix ou la [guerre,
> Quand de nouvelles tours s'élèvent et que les anciennes [sont démolies.

Le monde aristotélicien, fini dans ses possibilités comme dans son espace mais rassurant dans sa complétude et sa cohérence, cédait la place aux possibilités infinies qu'ouvraient les nouvelles découvertes et encore plus leurs implications. Mais pas sans lutte. Le défi ainsi lancé à la Genèse et aux prédications aristotéliciennes de l'Église créait un premier obstacle, peut-être le plus puissant. Le supérieur de Scheiner dans l'ordre des jésuites, rassuré par ses références à Aristote, attribua sa découverte des taches solaires à un défaut des lentilles ou des yeux de l'observateur. La Sainte Inquisition protesta que la conception d'un soleil immobile au centre de l'univers était « folle, philosophiquement fausse et totalement hérétique, parce que contraire à l'Écriture sainte » (1616). Galilée fut arrêté par l'Inquisition (1633), le *Dialogue* (1632) dans lequel il attaquait la doctrine d'Aristote mis à l'index et il dut se rétracter sous la menace de la torture.

Puisqu'on a beaucoup écrit sur la rétractation de Galilée, il importe de comprendre que son procès, pour avoir exposé les conceptions coperniciennes, eut essentiellement lieu parce qu'il s'obstinait avec une certaine provocation à vouloir avoir raison contre tous. Ses juges eurent soin de lui éviter des difficultés ou des humiliations inutiles et sa brève incarcération se déroula d'abord dans un appartement de cinq pièces donnant sur les jardins du Vatican puis dans les résidences encore plus confortables fournies par le grand duc de Toscane et l'archevêque de Sienne et enfin dans sa propre maison á Florence. Sa punition se réduisit largement à marmotter une fois par semaine des psaumes de pénitence pendant trois ans ; et en fait, avec le consentement des autorités, c'était sa fille, une carmélite, qui se chargeait de les réciter. Si le verdict de l'Inquisition condamnait officiellement les théories coperniciennes, il ne lésait guère le célèbre septuagénaire et n'empêcha même pas les jésuites de continuer à les enseigner. Sans cesser de mener une vie confortable, Galilée put préciser la nouvelle science de la dynamique dans ses *Discorsi intorno a due nuove scienze* publiés en 1636 à Leyde. Un an après il devenait aveugle « de sorte que ce ciel, cette terre, cet univers que, par des découvertes merveilleuses et des démonstrations claires, j'ai rendu mille fois plus grand que ce que croyaient les gens sages du temps jadis, se réduit désormais pour moi à l'espace minuscule que remplissent mes sensations corporelles ». Il continua pourtant à travailler, à dicter, à recevoir des visiteurs (notamment Milton en 1638), et mourut en 1642, entouré de ses amis et de ses élèves.

Bien plus grave que l'intimidation de Galilée, les partisans des conceptions nouvelles qu'il représentait ne trouvaient pas de système intégré susceptible de remplacer la phénoménologie aristotélicienne. Sans doute progressaient-ils mais sans savoir exactement où ils allaient déboucher. Ce sentiment conquérant s'exprimait ainsi sur la page de titre du *Novum Organum* de Bacon (1620) représentant un navire toutes voiles dehors essayant de doubler les Colonnes d'Hercule qui fixaient les limites de l'Ancien Monde. Et Francis Bacon, dans un ouvrage comme *De dignitate et augmentis scientiarum* (1623), reprochant à Aristote et à Platon d'avoir trop longtemps mis un écran entre la nature et l'homme, conseillait à ses lecteurs d'étudier la nature directement par l'expérience afin d'apprendre à la diriger en lui obéissant, grâce à la connaissance de ses lois.

L'empirisme de Bacon donna une vigoureuse impulsion à la recherche scientifique mais ne sut offrir la structure et le système dont avait besoin son époque. Galilée, lui aussi, apparaît comme une sorte d'empiriste. Il soulignait certes que les mathématiques peuvent interroger le monde, que les lois et le langage de la nature sont mathématiques, que la géométrie peut dominer et illuminer la physique, mais ses expériences et ses calculs laissaient trop de paramètres de côté, comme la résistance de l'air ou la force de gravité. Le principe d'inertie n'avait pas été développé, de telle sorte qu'il fût aisément applicable, mais simplement signalé. Il restait encore à établir la relation entre les mathématiques et la réalité. Entre-temps, les « natures » de la physique aristotélicienne seraient remplacées par des « forces » d'une valeur potentiellement plus scientifique, en particulier celles du magnétisme expliquant l'attraction ou la répulsion à la base du mouvement, devenu, comme nous l'avons vu, la fondation de la nouvelle physique. Mais les forces de ce genre n'étaient qu'une réédition des anciennes notions anthropomorphiques et se prêtaient à une résurgence des tentatives voyant en les étoiles des êtres vivants. Ainsi, tandis que s'effondraient les structures anciennes et que les nouvelles découvertes suscitaient d'interminables spéculations et discussions, les contradictions ne faisaient que multiplier le chaos et le désordre de l'époque et, en semblant montrer les insuffisances de la raison, encourageaient les arguments et les théories des sceptiques et des « libertins » que nous allons bientôt étudier.

SCIENCE ET PHILOSOPHIE

Descartes

Les nouveaux succès de la science invitaient à multiplier les recherches tout en suggérant les orientations de la démarche scientifique : « L'esprit et l'entendement de l'homme, écrivait Bacon dans *Le Progrès de la connaissance,* s'ils s'exercent sur la matière, ce qui est la contemplation des créatures de Dieu, travaillent en fonction de la substance et sont limités de ce fait même ; mais s'ils travaillent sur eux-mêmes, comme l'araignée tisse sa toile, ils se déploient sans fin et tissent effectivement des toiles de savoir, admirables pour la beauté et le travail du fil, mais sans substance ni profit ».

Cette déduction semblait des plus raisonnables : les choses et non les mots, les observations et non les rationalisations, telle devrait être la matière de la recherche scientifique. Un jeune Tourangeau appliqua ces conceptions à ses propres investigations, multiplia les expériences et les réflexions, en cherchant la connaissance auprès des hommes qui en disposaient plutôt que dans les livres, estimant qu'il « pourrait rencontrer beaucoup plus de vérité dans les raisonnements que chacun fait touchant les affaires qui lui importent (...) que dans ceux que fait un homme de lettres dans son cabinet, touchant des spéculations qui ne produisent aucun effet (...) » Mais René Descartes (1596-1650) était destiné à retourner le problème de l'expérience et de l'expérimentation en le faisant brutalement passer d'une recherche de l'expérience positive à une interrogation sur le sens de l'expérience positive.

Le triomphe de l'héliocentrisme, grâce à l'élargissement des moyens d'observation, impliquait paradoxalement qu'il fallait se méfier de l'expérience des sens. Nos sens nous donnent l'impression que la terre est plate, que les constellations tournent autour d'elle, que l'espace est limité et la lune un disque dans le ciel. Or on avait prouvé la fausseté de tout cela et, tandis que certains y voyaient une preuve enthousiasmante des hautes facultés de l'homme, Descartes était plutôt frappé par leur insuffisance et en particulier par l'impéritie de nos sens souvent abusés. Puisque nous ne pouvons nous fier à l'expérience et aux impressions, nous devons nous en remettre à la raison. Mais la raison elle-même peut nous égarer si nous ne nous en servons pas de manière critique. Descartes commença donc par douter de tout ce qui se prêtait au doute : le savoir du passé, les déclarations des autres, le témoignage de ses sens, pour en arriver aux fondations de sa propre existence, qu'il ne pouvait mettre en doute, car qui douterait s'il n'existait pas. Puisqu'il doutait, il pensait, et s'il pensait il existait. *Cogito ergo sum.* Je pense donc je suis.

Penser, certes, mais comment penser juste ? Pour Descartes, la réponse semblait évidente. Pendant la nuit du 10 novembre 1619, l'ange de la Vérité lui était apparu pour confirmer sa propre conviction que les mathématiques étaient la seule clef nécessaire pour percer les secrets de la nature. En quelques mois, le jeune homme inventa la géométrie analytique, important outil permettant de relier les nombres et l'espace. Si l'espace, comme le temps, pouvait être exprimé en termes quantitatifs exacts, il serait possible de penser juste. On pourrait abandonner le monde d'approximations et de tâtonnements, les apparences superficielles de la perception des sens, les conjectures et les suppositions pour un univers de précision, de mesure exacte, de stricte détermination. Ses études mathématiques le convainquirent de l'unité des sciences, toutes susceptibles d'un traitement mathématique une fois purgées des inconséquences (quantitatives), afin que l'ordre et le calcul puissent révéler les éléments essentiels.

Sur cette base, Descartes entreprit de reconstruire le monde qu'il venait de détruire, mais à partir de principes nouveaux et, pour lui, plus valides. Si, par la pensée, il pouvait concevoir une perfection supérieure aussi bien que ses propres imperfections, cela impliquait un être parfait, Dieu, d'où provenait l'idée de perfection. Un Dieu parfait ne serait pas trompeur et, puisqu'Il avait formé son esprit (d'où viendrait sinon son idée de la perfection ?) son esprit ne le tromperait pas, même si ses sens risquaient de l'abuser s'ils n'étaient pas surveillés et contrôlés par l'esprit. « Les choses que nous *concevons* très clairement et très distinctement sont toutes vraies. » Les notions et les idées qui sont claires et distinctes procèdent de Dieu et sont donc réelles et vraies. C'est par les mathématiques que nous pouvons nous rapprocher le plus de la clarté et de la discrimination ; elles nous permettent, en effet, de vérifier et de mesurer des choses qui pourraient autrement nous égarer. Les mathématiques sont donc la clef de la réalité pour le philosophe. L'expérience des sens est moins digne de confiance que l'abstraction : le goût, l'odorat, la vue sont moins « réels » que le poids ou la mesure, notions exactes qui se prêtent à une expression mathématique que peut appréhender la raison indépendamment des sens.

L'étude empirique de la matière débouchait donc sur un nouveau mépris de celle-ci ; la réaction contre les raisonnements abstraits des savants traditionnels engendrait un nouveau culte de l'abstraction. Le titre complet de l'ouvrage le plus célèbre de Descartes (qu'il avait rédigé en latin puis traduit en français pour atteindre un public plus large) est *Discours de la Méthode pour bien conduire sa raison, et chercher la vérité dans les sciences. Plus la Dioptrique, les Météores, et la Géométrie, qui sont des essais de cette Méthode* (1637). La vérité qu'il s'efforçait de discerner par sa Méthode était, évidemment, la nature de Dieu, de l'homme et de l'univers. En bref, Dieu est bon, l'univers infini et l'homme une sorte de machine, différent des animaux en ce qu'il dispose du libre arbitre, d'une âme. Comme les autres animaux, l'homme est un dispositif mécanique dans un monde qui en est un aussi et dont toutes les particules de matière sont mesurables et prévisibles selon les lois du mouvement et de la mécanique. L'âme de l'homme, agissant sur l'esprit, affecte également le corps par l'entremise de la mystérieuse glande pinéale et unit ainsi les domaines, sinon séparés et distincts, de l'esprit et de la matière.

On ne tarderait pas à objecter qu'une âme immatérielle ne pouvait influer sur le corps matériel et que le dualisme cartésien soulevait plus de questions qu'il n'en résolvait. Les tenants de l'occasionalisme suggéraient que « le pur esprit » n'était pas réellement « uni à cette glaise » corporelle mais que tous deux semblaient seulement interagir, comme deux horloges en phase qui marchent séparément même si le carillon de l'une semble répondre au temps qu'indiquent les aiguilles de l'autre. Quant à l'argument idéaliste, identifié généralement avec le philosophe du XVIIIe siècle George Berkeley, évêque de Cloyne en Irlande, il niait l'existence même de la matière. Berkeley soutenait que les objets matériels ne sont qu'un reflet d'événements mentaux et que ce que nous croyons percevoir à l'extérieur de nous-mêmes n'est que le résultat d'un processus se déroulant à l'intérieur de notre esprit. La continuité dans la nature, comme notre propre existence, reflète la réalité de Dieu, être éternel percevant continuellement tout. D'où le limerick par lequel Mgr Ronald Knox présenta la théorie de Berkeley :

Il y avait un jeune homme qui disait : « Dieu
Trouvera extrêmement curieux
De constater que cet arbre
Continue d'exister
Quand il n'y a personne dans la cour. »

D'où aussi cette riposte :

Cher Monsieur, votre surprise est curieuse :
Je suis toujours dans la cour.
Et c'est pourquoi l'arbre
Continuera à exister
Puisque l'observe
Votre serviteur, Dieu.

Thomas Hobbes, en revanche, avait déjà présenté l'idée diamétralement opposée selon laquelle les événements mentaux n'existent pas indépendamment du tout, mais sont eux-mêmes produits par la matière en mouvement. A doute philosophique, doute philosophique et demi...

Ses pieuses conclusions ne pouvaient faire oublier le scepticisme de la Méthode, ses excellentes intentions ses résultats subversifs. Mise à l'index par Rome en 1665, condamnée par la Sorbonne en 1671, l'œuvre de Descartes avait déjà fait scandale. En 1656, les professeurs de l'université de Leyde, dans le plus libre de tous les États du XVIIe siècle, durent prêter serment « de renoncer à propager les considérations tirées de la philosophie du Dr Cartesius, qui offense aujourd'hui un certain nombre de personnes ».

Nouvelles abstractions

Mais il n'était pas possible d'endiguer la nouvelle vogue mathématique. On ne considérait plus la nature comme un organisme mais comme une machine ; les processus naturels, dérivés du mouvement, pouvaient être exprimés et analysés en termes quantitatifs qui triomphaient des distinctions qualitatives de la tradition aristotélicienne. Les lois de la réalité se confondaient désormais avec celles du mouvement et se formulaient en un langage mathématique. Tandis que Descartes intitulait en 1644 son principal ouvrage *Les Principes de la philosophie*, Isaac Newton (1642-1727) allait publier en 1687 ses *Philosophiae naturalis principia mathematica.* L'espace et le temps devenaient lentement, déjà alors, calculables : sept ans après que John Neper eut rendu publique son invention des logarithmes, apparut la règle à calcul, fondée sur des principes logarithmiques. Les mathématiques furent appliquées aux études actuarielles, aux finances publiques et aux assurances privées. On commença à élaborer des tables de mortalité, les premières véritablement sérieuses étant celles établies en 1693 par l'astronome Edmund Halley ; mais dès 1671, la Hollande avait réformé son système de rentes viagères publiques sur la base de calculs actuariels. On reconnaissait désormais l'utilité des statistiques. En 1662, John Graunt avait publié ses *Observations naturelles et politiques sur les fiches de mortalité, avec référence au gouvernement, à la religion, au commerce, à la croissance, à l'air, aux maladies et aux différents changements de la cité de Londres*, fondées sur le relevé des morts survenues à Londres, et qui seraient à l'origine des études statistiques modernes. Un bureau de statistiques fut fondé en Angleterre en 1696. Sir William Petty (1623-1687), le premier à utiliser des données démographiques et commerciales, affirmait en 1683 dans son *Arithmétique politique* que les actions humaines sont mathématiquement mesurables et peuvent être projetées et interprétées afin de prévoir, de comprendre et de contrôler.

Newton

Isaac Newton joua un rôle déterminant dans la corroboration de ce genre de suppositions. Cet orphelin malingre né prématurément le jour de Noël et qui, à en croire sa mère, aurait tenu dans une chope d'un litre, allait devenir le plus grand génie scientifique de son siècle. Comme il ne semblait pas devoir faire un bon agriculteur, on l'envoya à dix-huit ans à l'université de Cambridge. A vingt-deux ans, juste après la grande peste et l'incendie de Londres, il avait mis au point les méthodes du calcul infinitésimal et différentiel, essentiel pour l'étude du mouvement. Il avait également inventé la loi de la gravitation : la chute d'une pomme l'avait amené à conclure qu'elle tombait parce que la terre l'attirait et que la lune en ferait autant si la force centrifuge de sa rotation autour de notre planète ne l'en empêchait pas. A partir de cette hypothèse, il calcula l'importance des forces en présence afin de déduire la loi inverse de la gravitation.

L'explication newtonienne du mouvement des planètes ne tirait pas — du moins pas seulement — son importance du fait qu'elle était plus proche de la vérité que les explications antérieures et offrait une solution plus simple et plus précise aux énigmes que Copernic, Kepler et Galilée avaient tâché de résoudre, mais de la nouveauté du concept même présidant à sa démarche. Ses prédécesseurs avaient en effet tendance à dire qu'une planète bougeait en raison d'un principe moteur. Comme l'explique un médecin dans une pièce contemporaine de Molière, l'opium endort « parce qu'il y a en lui une vertu dormitive dont la nature est d'assoupir les sens ». Ce genre de nature, intelligible en termes de qualités familières, n'était tout simplement pas suffisante. « Nous dire que chaque espèce de choses est douée d'une qualité occulte spécifique par laquelle elle agit et produit des effets manifestes, revient à ne rien nous dire », écrivait Newton en 1669 dans un texte qui ne serait publié qu'en 1704 (son *Opticks*). Il mit donc au point des lois qui pouvaient être vérifiées par des calculs mathématiques. Plus de conjectures, seulement des preuves « par la raison et les expériences ». L'expérimentation, l'observation, produisent des lois simples que n'importe qui peut mettre à l'épreuve. Si les tests se vérifient, on dispose de la vérité scientifique. C'était là une méthode qui ne se préoccupait pas des *causes* (qui meut les planètes ?) ni des raisons philosophiques ultimes (dans quel but se meuvent-elles ?), mais seulement des faits vérifiables, à la portée de tout esprit préparé, et susceptibles d'être évalués quantitativement.

Les *Principes mathématiques* de Newton s'inscrivent dans cette perspective. Cet ouvrage prétend « démontrer le cadre du système du monde » par la déduction fondée sur des lois mathématiques simples. Nul besoin d'une sagesse supérieure à celle du mathématicien pour expliquer le fonctionnement de l'univers.

John Maynard Keynes, l'économiste du XXe siècle, qui possédait nombre de notes manuscrites de Newton, constatant que beaucoup d'entre elles avaient trait à la transmutation des éléments, à la pierre philosophale et à l'élixir de longue vie, en avait conclu que les préoccupations les plus profondes de ce penseur étaient « occultes, ésotériques, romantiques ». Mais si la magie et le mysticisme font de Newton un homme de son temps, ses découvertes scientifiques révèlent à quel point ses contemporains pouvaient transcender les limites de l'époque, affirmer d'autres valeurs et ouvrir les portes d'un âge nouveau.

Dans la perspective ancienne, les phénomènes naturels enseignaient des leçons morales ; les harmonies célestes justifiant l'ordre terrestre. Edmund Halley (1656-1742) calcula la course des comètes et montra que celles de 1305, 1456, 1531, 1607 et 1682 n'étaient qu'un seul et même astre qui réapparaîtrait, prévit-il, en 1758. A l'évidence, un corps céleste aussi prévisible se prêtait mal à des interprétations de mauvais augure. La vision d'une machinerie surnaturelle qui, comme dans le monde de Shakespeare, pliait l'homme sous « le joug des étoiles néfastes », était vouée à disparaître[1].

Des conséquences encore plus importantes découlaient de la révolution entamée par Copernic et perfectionnée par Newton. Puisque les lois gouvernant le mouvement des corps étaient les mêmes sur terre et dans les cieux, on pouvait utiliser des pendules et des projectiles pour étudier la course des planètes. Des expériences mécaniques allaient aider à expliquer les mouvements célestes, des équations mathématiques révéler la structure d'un mécanisme universel où les observations du ciel pouvaient être appliquées sur terre, et vice versa. L'œuvre de Newton le montrait très clairement. L'univers aristotélicien avait mis plus d'un siècle à s'effondrer ; la physique newtonienne le remplaça par un système total dont

1. Voir le beau livre de Paolo Maffei, *La Comète de Halley*, Paris, Fayard, « le temps des sciences », 1985.

avaient disparu le paradis et l'enfer, où les miracles allant à l'encontre des lois mécaniques étaient inutiles, et où Dieu, qui avait fait ces lois, était lentement séparé de la grande machinerie qu'Il avait mise en route.

Au niveau le plus trivial, la passion des chiffres suscita un intérêt nouveau pour les dates. Désormais, les individus d'une certaine importance, depuis les riches paysans, aimèrent à enregistrer les événements, jusque sur les meubles et autres objets sculptés ou peints avec la date (de naissance, de mariage, ou autre) à l'origine de leur fabrication. Les dates impliquent une chronologie, et une chronologie suggère une nouvelle conception du temps, de la succession, de l'ordre et de la division, notions caractéristiques de l'homme moderne.

Les institutions d'enseignement

Ces principes gouvernèrent la culture du XVIIe siècle. Mais avec une différence. Qu'elles fussent jésuites, protestantes ou oratoriennes, les écoles dispensaient une culture classique fondée sur le grec ou le latin, formant des hommes pétris de la pensée et des œuvres de Plutarque, de Xénophon, de Pline et de Cicéron.

Les universités enseignaient aussi les classiques mais se montraient moins progressistes : elles continuaient à fonctionner sans guère encourager ou répandre les découvertes intellectuelles. Le mandarinat traditionnel redoutait l'effet des nouveautés sur la théologie, sur la foi et sur ses cours. L'université d'Utrecht refusa longtemps les idées de Galilée, de Harvey et de Descartes. Au moment de leur engagement, les professeurs de médecine devaient promettre de s'en tenir aux doctrines couramment acceptées. Le premier à évoquer publiquement la circulation du sang souleva une tempête à l'université. Pendant tout le XVIIe et le XVIIIe siècle, les multiples projets pour développer la recherche scientifique, créer des observatoires, fonder des musées et des laboratoires, s'effectuèrent en dehors des universités, à l'initiative d'États ou d'individus, au sein d'académies ou d'instituts nouvellement créés, sous l'égide d'organismes comme la Royal Society en Angleterre ou l'Académie des sciences en France (fondée par Colbert en 1666). Plus importantes, peut-être, étaient les activités de groupes de discussion plus ou moins privés qui se réunissaient dans quelque salon ou cabinet. C'est à leur instigation, ou par le biais des multiples petites associations — conférences, *assemblies, conversazione* — que furent créés les premiers laboratoires et observatoires, que furent perfectionnés et standardisés la plupart des instruments, que brochures, essais et discours scientifiques furent imprimés ou diffusés de main en main sous forme manuscrite, que des groupes de chercheurs se rencontraient et collaboraient parmi les fourneaux, les télescopes et les microscopes. Si les universités continuaient à former juristes, théologiens et autres étudiants ès matières traditionnelles, leurs professeurs s'opposaient aux innovations de toutes sortes.

Répandue au Moyen Age, lorsque chaque paroisse s'efforçait au moins d'avoir une école, lorsque les cathédrales et les abbayes ouvraient leurs institutions à tous les élèves méritants, de sorte que Suger, fils d'un serf, avait cotoyé sur les bancs de Saint-Denis le futur Louis VII, l'éducation populaire avait été ruinée par les guerres de Religion. Peu de paroisses rurales disposaient encore d'une école et dans bien des villes, l'enseignement, quand il subsistait, n'était plus que l'ombre du passé. Le nouveau système qui s'édifia sur les ruines de l'ancien se composait essentiellement de collèges pour les garçons dont les parents pouvaient payer les études. L'éducation gratuite se traînait de son mieux et restait confinée dans d'étroites limites : pas de latin classique, pas d'étude des anciens, pas d'élèves de la bourgeoisie. Les pauvres, comme le fait remarquer Richelieu dans son *Testament politique,* ne devraient pas être trop savants, car sinon la vanité et la présomption banniraient l'obéissance et le labeur.

Dans les collèges, l'éducation visait à développer les facultés de l'esprit, la pensée et l'abstraction. L'expérience personnelle passait pour d'autant plus estimable qu'elle était intellectuelle, d'autant plus vile qu'elle était plus liée au travail manuel. Les expériences étaient exclues : les médecins ne méprisaient-ils pas les activités vulgaires des chirurgiens ? « Toute notre dignité consiste donc en la pensée », disait Pascal. Et encore dans la pensée rationnelle : l'intuition, comme l'expérience concrète, devait se soumettre à la déduction logique, s'adapter aux théories et aux principes. De même que les juristes avaient substitué la logique du droit romain au désordre tâtonnant de la coutume, Descartes substitua la progression logique du raisonnement et des mathématiques aux traditions acceptées du passé. Si les faits contredisaient les principes, comme les découvertes de Harvey ou de Newton contredisaient celles de Descartes, ils devaient s'adapter aux principes ou être ignorés. C'était là une philosophie à l'usage d'une époque où, comme le disait Pascal, il n'y avait rien qui fût entièrement en notre pouvoir sinon nos pensées.

Le cartésianisme se répandit donc et avec lui ou ses variantes les convictions intellectuelles qui, ignorant l'histoire, la tradition et l'expérience concrète, revendiquaient une objectivité supérieure et une validité universelle pour lesquelles les incompatibilités particulières étaient logiquement malvenues et, en fait, indésirables. Les principes indiquaient à quelles règles devaient obéir les activités humaines, notamment les canons esthétiques, l'idéal de beauté artistique inspiré des anciens et confirmé par la raison : harmonie, unité, ordre, maîtrise de tous les éléments au sein d'une équation donnée, en particulier ces sentiments et ces passions débridés qui menacent toujours et parfois détruisent l'équilibre parfait, au détriment de l'unité de l'ensemble.

Les arts devaient aussi se soumettre au code qui pouvait être déduit de ces principes de base : il leur fallait exclure les digressions et les aventures extérieures pour se rapprocher autant que possible d'une totalité noble et idéale telle que l'appréciaient ces âmes élevées, au goût cultivé, seules dignes et capables de perfection. Ainsi que l'avait formulé Nicolas Rapin (1540-1608), la vérité pèche presque toujours par les conditions particulières qui la composent. Rien ne naît dans le monde qui ne s'écarte de la perfection de l'idée présidant à sa naissance. Il faut chercher origines et modèles dans la vraisemblance et les principes universels des choses, là où rien de matériel ou de singulier ne peut les corrompre.

Même dans les fables pleines de bon sens de La Fontaine, on ne trouve aucune trace de l'expérience personnelle des animaux et de la nature que l'auteur ne manqua pas d'acquérir en tant que maître des Eaux et Forêts, mais plutôt le souvenir des fables d'Ésope. Comme toujours, les références culturelles prenaient le pas sur l'expérience personnelle. Pourtant, parallèlement au rationalisme et aux règles, apparaît une autre composante, aussi importante que les autres et aussi fermement fondée sur les anciens : le sens commun, la modération, cette constante observation de la mesure chère à Montaigne, que recommandait Charles de Saint-Évremond (1615-1703) et que Descartes mettait en pratique lorsqu'il choisissait les « opinions les plus modérées et les plus éloignées de l'excès ».

L'empirisme

Hormis l'opposition traditionaliste, le cartésianisme n'était pas la seule philosophie importante de son temps. Son rationalisme, insistant sur la clarté et la logique, mais fondé sur un argument a priori, était pris à partie par une autre attitude, qu'il attaquait d'ailleurs lui-même : l'empirisme, que nous avons déjà rencontré et que nous retrouvons maintenant. Là où le rationalisme doutait de la valeur de l'expérience sensorielle, la démarche empirique, au contraire, privilégiait le témoignage des sens, qu'elle pouvait généraliser, et refusait toute validité à l'intuition intellectuelle et aux déductions qu'on pouvait en tirer. Il existait une tradition humaniste, antérieure à Montaigne, qui essayait de remplacer la vision métaphysique de l'homme prévalant alors par une étude positive et empirique des *hommes,* dans l'infinie variété de leurs types, de leurs coutumes et de leurs opinions : non des automates soumis à la mécanique mais des individus exigeant une sorte de sociologie. Leurs recherches se fondaient essentiellement sur l'érudition — histoire et littérature, récits de voyages et chroniques — qui tendait à s'opposer au rationalisme plus rigide, aux règles intellectuelles plus strictes que préconisaient les cartésiens. Pour ces derniers, la connaissance commençait par la connaissance de soi-même ; pour les humanistes, la meilleure manière de se connaître soi-même consistait à apprendre. Le paradoxe voulait que le rationalisme cartésien se montrait trop systématique pour permettre à la pensée scientifique de se développer sans contraintes, tandis que les méthodes de l'humanisme relativiste traitaient les faits avec trop de naïveté et de crédulité pour fonder sur eux une science.

Les scientifiques semblaient, en effet, fascinés par les diverses possibilités de l'expérimentation, mais d'une manière incohérente, presque infantile, cherchant souvent à s'amuser plutôt qu'à comprendre, à irriter ou satisfaire la curiosité plutôt qu'à édifier une théorie organisée. Cette attitude reflète la mentalité d'hommes qui s'intéressent à l'activité ou à la connaissance scientifique mais ne l'ont pas encore définie, ne savent pas très bien ce qu'il en est. En 1660, un voyageur français évoque sa curiosité pour les machines hydrauliques, les télescopes, les thermomètres et les baromètres mais aussi pour les remèdes de bonne femme ; il est intrigué par Mr. Hobbes, à qui il rend visite à Londres, et par Descartes, mais aussi par les ragots et les légendes. Tant d'idées circulaient qu'il était encore difficile de faire la part des faits et de la science, d'employer des critères exacts, de savoir quelles mesures et expériences appliquer à des choses différentes. Il est possible que plus de machines furent conçues pour déplacer les décors, éblouir, enchanter, surprendre le public et distraire les populations que pour la recherche scientifique ou la production technique.

Il faut se rappeler que la science de cette période restait encore très liée à l'alchimie et à l'astrologie. Uraniborg, le château de Tycho Brahé dans l'île de Hveen, qui attira un tel flot de visiteurs distingués, notamment Jacques VI d'Écosse — le futur Jacques Ier d'Angleterre, venu chercher sa femme, Anne de Danemark —, semble avoir été une sorte de Disneyland fantasmagorique, plein de gadgets et de merveilles automatiques, statues qui pivotaient sur des mécanismes invisibles, sonneries qui faisaient accourir des gens de loin, comme par magie, et derrière tous ces enchantements on trouvait l'astronome précis, soigneux, amateur de la dive bouteille, avec son célèbre nez d'argent, l'homme qui révolutionna la méthode astronomique en privilégiant l'exactitude et la persévérance dans ce qui était encore un domaine très hasardeux.

L'alchimie continuait de mêler la superstition, les préjugés et la recherche. Johann Rudolph Glauber (1604-1668), qui découvrit le sulfate de sodium (sel de Glauber), le meilleur purgatif d'une époque très friande de ce genre de médication, mit également au point des fours de laboratoire très efficaces qu'il appelait « fourneaux philosophiques ». Le Français Jean Rey s'aperçut que la calcination augmentait le poids des métaux ; le Flamand Van Helmont découvrit le gaz carbonique et fut le fondateur de l'étude des gaz, au détour de ses recherches alchimiques. Mais c'est un charlatan suisse de génie, Paracelse (1493-1541), qui proclama pour la première fois que le but de l'alchimie n'était pas de faire de l'or mais des remèdes, et introduisit la préparation et l'utilisation des médicaments minéraux en plus des simples. La confusion entre la chimie et la magie avait la vie dure. Richelieu et Louis XIII eux-mêmes subventionnèrent un alchimiste qui avait promis de transmuer les métaux vils en métaux nobles, et le roi assista au Louvre à une démonstration au cours de laquelle deux balles de mousquet furent transformées en un lingot d'or. Compte tenu des difficultés budgétaires de l'époque, n'importe quoi valait la peine d'être tenté. Encore en 1708, un charlatan convainquit le ministre des Finances de Louis XIV qu'il était sur le point de découvrir la pierre philosophale ; on lui installa un laboratoire à Versailles et il devint le point de mire de tous les yeux jusqu'à son arrestation deux mois plus tard.

Peut-être l'ennui de la cour explique-t-il ces expériences autant que la crédulité et l'impécuniosité. Pourtant, l'univers copernicien demeura longtemps, même pour les lettrés et les scientifiques, « une ingénieuse absurdité ». Lorsque le futur cardinal de Retz passait son doctorat à la Sorbonne, en 1631, la science officielle continuait d'enseigner qu'il y avait trois cieux, dont le plus bas était liquide. Ce divorce entre les hommes et la science était-il une application de la maxime selon laquelle il ne faut rien accepter sans preuves ou une négation du bon sens ? C'est seulement en 1654 que Cyrano de Bergerac, philosophe et homme d'épée, déclara : « On ne doit pas croire toutes choses d'un homme, parce qu'un homme peut dire toutes choses (...) on ne doit croire d'un homme que ce qui est humain, c'est-à-dire possible et ordinaire. » Première indication que l'impossible allait bientôt être banni de la pensée sérieuse. Quelques années plus tard, en 1661, Robert Boyle séparait la chimie de l'alchimie dans un ouvrage au titre significatif : *The Sceptical Chymist* (Le Chimiste sceptique). Soulignant que la seule fonction de la chimie était d'étudier les phénomènes naturels, Boyle expliquait la nature des combinaisons entre différents éléments et substances et jetait les fondations de la chimie organique. Pourtant ce grand expérimentateur alla jusqu'en Irlande se faire « toucher » par une fameuse guérisseuse, Valentine Greatrix.

La tendance à résoudre les problèmes par la raison et la discussion est caractéristique d'une époque à l'esprit subtil mais aux techniques élémentaires et insuffisamment élaborées pour autoriser une observation et une expérimentation fines. Mais cette tendance à la ratiocination créait une mentalité qui, supérieurement habile dans la technique particulière de l'analyse et de la construction mentale, avait tendance à rejeter toute autre méthode et résistait aux tentatives de recourir à des moyens plus empiriques, jugés à la fois trompeurs et dégradants. Pendant la seconde moitié du XVIIe, cependant, les succès des empiristes repoussèrent non seulement les frontières de la connaissance mais aussi ce genre d'attitudes à leur égard. La Royal Society, fondée en 1660, fut saluée par le poète John Dryden comme « vraiment royale, elle qui contemple la loi et la règle des êtres dans l'esprit de votre Créateur ». Cela s'appliquait encore plus à l'Académie royale des sciences fondée à Paris quelques années plus tard. Face à ces visions cartésiennes des recherches scientifiques, une ode de 1666 se réjouissait de ce que la Royal Society s'occupait non de *mots* mais de *choses*. Dans les *Voyages de Gulliver* (1726), Swift caricature la Royal Society : les membres de la Grande Académie de Lagado s'efforcent en effet d'extraire des rayons de soleil des concombres, d'obtenir de la poudre à canon par calcination de la glace, et songent à installer des cadrans solaires sur des girouettes disposées de telle sorte que les mouvements de la terre équilibrent les impulsions du vent. L'Academia del Cimento (l'Académie de l'expérimentation) florentine avait été créée dès 1657 par deux Médicis, le grand duc Ferdinand II et son frère Léopold, anciens élèves de Galilée et de Torricelli (il découvrit la pression atmosphérique) et eux-mêmes des scientifiques amateurs. Lorsque Ferdinand devint cardinal en 1667, l'académie cessa ses travaux, peut-être parce qu'ils ne correspondaient guère à ce que devaient être les préoccupations d'un prince de l'Église. En Allemagne, un certain nombre de petites sociétés savantes fondées au XVIIe siècle se partageaient entre les expériences scientifiques et l'étude et la défense de la langue allemande. La plus durable fut l'Académie de Berlin, créée en 1700 à l'instigation de Leibniz, une des dernières fondées.

Non contentes de développer la science et la recherche, ces académies et ces sociétés scientifiques tâchaient de faire connaître les découvertes et les idées nouvelles. Des journaux scientifiques internationaux — créés en Angleterre et en France dès 1665, quelques années plus tard en Italie et en Allemagne — diffusaient les travaux importants et permettaient aux chercheurs de toute l'Europe de comparer leurs trouvailles. Comme le monde savant du Moyen Age, la science ignorait les frontières, parlait un langage commun, suivait un même but, quelle que fût la diversité des chemins. Les méthodes expérimentales empiriques des chercheurs impliquaient le désir d'évaluer la probabilité et d'accepter des réponses provisoires fondées sur des observations et des calculs limités ; elles supposaient aussi de tolérer les autres conceptions, sous bénéfice d'inventaire.

LA SCIENCE ET LA RELIGION

Communauté cosmopolite transcendant les frontières politiques, dont la démarche dressait le jugement de l'homme contre l'autorité de la tradition, il n'est pas étonnant que la science nouvelle fût liée, et parfois comparée, à la mentalité protestante, d'autant plus que l'insistance des réformés sur l'*expérience* religieuse personnelle rappelait fort l'esprit expérimental. Les deux démarches avaient sympathisé d'emblée. Paracelse, le médecin et alchimiste, admirait Luther et, comme ce dernier avait brûlé la bulle pontificale, il fit un feu de joie des ouvrages des autorités médicales. Pour sa part, Luther appréciait les leçons allégoriques de l'art de l'alchimiste, dont il rapprochait les processus chimiques de la résurrection des morts, lorsque le feu de Dieu séparerait les justes des méchants. L'exemple de Galilée et de Gassendi montre que les protestants n'avaient nullement le monopole de la recherche scientifique. Progressivement, néanmoins, les pressions conservatrices de la Contre-Réforme et l'atmosphère plus animée, plus libre et plus curieuse des pays protestants — non tant parce qu'ils étaient protestants que parce qu'ils se situaient à l'avant-garde du progrès technique — accentueraient cette correspondance. Sur quatre-vingt-douze étrangers élus à l'Académie des sciences de Paris entre 1666 et 1866, seize seulement étaient catholiques, cinq juifs ou de confession indéterminée et soixante et onze protestants.

La mentalité calviniste

La mentalité calviniste semble avoir particulièrement correspondu à la démarche nouvelle. Les calvinistes voyaient Dieu comme un grand législateur, l'univers comme une vaste structure de lois divines que les hommes devaient découvrir. Ainsi que le disait Francis Bacon, lui-même fils d'une puritaine convaincue, « on ne peut commander à la nature sinon en lui obéissant ». Cette attitude pouvait aisément être transposée de la théologie à la science, de la morale aux lois naturelles, d'ailleurs perçues comme intimement liées. L'historien de la Royal Society de Londres, par exemple, estimait que cette institution et l'Église d'Angleterre « peuvent également prétendre au mot réforme, l'une l'ayant appliquée à la religion, l'autre la proposant à la philosophie ». Toutes deux, remarquait-il, rejetaient les « copies corrompues » pour les sources originales, les traditions anciennes pour les nouveautés ; toutes deux « supposent également que leurs ancêtres pouvaient se tromper » et « suivent le grand précepte de l'apôtre d'essayer toutes choses ». Un pasteur puritain prêchant devant Charles Ier attaquait la conception de l'infaillibilité du pape en arguant que « l'on peut apprendre à ne pas se contenter d'ajouter foi à quelque chose sans preuves, à ne pas croire que les choses sont ainsi, simplement parce que l'Église le dit ». Comme la nouvelle philosophie, le puritanisme mettait tout en doute (du moins tout ce que la tradition tenait pour sacré), cherchait à remplacer la tradition par une cohérence plus proche de la volonté de Dieu et de la nature, s'efforçait délibérément « de surmonter les nécessités et les misères de l'humanité », et demandait avec Bacon que la connaissance se consacrât au « soulagement de la condition humaine ».

Plus important, les réformateurs protestants remettaient en cause le concept triomphant de la hiérarchie qui, dans la nature comme en politique, concevait une chaîne graduée d'êtres et de relations, chacun intermédiaire du suivant, chacun plus parfait que le prochain. Cette coïncidence avec la nouvelle pensée scientifique n'avait pas nécessairement la faveur des gens religieux, mais elle ne pouvait manquer d'affecter les esprits. Le vieil univers hiérarchique, dont les lois s'appliquaient sur terre comme dans les cieux, devenait neutre. Toutes les parties de la nature et tous les hommes étaient égaux, nul n'était plus vil ou plus noble, plus esprit que matière, plus intellect que corps ; jusqu'au travail manuel qui n'était plus jugé inférieur aux autres activités. Ces théories et leurs implications mettraient longtemps à être exploitées, mais elles seraient désormais disponibles pour les tenants de l'égalitarisme.

Entre-temps, la théologie calviniste éliminait les degrés de l'autorité et les remplaçait par le pouvoir absolu d'une divinité aux décrets prédéterminés, méthodiques, immuables, sans place pour les miracles. « Dieu n'altère aucune loi de la nature », écrivait le principal, puritain, d'Emmanuel College de Cambridge, au début du XVIIe siècle. Ses décrets étaient ce que Descartes appelait les « lois établies dans la nature par Dieu » : de la détermination au déterminisme mécanique. L'élimination de la théologie des intermédiaires hiérarchiques, qui écartait les anges et autres faiseurs de miracles de la spéculation religieuse et scientifique, rejoignait les nouvelles théories de la souveraineté selon lesquelles le monarque se dispensait d'intermédiaires et exerçait directement son pouvoir, tout comme le divin législateur était supposé le faire.

Les penseurs et leur influence

Les nouvelles théories absolutistes s'appuyaient par analogie sur le rôle central du soleil dans l'univers, du cœur dans le corps. Charles Ier est « le soleil du monde autour de lui, le cœur de la république », avait dit William Harvey en 1628, et de renchérir : « Le cœur est le début de la vie, le soleil du microcosme, de même que le soleil pourrait être appelé à son tour le cœur du monde, car c'est par la vertu et l'impulsion du cœur que le sang est mû, parfait (...) ; c'est le dieu lare qui, en s'acquittant de sa fonction, nourrit, chérit, vivifie le corps tout entier, et est véritablement la fondation de la vie, la source de toute action (...) Le cœur, comme le prince dans un royaume, entre les mains duquel repose l'autorité suprême, gouverne tout ; c'est l'origine et la fondation dont tout pouvoir dérive, dont tout pouvoir dépend dans le corps animal. » Un siècle plus tard, Joseph Priestley, chimiste et unitarien, estimait que le pape avait « raison de trembler ne fût-ce que devant une pompe à air ou une machine électrique », vu l'effet qu'elles pouvaient avoir sur l'Église qu'il dirigeait.

Mais de telles possibilités, à long terme, allaient affecter bien d'autres institutions que l'Église romaine. Pour commencer, leurs sectateurs et leurs démonstrateurs ne furent jamais populaires dans les écoles ou les Églises dont ils dépendaient. Les pionniers de la science furent toujours contraints d'abandonner leurs postes académiques et trouvèrent généralement asile auprès de quelque prince bienveillant qui appréciait leurs talents astrologiques ou médicaux : Kepler devint mathématicien de l'empereur, Harvey médecin de la cour de Jacques Ier, Galilée, comme nous l'avons vu, bénéficia de la protection du duc de Toscane. Cela aussi changea lentement au fil du XVIIe siècle. John Aubrey, le mémorialiste anglais, situe la ligne de partage des eaux au milieu du siècle : « Jusqu'aux alentours de l'année 1649, c'était une étrange présomption pour un jeune homme que de tenter d'innover dans le domaine du savoir. »

Pourtant les défenseurs de l'ordre ancien avaient d'excellentes raisons de s'inquiéter. Les idées nouvelles présentaient des implications extrêmemement subversives. Pourquoi ceux qu'elles gênaient, comme Donne, n'auraient-ils pas déploré la disparition des anciennes valeurs. Un siècle après la mort de Copernic, le monde clos s'était écroulé pour faire place à l'univers infini d'étoiles et de soleils avec leurs propres systèmes planétaires, dans lequel la terre de l'homme n'était plus qu'un « grain de poussière cosmique » parmi tant d'autres.

A mesure que la nouvelle cosmologie perfectionnait son explication mécaniste du fonctionnement de l'univers, Dieu devenait de moins en moins essentiel aux opérations qu'elle postulait. La prédestination en théologie répondait à la mécanique cosmique de la science naturelle ; et cela signifiait que

Dieu avait irrévocablement décidé tout ce qui devait arriver une fois pour toutes. Cette vision allait transformer une divinité omnipotente en observateur impuissant lié par les lois qu'Il avait lui-même édictées, incapable ou peu soucieux d'intervenir dans le cours établi de Sa propre création. Le souverain absolu pouvait devenir le monarque constitutionnel d'un système cosmique dont il n'était pas besoin de s'occuper, comme le soulignait Newton de manière rassurante, un roi fainéant, respecté extérieurement et de plus en plus ignoré. Finalement, lorsque Napoléon demanda au grand mathématicien et astronome Pierre Laplace (1749-1827) quel rôle jouait Dieu dans son système astronomique, celui-ci répondit : « Sire, je n'ai pas besoin de cette hypothèse. » Réduit au rang d'hypothèse, Dieu serait banni des observatoires et des laboratoires où, apparemment, on n'avait plus besoin de Lui.

SCEPTIQUES ET LIBERTINS

C'est chez ces intellectuels que leurs contemporains appelaient *libertins* que ces idées commencèrent à circuler : ces libres penseurs exerçaient leur esprit critique aux dépens des autorités, des comportements et des valeurs acceptés dans la société de leur temps, souvent avec des résultats fracassants. Très divers, ils parvenaient à différentes conclusions : certains, simplement sceptiques, réservaient leur jugement, sous bénéfice d'inventaire ; d'autres, déistes, croyaient en un Dieu bon et tolérant — cause première et créateur des premiers principes — indifférent aux sectes et aux cultes ; d'aucuns, athées, niaient complètement Dieu ; les uns et les autres se montrant plus ou moins discrets sur le fond de leur pensée. Médecins, légistes, hommes de lettres ou nobles débauchés, souvent très jeunes, ils ne représentèrent jamais qu'une minuscule minorité de l'intelligentsia et ils figurent ici plus en raison de leur postérité que de leur importance au XVIIe siècle. On peut, en effet, trouver dans leurs ouvrages, composés sous le règne de Louis XIII et de Louis XIV, les racines de la plupart des positions philosophiques du XVIIIe siècle.

Les mouvements philosophiques que nous avons déjà vus, comme ceux que nous allons examiner, ne surgirent pas en vase clos, pas plus que les recherches scientifiques que nous venons d'évoquer. Ces phénomènes reflétaient étroitement le monde alentour et, en particulier, étaient fortement affectés par les attitudes religieuses de l'époque, qu'ils contribuèrent, à leur tour, à modifier. L'univers chrétien occidental avait volé en éclats : une structure mentale dans laquelle la diversité religieuse n'avait nulle place s'était effondrée et en venait à consentir à la possibilité de la variété. Une fois accepté l'éclatement au sein de la chrétienté même, une fois qu'on commença à admettre la possibilité de la coexistence, d'autres diversités apparurent et finirent par s'intégrer à un nouveau modèle de la réalité. Les guerres de Religion concoururent à ce changement.

La raison et la relativité

Les divers *Essais* que rédigea Michel de Montaigne entre 1572 et sa mort (1592) traitaient d'un monde dans lequel la hiérarchie chrétienne traditionnelle faisait place à la chance, au hasard et à une sorte d'opportunisme raisonnable. La religion reflua du centre vers les confins de la vie quotidienne. Les règles de la morale et du comportement, plus essentiellement religieuses ni même fondées sur des lois de la nature qui devaient rester obscures, étaient désormais considérées comme la création des hommes et de la raison, cette dernière devenant le guide insatisfaisant bien qu'unique de l'homme dans un monde incertain.

Humaniste sceptique, Montaigne observait toutes choses d'un œil tolérant mais critique, sans s'étonner des lubies, des préjugés et des passions humaines, et s'efforçait de forger sa propre philosophie du bon sens, de l'indulgence et de la connaissance. Il ne croyait pas que l'on pût forcer les autres à être bons. Il était déjà suffisamment difficile de mener soi-même une vie acceptable, idéal d'ailleurs impossible à définir avec certitude. Restait à essayer d'être soi-même avec sagesse, à éviter de devenir ou de forcer les autres à devenir quelqu'un de différent, selon quelque modèle étranger dicté par des principes ou une foi.

Les doutes nouveaux sur les possibilités de la raison se nourrissaient aussi des controverses religieuses qui faisaient rage. Puisque nombre de protestants prétendaient que la raison humaine pouvait interpréter correctement les Écritures et fonder ses interprétations sur la révélation divine, certains de leurs adversaires se rabattaient sur la critique sceptique des possibilités de la raison humaine. On ne pouvait atteindre ou définir la vérité par des moyens humains, disaient-ils. Bien des jésuites utilisaient cet argument particulier pour réfuter les thèses réformées et, partis du rejet de la vérité rationnelle, affirmaient une vérité révélée que préservait l'Église. Les libertins étaient donc en bonne compagnie. En outre, les sceptiques les plus radicaux niaient la capacité de l'esprit humain à connaître la vérité et donc à pouvoir affirmer positivement la justesse de ses conceptions ; il s'ensuivait, d'ailleurs, que, ne tenant rien pour vrai, ils ne pouvaient jamais entièrement se tromper. Ils acceptaient les lois et les coutumes en vigueur et se conduisaient par conséquent en bons catholiques, comme Montaigne dont le scepticisme profond s'abritait derrière un conformisme extérieur. Les libertins refusaient de sacrifier quoi que ce fût (ou qui que ce fût) à une cause quelconque, préférant la sécurité à l'affirmation de leurs opinions.

> Tout homme sage s'aime lui-même avant tout,
> Vit avec discrétion, réfléchit et obéit (...)
> Le camp le plus fort a toujours raison,
> Et les vaincus ont certainement tort ;
> Et celui qui n'est pas de cet avis,
> A moins d'être sûr de l'emporter à son tour,
> Est fou de s'opposer aux vainqueurs.

écrivait Alexander Brome en 1656 dans l'Angleterre de Cromwell.

Certains, pourtant, moins prudents que Montaigne ou Brome, dégoûtés par la médiocre moralité du clergé et par la propension à laver en public le linge sale des querelles religieuses, accablés par la violence absurde des guerres de Religion, commençaient à se demander si la religion n'était pas en fait un mal et si les prétendues vérités des Églises n'étaient pas mensongères.

Les chrétiens proclamaient que leur foi se fondait sur la raison, ils soutenaient que l'existence et la nature de Dieu pouvaient être prouvées par une argumentation logique et que la critique historique rationnelle ne saurait réfuter la divinité du Christ. Mais l'efficacité de la raison était mise en doute à la fois par l'incompatibilité des arguments religieux et scientifiques et par les disciples de Montaigne. Le plus grand de ceux-ci, Pierre Gassendi (1592-1655), homme d'Église et mathématicien, dans son *Apologie d'Épicure* (1634) au titre significatif, décrivait un univers composé d'atomes continuellement en mouvement et qui pouvaient s'unir pour créer une infinité de mondes comparables au nôtre. Objets, corps, et même ce que l'on appelle âme ou esprit, sont tous constitués de minuscules atomes, et lorsque notre corps et les particules qui le composent se dissolvent, l'âme se désintègre également et l'individu disparaît entièrement. Les sensations perçues par le corps le sont aussi par l'âme et, interprétées par l'imagination, produisent des idées souvent erronées, de sorte que croire au surnaturel n'est qu'une erreur de jugement, comme tant d'autres qu'il nous arrive de faire. Fondamentalement, nous ne pouvons jamais savoir ce qui est vrai, dans la mesure où nos sens ne nous présentent qu'une vérité relative ne suffisant guère qu'aux activités pratiques et n'offrant pas une base adéquate pour les spéculations ambitieuses sur l'Être, Dieu, la Vérité ultime qui, lorsqu'elles ne reflètent pas les leçons et les aspirations les plus élevées de l'expérience purement humaine, ne sont que des invitations à l'erreur.

L'expérience historique, elle aussi, devait être appréhendée avec prudence. Les dirigeants et les hommes politiques de jadis revendiquaient souvent une autorité divine pour justifier leurs actions ou pour affirmer leur pouvoir. Si une critique approfondie montrait qu'il s'agissait de subterfuges politiques, que fallait-il conclure des témoignages de la Bible qui, selon les nouvelles découvertes, n'était plus le récit des relations de Dieu avec l'humanité mais simplement une histoire d'un peuple ancien ? Pourquoi alors préférer la Bible à Cicéron ou à Sénèque, qui enseignait les limites du possible, la sagesse d'y borner ses désirs afin d'atteindre le bonheur de les réaliser ? Pourquoi pas l'épicurisme qui plaçait l'absence de douleur et d'inquiétude au-dessus de toute chose, qui conseillait la modération, la frugalité, l'honnêteté et la justice comme les meilleurs moyens d'atteindre et de conserver l'état *voluptueux* qui gratifie nos sens, s'il n'y a rien d'autre à gratifier ?

Les possibilités de ces perspectives séduisaient les bourgeois cultivés, les magistrats, les fonctionnaires royaux et les ecclésiastiques au point que les alarmistes s'inquiétaient de les voir imposer leurs vues. Dans les années 1620, certains observateurs estimaient avec inquiétude qu'il y avait cinquante mille athées à Paris, un million d'âmes perdues en France. Vaste exagération ! mais si ces craintes étaient prématurées, il s'agissait là d'un phénomène très significatif.

Une nouvelle vision de l'homme

Loin de s'arrêter à un simple scepticisme, ces conceptions pouvaient déboucher sur des positions plus constructives. De jeunes poètes, tel Théophile de Viau (arrêté en 1623 pour ses opinions subversives, après avoir été condamné au bûcher par contumace), voyaient en l'homme un animal comme les autres, sujets aux mêmes lois physiques et naturelles que n'importe quelle bête, dominé par des humeurs et des passions, jamais constant ni conséquent, sans nul véritable libre arbitre. Les hommes devaient donc apprende à vivre « comme Dieu », c'est-à-dire en âmes libres, libres des entraves trop humaines de leur corps et surtout des préjugés en vigueur, afin de pouvoir découvrir alors « la raison naturelle des choses ». Des hommes comme Viau ou La Mothe Le Vayer, secrétaire de Richelieu et un des précepteurs de Louis XIV, n'acceptaient pas les explications et les théories morales sur lesquelles reposait la société, ils en méprisaient les hiérarchies, les valeurs sociales, et surtout le culte de la richesse. Contre ces illusions, ils recommandaient une vertu dont seuls quelques-uns étaient capables : la générosité, qualité de l'esprit qui résiste à tous les assauts de la fortune et ne laisse rien de bas affecter ses actions. Si Dieu nous a donné des pensées, des inclinations et des passions naturelles, il n'y a pas plus de mal à les suivre qu'il n'y en a à manger, boire et dormir, s'écria un médecin incroyant sur son lit de mort en 1661. Il fallait donc jouir de la vie, ainsi que Saint-Évremond l'écrivit pendant les années 1680, dans un essai sur la morale d'Épicure, dédié à Ninon de Lenclos, célèbre libertine : « L'amour de la volupté et la fuite de la douleur sont les premiers et plus naturels mouvements qu'on remarque aux hommes. (...) La seule jouissance du plaisir, la volupté pour tout dire, est la véritable fin où toutes nos actions se rapportent.»

Les mondes récemment découverts ajoutaient à l'influence dérangeante que les libertins tiraient des classiques de l'Antiquité et de leur vision critique de leur temps. Le XVIe siècle avait découvert l'Amérique, le XVIIe découvrit la Chine. Dans les deux cas, les effets tant intellectuels qu'économiques de cette révélation bouleversèrent la société politique. D'Amérique, les Européens retinrent l'image du noble sauvage, pur et beau dans son état de nature, avant d'être corrompu par les conquérants de l'Ancien Monde, idée qui ordonnerait une vision de la nature humaine qui culminerait au XVIIIe siècle avec Rousseau. Ensuite, plus immédiatement fertile en événements lorsque les récits des jésuites et d'autres voyageurs commencèrent à circuler au XVIIe siècle, la Chine offrit l'image d'une société avancée, à la sagesse et aux institutions supérieures ou à tout le moins comparables à celles de l'Europe, et qui s'était développée en dehors du christianisme. C'était là un pays qui excellait en « antiquité, étendue, richesses, salubrité, abondance », comme un marin anglais en informa le public cultivé des années 1631 : « Pour les arts et le gouvernement, je crois qu'aucun royaume au monde ne peut s'y comparer, tout bien considéré. » Et un Français d'ajouter cette note sacrilège : *« Sancte Confuci, ora pro nobis ! »* — Saint Confucius, priez pour nous — s'écria, en effet, La Mothe Le Vayer, convaincu de la supériorité du sage chinois.

Si le confucianisme offrait une morale comparable à la nôtre, que fallait-il penser du péché originel, et surtout du salut ? Les Chinois vertueux allaient-ils au paradis ou étaient-ils condamnés à l'enfer ? Si, comme l'estimait La Mothe Le Vayer, les sages des nations que n'avaient pas visitées les apôtres étaient sauvés par leurs vertus innées, on pouvait donc échapper au péché originel simplement par les œuvres, et ni la grâce ni l'Église n'étaient nécessaires au salut. En outre, l'histoire chinoise semblait infirmer le récit de la Bible et réduire ces prétendues annales de l'humanité inspirées par Dieu au rang de chronique provinciale d'un petit peuple. Que devenaient alors la Genèse et les révélations bibliques ? L'autorité du Livre en sortait fortement ébranlée.

Le déisme

Par ailleurs, certains lettrés et philosophes ne parvenaient pas à concilier leur haute idée de ce que pouvait être Dieu avec les dogmes chrétiens pour lesquels l'Être infini se fait chair et la Bonté suprême condamne l'humanité à la damnation éternelle, pour lesquels l'immuable Perfection peut modifier ses desseins à la suite de quelques prières. On trouve là les débuts d'un déisme qui allait éliminer Dieu du monde parce que sa vision du divin était trop élevée pour concevoir une divinité intervenant dans les affaires quotidiennes des hommes, et qui, entre-temps, critiquait les « superstitions » existantes qui diminuaient le Dieu qu'on prétendait adorer. La tradition humaniste d'une part, l'expérience des guerres de Religion d'autre part, persuadaient les gens réfléchis que les professions de foi divisaient l'humanité alors que l'adoration d'un être supérieur devrait l'unir. Mais les hommes réfléchis étaient rares et devaient se montrer prudents. Ceux-ci considéraient essentiellement les différentes croyances comme des masques dissimulant des intérêts politiques ; ils exigeaient d'examiner les dogmes et les traditions que les masses acceptaient sans aucune discussion ; ils se réunissaient par petits groupes et se baptisaient « illuminés » — c'est-à-dire éclairés — guéris qu'ils étaient des erreurs populaires par la lumière de leur raison, raison qui révélait les impostures et les illusions aveuglant la plupart de leurs contemporains. Ils doutaient toutefois que les masses pussent ou voulussent en faire autant, doutaient même de leur propre capacité à dépasser la critique des erreurs existantes, et se limitaient à de discrètes analyses, laissant aux autres le soin de tirer leurs propres conclusions. D'autant qu'ils ne souhaitaient pas vraiment troubler l'ordre public ; au contraire, ils voulaient un ordre plus ferme et plus efficace, une autorité confiée à des souverains éclairés mais autoritaires, comme ceux qu'ils servaient fréquemment eux-mêmes.

Cyrano de Bergerac, mort en 1655, était influencé par des idées de ce genre mais, ayant lu Gassendi, il en concluait que l'ordre apparent de l'univers était dû au hasard : si le nombre des combinaisons et des permutations possibles des atomes disponibles était infini, le nombre de combinaisons valides restait limité, de sorte qu'un système viable finissait par se produire, offrant ainsi un phénomène durable. Dans un tel monde, pas besoin de Dieu. Les religions, là encore, apparaissaient comme des inventions sociales ou politiques, servant à imposer une autorité au peuple, bonnes dans la mesure de leur utilité sociale, mais sinon nullement supérieures les unes aux autres.

Une génération plus tard, dans la seconde moitié du XVIIe siècle, Saint-Évremond allait pousser ces conceptions plus loin encore. Pour ce gentilhomme normand qui s'était distingué pendant la guerre de Trente Ans et qui est enterré dans l'Abbaye de Westminster[1], les impulsions et les motivations fondamentales de l'homme ne proviennent pas de la raison mais des passions et, par-dessus tout, des inquiétudes ;

1. Ami de Nicolas Fouquet, il s'exila après l'arrestation du surintendant des Finances et refusa toujours de revenir en France (N.d.T.).

la recherche du plaisir n'étant guère qu'une vaine tentative d'échapper à la souffrance et à la conscience profonde de notre situation désespérée : un amusement, un divertissement. Il valait mieux éviter la pensée et la sensibilité, envier l'irréflexion et l'insensibilité ; le plus sage étant de renoncer à tout engagement, non que la vie ne soit pas belle mais parce qu'elle est fragile et vaine. L'homme n'est certes pas la seule créature mortelle, mais il a reçu le cadeau empoisonné de la conscience de lui-même. Les fleurs meurent aussi, mais elles ne le savent pas. Nous oui, et toute notre vie n'est qu'une longue lutte et une longue plainte contre ce destin.

Une telle philosophie trouvait son aboutissement logique dans l'abdication du désir, de la conscience, de la pensée : dans le quiétisme et sa tentative de se fondre dans le flux d'un ordre auquel nul ne peut résister, point de vue que reflétait en partie Fénelon. Mais le Dieu des quiétistes était pratiquement un esprit universel panthéiste, englobant la nature, présent dans tous ses aspects et finalement guère différent de l'Être Suprême des déistes. Cette forme de douce acceptation (les « quiétistes » — terme polémique que leur donnaient leurs adversaires — professaient la doctrine du « pur amour »), ce refus de définitions et d'engagements spécifiques, par lesquels les quiétistes entendaient résoudre le problème du monde, étaient inacceptables pour ceux qui estimaient que l'homme *devait* vivre dans le monde, y agir, et donc le modeler et le définir selon ses désirs, ses besoins et sa volonté.

Malgré toutes ces difficultés, la religion faisait trop partie de l'ordre social pour qu'on l'abandonnât aux spéculations philosophiques. La philosophie influait sur la religion, la religion sur la société, et la société, ou du moins les hommes qui la dirigeaient, ne pouvait se permettre d'abdiquer ni n'entendait le faire. La polémique entre Fénelon et Bossuet opposait les partisans de la retraite et de l'acceptation : les premiers exaltant la sagesse de s'abandonner à Dieu et de renoncer à l'ego, les seconds se méfiant de la passivité que cela impliquait et ignorant de manière significative la longue tradition mystique de l'Église. Les actifs, les chefs, les engagés finirent par l'emporter : les quiétistes furent vaincus. Mais le côté analytique de leur philosophie survécut et s'exprima dans deux directions : tout d'abord l'acceptation de l'utilité sociale de la religion avec, parallèlement, la mise en scène de sa valeur en tant que foi. Dire que la religion était un élément utile de l'appareil d'État impliquait qu'une religion d'État était indispensable à l'ordre social ; mais rien n'empêchait alors l'État de définir, voire d'inventer, sa propre religion, et c'est ce qu'il entreprit de faire en remplaçant le christianisme par un culte national : le patriotisme.

La critique historique

Si l'analyse philosophique menaçait l'intégrité des croyances religieuses et si les intérêts politiques défiaient la primauté et l'indépendance de la religion, le progrès des méthodes historiques présentait des possibilités encore plus redoutables.

L'étude de l'histoire apparaissait de plus en plus comme un miroir que les hommes se tendaient à eux-mêmes. Le passé ne pesait pas seulement sur le présent, il aidait à l'interpréter, tout comme les leçons du présent facilitaient la compréhension du passé. La psychologie que Shakespeare, Corneille et Racine prêtaient aux héros de leurs pièces illuminait les actions des héros anciens (et moins anciens), inspirait les gestes, les conflits et les attitudes de leurs contemporains. Pourquoi pas ? Si les conditions humaines diffèrent, la nature humaine, elle, ne change pas dans le temps ou l'espace — du moins le croyait-on. Les passions, les intérêts et les combinaisons de l'humanité sont toujours et partout les mêmes, dans les *Vies* de Plutarque comme à la cour des Tudors. L'histoire est donc utile (car on ne recherchait pas la connaissance pour le seul plaisir du savoir), comme les hommes de la Renaissance l'avaient découvert, parce qu'elle permet une meilleure compréhension du caractère humain, et qu'elle facilite aussi la spéculation et l'action politique. La première utilité de l'histoire, déclarait le philosophe français Jean Bodin au milieu des guerres de Religion qui dévastaient son pays, est de servir la politique. La philosophie mourrait d'inanition parmi ses principes, s'ils n'étaient pas vivifiés par l'histoire, ajoutait-il. Une époque qui respectait la tradition ne pouvait que se servir de références traditionnelles. Ceux qui attaquaient l'ordre établi, comme ceux qui le défendaient, étayaient leurs démonstrations d'arguments fondés sur les événements historiques, tels du moins qu'ils les percevaient.

Rien d'étonnant que, au milieu des violents conflits religieux et constitutionnels, l'on recherchât dans les documents une légitimité politique et théologique par-delà les arguments abstraits, que légistes et clercs étudiassent les sources qui pouvaient être exhumées du passé, que les idées critiques du XVe siècle fussent appliquées toujours plus rigoureusement et méthodiquement pour réfuter les assertions des adversaires et se prémunir contre leur censure. Dans la France du XVIIe siècle, en particulier, les érudits bénédictins de la congrégation de Saint-Maur, puisant dans les vastes ressources de leur ordre, les oratoriens inspirés par la Réforme catholique et les besoins de la controverse, et les bollandistes jetèrent les fondations de la recherche nouvelle. Jésuites pour la plupart, les disciples du Belge Jean Bolland (1596-1665) entamèrent leur grande étude de la vie des saints, qu'ils purgèrent des éléments douteux, afin de montrer leur véritable importance pour l'Église chrétienne. Les bollandistes et leurs divers homologues allaient développer un travail d'édition critique systématique des textes et fonder une grande tradition de recherches sur le passé national et provincial aussi bien que sur l'histoire de l'Église et du Moyen Age.

Or les entreprises de cette nature, conçues pour défendre et purifier les croyances existantes, risquaient d'avoir l'effet inverse si on les poussait trop loin. Dans les années 1670, un prêtre oratorien, Richard Simon, décida d'appliquer à la Bible les méthodes philologiques et historiques utilisées depuis longtemps pour l'étude des textes classiques. Il en résulta une *Histoire critique du Vieux Testament* (1678) qui provoqua un grand scandale : l'ouvrage fut mis à l'Index, son auteur chassé de l'Oratoire, mais l'exégèse biblique s'engagea ainsi en France. L'exemple de Simon, comme celui des libertins, inspira un jeune théologien protestant, fils de pasteur, Pierre Bayle (1647-1706), réfugié en Hollande depuis 1685, où il publia son célèbre *Dictionnaire historique et critique* (1695-1697). Ce courant de pensée allait se perpétuer au XVIIIe siècle avec Fontenelle et les encyclopédistes. Entre leurs mains, la religion sortit du domaine exclusif des théologiens pour subir l'examen des historiens, des ethnographes, des anthropologues et des sociologues, qui allaient étudier et comparer les mythes d'époques et de peuples très différents, en essayant de comprendre les uns par les autres. Le libertinage, avec sa négation de la révélation, débouchait ainsi sur l'histoire comparative des religions.

La foi de Pascal

Une autre voie allait être explorée par un des esprits les plus remarquables du XVIIe siècle, Blaise Pascal (1623-1662). Rejeton d'une grande famille parlementaire du centre de la France, Pascal se révéla très jeune un mathématicien et un physicien de grand talent. Son ingéniosité se manifestait dans toutes sortes de directions : il élabora la théorie des probabilités, participa à un projet inédit de transports publics sur le modèle de l'omnibus, inventa la roulette et organisa une loterie exploitant ses possibilités. A vingt et un ans, cependant, une expérience mystique lui révéla les limites de la raison et l'orienta vers la religion. Convaincu de la vanité de la science comme du monde, Pascal devint un janséniste radical, abandonna tout espoir en les institutions mondaines — y compris l'Église, à laquelle il se soumit pourtant — et affirma le manque de signification de toute chose en dehors de Dieu, qu'il rechercha avec désespoir.

Plus que les *Provinciales,* dans lesquelles il défendait le jansénisme contre les attaques des contemporains, ses *Pensées* publiées après sa mort (1669) indiquent qu'en cet être tourmenté les problèmes moraux et religieux de l'époque trouvèrent à la fois leur apogée et leur contradiction. Les nouvelles dimensions de l'espace et du temps, les nouvelles possibilités des sciences naturelles et physiques, persuadèrent ce logicien précoce et ce mathématicien de génie qu'elles ne pouvaient rien lui apprendre des vérités ultimes, que l'on a beau raisonner et chercher, la surface de la vie restera opaque, et qu'en fin de compte l'homme doit parier entre ici-bas et l'infini de la béatitude et de la souffrance, choix qui ne peut se fonder que sur une décision irrationnelle : la foi. Ayant pesé « le gain et la perte, en prenant croix que Dieu est », Pascal gagea sur la vie éternelle.

Avide lecteur de Montaigne, ancien émule du libertinage et de ses spéculations subversives, Blaise Pascal suggère que le scepticisme peut mener au-delà de la raison, au-delà du doute, à une conclusion ferme : « La dernière démarche de la raison est de reconnaître qu'il y a une infinité de choses qui la surpassent. Elle n'est que faible si elle ne va jusqu'à reconnaître cela. » Pas question pour Pascal de se contenter de la rationalisation de Descartes — « Je ne puis pardonner à Descartes ; il aurait bien voulu, dans toute sa philosophie, pouvoir se passer de Dieu ; mais il n'a pu s'empêcher de lui faire donner une chiquenaude, pour mettre le monde en mouvement ; après cela, il n'a plus que faire de Dieu. » (Pensée 77, édition de Brunschvig) — ou du jugement réservé du libertin qui abandonne l'homme à un vide d'ignorance. Admettant le mystère de la vie, le sceptique converti choisit l'affirmation et s'ancre dans une foi qui lui permet d'échapper à l'absurde. Il passe donc pour un des ancêtres de l'existentialisme du XXe siècle.

Il ne faut pas oublier que toutes ces visions du monde, quel que fût leur retentissement ultérieur, restèrent longtemps réservées à de toutes petites minorités, qui faisaient généralement montre d'une prudente discrétion et préféraient affecter un conformisme extérieur plutôt que d'affronter les désagréments probables de la publicité. Le libertinage — la libre pensée — était l'apanage du petit nombre, se discutait dans des cercles étroits, et ne filtrait que rarement et lentement dans le monde extérieur. Un des corollaires de cette situation était que les penseurs non conformistes méprisaient gaillardement la société dans laquelle ils évoluaient, ses prêtres, ses professeurs, et, par-dessus tout, la masse imbécile, ignorante et superstitieuse, toujours prête à crier haro sur les esprits originaux.

LE SURNATUREL

Nous ne devons pas oublier que cette grande époque de spéculations scientifiques et philosophiques était également un grand âge de superstitions, de sorcellerie et de bûchers. Les visions eschatologiques abondaient. Beaucoup attendaient la fin du monde, en particulier parmi les protestants. Melanchthon prévoyait que Gog et Magog[1] apparaîtraient en 1600 ou en 1607. Le temps prédestiné de la Terre — six mille ans — était largement écoulé. En 1572, l'apparition d'une nouvelle étoile éclatante avait semblé à beaucoup annoncer le Jugement dernier. En 1606, le pape Paul V rêva que Paris sombrait dans les flammes, et la nouvelle du songe pontifical précipita une petite panique dans la capitale française : des familles entières s'enfuirent pour échapper au feu divin. Reliques et amulettes étaient omniprésentes, encouragées par la propagande de la Contre-Réforme dans les pays catholiques, mais non moins populaires chez les protestants. Ceux qui ne pouvaient s'en offrir d'authentiques portaient sur eux des bouts de parchemin, des fragments d'animaux morts, ou des morceaux de pain béni souverains « pour mettre le diable en fuite, guérir les maladies du corps, préserver de la rage et détruire les rats ».

Tout aussi omniprésentes étaient les sorcières, concubines du démon, cinquième colonne infernale sapant le fragile

1. *Apocalypse* de saint Jean 20, 8.

monde des hommes. Contre les sorcières il n'était pas d'effort trop grand, d'arme trop brutale, de soupçon trop extrême. L'*Exode* (22, 17) ne proclamait-il pas : « Tu ne laisserais pas en vie la magicienne » ? et les XVIe et XVIIe siècles, déterminés à mettre cette injonction en pratique, sacrifièrent des milliers de victimes sur les autels ardents de la foi. Entre 1575 et 1590, le grand inquisiteur de Lorraine, Nicolas Rémy, fit brûler quelque neuf cents sorciers et sorcières. Devenu vieux, sa conscience le torturait parce qu'il avait épargné quelques enfants. L'évêque de Trèves, Peter Binsfeld, fit à la même époque mieux encore que Rémy : il ordonna, en effet, l'exécution de quelque six mille cinq cents personnes. La chasse aux sorcières s'emparait de bourgades comme une épidémie de peste : Leonberg, dans le Wurtemberg, village d'environ deux cents feux, brûla six sorcières pendant l'hiver de 1615 ; Weil, village voisin de même importance où naquit Kepler, fit périr sur le bûcher trente-huit sorcières entre 1615 et 1629. La propre mère de Kepler, dont l'une des tantes avait été suppliciée par le feu, fut accusée de sorcellerie et ne dut sans doute son salut qu'à l'intervention de son fils, au bout de six ans de procès.

A chaque époque, quelques hommes de bon sens doutaient de la réalité de la sorcellerie. Mû par la curiosité, Montaigne, étant allé voir une douzaine de sorcières dans une prison, ne trouva que quelques femmes qui lui semblèrent simplement folles[1]. En 1563, un Hollandais, Jan Wier (1516-1588), publia un ouvrage réfutant les croyances contemporaines dans les démons et les incantations : les sorcières, expliqua-t-il, n'étaient que des cas pathologiques et leurs aberrations relevaient de la médecine. Par contre, Jean Bodin, qui venait d'achever son étude de la *Démonomanie des sorciers* (1580), fut scandalisé par le livre de Jan Wier et entreprit de « défendre l'honneur de Dieu contre les sorciers », en qui, tout sage et bien informé qu'il fût par ailleurs, il croyait fermement sur la base des Saintes Écritures, des Pères de l'Église et des jugements des théologiens parisiens. Entre 1580 et 1601, il y eut au moins douze éditions de la *Démonomanie* : deux en latin, deux en italien et les autres en français[2]. Les spécia-

1. *Essais*, livre III, chapitre 11, « Des boyteux ».

2. Bossuet partageait l'opinion de Bodin ; il estimait, en effet, que les sorciers pouvaient mobiliser une armée égale à celle de Xerxès qui comptait 1 800 000 hommes. Et, ajoutait-il, si sous Charles IX, les sorciers étaient trois cent mille en France seulement, à combien fallait-il estimer leur nombre dans les autres pays ?

listes de l'Inquisition avaient aussi des doutes, et ainsi l'évêque de Vic écrivait-il en 1622 à Philippe III d'Espagne que les rapports sur les sorcières étaient « des rêves et des illusions et non la réalité vraie ». Mais le bon peuple y croyait et pas même l'Inquisition ne pouvait parfois empêcher les grandes chasses aux sorcières d'apaiser la soif populaire de boucs émissaires dans ce monde de misère.

Les opinions des lettrés et des ignorants divergeaient de plus en plus, et leur méfiance réciproque s'aggravait d'autant. En 1649, le libertin Gabriel Naudé dénonçait l'absurdité de croire que de pauvres folles avaient fait un millier d'extravagances infantiles, ridicules et impossibles pour lesquelles elles méritaient davantage d'être soignées ou enfermées dans un asile que d'être exterminées par le feu et par la corde. Ces massacres ne faisaient que prouver à Naudé le pouvoir d'impostures capables d'influencer l'esprit populaire, qu'on ne pouvait imaginer plus indigne de confiance et plus déraisonnable. Et de citer Sénèque : « Le pire argument est l'approbation de la plèbe. » Mais si quelques docteurs et intellectuels en étaient convaincus, la foule, évidemment, ne partageait pas cet avis et continuait d'exiger sa ration de victimes.

La plèbe était stupide et dangereuse, dangereuse parce que stupide. Partout l'élite cultivée redoutait les excès religieux des masses aveugles et, par une réaction naturelle, elle en vint à minimiser l'incrédulité des non-conformistes cultivés. « L'athéisme n'a jamais perturbé les États, écrivait Bacon dans son essai sur la superstition. Mais la superstition est la confusion de nombreux États et provoque un nouveau *primum mobile* qui ravit toutes les sphères du gouvernement. Le maître de la superstition est le peuple, et en toute superstition les sages suivent les fous (...) » Le scepticisme se développa donc comme réaction de bon ton aux « enthousiasmes » vulgaires. « Rien ne peut contribuer davantage à persuader un homme d'être athée, disait Samuel Butler, que de voir d'aussi déraisonnables animaux prétendre à la religion. » Dans l'Angleterre de la Restauration, Dryden ridiculisait dans sa satire politique en vers, *Absalon et Achitophel* la multiplicité de dieux « de toute forme et de toute taille que peuvent produire les faiseurs de dieux ou fabriquer les prêtres », et surtout « le troupeau de ceux qui pensent trop peu et parlent trop. Ceux-ci, par pur instinct, sans savoir pourquoi, adorent le Dieu de leur père, et sa propriété, et, par le même aveugle destin, haïssent le diable et les Jébuséens ». Il n'épargnait pas davantage les puritains qui « évitent sagement les péchés coûteux et ne violent jamais le sabbat, par seul souci du gain (...) ».

Il existait, évidemment, deux courants, l'un restrictif, l'autre rebelle, agissant l'un sur l'autre. Sous les assauts de la Contre-Réforme, l'orthodoxie se fit de plus en plus suffocante, le conformisme moral et religieux toujours plus intolérant envers la pensée indépendante. Dans cette atmosphère, même les chrétiens les plus sincères apprirent à dissimuler et, ce faisant, eurent tendance à rejoindre les critiques de la religion dont la discrétion et le conformisme extérieur dissimulaient le mépris des foules vulgaires et des clercs ignorants. Avec la liberté de la recherche, un nouveau relativisme se développait sous l'effet des idées sceptiques, des récits de voyage et de la pensée comparative, qui allait culminer dans ce que A.S. Eddington appelle le « traité élémentaire de relativité » du doyen Swift — *Les Voyages de Gulliver* (1726) —, conception que Pascal exprima de façon si poignante dans ses *Pensées* : « Nous voguons sur un milieu vaste, toujours incertains et flottants, poussés d'un bout vers l'autre ; quelque terme où nous pensions nous attacher et nous affermir, il branle et nous quitte, et si nous le suivons il échappe à nos prises, nous glisse et fuit d'une fuite éternelle ; rien ne s'arrête pour nous. C'est l'état qui nous est naturel et toutefois le plus contraire à notre inclination. Nous brûlons du désir de trouver une assiette ferme, et une dernière base constante pour y édifier une tour qui s'élève à l'infini, mais tout notre fondement craque et la terre s'ouvre jusqu'aux abîmes. »

Pascal avait trouvé une assiette ferme en se servant de la pensée rationnelle comme d'une barrière contre le chaos. A un moindre niveau, d'autres imitèrent son exemple. La superstition s'estompa chez les gens cultivés. Si le duc de Buckingham, comme Wallenstein, disposait de son propre astrologue et nécromancien, ce n'était plus le cas à la génération suivante. Charles II emmena un astrologue qui lui offrait ses services aux courses de Newmarket et l'invita à désigner les gagnants. En 1693, un pasteur qui annonçait l'apocalypse fut traité non en hérétique mais en malade. Le dernier procès de sorcellerie en Angleterre eut lieu en 1712, année où la bonne reine Anne « toucha » le jeune Samuel Johnson pour le guérir des écrouelles. Anne fut le dernier souverain anglais à tenter de telles « guérisons » ; Charles II avait « touché » quelque cent mille de ses sujets, espérant que sa royale magie les débarrasserait de leurs scrofules, bien qu'il n'y crût sans doute pas lui-même. Le grand changement semble s'être produit vers le milieu du XVIIe siècle. C'est du moins là que le situe le mémorialiste anglais John Aubrey : « Quand j'étais enfant, donc avant les guerres civiles, la mode voulait que les vieilles femmes racontassent à la veillée des histoires fabuleuses d'esprits, de fantômes, etc. Lorsque les guerres arrivèrent, et avec elles la liberté de conscience et la liberté de s'informer, les fantômes s'évanouirent. Maintenant les enfants ne redoutent plus ce genre de choses. »

Plus les connaissances scientifiques se multipliaient, plus se creusait l'écart entre les gens instruits et les ignorants et plus s'aggravait entre eux la méfiance et l'animosité. « La raison (...) pour laquelle tout gouvernement s'instaura au départ fut (...) de faire obstacle à la plèbe et à la canaille dans le monde », écrivait Daniel Defoe. Les « nouveaux dictateurs des rues » devaient être remis à leur place « et si la persuasion ne suffisait pas, il faudrait recourir au gibet ». Même l'aimable John Locke, dans *Le Caractère raisonnable du christianisme,* distinguait entre les gens éduqués pour qui « la raison doit être (le) juge et le guide en toute chose » et « les journaliers et compagnons, les fileuses et les laitières » qui « ne peuvent savoir et doivent donc croire ». La raison se limitait par conséquent à ce que les hommes d'une classe et d'une éducation données jugeaient raisonnable, et de plus en plus d'entre eux faisaient cas de la tolérance.

La religion devenait raisonnable et la politique rationnelle : si l'univers était une machine construite par Dieu, l'État était une structure bâtie par l'homme. Dieu était lié par ses propres lois, comme l'État. Mais ces lois étaient l'œuvre de l'homme. Dans le nouvel univers héliocentrique, tout tournait autour de l'homme, et il est symptomatique que dès 1691 le chimiste Robert Boyle finança une série de conférences destinées à défendre les vérités du christianisme. Elles avaient donc besoin d'être défendues.

VERS LE XVIIIe SIÈCLE

Pendant les quelque cent années qui séparent le dernier quart du XVIe siècle de la fin du XVIIe, les théories politiques reflétèrent l'affrontement entre les attitudes nouvelles et anciennes et la quête omniprésente de l'ordre et de la raison. Pour simplifier, l'ordre fut la préoccupation dominante durant la première partie de cette période, tandis que la raison dominait la seconde. Avant longtemps, il deviendrait parfaitement évident qu'il fallait abandonner les idéaux médiévaux d'un ordre fondé sur la raison et justifié par elle parce que la raison, capable d'imaginer des arguments en faveur de n'importe quel ordre, pouvait se révéler tout aussi aisément une force subversive.

Les luttes religieuses du XVIe siècle avaient multiplié les théories tranchantes affirmant que les sujets pouvaient mettre leurs souverains en cause au nom de Dieu, que le pouvoir politique relevait du peuple plutôt que du prince. Les rébellions et les désordres suscités ou justifiés par de semblables arguments engendrèrent à leur tour de nouvelles références à l'autorité divine investissant le pouvoir civil. La stabilité politique, répliqua-t-on, prévalait même sur la foi religieuse. Seul l'État pouvait préserver la propriété et l'ordre, écrivait Jean Bodin (1530-1596), consterné par le chaos épouvantable des guerres de Religion. Seule la souveraineté absolue était en mesure d'affirmer sa volonté sur toutes les autres, de contraindre les intérêts rivaux à rester en paix, de soumettre le fanatisme religieux ou les factions aristocratiques, d'assurer la paix et la sécurité du royaume. Telle était la théorie de l'État souverain sur laquelle s'appuyèrent les Bourbons et les Stuarts et à laquelle croyaient les « politiques » en France, avec, pour couronner l'édifice, le droit des rois à gouverner en vertu d'une souveraineté que Dieu leur avait confiée, droit divin qui faisait de la rébellion un sacrilège. L'office de roi, disait Jacques Ier d'Angleterre, très porté à philosopher sur ce thème, était un « mystère », hors de portée des philosophes et des légistes qui cherchaient à en discerner les raisons ou les limites. Le droit des rois à gouverner ne relevait pas de la discussion mais de l'obéissance et de la foi aveugle.

Or, à l'évidence, quoi qu'il pût être par ailleurs, le XVIIe siècle ne privilégiait guère la foi aveugle. Même le droit divin des rois devait trouver des arguments pour se justifier, et les plus savants seraient dispensés par l'évêque Bossuet, précepteur du fils de Louis XIV, dans sa *Politique tirée des propres paroles de l'Écriture sainte*, traité qu'il commença à rédiger en 1679 mais qui ne fut publié qu'en 1709. Bossuet concluait avant tout de la lecture des Écritures que la personne du roi était sacrée et que personne n'avait le droit d'y attenter ou d'attaquer son pouvoir. « Le trône royal n'est pas le trône d'un homme mais de Dieu lui-même. » Le roi, bien entendu, reste soumis à la loi de Dieu et devra rendre des comptes le jour du Jugement dernier ; mais s'il est responsable devant Dieu, il ne l'est pas devant ses sujets. Les sujets ont été créés pour obéir, comme les princes pour commander, et rien ne peut relever un peuple du devoir divin de se soumettre à son souverain. Les actes du roi reflètent les desseins sacrés de Dieu et, si les sujets ne peuvent s'y accorder ou les comprendre, ils doivent l'attribuer aux limites de leur vision exiguë. Ce qui semble obscur ou mauvais aux hommes s'explique mieux de la hauteur transcendante de la divinité qui l'a voulu.

Certains rejetaient pourtant ce genre d'arguments et c'est d'ailleurs pour y répondre que Bossuet composa sa *Politique.* Les théories de la souveraineté absolue avaient été conçues et acceptées à des fins très concrètes : la recherche de la paix et de l'ordre. Les raisonnements de Bodin et des « politiques » avaient écarté le pouvoir politique du domaine de la théologie (dans la mesure où les querelles théologiques étaient à l'origine des désordres qu'ils voulaient éviter), pour le situer dans l'orbite séculière, s'ordonnant finalement autour de l'utilité et de la raison. Désormais la raison pouvait formuler de nouvelles définitions de l'utilité et attaquer les anciens arguments avec de nouveaux.

Hobbes

L'attaque la plus violente s'exprima dans le *Léviathan* de Thomas Hobbes, publié dix ans après le *Discours de la méthode.* Hobbes appliquait implacablement la méthode cartésienne à l'analyse de la politique, et le livre que le vieux philosophe présenta en 1651 à Charles II en exil était, comme le *Discours,* le résultat d'une pensée logique personnelle, éludant l'expérience et cette expérience par procuration qu'est la lecture (Hobbes disait que s'il avait lu autant que les autres hommes il n'en saurait qu'autant qu'eux), glorifiant les mathématiques et leur application à la société. Ses découvertes, grandioses, effrayantes, détruisaient la philosophie ancienne par le scepticisme corrosif de sa démarche.

Le *Léviathan* troubla les esprits parce que c'est le produit d'un esprit rationnel, calculateur, s'exerçant sur un sujet que Hobbes reprenait à zéro, écartant toutes les valeurs qui s'étaient accumulées à son propos au fil des siècles. L'argumentation de Hobbes se fonde sur la psychologie de l'homme, son jugement sur l'utilité, et il rassemble les deux dans une évaluation froide de ce que l'État peut faire pour l'homme et *à* l'homme, et contraint ses lecteurs à reconsidérer la question.

Pour Hobbes, les hommes, naturellement mauvais, sont des loups pour l'homme. Telle était la conception de ce philosophe qui évoluait dans les cercles politiques les plus élevés et frayait avec les puissants — d'abord secrétaire de Francis Bacon, puis précepteur de Charles II en exil — réfugié errant fasciné par le pouvoir autant que par le souci de sa propre sécurité.

Les hommes ne sont pas, comme tant de philosophes les décrivent, des êtres grégaires faits pour la vie sociale, dit Hobbes. Ambitieux et égoïstes, ils ne vivent en société que parce qu'ils espèrent en tirer quelque chose — un profit ou la gloire — et comme beaucoup d'hommes veulent simultanément la même chose, la société se caractérise avant tout par « une volonté mutuelle de nuire ». L'homme est dépravé. Une société se fondant sur toute autre conception est vouée à voler en éclats ; une société qui accepte cette perspective doit reposer sur le pouvoir pur. Le monde ignore tout ce qui peut ressembler à un principe spirituel ou à des fins supérieures. Il n'y a d'autre bien que le plaisir, d'autre mal que la souffrance, d'autres buts que les appétits égoïstes, et la liberté se résume à la faculté de succomber à ses passions. Le principe fondamental de l'existence est le souci de soi-même, et comme chacun s'efforce de le satisfaire, l'état naturel de l'homme se réduit à un état de guerre, à une lutte constante de l'homme contre l'homme. Dans cet état de nature brut, dit Hobbes dans une formule célèbre, l'existence humaine est solitaire, pauvre, méchante, brutale et brève.

Si tel est le cas, l'espèce humaine n'évite l'extermination que par sa prolificité, mais cela ne suffit pas et, vu l'état de nature, les deux derniers hommes semblent voués à périr avec les dents plantées dans la gorge l'un de l'autre. Il faut donc faire quelque chose, et Hobbes propose ce remède artificiel permettant à l'humanité de surmonter les maux de sa nature : l'égalité naturelle de tous les hommes meurtriers, égalité tempérée seulement par des différences physiques fortuites, doit faire place à un régime d'inégalité, seule possibilité de les sauver d'eux-mêmes, de l'inconfort et de la destruction que les hommes libres s'infligent naturellement les uns aux autres. Autrement dit, la création d'une société politique, sous l'autorité d'un monarque qui, par nécessité évidente, doit être absolu.

La société ainsi postulée est certes éminemment artificielle, mais non hors de la portée des pouvoirs humains, pouvoirs considérables comme on peut s'en convaincre au premier coup d'œil. Les hommes ne font-ils pas des automates ressemblant remarquablement à des êtres vivants ? Ils ont donc, de la même manière, conçu une société artificielle, vaste et étrange machinerie qui remplace la société naturelle. « La nature (l'art par lequel Dieu fait et gouverne le monde) est ainsi imitée par l'art de l'homme, comme en bien d'autres choses, qu'il peut faire un animal artificiel. Car la vie n'est que le mouvement des membres, dont le début est produit dans quelque partie principale à l'intérieur ; pourquoi ne pourrions-nous pas dire que tous les automates (moteurs qui se meuvent par des ressorts et des roues comme une montre) ont une vie artificielle ? Qu'est le cœur, sinon un ressort ; et les nerfs sinon autant de fils ; et les articulations sinon autant de roues, donnant du mouvement au corps tout entier, ainsi qu'il en fut décidé par l'Artisan ? L'art va encore plus loin, imitant cet ouvrage rationnel et très excellent de la nature, l'homme. Car par l'art est créé ce grand léviathan appelé république ou État (en latin *civitas*), qui n'est qu'un homme artificiel, bien que de stature et de force plus grandes que le naturel, pour la protection et la défense duquel il fut conçu. »

Préserver son existence justifiait l'État et le pouvoir illimité du prince souverain. Des arguments aussi brutaux ne séduisaient qu'une minorité infime, bien que les praticiens de la politique, trop sensés pour les formuler eux-mêmes, les missent en pratique sans hésitation : on pouvait aisément traiter les êtres humains comme autant de pièces interchangeables d'une machine impersonnelle. C'est en partie ce à quoi s'opposait Fénelon lorsqu'il s'insurgeait contre l'autocratie royale : État répressif impersonnel qui avait abandonné l'amour chrétien pour la discipline, qui recherchait l'ordre et non le bonheur. Mais les gouvernements n'ont jamais dispensé l'amour ; il était plus facile d'imposer une vie quelque peu ordonnée que de concevoir une existence heureuse.

Pour l'instant, il s'agissait d'abord d'apprivoiser la sauvagerie de l'État souverain, de modérer les monstres qui, absolus à l'intérieur, luttaient les uns contre les autres dans cet état de nature qui prévalait encore dans les relations internationales. La guerre passait pour le passe-temps et le rapport naturels des États. « Nul corps ne peut se maintenir en bonne santé sans exercice, écrivait le chancelier Bacon (...) et une guerre juste et honorable est certainement l'exercice véritable d'un royaume ou d'un État. Une guerre civile évoque une poussée de fièvre, mais une guerre étrangère est comme un exercice violent qui sert à garder le corps en bonne santé (...) » Parmi les témoins de la guerre de Trente Ans, certains refusaient ce genre de conceptions. Nous avons vu que l'horreur qu'éprouva Grotius devant cette débauche de violence qui ravageait le monde prétendument chrétien l'avait conduit à rédiger son *De jure belli ac pacis.* Dans cet ouvrage, la traîtrise et la barbarie qu'excusait la raison d'État étaient transcendées par cette loi de la nature qui rend tous les hommes grégaires, conscients socialement et responsables. C'était là une loi qui dépassait les limites des États, qui offrait une base aux relations entre les hommes et entre les nations. En outre, l'argumentation de Grotius suggérait que les lois humaines pouvaient compléter la volonté obscure de Dieu, que le chaos du monde pouvait être clarifié par des moyens humains, que des conventions internationales élaborées par des légistes et des hommes politiques sauraient atténuer ou abolir les maux que l'impénétrable Providence décrétait.

Spinoza

Tout cela serait énoncé encore plus clairement dans les ouvrages perturbateurs d'un juif portugais vivant en Hollande et d'un protestant allemand enseignant à l'université de Lund en Suède : Baruch de Spinoza (1632-1677) et Samuel Pufendorf (1632-1694) qui formulèrent chacun une théorie de l'obligation politique fondée non sur Dieu mais sur l'utilité sociale.

Spinoza est un des personnages les plus attachants du XVIIe siècle, un de ces êtres à la fois solides et fragiles qui fuient tout conflit et pourtant les attirent par le refus de renoncer à leurs principes. Fortement influencé par la pensée cartésienne ainsi que par sa formation rabbinique, Spinoza fut excommunié de la communauté israélite pour hétérodoxie tandis que les chrétiens se méfiaient des implications dangereuses de ses idées. Grâce à son apprentissage de la science et de l'optique il put gagner sa vie en polissant des verres, et ainsi poursuivre ses spéculations philosophiques. Cet homme frêle, frugal et courtois, entouré de nombreux amis, se révéla un champion intrépide de la liberté de pensée. Son ouvrage le plus important, le *Tractatus theologico politicus* fut publié anonymement en 1670 et deux autres essais ne parurent qu'après sa mort. Comme Grotius, Spinoza insistait sur les instincts sociables de l'homme. Comme Hobbes, il croyait que la recherche de la sécurité et de la préservation aboutissait à la souveraineté de l'État, mais là où l'analyse de Hobbes de la psychologie humaine justifiait un État dompteur, Spinoza estimait que l'on pouvait diriger les hommes autrement que par la peur ou l'orgueil. Il est possible de les amener ou de les autoriser à s'accomplir dans la conscience de soi intellectuelle et spirituelle, « à persévérer dans la nature de leur être ». Il ne considérait pas les hommes comme des entités séparées face à des autorités extérieures (sociales ou divines), mais comme des éléments d'un univers panthéiste dont chaque fraction ne peut être perçue et ne peut fonctionner qu'en rapport avec le tout. Il en tirait la conclusion politique que, loin d'exister pour glorifier Dieu ou pour servir un roi ou un État, les hommes sont la raison même de leur existence, que leur réalisation représente leur but le plus élevé et qu'ils doivent se défendre contre quiconque ou quoi que ce soit qui entrave le développement le plus complet possible de ce dont ils disposent. « Il s'ensuit, dit-il dans le *Tractatus*, que le but ultime du gouvernement n'est pas de diriger ou de mettre un frein par la peur, n'est pas d'exiger l'obéissance, mais au contraire de libérer tous les hommes de la peur, afin qu'ils puissent vivre dans toute la sécurité possible. » On ne pouvait concevoir contestation plus délibérée des conceptions de Hobbes : « Non, le gouvernement n'a pas pour objet de transformer les hommes d'êtres rationnels en bêtes féroces ou en marionnettes, mais de leur permettre de développer leur esprit et leur corps en sécurité et d'employer librement leur raison ; (...) en fait, le véritable but du gouvernement est la liberté. » L'État est une commodité, faite pour l'homme ; l'homme doit lui obéir dans la mesure où il facilite ce développement de soi qui est sa fin légitime. « Tout homme devrait penser ce qu'il veut et dire ce qu'il pense. » C'était là un retournement nouveau et subtil du principe d'utilité, et qui allait faire grincer des dents aux bien-pensants de son temps.

Spinoza glorifiait l'homme et les valeurs humaines, qui pouvaient même se révéler l'instrument de la réalisation personnelle de Dieu. Dieu, pour Spinoza, comme l'État, devient presque un moyen pour l'accomplissement de l'homme. Pufendorf n'allait pas aussi loin, il se contentait de reléguer le pouvoir divin sur un autre plan ne nous concernant pas. Le royaume de Dieu se situait dans les cieux, celui de Pufendorf ici-bas ; et sur cette terre règne la raison naturelle qui n'a pas à se soucier de théologie. Dans son traité *Du droit de la nature et des gens* (1672), Pufendorf proposait la vieille idée d'un contrat social, pacte entre les membres d'une société, sur lequel celle-ci se fonde. Le corps social, disait Pufendorf, repose sur ce genre de conventions. Les hommes décident de s'unir en une collectivité et, cela fait, de régler leur vie et leurs actions par consentement mutuel. Ceux à qui l'on a confié le pouvoir souverain doivent assurer la sécurité et l'utilité publiques, en échange de quoi leurs sujets promettent de leur obéir. Cette conception, courante au Moyen Age et encore familière à l'Église catholique, était proposée cette fois-ci sous une forme laïque : au lieu d'un contrat entre Dieu et le peuple, le professeur de l'université de Lund présentait un double pacte : d'abord entre les gouvernés, ensuite entre les gouvernés et les gouvernants, version moderne du contrat féodal. La loi naturelle offrait ainsi une perspective laïque aux disciplines sociales et à la pratique politique.

La révocation de l'édit de Nantes

Il manqua à ces idées la sanction de la réalité jusqu'à ce qu'en 1685 la révocation de l'édit de Nantes présentât l'exemple d'un souverain en conflit avec une partie de ses sujets. Les exilés protestants se réfugièrent en Hollande et, de là, proclamèrent le droit de se rebeller contre Louis XIV qui avait utilisé ses pouvoirs pour imposer sa volonté à des consciences qui avaient le droit d'être libres. Louis avait transgressé le droit naturel, protestaient les réfugiés, et s'était mis hors la loi : par conséquent il devenait légitime de se révolter contre lui. Il ne s'agissait pas seulement d'une querelle entre catholiques et protestants, et, dans leur quête d'arguments, les huguenots s'en remettaient moins à la révélation religieuse qu'aux théories de Grotius et de Pufendorf. Dans la guerre des libelles qui s'ensuivit, Bossuet riposta par une alternative entre le droit divin et le totalitarisme de Hobbes. Si la société sortait de l'état de nature, comment les barbares qui y survivaient jadis avaient-ils pu se réunir ou même concevoir le contrat originel fondant une collectivité où vivre ensemble en paix ? Ou bien les hommes avaient appris à vivre ensemble parce que Dieu le voulait ainsi, ce même Dieu qui avait placé un roi à leur tête pour les gouverner et faire appliquer Sa volonté ; ou bien ils étaient parvenus à sortir de l'état de nature ainsi que Hobbes l'avait expliqué, et les arguments du philosophe anglais justifiaient Louis XIV autant que ceux de Bossuet.

Une nouvelle conception de la loi naturelle

Ce discours était d'une logique impressionnante et, si les polémiques politiques ne sont pas nécessairement logiques, aucune idéologie ne peut se maintenir sur des bases théoriques branlantes. Ceux qui faisaient appel aux droits naturels contre l'absolutisme devaient trouver une réponse à l'argumentation de Bossuet ; et cette réponse fut fournie, en théorie et en pratique, par la révolution anglaise de 1688. Jacques II, roi par la grâce de Dieu, fut déposé et remplacé par un nouveau monarque qui gouverna en vertu d'un contrat explicite conclu entre lui et ses sujets. Et ce pacte, outre le droit des sujets à se rebeller contre leur souverain, trouva sa sanction philosophique dans le *Traité sur le gouvernement civil* que John Locke (1632-1704), revenu en Angleterre avec la flotte de Guillaume III, publia en 1690.

John Locke reprenait les idées mêmes que nous avons déjà rencontrées et partait d'un état de nature, mais, pour lui, ce n'était pas le règne de la barbarie et de la violence qu'imaginait Hobbes. Il était cependant loin d'être parfait et, pour remédier à ses imperfections, les hommes se réunirent pour convenir d'un contrat social auquel ils souscrivirent dans leur propre intérêt et qui implique de jouer le jeu de la vie sociale selon les règles établies. Si quelqu'un viole ces règles, il est mis hors la loi ; et si le souverain nommé les transgresse, n'importe quel membre de la société et, bien entendu, l'ensemble de la société a le droit d'en appeler au contrat, si nécessaire par la force. La conclusion s'impose : si l'exécutif n'agit pas selon les buts justifiant sa mise en place, s'il empiète sur les libertés du peuple, son pouvoir doit être retiré à ceux à qui il a été confié. En outre, si les sujets ont des raisons de soupçonner qu'un tyran potentiel s'apprête à les asservir, ils ont le droit de le prévenir et, par une rébellion ouverte, de l'empêcher de réaliser ses projets.

Par ce raisonnement, Locke légitimait la « Glorieuse Révolution » ; il répondait également à Bossuet et aux pessimistes politiques en postulant un homme naturel capable dans l'ensemble de s'accommoder de ses semblables. Ceux que Locke convainquait croyaient en une relative perfectibilité de l'homme — et probablement d'un homme qu'ils imaginaient aussi raisonnable et convenable qu'ils se jugeaient eux-mêmes. Les conditions qui régnaient à la fin du XVIIe siècle, époque beaucoup moins anarchique que les années 1600, eurent certainement leur importance, de même que, sans nul doute, l'heureux aboutissement de la déposition de 1688. Il en résulta deux conséquences : d'une part, grâce à l'association des arguments de Locke et de la réussite politique, l'éclat de la deuxième Révolution d'Angleterre illumina la doctrine de la loi naturelle et contribua à en relever le prestige. D'autre part, l'idée de la loi naturelle ainsi que la conception de Locke d'un homme naturellement acceptable allaient constituer l'essence de la nouvelle pensée constitutionnelle et juridique de l'Angleterre. Grâce à Locke et à 1688, la loi naturelle entrait dans la politique de l'époque et plus particulièrement dans celle de l'Angleterre, dont l'influence serait prépondérante dans les siècles à venir.

D'autres résultats s'ensuivirent. 1688 avait été un triomphe protestant. Les théories de Locke, non seulement constitutionnelles mais telles qu'elles s'expriment dans sa *Lettre sur la tolérance* (1689), marquaient l'alliance entre la loi naturelle et la religion réformée ; elles influencèrent le protestantisme beaucoup plus qu'elles ne subirent son empreinte, de sorte que, graduellement et de plus en plus, la conception de la chute de l'homme s'effacerait devant une nouvelle idée de la perfectivilité : tant de l'homme par lui-même que de la société par l'homme. On saurait désormais que le droit divin, dès qu'il prétendait établir le pouvoir absolu d'un souverain ou d'un régime, n'était pas surnaturel mais contre-nature, et qu'il convenait donc d'en faire fi et de s'y opposer comme tel. 1668 et 1690 n'étaient qu'un début, mais représentaient une étape décisive dans la mesure où la théorie de la loi naturelle, la théorie des droits de l'homme (qui, pour le moment, n'étaient que les droits des Anglais), et la réalité concrète avaient fusionné dans les idées et les institutions issues de la « Glorieuse Révolution ». Le siècle suivant allait y apporter un épilogue concret.

Prospective

Conclusions arbitraires de l'étude d'une époque, comme nous l'avons dit au début de cette partie, le traité d'Utrecht et la mort de Louis XIV symbolisent parfaitement la transition entre une période où princes et traités pouvaient être considérés comme les facteurs majeurs de l'histoire et les phases ultérieures où prédominent des éléments plus divers. Le XVIIe siècle reprochait au roi les tensions sociales et économiques, les crises et les catastrophes : tant les problèmes des nobles, la misère des pauvres, la pénurie de numéraire, les famines quand la récolte était insuffisante, que les bas prix lorsque céréales ou vins débordaient des silos ou des caves, ou l'effondrement du commerce. A juste titre, d'ailleurs, puisqu'on trouvait partout la main du souverain : ses guerres, ses impôts, ses réglementations, ses politiques, ruinaient ou favorisaient régions et groupes sociaux. Ce qui changea au XVIIIe siècle ce ne fut pas tant la tendance de la machine étatique à intervenir et à contrôler que la capacité des citoyens à agir à leur tour sur leur univers propre. Autrement dit, leur capacité à exploiter le monde autour d'eux, et notamment la terre, s'améliora. Les dissensions entre les classes — entre les nobles et le roi, entre l'aristocratie et les nouveaux anoblis, entre les riches et les pauvres — ne s'adoucirent pas, mais elles se déroulèrent dans un monde plus varié où il devenait manifeste qu'il existait d'autres facteurs de prospérité que les politiques de la couronne. Il est symptomatique que les économistes du XVIIIe siècle allaient se tourner vers la terre et les problèmes des structures et de la productivité agricoles ; les penseurs commenceraient à remarquer (ne fût-ce que pour les réfuter) les revendications des gens du peuple, de ceux qui n'étaient ni nobles ni riches ni cultivés ; les hommes politiques s'occuperaient des lois et des institutions plutôt que des seuls hommes ; et la puissance dominante, l'Angleterre, montrerait au monde que faire la guerre pour des intérêts mercantiles plutôt que dynastiques, pour être profitable n'en était pas moins justifié.

Ni les lois ni les hommes, ni la société ni les gouvernants n'allaient devenir « meilleurs », quelle que soit la signification qu'on donne à ce mot. Mais l'accumulation de l'expérience, l'accroissement des ressources, tant intellectuelles que matérielles, révéleraient des possibilités nouvelles et rendraient les hommes (certains du moins) plus libres : d'envisager de nouvelles solutions au présent, de choisir, parfois même d'agir.

BIBLIOGRAPHIE

Ouvrages généraux

Il serait vain d'énumérer tous les bons livres portant sur les problèmes généraux de l'histoire européenne. La liste suivante propose des ouvrages particulièrement pertinents et utiles à une étude approfondie. Une introduction générale récente : Roland Mousnier et Georges Linet, *Histoire générale de l'Europe,* Paris, P.U.F., 1980.

Carlo Cipolla, *Economic History of World Population* (1962) (Penguin) et B. H. Slicher van Bath, *Agrarian History of Western Europe, A.D. 500-1850* (1963) sont d'excellents exposés d'histoire économique. Voir aussi Shepard B. Clough et C. W. Cole, *Economic Study of Europe,* 3e éd. (1952). John U. Nef nous propose une bonne présentation générale dans *Western Civilization Since the Renaissance : Peace, War, Industry and the Arts* (1963, Harper Torchbook) et un point de vue nouveau dans son essai *War and Human Progress* (1950, Norton). Comme le présent ouvrage s'intéresse particulièrement à l'histoire des idées, les livres suivants peuvent être profitables : Bertrand Russell, *History of Western Philosophy and Its Connection with Political and Social Circumstances from the Earliest Times to the Present Day* (1945) ; Franklin L. Baumer, éd., *Main Currents of Western Thought,* ed. rev. (1964) ; Jacob Bronowski et Bruce Mazlish, *The Western Intellectual Tradition : From Leonardo to Hegel* (1960) (Harper Torchbook) ; Crane Briton, *Ideas and Men : The Story of Western Thought* (1963) ; et Hugo Leichtentritt, *Music, History, and Ideas* (1950). On peut explorer plus avant les idées politiques dans l'ouvrage classique de George Sabine, *History of Political Theory* (1937) et dans John Bowle, *Western*

Political Thought : An Historical Introduction from the Origins to Rousseau (1948). Dans le domaine des arts plastiques, *Social History of Art,* 4 vol. (1951, Vintage) est une illustration suggestive de la perspective marxiste, à lire de préférence en même temps que la critique de E. H. Gombrich, dans ses *Meditations on a Hobby Horse and Other Essays* (1963). *Story of Art* (1956, Praeger) de ce dernier est probablement la meilleure étude existante de l'histoire de l'art dans un contexte social et intellectuel. On peut aussi consulter une bonne édition revue de l'ouvrage plus simple de William Fleming, *Arts and Ideas* (1966).

Certaines collections sont d'un excellent niveau et on peut les compulser en toute confiance pour y trouver les faits essentiels ou une interprétation stimulante. Ainsi *The New Cambridge Modern History,* bien que n'étant guère un livre de chevet, est commode, pleine d'informations et d'un accès facile. Comme l'Histoire économique de l'Europe de Cambridge, dont le sixième volume, en deux parties, sous la direction de H. J. Habakkuk avec M. M. Postan (1965), est intitulé *The Industrial Revolutions and After.* Bien qu'un peu datés et toujours incomplets, les volumes de la série Rise of Modern Europe, publiée sous la direction de William L. Langer, sont érudits, lisibles et contiennent des bibliographies commodes. La collection publiée par Norton, *History of Modern Europe,* sous la direction de Félix Gilbert, est d'un excellent niveau. On trouvera les meilleures sources bibliographiques dans les deux collections Clio publiées par les Presses Universitaires de France : l'ancienne datant des années 1930 (revue après la Seconde Guerre mondiale) ; la nouvelle — Nouvelle Clio — dans les années 1960, comprenant davantage de volumes et beaucoup de données actuelles et de recherches en cours.

Deux collections inspirées par l'école des Annales qui a contribué plus que toute autre à enrichir l'étude de l'histoire pendant les cinquante dernières années : « L'Évolution de l'Humanité », fondée par Henri Berr (Albin Michel) et « Destin du Monde » (Colin), dirigée d'abord par Lucien Febvre puis, à sa mort, par Fernand Braudel. Les ouvrages de cette dernière série sont somptueusement illustrés, comme ceux de l'*Histoire Générale des Civilisations,* dirigée par Maurice Crouzet, aux P.U.F., dont certains volumes sont repris en collection de poche « Quadrige » ; l'*History of European Civilization,* sous la direction de Geoffrey Barraclough rendra bien des services. Enfin, une collection remarquable — Arts, Idées, Histoire — publiée par l'éditeur suisse Skira, s'efforce de présenter l'art et l'architecture dans le contexte des tendances et de l'atmosphère des époques particulières.

Quand tout est dit, le récit ou l'interprétation historique ne peut à lui seul serrer la réalité d'aussi près que les documents de l'époque que l'on peut trouver dans nombre de bonnes compilations mais, surtout, dans les ouvrages contemporains comme les *Contes de Canterbury* de Chaucer, le *Don Quichotte* de Cervantes, *Simplicissimus* de Grimmelshausen, *Werther* de Goethe, *Le Rouge et le Noir* de Stendhal, *L'Éducation sentimentale* de Flaubert, *Jean Barois* de Roger Martin du Gard ou *Les Mandarins* de Simone de Beauvoir. Chacun à sa manière évoque et reflète les attitudes, les problèmes et l'atmosphère du lieu et du temps. Ces ouvrages révélateurs sont trop nombreux pour qu'on les cite ; les plus accessibles datent des deux derniers siècles, lorsque les romanciers commencèrent à tendre à la société des miroirs plus ou moins déformants.

Les romanciers se sont également attachés à recréer avec imagination les situations historiques, et certains de leurs livres sont beaucoup plus révélateurs que n'importe quel manuel. Le *Pierre Abélard* (1933, Compass) de Helen Waddell ou *Man on a Donkey* de H.F.M. Prescott (1952, Ballantine ; Collier) sont des reconstructions du passé vivantes et remarquables par des savants d'envergure. Les livres de Alfred Duggan, Maurice Denon et C.S. Forester combinent plus carrément l'utile et l'agréable. Malheureusement, certains des grands adeptes de cet art s'intéressent à des périodes historiques antérieures à l'époque que nous étudions, mais Mary Renault, Robert Graves, Marguerite Yourcenar et Frans G. Bengtsson peuvent se lire avec plaisir et profit, même s'ils n'illustrent que rarement notre présent propos.

Un dernier mot : les vues comparatistes abondent dans l'*Histoire de la vie privée*, l'*Histoire de la France rurale* et l'*Histoire de la France urbaine* (Paris, Le Seuil, 1978-1985) mais surtout dans Fernand Braudel, *Civilisation matérielle, économie et capitalisme* (Paris, Colin, 1980).

PREMIÈRE PARTIE

L'Europe au Moyen Age

La meilleure synthèse générale est la *Civilisation de l'Occident médiéval* de Jacques Le Goff (Paris, Arthaud, 1972).

Histoire de l'Europe, des invasions au XVIe siècle (1936), de l'historien belge Henri Pirenne reste une des meilleures interprétations générales de l'histoire des débuts de l'Europe. Pour le Moyen Age, on peut s'en remettre en toute confiance à Robert Fawtier, *L'Europe occidentale de 1270 à 1328* (1940) et *Les Capétiens et la France. Leur rôle dans sa construction* (1942). L. Halphen, *L'Essor de l'Europe* (1932) est une des meilleures études des changements économiques, sociaux et politiques du XIe au XIIIe siècle. On trouve une brillante évocation en anglais de cette même période dans R. W. Southern, *The Making of the Middle Ages* (1953, Yale). Pour une présentation plus générale, voir R. Trevor Davies, *A History of Medieval Europe* (1962), et surtout Robert Lopez, *Naissance de l'Europe V^e-XIVe siècles* (Paris, Colin, 1962), livre passionnant et original. Une des meilleures interprétations de la fin du Moyen Age est celle de Johan Huizinga, *Le Déclin du Moyen Age* (1961). Edward P. Cheyney, *The Dawn of a New Era, 1200-1453* (Harper Torchbook, 1936) ; Wallace K. Ferguson, *Europe in Transition : 1300-1520* (1963) ; et Denys Hay, *The Medieval Centuries,* 2e éd. (1964) (Barnes & Noble) sont aussi excellents que brefs. Pour l'histoire de la société et des institutions, *La Société féodale* (1939) de Marc Bloch demeure fondamentale ; de même que le livre plus ancien de Pierre Boissonnade, *Le travail dans l'Europe chrétienne au Moyen Age, V^e-XVe siècles* (1921). Une bonne étude générale des problèmes qui se posaient à l'autorité centrale et du processus de centralisation se trouve dans Charles Petit-Dutaillis : *La Monarchie féodale en France et en Angleterre, du Xe au XIIIe siècle* (1933). Pour la vie quotidienne au Moyen Age, voir Armando Sapori, *The Italian Merchant in the Middle Ages* (1970, Norton) ; G. Cohen, *Scènes de la vie en France au Moyen Age* (1950) ; et le classique de Eileen Power, *Medieval People,* 10e éd. (1924, Barnes & Noble) ; la plupart des ouvrages de George C. Coulton (par exemple, *Medieval Panorama,* 1938, Cambridge) ; et les travaux de Helen Waddell, surtout son merveilleux roman *Peter Abelard* (Compass, 1933). On trouvera d'autres suggestions bibliographiques dans R. Trevor Davies, *Medieval European History : A Selected Bibliography, 395-1500* (1963).

La Renaissance

Le grand panorama demeure Jean Delumeau, *La Civilisation de la Renaissance* (Paris, Arthaud, 1973).

Publiée pour la première fois en 1860 (traduction française en 1885), *La Civilisation de l'Italie au temps de la Renaissance* de Jacob Burckhardt représente encore une des études les plus intéressantes, non seulement de l'Italie mais de l'Europe en général. Pour des points de vue plus récents, voir *The Penguin Book of the Renaissance*, sous la direction de J. H. Plumb (1964) (*The Horizon Book of the Renaissance* est l'édition de 1961 du Penguin de 1964) ; Peter Burke, *The Renaissance* (Barnes & Noble, 1964) ; et Margaret Aston, *The Fifteenth Century* (Harcourt, Brave & World, 1968). Une des meilleures descriptions générales de la culture et de la civilisation de la Renaissance est celle de G. Laini, *Rinascimento Europeo* (1965). L'histoire sociale de l'époque est étudiée dans Alfred von Martin, *Sociology of the Renaissance* (Harper Torchbook, 1944) et Iris Origo, *The Merchant of Prato* (Perigrine, 1963), évocation passionnante d'un marchand toscan du XIVe siècle, fondée sur ses propres archives. Certains aspects contradictoires de la Renaissance et les interprétations les plus importantes proposées par les historiens font l'objet d'une discussion dans *The Italian Renaissance in Its Historical Background* (Cambridge, 1962) et *The Renaissance Debate* (Holt, Rinehart & Winston, 1965) de Denys Hay ; Eugene F. Rice Jr., *The Foundations of Early Modern Europe, 1460-1559* (Norton, 1970). K. H. Dannenfeldt, *The Renaissance : Medieval or Modern ?* (1959, Heath) ; George C. E. Sellery, *The Renaissance : Its Nature and Origins* (1950, Wisconsin) ; et Wallace K. Fergusson, *The Renaissance in Historical Thought : Five Centuries of Interpretation* (1948). Pour une évocation de la vie quotidienne, très intéressants et suggestifs sont A. Lefranc, *La vie quotidienne au temps de la Renaissance* (1938) ; Jean Lucas-Dubreton, *La vie quotidienne à Florence au temps des Médicis* ; et Eric R. Chamberlain, *Everyday Life in Renaissance Times* (Capricorn, 1965). On ne doit pas oublier non plus Garrett Mattingly, *Renaissance Diplomacy* (Penguin, 1955) qui éclaire un aspect particulier de la période.

Économie. Parmi le grand nombre d'ouvrages généraux étudiant l'histoire économique de l'Europe à la fin du Moyen Age et à l'Ère moderne, nous suggérons les suivants : J. W. Thompson, *Economic and Social History of Europe in the Late Middle Ages, 1300-1530* (1931) ; Frederick L. Nussbaum, *A History of the Economic Institutions of Modern Europe* (1933) ; Heinrich E. Friedlander et Jacob Oser, *Economic History of Modern Europe* (1953) ; Jacques Heers, *L'Occident aux XIVe et XVe siècles : Aspects économiques et sociaux* (1963) ; et surtout, Eli F. Heckscher, *Mercantilism,* 2e éd., 2 vol. (1955). Pour la vie rurale, l'ouvrage de référence est *Les Caractères originaux de l'histoire rurale française* (1931) de Marc Bloch. N. S. B. *Gras, Business and Capitalism : An Introduction to Business History* (1939) et Maurice Dobb, *Études sur le développement du capitalisme* (Paris, La Découverte, 1981) peuvent servir à ceux qui s'intéressent à une interprétation générale de l'essor du capitalisme ; une excellente description de ces débuts est donnée dans Richard Ehrenberg, *Capital and Finance in the Age of the Renaissance* (1963). Voir aussi Carlo Cipolla, *Money, Prices and Civilisation in the Mediterranean World, Vth to XVIIth Century* (1956). Jakob Strieder, *Jacob Fugger the Rich* (1931) ; Ernst Hering, *Die Fugger* (1942) et *The Fugger News-letters, 1568-1605,* 2 vol. (1924-1925) et Raymond de Roover, *The Rise and Decline of the Medici Bank, 1307-1494* (1963, Norton) sont des analyses sérieuses de l'ascension de la classe nouvelle. Pierre Jeannin, *Les marchands au XVIe siècle* (1957) donne une description plus colorée du phénomène, tandis que Frederic C. Lane, *Andrea Barbarigo. Merchant of Venice (1418-1449)* (1944) est une biographie solide d'un négociant à cheval sur deux époques. Pour une histoire générale du commerce et de son impact sur les structures économiques et sociales, voir Laurence B. Packard, *The Commercial Revolution, 1400-1776* (1927). Pour une description plus limitée mais éclairante, *Medieval Trade in the Mediterranean World,* sous la direction de Robert S. Lopez et de I. W. Raymond (1955, Norton) et K. Pagel, *Die Hanse* (1963).

Les grandes découvertes. Outre les deux ouvrages de Pierre Chaunu (P.U.F., coll. Nouvelle Clio), John H. Parry, *Europe and a Wider World, 1415-1715* (1949) est une brève présentation écrite par un spécialiste. Albert Bettex, *The Discovery of the World* (1960) et J. A. Grenville et G. J. Fuller, *The Coming of the Europeans : A History of European Discovery and Settlement, 1415-1775* (1962) sont d'autres bonnes présentations générales. Pour la première période et son influence sur le développement général de l'Europe, voir Charles A. Jullien, *Les Voyages de découverte et les premiers établissements (XVe-XVIe siècles)* (1948) ; Boies Penrose, *Travel and Discovery in the Renaissance, 1420-1620* (Atheneum, 1952) ; et John H. Parry, *The Age of Reconnaissance* (Mentor, 1963). Également, Charles E. Nowell, *The Great Discoveries and the First Colonial Empires* (1954, Cornell). *Admiral of the Ocean Sea* (1942) de S. E. Morison est un livre remarquable sur Colomb. Sur ce dernier sujet, on lira aussi le roman d'Alejo Carpentier, *La Harpe et l'ombre* (Paris, Gallimard, 1979).

Italie. G. Volpe, *Medio Evo Italiano* (1961) et F. Cognasso, *L'Italia nel Rinascimento* (1965) sont d'excellents ouvrages généraux sur l'Italie médiévale ; Jean Luchaire, *Les Sociétés italiennes du XIIIe au XVe siècle* (1954) est une interprétation judicieuse de l'histoire italienne par un des historiens français les plus sérieux. Voir aussi Valeri Nino, *L'Italia nell' eta dei principati, dal 1343 al 1516* (1949) et Lacy Collison-Morley, *The Story of the Sforzas* (1934).

Will Durant, *The Renaissance : A History of Civilization in Italy from 1304 to 1576* (1953) et Federico Chabod, *Machiavelli and the Renaissance* (Harper Torchbook, 1960) offrent un aperçu vivant de la société italienne à la fin du Moyen Age et à la Renaissance. *Studies in Italian Medieval History*, sous la direction de Philip Grierson et de J. B. Ward-Perkins (1957) mérite également d'être consulté.

Pour l'histoire diplomatique, voir Ramolo Quazza, *Preponderanza spagnuola, 1559-1700* (1950) et Garrett Mattingly, *Renaissance Diplomacy* (1955, Penguin).

David J. Herlihy, *Pisa in the Early Renaissance* (1958) et Lauro Martines, *The Social World of the Florentine Humanists* (1963) sont deux excellentes études de sociétés locales.

Humanisme. Il y a beaucoup de bons livres sur l'humanisme. La meilleure introduction est actuellement : Robert Mandrou, *Des humanistes aux hommes de science* (Paris, le Seuil, 1973). Quelques aperçus généraux utiles : *Renaissance Culture : A New Sense of Order*, sous la direction de Julian Mates et d'Eugene Cantelupe (1966) ; Frederick B. Artz, *Renaissance Humanism 1300-1550* (Kent State, 1966) ; André Chastel, *L'Age de l'humanisme* (1963) ; et Myron P. Gilmore, *The World of Humanism, 1453-1517* (Harper Torchbook, 1952). Paul O. Kristeller, *Renaissance Thought : The Classic, Scholastic, and Humanistic Strains* (Harper Torchbook, 1961) est une des meilleures interprétations de la vie intellectuelle de la Renaissance. Pour l'Italie en particulier, très intéressants sont Eugenio Garin, *Italian Humanism : Philosophy and Civic Life in the Renaissance* (1966), *L'éducation de l'homme moderne* (Paris, Fayard, 1968) ; Roberto Weiss, *The Spread of Italian Humanism* (1964) et l'œuvre classique de Hans Baron, surtout sa *Crisis of the Early Italian Renaissance*, 2 vol. (Princeton, 1955) et aussi « Secularization of Wisdom and Political Humanism in the Renaissance », *Journal of the History of Ideas*, XXI (1960). Les traits caractéristiques de l'humanisme français (de même que sa floraison tardive) sont exposés dans Augustin Renaudet, *Préréforme et humanisme à Paris pendant les premières guerres d'Italie* (1916) ; ceux de l'humanisme allemand dans Lewis W. Spitz, *The Religious Renaissance of the German Humanists* (1963). Pour l'influence de l'humanisme en dehors de l'Europe occidentale, la meilleure présentation est celle de J. Irmsher, *Renaissance und Humanismus in Mittel und Osteuropa* (1962).

En dehors de ces interprétations générales, nombre de livres traitent d'aspects plus spécifiques. Sur le rôle de l'Antiquité dans l'apparition et l'évolution de la Renaissance et de l'humanisme, on trouve des points de vue intéressants dans Robert R. Bolgar, *The Classical Heritage and Its Beneficiaries : From the Carolingian Age to the End of the Renaissance* (Harper Torchbook, 1954) et Gilbert Highet, *The Classical Tradition : Greek and Roman Influences on Western Literature* (Oxford, 1949). Une bonne interprétation philosophique de la mentalité de la Renaissance : *The Renaissance Image of Man and the World* (1968), édité par Bernard O'Kelly ; tandis que la meilleure présentation des idées politiques demeure John W. Allen, *Political Thought in the Sixteenth Century*, 3e éd. (Barnes & Noble, 1958).

Il existe un nombre considérable de biographies de penseurs et d'humanistes de la Renaissance. Paul O. Kristeller, *Eight Philosophers of the Italian Renaissance* (Stanford, 1964) est un bon essai, traitant également l'arrière-plan médiéval de la pensée de la Renaissance. Morris G. Bishop, *Petrarch and his World* (1964) ; A. Renaudet, *Machiavel* (1964) ; Félix Gilbert, *Machiavelli and Guicciardini : Politics and History in Sixteenth Century Florence* (1965) ; Friedrich Meinecke, *Machiavellism : The Doctrine of Raison d'Etat and Its Place in Modern History* (1957) dépassent la simple biographie pour évoquer le destin et l'influence de leur œuvre et de leurs idées. Les meilleurs portraits d'Érasme sont ceux de Johan Huizinga, *Erasmus* (Harper Torchbook), écrit en 1924 et traduit plus d'un quart de siècle après, et Margaret M. Philipps, *Erasmus and the Northern Renaissance* (1950) (Collier) ; mais Preserved Smith, *Erasmus : A Study of His Life, Ideals, and Place in History* (1923) reste encore une bonne interprétation générale. Outre le désormais classique ouvrage sur Érasme et l'Espagne de Marcel Bataillon, A. Renaudet, *Érasme et l'Italie* (1954) traite un aspect particulier de ses activités intellectuelles. Jack H. Hexter, *More's Utopia : The Biography of an Idea* (Harper Torchbook, 1952) est le meilleur exposé de la vie et de la pensée du grand humaniste anglais. Voir aussi Raymond W. Chambers, *Thomas More* (1958, Michigan) et, surtout, l'*Utopie* même de More.

On ne s'est guère penché sur l'histoire de l'éducation. Voir pourtant William H. Woodward, *Studies in Education During the Age of the Renaissance,* 1400-1600 (Teachers College, 1906) et *Vittorino da Feltre and Other Humanist Educators* (Teachers College, 1905), ainsi que Asztrik L. Gabriel, *Student Life in Ave Maria College, Medieval Paris* (1955).

Science de la Renaissance. Pour une introduction générale, voir Herbert Butterfield, *The Origins of Modern Science, 1300-1800,* éd. rev. (Free Press, 1962) ; Marie Boas, *The Scientific Renaissance 1450-1630* (1962) ; Alistair C. Crombie, *Medieval and Early Modern Science,* 2e éd. rev., 2 vol. (Anchor, 1959) et *Augustine to Galileo : The History of Science* (1952) ; et Kingston Derry et Trevor I. Williams, *A Short History of Technology* (1961). Lynn White, Jr., *Medieval Technology and Social Change* (Oxford, 1962), souligne les transformations sociales produites par le développement de la science et de la technologie. Pour la période de la Renaissance elle-même, sont particulièrement intéressants : Bertrand Gille, *Les Ingénieurs de la Renaissance* (1964) ; William P.D. Wightman, *Science and the Renaissance* (1962) ; Thomas S. Kuhn, *La Révolution copernicienne* (Paris, Fayard, 1973) et U. Forti, *Storia della technica dal Medioevio al Rinascimento* (1957). George Sarton, *Six Wings : Men of Science in the Renaissance* (1957) (Meridian) et V.P. Zuboo, *Leonardo da Vinci* (1968) donnent plus de détails biographiques. Plus complète est *A History of Technology* (de Charles J. Singer, Alfred R. Hall, Trevor I. Williams), vol. I (1954). Et, bien entendu, la grande *Histoire des sciences et des techniques* (P.U.F.).

L'art de la Renaissance. Une des meilleures présentations générales est celle de Frederick B. Artz, *From the Renaissance to Romanticism : Trends in Style in Art, Literature, and Music,*

1300-1830 (Phoenix, 1962). *La vie et la mort à travers l'art du XVIe siècle* (1952) offre une discussion évocatrice des significations philosophiques de l'art de la Renaissance. Rudolf Wittkover, *Architectural Principles in the Age of Humanism*, 3e éd. (1962) relie les idées architecturales et philosophiques ; tandis que *Florentine Painting and Its Social Background* (1948) de Frederick Antal essaie de lier l'évolution de la vie artistique et celle de la vie sociale, les attitudes des artistes et celles de leurs commanditaires. André Chastel, *Renaissance méridionale, Italie 1460-1500* (1965) ; Bernard Berenson, *The Italian Painters of the Renaissance* (Meridian ; Praeger, 1959) ; et Mary McCarthy, *The Stones of Florence* (Harcourt, Brace & World, 1959) sont recommandés pour l'art italien. James Lees-Milne traite le Nord dans *The Tudor Renaissance* (1951). Pour la musique, on peut compulser Alec Harman, *Medieval and Early Renaissance Music* (Schoken, 1958) ou le savant ouvrage de Gustave Reese, *Music in the Renaissance*, éd. revue (1959) et assurément Jean et Brigitte Massin, *Histoire de la musique occidentale* (Paris, Fayard, 1985) et Marc Honegger (s.d.), *Histoire de la musique* (Paris, Bordas, 1980).

Le nouveau capitalisme. Un certain nombre d'ouvrages ont déjà été indiqués dans la section sur l'économie — notamment ceux de Fernand Braudel ; bien qu'un peu daté, *Les origines du capitalisme moderne* d'Henri Sée (1926) est un bon complément de lecture. Benjamin N. Nelson, *The Idea of Usury* (1949) discute les racines idéologiques et sociologiques de l'interdiction de l'usure. Pour le problème controversé du rôle du protestantisme dans l'essor du capitalisme, voir la thèse primordiale de Max Weber : *L'Éthique protestante et l'esprit du capitalisme ;* R. H. Tawney, *Religion and the Rise of Capitalism* (Mentor, 1926) ; et H. Barge, *Luther und der Fruhkapitalismus* (1951). L'évolution dans l'Europe du Nord peut être abordée dans Violet Barbour, *Capitalism in Amsterdam in the Seventeenth Century* (Michigan, 1950).

Livres et imprimeurs. Une des meilleures introductions à l'histoire de l'imprimerie et des livres est *L'Apparition du livre* (1958) de Lucien Febvre et H. J. Martin, qui couvre les XVe et XVIe siècles et sous la direction de Roger Chartier et Henri-Jean Martin, *Histoire de l'édition française* (Paris, Promodis, 1983-1985). Pour la même période, voir George P. Winship, *Printing in the Fifteenth Century* (1940). Il y a beaucoup de livres sur Gutemberg ; parmi les anciens : Otto W. Fuhrman, *The 500th Anniversary of the Invention of Printing* (1937) ;

Douglas C. McMurtrie et Don Farran, *Wings for Words : The Story of Johann Gutemberg and His Invention of Printing* (1940) ; et D.C. McMurtrie, *The Invention of Printing* (1942). Pour des interprétations plus récentes, soulignant les aspects sociaux et économiques de l'invention de l'imprimerie, voir J. Guignard, *Gutemberg et son œuvre* (1960) et Victor Scholdered, *Johann Gutemberg, the Inventor of Printing* (1964). *The Printed Book of the Renaissance* (1950) d'Ernst P. Goldschmidt est une excellente histoire du livre pendant la Renaissance.

La Renaissance dans le Nord. Une des meilleures brèves présentations générales de la Renaissance en dehors de l'Italie est *Erasmus and the Northern Renaissance* (Collier, 1950) de Margaret M. Phillips. Pour la France, l'ouvrage de référence est l'*Histoire de la civilisation française* (1958), 2 t., de Georges Duby et Robert Mandrou : le premier volume analysant le Moyen Age et le XVIe siècle, le second allant du XVIIe siècle à nos jours. On recommande également *La civilisation française de la Renaissance* de Jean Babelon. Plus anciennes mais toujours utiles sont les études d'Arthur A. Tilley, *The Dawn of the French Renaissance* (1918) et *Studies in the French Renaissance* (1922). Pour l'histoire de l'art français, consulter les livres d'Émile Mâle, *L'Art religieux en France au XIIe siècle, l'Art religieux en France au XIIIe siècle* (1898), *L'Art religieux de la fin du Moyen Age en France* (1908), et *L'Art religieux après le concile de Trente, étude sur l'iconographie de la fin du XVIe, du XVIIe, et du XVIIIe siècles : Italie, France, Espagne, Flandres* (1932) et Anthony Blunt, *Art and Architecture in France, 1500-1700* (1957).

Pour l'Allemagne, F. Leitschuh, *Studien und Quellen Zur deutschen Kungstgeschichte des XV-XVI Jahrhunderst* (1912) est toujours utilisable. On peut également aborder l'art allemand par le biais d'études sur la vie et l'œuvre de Dürer, comme Richard F. Heath, *Albrecht Dürer, 1471-1528* (1929) ; Wili Kurth, ed., *The Complete Woodcuts of Albrecht Dürer* (Dover, 1946) ; ou Walter Conway, *Writings of A. Dürer* (1958). *The Life and Art of Albrecht Dürer* (1955) d'Erwin Panofsky est fondamental.

Parmi le grand nombre d'ouvrages sur la culture anglaise de la Renaissance, les plus utiles devraient être William Johnstone, *Creative Art in Britain : From the Earliest Times to the Present* (1950) et Mary D. Anderson, *Drama and Imagery in English Medieval Churches* (1964). Otto Pächt, *The Rise of*

Pictorial Narrative in Twelfth-Century England (1962) est un excellent aperçu des origines de l'art anglais moderne.

Pour l'Espagne, on suggère Oskar F. L. Hagen, *Patterns and Principles of Spanish Art* (1936) et George Kubler et Martin Soria, *Art and Architecture in Spain and Portugal and their American Dominions,* 1500 to 1800 (1959).

France. Robert Mandrou, *Introduction à la France moderne. Essai de psychologie historique, 1500-1640* (1961) est vivement recommandé. Franklin C. Palm, *The Establishment of French Absolutism, 1574-1610* (1928) ; Pierre Champion, *Louis XI* (1929) ; Paul Murray Kendall, *Louis XI* (Paris, Fayard, 1975) ; Jean Jacquart, *François Ier* (Paris, Fayard, 1981) ; Charles Terrasse, *François Ier, le roi et le règne* (1945) ; Ivan Charles, *Catherine de Médicis* (Paris, Fayard, 1979) ; John E. Neale, *The Age of Catherine de Medici* (Harper Torchbook, 1963). Autant d'ouvrages importants pour comprendre le processus de centralisation et la mise en place des structures politiques de la France moderne. Le contexte général est donné par Robert Mandrou, *l'Europe absolutiste* (Paris, Fayard, 1977). Pour les troubles sociaux et politiques du XVIe siècle et l'explosion des Guerres de religion, Pierre Miquel, *Les guerres de religion* (Paris, Fayard, 1980) ; Liliale Crété, *Coligny* (Paris, Fayard, 1985), voir Franklin C. Palm, *Calvinism and the Religious Wars* (1932) ; A. de Lévis-Mirepois, *Les Guerres de religion* (1949) ; et Robert M. Kingdon, *Geneva and the Coming of the Wars of Religion in France, 1555-1563* (1956). Pour l'arrière-plan européen général des Guerres de religion et l'intervention de l'Angleterre et de l'Espagne, voir J.H.M. Salmon, *The French Religious Wars in English Political Thought* (1959) ; J.W. Thompson, *The Wars of Religion in France, 1559-1576 : The Huguenots, Catherine de Medici, Philip II* (1958) ; et le beau et lucide *Catherine of Aragon* (Vintage, 1941) de Garrett Mattingly.

Angleterre. Pour l'histoire économique et sociale, voir les ouvrages déjà mentionnés à propos de l'histoire économique et bien sûr Christopher Hill et Michael Postan, *Histoire économique et sociale de la Grande-Bretagne* (Paris, Le Seuil, 1976). Pour des interprétations plus spécifiques, voir G.M. Trevelyan, *English Social History from Chaucer to Queen Victoria* (McKay, 1944) et Geoffrey Baskerville, *English Monks and the Suppression of the Monasteries* (Hillary, 1937). S.T. Bindoff, *Tudor England* (Penguin, 1952) est une excellente introduction. On trouvera davantage de détails dans John D. Mackie, *The Earlier Tudors, 1485-1558* (1952) et dans Conyers Read, *The Tudors : Personalities and Practical Politics in the 16th Century* (Norton, 1936). Pour le règne de Henri VIII, voir Albert F. Pollard, *Henry VIII* (Harper Torchbook, 1905) et Francis Hackett, *Henry the Eighth* (Liveright, 1929). Pour la vie et le règne d'Élisabeth, John E. Neale, *Queen Elizabeth* (Anchor, 1934) ; A. L. Rowse et G. B. Harrison, *Queen Elizabeth and her Subjects* (1935) ; et A. L. Rowse, *The England of Elizabeth : The Structure of Society* (Macmillan, 1951) sont les meilleures présentations. Geoffrey R. Elton, *The Tudor Revolution in Government* (Cambridge, 1953) analyse quelques intéressants aspects institutionnels. Raymond W. Chambers, *Thomas More* (Michigan, 1958) n'est pas seulement une description de la vie et des idées du grand humaniste anglais mais aussi une excellente étude de la société anglaise.

Espagne. Pour l'essor de l'Espagne et l'unification du pays, J. Calmette, *La Formation de l'unité espagnole* (1946) et Jean H. Mariéjol, *L'Espagne sous Ferdinand et Isabelle* (1892) sont les meilleures introductions. J. H. Elliott, *Imperial Spain 1469-1716* (Mentor, 1964) ; R. Trevor-Davies, *The Golden Century of Spain, 1501-1621* (Harper Torchbook, 1958) ; et Bohdan Chuboda, *Spain and the Empire, 1519-1643* (1952) sont suggérés pour la période de l'hégémonie espagnole en Europe. John. H. Parry, *The Spanish Seaborne Empire* (1966) étudie les problèmes de l'empire colonial. On trouvera des interprétations intéressantes et plus de détails sur la période de Philippe II dans M. Devèze, *L'Espagne et l'empire espagnol sous Philippe II,* 2 vol. (1965). *Economia, sociedad y corona* de A. M. Fernandez est une bonne introduction générale aux problèmes de la société espagnole au XVIe siècle. *Spanish Life in the Late Middle Ages* (sous la direction de Kenneth R. Scholberg, 1966) traite la période antérieure. Pour l'histoire de l'Inquisition, voir Cecil Roth, *The Spanish Inquisition* (Norton, 1954) ; pour l'histoire agricole de la péninsule, Julius Klein, *The Mesta* (1920), et pour la grande entreprise de Philippe II, voir Garrett Mattingly, *Armada* (Sentry, 1959). Mais le grand classique demeure Fernand Braudel, *La Méditerranée et le monde méditerranéen à l'époque de Philippe II* (Paris, Colin, 1979).

Les Allemagnes. Paus Frischauer, *Imperial Crown : The Story of the Rise and Fall of the Holy Roman and the Austrian Empires* (1939) est une excellente présentation générale. De même que Hajo Holborn, *A History of Modern Germany,* vol. I : *The Reformation* (1964). Pour le règne de Charles Quint : Karl Brandi, *The Emperor Charles V* (Humanities, 1939). Gerald Strauss, *Nuremberg in the Sixteenth Century* (Wiley, 1966) décrit de manière vivante une grande cité de la fin du Moyen Age.

Les Turcs. Jean-Paul Roux, *Histoire des Turcs* (Paris, Fayard, 1985) ; André Clot, *Soliman le Magnifique* (Paris, Fayard, 1983) ; Roger B. Merriman, *Suleiman the Magnificent, 1520-1566* (1944) ; Sydney N. Fisher, *The Foreign Relations of Turkey, 1481-1542* (1948) ; A. Tambora, *Gli stati italiani, l'Europa e il problema turco dopo Lepante* (1961) ; et le bref ouvrage de Paul Wittek, *The Rise of the Ottoman Empire* (1958) sont d'excellentes introductions aux débuts de la Question d'Orient. *Problems of Turkish Power in the 16th Century* (1963) de W. E. D. Allen est un ouvrage sérieux d'histoire des institutions. Pour les Balkans, voir Nicholae Iorga, *Histoire des États balkaniques* (1924) et Leften S. Stavrianos, *The Balkans since 1453* (1958).

Mercantilisme. Pour une excellente introduction, voir Eli F. Heckscher, *Mercantilism,* 2 vol. (1956) ; pour une présentation très brève et claire, Charles Wilson, *Mercantilism* (1958) et John W. Horrocks, *A Short History of Mercantilism* (1925). Laurence B. Packard, *The Commercial Revolution, 1400-1776* (1927) et E. Silberner, *La Guerre dans la pensée économique, du XVIe au XVIIIe siècle* (1939) ont un caractère plus général.

La religion aux XVe et XVIe siècles. Outre les deux auteurs de référence, Jean Delumeau (*Naissance et affirmation de la Réforme ; le Catholicisme entre Luther et Voltaire,* Paris, P.U.F., 1979) et Pierre Chaunu (*Le Temps des Réformes,* Paris, Fayard, 1979), pour une description générale de l'histoire européenne pendant la Réforme, voir G. R. Elton, *Reformation Europe, 1516-1559* (1964), concis et clair ; S. Harrison Thomson, *Europe in Renaissance and Reformation* (1963) et A. G. Dickens, *Reformation and Society in Sixteenth Century Europe* (Harcourt, Brace & World, 1966), bref, à jour, et magnifiquement illustré. Une bonne présentation brève : George Morse, *The Reformation,* éd. rev. (1963).

Pour les aspects humanistes de la Réforme, E. Harris Harbison, *The Christian Scholar in the Age of the Reformation* (Scribner, 1956) donne la meilleure introduction ; William E. Campbell, *Erasmus, Tyndale and More* (1949) et M. Gershat,

Melanchton neben Luther (1965) sont importants pour comprendre la mentalité de certains des principaux humanistes.

On suggérera également les ouvrages suivants : Jan Herben, *Huss and His Followers* (1926) ; Harold J. Grimm, *The Reformation Era, 1500-1650* (1965) ; Owen Chadwick, *The Reformation* (Penguin, 1964) ; H. Daniel-Rops, *L'Esprit de la Renaissance et de la Réforme, une révolution religieuse : la Réforme protestante* ; Roland H. Bainton, *The Reformation of the Sixteenth Century* (Beacon, 1963) ; Norman Sykes, *The Crisis of the Reformation* (Norton, 1967) ; et (le plus vivant et éminemment lisible) Vivian H.H. Green, *Renaissance and Reformation* (1952). Différentes interprétations des aspects économiques et sociaux sont présentés par Lewis W. Spitz, *The Reformation : Material or Spiritual ?* (Heath, 1962) et Kyle C. Sessions, ed., *Reformation and Authority : The Meaning of the Peasant's Revolt* (Heath, 1968). Guy E. Swanson, *Religion and Regime : A Sociological Account of the Reformation* (1967) offre des perspectives curieuses. Norman R.C. Cohn, *The Pursuit of the Millennium : A History of Popular Religious and Social Movements from the 11th to the 16th Century* (Harper Torchbook, 1957 ; nouvelle trad. française, *Les Fanatiques de l'Apocalypse,* Paris, Payot, 1983) est chaudement recommandé, de même que les ouvrages fondamentaux de Lucien Febvre, en particulier ses essais réunis dans *Au Cœur religieux du XVIe siècle* (1951) et son grand livre, *Le Problème de l'incroyance au XVIe siècle : la religion de Rabelais* (1941).

Pour la Réforme en Angleterre, consulter A.G. Dickens, *The English Reformation* (Schocker, 1964) et Frederick M. Powicke, *The Reformation in England* (Oxford, 1941). Pour le début du mouvement, voir William A. Clebsch, *England's Earliest Protestants, 1520-1535* (1964) et, mieux encore, Kenneth B. McFarlane, *John Wycliffe and the Beginnings of English Nonconformity* (1952). Une excellente description, en particulier pour le règne de Henri VIII, est Ernest G. Rupp, *Studies in the Making of the English Protestant Tradition* (Cambridge, 1948).

Luther. En dehors des histoires générales de la Réforme, on peut étudier la vie et les idées de son fondateur dans des ouvrages plus détaillés, pour la plupart des biographies : John M. Todd, *Martin Luther : A Biographical Study* (1964) ; Vivian H.H. Green, *Luther and the Reformation* (Capricorne, 1964) ; James Mackinnon, *Luther and the Reformation* (1962) ; Ernest G. Schwiebert, *Luther and His Times* (1950) ;

et Roland H. Bainton, *Here I Stand : A Life of Martin Luther* (Apex ; Mentor, 1950). La meilleure étude concise reste encore *Un destin : Martin Luther* (1928) de Lucien Febvre. Pour une interprétation moins classique, voir Erik H. Erikson, *Young Man Luther : A Study in Psychoanalysis and History* (Norton, 1958, trad. française, *Luther avant Luther. Psychanalyse et histoire*, Paris, Flammarion, 1968).

Calvin. John T. McNeill, *The History and Character of Calvinism* (Oxford, 1954) est une excellente présentation générale, tandis que E. W. Monter, *Calvin's Geneva* (Wiley, 1961) s'intéresse moins à l'idéologie qu'à son incidence sur une communauté précise. Parmi les innombrables biographies, les suivantes sont utiles : Kilian McDonnell, *John Calvin, the Church, and the Eucharist* (1967) ; Gervase E. Duffield, ed., *John Calvin* (1966) ; et Jean Cadier, *Calvin, l'homme que Dieu a dompté*. Voir aussi André Bieler, *La pensée économique et sociale de Calvin* (1959) et W. Walker, *John Calvin* (1906).

La Réforme catholique. Nombre d'aspects de la Contre-Réforme sont examinés dans les livres sur la Réforme et ses dirigeants. Pour une interprétation plus détaillée, outre les travaux de Jean Delumeau déjà cités, on peut consulter L. Willaert, *Après le concile de Trente : la restauration catholique, 1563-1648* (1960) ; Edward M. Burns, *The Counter Reformation* (1964) ; et, le meilleur de tous, A.G. Dickens, *The Counter Reformation* (1969).

DEUXIÈME PARTIE

Les débuts de l'Europe moderne

Civilisation matérielle, économie et capitalisme XVe-XVIIIe siècles (op. cit.) et sa première mouture, *Civilisation matérielle et capitalisme, XVe-XVIIIe siècles*, vol. I (1967), *La Méditerranée et le monde méditerranéen à l'époque de Philippe II*, éd. rev. (1966) de Fernand Braudel et *La Civlisation de l'Europe classique* (1967) de Pierre Chaunu sont parmi les introductions les plus remarquables à l'histoire de l'Europe moderne. Un des tout premiers exemples d'une perspective plus traditionnelle, avec toutes ses vertus, est *Les XVIe et XVIIe siècles* (1965) de Roland Mousnier. Autre excellent ouvrage : *Europe in the Sixteenth Century* (1968) de H.G. Koenigsberger et

G.L. Mosse. Moins profonds mais encore utiles sont George N. Clark, *The Seventeenth Century* (Oxford, 1929) ; Leonard W. Cowie, *Seventeenth Century Europe* (1960) ; et David Maland, *Europe in the Seventeenth Century* (1966). Pour un aperçu plus bref, voir Richard S. Dunn, *The Age of Religious Wars, 1559-1689* (Norton, 1970).

La société aux XVIe et XVIIe siècles. On a beaucoup discuté sur le thème de la conscience de classe et de la lutte des classes au début des Temps modernes. Dans *Narodnie Vostaniia Vo Frantsii, 1623-1648* (1948), Boris Porchnev prétend les trouver dans la France rurale comme dans la France urbaine (trad. française, *Les Soulèvements populaires en France au XVIIe siècle,* Paris, Flammarion, 1978). Ont notamment répondu à cet ouvrage Robert Mandrou dans *Classes et luttes de classes en France au début du XVIIe siècle* (1965) et Roland Mousnier dans *Fureurs paysannes. Les paysans dans les révoltes du XVIIe siècle (France, Russie, Chine)* (1967). Sur ces questions, consulter la meilleure synthèse récente Jean Nicolas (s.d.), *Mouvements populaires et conscience sociale (XVIe-XIXe)* (Paris, Maloine, 1985), également des ouvrages comme Gaston Roupnel, *La Ville et la campagne au XVIIe siècle* (1922), réédité en 1956, ou *The World of Monsieur Vincent* de Mary Purcell (1963). Outre la belle synthèse du tome 3 de *l'Histoire de la France rurale (op. cit.)* deux grands livres éclairent d'une lumière nouvelle la vie des gens ordinaires : Emmanuel Le Roy Ladurie, *Paysans du Languedoc,* 2 vol. (1967), un chef-d'œuvre sur tous les aspects de la vie paysanne dans la France du Sud-Ouest du XVe au XVIIIe siècle, et Pierre Goubert, *Beauvais et le Beauvaisis de 1600 à 1730* (1958), étude détaillée d'un précurseur sur la vie dans tous ses aspects dans une région de la France du Nord-Ouest. Avant les adultes et éclairant leur comportement, voici venir les enfants : Philippe Ariès, *L'Enfant et la vie familiale sous l'Ancien Régime* (1960) raconte l'histoire des changements d'attitude à leur égard. Pour d'autres aspects de la société et de la vie, voir François Billacois, *Le Duel sous l'Ancien Régime (*Paris, École des Hautes Études en sciences sociales, 1986), Robert Baldick, *The Duel* (1965) ; Louis B. Wright, *Middle Class Culture in Elizabethan England* (1935) ; H.R. Trevor-Roper, *European Witch Craze of the Sixteenth and Seventeenth Centuries and Other Essays* (Harper Torchbook, 1969) ; et Alan Macfarlane, *Witchcraft in Tudor and Stuart England* (1970). Enfin, sur la mort, les deux grandes synthèses : Philippe Ariès, *L'Homme devant la Mort* (Paris,

Le Seuil, 1977) et Michel Vouelle, *Mourir autrefois. Attitudes collectives devant la mort aux XVIIe et XVIIIe siècles* et *La Mort et l'Occident* (Paris, Gallimard, 1974 et 1983).

Le roi. Voir John N. Figgis, *The Divine Right of Kings* (1922) ; Francis D. Wormuth, *The Royal Prerogative, 1603-1649 : A Study in English Political and Constitutional Ideas* (1939) ; E. Stehleder, *Absolutismus und Aufklärung, 1648-1789* (1964) ; Max Beloff, *The Age of Absolutism, 1660-1815* (Harper Torchbook, 1954), Roland Mousnier, *La Monarchie absolue en Europe* (Paris, P.U.F., 1982), Michel Antoine, Le dur métier de Roi (Paris, P.U.F., 1986), mais surtout Pierre Goubert et Daniel Roche, *L'Ancien Régime* (Paris, Colin, 1984).

L'Église réformée et la Contre-Réforme. Voir H. Daniel-Rops, *Histoire de l'Église du Christ* 12 vol. (1948-1965) t. 5 : *L'Église du Grand Siècle et des révolutions,* excellente présentation générale. Simple et très agréable à lire : Gerald R. Cragg, *The Church and the Age of Reason, 1648-1789* (Penguin, 1960) ; K. Eder, *Die Geschichte der Kirche im Zeitalter des konfessionallen Absolutismus, 1555-1648* (1949). Pour les jésuites, voir la biographie de Paul Dudson, *St. Ignatius of Loyola* (1949), James Brodrick, *Origins of the Jesuits* (1940) (Longmans) par un catholique ; et Heinrich Boehmer, *The Jesuits* (1928) par un protestant. Pour les événements dans l'Église protestante, voir Robert W. Green, ed., *Protestantism and Capitalism : The Weber Thesis and Its Critics* (Heath, 1959) et H.R. Trevor-Roper, « Religion, Reformation and Social Change », dans *Historical Studies,* IV, 1963.

Les luttes pour l'hégémonie

Voir W.J. James, *Habsburg and Bourbon, 1494-1789* (1955) pour une excellente description de la lutte diplomatique et militaire entre la France et l'Autriche et de son impact sur l'histoire européenne. Garrett Mattingly, *Armada* (Sentry, 1959) est à la fois un bon livre d'histoire et une lecture agréable. Trevor H. Aston, ed., *Crisis in Europe* (Anchor, 1965) et G.C. Argan, *L'Europe des capitales* (1964) sont aussi recommandés. Pour la guerre de Trente Ans, voir surtout C.V. Wedgwood, *The Thirty Years War* (Anchor, 1938) ou le plus récent S.H. Steinberg, *The Thirty Years' War* (1967) (Norton). *Wallenstein* (1938) de Francis Watson est une biographie très lisible d'une de ses principales figures ; pour des détails hauts en couleur, voir Hans Jakob Grimmelshausen, *Simplicissimus* (1669). La période de l'hégémonie française a été traitée par M. Moorman, *William III and the Defense of Holland* (1930) ; A. Saint-Léger, *La Prépondérance française : Louis XIV* (1935) ; et Louis André, *Louis XIV et l'Europe* (1950).

L'effet des guerres sur la vie économique et sociale a été étudié par plusieurs excellents historiens, notamment : Earl J. Hamilton, *War and Prices in Spain, 1651-1800* (1947) ; F. Redlich, *De Praeda Militari : Looting and Booty, 1500-1815* (1956) ; Charles W.C. Oman, *A History of the Art of War in the Sixteenth Century* (1937) ; et Herbert W. Richmond, *The Navy as an Instrument of Policy, 1558-1727* (1953).

Italie. *Italy from Dante to Tasso, 1300-1600* (1919) de Henry B. Cotterill est encore un bon ouvrage introductif ; voir aussi Lacy Collison-Morley, *Italy after the Renaissance : Decadence and Display in the Seventeenth Century* (1931). *La Vie économique et sociale à Rome dans la seconde moitié du XVIe siècle* (1957) de J. Delumeau est incroyablement détaillé et un monument d'érudition. Pour la période de la domination espagnole, voir F. Nicolini, *Aspetti della vita italo-spagnuola nel cinque e seicento* (1934), et R. Quazza, *Preponderanza spagnuola, 1559-1700* (1950). On trouve de bonnes descriptions de la vie et des coutumes de l'époque dans Wilfrid Blunt, *Sebastiano, the Adventures of an Italian Priest* (1956), récit du voyage d'un jeune prêtre italien de Bologne à Rome et de Rome à Bologne en 1664-1665.

Espagne. Certains des ouvrages fondamentaux sur l'histoire de l'Espagne au XVIe siècle ont été mentionnés dans la bibliographie de la Première Partie : J.H. Elliott, *Imperial Spain, 1469-1716* (Mentor, 1964) ; R. Trevor Davies, *The Golden Century of Spain, 1501-1621* (Harper Torchbook, 1937) ; Bohdan Chodoba, *Spain and the Empire, 1519-1643* (1952). On peut ajouter John Lynch, *Spain under the Habsburgs* (1964). Les problèmes de la décadence sont évoqués par R. Trevor Davies, *Spain in Decline, 1621-1700* (St. Martin's, 1957) et dans la splendide thèse de J.H. Elliott, *The Revolt of the Catalans : A Study in the Decline of Spain (1598-1640)* (1963). Cecil J. Cadoux, *Philip of Spain and the Netherlands* (1947) et H.G. Koenigsberger, *The Government of Sicily under Philip II of Spain* (1952) permettent de mieux comprendre les relations de l'Espagne avec ses possessions européennes. *La Vie quotidienne en Espagne au siècle d'or* (1964) de M. Defourneaux est une très bonne description de la vie et de la société espagnoles. Mais à l'évidence pour les problématiques récentes et les débats les plus à jour, Bartolomé Bennassar (s.d.) *Histoire des Espagnols* (Paris, Colin, 1984) et *Un siècle d'or espagnol (1595-1648)* (Paris, Laffont, 1989).

Pays-Bas. Les livres de Pieter Geyl sont les meilleures présentations de l'histoire des Pays-Bas au XVIe et au XVIIe siècles ; voir en particulier *The Revolt of the Netherlands, 1555-1609* (Barnes et Noble, 1962) et *The Netherlands in the Seventeenth Century*, 2 vol. (1961-1964). George Masselman, *The Cradle of Colonialism* (1963) et Charles R. Boxer, *The Dutch Seaborne Empire, 1600-1800* (1965) soulignent les problèmes et les accomplissements de l'expansionnisme colonial hollandais. On trouve davantage de détails sur le très important XVIe siècle dans Ernst H. Kossmann, *In Praise of the Dutch Republic : Some 17th Century Attitudes* (1963) et Violet Barbour, *Capitalism in Amsterdam in the Seventeenth Century* (1959) (Michigan). Pour la biographie d'un personnage politique exceptionnel, voir C.V. Wedgwood, *William the Silent* (1944, Norton). On suggère également Paul Zumthor, *La Vie quotidienne en Hollande au temps de Rembrandt* (1959), Jakob Rosenberg, *Rembrandt* (2 vol. 1948), et J.J.M. Timmers, *A History of Dutch Life and Art* (1959). On pourra y ajouter les pages consacrées à ce pays dans Immanuel Wallerstein, *Le Système du monde du XVe à nos jours*, t. 1, *Capitalisme et économie-monde*, t. 2, *Le mercantilisme et la consolidation de l'économie-monde* (Paris, Flammarion, 1980-1985).

France. La France a connu divers problèmes importants au début de l'Ère moderne. Franklin C. Palm, *The Establishment of French Absolutism, 1574-1610* (1928) est une bonne introduction à l'histoire des institutions. On peut étudier le règne d'Henri IV dans les livres de Jean-Pierre Babelon, *Henri IV* (Paris, Fayard, 1982), M. Reinhard, *Henri IV ou la France sauvée* (1943) et de M. Andrieux, *Henri IV dans ses années pacifiques* (1954). *L'Assassinat d'Henri IV* de Roland Mousnier (1964) est excellent. Des aspects plus intimes et plus intellectuels de la même période sont abordés dans Samuel Putnam, *Marguerite of Navarre* (1935) et John E. Neale, *The Age of Catherine de Medici* (Harper Torchbook, 1944). V.L. Tapié, *La France de Louis XIII et de Richelieu* (1967) est la meilleure description des problèmes qui se sont posés à la monarchie des Bourbons pendant la première moitié du XVIIe siècle avec, bien entendu, Michel Carmona, *Marie de Médicis ; Richelieu ;* et *la France de Richelieu* (Paris, Fayard, 1981, 1983, 1984). Pour la vie et l'action d'un des hommes politiques français les plus remarquables de cette époque, voir Orest A. Ranum, *Richelieu and the Councillors of Louis XIII* (1963) et Carl Jacob Burckhardt, *Richelieu* (1935) trad. franç. 3 vol. (1970-1975). On ajoutera Pierre Chevallier, *Louis XIII* (Paris, Fayard, 1979). Les troubles sociaux et politiques dans la société française, et en particulier la noblesse, sont évoqués par Paul R. Doolin, *The Fronde* (1935) et Ernst H. Kossmann, *La Fronde* (1954). La synthèse récente, avec bibliographie à jour, Hubert Méthivier, *La Fronde* (Paris, P.U.F., 1984).

Pour l'histoire de la France pendant le long règne de Louis XIV, un des livres les plus agréables à lire est encore Pierre Gaxotte, *La France de Louis XIV* (1946), écrit d'un point de vue royaliste. Plus solides sont Pierre Goubert, *Louis XIV et vingt millions de Français* (Paris, Fayard, 1967) ; Maurice P. Ashley, *Louis XIV and the Greatness of France* (1948) (Free Press) ; Laurence B. Packard, *The Age of Louis Fourteenth* (Holt, Rinehart & Winston, 1938) ; John B. Wolf, *Louis XIV* (Norton, 1968). *Louis XIV et l'Europe* (1950) de Louis André, déjà cité, est excellent pour les problèmes de politique étrangère. On lira aussi le plaidoyer de François Bluche, *Louis XIV* (Paris, Fayard, 1986). La politique intérieure fait l'objet d'une étude approfondie dans les ouvrages de J. Saint-Germain, *Les Financiers sous Louis XIV* (1950) ; Lionel Rothkrug, *Opposition to Louis XIV : The Political and Social Origins of the French Enlightenment* (Princeton, 1965) ; Warren C. Scoville, *The Persecution of the Huguenots and French Economic Development, 1680-1620* (1960) ; et Eleanor C. Lodge, *Sully, Colbert and Turgot : A Chapter in French Economic History* (1930). Georges Mongrédien dans *L'Affaire Fouquet* (1956) décrit un des plus grands scandales et en même temps une des questions les plus cruciales du début du règne de Louis XIV. Mais sur ce thème, il faut bien évidemment lire les travaux de Daniel Dessert, *Argent, pouvoir et société au grand siècle* ; *Fouquet* (Paris, Fayard, 1984 et 1986). La collection bien connue de « La Vie Quotidienne » a publié plusieurs ouvrages intéressants sur la vie quotidienne en France au début des Temps modernes : Philippe Erlanger, *La vie quotidienne sous Henri IV* (1958) ; Émile Magne, *La vie quotidienne au temps de Louis XIII* (1942) ; et Georges Mongrédien, *La vie quotidienne sous Louis XIV* (1948) sont les plus sérieux. Voir aussi A. J. Grant, *The Huguenots* (1934). Sur l'événement majeur de la Révocation de l'Édit de Nantes, voir Élisabeth Labrousse, *La Révocation de l'Édit de Nantes*

(Paris, Payot, 1985) et Janine Garrison, *L'Édit de Nantes et sa révocation* (Paris, Le Seuil, 1985).

Angleterre. *The Gentry, 1540-1640* (1953) de H. R. Trevor-Roper est une brillante histoire sociale, permettant de comprendre divers aspects de la société anglaise au début de son développement moderne. A lire parallèlement à l'incisif « Storm over the Gentry » de J. H. Hexter dans *Encounter*, mai 1958. Pour une bonne présentation générale, voir D. P. Adams, *Tudors and Stuarts, 1485-1714* (1962) et John S. Millward, *The Sixteenth Century* (Fernhill, 1961). On trouvera davantage de détails sur l'époque des Tudors dans G. R. Elton, *England under the Tudors* (1960) ; John B. Black, *The Reign of Elizabeth, 1558-1603* (1936) ; Godfrey Davies, *The Early Stuarts, 1603-1660* (1937) ; et George N. Clark, *The Later Stuarts, 1600-1714* (1934). Mais la plus grande contribution à l'histoire de l'Angleterre au XVIIe siècle est la monumentale *Crisis of the Aristocracy, 1558-1641* (Oxford, 1965) de Lawrence Stone (trad. française, *Les Causes de la Révolution anglaise*, Paris, Flammarion, 1974). Pour le demi-siècle précédant la révolution anglaise, voir Maurice P. Ashley, *England in the Seventeenth Century* (Penguin, 1960) et Sidney R. Brett, *The Stuart Century : 1603-1714* (1961). G. P. V. Akrigg, *Jacobean Pageant : Or, The Court of King James I* (Atheneum, 1962) et Eric Linklater, *Ben Jonson and King James* (1931) donnent l'arrière-plan. Gerald E. Aylmer, *The Struggle for Constitution, 1603-1689 : England in the 17th Century* (1963) s'intéresse davantage aux aspects institutionnels de la politique. Pour l'histoire comparative, voir J. R. Jones, *Britain and Europe in the Seventeenth Century* (Norton, 1966). Pour l'étude de l'importante période de la révolution anglaise, voir d'abord les excellents ouvrages de C. V. Wedgwood : *The King's Peace, 1637-1641* (Collier, 1955), *The King's War, 1641-1647* (1959), et *Olivier Cromwell* (1956). Voir Christopher Hill, *The Century of Revolution, 1603-1714* (Norton, 1967) et du même auteur, *Le Monde à l'envers ; Les idées radicales au cours de la révolution anglaise* (Paris, Payot, 1977). A compléter par les travaux d'Olivier Lutaud (*Cromwell, les Niveleurs et la République*, Paris, Aubier, 1978) et surtout l'excellente synthèse de tous les débats suscités par les deux révolutions anglaises, *L'Angleterre des Révolutions* (Paris, Colin, 1973). Pour les premiers stades de la rébellion, le meilleur livre est le brillant *Reign of King Pym* (1941) de J. H. Hexter. Bien qu'anciens, *O. Cromwell* (1900) de John Morley et *Charles I and Cromwell* (1935) de G. M. Young sont encore utiles. Deux livres plus récents de Maurice P. Ashley : *Cromwell's Generals* (1955) et *The Greatness of Oliver Cromwell* (Collier, 1958). Pour le règne de Charles II et la « Glorieuse Révolution », voir Arthur Bryant, *King Charles II* (1949) et plus spécialement *The English Revolution, 1688-1689* (Oxford, 1939) de G. M. Trevelyan, mais aussi Arthur Bryant, *Samuel Pepys*, 3 vol. (1939-1944) fondé sur un des journaux intimes les plus vivants de la littérature anglaise : *The Diary of Samuel Pepys*, édité par R. Latham et W. Matthews, vol. 1-3 (1970) dont une belle édition du *Journal* a paru en français (Paris, Mercure de France, 1985). Pour d'autres aspects de la vie anglaise, voir James E. Gillespie, *The Influence of Oversea Expansion on England to 1700* (1920) ; Michael L. Walzer, *The Revolution of the Saints : A Study in the Origins of Radical Politics* (Athéneum, 1965) ; et C. V. Wedgwood, *Poetry and Politics under the Stuarts* (Michigan, 1960).

La Baltique. *Baltische Geschichte* (1954) de W. Reinhard donne une bonne introduction. On trouve des points de vue intéressants dans Oscar Halecki, *Borderlands of Western Civilization* (1952). La meilleure introduction à l'histoire de la Pologne est Stanislaw Arnold et Marian Zychowski, *Outline History of Poland* (1962) et les grands travaux de Norman Davies *God's Playground : A History of Poland* (Oxford) dont une version concise a paru en français (*Histoire de la Pologne*, Paris, Fayard, 1986). Oscar Halecki, *A History of Poland* (1966) (Regnery) est sérieux ; William F. Reddaway, ed., *The Cambridge History of Poland* est sérieux aussi mais ennuyeux. Le premier volume de ce dernier ouvrage (1951) s'arrête en 1696, tandis que le second va jusqu'en 1935.

L'histoire scandinave est plutôt mieux servie par Stanley M. Toyne, *The Scandinavians in History* (1948) ; Karen Larsen, *A History of Norway* (1948) ; Ingvar Andersson, *A History of Sweden* (1956) et Stewart Oakley, *Short History of Sweden* (1966). On a surtout intérêt à consulter la splendide biographie de Michael Roberts, *Gustavus Adolphus : A History of Sweden, 1611-1632*, 2 vol. (1953-1958) qui illumine la période cruciale de l'histoire suédoise. La vie romanesque de Charles XII et les débuts des revers politiques de la Suède sont décrits par O. Haintz, *König Karl XII von Schweden* (1958) et Frans G. Bengtsson, *The Life of Charles XII, King of Sweden* (1960).

Russie. La meilleure histoire de la Russie est l'*History of Russia* de Nicholas Riasanovsky (1963). Est également recommandé : Bernard Pares, *History of Russia*, éd. rev. (1953) (Vintage, 1965). Une des meilleures histoires économiques et sociales du pays est *Lord and Peasant in Russia : From the 9th to the 19th Century* (Atheneum, 1961) de Jerome Blum. Le processus d'unification et la croissance de Moscou sont étudiés dans Stephen Graham, *Ivan the Terrible : Life of Ivan IV of Russia* (1933) ; Harold Lamb, *The March of Muscovy : Ivan the Terrible and the Growth of the Russian Empire, 1400-1648* (1948) ; et J. L. I. Fennell, *Ivan the Great of Moscow* (1962). Pour les origines de la dynastie des Romanov, voir William A. Gerhardi, *The Romanovs* (1939), et P. Pascal, *Avvakum et les débuts du Raskol : la crise religieuse du XVII*e *siècle en Russie* (1938). Pour la période suivante : Harold Lamb, *The City and the Tsar : Peter the Great and the Move to the West, 1648-1762* (1948) ; Constantin de Grunwald, *Peter the Great* (1956) ; B. H. Sumner, *Peter the Great and the Emergence of Russia* (Collier, 1965) et Robert Massie, *Pierre le Grand* (Paris, Fayard, 1985) décrivent la modernisation de la Russie et ses débuts de grande puissance. Pour une interprétation agréable et stimulante de la culture russe : James H. Billington, *The Icon and the Axe* (1966). Mais le lecteur trouvera la meilleure vue générale dans le temps long chez Roger Portal (*Les Slaves*, Paris, Colin, collection Destin du monde, 1967).

L'Empire ottoman. Pour une présentation générale de l'histoire turque, voir — outre Jean-Paul Roux *(op. cit.)* — Richard F. Peters, *The Story of the Turks from Empire to Democracy* (1959) et Stanley Lane-Poole, *Turkey* (1966). W. E. D. Allen, *Problems of Turkish Power on the 16th Century* (1963) étudie certains problèmes intérieurs, tandis que Dorothy M. Vaughan, *Europe and the Turk : A Pattern of Alliances, 1350-1700* (1954) décrit la politique étrangère et les relations internationales de la Porte. Pour les peuples sous la domination ottomane, voir R. W. Seton-Watson, *A History of the Roumanians* (1934) ; Nicholae Iorga, *A History of Roumania* (1926) ; Walter A. Heurtley, *A Short History of Greece* (1965) ; *A Short History of Yugoslavia* (Cambridge, 1966), sous la direction de Stephen Clissold ; Mercia Macdermott, *A History of Bulgaria, 1393-1885* (1962) ; Charles et Barbara Jelavich, *The Balkans* (1965) ; et Traian Stoianovich, *A Study in Balkan Civilization* (Knopf, 1967).

Le Saint Empire romain germanique. Outre la nouvelle *History of Modern Germany* (1959) de Hajo Holborn, on peut consulter Gerhard Schilfert, *Deutschland von 1648 bis 1789*

(1962). De tous les États allemands, c'est à la Prusse qu'on s'est le plus intéressé. Voir en particulier Francis L. Carsten, *The Origins of Prussia* (Oxford, 1954) et *Princes and Parliaments in Germany : From the 15th to the 18th Century* (1959) ; Hans Schoeps, *Preussen : Geschichte eines Staates* (1966) ; C. Edmund Maurice, *The Life of Frederick William, the Great Elector of Brandenburg* (1926) ou, mieux, Ferdinand Schevill, *The Great Elector* (1947). L'histoire militaire et diplomatique est bien traitée par Gordon Craig, *Politics of the Prussian Army, 1640-1645* (Oxford, 1955), et — concernant plus immédiatement notre période — Nicholas Henderson, *Prince Eugene of Savoy* (1965) et Paul Frischauer, *Prince Eugene, 1663-1736 : A Man and a Hundred Years of History* (1934).

La culture des débuts de l'Ère moderne

Paul Hazard, *La Pensée européenne au XVIIIe siècle* et *La Crise de la conscience européenne, 1680-1715* (Paris, rééd. Fayard, 1978 et 1985) dont une splendide étude du changement d'atmosphère intellectuelle qui prépara l'Europe occidentale aux Lumières. Preserved Smith, *A History of Modern Culture, 1543-1776,* 2 vol. (Collier, 1930-1934) et John H. Randall, *The Making of the Modern Mind,* ed. rev. (1940) sont aussi de bons ouvrages. Frederick B. Artz, *From the Renaissance to Romanticism : Trends in Style in Art, Literature and Music, 1300-1830* (Phoenix, 1962) est un aperçu rapide, commode et fatalement superficiel. Basil Willey, *The Seventeenth Century Background* (Anchor, 1934) examine la pensée de l'époque en relation avec la religion et la poésie. John U. Nef, *Cultural Foundations of Industrial Civilization* (1958) (trad. française : *Les Fondements culturels de la civilisation industrielle,* Paris, Payot, 1981) est un petit livre stimulant. Frederick L. Nussbaum, *The Triumph of Science and Reason, 1660-1685* (Harper Torchbook, 1953) présente quelques chapitres bien pensés et une bonne bibliographie. Plus récent, mais aussi plus complet, Pierre Barrière, *La Vie intellectuelle en France du XVIe siècle à l'époque contemporaine* (1961) est un excellent ouvrage de référence, tandis que Robert Mandrou, *De la culture populaire en France aux XVIIe et XVIIIe siècles* (1964) explore un sujet peu connu : les lectures des masses.

Langage et écriture. On peut s'initier avec Arthur S. Diamond, *The History and Origin of Language* (Citadel, 1959) ; J. Février, *Histoire de l'écriture* (1959) ; et M. Aquirre, *La* *escritura en el mundo* (1961). Pour plus de détails et des aspects plus spécifiques de la période couverte dans cette partie, voir Samuel A. Tannenbaum, *The Handwriting of the Renaissance* (1930) ; G. Harnois, *Les Théories du langage en France de 1660 à 1831* (1928) ; A. Pagliaro, *La dottrina linguistica di G.B. Vico* (1959) ; K. Apel, *Die Idee der Sprache in der Tradition des Humanismus von Dante bis Vico* (1963) ; et en particulier Merton W. Bloomfield et L.D. Newmark, *A Linguistic Introduction to the History of English* (1963).

Littérature. Imbrie Buffum, *Studies in the Baroque from Montaigne to Rotrou* (1957) peut servir d'introduction générale. H. Candwell, *Introduction to French Classicism* (1951) et Jean-Jacques Demorest, ed., *Studies in Seventeenth-Century French Literature* (1962) sont recommandés pour la littérature française. Pour l'Angleterre, voir Helen C. White, *Seventeenth-Century Verse and Prose,* 2 vol. (1951), et pour la période antérieure, E.M.W. Tillyard, *The Elizabethan World Picture* (1950), tandis que Basil Willey, *The Seventeenth-Century Background* (Anchor, 1934) montre comment la science a affecté écrivains et penseurs. Sur l'âge, González López, *Historia de la literatura española* (1962) ; Otis Green, *Spain and the Western Tradition : The Castilian Mind in Literature from El Cid to Calderon* (Wisconsin, 1963) et la belle bibliographie que Jean Canavaggio a consacré à *Cervantes* (Paris, Mazarine, 1986).

Pour l'Allemagne, voir Solomon Liptzin, *Historical Survey of German Literature* (1936) ; Archer Taylor, *Problems in German Literary History of the Fifteenth and Sixteenth Centuries* (1939) ; et l'essai bref mais stimulant de Leonard W. Forster, *The Temper of Seventeenth Century German Literature* (1952).

Art. René Huyghe, ed., *L'Art et l'homme* (1961) présente une documentation sérieuse et une interprétation générale brillante ; pour les siècles étudiés dans cette partie, voir le troisième tome. Pour des références générales, voir en particulier Eugenio D'Ors, *Du Baroque* (1935) ; Carl J. Friedrich, *The Age of the Baroque,* 1610-1660 (1952) ; J. Pijoan y Soteras, *Arte barroco en Francia, Italia y Alemania, siglos XVII y XVIII* (1963) ; Victor L. Tapié, *Baroque et classicisme* (1957), trad. angl. augmentée : *The Age of Grandeur : Baroque Art and Architecture* (Praeger, 1960). Marcel Reymond, *De Michel-Ange à Tiepolo* (1912), bien qu'ancien est encore utile. Pour les études régionales, voir Rudolf Wittkover, *Art and Architecture in Italy, 1600-1750* (1958) ; Horst Gerson et

E. H. Kuile, *Art and Architecture in Belgium, 1600 to 1800* (1960) ; et Eberhard Hempel, *Baroque Art and Architecture in Central Europe* (1965).

Très intéressants : *L'Art religieux après le concile de Trente, Étude sur l'iconographie de la fin du XVI*e *siècle, du XVII*e *siècle et du XVIII*e *siècle* (1931) d'Émile Mâle et le premier volume de *L'Histoire de l'urbanisme* d'Henri Lavedan (1959). Pour l'histoire de la musique, voir Manfred F. Bukofzer, *Music in the Baroque Era, from Monteverdi to Bach* (1947) ; Edward J. Dent, *Opera* (Penguin, 1949) ; Alec Robertson et D. W. Stevens, ed., *The Pelican History of Music,* vol. II : *Renaissance and Baroque* (Penguin, 1964) ; et Marc Pincherle, *Vivaldi* (1955), bonne biographie du grand compositeur vénitien.

Science. Outre les histoires générales déjà citées, il existe beaucoup d'excellents ouvrages sur ce sujet : Abraham Wolf et autres, *A History of Science, Technology, and Philosophy in the 16th and 17th Centuries* (1935) ; Alfred R. Hall, *The Scientific Revolution, 1500-1800* (Beacon, 1954) ; Alistair C. Crombie, *Medieval and Early Modern Science,* 2e éd. revue, 2 vol. (Anchor, 1959) ; Herbert Butterfield, *The Origins of Modern Science,* 1300-1800, éd. revue (Free Press, 1962) ; et le troisième volume de *A History of Technology,* sous la direction d'Alfred R. Hall et de Trevor I. Williams (1957), sont les plus utiles. Divers points de vue exprimés lors d'une conférence internationale à Royaumont en 1957 ont été publiés dans *La science au XVI*e *siècle* (1960).

Pour des aspects plus spécifiques, voir George N. Clark, *Science and Social Welfare in the Age of Newton,* 2e éd. (1949) ; Martha Ornstein, *The role of Scientific Societies in the Seventeenth Century* (1938) ; et S. F. Mason, « The Scientific Revolution and the Protestant Reformation », dans *Annals of Science,* vol. 9, nos 1-2, 1953. L'impact de la science sur la littérature est étudié dans Margaret Nicolson, *Science and the Imagination* (1956). La fondation de la Royal Society et l'atmosphère qui présida à sa création sont présentées dans Dorothy Stimson, *Scientists and Amateurs* (1968) et dans l'ouvrage érudit de Robert K. Merton, *Science, Technology and Society in Seventeenth Century England* (1970). Edwin A. Burtt, *Metaphysical Foundations of Modern Physical Science* (Anchor, 1925) discute la pensée scientifique de Copernic, Galilée, Newton et leurs contemporains. Dans ce contexte, trois autres ouvrages se détachent : Charles C. Gillispie, *The Edge of Objectivity* (1960) retrace les progrès scientifiques depuis Galilée ; George de Santillana, *The Crime of Galileo*

(Phoenix, 1955) et le contrepoint, Pietro Redondi, *Galilée hérétique*, (Paris, Gallimard, 1986) ; et le livre plus de vulgarisation d'Arthur Koestler, *Les Somnambules* (*The Sleepwalkers : A History of Man's Changing Vision of the Universe*, 1959).

Philosophie. Pour l'arrière-plan général, on peut compulser les deux grandes histoires de la philosophie, celle d'E. Bréhier (P.U.F.) et surtout celle de la Pléiade (Gallimard). Jacob Bronowski et Bruce Mazlich, *The Western Intellectual Tradition : From Leonardo to Hegel* (Harper Torchbook, 1960) ; Etienne H. Gilson et Thomas D. Langan, *Modern Philosophy : Descartes to Kant* (1963) ; Alexandre Koyré, *Du monde clos à l'univers infini* (Paris, Gallimard, 1973) et *Études galiléennes* et *Études newtoniennes* (Paris, Hermann, 1979, Gallimard, 1968) ; et Stuart Hampshire, *The Age of Reason : The 17th Century Philosophers* (Mentor, 1956).

Ouvrages plus spécifiques : Sydney H. Mellone, *The Dawn of Modern Thought : Descartes, Spinoza, Leibniz* (1930) ; Richard H. Popkin, *The History of Scepticism from Erasmus to Descartes* (Harper Torchbook, 1961) ; James Iverach, *Descartes, Spinoza and the New Philosophy* (1904) ; Stanley V. Keeling, *Descartes* (Oxford, 1934) ; Leon Roth, *Descartes : Discourse on Method* (1937) ; Albert Balz, *Descartes and the Modern Mind* (1952) ; Roger H. Soltau, *Pascal : The Man and the Message* (1927) ; Morris G. Bishop, *Pascal : The Life of Genius* (1936) ; et Harvey Robinson, *Bayle the Sceptic* (1931). Pierre Bayle, *Dictionnaire historique et critique* (1695-1697).

Science et religion. Richard S. Westfall, *Science and Religion in Seventeenth Century England* (1958) ; Franklin L. Baumer, *Religion and the Rise of Scepticism* (1960) ; John Dillenberger, *Protestant Thought and Natural Science* (Abingdon, 1960) ; Charles E. Raven, *Natural Religion and Christian Theology* (1953) ; *Science in Defense of Liberal Religion : A Study of Henry More's Attemps to Link Seventeenth Century Religion with Science* (1933) de Paul R. Anderson est très bon. Voir aussi, Frank S. Taylor, *Galileo and the Freedom of Thought* (1938).

Pensée politique. Voir les histoires générales, telle celle de Jean-Jacques Chevallier, *Histoire de la pensée politique* (Paris, Payot, 1983-1984). Pierre Mesnard, *L'Essor de la philosophie politique au XVI*e *siècle* (1951) ; John W. Allen, *A History of Political Thought in the Sixteenth Century* (1928) (Barnes & Noble), déjà cité ; John N. Figgis, *Studies of Political Thought* *from Gerson to Grotius, 1414-1625* (1923) ; Bernice Hamilton, *Political Thought in Sixteenth-Century Spain : A Study of the Political Ideas of Vitoria, De Soto, Sudrez and Molina* (1963) ; et Otto F. Gierke, *Natural Law and the Theory of Society, 1500 to 1800* (1934). Plus spécifiquement, *Leviathan* de John Hobbes. John W. Gough a réalisé une édition tout aussi bonne du *Second Treatise of Civil Government* (1946), et A. S. Pringle-Pattison une édition abrégée fort commode de son *Essay Concerning Human Understanding* (1950). Maurice Cranston nous présente une biographie fidèle du philosophe : *John Locke : A Biography* (1957) ; Stuart Hampshire un *Spinoza* (1951) tout aussi bon. Pour Hobbes, cependant, deux biographies du XIXe siècle restent encore les meilleures, celles de George C. Robertson (1886) et de Leslie Stephen (Michigan, 1904).

INDEX

ACUTO, Giovanni, 84.
ADDISON, 360.
AGRICOLA, Rudolph, 175.
ALBE, duc d', 313, 330, 335.
ALBERTI, Leon-Battista, 59, 71, 73, 106, 112, 207.
ALDOBRANDINI, cardinal, 253.
ALEXANDRE le Grand, 143.
ALEXANDRE, archevêque de S. Andrews, 183.
ALEXANDRE VI, pape. *Voir* BORGIA.
ALEXANDRE VII, pape, 275.
ALEXANDRE, duc de Florence, 61.
ALFRED LE GRAND d'Angleterre, 17.
ALMAZAN, marquis de, 272.
ALPHONSE V d'Aragon, 75, 126, 167.
AMYOT, Jacques, 393.
ANDREA DEL CASTAGNO, 112.
ANGELICO, Fra, 130, 401.
ANJOU (maison d'), 167.
ANNE, sainte, 175, 188.
ANNE DE DANEMARK, 438.
ANNE STUART, 211, 213, 325, 458.
ANTOINE, saint, 300.
ANTONELLO DA MESSINA, 128.
ANTONIN DE FLORENCE, saint, 72.
ARCIMBOLDO, 398, 407.
ARISTOTE, 61, 69, 71, 77, 89, 90, 100-103, 107, 257, 261, 404, 415, 417, 422, 424-426.
ARMINIUS, 337.
ARNAULD, Angélique, 304.
ARNAULD, Antoine, 302.
ARTHUR, roi, 143.
AUBREY, John, 443, 459.
AUGUSTE, César, 28.
AUGUSTE DE SAXE, 376.
AUGUSTIN, saint, 15, 57, 62, 90, 102, 296, 303.

BACH, Jean-Sébastien, 405, 406.
BACON, Francis, Sir, 79, 234, 350, 351, 419, 423, 426, 427, 441, 442, 457, 462, 463.
BACON Roger, 102.
BARBEROUSSE, 372.
BAVIÈRE, duc de, 320, 324.
BAYLE, Pierre, 453.
BEATON, James, cardinal, 183.
BEHAIM, Frederick, 74, 78.
BEHAIM, Paul, 74.
BELLAY, Joachim du, 391.
BENEVOLI, Orazio, 405.

BENOIT, saint, 18.
BENTIVOGLIO (famille), 129.
BERGERAC, Cyrano de, 105, 439, 450.
BERKELEY, George, 430.
BERNARD, Samuel, 290.
BERNARD DE CLAIRVAUX, saint, 18.
BERNARDIN DE FELTRE, 72.
BERNARDIN DE SIENNE, saint, 72.
BERNIN, le, 403.
BERRY, duc de, 325.
BERRY, duchesse de, 250.
BÉRULLE, cardinal Pierre de, 296, 297.
BÉTHUNE, Maximilien de, 344.
BICCI DE MEDICI, Giovanni di, 55.
BILLINGTON, James H., 262, 365.
BINSFELD, Peter (évêque), 456.
BISTICCI, Vespasiano de, 117.
BLOCH, Marc, 11, 192.
BOCCACE, 57, 88, 89, 128, 145.
BODIN, Jean, 261, 452, 456, 460, 461.
BOEHME, Jacob, 105.
BOLEYN, Anne, 171.
BOLLAND, Jean, 453.
BONIFACE VIII, pape, 24, 181, 282, 292.
BORGIA, Alexandre, 129, 130, 180, 233.
BORGIA, César, 38, 129, 130, 180.
BORIS GODOUNOV, 368.
CHARLES BORROMÉE, saint, 281.
BORROMÉE Charles, saint, 281.
BOSCH, Jérôme, 149, 151, 187, 231.
BOSSUET, André, 248.
BOSSUET, Jacques Bénigne, 248, 297, 305, 347, 451, 456, 460, 461, 466, 467.
BOTERO, Giovanni, 299.
BOTTICELLI, Sandro, 60, 61, 106, 111, 130, 150, 151.
BOURBONS (dynastie), 212, 274, 285, 310, 323, 364, 460.
BOURGOGNE, duc de, 126, 304.
BOUTS, Dirk, 151.
BOYLE, Robert, 439, 459.
BRACCIOLINI, Poggio, 58.
BRACTON, Henry, 257.
BRADFORD, gouverneur, 287.
BRAHÉ, Tycho, 100, 421, 438.
BRAMANTE, 60, 107.
BRANDT, Sébastien, 78, 187.
BRANTOME, Pierre de, 329.
BRAUDEL, Fernand, 192.
BROME, Alexander, 446.
BROWNE, Thomas, 253.
BRUEGHEL, 57, 149, 152.
BRUNELLESCHI, 107, 109.
BRUNI, Leonardo, 71.
BRUNO, Giordano, 79, 420.
BRUNSWICK (famille), 376.
BUCHANAN, 299.
BUCKINGHAM, duc de, 249, 272, 351, 458.
BUNYAN, John, 360, 406.
BUNYAN, Thomas, 283, 285.
BURCKHARDT, J.-C., 85.
BURTT, E.A., 418.
BUSBECQ, Augier Ghislain de, 166.
BUTLER, Samuel, 288, 457.

CABRAL, 76.
CALDERÓN DE LA BARCA, Pedro, 237, 394.
CALLOT, Jacques, 403.
CALVIN, Jean, 178, 179, 200-202, 204, 207, 208, 238, 260, 296, 354.
CAMPANELLA, Thomasso, 392.
CANO, Thomé, 330.
CANTOR, Norman, 190.

CARAFFA, cardinal. *Voir* PAUL IV.
CARAVAGE, le, 111, 398, 399, 401, 406, 412.
CARRACHE, Ludovic, 401-403, 406.
CARRACHE, Agostino, 401, 402, 406.
CARRACHE, Annibale, 401, 402, 406.
CASANOVA, 236.
CASTIGLIONE, 128.
CASTRO, Matteo de, 389.
CATHERINE d'Aragon, 129, 146.
CATHERINE LA GRANDE de Russie, 371.
CATON, 116.
CAXTON, William, 117, 143.
CECIL, Sir William, 349, 350.
CERVANTES SAAVEDRA, Miguel de, 146, 242, 309, 394.
CÉSAR, Jules, 293.
CHAMPAIGNE, Philippe de, 403, 406.
CHARLEMAGNE, 23, 143, 255.
CHARLES IV, empereur, 49.
CHARLES QUINT, empereur, 113, 146, 155, 158, 161-163, 169, 170, 184, 192, 193, 211, 212, 264, 310, 311, 315, 324, 334, 372, 382.
CHARLES VI, empereur, 212, 324, 325, 378.
CHARLES Ier d'Angleterre, 249, 273, 287, 351, 354, 407, 442.
CHARLES II d'Angleterre, 306, 356-358, 386, 458, 461, 462.
CHARLES d'Espagne et de Bourgogne. *Voir* CHARLES V.
CHARLES II d'Espagne, 324, 331, 332.
CHARLES V de France, 248.
CHARLES VI de France, 182, 248.
CHARLES VII de France, 126, 153.
CHARLES VIII de France, 126, 167.
CHARLES IX de France, 41, 343.
CHARLES IX de Suède, 362.
CHARLES X de Suède, 363.
CHARLES XI de Suède, 275, 364.
CHARLES XII de Suède, 364, 365.
CHARLES LE TÉMÉRAIRE, 142-144, 148, 150, 153, 187, 311.
CHAUCER, 39.
CHAUNU, Pierre, 231.
CHEVALIER, Étienne, 141.
CHIGI, Agostino, 99.
CHRISTIAN IV, 339.
CHRIST-JÉSUS, 21, 40, 116, 175, 176, 179, 181, 183, 188, 191, 200, 204, 259, 296, 303, 416.
CHRISTINE de Suède, 236, 363, 407.
CHURRIGUERA, Jose Benito, 404.
CICÉRON, 88, 90, 94, 434, 447.
CINQ-MARS, 240.
CLAVIER, Philip, 388.
CLÉMENT V, 137.
CLÉMENT VI, pape, 29, 181.
CLEVELAND, John, 288.
CLOVIS, 256.
CŒUR, Jacques, 64, 125, 126.
COLBERT, Jean-Baptiste, 232, 272, 277, 290, 297, 322, 340, 347, 387, 434.
COLIGNY (famille), 285, 342.
COLIGNY, amiral Gaspard de, 285, 343.
COLOMB, Christophe, 72, 75-78, 100, 118.
COLONNA, famille, 231.
COMMYNES, Philippe de, 168.
CONFUCIUS, 449.
CONRART, Valentin, 277.
CONSTANTIN, empereur, 51, 94.

COPERNIC, Nicolas, 100, 101, 237, 423, 425, 432, 433, 443.
CORDIER, Mathurin, 178.
CORNEILLE, Pierre, 248, 297, 298, 379, 410, 452.
CORRÈGE, 402.
CORTES, Fernando, 126.
CORVIN, Mathias, 163, 164.
CORYATE, Thomas, 79.
COWLEY, Ambrose, 241.
CRABBE, George, 288.
CRESPIN, Baude, 70.
CROMWELL, Olivier, 228, 278, 284, 286, 319, 355, 356, 359, 386.
CROMWELL, Thomas, 156, 199.
CUSE, Nicolas de, 175.
CYRILLE, 365.

DANEMARK, roi de, 318.
DANTE ALIGHIERI, 30, 31, 33, 83, 101, 128.
DATINI, Francesco, 37, 70, 73.
DAVID, Gérard, 144.
DEFOE, Daniel, 360, 459.
DE GAULLE, général, 10.
DELACROIX, 407.
DELLA VALLE, Pietro, 79.
DE NOBILIS, famille, 74.
DESCARTES, René, 253, 297, 408, 417, 419, 428-431, 434-437, 442, 454.
DE WORMS, 194.
DIAZ, Barthélémy, 75, 76.
DICKENS, Charles, 377.
DIDEROT, Denis, 99.
DIEGO D'ALCALA, san, 324.
DOMINIQUE, saint, 19.
DOMINIQUIN, le, 402, 403.
DONNE, John, 420, 425, 443.
DRAKE, sir Francis, 126, 349, 350.
DRYDEN, John, 439, 457.
DUPRAT, chancelier, 184.
DÜRER, Albrecht, 110, 148, 149, 188, 198, 407.
DUVENWOORDE, William de, 64.
DUVERGIER DE HAURANNE, abbé, 302.

ECK, Johann, 207.
EDDINGTON, A.S., 458.
EDOUARD Ier d'Angleterre, 139.
EDOUARD III, 170.
EDOUARD VI d'Angleterre, 156, 202.
ÉLISABETH Ire d'Angleterre, 41, 76, 121, 126, 146, 155, 156, 171, 172, 202, 206, 211, 213, 232, 238, 241, 314, 348-351.
ÉLIZABETH de Hongrie, sainte, 182.
ELLIOT, J.H., 242.
ÉPICURE, 448.
ÉRASME (Desiderius Erasmus), 55, 89, 94, 119, 121, 129, 131, 145, 151, 175, 178-181, 194, 198, 199, 205, 238.
ERASTUS, Thomas, 283.
ÉSOPE, 436.
ESSEX, comté d', 349.
ESTE, duc d', 61.
ESTE, cardinal d', 38.
ESTRÉES, cardinal d', 301.
ESTRÉES, Gabrielle d', 249.
EUGÈNE DE SAVOIE, prince, 11, 327, 377.
EVELYN, John, 327, 383.
EVREUX, comte d', 239.

FACIOLI, Luco, 72.
FARNESE, cardinal, 298.
FEBVRE, Lucien, 12, 191.
FELTRE, Vittorino da, 58, 89.
FÉNELON, François, 304, 305, 451, 463.

FERDINAND D'ARAGON, 146, 158, 168.
FERDINAND Ier de Habsbourg, 170, 311.
FERDINAND II, 282, 317.
FERDINAND III, empereur, 334.
FERRARE, duc de, 36.
FICIN, Marsile, 58, 90, 95, 105.
FILMER, sir Robert, 353.
FISCHER, John, 178.
FONTENELLE, 453.
FOUQUET, Nicolas, 141, 248, 450.
FRANÇOIS D'ASSISE, saint, 175.
FRANÇOIS DE SALES, saint, 295, 296.
FRANÇOIS Ier, 79, 91, 119, 138, 143, 145, 146, 153, 168-170, 172, 183, 190, 193, 202, 258, 311.
FRANÇOIS II, 343.
FRÉDÉRIC LE GRAND, 10.
FRÉDÉRIC II, empereur, 24, 341.
FRÉDÉRIC V, électeur palatin, 317, 320, 393.
FRÉDÉRIC DE HOHENSTAUFEN, empereur, 82.
FRÉDÉRIC LE SAGE, Électeur de Saxe, 182, 193, 194.
FRÉDÉRIC-GUILLAUME, le Grand Électeur, 275, 304, 325, 376.
FRIEDLAND, duc de. *Voir* WALLENSTEIN.
FUGGER (famille), 63, 71, 123, 125.
FUGGER, Jakob, 121, 125.
FUGGER le Riche, Jacob II, 126.
FUGGER, Ulrich, 125.

GABRIELLI, Giovanni, 405.
GALIEN, 89, 422.
GALILÉE, Galiléo, 100, 101, 104, 326, 417, 419, 422, 424-426, 432, 434, 440, 441, 443.
GALILÉE, Vincenzo, 404.
GAMA, Vasco de, 75.
GASSENDI, 441, 446, 450.
GEER, Louis de, 339.
GEORGE Ier d'Angleterre, 325.
GHIRLANDAJO, 60, 61.
GIORGIONE, 125.
GIMPEL, Jean, 44.
GIOTTO, 70, 110, 401.
GLAUBER, Johann Rudolph, 438.
GOBELIN, 36.
GOLDSMITH, Olivier, 252.
GOMAR, Francis (pasteur), 337.
GÓNGORA Y ARGOTE, Luis de, 393.
GONZAGUE (famille), 85.
GOSSAERT, Jan. *Voir* MABUSE.
GRAMMELFELDER, Sébastien, 73.
GRAUNT, John, 431.
GREATRIX, Valentine, 439.
GRECO, le, 398, 400, 402.
GREENWAY, Fr., 294.
GRÉGOIRE XIII, 293, 401.
GRÉGOIRE XV, 401.
GRESHAM, sir Thomas, 121, 350.
GROOTE DE DEVENTER, Gérard, 175.
GROSSETESTE, Robert, 102.
GROTIUS, 382, 464, 466.
GRÜNEWALD, Matthias (GOTHARDT NEITHHARDT Mathis), 149, 188.
GUELDRE, duc de, 121.
GUERCHIN, le, 402.
GUICHARDIN, François, 95, 96, 129.
GUIDE, le, 402.
GUILLAUME III d'Angleterre, 213, 237, 358, 381, 467.
GUILLAUME II de Nassau, 337, 358.
GUILLAUME III de Nassau. *Voir* GUILLAUME III d'Angleterre.
GUILLAUME LE TACITURNE d'Orange-Nassau, 203, 205, 206, 299, 325, 336, 338.

GUISE, duc de, 343.
GUISE (famille de), 315, 342, 343.
GUISE, Jean de, cardinal, 183.
GUSTAVE Ier VASA, roi de Suède, 362.
GUSTAVE II ADOLPHE, 318, 339, 363, 379, 380, 388.
GUTEMBERG, 117.
GUYON, Mme, 304.

HABSBOURG (dynastie), 162, 165, 167, 170, 212, 259, 274, 282, 290, 293, 309-311, 317, 319, 320, 323, 324, 327, 374, 375, 377, 378.
HALLEY, Edmund, 431, 433.
HALS, Frans, 413, 414.
HANOVRE, électeur de. *Voir* GEORGE Ier, 325.
HARDY, Alexandre, 395.
HARRINGTON, James, 279.
HARVARD, John, 287.
HARVEY, William, 100, 319, 422, 434, 442, 443.
HAWKINS, John, 350.
HAWKWOOD, sir John, 84.
HECKSHER, Eli, 7.
HELMBRECHT, 22.
HENRI IV d'Angleterre, 41.
HENRI VII. *Voir* HENRI TUDOR.
HENRI VIII, 38, 39, 143, 146, 155-157, 169, 171, 172, 178, 181, 193, 199, 202, 258, 348.
HENRI II de France, 119, 126, 138, 161, 168, 170, 211-213, 258, 315, 320, 342.
HENRI III, roi de France, 206, 299, 343.
HENRI IV, roi de France (Henri de Navarre), 203, 206, 212, 236, 245, 249, 251, 276, 299, 306, 312, 315, 321, 343, 344, 381, 393.
HENRI le Navigateur, prince, 75.
HENRI TUDOR, 154, 168, 258.
HEPBURN, évêque de Moray, 183.
HÉROARD, 237.
HÉRODOTE, 79, 90.
HILL, Christopher, 220.
HILLIARD, Nicholas, 398.
HIPPOCRATE, 89.
HIRST, L. Fabian, 235.
HITLER, Adolph, 99.
HOBBEMA, Meindert, 413, 414.
HOBBES, Thomas, 261, 262, 277, 430, 437, 461, 462, 464-467.
HOHENZOLLERN, électeur de Brandebourg, 376.
HOLBEIN le Jeune, Hans, 152.
HOLSTEIN, duc d'. *Voir* roi de Danemark.
HOMÈRE, 90, 129.
HOOCH, Pieter de, 413.
HOOGSTRATEN, Samuel van, 413.
HOWARD (famille), 250.
HOWARD, John, 233.
HUIZINGA, 62, 148, 189.
HUS, Jan, 177, 186.
HUTTEN, Ulrich von, 194.
HUYGENS, 231.

IBRAHIM Ier, 372, 373.
IGNACE DE LOYOLA, saint, 203, 294.
INNOCENT III, pape, 70.
INNOCENT VI, pape, 42.
ISABELLE la Catholique, 39, 158, 238.
ISIDORE, saint, 324.
IVAN III LE GRAND, 366.
IVAN IV LE TERRIBLE, 367, 368.

JACK DE NEWBURY, 115.
JACQUES Ier STUART d'Angleterre, 94, 228, 232, 263, 287,

299, 317, 350, 351, 354, 438, 443, 460.
JACQUES II STUART d'Angleterre, 213, 358, 467.
JACQUES V d'Écosse, 202.
JACQUES VI d'Écosse. *Voir* JACQUES Ier.
JAGELLON (dynastie), 362.
JAN MATHIS de Haarlem, 197.
JANSENIUS, évêque d'Ypres, 302.
JANVIER, saint, 40.
JEAN II de France, 29.
JEAN III VASA, 362.
JEAN VI, évêque de Cambrai, 182.
JEAN XXII, pape, 41, 175, 300.
JEAN DE LA CROIX, saint, 203, 295, 296, 400.
JEAN DE LEYDE, 197.
JEANNE DE CHANTAL, sainte, 295.
JÉROME, saint, 94.
JIMÉNEZ, cardinal, 146.
JOINVILLE, 21.
JONES, Inigo, 405, 407.
JONSON, Ben, 388, 396. 405.
JOSEPH Ier, empereur, 378.
JUAN D'AUTRICHE, don (amiral), 307, 312.
JULES II, pape, 113, 183.
JUSTINIEN, empereur, 87.

KARLSTADT, 196.
KEPLER, Johannes, 100, 417, 421, 422, 424, 425, 432, 443, 456.
KEMPIS, Thomas, 149, 175.
KEYNES, John Maynard, 433.
KNOX, John, 202, 354.
KNOX, Mgr Ronald, 430.
KOBERGER, 120.
KRISTELLER, 89, 112.

LAFFÉMAS, Barthélémy, 344.
LA FONTAINE, Jean de, 248, 436.
LA MOTHE LE VAYER, 448, 449.
LAPLACE, Pierre de, 444.
LA ROCHE, Alain de, 176.
LAROUSSE, Émile, 257.
LASLETT, Peter, 232.
LASSUS, Roland de, 150, 398.
LATIMER, évêque, 205.
LA TOUR, Georges de, 406.
LAUD, William (archevêque), 354.
LAWES, Henry, 407.
LE BRUN, Charles, 408, 411, 414.
LEEUWENHOEK, Antonie van, 423.
LEFÈVRE D'ÉTAPLES, 190, 191.
LEIBNIZ, Gottfried Wilhelm, 217, 440.
LEICESTER, comte de, 350.
LENCLOS, Ninon de, 448.
LE NÔTRE, André, 408, 411.
LENNOX, duc de, 319.
LÉONARD DE VINCI, 10, 60, 98, 108-111, 128, 145, 152.
LÉOPOLD Ier d'Autriche, empereur, 30, 323, 377, 378.
LE VAU, 408.
LIPPI, fra Fillippo, 60, 112.
LOCKE, John, 240, 397, 459, 467, 468.
LOPE DE VEGA CARPIO, Félix, 333, 388, 394, 395.
LORRAINE, duc de, 148.
LOTHAIRE LE CAROLINGIEN, 310.
LOUIS VII, 435.
LOUIS IX de France (Saint Louis), 21, 45, 182.
LOUIS XI, 153, 169, 188, 366.
LOUIS XII de France, 39, 135, 145, 168, 190.
LOUIS XIII, 236, 240, 249, 272, 274, 301, 321, 344, 345, 438.
LOUIS XIV, 211, 212, 233, 235, 247-250, 252, 262, 267, 272-276, 278, 290, 301, 320-325, 338, 345-348, 359, 364, 377,

382, 387, 408, 410, 413, 438, 448, 466, 468.
LOUISE de Savoie, 146.
LOYSEAU, 133, 254.
LUC, saint, 69.
LULLY, 410.
LUTHER, Martin, 94, 119, 121, 173, 175, 178-182, 186, 189-200, 202, 204, 207, 208, 238, 283, 296, 441.
LYLLY, John, 393.

MABUSE, 151, 152.
MACAULAY, 359.
MACHIAVEL, Niccolas, 89, 95, 96, 128, 130-132, 146, 167, 180, 260, 299.
MAGELLAN, Fernand de, 80.
MAINTENON, Mme de, 304, 411.
MALATESTA, Sigismondo, 126.
MALPIGHI, Marcello, 423.
MANDEVILLE, sir John, 78, 116.
MANNING, cardinal, 298.
MANSARD, 411.
MANTEGNA, 112, 150.
MARCELIS, Gabriel, 339.
MARGUERITE DE NAVARRE, 145, 190, 238.
MARGUERITE DE VALOIS, princesse, 236.
MARGUERITE D'YORK, 143.
MARIANA, Juan de, 206, 260, 299.
MARIE DE MÉDICIS. *Voir* MÉDICIS.
MARIE Ire STUART, 202, 213, 314, 349.
MARIE II STUART, 358.
MARIE Ire TUDOR, 39, 129, 146, 202, 314.
MARIE-THÉRÈSE d'Autriche, 320.
MARINO, Giambattista, 393.
MARLOWE, Christopher, 395.
MARLY, 410.
MARSILE de Padoue, 283.
MARTIN, Alfred von, 85.
MARX, Karl, 132.
MASACCIO, 110, 111, 151.
MATHIAS II, 317.
MATTINGLY, Garrett, 171.
MAXIMILIEN, archiduc, 144.
MAXIMILIEN, empereur, 154, 168, 193, 321, 407.
MAZARIN, cardinal, 231, 237, 248, 274, 300, 302, 321, 345, 407.
MÉDICIS (famille), 47, 60, 63, 85, 113, 125, 150, 326, 327.
MÉDICIS, Catherine de, 119, 238, 315, 342, 412, 416.
MÉDICIS, Cosme de, 55, 60, 71, 126, 127.
MÉDICIS, grand-duc Ferdinand de, 440.
MÉDICIS, Julien de, 129.
MÉDICIS, Laurent de (le Magnifique), 129.
MÉDICIS, Léopold de, 440.
MÉDICIS, Lorenzino de, 61.
MÉDICIS, Marie de, 41, 344, 407.
MELANCHTHON, Philipp, 178, 205, 455.
MEMLING, Hans, 151.
MENESES, Felipe de, 333.
MÉTHODE, 365.
METSYS, Quentin, 151.
MICHEL-ANGE, 108, 109, 113, 130, 188, 401.
MICHEL le Brave, prince, 374.
MICHELET, Jules, 99.
MILL, Stuart, 10.
MILTON, John, 319, 357, 381, 405, 406, 407, 426.
MIGNARD, 411.
MOHAMED II, 51.
MOHAMED III, 372, 373.
MOLIÈRE, Jean-Baptiste, 239, 397, 408, 432.
MOLINOS, Miguel de, 304.

MONTAIGNE, Michel EYQUEM de, 79, 271, 295, 391, 393, 436, 437, 445, 446, 454, 456.
MONTALBODDO, 78.
MONTECUCOLI, Raimundo (général), 379.
MONTELFETRO D'URBINO (famille), 85.
MONTELFETRO D'URBINO, Federigo da, 59, 129.
MONTESQUIEU, 378.
MONTEVERDI, 406.
MONTMORENCY (famille), 342.
MORE, sir Thomas, 79, 91, 119, 131, 135, 155, 157, 158, 178, 180, 263.
MORO, Ludovic le, 60.
MOUSNIER, Roland, 276, 277.
MUMFORD, Lewis, 37.
MÜTNZER, Thomas, 196.
MURAD II, 373.
MURAD III, 373.
MURAD IV, 372.
MURILLO, Bartolomé Esteban, 402, 403.
MUSTAFA Ier, 372.

NAPOLÉON, 444.
NASSAU, Maurice de, 337, 380.
NAUDÉ, Gabriel, 457.
NEPER, John, 418, 419, 431.
NÉRI, saint Philippe, 405, 406.
NEVERS, duc de, 249.
NEWTON, sir Isaac, 10, 326, 408, 431-433, 435, 444.
NICOLAS V, pape, 60, 61, 75.
NICCOLI, Niccolo de, 60.
NORFOLK, duc de, 349.
NOSTRADAMUS, 416.

OCKHAM, Guillaume d', 102.
OGLANDER, sir John, 254.
OLIVARES, duc d', 274, 331, 334.
ORANGE (maison d'), 213, 323, 337.
ORIGO, Iris, 38.
ORLÉANS, duc d', 325.
OSMAN II, 372.

PALATINE, princesse (Charlotte-Elizabeth de Bavière), 232.
PALEOTTI, cardinal, 291.
PALESTRINA, 150, 398, 404.
PALLADIO, 398.
PALMIERI, Matteo, 53, 59, 144.
PANDOLFI, Agnolo, 59.
PARACELSE, 438, 441.
PARÉ, Ambroise, 100, 236.
PARENTUCELLI, Tomasso, 60.
PARMESAN, le, 398.
PASCAL, Blaise, 302, 435, 453, 454, 458.
PAUL, saint, 190.
PAUL II, pape, 104.
PAUL III, pape, 100.
PAUL IV, pape, 203.
PAUL V, pape, 455.
PAUMANN, Konrad, 147.
PEPYS, Samuel, 228, 229, 235.
PÉRIGNON, dom, 229.
PERRAULT, 73.
PERRENOT (famille), 247.
PERRENOT, Nicolas, 247.
PERRENOT, Antoine (évêque d'Arras), 248.
PERUGIN, 60.
PERRUZI B., 99.
PERUZZI (famille), 123.
PÉTRARQUE, 36, 39, 42, 50, 53-55, 62, 88, 89, 93, 95, 96, 105, 128, 137, 182.
PETTY, sir William, 431.
PHILIPPE d'Anjou, 324.
PHILIPPE LE BEL, 24, 49, 282, 292.
PHILIPPE LE BON, 150.
PHILIPPE II d'Espagne, 140, 158,

160-162, 170, 171, 205, 206, 211-213, 258, 264, 272-274, 296, 301, 311-315, 329, 330, 335, 336, 346, 372, 377, 382.
PHILIPPE III d'Espagne, 264, 269, 270, 320, 331.
PHILIPPE IV d'Espagne, 274, 309, 318, 319, 331, 334, 382, 407.
PHILIPPE V d'Espagne, 324, 325.
PHILIPPE NÉRI, saint, 295.
PHILIPPE D'ORLÉANS, duc, 233.
PICASSO, Pablo, 10, 407.
PIC DE LA MIRANDOLE, Jean, 58, 89, 90, 105.
PIE II, pape, 38, 55, 56, 147.
PIE V, pape, 292.
PIERO DI COSIMO, 112.
PIERO DELLA FRANCESCA, 110, 111, 151.
PIERRE LE GRAND, 217, 262, 364, 365, 370, 371.
PIERRE, saint, 181, 196.
PIRKHEIMER, Willibald, 148, 198.
PIRENNE, Henri, 143, 144, 334.
PISANELLO, 128.
PIZARRE (frères), 79, 126.
PLANTIN, Christophe, 120.
PLATON, 89, 90, 98, 105, 257, 416, 426.
PLATTER, Thomas, 92.
PLESSIS, Armand du. *Voir* RICHELIEU.
PLINE, 434.
PLOTIN, 90.
PLUTARQUE, 90, 393, 434.
POGGIO, 93, 95.
POLO, Marco, 77, 79.
POSTEL, Guillaume, 91.
POUSSIN, Nicolas, 402, 408, 409, 414.
PRÉS, Josquin des, 150.
PRIESTLEY, Joseph, 443.
PRUNER, Joachim, 122.
PTOLÉMÉE, 77, 89, 100, 101.
PUFENDORF, Samuel, 464-466.
PURCELL, Henri, 405.
PYTHAGORE, 77.

RABELAIS, François, 57, 79, 119, 121, 145, 179, 180, 206.
RACINE, Jean, 239, 277, 410, 452.
RAMÉE, Pierre de la (alias RAMUS), 145.
RAPHAËL, 99, 111, 128, 401.
RAPIN, Nicolas, 436.
RAVAILLAC, 245.
RAZINE, Stepan, 226.
REM, Lucas, 74, 123.
REMBRANDT, 111, 205, 340, 407, 413, 414.
RÉMY, Nicolas, 456.
RENAN, 388.
RENI, Guido, 236.
RENOIR, 407.
RETZ, cardinal de, 439.
REY, Jean, 438.
RIBERA, José de, 402, 403.
RICHARD III YORK, 154.
RICHELIEU, cardinal de, 236, 248, 254, 271, 272, 274, 277, 318, 321, 334, 344, 345, 379, 435, 438, 448.
RIETWIESER, Kilian, 122.
RODOLPHE II, empereur, 41, 316, 407.
ROMANOV (dynastie), 368, 369.
ROMANOV, Alexis, 368, 370.
ROMANOV, Dimitri, 368.
ROMANOV, Fiodor Nikita, 368.
ROMANOV, Michel, 368.
ROMUALD, saint, 182.
ROUSSEAU, Jean-Jacques, 65, 408, 449.
ROUX, J.-P., 51.
RUBENS, Pierre Paul, 205, 391, 402, 403, 406, 407.

SACHS, Hans, 147.
SADOLET, 178.
SAINT-CYRAN, 302.
SAINT-SÉVREMON, Charles de, 436, 448, 450.
SAINT-SIMON, 247, 249.
SALOMON, 129.
SALUTATI, Coluccio, 89.
SANCTA CLARA, Abrahama, 234.
SANDRART, Joachim, 136.
SARTON, George, 392.
SAVOIE, duc de, 275.
SAVONAROLE, Jérôme, 157, 188.
SCHEINER, Fr., 422.
SCHWARZ, Matthaüs, 121.
SÉBASTIEN de Portugal, 307, 312.
SELDEN, John, 307.
SÉLIM II, 372, 373.
SÉNÈQUE, 62, 129, 447, 457.
SERRES, Olivier de, 222.
SERVET, Michel, 178, 388, 418.
SEYSSEL, Claude, 135.
SIDNEY (famille), 350.
SFORZA, Francesco, 126.
SHAKESPEARE, William, 65, 136, 232, 258, 273, 394-396, 410, 416, 433, 452.
SIGISMOND de Suède, 362.
SIGISMOND III WASA, roi de Pologne et de Suède, 362.
SIGNORELLI, Lucca, 188.
SILVIUS, Aeneas. *Voir* PIE II.
SIMMERN, Rupert von, évêque de Strasbourg, 183.
SIMON, Richard, 453.
SIXTE IV, pape, 129, 158.
SIXTE V, 292.
SKANDERBEG, 374.
SMITH, sir Thomas, 245.
SOLIMAN, sultan (le Magnifique), 166, 169, 373.
SOPHIE PALÉOLOGUE, 366.
SOPHOCLE, 90.
SOREL, Agnès, 141.
SPENSER, Edmund, 106, 136, 238.
SPINOZA, Baruch, 306, 408, 464.
SRANGER, Bartolomeus, 407.
SPRAT, Thomas (évêque), 397.
SPRENGER, Jacob, 176.
SQUARCIONE, 112.
STANDONCK, Jean, 92.
STEELE, Richard, 304, 360.
STEEN, Jan, 413, 414.
STENDHAL, 130.
STONE, Laurence, 357.
STOSS, Veit, 149.
STRABON, 76.
STAFFORD, comte de, 273.
STRAVINSKY, Igor, 11.
STUART (dynastie), 183, 213, 260, 274, 322, 323, 325, 350, 353, 354, 357, 460.
SUGER, 435.
SULLY, duc de, 250, 344.
SWIFT, Jonathan, 78, 439, 458.

TACITE, 136.
TAXIS (famille), 73.
TERBOCH, 413.
THEOTOKOPOULOS, Domenikos. *Voir* le GRECO.
THÉRÈSE D'AVILA, sainte, 203, 296.
THOMAS D'AQUIN, saint, 129, 182.
THOMAS BECKET, saint, 299.
THUCYDIDE, 90.
THURZO, 71.
TILLY (général), 383.
TINTORET, le, 398, 402, 405.
TIRSO DE MOLINA, 394.
TITIEN, le, 111, 113, 125, 402, 407.
TOMASSO DE MODENA, 36.
TORRICELLI, 440.
TOSCANE, duc de, 443.
TOUR, Georges de la, 111.
TRANSYLVANIE, prince de, 319.
TREVOR-ROPER, 407.

TUDOR (dynastie), 135, 213, 258, 350.
TURENNE, Henri de, 240.
TYLER, Wat, 21.

UCELLO, Paolo, 108, 110.
URFÉ, Honoré d', 251, 393.

VALE ROYAL, abbé de, 21.
VALLA, Lorenzo, 94, 177.
VALOIS, Isabelle de, 39.
VALOIS (dynastie), 135, 167, 343.
VAN DYCK, 205, 402, 407.
VAN EYCK, Jan, 150, 151.
VAN GOYEN, Jan, 340, 413.
VAN HELMONT, 438.
VAN ORLEY, Bernard, 151.
VAN OSTADE, 413.
VAN RUYSDAEL, Jacob, 413, 414.
VAN RUYSDAEL, Solomon, 413.
VAN DER WEYDEN, Rogier, 150, 151.
VAN DER WERVE, Jan, 391.
VASARI, Giorgio, 53, 132.
VAUBAN, Sébastien LE PRESTRE DE, 387.
VELASQUEZ, Diego de, 334, 402, 406.
VERMEER, Johannes, 412, 414.
VÉRONÈSE, Paul, 401, 405.
VÉSALE, André, 99, 423.
VESPUCCI, Amerigo, 78.
VIAU, Théophile de, 448.
VIC, de (évêque), 457.
VIERGE MARIE, 175, 188, 203, 294, 299.
VILLANOVA, Arnaldo da, 99.
VILLEGAGNON, 202.
VILLEHARDOUIN, Geoffroi de, 19.
VILLENEUVE-ARRIFAT, marquise de, 232.
VINCENT DE PAUL, saint, 229, 296.
VIRGILE, 42.
VISCONTI (famille), 126.
VISCONTI, Gian Galeazzo, 39.
VITAL, saint, 299.
VITRUVE, 107, 108.
VIVES, Juan Luis, 129.
VOLTAIRE, 9, 293.

WALLENSTEIN, Albrecht von, 317-319, 458.
WASHINGTON, 235.
WATTEAU, 407.
WEBSTER, John, 129.
WELSER (famille), 122, 123, 375.
WIER, Jan, 456.
WÖLLFLIN, Heinrich, 408.
WOLSEY, Thomas, 156.
WYCLIFFE, John, 176, 283.

XÉNOPHON, 90, 434.

ZACCARIA, Benedetto, 70.
ZURBARÁN, 403, 406.
ZWINGLI, Ulrich, 173, 203, 238.

TABLE DES MATIÈRES

Préface 7
Introduction 10

PREMIÈRE PARTIE
LA RENAISSANCE ET LA RÉFORME

Chapitre Premier. L'Europe au Moyen Age 15

La féodalité : la matrice sociale et politique 16
Les hommes qui priaient, 17 — Les hommes qui combattaient, 20 — Les hommes qui travaillaient, 21 — Les hommes qui gouvernaient, 22 — Le seigneur et le château, 24.
L'essor de la ville 27
L'homme médiéval 34
L'environnement, 34 — La mentalité médiévale, 39 : l'art du Moyen Age, 43, le déclin du Moyen Age, 46.

Chapitre II. La Renaissance 53

Une définition 53
Une vue d'ensemble 54
Les conditions économiques aux XIVe et XVe siècles 62
L'essor de la bourgeoisie, 62 — Surplus et capitalisme primitif, 63 — Le commerce, 66 — Le transport, 66 — Profits et interdictions, 68 — Les méthodes commerciales, 72 — Les grandes découvertes, 75.
Italie : le début de l'ère moderne 81
Les humanistes, 87 — Une conception du passé, 94.
La science de la Renaissance 97

Les instruments de base, 97 — L'application, 98 — Vérités et conséquences, 104.
Proche de la nature, l'art 106
Proportion, perspective et lumière, 107 — L'artiste, 112.
L'Europe au XVIe siècle : un nouveau capitalisme ?. 113
Imprimeurs et livres, 115 — Les marchands, 120 — Le prince, 126.

Chapitre III. Principautés et puissances 135

L'ombre allongée d'un seul homme 137
Anachronismes et adaptations 140
La Renaissance dans le Nord 144
Les grandes puissances 152
La France, 152 — L'Angleterre, 154 — L'Espagne, 158 — Les Allemagnes, 162 — Les Turcs, 164 — Valois et Habsbourg, 167.
Le mercantilisme 171

Chapitre IV. La crise du christianisme et de la chrétienté 173

La religion aux XVe et XVIe siècles 174
Les réformateurs humanistes 177
Le clergé 180
Amoindrissement du rôle de l'Église 184
La religion du peuple 186
Luther, 190 — Anabaptistes et réformateurs évangéliques, 196 — Calvin, 200.
La Réforme catholique 203
La rupture consommée 204
Les effets économiques de la Réforme 206

DEUXIÈME PARTIE
LES DÉBUTS DE L'ÈRE MODERNE (1559-1715)

Continuité et changement 211

Chapitre V. A la recherche de nouvelles structures..... 215

A la recherche de l'ordre 215
Ainsi va le monde 217
La population, 218 — Les conditions agricoles, 219 — La nourriture et la faim, 223 — Un environnement dangereux, 230 — Manières de vivre et de mourir, 231 —

La famille, 237 — Les vieux, les jeunes et les pauvres, 240.

La société aux XVIe et XVIIe siècles 243

Les états, 243 — Les privilèges, 244 — La mobilité sociale, 247 — La maison des grands, 248 — Le raffinement croissant de la vie, 251.

La souveraineté et le Roi 255

Les limites, 256 — L'emprise dynastique, 258 — Le contrat, 260.

Le gouvernement 263

Les ressources, 264 — La vente des offices, 267 — Les bureaucrates, 268 — Un centralisme imparfait, 270 — Le culte du roi s'amplifie, 273 — L'absolutisme et ses adversaires, 277.

Les religions réformées 280

La fonction sociale, 280 — Le combat politique, 281 — L'érastianisme, 283 — La propagation du calvinisme, 283.

Contre-Réforme et Réforme catholique 291

Saints et mystiques, 295 — Les jésuites, 297 — La pompe et le faste, 299 — Le formalisme, 301 — Le jansénisme, 302 — Le quiétisme, 304 — Dieu et César, 305.

Chapitre VI. Les luttes pour l'hégémonie 309

La domination espagnole 310

La guerre de trente ans 316

L'hégémonie française 321

Changements intérieurs et constitutionnels 326

L'Italie, 326 — L'Espagne, 329 — Les Pays-Bas, 334 — La France, 341.

L'Angleterre 348

Les Stuart, 350 — La guerre civile, 354 — La Restauration, 357 — La Glorieuse Révolution, 358.

La Baltique 360

La Pologne-Lithuanie, 361 — L'empire suédois, 362 — La Russie, 365 — L'Empire ottoman, 371 — Le Saint Empire romain, 375 — Bouleversements et exodes, 379 — L'armée nouvelle, 380 — Grotius et le droit international, 381 — Les retombées de la guerre, 383 — La guerre par d'autres moyens, 384 — L'émergence des sentiments nationaux, 387.

Chapitre VII. La culture des débuts de l'ère moderne .. 391

Langues et lettres 391

Les arts 397

Le maniérisme, 397 — Le baroque, 400 — La réaction classique, 408 — Le réalisme ?, 412.

La science 415

La conception traditionnelle, 415 — La révolution scientifique, 417 — Nouveautés et survivances, 418 — La cosmologie nouvelle, 421 — La médecine, 422 — L'importance des nouvelles découvertes, 424.

Science et philosophie 427

Descartes, 427 — Nouvelles abstractions, 431 — Newton, 432 — Les institutions d'enseignement, 434 — L'empirisme, 436.

La science et la religion 440

La mentalité calviniste, 441 — Les penseurs et leur influence, 442.

Sceptiques et libertins 444

La raison et la relativité, 445 — Une nouvelle vision de l'homme, 448 — Le déisme, 449 — La critique historique, 452 — La foi de Pascal, 453.

Le surnaturel 455

Vers le XVIIIe siècle 459

Hobbes, 461 — Spinoza, 464 — La révocation de l'édit de Nantes, 466 — Une nouvelle conception de la loi naturelle, 467 — Prospective, 468.

Bibliographie 470

Index des noms propres 499

IMPRIMÉ EN FRANCE PAR BRODARD ET TAUPIN
Usine de La Flèche (Sarthe).
LIBRAIRIE GÉNÉRALE FRANÇAISE - 43, quai de Grenelle - 75015 Paris.
ISBN : 2 - 253 - 90440 - 6 42/0440/0